구약 성서로 철학하기

구약 성서로 철학하기

The Philosophy of Hebrew Scripture

요람 하조니 지음 | 김구원 옮김

홍성사

한국어판 서문

《구약 성서로 철학하기》가 한국어로 번역되어 대단히 기쁘게 생각합니다. 지난 70년 동안 한국에서 기독교가 놀라운 속도로 성장했습니다. 한국에서 기독교는 영과 지성, 교육의 중심이 되어 성서 지식을 수많은 사람에게 전달하고 있습니다. 그리고 성서에 대한 지식과 함께 우리 유대 민족, 나아가 이스라엘에 대한 관심도 늘어났습니다. (기독교인이 구약 성서라 부르는) 히브리 성서는 우리 민족을 잉태한 문서이며, 이스라엘의 고대 철학을 포함합니다. 2,500년 전에 작성되었지만 유대인들은 구약 성서를 "얻는 자에게 생명 나무"(잠 3:18)라고 여전히 믿습니다. 실제로 구약 성서는 말할 수 없는 질고의 역사를 겪은 이스라엘 민족을 지키고 보존해주었습니다. 오늘날 우리 민족이 우리의 땅 이스라엘, 우리의 도시 예루살렘으로 돌아갈 수 있었던 것도 바로 이 책 덕분입니다.

유대인처럼 한국 민족도 오랜 세월 동안 끔찍한 박해를 견뎌온 민족입니다. 한국 독자들은 구약 성서 안에서 비슷한 민족, 비슷한 고통을 볼 것이라 확신합니다. 이 책을 통해 한국 독자들이 참된 하나님을 발견하고 담대해질 것이라고 확신합니다. 구약 성서에서 이스라엘의 선지자들은 이스라엘에 인간이 아닌 하나님이 다스리는 민족이 되는 법을 가르쳤습니다. 인류가 그들의 참된 왕이 하나님이라는 사실을 알게 되면 그들을 억압하는 어떤 것도 두려워할 필요가 없습니다.

저는 기독교인이 아니라 유대인입니다. 그래서 이 책의 성서 해석이 한국 기독교 지도자들의 해석과 몇 가지 점에서 다를 수 있습니다. 그러나 기독교가 본래 유대인의 가르침에서 시작했음은 주지의 사실입니다. 유대 민족의 교훈, 구약 성서의 철학을 한국 독자들에게 처음으로 소개할 수 있어 큰 영광입니다.

예루살렘에서
요람 하조니

5

추천의 글

철학한다는 것은 한마디로 '질문 던지기'다. 보통 사람들이 전통, 권위 혹은 주위 사람들의 동의에 기대어 당연히 받아들이는 것들에 근본적인 질문을 던지고 근거를 요구하는 태도가 철학자의 태도이며, 소위 '이성적인' 태도다. 이에 반해 만약 하나님이 우리에게 요구하는 올바른 자세가 질문 없이 하나님의 말씀에 그저 순종하는 것이라면 이성적인 인간은 기독교인이 될 수 없을 것이다. 그러니 기독교인이면서 동시에 이성적이고자 하는 사람이 있다면, 성서가 이야기하는 신앙과 질문 던지는 태도가 어떤 관계를 가지는지 물을 수밖에 없다.

이런 면에서 《구약 성서로 철학하기》는 흥미로운 책이다. 이 책에 따르면 구약 성서가 말하는 하나님에 대한 인간의 올바른 태도는 혹시 이해가 가지 않더라도 무조건 순종하는 것이 아니다. 오히려 하나님의 뜻이라고 알려져 있는 것에 대해서조차도 때로는 의심하고 질문하고 토론하여 그를 통해 하나님의 뜻을 발견하고자 노력하는 태도이며, 또한 그것을 하나님이 기뻐하신다는 것이다. 기독교인들이 구약에서 믿음의 조상이라고 부르는 수많은 인물이 오히려 주어진 하나님의 뜻을 (최소한 표면적으로는) 거스르기를 두려워하지 않았던 사람들이었다는 이 책의 지적은 신선함을 넘어 혁명적으로까지 들린다.

물론 저자가 인간의 이성을 절대시하고 있지는 않다. 저자는 인간은 본성상 연약하고 타락했기 때문에 하나님의 생각을 완벽하게 알 수 없다는 것이 성서의 기본적인 인간 이해이고 구약 성서가 수미일관된 단일한 견해가 아니라 다양하고 때로는 상충하는 견해들을 포용하는 이유도 그 때문이라고 말한다. 오히려 저자가 문제 삼는 것은 '신앙과 이성'의 이분법이다. 올바른 기독교인이 되기 위해 '이성'을 포기해야 하는 것으로 전제하는 사고방식 말이다.

이 책에서 제기하는 많은 주장에 의문거리가 없는 것은 아니다. 서양 고대철학 전공자의 입장에서 보자면, 저자가 구약 성서의 의의를 강조하느라 관련된 그리스 사상에 대한 논의를 너무 피상적으로 접근한 것은 아닌지 의문을 던질 수 있다. 또한 (이 점은 저자 스스로도 의식하고 있는 점이지만) '철학'이란 단어가 느슨하게 사용되고 있는 것이 아닌지도 물을 수 있다. 저자가 구약과 신약을 대비하면서 구약 성서의 의의를 강조하는 여러 단락에서는 만약 기독교인이 저자의 입장을 받아들인다면 신약 성서를 과연 어떻게 이해해야 할지도 궁금해진다.

이러한 몇몇 의문에도 불구하고 이 책은 읽을 만한 가치가 크다. 이 책의 일차적인 주제는 구약 성서를 어떻게 이해해야 할지이지만 궁극적으로 이 책이 다루는 것은 하나님이 어떤 분이신가이며 또한 우리가 그분과 어떤 관계에 있는가이다. 이 책을 읽는 동안 하나님이 우리를 그저 명령을 따를 것으로 기대되는 종이 아니라 그분의 아들과 딸로 그리고 친구로 부르셨다는 성서 구절이 계속 떠올랐다.

우리는 종종 그리스적 사유와 더불어 히브리적 사유를 서구 문명의 두 근원으로 언급한다. 하지만 이렇게 구분한 다음에는 아무래도 히브리적 사유에 대한 관심은 그리스적 사유에 대한 관심에 밀리기 십상이다. 그런데 이 책의 주장을 받아들인다면 히브리적 사유를 그리스적 사유와 대비시켜 이해하는 전통의 상당 부분은 재고해야 할지도 모른다. 그런 면에서 서구 문명의 근원을 이해하고 싶어 하는 독자들에게 흥미로운 책이 될 것이다. 물론 이 책의 일차적인 독자는 기독교인일 것이다. 기독교인들이 이 책을 읽고 우리가 하나님의 말씀으로 받아들이는 구약 성서를 어떻게 이해해야 할 것인지에 대해 많은 질문을 던지고 그를 통해 다양한 대화가 촉발되기를 바란다.

7

이화여대 철학과 조교수

이영환

옮긴이의 말

오래전부터 구약 성서를 인문학적으로 연구하는 일에 관심이 많았다. 그래서 인문학적으로 성서를 주해한 책들을 관심 있게 살펴보았는데 지금까지 이런 주제로 출판된 책들의 가장 큰 약점은 본문에 대한 주해가 피상적이라는 것이었다. 그런 시도들이 대부분 구약 성서를 전공한 학자가 아니라 철학자나 다른 인문학자들에 의한 것이었기 때문이다. 피상적인 본문 독해는 철학자가 다른 경로를 통해 발견한 '정답'을 확인하는 역할에 봉사할 뿐이다. 그래서 진정한 의미에서 구약 성서의 철학이 될 수 없었다. 역자가 이 책에 끌리게 된 이유는 구약 성서에 능통한 유대인 학자가 성서 본문에 대한 깊이 있는 주해를 통해 이성과 믿음, 삶과 진리에 대한 철학적 질문에 히브리적인 대답을 탐구했기 때문이다.

이 책은 구약 성서를 본문으로, 올바른 삶이란 무엇인가? 정의란 무엇인가? 진리를 어떻게 알 수 있는가? 진리 혹은 존재란 무엇인가? 같은 철학적 질문들에 대답하려는 시도다. 이런 전통적 철학 질문들에 대답함에 있어 구약 성서가 학문적인 고려의 대상이 된 경우는 거의 없었다. 구약 성서를 본문으로 그런 질문들에 대답을 시도했다는 점에서 이 책의 의미가 크다.

다소 이론적이고 딱딱한 1부를 잘 지나면 이 책의 가장 흥미로운 부분과 만나게 될 것이다. 구약 성서에 숨겨진 철학의 구체적 예들을 다루는 2부에서 저자는 자신의 독창적인 성서 해석에 근거해 윤리, 정치, 지식, 존재에 관한 철학적 질문들에 대한 히브리적 대답을 제시한다. 특히 구약 종교에 관한 다소 파격적인 주장들은 생각의 지평을 넓혀주기에 충분하다. 예를 들어, 저자는 구약 성서가 주장하는 덕목이 맹목적 순종이 아니라 진리를 주체적으로 구하는 삶이라고 밝힌다. 성서의 많은 영웅은 복종을 미덕으로 가진 인물이 아니라 필요하다면 하나님께도 반항하고 저항한 사람들이라는 것이다. 또한 성서에서 말하는 진리가 인간 보편적인 진리와 다르지 않다고 이야기한다.

저자의 주장이 옳다면 성서 종교는 절대로 니체가 말한 '노예의 윤리'를 강요하는 것이 아니다. 이 외에도 우리의 생각을 바꿔줄 통찰이 가득하다. 이 통찰을 통해 구약 성서가 삶과 정치, 진리와 존재, 이성과 신앙에 대해 정말 무엇을 말하고 있는지 깨닫는 계기가 되면 좋겠다.

야엘 리브카를 위해

זָכַרְתִּי לָךְ חֶסֶד נְעוּרַיִךְ

나는 젊은 시절 당신의 충심과

אַהֲבַת כְּלוּלֹתָיִךְ

처음 결혼했을 때 당신의 사랑을 기억한다.

לֶכְתֵּךְ אַחֲרַי בַּמִּדְבָּר

당신은 나를 따라 광야로,

בְּאֶרֶץ לֹא זְרוּעָה:

씨 뿌려지지 않은 땅으로 여행했었지.

ירמיה ב, ב

예레미야 2장 2절

구약 성서를 이해하려고 할 때 결정적으로 놓친 것은 없는가? 이 질문과 이 질문에 대한 잠정적인 대답이 내 박사 학위 논문인 〈예레미야의 정치철학(The Political Philosophy of Jeremiah)〉(러트거스 대학교, 1993)과 1995년에 출판된 내 책 《여명: 에스더서의 정치적 가르침(The Dawm: Political Teachings of the Book of Esther)》에 담겨 있다. 굳이 이것을 언급하는 이유는 이 책에 제시된 대답을 얻어내는 데 20년의 노력이 필요했다는 점을 말하기 위함이다. 그 세월 동안 나는 친구, 동료 그리고 가족 들에게 때로는 그들이 원해서, 때로는 그들의 의사와 관계없이 이 주제에 관한 이야기를 꾸준히 들려주었으며, 내가 쓴 수많은 원고를 읽게

감사의 글

했다. 그들은 내게 때로는 격려로, 때로는 조언으로 응답했다. 그들의 도움이 없었더라면 이 주제의 책을 낼 시도조차 하지 못했을 것이다. 그래서 이 출판 프로젝트가 완성되기까지 나를 도와준 사람들의 이름을 감사한 마음을 담아 언급하고자 한다.

성인이 된 이후 나의 중요한 지적 동역자들은 내 모교인 예루살렘 샬렘 연구소에 계신 학자들이다. 특히 조슈아 버먼, 오피르 하이브리, 야엘 하조니, 조지프 아이작 리프쉬츠, 제에브 마그헨, 대니얼 폴리살, 마지막으로 조슈아 웨인스테인을 들 수 있다. 이 책에 제시된 많은

내용이 이들과 다양한 대화를 나누다 생겨난 것이다. 그런데도 주에서 그들을 합당하게 인용할 수 없었음에 절망한다. 이 책은 20년간 이 주제에 관해 그들과 함께 논의한 내용이 반영된 것이다.

구약 성서에 대한 나의 생각은 최근 샬렘 바이블 컨퍼런스를 중심으로 모였던 다양한 국적의 학자들과 소통하면서 크게 도움을 받았다. 이들 중 언급되어야 하는 분들은 제임스 다이아몬드, 이든 도르샤브, 앨런 미틀먼, 제이컵 라이트 등이다. 이들은 모두 엄청난 시간과 노력을 들여 다양한 단계의 원고에 아낌없는 조언을 해줌으로 이 책의 주제에 관해 내 생각이 명확해지도록 도왔다. 또한 감사해야 할 분들은 다음의 기독교 신학자들이다. 켈리 클라크, 드루 존슨 그리고 엘레노어 스텀프 등은 이 책이 유대인이 아닌 이들에게도 가치 있는 책이 되도록 도와주었다.

이 책의 일부를 읽고 조언해준 다른 분들에게도 감사의 말을 전한다. 오리트 아르파, 에드 아르킨, 다비드 아르노비츠, 즈비 비에너, 예레미 잉글랜드, 맷 골드쉬, 아리 곤토우니크, 렌 구드먼, 대니얼 고르디스, 윌리엄 스콧 그린, 제프 헬름라이히, 제이컵 하우랜드, 피니 이퍼건, 조너선 제이컵스, 메이라브 존스, 아비 카나이, 므나헴 켈너, 에드 르윈손, 다이아나 립톤, 므나헴 로베르바움, 스튜어트 무어, 힐렐 나들러, 피터 올린, 파니아 오즈-살즈버거, 메이어 심샤흐 판저, 앤드루 페신, 데이비드 포트먼, 재닛 사포드, 에릭 슬리서, 고르돈 쇼셋, 조너선 실버, 베티 스타인버그, 수잰 스톤, 프레드 타우버, 마지막으로 조너선 유델먼이다.

또한 감사드려야 할 분들은 멤 베른스타인, 아서 프리드, 로저 헤르톡, 레온 카스, 빌 크리스톨, 로널드 라우더, 데이비드와 바바라 메서 그리고 앨런 로스 등이다. 이들은 이 책이 완성되어가는 기간에 유대학과 철학 분야에서 도움과 격려를 주었다. 더 최근에는 존 템플턴 재단(JTF)에 커다란 재정적 지원을 받은 샬렘 연구소의 후원 아래 구약 성서에 대한 철학적 연구가 눈에 띄게 증가했다. 존 템플턴 재단에 있는 많은 친구들이 이 협업을 추진하고 증진시켰지만, 그중에서도 내가 특별히 감사드리고 싶은 분은 잭 템플턴 박사와 신학·철학과의 부학장인 마이클 머레이다. 그들의 도움으로 이 프로젝트가 진행되었다.

베리와 레이니 클라인은 이 책의 기획 단계부터 오랫동안 사랑과 우정으로 이 책의 제작과 함께해온 친구들로, 이들에게 특별히 감사를 전한다.

또한 나는 케임브리지대학출판부의 편집인인 루이스 베이트먼에게 커다란 빚을 졌다. 그는 한없는 아이디어를 지닌 사람이다. 이 책을 완성시키기 위해 열심히 노력한 케임브리지대학출판부의 다른 친구들인 케리 카힐, 마이클 덩컨, 리자 머피, 멜리산 쉘드, 메리 스타키, 니콜 빌레누브, 헬렌 휠러에게도 감사드린다.

BMM 월드와이드 LCC의 수잰 발라번에게도 감사드린다. 그녀의 영감은 이 책의 제안 단계 이전부터 이 프로젝트를 이끌고 주관해왔다. 그리고 케이트 도이치, 에리카 할리브니, 레이첼 헤이모비츠, 로니 코바르스키, 이갈 리버런트, 마리나 필리포디, 마크 셔먼 그리고 타야 수리코브 등은 책의 출판을 준비하고 판촉하는 일에 도움을 주었다.

마지막으로 나의 최고 독자이자, 나와 함께 아홉 명의 자녀를 키우고 있는 야엘에게 이 책을 사랑으로 헌정한다.

차례

지은이 일러두기

◦ 일반 교양인이 쉽게 읽고 이해할 수 있도록 모든 노력을 다했다. 그렇지만 그다지 많이 타협한 것은 아니나 다음 한 가지는 언급할 필요가 있다. 나는 히브리어 단어와 이름을 일반인이 이해할 수 있는 방식으로 일관되게 음역하는 시스템을 발견하지 못했다. 따라서 히브리어 용어들은 다음 두 가지 용법 중 하나로 음역될 것이다. 일반적인 성서 인명들은 표준적 영어 용법을 따랐다. 예를 들어, 이 책에서는 '모쉐'가 아닌 '모세'를 사용한다. 그 외의 히브리어 용어나 이름에 대해서는 현대 히브리어 발음을 기준으로, 영어를 사용하는 독자들이 쉽게 발음할 수 있는 음역 체계를 사용했다. 물론 이런 복수 체계가 일부 독자에게 다소 불편할 수 있겠지만, 다른 대안들보다 많은 장점을 가지고 있다. 독자들의 이해를 바란다.

옮긴이 일러두기

1. 이 책에서 히브리어 음역 표기는 다음의 원칙들을 따랐다. 첫째, 고유명사일 경우 우리말 성서들에서 일반적으로 채택되는 표기를 사용했다. 둘째, 일반명사일 경우 저자의 영어 음역보다는 히브리 원문의 발음을 우리말로 가능한 한 정확하게 표기하려 했다. 아직까지 히브리어에 대한 표준적인 음역 체계는 존재하지 않는다. 셋째, 독자의 이해를 위해 필요하다고 생각하는 경우 복수형의 히브리어 음역을 단수형의 히브리어 음역으로 바꾸어 표기했다.

2. 이 책에서 '구약 성서'로 표기된 성서는 유대인의 성서인 '히브리 성서'(Hebrew Scripture)를 가리킨다. 히브리 성서와 구약 성서는 목차에서 약간의 차이가 있을 뿐 내용은 동일하기 때문에 구약 성서에 익숙한 국내 독자들을 위해 히브리 성서를 구약 성서로 표기했다.

3. 본 번역서에 인용된 성서 구절은 저자의 사역을 반영하기 위해 《바른성경》을 수정한 것이다.

구약 성서는 어떤 책인가? 대답하기 어려운 질문이다. 이에 대한 통상적인 대답은 다음과 같다. 궁극적 문제들(ultimate issues)을 다루는 두 종류의 글이 있는데 하나는 '이성'의 산물이고, 다른 하나는 '계시'에 의한 것이다. 플라톤 혹은 토머스 홉스와 같은 철학자들의 저서가 이성적 작품에 속한다. 이들의 저서는 개인과 민족이 인간의 자연적 능력에 따라서 최선의 진리와 선을 발견하도록 도와주는 책이다. 반면 구약 성서는 계시된 책으로, 만물에 대한 하나님의 생각을 보고하는 문서다. 성서 본문은 인간의 능력에 의존하지 않고 기적을 통해 진리와 선에 대한 지식을 전달한다. 따라서 성서가 가르치는 것은 감사와 믿음

서론
이성과 계시의 이분법을 넘어서

으로 받아야 하는 초월적 지식이다. 이런 견해에 따르면 계시는 이성과 양립할 수 없으며, 우리의 정상적인 지성이 정지될 때 발휘된다. 즉, 계시는 이해되지 않는 것들을 믿도록 요구한다. 우리에게 이해되지 않는 것들도 하나님에게는 이해될 것이기 때문이다.

구약 성서에 대한 이런 이해의 기저에 있는 이성과 계시의 이분법적 사고는 아주 오랜 역사를 지니고 있다. 기독교 교회의 교부들이 신약 성서의 가르침을 당시 경쟁 관계에 있었던 다양한 철학 사조와 명확히 구분하기 위해 이 이분법을 처음 채택했다. 한편 계몽주의의 철학자

들은 이 이분법을 교회를 부수는 도구로 받아들여 기독교를 미신과 불합리를 주창하는 단체로 만드는 데 활용했다. 이렇듯 신앙인과 이단자 모두가 의도를 가지고 이 이분법을 주장했다. 그리고 오늘날에도 많은 사람이 신앙과 이성의 이분법적 태도를 견지한다.[1]

이성과 계시의 이분법적 틀은 신약 성서에서 예수의 사도들이 가르친 독특함과 매력을 포착해내는 데 어느 정도 성공한다고 생각할 수 있다. 그러나 구약 성서(히브리 성서★)의 문맥에서는 그런 이분법을 이해하기 매우 어렵다. 왜냐하면 구약 성서 대부분이 이성과 계시의 이분법이 생겨나기 무려 500년 전에 쓰였기 때문이다. 대부분의 구약 성서는 그런 이분법의 모판인 그리스어(헬라어)와 전혀 다른 언어로 기록되었고, 그런 이분법이 강조하려 했던 기독교적 진리와 전혀 상관없는 종교를 믿는 사람들에 의해 쓰였다. 더구나 구약 성서의 핵심 부분에서 고대 이스라엘의 선지자와 학자 들이 하나님의 말씀과 (제대로 작동하는) 인간 이성의 판단을 그렇게 이분법적으로 구분했다는 증거를 찾을 수 없다. 또한 구약 성서는 대체로 계시를 매우 중요하고 유용하게 여겼던 기독교적인 신학 주제들에 대해 무관심하다. 인류를 향한 하나님의 숨은 계획, 믿음으로 구원받는다는 사상, 영생의 약속 등은 구약 성서가 다루는 주제들 중 40위 안에도 들지 못한다. 이 사실이 충격적이지만 너무 명확해 임마누엘 칸트는 고대 이스라엘의 유대교는 종교라 할 수 없다고 주장했다.[2]

성서는 도대체 어떤 책인가? 구약 성서는 이성적 저서에서 발견되는 주제를 많이 다루고 있다. 예를 들면, 고대 민족의 역사와 그 역사에서 얻은 정치적 교훈들, 나라를 다스리는 방법과 개인이 삶을 영위하는 방법에 대한 탐구, 박해와 실패로 고난당한 이들의 성찰, 인간 본성에 대한 고찰과 진리와 선에 대한 탐구, 이 세상의 영역을 넘어 실재의 본질에 도달하려는 노력 등이다. 구약 성서의 중심 주제가 하나님임은 분명하지만, 놀라울 정도로 이스라엘의 하나님과 인간 저자들은 후대

★기독교 성서는 기독교인이 전통적으로 '구약 성서'와 '신약 성서'로 부르는 두 부분으로 구성된다. 대부분의 기독교 성서에서 발견되는 구약 성서는 유대인들이 '타나크' 혹은 '미크라'로 부르는 히브리어 저서들(학자들은 이것을 '히브리 성서'로 부름)을 번역한 것이다. 기독교의 구약 성서는 히브리 성서와 목차에서 약간의 차이가 있다. 이 책에서 '구약 성서'는 특별한 경우를 제외하고 전 세계 유대인 학교와 회당에서 보편적으로 사용하는 히브리 성서를 가리킨다.

의 전통이 이성의 산물이라고 부르는 것과 본질적으로 비슷한 주제에 관심을 가진 듯 보인다.

그렇다면 자연스레 다음의 질문들이 생긴다. 구약 성서를 계시의 영역으로 분류했던 그리스적 분석틀이 실은 구약 성서에는 잘 맞지 않는 것은 아닐까? 후대의 독자들이 구약 성서를 초기 기독교의 관점으로 보게 되면서 구약 성서를 기록한 유대인 선지자와 학자 들의 관심이 사장되어버린 것은 아닐까? 그렇다면 구약 성서의 상당 부분이 이성적 작품에 가까운 것은 아닐까? 그리고 바로 이 사실이 이질적인 해석틀에 의해 사장되어 왔고, 지금도 계속 잘못 해석되고 있기 때문에 우리가 구약 성서 본문을 제대로 읽지 못하는 것은 아닐까?

필자의 대답은 대략 그렇다는 것이다. 이런 전통적인 관점에서 구약 성서를 읽으면 이성과 계시의 이분법은 굴절 렌즈가 되어, 저자들이 전혀 의도하지 않았던 방식으로 구약 본문을 과장하는 동시에 그들이 강조했던 부분은 보이지 않게 만든다. 다시 말해 구약 성서를 이분법적 틀 안에서 계시적 작품으로만 읽을 때, 구약 성서를 거의 파괴해버리는 결과를 얻는다. 의도하지 않게 이 본문들이 본래 말하고자 하는 바를 상당 부분 '삭제'하게 된다. 그러면서 우리는 현대인에게 구약 본문이 무슨 의미가 있느냐고 질문한다.

구약 성서의 내용 중 상당 부분이 이렇게 사장되었다는 사실은 해석학, 혹은 소수가 즐기는 몇몇 학문 분과만의 문제는 아니다. 오히려 거의 모든 교육, 문화, 지성적 환경에서 성서가 취급되는 방식에 영향을 미친다. 예를 들어 공립학교에서 구약 성서가 차지하는 위치에 영향을 미친다. 구약 성서는 이성과 반대되는 계시의 산물로 간주되어 공립학교에서 소홀히 다루어지거나 완전히 금지된다. 종교 교육 기관에서 구약 성서가 담당하는 위치에도 영향을 준다. 유대인 학교는 말할 것도 없고 기독교 학교에서도 교사들과 행정 직원들은 자라나는 젊은 세대가 '이성과 대립되는 계시의 산물'인 구약 성서를 좋아하게 만들 방도에 대해 골몰하고 있다. 대학에서도 마찬가지다. 철학, 정치 이론, 지성사를 가르치는 교수들은 한결같이 구약 성서를 연구할 가치가 있다거나 학생들에게 가르칠 가치가 있는 책으로 여기지 않는다. 그들은 자신의 작업을 계시가 아니라 이성의 산물에 대한 연구로 규정하기 때문이다. 지금까지 초·중·고교와 대학에 대해 말한 것이 문화의 영역에도 그

21

대로 적용된다.★

　종교적 울타리를 넘어서면 구약 성서는 종종 불합리하고 이치에 맞지 않는 책이라 현대 세계와는 아무 관계없는 것으로 치부된다. 이런 것은 구약 성서가 비이성적인 책이라는 오명의 직접적인 결과인 것이다. 이 명성 때문에 대부분의 교육받은 지성인에게 구약 성서는 봉인된 책으로 남아 있으며, 일반 지성인들은 삶의 문제에 대한 성서 저자들의 견해를 잘 모를 뿐 아니라 알 수도 없었다.

　나만 이런 상황에 불편함을 느끼는 것은 아니다. 연구 가치가 있는 인문학 저서 목록에서 구약 성서를 계속 제외하는 것이 옳은지에 대해 여러 대학에서 논의가 진행 중이다. 그리고 최근 다수의 저명 학자가 구약 성서를 철학 저서로 간주하고 그 본문을 인문학적으로 연구한 결과물을 출판했다. 이들 가운데 흥미로운 것이 다수 있음에도 이런 노력들은 여전히 시작 단계에 머물러 있다. 구약 성서를 이성적 저서로 간주한 체계적 연구가 아직까지 없었다. 이 책에서 내가 목표하는 바는 구약 성서를 이성적 저서로 공부해야 할 이유를 체계적으로 논증하는 것이다. 좀더 구체적으로 말하면, 나는 구약 성서가 철학 저서로 읽힐 수 있다고 주장할 것이다. 즉, 구약 성서에서 우주의 본질과 정의로운 삶에 관한 보편적 담론을 찾을 수 있다고 주장할 것이다. 이를 위해 성서를 철학적으로 읽는 데 방해가 되는 몇몇 장애물을 먼저 나열할 것이다. 이들 가운데는 단순한 편견도 있지만 심각한 방법론적 문제도 있다. 그리고 이 장애물을 극복할 도구도 제안할 것이다. 이 일을 마친 후에 나는 구약 성서를 철학 본문으로 읽어낸 일련의 사례 연구들을 제시할 것이다. 마지막으로 필자는 이 책을 읽은 독자들이 구약 성

22

★ 우리나라의 상황은 더욱 심각하다. 성서를 인문학적 문서로 언급하는 것 자체가 금기된다. 일부 종교재단에서 세운 학교들을 제외하면 우리나라 대학에서 성서를 교양으로 가르치는 학교는 거의 없다. 종교인들은 성서를 자신들의 전유물로 여기고, 종교 기관 밖에서 성서를 해석할 권한을 인정하지 않는다(역자 주).

★★ 독자들은 이 책에서 '이성'과 '철학'이 어떤 의미로 사용되는지 궁금할 것이다. 충분히 그렇게 물을 수 있다. 그러나 이 문제에 답하는 것은 현재 논의 중인 주제에서 우리를 멀어지게 할 수 있다. 따라서 지금 여기서 이 문제를 다루기보다는 이 책의 마지막에 위치한 〈부록: 이성이란 무엇인가?〉에서 간략하게 다루기로 한다. 지금 이 부록을 읽고 가기를 원치 않는 독자들은 내가 이 책에서 이성이라는 용어를 매우 느슨하게 사용하고 있음을 이해하기 바란다. 즉, 이 책에서 '이성적'이라는 말은 하나님이 인간에게 주신 지성을 사용해 (역사의 한 시점에만 유효한 진리가 아니라) 보편적 진리에 도달하려는 인간의 노력을 가리킨다.

서에 대한 철학적 독해가 가능하다는 사실뿐 아니라, 구약 성서를 이성
적★★ 저서로 읽는 방법도 함께 발견하길 희망한다.

　　나는 구약 성서가 이성적 저서로 의미 있게 읽힐 수 있다고 주장
하지만 그렇다고 구약 성서의 계시적 지위에 관해 특별한 주장을 하려
는 것은 아님을 밝힌다. 즉, 성서가 계시의 산물임을 부정하지 않는다.
이 책에서 내가 주장하는 바는 구약 성서를 이성적 저서로 읽을지 계
시적 저서로 읽을지 양자택일을 할 수밖에 없다면(이 양자택일이 이성과 계
시의 잘못된 이분법에 근거한 것이라고 생각하지만) 구약 성서를 이성적 저서로
읽는 것이 더 큰 유익을 가져다줄 것이라는 점이다. 그리고 기독교적 이
분법의 틀이 규정하는 중세 철학적 이성 개념이 구약 본문들의 가르침
을 제대로 공정하게 전달할 수 있는지도 의문이다. 이미 말했듯이 이성
과 계시라는 이분법적 구분은 구약 성서와 맞지 않는다. 궁극적으로 그
런 틀이 구약 성서 해석의 기초가 되어서는 안 된다. 그러나 이 이분법
적 사고를 버리는 것은 쉬운 일이 아니다. 기독교 국가들에서 성서는 오
랜 세월 동안 그 '굴절 렌즈'를 통해 이해되어왔다. 이 렌즈를 없애는 것
은 한 번에 성취되지 않을 것이다. 두 단계의 과정이 필요하리라 생각
된다. 첫 번째 단계는 구약 성서 본문들을 이성적으로 독해하고 그것이
제공하는 풍성한 의미들을 깨닫는 것이다. 두 번째 단계는 그 이성과
계시의 이분법을 던져버리고 이스라엘 선지자들의 눈으로 세계를 보는
것이다. 즉 이성과 계시의 이분법이 생겨나기 전의 세계관으로 구약 성
서의 세계를 보는 것이다.

　　두 번째 단계에 관해서도 할 말이 많다. 결론 부분에서 그 주제에
대해 잠깐 언급할 것이다. 그러나 이 책의 초점은 첫 번째 단계에 있다.
즉 구약 성서를 이성적 문학으로 읽어냄으로써 구약 성서가 제공하는
사상들에 보다 가까이 가는 것이다. 이것만 제대로 다루어도 책 한 권
분량이 될 것이다. 두 번째 단계에 관한 내용은 다음에 작업할 책을 통
해 다루기를 희망한다.

　　이성과 계시의 이분법이 구약 성서 이해를 위한 '안경'으로 그다
지 적절하지 못하다면 이런 해석적 틀이 여전히 우리에게 남아 있는 이
유는 무엇인가? 왜 지성인들이 구약 성서를 계시의 산물로 여길 뿐, 세
상에 대한 우리의 합리적 이해를 증진시키는 이성적 작품이라고 생각
하지 않는가? 여기에는 분명 여러 이유가 있다. 그러나 내 생각에는 그

중 하나가 결정적이다. 바로 다음과 같은 구절들로 도입되는 본문들에 사람들이 반응하는 방식과 관계있다.

여호와께서 모세에게 이르시되…[3]

　　이사야나 예레미야의 예언서에서는 다음과 같은 구절을 예로 들 수 있다.

여호와께서 이같이 말씀하시느니라…[4]

　　오늘날 독자들은 이런 구절들에 근거해 구약 본문 저자들에 대한 다음과 같은 결론들에 쉽게 그리고 너무 빨리 도달한다. 첫째, 이 구절들이 본문에 나타나면 저자가 '기적'을 보고하는 것으로 여긴다. 즉 세상의 현상들을 이해하기 위해 보통 사용하는 정신 능력(지성이나 이성)에 의존하지 않은 어떤 지식이 그 사람의 정신에 계시되었다고 여기는 것이다. 둘째, 하나님이 인간 정신에 지식을 기적적으로 부여할 수 있다는 성서 저자의 세계관을 정신이 박약하거나 순진한 사람들이 기록한 허무맹랑한 소리이거나 지금은 알 수 없는 이면의 목적을 추구한 비양심적인 사기꾼들이 꾸며낸 거짓말로 여기는 것이다. 여하튼 구약 본문이 하나님을 행동하고 말하는 존재로 그린다는 사실은 그 책의 저자들이 (정신박약이든 거짓말쟁이이든) 우리가 스승으로 삼고 싶은 사람들은 아님을 잘 보여준다.

　　이렇듯 많은 사람이 "하나님이 말씀하신다"는 구절들 때문에 구약 성서 본문이 계시의 산물일 뿐 진중한 이성적 작품은 아니라고 생각한다.

　　성서 저자들은 매우 자주 어떤 사건이나 말이 하나님께로부터 온 것이라고 주장한다. 부정할 수 없는 사실이고, 부정하고 싶은 마음도 없다. 왜냐하면 그것이 성서 본문의 본질적 특징이기 때문이다. 그러나 이 특징을 빌미삼은 일련의 주장들은 전혀 다른 문제다. 예를 들어, 하나님이 말씀한 것으로 전해진 본문들은 언제나 '기적을 보고한다'는 주장, 성서 저자의 세계관이 한갓 열등한 미신에 불과하다는 주장, 성서 저자들이 좀 모자란 사람들이나 나쁜 거짓말쟁이였다는 주장,

그리고 그들이 쓴 본문 자체도 그런 낮은 지성이나 거짓말의 산물이라는 주장, 성서는 이성적일 수 없다는 주장 등은 받아들일 수 없다. 이런 주장들은 프랑스 계몽 철학자와 독일 신학자 들이 만들어낸 선동 문구로, 그들의 목적은 성서를 신뢰할 수 없는 책으로 폄하하고 유럽 사회에서 교회의 영향력을 파괴하려는 것이었다. 그들이 당시 성서에 대해 이렇게 주장한 나름의 이유들이 있었을 것이다. 그러나 그것들은 오늘날에는 잘 맞지 않는다. 대부분의 선동 문구처럼, 그 이유들도 공정하지 않은 것이다. 그들의 주장을 자세히 살피면 전혀 이치에 맞지 않음을 알게 될 것이다.

자, 이제 위의 문제와 맞대결해보자. 하나님이 말씀하시거나 행동한다고 주장하는 본문을 만나면 우리에게 남겨진 선택지는 그것을 계시로 분류하는 것뿐인가? 즉, 우리는 그것이 이성적 본문일 가능성을 배제해야만 하는가?

이 질문에 주어질 대답은 강한 부정이다. 구약 성서에 하나님이 말씀하시거나 행동하는 내용이 나온다 해서 우리가 그것을 계시로만 간주하고 이성의 산물일 가능성을 배제해야 하는 것은 아니다. 만약 그렇다면 우리는 역사상 가장 유명한 철학 책들(이성적 작품임은 부정될 수 없으며, 오히려 서양 철학 전통의 기초로 간주되는 책들)을 이성적 산물이 아니라고 주장해야 한다.

예를 들어, 소크라테스(기원전 436-338) 이전의 그리스 철학자인 파르메니데스(Parmenides, 기원전 515-440)의 저작들을 살펴보자. 파르메니데스는 철학사에서 절대로 지엽적 인물이 아니다. 존재의 본성에 대한 그의 연구는 이후의 그리스철학에 엄청난 영향을 주어서 플라톤(기원전 428-348)의《대화편》가운데 등장하는 인물 중 한 명은 파르메니데스를 '아버지'라고 부를 정도다.[5] 현대 철학사에서도 파르메니데스는 매우 중요한 인물로 간주된다. 그런데 이스라엘 선지자 예레미야(기원전 647-572)보다 약 130년 후에 태어난 파르메니데스는 자신의 철학이 신의 계시에 의한 것처럼 기록했다. 그의 신은 한갓 은유적인 신이 아니었다. 파르메니데스는 정말로 그 신이 자신을 가르치고, 자신에게 감동을 주어, 철학을 하도록 허락했다고 이해했다.[6] 다음은 현존하는 그의 유일한 저작의 머리말에서 가져온 것이다.

25

암말들이 나를 싣고 여신의 길, 토론의 길을 가게 했습니다. 그 길은 이성의 사람을 한 단계 한 단계 앞으로 나아가게 합니다. 나를 나르는 암말들은 내 영혼이 도달할 수 있는 곳까지 나를 계속 운반했습니다. 수레를 끄는 지혜로운 암말들이 여종들의 길 안내를 따라 나를 운반하고 있었기 때문에 나는 그 길을 (성공적으로) 여행할 수 있었습니다. 태양의 딸들이 나를 더 빨리 운반하려 할 때마다 바퀴통의 축이 높은 파이프 소리를 내며 계속 불탔고 나는 양쪽의 금속 바퀴에 의해 앞으로 나아갔습니다. …

그 여종들은 수레와 암말들을 길 따라 똑바로 몰며 문을 통과해 들어갔습니다. 그리고 나를 따뜻하게 맞이한 여신은 당신의 손으로 내 오른손을 잡으며 다음과 같이 이야기했습니다. "젊은이여, 환영합니다. 그대를 운반한 불멸의 수레지기와 암말들과 동행하여 우리 거처에 도착했구려. … 그대는 이미 모든 것에 대해 들었음이 분명하오."[7]

이 본문에서 파르메니데스는 "태양의 딸들"이 모는 수레를 타고 밤하늘을 날아오르는 경험을 비교적 자세히 묘사하고 있다. 마침내 그가 이름이 알려지지 않은 여신의 궁에 들어서자 그 여신은 파르메니데스의 손을 잡고 그에게 "모든 것"을 알려줄 것을 약속한다. 실제로 파르메니데스가 철학에 관해 한 모든 말이 이 여신의 말로 구성되어 있다. 즉, 여신의 계시인 것이다.

여신이 파르메니데스에게 계시한 내용에는 어떤 것들이 있는가? 본문은 대부분 유실되었지만 남은 부분을 통해 우리는 여신이 파르메니데스에게 밤과 낮, 태양과 달, 별과 에테르, 공기[8] 그리고 "만물을 다스리는 신"의 창조에 대해 계시했음을 알 수 있다. 예를 들면, 다음과 같다.

좁은 고리들이 순수한 불로 채워졌다. 그리고 그 위의 고리들은 화염이 움직이는 밤으로 채워졌다. 이들 사이에는 만물을 다스리는 신이 있다. 그녀는 도처에 기형적 출생과 교접을 일으켰다. 즉, 암컷을 보내 수컷과 교접할 뿐 아니라 암컷과도 교접하도록 했다.[9]

또한 그 여신은 파르메니데스에게 다음과 같이 말한다.

존재는 모든 시점에서 완벽의 상태에 있다. 마치 원형의 공처럼 그것은 중심으로부터 전 방향으로 동일한 관계에 있다. 그것은 관점에 따라 더 크거나 더 작아서는 안 되는 것이다.[10]

　　더구나 이런 계시도 있다.

그녀는 사랑을 최고의 신으로 만들었다.[11]

　　여신은 파르메니데스에게 그 외의 것들도 계시한다. 또한 그녀는 파르메니데스가 앞으로의 삶에서 순종해야 할 계명들도 말해준다("나는 너에게 이런 것들에 주의하라고 명령한다"[12]). 그리고 그녀가 파르메니데스를 가르칠 때 늘 강조하는 것이 있다. 그것은 '실재에 대한' 그녀 자신의 '말씀과 생각'이 신뢰할 만하다는 것이다.[13] 반면 여신은 "지혜 없이 죽을 존재들이 분열된 머리로 헤매는 것이 인간의 의견들이다. 그들 가슴속의 혼란이 인간 지성을 타락시킨다. 인간의 의견은 혼동 가운데 귀먹고 눈멀어 판단 능력 없는 존재들에게서 나온 것이다"라고 말한다.[14] 여신의 모든 계시를 받은 파르메니데스는 더 이상 그런 인간의 의견에 의존할 필요가 없다. 그래서 그녀는 그에게 "지혜에 있어 어떤 인간도 너를 이기지 못할 것"이라고 말해준다.[15]

　　계시에 근거한 철학의 예가 파르메니데스의 경우에 국한된 것은 아니다. 엠페도클레스(Empedocles, 기원전 490-430)도 자신의 사고 과정과 철학함이 칼리오페이아(Calliopeia) 여신에게 의존해 있다고 말한다. 칼리오페이아는 인간들이 듣기에 합당한 것을 하늘의 수레에 실어 엠페도클레스에게 보낸다. 다음은 엠페도클레스의 글이다.

하얀 무기의 여신이여, 많은 생각 끝에 나는 당신께 간청합니다. 덧없는 피조물들이 듣기에 합당한 것을 (내게) 보내주세요. 경건의 (집)으로부터 그대의 수레를 끌고 오세요. 영원한 여신이여, 덧없는 피조물을 위해, 제발, 우리에 대한 걱정이 당신의 뇌리를 스친다면, 칼리오페이아여, 내 기도를 들어주세요. 나는 축복된 신들에 관한 좋은 이야기를 풀어내려 합니다.[16]

　　여기서 엠페도클레스는 인간에 대한 염려가 여신의 생각에 스치

27

면, 그 여신이 인간 청중이 듣기에 합당한 말들을 하늘에서 내려줌으로써 우리의 기도에 응답한다고 말한다. 그리고 실제로 우리에게 남겨진 엠페도클레스의 철학은 그런 계시에 의한 것이다.

플라톤 이전 그리스 철학자들의 저서는 매우 단편적으로만 남아 있다. 그래서 얼마나 많은 다른 중요한 철학자들이 파르메니데스나 엠페도클레스처럼 명시적으로 자신들의 사상을 신에 의한 계시라고 주장했는지 확실히 알 수 없다. 그러나 우리에게 남겨진 얼마 안 되는 증거들에 따르면 철학에 대한 이런 이해 방식이 다른 철학자들에게도 나타났을 가능성이 높다. 예를 들어, 헤라클레이토스(Heracleitos, 기원전 535-475)는 다음과 같이 말했다. "지혜자는 하나뿐이다. 그는 제우스라는 이름으로 불리기도, 불리지 않기도 한다.[17] 또한 성인이 아이보다 지혜롭듯이 신은 인간보다 지혜롭다."[18] 이런 말에 비추어볼 때, 헤라클레이토스도 철학함에 신의 도움이 필요하다고 생각한 듯하다.[19] 그리고 다른 소크라테스 이전 철학자들에 대해서도 비슷한 추정이 가능하다.[20] 플라톤에 따르면, 심지어 이성에 인도된 철학자의 원형인 소크라테스도 신에게서 계시나 명령 그리고 꿈을 받은 것으로 알려진다. 그런 계시들이 그의 삶과 철학에 형식과 내용을 제공했다.

예를 들어, 다음은 소크라테스가 종종 듣는 신의 목소리를 묘사한 것이다. 그 목소리는 소크라테스에게 '내가 명하지 않는 어떤 것'도 해서는 안 된다고 경고하고 있다.

너는 내가 여러 곳에서 그에 대한 이유를 설명하는 것을 들었다. 나는 신적 혹은 영적 계시를 받는다. … 이것은 내가 어릴 때부터 시작되었다. 목소리의 형태다. 내가 무언가를 하려 할 때 그것이 나를 막는다. … 나에게 친숙한 예언적 능력, 즉 영적 계시가 사소한 문제에서도 나를 자주 막아선다. 특히 내가 무엇인가를 잘못하려 할 때 … 혹은 내가 한참 말하는 중에도 그것이 나를 종종 막았는데, 지금은 그것이 내 말이나 내 행동을 막아서지 않는다.[21]

이 글에서 소크라테스는 자신의 "예언적 능력"이 종종 그의 행동과 말에 간섭한다고 말한다. 또한 그에게 들리는 "목소리"도 그가 어떤 것을 말하거나 행하려 할 때 그를 막아선다. 이뿐만이 아니다. 소크라테스가 추구하는 철학은 신이 자신에게 직접 내린 명령이나 "예언과 꿈에 의한 명령, 그리고 그 외에 다른 신적 계시의 수단들에 의한 명령"의 직접적 결과다.[22] 비록 파르메니데스처럼 자신의 철학을 여신의 연설로 묘사하지 않지만, 플라톤에 따르면 소크라테스도 자신의 철학에서 발생하는 문제에 대한 답을 뮤즈와 다른 신들에게 요청한다. 소크라테스도 종종 자신의 철학적 언설이 신의 목소리에 영감받았음을 인정한다.[23] 이와 같이 플라톤의 저서들에서도 신들이 인간에게 말할 뿐 아니라 인간의 말과 행동에 영향을 주는 것처럼 보인다.[24]

지금까지의 논의가 함의하는 바는 다음과 같다. 예레미야와 플라톤의 시대 사이, 약 200년 동안 서양 철학을 태동시킨 철학 전통이 번성했다. 그 전통에 따르면 철학적 탐구를 행하는 능력은 부분적으로, 혹은 완전하게 계시나 여러 다른 형태로 신의 도움에 의존한다. 이 전통에서 인간은 자신의 자연적 능력으로 중요한 문제들에 대한 답을 얻을 수 없는 것으로 간주되어, 진리에 도달하는 데 계시 혹은 다른 형태의 신의 도움을 필요로 한다. 왜냐하면 진리는 신만이 가진 것이기 때문이다. 이 전통에서 성공한 철학은 신이 직접 주신 말씀이거나 신이 선지자를 통해 전달한 말이거나, 혹은 신이 감동한 말로 제시된다.

그러나 이런 철학 저작들의 계시적 성격에도 불구하고, 오늘날 그 책들은 계시보다는 이성의 산물로 해석된다. 역사가와 철학 교수들도 그 책들에 관해 논문을 쓰거나 수업에서 가르칠 때, 일반적 철학 저서 중 하나로 취급한다. 예를 들어, 버트런드 러셀(Bertrand Russell)의 《서양 철학사(History of Western Philosophy)》는 파르메니데스, 엠페도클레스 그리고 헤라클레이토스에 짧은 장 하나를 할애하지만, 그들 철학의 기원인 신들의 역할에 대해서는 전혀 언급하지 않는다. 러셀은 소크라테스가 신의 목소리, 예언, 꿈 등에 의해 인도된다고 믿은 사실은 언급하지만 그 이상은 말하지 않는다.[25] 다른 철학사 책들도 이 점에서 거의 동일하다. 거의 모든 철학사 책이 자신의 저작을 신적 계시로 인식한 일부 철학자를 거리낌 없이 다루지만, 계시의 역할을 완전히 무시하거나 지나가듯 언급함으로써 계시의 역할에 대한 어떤 결론도 이끌어내지 않는다.

그럼, 우리가 가령 예레미야의 저작을 읽을 때 자주 사용하는 해석 법칙들을 파르메니데스의 본문에 적용하면 어떻게 될까? 파르메니네스가 신들이 끄는 수레를 타고 하늘로 올라가서, 여신에 의해 손수

29

영접된 후 그녀로부터 계명을 받았다? 파르메니데스는 인류에게 진리를 전달하기 위해 여신의 말씀과 그녀가 보여준 환상들을 기록했다?

오늘날 구약 성서를 읽을 때 자주 적용되는 기준들을 파르메니데스에 적용하면, 우리는 그가 움직이고 말하며 환상을 보여주는 여신을 이야기할 때, 혹은 수레를 타고 하늘로 올라간다고 보고할 때, 혹은 하늘에서 만난 신들의 행동들을 묘사할 때, 파르메니데스가 자신이 목격한 일련의 기적들을 우리에게 전달하고 있다고 생각해야 할 것이다. 나아가 그런 기적을 통해 '진리'가 그에게 계시되었다고 말해야 할 것이다. 즉, 인간 지성의 작용이 아니라 신의 뜻에 의해 비밀 지식이 인간에게 계시된 것이다. 그렇지 않으면, 우리는 이 모든 것이 말도 안 되는 환상에 불과하다고 생각해야 할 것이다. 그리고 이런 엉터리 이야기를 기록한 파르메니데스는 순진한 바보이거나 특정한 목적을 위해 자신의 독자들을 조작하려 한 양심 없는 거짓말쟁이라고 말해야 한다. 파르메니데스가 그런 거짓된 이야기를 기록할 정도로 바보이거나 거짓말쟁이였다고 이해하면 우리는 그의 저술이 이성적 산물이 아니기 때문에 '실재(reality)'에 대한 우리의 이해에 전혀 도움이 되지 않는다고 자연스레 결론 내릴 수 있을 것이다. 그리고 우리는 다른 터무니없는 고대 문서와 함께 파르메니데스의 저작도 쓰레기통에 버릴 것이다.

나는 파르메니데스의 팬은 아니다. 형이상학을 수학적 논리로부터 유추하려 한 그의 시도는 인류의 진리 추구 여정에서 잘못된 선택이었다고 생각한다. 그리고 오늘날까지 우리는 그 때문에 계속 고통당하고 있다. 그렇지만 계시의 형태로 제시되었다는 이유로 파르메니데스와 같은 철학자의 사상을 완전히 무시하는 것도 옳지 않다고 생각한다. 철학사가 풍성히 증언하듯이 우리는 과거의 위대한 인물들이 모든 문제에 있어(아니면 적어도 우리가 중요하다고 여기는 문제에 있어) 우리의 관점에 동의해주기를 기대할 수 없다.[26] 만약 파르메니데스가 자신의 철학을 여신에게서 계시받은 것으로 생각했다는 가정을 받아들일 수 없다면 파르메니데스의 저작에 등장하는 여신을 다른 방식들로 설명할 수 있을 것이다. 그 방식들이 많은 사람을 설득하지는 못하더라도 적어도 그 방식들은 그의 저작을 교만하게 즉시 쓰레기통에 던져버리는 것만은 막을 것이다. 예를 들어 우리는 소크라테스 이전의 철학자들의 경우, 신적 계시를 언급하는 것이 문학적 관습이었다고 말할 수 있다. 혹은 철학자들의 저작들에서 여신은 은유적 표현일 수도 있다. 혹은 오늘날 우리가 인간 지성의 '통찰'이라고 부르는 것을 옛사람들은 신의 말씀으로 이해했을 가능성도 있다. 그것도 아니면 우리는 파르메니데스가 여신을 언급한 것이 약간 이상하지만 그가 제안한 철학은 좋으니 상관없다고 말할 수도 있을 것이다. 혹은 파르메니데스가 신의 말씀에 대한 전승들을 이어받아 옛 줄거리는 보존하는 한편, 그것의 철학적 논리를 더욱 명확히 발전시켰다고 말할 수도 있다. 이런 시도들은 계시라는 개념을 받아들이기 어려워하는 사람들도 파르메니데스의 사상을 접할 수 있도록 해줄 것이다. 그리고 내가 확신하는 바는 파르메니데스의 지성과 인격을 손상시키지 않으면서 우리가 열린 마음을 가지고 그의 철학을 공부하도록 도울 여러 접근법이 있다는 것이다.

이제 물어야 할 질문은 이것이다. 여신에 의한 계시의 형식을 가졌다는 이유로 파르메니데스의 철학을 무시하는 것이 비합리적이라면, 왜 사람들은 소크라테스 이전의 철학자들에 대해 취하지 않았던 전략을 구약 성서의 저자들에 대해서는 스스럼없이 적용하는 것일까? 우리가 파르메니데스 저작의 계시적 성격을 다양하게 설명하는 것과 같은 방식으로 예레미야의 저작에 대해서도 비슷한 작업을 해야 하지 않을까? 만약 우리가 그리스인들에게 나타난 이상한 신들과 그 예언들을 용납하고 그것들 너머에 있는 가르침에 근거해 그들을 판단한다면 왜 유대인의 저작에는 같은 기준을 적용하지 않는가?

내 생각에는 이 질문에 대한 답은 이것이다. 그리스 문헌들을 다루는 방식과 동일하게 유대인의 문헌을 다루지 않는 이유는 우리가 초대 기독교 교리라는 굴절 렌즈를 통해 그것들을 보기 때문이다. 즉, 이성과 계시의 이분법적 굴절 렌즈는 그리스의 지혜는 이성에서 나온 것인 반면 유대인들의 지혜는 계시에 의한 것이라고 가르친다. 이 이분법은 선험적으로 적용된다. 그 이분법이 옳은지에 대한 깊이 있는 조사나 탐구 없이 바로 적용된다. 파르메니데스의 환상은 그리스적 지혜이므로 이성의 산물로 연구되는 반면, 예레미야의 저작은 유대적 지혜라는 이유만으로 계시의 산물로 연구된다. 그리고 이 선험적 분류는 자기실현적(self-fulfilling)인 성격도 가진다. 즉, 많은 학자와 교양인이 오랜 세월 동안 파르메니데스의 저작에서 합리적인 것과 철학적인 것을 찾으려고 열심히 노력해왔기 때문에 그것을 찾은 것이다. 반면 예레미야 본문에 대한 연구는 철저하게 계시적 성격에만 집중되어 왔다.

그러나 이런 태도는 전혀 옳지 못하다. 어떤 작품이 계시의 형식을 가진다고 해서 그것이 이성적 산물이 될 수 없다는 생각, 즉 철학적 가치를 가질 수 없다는 생각은 무례한 편견에 불과하다. 우리가 파르메니데스와 동일한 기회를 예레미야에게 주지 않는 것도 바로 이런 편견에서 비롯된 것이다. 우리가 신중히 그리고 상식적으로 접근하면 구약성서의 위대한 선지자의 저작들도 지금까지 연구된 철학자들 못지않게 매우 합리적인 논증과 철학을 제공한다는 사실을 알게 될 것이다. 그리고 구약 성서의 일부 다른 부분에 대해서도 마찬가지의 이야기를 할 수 있다.

서양사를 보면 이성과 계시의 이분법은 주로 교회의 노력을 통해 유지되고 발전되었다.[27] 그러나 문화적 환경이 변한 지난 2세기 동안 그런 이분법의 가장 영향력 있는 주창자는 연구 중심의 대학교들이었다. 마지막으로 이 책의 개요를 서술하기 앞서, 이성과 계시의 이분법을 성서 해석의 기초로 세우는 일에 대학들이 감당해온, 그리고 앞으로도 감당할 역할에 대해 설명하고자 한다.[28]

기독교 신학에서 이성과 계시를 이분법적으로 나눈 의도는 계시의 산물이 한갓 이성의 산물보다 훨씬 우월하며, 따라서 존경과 경외를 받을 가치가 있다는 확신을 주기 위함이다. 그렇다면 파르메니데스는 시대를 혁신한 사상가이고 예레미야는 환청을 듣는 미치광이 노방 설교자라는 인식은 이성과 계시에 대한 기독교적 이분법에서 기인한 것은 아닌 셈이다. 그런 생각에 힘을 실어주고, 널리 유포시킨 사람들은 18세기 말의 계몽주의 철학자들이었다. 이들은 교회로부터 이성과 계시의 이분법을 이어받아 그것을 기독교인들이 의도하지 않았던 방향으로, 즉 자신들의 목표를 달성하기 위해 '리모델링'했다. 잘 알려진 대로 이 당시 프랑스와 독일 문화는 그리스 철학과 예술에 대한 특별한 열심으로 가득했다. 특히 독일에서는 고대 그리스인을 초인(Übermensch)으로 간주했을 뿐 아니라 당대 독일인들이 이상으로 삼아야 하는 인류의 모델로 추켜세웠다. 예를 들어, 철학자 빌헬름 폰 훔볼트 (Wilhelm von Humboldt)의 말에 주목해보자. 훔볼트는 프로이센의 교육부 장관을 역임하면서 후에 미국 고등교육의 모델이 된 연구 중심 대학 제도를 기획한 사람이었다. 다소 길지만, 그의 의도가 오해되지 않도록 전문을 인용한다.

그리스 역사 연구는 다른 민족 역사 연구와 구별된다. … 일반 세계사의 잣대를 그리스인들에게 감히 적용한다면 우리는 그들과 우리의 관계를 완전히 오해하게 될 것이다. 그리스인에 대한 지식은 단순히 즐겁고 유용하며 필수적인 것이 아니다. 그리스인은 우리가 본받아 실현하고 싶은 이상이다. 역사의 다른 시점들에 대한 연구도 우리에게 풍성한 인간 지혜와 경험을 제공하지만 그리스인에 대한 연구를 통해 우리는 지상적인 존재 그 이상의 어떤 것, 심지어 신적인 것에 이르게 된다.

우리는 수많은 번민으로 갈기갈기 찢겨 삶을 깊이 있게 관조할 수 없는 상황에 있다. 우리의 이런 상황을 그리스인의 최고선을 향한 자유롭고 순결한 활동과 비교해보라. 반복적인 노력을 통해 느리게 완성되는 우리의 노력을 지성과 영혼에서 풍성하게 흘러나오는 그리스인의 업적들과 비교해보라. 수도원적 고독 가운데 생기는 우리의 어두운 생각이나 군중적 사회에서 받는 무차별적 모함들을 그리스 시민 공동체의 차분한 기쁨이나 거룩한 연대와 비교해보라. 어떤 사람들은 죄수가 자유로운 삶의 기쁨을 회상할 때처럼, 혹은 환자가 무척 건강하던 때를 추억할 때처럼 그리스인과의 그런 비교가 우리를 슬프고 우울하게 만들 것이라고 말한다.

그러나 반대로 우리의 마음을 북돋고, 영혼을 확장시킴으로 우리를 본래의 … 인간적 자유로 회복시키는 것은 고대의 그 시간으로 돌아가는 것뿐이다. 우리가 새로운 용기와 새 힘을 가지고, 현재와 완전 반대적인 상황에 이르려면 그리스의 소진되지 않는 샘에서 나오는 참된 영감을 받아야 한다. 운명이 그들과 우리 사이에 놓은 그 차이를 깊이 인식하면, 그 차이를 생각할 때 생겨나는 … 힘을 이용해 우리는 운명이 허락한 높이까지 우리 스스로를 고양시킬 수 있다. 우리는 그리스인의 범접할 수 없는 경지를 의식하면서 그들을 본받는다. 우리는 우리의 상상력을 자유롭고 재기 충만한 그리스적 삶(올림포스 주민들에게 편안한 삶이 주어졌지만 우리에게는 그런 그리스적 삶이 주어지지 않았다는 느낌과 더불어)에 대한 이미지들로 채운다.[29]

33

홈볼트가 베를린 대학교를 설립하기 2년 전 출판된 이 글은 계몽주의자들의 열정적인 그리스 사랑을 잘 보여준다. 이 글에서 홈볼트는 일반 세계사의 잣대를 그리스인들에게 감히 적용하면 안 된다고 경고한다. 왜냐하면 그리스인에게서만 "우리가 본받아 실현하고 싶은 이상"을 발견하기 때문이다. 나아가 홈볼트는 그리스인들이 "지상적인 존재 그 이상"이며 신에 가깝다고 강조하고 독일인이 그리스인과 가지는 관계는 그리스인이 그들의 신들과 가지는 관계와 같다고 말한다. 참된 건강, 생명, 공동체, 자유, 신성함이 모두 그리스인만의 것이라고 주장된다. 그리고 그는 동료 독일인들에게도 "소진되지 않는 샘(그리스)에서 나오는 참된 영감을 받을 것"을 촉구한다.

오직 그리스인 가운데 이상형을 찾을 것. 오직 그리스인으로부터만 영감을 얻을 것. 이 두 표현은 기독교 유럽에서 사용된 도발을 위한 표어다. 그 도발의 대상이 누구인지 알아내기 위해 깊이 생각할 필요도 없다. 그리스인을 유일한 학문과 지식의 원천으로 격상시킨 것은 기독교 유럽의 자기 이해에 대한 근원적 수정을 선언하는 것이었다. 즉 회고적 관점에서 옛 유대—그리스 융합이 잘못된 것이었다는 선언이다. 그때부터 유럽의 역사와 사상에서 유대적인 모든 것이 유해하거나 불필요한 것으로 간주되었다.

계몽주의 철학자들은 그리스 문화의 관점에서 유럽 역사에 대한 해석을 정립하는 데 놀라운 재능을 발휘했다. 유대인의 문서를 무지나 미신과 연결시킨 그들은 참된 이성적 작품이 유대인 가운데서는 나오지 않았고, 사상사에 중요한 기여를 한 저서 중에 히브리적인 것은 전혀 없다고 주장했다. 예를 들어, 칸트는 구약 성서가 무지한 민족에 의해 쓰인 문서이므로 서양의 사상 발전을 논하는 데 구약 성서를 언급하지 않는 것이 안전하다고 주장했다. 칸트에 따르면 유대인의 모든 지혜는 후대에 그리스인에게서 배운 것이다. 칸트는 다음과 같이 말한다.

유대 신앙의 본래 모습은 정치 조직의 기초가 되는 제정법을 모아놓은 것에 불과하다. 나중에 '첨가된' 도덕적 규범들은 유대교 자체의 것이 결코 아니다. 유대교는 종교라 할 수 없고 순전히 정치적인 법전 아래 형성된 하나의 연방체이며 특정 인종에 속한 사람들의 연합에 불과하다. … (시간이 흐르고 나서야 유대 집단)은 그 안에서 점진적으로 공포된 도덕규범 때문에 종교적 신앙과 결부된다. 이 무식한 민족도 많은 외국의 (그리스적) 지혜를 수용할 수 있었던 것이다.[30]

헤겔도 비슷한 주장을 펼친다. 그는 오로지 그리스인과 게르만인, 두 민족만이 철학을 소유해왔다고 주장한다.[31] 기독교 사상들이 유대교에서 빚을 지고 있다는 가정에 관해서 헤겔은 그것이 사실이 아니라고 말하면서 기독교의 내용은 엑스 니힐로(ex nihilo), 즉 무로부터 발생했다고 설명한다. 곧 기독교는 제2의 창조인 것이다.

기독교에서 지성적 세계와 영혼에 대한 절대적 주장들은 모두가 인지하는 바가 되었다. 기독교는 유대교의 비열하고 우울한 자의식으로부터 나왔다. 그런 무가치함의 느낌은 처음부터 유대인의 특징이었다. 즉 황폐한 느낌과 이성이 결여된 비열함이 유대인의 삶과 의식을 사로잡았다. … (기독교에서) 그러한 무가치가 긍정적으로 화해된 형태로 변모한 것이다. 이것은 첫 번째 창조 이후 발생한 제2의 창조다.[32]

앞서 인용한 글에서 독일 계몽주의의 선두적 사상가들은 이성과 계시의 이분법적 역사에 새로운 변화를 도입했다. 즉, 계시에 대한 경멸적 태도에 신랄한 반유대주의를 섞어 서양 역사의 새로운 관점을 만들어냈다. 이 관점에 따르면 가치 있는 것은 절대로 유대인에게서 발견되지 않는다.[33]

서양 역사에 대한 이런 관점의 파장은 대단했다. 1810년부터 독일의 대학들은 훔볼트의 리더십 아래 기독교 철학이 아닌 자연과학을 중심으로 새롭게 개편되었다. 대학의 이런 변화는 여러 측면에서 엄청난 성공을 거두었다. 방대한 새 자원을 손에 넣은 학자들은 자연과학과 수학 분야에서 첨단 연구를 진행할 수 있게 되었다. 곧 독일 대학들은 수학, 물리학, 생물학, 의학 등의 다양한 분야에서 학문적 업적을 선도하는 세계적 중심지가 되었다. 하지만 이런 과학적 세계관은 수학과 자연과학에만 국한되지 않았다. 역사학과 종교학도 '과학'의 하나로 새롭게 정의되었다. 그리고 독일 대학이 역사에 대한 과학적 연구라는 이름으로 만들어낸 것은 칸트와 헤겔의 계몽주의적 역사 내러티브다. 하비(Harvey), 보일(Boyle), 뉴턴(Newton)의 업적에 의해 잘 정당화된 과학의 커가는 입지는 역사 서술의 혁명에도 영향을 주게 되었다. 물론 그런 혁명이 무엇을 이루었는지는 매우 모호하며, 그런 혁명의 동기도 서양 사상사에 관한 순수한 진리 추구와는 전혀 다른 것이었다.

그 후 수십 년 동안 독일 대학들은 계몽철학 유포에 국제적 심장 역할을 했다. 수만 명의 미국과 영국 학생이 고등 학위를 취득하기 위해 독일로 몰려들었다. 그리고 1870년대에 이르면 독일의 '연구 중심 대학' 모델이 미국이나 일본과 같이 멀리 떨어진 나라에서도 고등 교육의 표준으로 자리 잡았다. 물론 연구 중심 대학이 미국에 도입된 것은 주로 그것이 과학과 수학 분야에서 보인 업적들 때문이다. 그러나 그때 함께 도입된 것이 서양 사상사에 대한 계몽주의적 이해였다. 오늘날 전 세계 대학들에서 거의 배타적으로 연구되고 가르쳐지는 것이 바로 그런 역사 이해다.

내가 1980년대 후반 러트거스 대학교에서 정치 이론으로 박사과정을 시작했을 때, 그 대학에서 가르치던 것도 계몽주의적 역사관이었다. 당시 대부분의 일류 대학에서처럼 러트거스 대학교에서도 정치 이론과 정치사상사는 소크라테스 이전의 그리스에서 발원해 플라톤과 아리스토텔레스로 넘어가, 그리스와 로마의 철학학파들로 이어져, 신약성서와 아우구스티누스와 같은 교부들의 저서에 근거한 기독교의 정치사상으로 발전해온 것으로 이해되었다. 그후 이 지적 전통은 토마스 아퀴나스 같은 중세 정치사상가를 통해 마키아벨리·홉스·로크·루소와 같은 근대 초기 철학자들로 이어져, 마침내 칸트·헤겔·마르크스·니체와 같은 독일 사상가들과 함께 거대한 피날레에 이른 것으로 제시된다. 서양 정치사상사에 대한 이런 견해는 표준적 교과서들—가장 권위 있는 것으로 조지 세이빈(George Sabine)의 책을 들 수 있음—에서 쉽게 발견되는 것이다.[34] 그리고 그것은 레오 스트라우스(Leo Strauss)와 셸던 월린(Sheldon Wolin)이 제안한 '수정주의' 역사로 간주되는 책들에도 큰 변화 없이 반복되고 있다.[35] 이와 같은 책들과 내가 본 다른 비슷한 책들에서 구약 성서가 서양 사상사에서 감당한 역할은 침묵 가운데 넘어가거나 몇 개의 (폄하하는 듯한) 문장으로 무시되듯 처리된다.[36]

이런 경향을 대표하는 것이 의미심장한 제목을 가진 월린의 역사서 《정치와 비전(Politics and Vision)》이다. 이 책은 몇 장에 걸쳐 기독교 정치사상이 서양 사상에 어떻게 기여했는지(그는 그 기여를 "사람들을 의미 있는 참여적 삶으로 회복시킨 강력한 새 공동체적 이상"으로 부름)를[37] 묘사하면서 유대교에 대해서는 다음의 단 세 문장만을 할애한다.

유대인들의 종교적 경험은 정치적 요소들에 강하게 채색되었다. … 여호와와 그의 선민 사이의 계약은 종종 (유대) 민족의 번영을 약속하는 것으로, 그리고 유대인들이 정치 왕국을 세워 나머지 세계를 다스리는 것으로 이해되어왔다. 그리고 메시아적 인물은 (보편) 구속의 대리인이 아닌 다윗 왕국의 회복자로 등장했다.[38]

따라서 월린에 따르면 기독교가 도래하기 전의 천 년간의 유대 정치사상은 유대인들이 궁극적 정치권력을 얻어 전 지구에 대한 유대인의 통치를 확립하는 것으로 요약될 수 있다는 것이다.³⁹

구약 성서의 존재가 완전히 무시된 채 철학사와 현재의 철학이 연구되고 가르쳐지는 대학의 철학과에서는 상황이 더 심각하다. 정치사상사의 경우와 마찬가지로 철학 교과서들의 경우에서도 상황의 심각성을 실감할 수 있다.⁴⁰ 버트런드 러셀은 《서양철학사》에서 최초의 철학자 탈레스 세대의 그리스인들이 성서 저작에 관여한 유대 지성인들과 만났을 가능성을 애써 지적한다. 그 이유는 그 만남에서 무엇이 발생했는지에 관한 자신의 추측을 말하기 위함이다. 그는 다음과 같이 적고 있다.

기원전 610-560년 사이에 이집트에서 가장 중요한 그리스인들의 거점지는 다프네(Daphnae)였다. 여기서 예레미야와 다른 유대 난민들이 느부갓네살을 피해 살고 있었다(렘 43:5 이하). 하지만 이집트인들이 그리스인들에게 의심할 여지없는 영향을 주었지만, 유대인들은 그렇지 못했다. 예레미야가 의심 많은 이오니아인들에 대해 느낀 감정은 강한 혐오뿐이었을 것이다.⁴¹

이처럼 러셀은 역사적 증거 하나 없이 예레미야가 동시대의 그리스인들에게 어떤 영향도 주지 못했으며 오히려 "강한 혐오"를 가지고 그들을 대했다고 주장한다. 이것은 역사와 계시의 이분법적 사고가 그 검증되지 않은 개연적 만남에 역투영된 결과다.⁴²

앤서니 케니(Anthony Kenny)의 《새 서양철학사(A New History of Western Philosophy)》도 실망스럽기는 마찬가지다. 이 책은 '유대교와 기독교'라는 소단락에서 구약 성서를 처음으로 언급한다. 그 단락은 다음과 같이 시작한다.

철학의 장기적 발전 과정과 관련해 1세기 로마 제국에서 발생한 가장 중요한 사건은 나사렛 예수 그리스도의 생애였다.⁴³

이어서 케니는 예수의 도덕적 가르침을 논한다. 그러나 구약 성서의 어떤 사상들이 철학에 기여했는지는 어디에서도 논하지 않는다.⁴⁴

내가 아는 모든 다른 철학사 책들도 대략 이런 식이다.

　　이런 경향은 도덕철학 분야에서 가장 뻔뻔해진다. 왜냐하면 서양 사상이 2,000년 이상 구약 성서에 노출되면서 그것에 가장 많이 영향받을 법한 분야가 도덕철학이기 때문이다. 그러나 그 가능성은 도덕철학 분야를 소개한 주류 개론서에서 전혀 보이지 않는다. 길버트 하면(Gilbert Harman)의 《도덕의 본성(The Nature of Morality)》과 버나드 윌리엄스(Bernard Williams)의 《도덕: 윤리학 개론(Morality: An Introduction to Ethics)》은 도덕에 관한 철학적 논증에 아리스토텔레스·아퀴나스·칸트·흄·벤담의 사상을 포함시킨다. 물론 이들 중 구약 성서를 지나가면서라도 언급한 사람은 없다.[45] 존 데이(John Deigh)의 《윤리학 개론(An Introduction to Ethics)》은 윤리학의 일부 체계(의무적 윤리)가 궁극적으로 모세 율법에 그 뿌리를 두고 있다고 언급한다. 그러나 데이도 하나님의 율법은 '마음에 새겨진' 것으로 어떤 책에 의존하지 않고도 연구될 수 있다는 바울의 말에 근거해 이 주제를 더 이상 연구하지 않았다. 그는 다음과 같이 설명한다.

(바울은) 우리 마음속을 성찰함으로써 (하나님의 법)에 대한 지식에 이를 수 있다고 생각한다. 그러니까 그 지식에 이르기 위해 우리가 성서에 익숙해질 필요는 없는 것이다. 우리의 이성적 반성 능력으로 충분하다. '따라서 바울은 성서를 통해 하나님의 법을 아는 것과 별개로 이성적 성찰을 통해서도 하나님의 법을 알 수 있음을 암시한다. 전자는 계시를 통한 지식이고 후자는 이성을 통한 지식이다.' 아이러니하게도 이 핵심적 기독교 사상은 선악에 대한 지식을 얻는 데 성서는 물론 다른 종교의 경전을 불필요한 것으로 만든다.[46]

　　여기서 데이는 율법이 '우리 마음에 새겨져 있다'라는 바울의 주장에 근거해 모든 경전을 버리고 머릿속으로만 윤리학을 연구해야 한다고 말하는 것이 아니다. 오히려 윤리학 연구를 위해 우리가 필요로 하는 책들과 필요로 하지 않는 책들을 이성과 계시의 이분법에 근거해 구분하자는 것이다. 그리고 "선악에 대한 지식을 얻는 데 불필요한" 것으로 여겨지는 것은 "성서나 다른 종교적 경전에 의존하는 것"이다. 이 때문에 구약 성서는 데이의 윤리학 책에 더 이상 등장하지 않는 반면 플라톤·아리스토텔레스·도스토옙스키·카뮈·사르트르 등의 사상이 윤리학 연구의 충분조건이 되어 자주 인용된다.

지금까지의 이야기에 비추어보면 많은 철학자와 사상사 연구자가 있었지만, 서양 철학 전통에 유입된 구약 성서 사상을 하나라도 언급한 사람은 없었던 것 같다. 그러나 이보다 더 놀라운 것은 심지어 대학의 성서 연구 프로그램도 구약 성서 저자들이 구약 성서에서 개진한 사상들에 전혀 주의를 기울이지 않았다는 것이다.[47] 여기서도 문제의 근원은 독일의 연구 중심 대학의 학문적 전통까지 거슬러 올라간다. 독일의 학문적 전통은 성서에 대한 연구를 '과학'으로 바꾸려했다. 그 전통의 창시자들의 눈에는 과학화된 성서학에서 가장 중요한 업적이 '문서 비평'의 발전이었을 것이다. 문서 비평에 따르면 성서 본문은 "훼손되었다." 다시 말해, 서로 적대적인 종교 분파를 대표한 익명의 저자들이 수세기에 걸쳐 수정하고 편집한 결과물이다.[48] 이런 '손질'이 만들어낸 것은 (때로는 한 절에도 미치지 못한) 조각 본문들의 짜깁기에 불과하다. 이 조각 본문들의 가설적 저자들(J, E, P, D)★은 성서 본문의 다양한 층을 형성한 것으로 여겨진다. 후대에 더해진 본문 층들(P, D)은 먼저 더해진 본문들(J, E)에 변형을 가한 것으로 여겨진다. 율리우스 벨하우젠(Julius Wellhausen)과 문서 비평 창시자들의 이런 주장은 순수한 것이 아니었다. 그들은 후대의 본문 층들을 '유대교'의 창시자들에 의해 저작된 것으로 간주하고, 보다 이른 본문 층들은 기독교적 세계관에 가까운 세계관을 가진 저자들에 의한 것이라고 보았다. 이로써 계몽주의 독일의 과학적 성서학의 손에 의해 유대인들은 구약 성서의 저자가 아니라, 구약 성서를 변형하고 훼손한 사람들이 되어버린 것이다.[49] 문서 비평의 창시자들이 보여주었던 반유대주의적 경향은 유대인 성서학자들에 의해 자주 지적되어왔다.[50] 그러나 헤겔의 철학사의 경우와 마찬가지로, 반유대주의적 기원에도 불구하고 문서 비평의 학문적 가치는 그대로 인정되었다.

성서 본문이 훼손되고 변형되었다는 이론이 득세하자, 성서가 어

39

★J는 Jehovah(여호와)의 머리글자로, 그 문서의 저자가 하나님을 여호와로 부른 점에 착안하여 그 문서와 그 문서의 저자를 J라고 부른다. E는 Elohim(엘로힘)의 머리글자로, 그 문서의 저자가 하나님을 엘로힘으로 부른 점에 착안하여 그 문서와 그 문서의 저자를 E라고 부른다. P는 Priest의 머리글자로, 그 문서의 내용이 제사과 관련되었다고 해서 유래된 이름이다. D는 Deuteronomy의 머리글자로, 그 내용이 신명기의 주제와 일치한다고 해서 그 문서와 그 문서의 저자에 붙여진 이름이다(역자 주).

떤 주제에 관해 일관적인 견해를 개진할 수 있다는 주장은 많은 학자의 눈에 지나친 생각처럼 보였다. 바로 이런 이유 때문에 한 세기 동안 성서학자들은 성서 속에 펼쳐진 인문 사상들에 대한 연구를 의도적으로 피해왔다. 그 결과 오늘날 성서학 분야에서 성서 본문에 대한 문헌학적, 본문형성사적, 그리고 문예적 연구는 꾸준히 이루어지지만, 성서 본문 안의 인문 사상들, 즉 성서 저자들이 개진한 형이상학, 인식론, 윤리학, 정치철학은 성서학자들의 관심을 거의 받지 못했다. 나아가 구약 성서를 이성적 저서로 취급하지 않았기 때문에, 근동 역사와 고고학, 유대교·기독교·이슬람의 역사, 법의 역사와 철학, 과학의 역사와 철학, 서양 언어, 문자의 역사 등 수많은 다른 학문 분과도 (구약 성서가 주는 통찰을 사용할 수 없으므로) 손해를 보게 된다.[51]

　　이 모든 논의의 핵심은 이것이다. 파르메니데스가 시대 창조적 사상가로 간주될 때, 예레미야의 저작은 비이성의 산물이라는 무거운 불명예로 고통당할 이유가 전혀 없다는 것이다. 그러나 현실은 그러지 않은 것 같다. 대학에서 이성과 계시의 이분법은 여전히 득세하고, 수세기 동안 축적된 타성이 그 이분법을 계속 움직여간다. 각 학문 분과는 다른 분과의 문제를 지적하기 꺼려하고, 근본적으로 잘못된 우리의 역사 이해가 초래할 위험과 부끄러움을 아무도 알지 못하는 것 같다.

　　그리스인들이 '신에 가깝고' 서양인들(특히 독일인들)은 이 신적 민족의 후손임을 증명하려 했던 사이, 반유대적 수정주의는 아주 오래전에 사람들의 의식 속에 정통으로 굳어졌다. 물론 반유대주의자들은 사라진 지 오래고, 이런 정통을 전파하는 일은 특별한 악의 없는 수많은 교수들에게 넘어갔다. 이들 중 상당수가 자기 분야에서 매우 뛰어난 학자들이다. 그러나 그들은 자기 학문 분야의 범주, 논문으로 인정되는 연구 과제의 범주, 학생들에게 기초적 지식을 유포하는 개론 수업들의 커리큘럼의 범주를 결정한 역사서술적 골격의 기원에 대해서는 그다지 깊이 생각하지 않는다. 이 학자들 중 누구도 자신의 학생들에게 유대인들이 서양 문명에 기여한 바가 전혀 없다고 설득하려 하지는 않을 것이다. 그러나 그들의 좋은 의도에도 불구하고 그들이 받은 학문적 훈련과 분석적 골격은 구약 성서를 가치 있고 흥미로운 인문 사상의 자료로 간주하는 것을 매우 어렵게 만든다.[52]

　　구약 성서는 오늘날 대학의 사각 지대에 놓여 있다.

구약 성서가 대학들에서 해석되는 방식은 학자들의 문제만은 아니다. 현대 세계에서 다른 어떤 기관보다도 대학은 거의 모든 중요한 문제들과 관련해 진리의 발견과 유포를 위한 동력으로 간주된다. 만약 주요 대학에서 철학·정치 이론·지성사·성서 그리고 법 등을 가르치는 교수들이 전체적으로 구약 성서는 비이성의 산물이며, 중요한 사상적 기여가 없는 책이라는 계몽주의적 편견을 전파한다면, 거의 확실하게 대부분의 지성인도 결국 그런 관점으로 구약 성서를 보게 될 것이다. 그리고 이것은 19세기 중반 이래 대부분의 서양 국가에서 일어나고 있는 상황이다.

그러나 최근에 학계의 분위기에 중요한 변화가 일어났다. 계몽주의 유산에 대한 수년 동안의 집중 공격 끝에 우리는 계몽주의에서 많이 벗어날 수 있었다. 아직까지 여러 곳에서 옛 편견이 건재하지만 이전처럼 심하지는 않다. 대학들에서 이것은 사물을 보는 방법이 다양할 수 있다는 개방적 깨달음으로 나타났다. 그리고 그 개방성은 구약 성서와 관련된 거의 모든 분야에서 특히 분명해졌다. 이런 점에서 가장 두드러지는 것은 구약 본문이 훼손되었다는 주장이 성서학 분야에서 지나치게 호의적으로 취급되어왔다는 깨달음이다. 1970년대를 기점으로 로버트 알터(Robert Alter)와 메이어 스턴버그(Meir Sternberg) 같은 문학자들은 문학 분석의 기법을 사용함으로써 성서 본문들이 (비록 오랜 편집의 과정을 거쳤지만) 내적 통일성을 가진 정제된 문학작품임을 밝히기 시작했다.[53] 이들은 대학들의 성서 연구가 구약 성서의 문학으로서의 가치를 지나치게 과소평가해왔음을 증명했다. 새롭게 인식된 구약 본문의 가치는 그 본문을 작성한 솜씨 좋은 저자들이 개진하려 했던 사상들이 무엇인지를 물을 수 있는 분위기를 형성했다. 동시에 브레버드 차일스(Brevard Childs)와 같은 성서학자들은 소위 '정경 비판'(canonical criticism: 성서 전체의 문맥 안에서 성서의 본문이 담당하는 기능을 이해할 목적으로 성서 본문을 있는 그대로의 모습으로 연구하는 성서 연구 분야)을 개발하기 시작했다.[54] 1980년대까지 존 바턴(John Barton)과 제이컵 밀그럼(Jacob Milgrom) 같은 성서학자들은 구약 성서의 윤리학에 관한 선구적이고 중요한 저서를 출간했다. 구약 성서의 정치사상에 대해서는 마이클 왈처(Michael Walzer), 애런 윌다브스키(Aaron Wildavsky) 그리고 대니얼 엘라자(Daniel Elazar)와 같은 정치 이론가들이 중요하고 선구적인 책을 냈다.[55] 그 후에 구약 성서를 이성적 저서로 보고 연구한 학문적 업적들도 세상에 나왔다. 여기에는 조슈아 버먼(Joshua Berman), 메리 더글러스(Mary Douglas), 렌 구드먼(Lenn Goodman), 스티븐 그로스비(Steven Grosby), 레온 카스(Leon Kass), 미라 모르겐스턴(Mira Moregenstern), 엘레노어 스텀프(Eleonore Stump), 슈무엘 트리가노(Shmuel Trigano), 고든 웨넘(Gordon Wenham) 등과 같은 매우 다양한 지평의 학자들이 참여했다.[56] 세계의 저명한 출판사들이 이 일의 선봉에 섰다는 사실은 우리가 지금 목격하고 있는 것이 단순히 지나가는 피상적 현상이 아니라, 태도에서의 근본적인 변화임을 암시한다.

그럼에도 지금까지의 성과를 과장하고 싶지는 않다. 구약 성서는 여전히 대부분의 지성인에게 닫혀 있다. 전문가나 아마추어를 위해 어떤 주제에 관한 구약 성서 사상을 소개하는 책이 없음은 물론이고, 심지어 백과사전에서도 그런 항목은 없다. 대학 학부생들은 여전히 구약 성서의 사상에 관한 개론 수업을 들을 수 없고, 철학·정치이론·지성사, 그 외 유사한 주제에 대한 개론 수업들은 구약 성서를 전혀 다루지 않고 넘어간다. 이 분야들에 종사하는 박사과정 학생들도 그들의 논문 자격시험에 구약 성서의 사상이 출제될 가능성을 염려하지 않는다. 철학 연구에 구약 내러티브를 포함해야 한다고 주장한 최초의 책이 저명한 철학자에 의해 최근에야 출판되었다. 2010년에 출간된 엘레노어 스텀프의 《어둠에서 방황하며(Wandering in Darkness)》다. 구약 성서가 이성적 저서로 접근 가능하다는 것을 보여주는 연구들이 많이 이루어졌지만, 그것들은 여전히 산발적이며 잘 알려지지도 않았다. 그 연구의 결과들은 오직 소수의 전문가들에게만 친숙할 뿐이다. 더욱이 대개 그런 연구들은 구약 본문을 왜 이성적 저서로 읽어야 하는지에 대한 체계적인 사유를 거의 포함하지 않는다. 따라서 그 연구들을 통해 이 새로운 학문 분야의 기저에 있는 방법론적 전환을 명확하게 보는 것은 여전히 어렵다.

이런 상황을 고려할 때 구약 성서 연구에 대한 새로운 연구법을 소개할 개론서가 필요해 보인다. 그 개론서는 학자들, 교육가들 그리고 관심 있는 일반인들에게 구약 성서에 대한 철학적 연구의 현주소와 그런 연구의 의의를 소개하고, 가능하다면 그들 스스로가 그런 연구에 참여하도록 도울 것이다. 아울러 이런 개론서를 통해 우리들은 지금까지 가능했던 것보다 더 개방적인 태도로 구약 저자들의 사상을 서양 철학 전통의 사상과 대화시킬 수 있을 것이다. 바로 이 책이 그런 개론 서로서 기획된 것이다. 보다 구체적으로 말하면, 나는 두 가지 목적을 염두에 두고 기획했다. 먼저, 이성적 저서로 구약을 연구한 출판물들이 암묵적으로 가정한 전제들을 명확하게 드러내는 방법론적 얼개를 제공하고, 또한 그런 전제들을 확대하여 구약 성서의 철학 사상들을 명확한 언어로 이해하는 일을 촉진하는 것이다. 그리고 다소 논쟁적일 수는 있지만, 구약 성서 저자들의 철학적 관심사에 대한 나의 연구 결과를 제공하는 것이다. 이런 방법론적 얼개와 이 다소 자극적인 연구들을 통해 구약 성서를 이성적 저서로 연구하는 작업이 이 작업에 회의적인 사람들뿐만 아니라 이 작업에 관심과 흥미를 가지지만 명확한 방향을 잡지 못하던 사람들에게 보다 설득력 있고 흥미진진하게 다가가길 희망한다.

이 책은 결론을 제외하고 크게 두 부분으로 나뉜다. 1-3장으로 구성된 1부는 구약 성서를 이성적 저서, 즉 철학책으로 독해하도록 돕는 해석학적 틀을 제공한다. 구체적으로는 구약 성서의 구조와 그것이 저작된 목적, 그리고 성서 저자들이 어떻게 성서 내러티브와 선지자의 설교를 통해 보편적 가치의 주장을 개진했는지를 설명할 것이다. 다시 말해 1부는 이성적 저서, 즉 철학책으로 '구약 성서를 어떻게 읽어야 할 것인가'에 대한 지도를 제공한다.

〈1장 구약 성서의 구조〉에서는 유대인 성서의 내적 구조를 개괄할 것이다. 그곳에서 나는 철학적 해석의 관점에서 보았을 때 구약 성서에서 가장 중요한 부분이 창세기에서 열왕기서에 이르는 아홉 권의 내러티브 저작들—이것은 구약 성서의 처음 반에 해당하는 부분으로 이 책에서 이스라엘의 역사서(혹은 더 간단히 '역사서')로 부르겠다—임을 제안한다. 또한 이 역사서와 관련된 구약 성서의 다른 중요한 부분들을 논의하고 왜 구약의 편집자들이 그렇게 다양한 견해와 장르의 책들을 하나의 선집으로 엮었는지의 문제를 잠시 다루려 한다.

〈2장 구약 성서의 저술 목적은 무엇인가?〉에서는 신약 성서의 중요한 해석틀(신약 성서가 계시들과 다른 기적 사건들을 있는 그대로 진술하거나 증언하기 위해 기록되었다는 입장)이 구약 성서에서는 거의 발견되지 않음을 주장할 것이다. 나는 이스라엘의 역사서(창세기에서 열왕기서까지)가 유다와 예루살렘의 멸망 그리고 바빌로니아 유배 이후, 유대 민족의 소멸을 방지할 목적으로 쓰였다고 제안한다. 따라서 이스라엘의 역사서는 모세 율법을 새롭게 반포하고 그에 대한 순종을 요구한다. 그러나 그 율법을 둘러싼 배경 이야기는 율법의 의미를 이해하기 위한 보다 넓은 해석적 틀을 제공할 목적으로 저술되었다. 즉, 하나님과 이스라엘의 언약이 왜 유대인뿐 아니라 '지구의 모든 민족'에게도 중요한지에 대한 철학적 근거를 제공한다. 얼핏 이해하기 힘든 논리이지만, 내러티브가 제시하는 철학적 근거는 다른 나라들의 법들과 달리 모세 율법은 인간 본성에 부합하고 인류 행복을 지향점으로 한다는 점이다. 성서의 역사서 부분은 온 인류를 향해 '생명과 선'을 주창하고, 유대인들에게는 그들 자신의 행복을 위해 그리고 온 인류를 향한 '생명과 선'의 전달자라는 신분에 합당하게 모세 율법을 지킬 것을 명령한다. 간단히 말해, 이스라엘 역사에 관한 성서 내러티브는 유다국의 멸망 이후 유대 민족의 현안과 관심을 설명하고 이해하려는 문맥 안에서 정치·도덕·형이상학에 관한 인류보편적 진리를 세우기 위해 저작된 것이다. 2장의 마지막에 구약 성서의 다른 부분들에 대한 논의도 덧붙였다. 그 부분들이 역사 내러티브에서 개진된 관점을 어떻게 확대하고 보정하는지를 논의한다.

이런 논의에서 드러나는 것은 성서 저자들이 보편적인 혹은 일반적인 가치를 지닌 논증들을 개진하는 일에 관심이 있었다는 것이다. 그러나 이 사실은 성서의 논증들이 보통 취하는 형식(내러티브와 은유)에 대한 상식적인 견해와 잘 조화되지 않는다. 예를 들어, 내러티브는 우리의 관심을 보편적인 것이 아니라 특정한 것에 집중시키는 수단으로 종종 이해된다. 마찬가지로 선지자들의 거의 모든 설교에 등장하는 은유들은 이성적 논증이 아니라 시문학에 속하는 것으로 간주된다. 〈3장 구약 성서는 어떤 방식으로 철학적 문제를 논하는가?〉에서는 구약의 내러티브와 예언자들의 설교가 인류의 일반적 경험에 적용될 수 있는 사상을 개진할 때 사용하는 기술들을 살필 것이다. 3장의 결론에서는 역사 내러티브와 선지자들의 설교가 언약과 모세 율법에 관한 특수한 가르침을 어떻게 인간 본성의 일반 특성들과, 나아가 피조물 본성의 일반 특성들에 근거한 것(혹은 유래한 것)으로 제시하는지 다룰 것이다.

구약 성서를 이성적 저서로 읽는 방법론을 제시한 후, 이 책의 나머지 부분에서 실제 구약 저자들의 사상을 연구하는 데 그 방법론을 적용할 것이다. 2부(4-8장)에서는 구약 성서의 형이상학, 구약 성서의 인식론, 구약 성서의 윤리학, 구약 성서의 정치철학 등을 논의할 것이다. 2부의 다섯 장들은 서로 연관된 연구들이다.

〈4장 양치기의 윤리학〉에서는 이스라엘 역사서의 윤리학을 탐구할 것이다. 특히 창세기에 집중할 것이다. 성서는 종종 복종의 윤리를 주창한다고 이야기된다. 그러나 이런 견해는 구약 성서에 대한 심각한 오해에서 기인한 것이다. 구약 성서에 등장하는 거의 모든 주요 인물은 "아니요" 혹은 "못 하겠습니다"라고 말할 수 있는 능력 덕분에 존경받았다. 성서 저자들은 그런 특질을 양치기의 자유로운 삶과 연관시킨다. 그것은 농부적 인물의 특징인 경건한 복종의 삶과 반대적인 것이다. 어떤 의미에서는 '불순종'에 대한 성서의 강조가 그다지 놀랄 일도 아니다. 성서 저자들은 자신들이 아는 대부분의 인간 권력이 타락했음을 잘 알았기 때문에, 그들이 인간 권력 기관들에 대해 "아니요"라고 말할 수 있는 능력과 인간 권력 기관들에 대한 저항을 주창했다는 것은 납득할 만하다. 그러나 성서의 내러티브는 이것보다 훨씬 더 나아간다. 아벨·아브라함·야곱·모세·아론 그리고 그 외 성서 인물들은 인간뿐 아니라 하나님에게도 저항하는 것으로 그려진다. 예를 들어, 하나님께서 '이스라엘'(네가 하나님과 사람들과 씨름하여 이겼다)이라는 이름을 야곱에게 주었다는 이야기는 유명하다. 성서 저자들은 이런 이야기들을 통해 내가 '주변인의 윤리학'이라고 부르는 것을 지지한다. '주변인의 윤리학'은 하나님의 명령처럼 보이는 것들도 인간의 참된 선의 이름으로 비판하도록 독려한다. 성서 저자들은 인간에게 정말 좋은 것은 하나님의 눈에도 합당하다고 가르치는 것 같다.

〈5장 이스라엘의 역사서에 나타나는 정치철학〉에서는 이스라엘의 역사가 일관된 어떤 정치철학을 개진하기 위해 쓰였다고 주장할 것이다. 이스라엘의 역사서는 고대 근동에서 발흥했던 전제적 왕국을 비판할 뿐 아니라 그것의 반대인 무정부 상태도 신랄하게 비판한다. 이것들 대신 이스라엘의 역사서는 새롭고 중도적인 형태의 정치 연맹을 주창한다. 즉 모든 이스라엘을 제한적 국가 권력 아래 통일하는 것이다. 그 통일 국가는 자신을 "다른 형제들보다 더 낫게 생각하지 않는" 이스라엘인에 의해 다스려진다. 이 제한적 국가 권력은 고대 근동의 제국들과 달리 영토의 넓이나 군대의 크기 그리고 백성들에게서 거두어들이는 세금이나 부역에 대한 욕심을 자제할 것이다. 그렇게 "선하고 정의로운 길"을 따라가는 국가는 성공과 만세를 희망할 수 있을 것이다. 따라서 이스라엘인들의 자유는 종종 주장되듯이 우상숭배 금지에만 의존하는 것이 아니라 '한 민족에 대한 제한적 국가 권력'이라는 정치 이념에 근거한다. 성서 내러티브에 따르면 이스라엘 국가가 붕괴한 것은 이스라엘 왕들이 이런 정치 이념을 버렸기 때문이다.

지금까지 다룬 성서 내러티브의 윤리와 정치철학은 인식론에 관한 절박한 문제들을 제기한다. 특히 인간이 자신의 의견의 굴레를 넘어 어떻게 영원하고 참된 것에 대한 지식에 이를 수 있는지의 문제가 그중 하나다. 〈6장 예레미야의 인식론: 진리를 어떻게 알 수 있는가?〉에서는 예레미야서가 집요하게 이 문제와 씨름하고 있음을 보일 것이다. 예레미야서의 핵심 주제는 선지자·제사장·정치 지도자들에 의해 주장되는 다양하고 서로 모순적인 의견들 가운데, 한 개인이 어떻게 진리와 거짓, 선과 악을 분별할 수 있을까이다. 어떻게 이 문제가 발생하는지에 대한 예레미야의 사색과 그가 제안하는 해결책들은 인식론의 발전 역사에서 매우 흥미로운 초기 노력임이 드러날 것이다.

구약 성서가 말하는 진리가 무엇인지의 문제는 〈7장 구약 성서에서의 진리와 존재〉에서 다룰 것이다. 여기서는 성서 저자들의 형이상학적 전제들을 재구성할 것이다. 이를 위해 우선 구약 성서에서 참과 거짓이 말의 특질이 아니라 대상의 특질임을 설명할 것이다. 구약 성서에서는 도로, 사람들, 말(horse), 빵, 씨 등이 참이거나 거짓일 수 있다. 진리를 가리키는 히브리어(에메트)가 성서에서 어떻게 사용되는지를 조사한 후 어떤 것이 역경 가운데 혹은 상황의 변화 가운데 여전히 신뢰될 수 있는 한 '참'으로 간주된다고 주장할 것이다. 그러나 이것이 충분한가? 이런 주장은 성서 저자들이 말의 진리에 대한 일관된 이론을 가지지 않은 것처럼 만들어버린다. 이 질문에 대해 답하기 위해 '말'을 의미하는 히브리어 '다바르'(복수형은 드바림)를 주의 깊게 살피지 않으면 안 된다. 재미있는 것은 '말'을 의미하는 히브리어가 성서에서는 '사물'을 지칭할 때도 사용된다는 것이다. 성서 저자들은 말과 사물이 서로와 독립적으로 존재한다는 형이상학을 받아들이지 않는다. 성서 저자들의 생각에는 세계와 관찰자의 생각이 서로 따로 존재하는 것이 아니다. 그들은 관찰자의 생각에 의해 이해된 사물이 유일한 '실재'라고 인식한다. 그리고 참된 말 혹은 참된 사물은 역경 가운데 혹은 상황의 변화 가운데서 여전히 신뢰할 수 있는 것이라고 생각한다. 실제로 이것이 '하나님의 말씀'이라는 표현이 의미하는 바다.

〈8장 예루살렘과 카르타고: 구약 성서에서 이성과 믿음의 관계〉에서는 구약 성서에서 믿음의 위치를 다룬다. 오늘날 사람들의 논의 속에서 믿음은 종종 이성과 대립되는 것으로 여겨진다. 이 둘의 대립은 종종 '예루살렘과 아테네'라는 말로 은유된다. 그러나 나는─테르툴리아누스(Tertullianus)나 키르케고르(Kierkegaard)와 같은 사람들의 저작에서 발견되는─이성과 대립 관계에 있는 믿음이란 개념은 구약 성서에서 전혀 발견되지 않는다고 주장할 것이다. 실제로 구약 성서에서 발견되는 '질문'의 전통은 이성과 대립하는 '믿음'이라는 개념과 완전하게 반대되는 것이다. 또한 나는 믿음의 구약적 개념을 조사할 것이다. 그에 따르면 믿음은 하나님이 약속을 지키실 것이라는 확신을 의미한다. 좀더 구체적으로 말하면 믿음은 율법에 대한 순종이 인류에게 행복을 가져올 것이라는 확신이다. 비록 모세가 자주 그런 율법의 능력을 강조하는 것으로 그려지지만, 성서 내러티브는 모세도 하나님의 본성을 온전히 몰랐다고 묘사함으로써 그가 (혹은 누구라도) 그런 확신을 가질 수 있는 범위에 제한을 둔다. 즉, 성서 내러티브는 율법에 대한 순종을 명하는 동시에 하나님에 대한 완전한 신뢰가 가능한가 하는 문제를 제기한다. 하나님에 대한 믿음을 율법이 명하지 않는 점에서 판단하건데, 성서는 의심하지 않는 완벽한 신앙이 반드시 바람직하다고만 생각하지는 않는 듯하다.

이 책의 결론에 해당하는 9장과 부록을 통해 앞서의 논의에서 미진했던 부분을 마무리하고 앞으로의 사색과 토론을 위한 몇 가지를 제안하고자 한다. 짧은 3부의 〈9장 이성과 계시를 넘어서는 하나님의 말씀〉에서는 구약 성서를 이성적 저서로 취급하는 접근법이 성서 본문의 온전한 이해를 위한 충분한 기초일 수 있는가 하는 문제로 돌아간다. 이성에 대한 중세적 이해(계시와 이분법적으로 구분되는 이성)가 지난 수백 년간 공격을 받았지만 그것을 대체할 수 있는 이해에 대한 합의가 아직 등장하지 않았다. 더욱이 계시에 대한 일반적 이해도 내가 6장에서 8장까지 제안한 진리와 존재에 대한 성서적 개념이 옳은 것으로 판명되면 흔들리기 시작할 수 있다. 이 두 가지를 고려할 때, 즉 이성과 계시에 대한 이해가 변화함을 고려할 때, 우리는 계시와 이성을 이분법적으로 이해하게 만든 그 둘 사이의 차이들을 더 이상 주장하기 힘들게 될 것이다.

마지막으로 〈이성이란 무엇인가?〉를 부록으로 덧붙였다. 이 책에서 나는 이성과 철학이라는 용어를 정확히 정의하지 않고 사용한다. 그러나 내가 이성을 어떻게 정의하는지 알기 원하는 독자들은 이 부록을 읽기를 권한다. 그곳에서 나는 이 주제에 관한 견해를 간략하게 제시한다. 이성과 계시의 이분법이 이성에 대한 중세적 이해—즉, 자명한 전제(혹은 그 자체로 자명한 감각의 보고)에서 유추되는 일련의 추론들—에 근거한 것임을 지적할 것이다. 그러나 현대 물리학의 발전으로 이런 견해를 급진적으로 수정하지 않을 수 없게 되었다. 뉴턴의 과학은 감각 경험에서 온 추상적 일반 법칙(혹은 명제들)에 근거하고 있다. 이런 일반 법칙으로부터 연역된 주장들은 추가적 경험 데이터에 의해 확증되거나 폐기된다. 그리고 그 결과에 의해 일반 법칙도 확인되거나 폐기되곤 한다. 인간 이성을 생각하는 방식의 이런 변화는 구약 성서에서 이성적인 것을 발견하는 일이 중세 철학자들에게 왜 그렇게 힘든 일이었는지를 알려준다. 이성으로 간주되는 것이 여러 명제들 간의 연역 관계라면, 이런 종류의 이성은 성서에서 발견되지 않는다. 그러나 이성이 무엇인가에 대한 견해가 변했다고 해서 성서의 교훈적 내러티브나 선지자들의 설교에 특징적으로 나타나는 논증의 방법이 훌륭한 이성적 논증의 예로 간주될 수 있는 것은 아니다. 이것은 앞으로 더 연구해야 할 과제다.

이와 관련해 필자는 뉴턴의 이성 개념을 어떻게 수정 혹은 발전시킬 수 있을지도 논의했다. 거기에서 제안된 이성 개념에 따르면 은유와 유비가 추상적 원인이나 본성에 대한 이성적 사유에 매우 중요한 요소로 간주된다. 내가 제시하는 견해에 따르면 은유와 유비는 언어화된 명제를 통한 추론보다 더 기본적이고, 선재하는 인간 의식의 단계다. 예를 들어, 뉴턴의 《프린키피아(Principia)》는 '기본 개념들'을 형성할 때 은유와 유비에 크게 의존한다. 그 기본 개념들은 연역적 수학 명제들의 상부 구조를 통해 나중에 가서야 서로 연결된다. 유비적 추론에 관여하는 인간 정신의 작용들이 보편적 원인이나 본성(뉴턴의 과학이나 어떤 다른 형태의 고급 인간 이성도 이것들 없이는 기능할 수 없음)에 관한 추론에도 기본적임을 인정하는 순간, 우리는 성서 저자의 전부는 아니라도 많은 수가

실제로 이성적 사유를 하고 있으며, 그들이 독자들도 그렇게 하리라고
기대하고 있다는 사실을 깨닫게 될 것이다.

49

1부

구약 성서 읽어내기

이 책에서 내가 제안하는 바는 다음과 같이 요약될 수 있다. 구약 성서 저자들이 의도한 사상들을 이해하려면, 우리는 구약 성서 본문을 플라톤이나 홉스의 저작들처럼 읽어야 한다. 즉 구약 성서는 인간의 자연적 정신 능력에 근거해 진리와 선을 발견하려고 노력하는 개인이나 민족을 돕기 위해 쓰인 이성적 저서, 다시 말해 철학책이다. 그렇다고 이것이 구약 본문을 해석하는 유일한 방법이라고 주장하는 것은 절대 아니다. 철학적 독해로부터 얻어지는 통찰이 구약 저자들의 세계관에 대한 최고 권위의 그림을 제공한다고도 생각하지 않는다.[1] 그러나 서론에서 논의한 이유들 때문에 구약 성서를 철학책으로 읽을 때, 구

1장
구약 성서의 구조

약 성서를 '계시'(일련의 기적적 방식으로 획득된 지식들)로 구성된 책으로 가정할 때보다 구약 저자가 우리에게 의도한 가르침에 더 근접하게 된다는 것이 내 생각이다.

최근에는 구약 성서를 철학책으로 접근하는 태도가 인정받고 있다. 많은 연구자가 성서 본문에서 전통적 의미의 철학책에서 다루어지는 도덕철학이나 정치철학과 비슷한 주제들이 논구되었을 가능성을 이미 피력했다. 그러나 지금까지의 연구들은 우리가 하는 작업(구약 성서에 대한 옛 해석틀을 버리고 이성적 저서로 독해하기 시작하는 것)과 그 작업의 의의

를 체계적으로 성찰하지 못했다. 1-3장으로 구성된 1부에서 내가 이루려는 바는 구약 본문의 철학적 의미를 연구한 최근 저서들에 사용된 해석 원리를 설명하고 그것을 보강하여 구약 성서를 이성적 저서로 읽게 하는 새로운 해석틀을 제공하는 것이다. 그 해석틀이 철학적 사유를 위해 구약 성서를 연구하는 데 관심 있는 학자와 일반인 들에게 도움이 되기를 희망한다. 아울러 대학교 수준이나 일반적인 수준에서 성서의 철학 사상을 강의하는 것에 관심 있는 교사들에게 길잡이가 되기를 희망한다.

1부는 구약 성서의 철학 사상을 복원하려는 현대 독자들이 만나게 되는 주요한 도전들을 세 장에 걸쳐 다룬다. 1장에서는 그 첫 번째 도전으로 구약 성서의 구조에 대한 이해 부족의 문제를 다룬다. 구약 성서의 구조에 대한 오해는 구약 성서에 포함된 매우 다양한 장르의 본문들에 대한 불편한 마음으로 연결된다. 2장에서 다루는 두 번째 도전은 성서 본문이 저작된 본래 목적에 대한 혼동의 문제다. 세 번째 도전을 다루는 3장에서는 구약 성서의 대부분이 철학 논증이 아닌 문학 혹은 법전처럼 보이는데, 우리가 그런 본문들에서 어떻게 구약 성서 저자들의 사상을 추출할 수 있을까 하는 의심을 해소하려 한다. 물론 이 세 장의 논의를 통해 그 도전들이 완벽하게 제거되리라고는 생각하지 않는다. 구약 본문이 이성적 저서로 읽힐 때 더 풍성한 의미를 만들어 낸다는 주장은 1부에서 주어지는 해석틀에 대한 설명에서가 아니라, 궁극적으로 그런 해석틀을 통해 구약 성서를 실제로 공부(2부의 주요 관심)할 때 증명될 것이다. 그러나 그런 독해를 방해하는 장애물들은 실재하며, 절대로 과소평가되어서는 안 된다. 그 장애물들을 제거함으로써, 우리는 구약 성서를 더 정확하게 독해할 수 있을 것이다.

I. 구약 성서의 간단한 개관

구약 성서를 읽는 것은 잘 엄두가 나지 않는 일이다. 여러분은 성서가 '책 중의 책'이라는 주장 혹은 '양서'라는 주장을 종종 들었을 것이다. 또한 성서라는 말도 "책"을 의미하는 그리스어 '비블리온'(biblion)에서 온 것이다. 이런 이유들 때문에 우리는 구약 성서를 한 권의 책이라고 생각하기 쉽다. 그러나 구약 성서는 일반적 의미에서의 책이 아니다. 정확하게 말해 성서는 다양한 길이와 장르의 글들이 모인 선집 (anthology)이다. 이 중 일부(이사야나 욥기)는 그 자체로 책으로 구분할 수 있을 정도로 길고 완성도가 있다. 다른 것들(창세기나 사사기)은 이전과 이후의 내용과 너무 밀접하게 연관되어서 보다 큰 문학 단위의 일부(chapters)로 간주될 것 같다. 또 어떤 것들(에스더나 전도서)은 너무 짧아 시집(poems) 혹은 단편(short stories)으로 간주될 수 있다.[2] 그러나 이런 다양성에도 불구하고 많은 영어 성서는 목차에서 이 본문들을 아무런 구분 없이 39권의 '책'들로 제시한다. 그 본문들 중 어느 것이 보다 큰 문학 단위의 부분들인지 혹은 그 큰 문학 단위들의 성격이나 저술 목적이 무엇인지에 대한 실마리를 전혀 제공하지 않는다. 그 결과 성서는 두껍고 장황하며 어떤 질서나 설계적 의도가 없는 짜깁기 작품으로 쉽게 오해된다.

만약 여러분에게 성서가 이성적일 것이라는 기대가 없다면, 이것이 그다지 큰 문제는 안 될 것이다. 그러나 우리의 목적이 구약 성서를 이성적 작품으로 읽는 것이라면, 첫 번째 알아야 할 것은 다양한 장르의 성서 본문들에 어떤 합리적 배열 순서가 있지 않나 하는 것이다. 즉, 그 합리적 배열 순서를 파악하면 우리는 구약 성서를 구성하는 다양한 문학 단위들이 무엇인지 이해할 수 있을 뿐 아니라 구약 성서의 다양한 부분들이 개진하는 철학 사상들을 탐구하는 전략도 세울 수 있게 될 것이다. 다행스럽게도 구약 각 권의 저자들이나 그것들을 현재의 구약 성서로 편집한 편집자들이 구약 성서를 하나의 거대한 짜깁기 작품으로 의도했다고 볼 이유는 없다. 구약 성서에는 분명한 내적 구조가 있고, 그것은 큰 어려움 없이 파악될 수 있다. 비록 모든 사람이 이 문제를 나처럼 간단하게 생각하는 것은 아니겠지만, 내 접근법은 구약 성서에 대한 철학적 독해를 출범시키기에는 충분히 좋은 것이다. 그리고 아마 다른 목적에도 이 접근법이 쓸모 있을 것이다.

구약 성서★는 세 개의 큰 문학 단위로 구성된다. 각 문학 단위는 상당수의 하위 문학 단위를 포함한다. 먼저, ①구약 성서의 절반을 차지하는 연속적인 내러티브 부분이다. 이 내러티브는 창세기의 천지창조 이야기에서부터 열왕기서 마지막의 유다 왕국 멸망 이야기에 이르는 단일한 역사를 들려준다. 나는 이 내러티브 문학 단위를 '이스라엘의 역사서'★★라고 부를 것이다. 이 역사서는 서로 다른 두 개의 문학 단위가 그 뒤에 따라 붙는데, 각각이 그 위대한 역사서에 대한 일종의 해설처럼 보인다. 나는 이 두 문학 단위를 각각 ②'선지자들의 설교'와 ③'성문서'라고 부를 것이다.[3]

구약 성서의 전체적 구조는 그림 1(56쪽)에 제시되어 있다. 이 그림에서 알 수 있는 것은 역사서 다음에 이어지는 두 문학 단위(선지자들의 설교와 성문서)의 내적 구조가 서로 유사하다는 사실이다. 그 둘은 각각 세 편의 주요 저작과 후속하는 일련의 짧은 저작들로 구성되는데, 그 짧은 저작들은 보다 긴 저작들을 위한 '고정 장치' 역할을 한다. 이 구조적 유사성에서 유추할 수 있는 것은 선지자들의 설교와 성문서가 성서 편집자들에 의해 구약 성서의 핵심인 이스라엘의 위대한 역사 이야기를 설명하고 보충하는 병행 문학으로 의도되었다는 사실이다.[4]

이 구조를 처음 발견했을 때 마음속에 떠오른 심상은 르비딤 전투에서 한 팔은 아론에 의해, 다른 팔은 훌에 의해 붙들린 채 전쟁터를 내려보며 서 있는 모세의 모습이었다.[5] 그렇다고 편집자들이 구약 성서를 편집할 때, 그들 마음에 모세의 이런 모습이 있었다고 주장하는 것은 아니다.[6] 그러나 나는 그들이 성서의 핵심 부분인 역사서가 다른 두 부분에 의해 지지됨을 보았다고 믿는다. 마치 선지자들의 설교의 세 주요 저작과 성문서의 세 주요 저작들이 후속하는 일련의 짧은 저작들에

54

★ 내가 설명할 구약 성서는 학자들이 '마소라 사본'("전통"을 의미하는 히브리어 '마소렛'에서 유래한 용어)으로 부르는 것이다. 마소라 사본은 세계의 거의 모든 유대인에 의해 표준으로 인정받는 성서다. 마소라 사본은 내게도 매우 익숙한 성서다. 나는 정통주의 유대교도로 평생 동안 마소라 사본을 읽어왔다. 유대인의 성서가 대부분의 기독교 성서에서 발견되는 '구약 성서'(마소리 사본의 히브리어 본문에 근거하지만, 책들의 순서에서는 그리스어로 번역된 칠십인역을 따르고 있음—역자 주)보다 철학적 독해에 훨씬 더 유리하다고 생각한다. 이 문제에 관한 짧은 토론이 본 장의 미주 43에 포함되어 있다.

★★ 이 위대한 역사 내러티브에 접근할 때 서양 성서학의 전통이 가지는 당혹감은 학자들이 이 내러티브에 이름을 붙이지 않았다는 점에서 암시된다. 성서학자 데이비드 노엘 프리드먼(David Noel Freedman)은 이 역사 내러티브를 '제1역사'(primary history)로 부를 것을 제안했다. 이에 관해서는 그의 책(*The Unity of the Bible* [Ann Arbor: Michigan University Press, 1993]), 5-6쪽을 참조하라. 그러나 나는 구약 성서에서 이 저작들이 편집된 위치에 근거한 이름으로 부르는 것은 오해를 유발할 수 있다고 생각한다. 역사서가 저작되었을 때 구약 성서가 존재했다고 믿을 이유가 없다. 이 역사서의 저자 혹은 편집자는 나머지 구약 성서 책들을 염두에 두고 글을 쓰지 않았다. 고대로부터 전해지는 다른 위대한 문학 작품들처럼 이 저작도 적어도 그 내용과 정신을 반영하는 이름으로 불릴 자격이 있다. 성서 저작들과 관련해 '역사'라는 용어를 사용하는 것에 대해서는 다음의 책들을 참고하라. Baruch Halpern, *The First Historians: The Hebrew Bible and History* (University Park: Pennsylvania State University Press, 1984), pp. xvii-xxxvi, 1-35; R. N. Whybray, *The Making of the Pentateuch* (Sheffield: Journal of the Study of the Old Testament Press, 1987), pp. 225-235.

의해 '지지'되는 것처럼 말이다.

따라서 구약 성서는 일종의 위계적인 '구조물'로 건축되었다고 간주해야 한다. 이스라엘의 역사서가 그 꼭대기를 차지하고, 세 편의 두 그룹으로 나뉘는 여섯 편의 주요 저작들이 가운데 층을 형성하고, 나머지 부분인 두 그룹의 짧은 저작들은 구약 성서의 가장 아래층을 형성한다. 구약 성서의 구조를 형성하는 이 세 주요 층들을 하나씩 살펴보자.

① 이스라엘의 역사서. 구약 성서의 처음 절반은 통일된 연속적 내러티브로, 천지창조로부터 시작하지만, 그 초점은 이스라엘 민족의 발흥과 그 민족이 건설한 독립국가의 흥망성쇠에 있다. 완성된 내러티브는 아홉 권의 책을 포함한다. 창세기, 출애굽기, 레위기, 민수기, 신명기, 여호수아, 사사기, 사무엘, 열왕기서.★★★ 이 내러티브 역사는 법전이나 시 등 다른 장르의 글들도 포함하지만, 그것들은 삼인칭 내러티브와 분리된 어떤 것이 아니라 그 내러티브에 통합된 형태로 존재한다. 예를 들어, 모세 율법은 모세가 흑암에 싸인 시내산으로 들어갔을 때 하나님이 그에게 율법을 가르친 이야기에 통합되어 제시된다. 나머지 율법 법전들도 마찬가지로 적절한 지점에서 내러티브 가운데 통합되어 제시된다.[7] 이와 같이 역사서는 매우 강한 내적 통일성을 가진다. 장르가 내러티브가 아닌 글들이 내러티브의 줄거리 속으로 짜여 들어가 그 안에서 자신의 문맥과 의미를 획득한다. 여러 관점에서 판단해보건데, 이 내러티브의 중심은 그것을 구성하는 아홉 권의 책 중 한가운데에 해당하는 신명기다. 신명기는 대부분 일인칭 연설인데, 그곳에서 모세는 가나안 침공을 목전에 둔 이스라엘에게 이스라엘 민족의 발흥, 율법 그리고 그들이 왕국을 세우려 할 때 생길 일에 관한 자신의 생각을 마지막으로 전달하고 있다.[8]

이 이스라엘의 역사서를 언제 누가 저작했을까? 이 문제에 관한 대답이 이미 많이 제안되었다. 이 문제를 여기서 해결하려는 것은 아니지만 이 문제가 내가 논의할 다른 문제들과 다소 연관되어 있기 때문에 간단하게나마 다루는 것이 좋을 듯하다. 적어도 탈무드(주후 500년경에 편집됨) 시대 이래 분명한 사실은 그 역사서가 다양한 시대에 작성된

55

★★★ 현대 성서 번역본에서 사무엘서와 열왕기서를 각각 상하 두 권의 책으로 나누는 것은 이 책들이 저작된 후 수백 년이 흐른 탈무드 시대에도 알려지지 않은 매우 늦게 생겨난 관행이다.

이스라엘의 역사서

선지자들의 설교

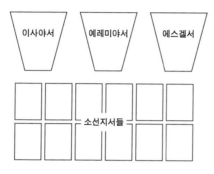

성문서

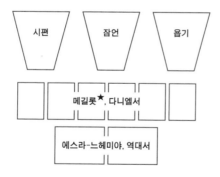

그림 1

다양한 자료에 근거해 저작되었다는 점이다. 탈무드에 따르면 그 역사서는 모세, 여호수아, 사무엘에 의해 부분 부분 저작되었고 마지막 부분의 저작은 예레미야가 담당했다.[9] 현대 성서학은 성서가 최종 본문(오늘날 우리가 가진 본문 형태)으로 편집되기 이전의 자료들이 언제 누구에 의

★ "두루마리"를 뜻하는 히브리어로 아가·룻기·전도서·예레미야애가 등을 지칭하는 말이다(역자 주).

해 저작되었는지에 관한 많은 대안을 제안했다.[10] 그러나 나는 이런 대안들이 이스라엘의 역사서의 원 사료들이 무엇이며, 누가 언제 왜 그것들을 저작했는지에 관해 우리의 이해를 증가시켜주지 못했다고 생각한다. 학자들의 논증이 훌륭하지 않아서가 아니다. 훌륭한 논증은 많다. 그러나 결국 문제는 본문에서 추출된 내적 증거만으로는 학자들이 제안한 것을 '가설' 이상으로 만들기에 너무 빈약하다는 것이다. 한 저명한 성서학자인 메이어 스턴버그는 상황을 다음과 같이 묘사한다.

지난 200년은 성서의 기원을 미친 듯이 파헤치던 시대였다. … 좋은 취지이지만 그런 정력 낭비도 없었다. 성서 형성에 대한 거대 이론들이 만들어지고 개정되었다. 그렇게 사소한 증거적 차이에 근거해 이론들 사이에 논쟁이 벌어진 적도 없었다. 오랫동안 열심히 연구했지만 노력에 비해 그 결과가 그렇게 빈약한 적도 없었다. 신명기 역사와 같이 (역사 비평)에서 가장 널리 받아들여지는 이론도 가설적 지위 이상을 가지지 못한다.[11]

다른 성서학자 로저 와이브레이(Roger Whybray)는 다음과 같이 말한다.

57

결론은 현대 학자들이 오경이 어떻게 형성되었는지 정확히 알아낼 확률이 매우 적다는 것이다. 그렇다고 그런 노력이 전혀 가치 없다는 말은 아니다. 그러나 지난 수백 년 동안 많은 학자가 그들의 이론에 대해 가졌던 자신감은 의심에 붙여져야 한다. … 종종 (이론이라는 것)이 추측에 근거한 추측에 불과함이 발견될 것이다.[12]

나는 이 학자들의 견해가 옳다고 생각한다. 이스라엘의 역사서를 구성하는 원 사료가 무엇인가의 문제는 성서의 내부적 증거만으로 대답할 수 없다. 이런 현실을 고려하면, 이스라엘 역사서의 철학 사상을 이해하기 원하는 독자들이 우리에게 전해진 구약 성서 본문의 '이전 역사'를 깊이 공부함으로써 얻을 수 있는 것은 많지 않다고 생각한다.[13]

하지만 이스라엘의 역사서가 온전한 작품(최종 본문)으로 형성된 상황을 이해하는 것은 다른 문제다. 우리는 이스라엘의 역사서의 최종 본문이 언제, 누구에 의해, 어떤 목적으로 저술되었는지에 대해 단순 명료한 이해를 가질 수 있다. 우리가 물려받은 성서 본문은 결국 이스라엘 민족의 등장, 이스라엘 왕국의 성립(사울과 사무엘에 의해 기원전 1047년 경에 성립), 이후 이스라엘과 유다 두 왕국으로의 분열 그리고 그 두 왕국의 멸망(북이스라엘 왕국은 기원전 722년에, 남유다 왕국은 기원전 586년에 최후를 맞음)에 관한 이야기다. 이스라엘의 역사서는 유다의 마지막 왕들이 이집트인과 바빌로니아인들의 손에 도륙되고 살해당하는 이야기와 유다의 정치·종교 엘리트들이 바빌로니아(에스겔 선지가 살면서 저술 활동한 곳)로 혹은 이집트(예레미야가 그의 예언서를 완성한 곳)로 유배 가는 이야기로 끝난다.[14]

지금까지의 설명은 누구나 인정하는 사실들이다. 그리고 내가 말하는 것처럼 이런 설명은 역사서를 누가, 언제, 왜 저술했는지의 문제에 관한 단순 명료한 대답을 준다. 그 역사서는 유다의 정치·종교 엘리트들이 유배 가는 이야기로 끝나기 때문에 그것은 그들의 유배생활과 그 여파의 결과물이라 할 수 있다.[15] 비록 예루살렘의 파괴와 유배 후 약 50년만인 스룹바벨의 시대에 유대인들이 본국으로 귀환하기 시작한다는 것을 우리가 잘 알지만, 이스라엘의 역사서 자체는 그런 귀환에 대해 서술하지 않는다. 탈무드의 랍비들이 제안한 바처럼, 이스라엘의 역사서를 현재의 모습으로 저술한 최종 저자★는 예레미야 혹은 예레미야처럼 유배가 시작된 지 처음 10여 년을 산 유대 지성인이었을 가능성이 높다.[16]

나는 성서 본문의 증거로 볼 때 그런 명료한 해석이 가능하다고 말했다. 물론 역사서가 그보다 한 세기 후, 즉 유대인들이 귀환해 예루살렘을 재건하고 있을 때 저작되었을 가능성도 있다. 그러나 여러 가지 이유로 나는 그 가능성을 받아들이지 않는다. 성서 증거에 대한 가장 단순한 해석이 내게 주는 확신은, 역사서가 유다 왕국과 성전의 멸망을 직접 목격했지만 귀환이 시작되는 것은 보지 못한 사람에 의해 저술되

58

★이스라엘의 역사서의 최종본을 완성한 개인 혹은 사람들을 '저자'로 불러야 할지 아니면 '편집자'로 불러야 할지에 대해 고민이 많았다. 어떤 용어도 만족스럽지 않았다. 역사서의 최종 저자가 예레미야 정도의 인물이었다면 그는 본문의 일부를 직접 저술했을 수 있고, 현대적 의미의 저자처럼 역사서 안에 제시된 일부 사상에 대해 온전한 책임을 지기 때문에, 이 경우 '편집자'라는 말은 그의 역할을 설명하기에는 불충분하다. 반면 내가 '역사서의 저자'라는 용어를 사용하면, 그가 '역사서 전체'를 저술했다는 잘못된 오해를 줄 수 있다. 그 '저자'가 역사서의 모든 부분을 처음부터 저술했을 가능성은 거의 없다. 그러나 내가 최종적으로 선호하는 용어는 '저자'다. 그러나 꼭 기억해야 할 것은 역사서의 많은 부분이 그 저자가 물려받아 활용한 사료들에 근거한다는 사실이다.

었다는 것이다. 다시 말해, 나는 역사 내러티브가 예레미야 혹은 그의 제자 가운데 한 명에 의해 편집되었다고 믿는다. 내 생각이 틀릴 수도 있다. 그러나 최종 저자를 밝혀내는 것이 이 책의 목표를 이루는 데에는 그다지 중요하지 않다. 역사서의 저자가 그보다 한두 세기 후의 사람이라도 달라지는 것은 없다. 확실한 것은 이스라엘의 역사서를 만들어낸 것은 유대인들의 멸망과 유배의 경험 그리고 그 시련에서 살아남으려는 그들의 노력과 관계있다는 것이다. 그리고 이런 경험은 일부 유대인이 예루살렘으로 귀환한 이후에도 오랜 세월 지속되었다.

　　이스라엘의 역사서는 히브리어로 약 15만 자 분량인데, 킹제임스 성서를 기준으로 하면 홉스의 《리바이어던(Leviathan)》의 3분의 1 분량이다. 내가 이미 말한 것처럼 역사서는 구약 성서의 절반을 차지한다. 그러나 이런 수치는 역사서가 가지는 중요성을 잘 전달하지 못한다. 이스라엘의 역사서가 구약 성서의 첫 번째 부분에 위치하고 후속하는 부분들이 그것을 감싸는 구조를 가진다는 사실은 그 역사서가 나머지 구약 성서 부분들의 기초이며 핵심임을 암시한다. 그렇다고 역사서 저작이 나머지 구약 성서의 모든 부분보다 시대적으로 앞선다는 이야기는 아니다. 그럴 가능성은 거의 없다. 그러나 확실한 것은 그런 구성이 독자들로 하여금 이 역사서들을 성서적 가르침의 기초로 보게 한다는 것이다. 이것이 성서 편집자들의 의도라고 생각한다. 이 이스라엘 역사서가 완성되어 바빌로니아와 이집트에서 유배생활을 하던 유대인들 사이에 보급되면서, 유대인의 사상들이 강력한 표출구를 찾아, 이스라엘과 유다 역사에서뿐 아니라 주변국의 역사에서도 그 유래를 찾아볼 수 없을 정도로 널리 유포된 사상이 되었다.[17] 또한 이스라엘의 역사서는 나머지 책들이 구약 성서에 추가될 때, 그 책들을 평가하는 기준이 되었다. 오늘 우리에게 전해진 구약 성서는 역사서를 설명하고 해설하며, 그것과 논쟁해 그 영향을 심화시키려는 목적으로 구성된 것처럼 보인다. 다시 말해, 이스라엘의 역사서(창세기에서 열왕기서까지)는 구약 성서의 핵심 본문이다.

　　② 선지자들의 설교.[18] 구약 성서의 4분의 1에 해당하는 분량이 온전히 이스라엘 선지자들의 설교에 할애되어 있다. 이 부분은 이사야, 예레미야, 에스겔의 것으로 여겨지는 예언들을 모은 세 권의 대선지서, 즉 이사야서·예레미야서·에스겔서에 초점이 맞추어져 있다. 그다음

이어지는 12권의 소선지서들(호세아·요엘·아모스·오바댜·요나·미가·나훔·하박국·스바냐·학개·스가랴·말라기)은 (내러티브로 된 요나서를 제외하면) 훨씬 짧은 예언서들이다. 비록 선지자로 번역되는 히브리어 '나비'가 구약 성서에서 다양한 방식으로 사용되지만(예를 들어, 창세기에서 아브라함도 '나비', 즉 선지자로 불림[19]), 그것의 표준적 의미는 대중 설교를 통해 이스라엘과 유다의 왕들이나 제사장들, 그 외의 국가 관료들의 권력 남용이나 잘못된 정책 등을 비판하고, 백성들의 도덕과 종교 생활을 향상시키기 위해 노력한 설교가들을 지칭한다.[20] 이런 의미에서 선지자 제도는 이스라엘 왕정에 대한 신명기 법전에서 헌법 기관으로서의 지위를 보장받는다.[21] 그리고 이스라엘의 역사서는 이런 종류의 선지자들을 사사 시대부터 소개한다. 여선지자 드보라는 외적을 방어하는 일에 형제들을 돕지 않은 일부 지파들을 공개적으로 꾸중한다.[22] 그러나 이스라엘 선지자들의 서사적 예언이 본격적으로 '기록된' 것은 아모스 때(기원전 750년)인 것 같다. 그 후 바빌로니아 유배 때까지 이스라엘 선지자들의 예언들이 쭉 이어져, 심지어 페르시아 시대의 예언, 즉 예루살렘으로 귀환하려고 처음으로 시도했던 선지자들의 예언도 남아 있다. 구약 성서의 마지막 선지서의 연대는 비교적 정확하게 기원전 510년으로 확정될 수 있는데, 그것은 파르메니데스와 엠페도클레스의 예언적 운문이 작성되기 한 세대 전에 해당한다.

구약 성서에 남겨진 예언 문학 전통의 가장 놀라운 특징은 그것이 이스라엘 왕국의 멸망 그리고 유다 왕국의 멸망과 가지는 관계다. 대선지서 저자 중 첫 번째인 이사야는 기원전 722년에 아시리아 제국의 손에 이스라엘 왕국이 멸망당하고 백성들이 강제로 유배 가는 것을 목격했다. 유배 간 북이스라엘의 백성들은 그 지역의 사람들에게 동화되어 역사에서 사라지게 되었다. 이 사건 이전에도 예언 문학의 전통이 있었지만, 북이스라엘의 멸망이 주는 충격과 공포는 남유다에서 철학적·도덕적·정치적 사상이 특별히 꽃피어나게 되는 자극제가 되었다. 유대인들은 북이스라엘의 멸망을 정확히 이해함으로써 비슷한 운명이 자신들에게 찾아오지 않도록 하는 방안들을 개발하려 했다. 바로 이런 노력의 결과로 탄생한 최초의 걸작이 이사야서다.[23] 이사야서는 재앙이 나라들에 임하는 메커니즘을 설명하고, 북이스라엘의 멸망이 주는 교훈의 측면에서 북이스라엘의 정치·종교적 관행들을 체계적으로 비평했다. 한편 예레미야서와 에스겔서는 기원전 586년 유다 왕국의 멸망을 목격한 선지자들의 생각을 대표한다. 이들은 100여 년 전 이사야의 예언에서 처음 체계적으로 개진된 사상들을 더욱 발전시켰다.

③ 성문서. 구약 성서의 마지막 4분의 1은 전통적으로 성문서(히브리어 '크투빔'; 헬라어 '하기오그라파')로 알려진 다양한 책들의 모음이다. 앞서 논의한 바처럼 성문서의 내부 구조는 선지자들의 설교에서처럼 세 편의 주요 저작이 앞에 위치하고 그 뒤를 일련의 짧은 저작이 따르는 패턴이다. 그러나 성문서는 예언서와는 달리 단일 장르의 글들이 아니다.[24] 성문서에 포함된 세 편의 주요 저작 가운데 시편은 150편의 시가 묶인 책이고, 잠언은 주로 도덕철학을 다루는 저작이고, 욥기는 신학적 질문에 답하는 내러티브다. 이와 같은 장르와 주제의 다양성은 후속하는 짧은 저작들에도 반영되어 있다. 예를 들어, 소위 메길롯("두루마리들")은 다섯 편의 짧은 운문 혹은 산문 저작들(아가, 룻기, 예레미야애가, 전도서, 에스더)이며, 절반이 아람어로 쓰인 다니엘서는 그리스 시대까지 역사에 대한 예언적 상징들을 포함한다. 또한 이스라엘 역사서에 대한 보충 편에 해당하는 에스라-느헤미야(유대 전통에서는 이 둘이 한 권으로 간주됨)는 스룹바벨 성전 완성 후 약 100년이 지나 귀환한 사람들이 예루살렘을 재건한 사건을 묘사한다.[25] 마지막으로 역대서(기독교 성서에는 상하 두 권으로 분리되어 있음—역자 주)는 이스라엘 역사에 대한 대안적 해석을 제공한다.[26]★

II. 구약 성서 사상의 다양성

구약 성서는 다양한 장르와 주제의 책들을 상당수 포함한다. 선지서 부분만 해도 그 안에 약 250년에 걸쳐 활동한 선지자 15인의 작품들이 들어 있다. 성문서는 여러 저자들이 쓴 11권으로 구성되어 있다.[27] 따라서 전통적 견해에 따르더라도 이스라엘 역사서를 보충하는 이 두 부분은 수 세기에 걸쳐 활동한 20여 명의 서로 다른 저자의 목소

★ 잠언과 전도서와 같이 성문서에 포함된 많은 저작이 종종 '지혜 문학'으로 불린다. 이런 표현은 고대 근동 학자들 사이에 유행하는 분류법을 반영하는 것으로 이 책에서는 채택하지 않기로 한다. 이 문제에 관한 간단한 논의를 보려면 미주 26을 참조하라.

리를 담고 있는 것이다.

그리고 짐작하는 바처럼, 이 성서 저자들은 자주 매우 중요한 문제에서 상충하는 의견을 개진한다. 예를 들어, 다니엘서의 정치철학(즉, 정치적 자유를 얻는 데 가장 필요한 것이 하나님에 대한 믿음이라는 주장)과 에스더서의 정치철학(즉, 하나님은 스스로 돕는 자를 돕는다는 주장)을 조화시키기는 쉽지 않다. 다가올 메시아 시대에는 온 세상이 하나님 한 분만을 섬길 것이라는 이사야의 비전과 그때에 이스라엘을 포함한 각 민족이 자기 자신의 신을 의지해 행할 것이라는 선지자 미가의 비전을 조화시키는 것도 불가능해 보인다.[28] 마찬가지로 이사야는 인류가 검을 쟁기로 바꾸고 하나님께 심판받기 위해 예루살렘에 올 것이라고 예언했지만, 요엘 선지자의 비전은 조금 다르다. 요엘은 열방이 심판받기 위해 예루살렘으로 나아올 때 쟁기를 검으로 바꾸게 될 것이라고 말한다. 왜냐하면 전쟁터에서 심판이 임할 것이기 때문이다.[29] 이 외에도 수많은 예를 들 수 있다.

따라서 구약 성서를 이해하기 위해 제일 먼저 깨달아야 할 것은 그것이 단일한 견해를 제공하는 책이 아니라, 다양한 견해들이 솜씨 좋게 개진된 책이라는 것이다.[30] 그렇다고 해서 구약 성서가 개진하는 사상 전통 가운데 '중심' 혹은 '핵심'을 찾을 수 없다는 뜻은 아니다.[31] 이 핵심적 가르침은 우리에게 그냥 주어지는 어떤 것이 아니라, 구하며 발견해야 하는 것이다. 즉, 성서는 하나의 명확하게 구획된 설명을 통해서 핵심을 가르쳐주는 것이 아니라, 여러 견해들로 하여금 그 핵심을 다양한 각도에서 조명하게 함으로써 그 핵심이 우리들에게 드러나게 한다. 바로 이것이 '성서적'이라는 말의 의미다. 즉, 성서적 진리는 다양한 견해를 '통해' 그 핵심을 드러낸다.

성서가 다양한 견해를 통해 진리에 접근한다는 사실은 부분적으로 성서 문서가 가진 정치적 성격의 결과다. 정치적 관점에서 성서는 국가와 자유를 잃고 상처받은 백성들을 보듬고 치유할 목적으로 편집되었기 때문에 구약 성서는 편협한 종교적 분파주의를 허용할 수 없었다. 성서는 의도적으로 백성 '전체'의 사상적 기초로 기능하도록 구성되었다. 그러나 성서가 다양한 견해를 포용하고 있는 이유가 단지 정치적인 연유만은 아니다. 성서의 편집자들이 삶의 중요한 문제에 관해 단일한 견해를 부여하는 일에 회의적이었던 이유는 근본적으로는 신학적인 것이다. 즉, 성서가 종종 주장하는 바대로, 인간은 본성상 연약하고 타락한 존재이기 때문에 하나님의 생각을 완벽하게 알 수 없다는 것이 그 이유다. 이것은 중세 신비주의나 마이모니데스의 '부정 신학'(negative theology)에서 발견되는 후대의 견해가 아니다. 성서 본문이 명확하게 증거하는 바다. 성서에서 하나님과의 만남은 종종 난해하며 불투명성과 불확실성으로 가득한 경험으로 묘사된다.[32] 궁극적으로 중요한 주제에 대한 결정적 '진리'를 얻는 것이 어렵다는 성서 편집자들의 인식은 성서의 최종 본문에 담긴 견해들의 (부정할 수 없는) 다양성에 반영되어 있는 것 같다(6-8장에서 이성, 지식, 진리의 성격에 대한 성서 저자들의 이해에 대해 논할 것이다).

그렇다고 해서 성서를 일종의 '민주화된' 문학으로 생각하는 것은 아니다. 다시 말해, 성서 안에 개진된 견해가 모두 동일한 신학적 무게를 지닌다고는 생각하지 않는다. 이미 밝힌 바처럼 구약 성서는 이스라엘 역사서를 주요 핵심 본문으로 구성되었다. 창세기부터 열왕기서에 이르는 내러티브 본문은 구약 성서에서 가장 큰 문학 단위일 뿐만 아니라, 중요하게도 구약 성서의 '첫 부분'에 위치한다. 또한 내가 설명한 것처럼, 그림 1에 제시된 구약 성서의 구조를 보면 후속하는 문학 단위들이 이스라엘 역사서에 대한 해설로 의도되었다는 인상을 받게 된다. 그리고 이 인상은 후속 문학 단위들의 내용에 의해 확증된다. 특히 선지자들의 설교 부분은 후대의 사람들이 역사서(와 역대기에 제시된 보충 역사)를 참조할 수 없었더라면 거의 혹은 전혀 알 수 없었을 사람들과 사건에 대한 것이다. 그리고 선지자들의 설교 부분은 역사서에 제시된 모세 율법을 참조할 때 비로소 알 수 있는 율법들도 언급한다.[33] 성문서에 대해서도 비슷한 이야기를 할 수 있다. 물론 성문서 안에는 그 자체로 완성도 높은 작품들도 많아 정도의 차이는 있을 수 있지만, (아가 정도를 제외하면) 성문서의 모든 책이 이스라엘 역사의 궤적 위에 놓을 수 있으며, 그 위대한 역사의 핵심 교훈들을 직접 다룬다 해도 과언은 아니다.

필자가 성서의 나머지 절반 부분이 이스라엘의 역사서에 대한 '해설'을 제공한다고 말했을 때 그것은 '비평적 해설'임을 강조해둔다. 선지자들의 설교와 성문서 안의 많은 부분은 역사서에 개진된 견해들과 상충하는 입장을 취한다. 예를 들어, 에스겔서는 한 세대의 잘못이

63

필연적으로 후속 세대의 형벌로까지 이어진다는 역사서의 견해에 도전한다.[34] 또한 다니엘서는 요셉이 파라오의 궁에서 성공하기 위해 이집트인들의 행동 기준을 따라야 했다는 역사서의 전제에 도전한다.[35] 역대서는 다윗 왕의 자질에 대해 역사서와 의견을 달리한다.[36] 그러나 성서의 후반부가 전반부, 즉 역사서에 대한 비평을 가할 때에도 그 비평들이 이스라엘의 역사서를 통해 친숙해진 사상들에 대한 비평이라는 사실이 중요하다. 이스라엘 역사서에 제시된 그 견해들이 없었더라면, 구약 성서의 후반부에 제시된 대안적 견해들도 의미가 없었을 것이다.[37]

이 모든 것은 비록 구약 성서에 다양한 사상적 견해들이 들어 있지만, 우선적으로 고려되어야 할 것은 역사서의 견해들임을 보여준다. 구약 성서가 어떤 과정을 통해 형성되었든지 간에 고대 이스라엘인의 사상을 결정적으로 보여주는 것은 우리에게 전달된 최종 본문이다. 모든 길은 그곳으로 통하고, 또한 그곳에서 나온다. 따라서 구약 성서의 철학 혹은 성서적 사상과 관련한 모든 논의에서 우리의 출발점은 구약 성서의 최종 본문이어야 한다.

어떤 사람들은 내가 '토라'('오경'을 가리키는 히브리어 명칭. 오경은 토라의 그리스어 번역어에서 유래한 명칭이다) 부분을 희생시켜가며, 역사서 부분을 너무 강조하는 것은 아닌가 하고 말할 것이다. 토라는 창세기에서 신명기에 이르는 다섯 권의 책으로, 랍비 전통에서 가장 위대한 선지자인 모세가 저작했다는 믿음 때문에 성서 전체에서도 특별한 지위를 부여받는다. 이스라엘 역사의 전반부를 형성하는 이 다섯 권의 책을 나머지 성서 책들과 구분할 필요는 없을까? 그런 구분이 중요하고 토라에 독특한 지위를 부여하는 랍비들도 옳다고 생각한다. 토라의 중요성은 대개 그것이 구약 성서에 주어진 거의 유일한 법전이라는 사실에서 유래한다.[38] 유대교 법체계는 이 모세의 책들에서 논리적으로 유추된 것이다. 따라서 토라는 유대법에서 헌법과 같은 지위를 가진다. 하지만 유대법을 논할 때 이 책들에 부여되는 특별한 지위가 유대 철학을 논할 때도 그대로 인정되어야 하는지는 의문이다. '할라카'(법)는 모세의 책들에 기초를 두고 있다. 그러나 그것과 짝을 이루는 '아가다'(철학적 가르침)는 열왕기서까지 이어지는 온전한 내러티브의 줄거리에 의존한다.[39] 유대법을 정교하게 만들려는 관심과 그로 인한 모세의 책들에 대한 강조는 그 자체로 매우 합리적이지만, 통일된 '아가다'로서의 이스라엘 역사서가 주는 가르침이 시간이 흐르면서 유대 전통 안에서 소홀히 취급되었음도 분명한 사실이다.

지금 말한 것이 생소한 주제일 수 있기 때문에 좀더 설명할 필요가 있을 것이다. 핵심은 이렇게 요약될 수 있다. 나는 모세의 책들(오경)이 그들이 일부를 이루는 역사서의 나머지 부분들에서 분리된 채 제대로 이해될 수는 없다고 생각한다. 창세기와 출애굽기에서 묘사된 이스라엘 역사의 시작과 사사기, 사무엘서, 열왕기서에 묘사된 이스라엘 역사의 마지막이 공유하는 다음의 평행점들에 주목해보라.[40]

① 내러티브의 시작에서 아담과 하와가 에덴에서 쫓겨난다; 내러티브 마지막에서 유대인들은 그들의 고향땅에서 쫓겨난다.

② 내러티브의 시작에서 하늘에 닿도록 지어진 바벨탑이 파괴된다; 그 마지막에서 하늘의 축복의 통로로 지어진 예루살렘 성전이 바빌로니아인들에 의해 파괴된다.

③ 내러티브의 시작에서 아브라함이 바빌로니아의 핵심 도시에서 빠져나와[41] 가나안의 광야에서 목동으로서의 새 삶을 시작한다; 마지막에서 아브라함의 후손들은 족쇄에 묶인 채 바빌로니아의 핵심 도시들로 돌아간다.

④ 창세기에서 아브라함은 외아들을 하나님께 번제로 드리도록 명받았지만, 결국 그는 그렇게 하지 않게 된다; 사사기에서 입다는 하나님이 시키지도 않았는데, 외동딸을 번제로 드린다.

⑤ 창세기에서 야곱의 아들들인 시몬과 레위는 의로운 질투심으로 북쪽 도시 세겜 주민들을 모두 살해한다; 열왕기서에서 엘리사의 사람들인 여호사밧의 아들 예후와 라합의 아들 여호나답은 의로운 질투심으로 북쪽 수도 사마리아에 있는 모든 적을 살해한다.

⑥ 창세기에서 요셉은 유다와 나머지 형제들에 의해 이집트로 팔려가 노예가 된다; 열왕기서에서 요셉의 집(북이스라엘)이 유배가게 되지만, 유다의 집(남유다)은 왕위를 유지한다.

⑦ 출애굽기에서 모세는 광야에서 양 떼를 몰다가 하나님을 만나고 목동의 지팡이를 들고 파라오의 전차(즉 이집트)로 돌아

간다; 사무엘서에서 어린 다윗은 자기에게 주어진 갑옷을 벗어버리고 목동의 막대기를 가지고 가드의 전쟁터로 나아간다.

⑧ 출애굽기에서 이스라엘 사람들이 광야로 도망갈 때 이집트인들에게서 그들의 금을 탈취했다; 열왕기서에서 바빌로니아인들은 예루살렘의 부에 질투를 느껴 전쟁을 일으켰고 이스라엘인들의 금을 탈취했다.

⑨ 출애굽기에서 아론은 광야에서 이스라엘인들의 무너져가는 자신감을 다시 북돋기 위해 황금 송아지를 만들었다; 열왕기서에서 이스라엘의 왕 여로보암은 사마리아에서 이스라엘인들의 무너져가는 자신감을 북돋기 위해 두 개의 황금 송아지를 만들었다.

⑩ 출애굽기에서 모세는 하나님의 진리를 찾아 호렙산에 올랐으나 하나님은 그를 지나쳐 모세는 그분의 뒷모습만을 보았다; 열왕기서에서 엘리야는 하나님의 공의를 구하기 위해 호렙산에 올랐으나, 세미한 음성만을 들었다.[42]

이 모든 예(물론 비슷한 예는 더 많다)는 매우 중요한 사실을 반영한다. 성서가 그리는 이스라엘의 역사는 매우 강력한 내적 일관성을 가진 문학 단위라는 것이다. 그리고 우리가 이 역사서가 가르치는 사상들을 이해하기 원하는 만큼, 우리는 그것의 특정 부분을 나머지 부분에서 분리한 채 연구해서는 안 된다. 그럴 경우 매우 특별한 이유가 있어야 한다. 역사서의 후반 부분이 전반 부분을 상기시킨다(예를 들어 다윗의 이야기는 모세의 이야기를 상기시킴)는 의미만은 아니다. 역사서에서 앞부분에 등장하는 사건이 역사의 뒷부분을 어떻게 예견하는지를 고려하지 않으면, 그 의미를 제대로 파악하지 못할 수 있다는 것이다. 예를 들어, 농부 가인이 아우인 양치기 아벨을 죽인 이야기를 제대로 이해하기 위해서는 농부들과 양치기들 사이의 인류 최초의 폭력 이야기가 후대의 이야기들(즉 아브라함, 모세 그리고 다윗의 이야기에 나타나는 농부와 양치기 사이의 폭력적 관계)에 대한 전조임을 깨달아야 한다. 마찬가지로 아브라함이 바빌로니아를 떠나온 것의 의미를 제대로 이해하기 위해서는 그것이 이스라엘 역사의 마지막에서 예루살렘의 멸망과 함께 발생한 사건, 즉 유대인들의 바빌로니아 유배와 정반대적 사건임을 깨달아야 한다. 또한 요셉과 유다의 이야기를 제대로 이해하기 위해서도 이후의 역사에서 요셉의 집이 유다의 집과 가지는 관계를 고려해야 한다. 따라서 내러티브의 이런 다양한 사건이 우리에게 주는 교훈들을 온전히 이해하기를 원한다면, 우리는 역사서의 본문을 유기적 통일체로 간주해야 한다.[43]

지금까지의 논의를 통해 우리는 구약 성서에 제시된 다양성의 문제에 접근하는 하나의 방법을 얻을 수 있다. 내가 제안한 바처럼 구약 성서는 의도적으로 많은 문제에 대해 다양한 관점을 제공한다. 그러나 이스라엘의 역사서는 구약 성서의 핵심 부분을 형성하는 동시에, 역사서가 개진하는 관점은 구약 성서를 지배한다. 적어도 그것이 구약 편집자들의 의도인 것 같다. 실제로 역사서에 제시된 견해를 전제하지 않으면 구약 성서 자체가 성립하지 않을 가능성이 높다. 왜냐하면 역사서가 없다면 나머지 다양한 책을 하나로 묶을 기준점이 사라지기 때문이다. 그리고 이 점에서 역사서는 구약 성서 안에서 나머지 책들과 분명히 구별되는 지위를 가진다.

따라서 구약 성서의 철학을 처음으로 연구해보려는 독자나 그 주제로 수업을 구성하려는 강사는 구약 성서의 내부 구조에 따라 그 작업을 여러 단계로 나눌 필요가 있다. 지금까지의 논의에 따르면 가장 우선시해야 할 일은 이스라엘 역사서에 제시된 사상들을 이해하는 것이다. 그다음 일은 선지자의 예언서와 성문서에 포함된 주요 저작들을 연구하는 일이다. 왜냐하면 이 저작들에서 우리는 역사서에서 배우게 된 견해가 반박되고 더욱 정교히 발전되는 것을 보기 때문이다. 그다음에 우리는 선지자의 예언서와 성문서의 나머지 책들에 제시된 견해들에 주위를 기울일 수 있다. 이런 방식으로 우리는 성서적 세계관을 온전히 배울 수 있을 것이다.

구약 성서를 이해하는 데 가장 큰 장애물은 그 본문들이 쓰인 목적들과 관련해 널리 퍼져 있는 혼란일 것이다. 이 목적들이 제대로 이해되지 못하고 있는 이유는 대개 구약 성서가 오랫동안 신약 성서, 즉 예수의 사도들의 글을 통해 이해되어왔기 때문일 것이다. 오늘날 많은 독자가 복음서와 바울 서신들의 저작 목적을 구약 성서 본문에 그대로 적용한다. 신약 성서를 많이 읽지 않는 사람들조차 그렇게 적용하는 경향이 있다. 성서의 저술 목적이 무엇인지에 대한 사도들의 개념은 대부분의 서방 국가에서는 문화의 일부가 되어, 그것에 영향을 받지 않기가 매우 어렵다. 따라서 우리가 이스라엘의 선지자와 학자 들이 의도한 저

2장
구약 성서의 저술 목적은 무엇인가?

술 목적을 밝히기 위해서는 구약 성서의 저술 목적을 그보다 수백 년 후에 전혀 다른 상황에서 저작된 신약 성서 본문의 목적과 분명히 구분해야 한다.

본 장의 목적은 바로 이것이다. 나는 신약 성서의 주요 저작들이 목표한 바가 무엇인지를 설명하는 것으로 시작할 것이다. 그다음에 그 목적들을 구약 성서의 핵심 저작, 즉 이스라엘 역사서의 저작 목적들과 비교 대조할 것이다. 마지막으로 구약 성서 전체를 오늘날의 모습으로 편집한 편집자들의 목적도 아울러 고찰할 것이다.

I. '증언'으로서의 신약 성서

어떤 본문의 '의미'를 이해하는 데 저자의 저술 목적을 아는 것보다 중요한 것은 없다. 그 본문의 저술 목적은 작품 전체에 규칙성을 부여하고, 본문의 특정 부분들이 (심지어 개별 단어들까지) 자기 나름의 특수한 의미를 얻게 되는 근거가 된다.[1] 어떤 본문의 저술 목적에 대한 이해가 바뀐다면 그 본문의 의미도 바뀌게 된다. 반대로 본문의 저자, 저술 연대 혹은 저작 상황들에 대한 우리의 견해가 바뀌어도, 그것이 그 본문의 저술 목적에 대한 우리의 이해를 크게 바꾸지 않는 한 본문의 의미에 미치는 영향은 매우 미미할 것이다.

비근한 예를 하나 들어보자. 우리 앞에 음식 재료들과 그 수량, 아울러 그것으로 어떤 음식을 만들어야 하는지 적힌 종이가 놓여 있다고 하자. 그리고 그 종이에 쓰인 본문을 고기파이의 조리법이라고 믿는다고 가정하자. 그 지시대로 따를 수 있고, 실제로 그렇게 했더니 누군가가 즐겁게 먹을 수 있는 음식이 되었다고 한다면 우리는 그 본문의 의미를 제대로 이해했다고 확신할 것이다. 그러면 그 본문의 저자가 누구인지, 언제 작성했는지 혹은 어떤 상황에서 작성했는지는 그 본문의 의미에 그다지 큰 영향을 미치지 않는다. 그 본문이 2016년에 만들어졌다고 생각해도, 아니면 1016년에 만들어졌다고 생각해도 크게 바뀌는 것은 없다. 그 본문의 저자가 서민이든 여왕이든 상관없다. 왜냐하면 그 본문의 의미는 거의 변하지 않을 것이기 때문이다. 하지만 우리가 똑같은 본문을 종교 의식에서 희생 제물에 대한 준비 지침으로 생각하거나, 도덕적 교훈을 가진 비유이거나, 아니면 적의 동태에 대한 암호화된 스파이 보고서라고 생각하면 순식간에 그 본문의 의미가 전혀 달라질 것이다. 그 본문을 누가, 언제, 어떤 상황에서 만들었는지에 대한 우리의 생각이 변하지 않더라도 말이다.

이처럼 저술 목적은 본문의 의미를 파악하는 데 결정적인 역할을 한다. 그러나 내가 언급한 것처럼 구약 성서의 저작 목적과 관련해서는 매우 큰 혼란이 존재한다. 지금은 널리 인정되는 사실이지만, 구약 성서를 신약의 전주 정도로 이해한 기독교 교부들이 사용한 해석틀은 구약 성서의 본래 의미를 밝히는 데 그다지 도움이 되지 못했다.[2] 철학자 폴 리쾨르(Paul Ricoeur)는 기독교 이야기를 구약 성서에 덧씌운 결과 구약 원전의 의미에 '돌연변이적' 의미가 태어났다고 솔직하게 고백한다.

이 상황을 잘 이해하자. 본래 … 하나의 성서(구약 성서)와 하나의 사건(예수가 오심)이 있었다. … 이 생경한 사건(예수가 오심)이 단순 명료하게 고대 문서를 대체하지 않고, 그것과 애매한 관계를 유지하기 때문에 해석학적 문제가 발생한다. 그 생경한 사건은 구약 성서를 폐기하면서 동시에 성취한다. 그것은 (예수님이) 물을 포도주로 바꾸었듯이 구약의 문자를 영으로 바꾼다. 그러므로 기독교적 진리는 구약 성서에 발생한 의미적 돌연변이를 통해 이해될 수 있다. 최초의 기독교 해석학은 바로 그 돌연변이다.[3]

인용된 문단에서처럼 신약 성서가 구약 성서의 본래적 의미를 "폐기하면서" 예수가 물을 포도주로 바꾼 것처럼 구약 성서의 의미를 완전히 다른 것으로 변화시켰다는 주장을 요즘 자주 들을 수 있다.[4] 그러나 내가 이해하기로는 구약 성서의 그런 '돌연변이적인 변화'가 '본래의 저술 목적을 빼앗아 버리면서 발생했다'는 점을 인식하는 사람은 거의 없다. 신약 성서 본문은 매우 특정한 목적을 위해 작성되었다. 즉, 그것은 다른 무엇보다도 특정 사건들을 '증언'할 목적을 가진다. 증언이 없으면 잊히거나 의심될 사건들을 증언하기 위해 저술되었다. 그러나 구약 성서는 그런 목적으로 저술된 것이 아니다. 기독교인과 그들을 본받은 계몽주의 철학자들은 구약 성서를 그렇게 독해함으로써 이스라엘의 책을 그 저자들이 의도한 것과는 매우 다른 본문으로 변화시켜버렸다.

신약 성서에 포함된 다양한 책들을 쓴 예수의 제자들이 그 저술 목적을 어떻게 이야기하는지 자세히 살펴보자. 물론 신약 성서의 책들이 단순하지는 않다. 대개 저자들은 작품을 구성할 때 여러 목적을 염두에 둔다. 그러나 저자의 목적들 중 어떤 것은 다른 것보다 우리가 본문에서 발견하는 의미에 더 큰 영향을 미친다. 신약 성서의 주요 저자들은 작품을 저술한 이유를 매우 분명하게 밝힌다. 그들은 나사렛 예수의 생애의 특정 사건들을 증언하거나 증거하기 위해 본문을 기록했다고 말한다. 예를 들어, 요한복음은 세례 요한에 관한 이야기로 시작한다. 요한복음에 따르면 세례 요한의 목적은 하나님의 아들이 세상에 왔음을 '증거함'으로써 다른 사람들도 그 사건을 믿도록 하기 위함이라

71

고 선언한다. 다음을 보자.

요한이라 하는 사람이 나타났다. … 그가 빛에 대하여 증언하기 위하여 왔으니, 이는 그를 통하여 모든 이들이 믿게 하려는 것이다. 그는 그 빛이 아니라 그 빛에 대하여 증언하러 온 것이다.[5]

마찬가지로 요한복음도 저자 사도 요한이 자신이 목격한 사건들을 기록한 책임을 확인하면서 끝난다. 이는 요한의 기록이 그 사건들에 대한 믿을 만한 증언으로 간주되어야 함을 암시한다.

베드로가 주변을 둘러보니 예수가 사랑했던 제자가 있었다. … 여기에 기록된 것을 증언하는 사람이 바로 그 제자다. 실은 그가 이 기록의 저자다. 우리는 그의 증언이 참인 줄 안다.[6]

누가복음도 예수가 죽은 자들 가운데서 일어난 후 제자들 가운데 나타나셔서, 그들이 본 것을 말하는 증인("모든 것의 증인")이 되라고 가르치셨다고 기록한다.

그곳에 그가 제자들 가운데 서 있었다. 그들은 두려워 떨며 유령을 보고 있다고 생각했다. … 그는 이렇게 말했다. "이것이 기록된 바다. 메시아가 죽음을 당하고 죽은 자 가운데서 삼일 만에 일어날 것이다. 그래서 그의 이름을 통해 죄 용서를 가져오는 회개가 예루살렘으로부터 시작해 온 민족들에게 선포될 것이다. 너희들은 이 모든 것의 증인이다."[7]

그리고 사도행전에서도 예수는 제자들의 사명이 "땅 끝까지 나를 위한 증인"이 되는 것임을 가르쳤다.

성령이 너희들에게 임하면 너희가 권능을 받을 것이고 예루살렘과 온 유대와 사마리아와 땅 끝까지 나를 위한 증인이 될 것이다.[8]

'예수를 위한 증인되기'의 사명이 결정적인 형태를 얻게 된 곳은 바울 서신이다. 예를 들어, 고린도전서에서 바울은 예수의 기적에 대한 사도적 증언을 전파하는 일에 관여한 모든 사람이 "하나님을 위한 증인"이라고 말한다. 즉, 증인들의 주요 책임은 예수의 삶과 부활에 관한 "사실들"을 발생한 그대로 전달하는 것이다.

형제들아, 내가 너희에게 전한 복음을 너희에게 일깨워 주려고 한다. … 내가 받은 것을 먼저 너희에게 전하였으니, 그리스도께서 성서대로 우리를 위해 죽으시고… 게바에게 나타나시고, 그다음에 열두 제자에게, 그 후 오백 명이 넘는 형제들에게 동시에 나타나셨는데, 그 가운데 어떤 이들은 잠들었지만, 대다수는 지금까지 살아있다. 그 후에 야고보에게 나타나셨고, 그다음에 모든 사도에게와, 맨 나중에 … 나에게도 나타나셨다.

바울은 계속해서 그 사실들을 왜곡하는 사람들에 대한 무서운 저주를 선포한다. 그런 사람은 하나님의 거짓 증인으로, "여전히 죄 가운데 있을" 것이다.

이것이 우리가 선포하는 바다. 즉 그리스도께서 죽은 자들 가운데서 살리심을 받으셨다. … 만일 그리스도께서 살리심을 받지 못하셨으면, 우리의 전파하는 것도 헛되고 너희의 믿음도 헛되며, 우리는 하나님의 거짓 증인으로 드러날 것이다. 이는 (그리스도가 부활하지 않았다면) 우리가 하나님께서 그리스도를 일으키지 않았는데도 그를 살리셨다고 (잘못) 증언한 것이기 때문이다. (그 경우) 너희의 믿음도 헛되며, 너희들도 … 여전히 죄 가운데 있다.[9]

이 구절들과 다른 비슷한 구절들에서 우리는 신약 성서에 기록된 사건들에 관한 특정 사고방식과 만나게 된다. 첫째, 예수는 자신이 '하나님의 아들'이며 사람들을 영생으로 이끌기 위해 세상에 왔다고 주장했다. 이 주장은 그의 기적들, 특히 십자가 처형 이후 죽은 자 가운데서 부활한 사건을 통해 확증된다. 둘째, 예수의 말을 직접 듣고, 그의 기적을 직접 본 증인들이 예수의 주장을 지지하는 증언을 한다. 이는 그들의 증언을 듣는 사람들이 '예수를 믿도록' 하기 위함이다. 셋째, 예수의 기적들을 증언한 사람들이 기록한 신약 성서는 예수의 주장과 예수에 관한 제자들의 증언들을 판단하는 증거(testimony) 역할을 한다. 그 증거가 믿을 만하면 예수의 주장들은 지지되며, 사람들은 그것을

73

믿을 수 있다. 아니 믿어서 예수를 통한 구원을 받아야 한다. 그러나 그 증거가 믿을 수 없다고 판단되면, 즉 제자들의 증언이 사실과 다르거나 내적 모순이 있으면 예수의 주장들은 더 이상 지지되지 않으며 사람들이 예수를 믿어야 할 이유도 없어지는 것이다.[10]

신약 성서에 관한 이런 식의 논리가 법정적 성격을 지님에 주목할 필요가 있다. 다시 말해, 그것은 법정에서 유래한 은유어들에 의존한다. 다음에서 반복되는 소리를 들어보라. "그는 증인으로 왔다, 그는 기록된 바를 증언한다, 그의 증언이 참됨을 우리는 안다, 그대는 나를 위해 증인이 될 것이다, 나는 그대에게 사실들을 전달했다, 우리는 거짓 증인들로 판명된다." 법정적 은유는 신약 성서의 논리에서 핵심 패러다임이 된다.[11] 그것은 자주 법정적 용어로 이야기한 예수 자신에게서 기원하여[12] 예수의 주장을 확증해주는 증언들의 신뢰성을 세우는 복음서의 노력 안에서 지속된다. 기독교 경전에 주어진 명칭들도 바로 그 은유에서 유래한다. 영어 테스터먼트(testament)는 "증인으로 섬기다"를 의미하는 라틴어 테스타리(testari)에서 온 것인데, 학자들은 그 라틴어를 "3"을 의미하는 라틴어 트레스(tres)와 "서다"를 의미하는 스타레(stare)의 합성어로 보고, 테스타리를 "제3자적 증인으로 법정에 서다"로 이해한다. 실제로 우리는 올드 테스터먼트(Old Testament, 구약)와 뉴 테스터먼트(New Testament, 신약)를 느슨하게 "옛 증언"과 "새 증언"으로 번역할 수 있다.[13]

왜 초대 기독교도들은 예수의 생사를 둘러싼 사건들을 증언하는 일에 그리 집착했을까? 왜 성서 전체를 그런 법정적 용어들로 채웠을까? 대답은 이렇다. 신약의 기독교에서는 특정한 사건이 성서에 기록된 대로 실제 발생했는지의 문제에 모든 것이 달려 있다. 바울이 위에서 인용한 구절에서 강조하듯이, "만일 그리스도께서 살리심을 받지 못하셨으면, 우리의 전파하는 것도 헛되고 너희의 믿음도 헛되며, 우리는 하나님의 거짓 증인으로 드러날 것이다. 이는 (그리스도가 부활하지 않았다면) 우리가 하나님께서 그리스도를 일으키지 않았는데도 그를 살리셨다고 (잘못) 증언한 것이기 때문이다." 따라서 바울의 기독교는 예수 부활과 복음서와 서신서에 기록된 다른 기적들의 사실성에 관한 매우 강한 이분법적 태도를 견지한다. 그것들이 사실이면 진리이고, 그렇지 아니면 전혀 의미 없다. 그 기적들이 성서에 증언된 대로 발생했거나, 아니면 그 증인들이 거짓말을 한 것이므로 그들로부터 배울 것이 전혀 없다. 신약 성서 본문의 목적이 근본적으로 그 안에 묘사된 사건들의 역사성을 확립하는 것일 수밖에 없는 이유가 바로 이것이다.

우리가 성서 본문을 증언이나 증거로 읽을 때 작동하는 사고틀은 저널리즘의 사고틀과 매우 유사하다. 저널리즘에서도 신뢰할 만한 증인들의 증언에 기초해 어떤 사실이 발생했음을 확증하려 한다. 복음서를 '복음'(Good News)이라고 부르는 것이 바로 이 때문이다. 복음서는 일종의 뉴스인 것이다. 그러나 이런 사고틀은 철학함과는 아무런 연관이 없다. 철학자 중에서 어떤 사건이 발생했음을 증명하려 한 사람이 있는가?[14] 소크라테스도 자신이 삶에서 경험한 도시들이나 사람들, 물건들 혹은 사건들의 구체적 예들에 대해서 이야기하지만, 그에게 이것들은 예들에 불과하다. 그의 목적은 이 특정한 사건과 사물 들을 통해 일반적 진리에 대한 통찰을 얻는 것이다. 플라톤에게도 인생의 최고 목적은 특수한 것에서 보편적인 것으로, 나아가 이데아의 세계로 이동하는 것이다. 우연적 사실과 관련한 질문(예를 들어, 어떤 특정 문서가 영국 여왕에 의해 작성되었는지의 여부, 예수가 3일 만에 죽은 자 가운데서 다시 살아났는지의 여부)을 해결하는 데 철학이 어떤 도움을 줄 수 있는지 묻는다면, 대답은 철학이 그런 질문에 도울 수 있는 게 거의 없다는 것이다. 철학의 목적은 '일반적으로 유효한' 것에 관한 지식을 얻는 것이기 때문이다. 철학자는 과거의 경험에 근거해 사물의 본성에 관해 그가 배운 것을 우리에게 말해줄 수 있다. 이런 철학자들의 가르침은 어디까지나 '일반적이라면 이렇다' 하는 일반론이다. 실제로 무슨 일이 발생했는지를 알기 위해서는 철학자가 아니라 증인들에게 물어야 한다. 현장에서 사건을 직접 목격한 자들에게 물어야 한다.

지금까지 일반적으로 일어나는 것에 관한 철학적 본문과 실제로 일어난 것에 관한 증언적 본문 사이의 차이를 다소 극적으로 다루었다. 예를 들어, 플라톤의 대화들은 전적으로 내러티브의 형식을 취한다. 다시 말해 그것들은 끊임없이 이어지는 우연적 사실들을 보고한다. "소크라테스가 경기장에 갔다. 그곳에서 폴레마르코스를 만났다. 그들은 이상적 도시 국가에 대해 말했다." 이 본문들을 과거 이런저런 경우에 발생한 사실들을 말해주는 증언적 저작으로 읽는 것이 가능하다. 역사상 실재한 인물들의 대화를 철학 장르로 사용한 플라톤은 어느 정도 그런 독해를 유도한 것이다. 그리고 (우리가 소크라테스의 전기를 쓰려고 할 때와 같이) 어떤 경우에는 우리는 역사적 증언으로 플라톤의 《대화편》을 읽는다. 그러나 우리는 플라톤의 대화들이 증언적 저작이 아니라 철학적 저작이라고 말할 수 있다. 왜냐하면 그 대화들은 사물의 일반 본성에 대한 가르침을 줄 목적으로 기록된 것이고, 과거에 정확히 어떤 일이 발생했는지를 확립하기 위한 것은 아니기 때문이다. 플라톤의 대화들에서 소크라테스의 삶과 죽음과 관련한 사건들은 철학적 교훈을 주기 위한 것이다. 다시 말해, 우리는 소크라테스의 인생을 통해 위험과 두려움 가운데서도 굴하지 않고 진리를 추구하는 것, 그 진리 추구를 고귀하게 변호하는 것 그리고 우리의 삶의 목적을 위해 죽는다는 것이 무엇인지를 배우게 된다.

이처럼 어떤 본문은 과거 사건에 대해 증언함과 동시에 그 우연적 사건들에 대한 서술을 통해 일반적인 진리를 가르칠 수 있다. 이 경우, 그 본문이 내러티브 형태를 가졌다 할지라도 우리는 그것을 철학적 저작이라 부른다. 그러나 다음의 사실에 주목해보라. 플라톤의 가르침이 소크라테스의 실제 삶과 연관을 가지기 때문에 그만큼 그 힘과 설득력이 커진 반면, 우리는 플라톤의 《대화편》에서 "만약 소크라테스가 처형되지 않았다면, 우리의 가르침은 완전히 무효…"라고 말하는 대목을 찾을 수 없다. 반대로, 플라톤의 저작들은 사물의 일반적 가치를 탐구하고 그 가르침을 제공하기 때문에, 소크라테스에 관한 내용이 역사적 사실에 부합하는지의 여부는 여러 측면에서 부수적인 가치만을 가진다. 플라톤의 가르침의 상당 부분은 우리가 플라톤의 저작을 통해 알게 된 실제의 소크라테스와 전혀 다르더라도 그대로 유효하다. 이 때문에 소크라테스에 대한 이야기가 완전한 허구라 해도 플라톤을 철학적 저작으로 읽을 이유는 충분하다.

왜 이 같은 이야기를 복음서들에 대해서는 말할 수 없을까? 왜 바울은 '그리스도가 부활하지 않았다면, 우리의 복음은 완전히 무효다'라고 말할까? 복음서에 기록된 사건들이 역사적 사실이 아니라면 인류는 복음서에 배울 교훈이 전혀 없다는 말인가? 그것이 정말 바울의 생각인가? 어떻게 그럴 수 있을까?

이 질문에 대한 답은 기독교 계시를 통해 인간에게 주어진 지식의 성격과 관련 있다. 예수가 하나님의 독생자이고, 한때 인간의 모습으로 이 땅에 살았고, 인간의 죄를 대속하기 위해 죽고 부활했다는 지식은 신약 성서에서 완전히 일회적인 사건으로 제시되어 있다. 이전에 그런 일이 없었고 앞으로도 없을, 문자 그대로 전무후무한 사건이다. 이런 기독교적 지식은 경험에서 추론되는 것과 일반적인 가치만을 취급하는 철학의 영역 밖에 있다. 인간 역사의 경험에서 그 전례가 없는 기독교의 계시적 가르침은 기존의 어떤 것과도 비교 불가능한 유일한 것이기 때문에 인간의 관점에서는 갑자기 어느 순간 '계시될' 때까지 줄곧 오랜 세월 '숨겨진 채 남아 있는 하나님의 비밀'이다. 바울의 저작과 다른 신약 저자들의 글에서 바로 이런 메시지가 자주 등장한다.

너희를 위해 내게 주신 하나님의 은혜의 경륜을 너희가 분명히 들었을 것이다. 곧 내가 이미 대략 기록한 대로 그 비밀이 계시를 따라 내게 알려지게 된 것이니 … 내가 그리스도의 비밀을 이해하고 있음을 너희가 알 수 있을 것이다. 이전 세대에는 그것이 인류에게 계시되지 않았으나 지금 그것이 계시되었고 … 그분은 이방인들에게 그리스도의 측량할 수 없는 풍성한 복음을 선포하고 이 감추어진 섭리가 어떻게 성취되었는지를 밝히는 특권을 나에게 … 은혜로 주었다. 그것은 오랜 세월 동안 우주의 창조자이신 하나님 안에 감추어 있었다.[15]
(나는) 이 지나가는 세대에 속하거나 그 어떤 지배 세력에 속한 지혜를 (전하는) 것이 아니다. 나는 하나님의 감추어진 지혜, 태초부터 예정된 그의 비밀스러운 섭리를 전하노라. … 세상을 다스리는 권세들은 몰랐으나, 하나님이 성령을 통해 우리에게 계시한 것이 바로 이것들이다.[16]

이 구절들뿐 아니라 다른 비슷한 구절에서 우리는 그 새롭게 계시된 그리스도의 가르침이 '전에 누구도 알지 못했던 것'이라는 주장을 듣게 된다. 이 본문들은 '이전 세대에는 그것이 인류에게 계시되지 않았다. 그것은 오랜 세월 동안 하나님 안에 감추어 있었다. 나는 하나님의 감추어진 지혜를 전한다'라고 분명히 말한다. 세상의 작용에 대한 지식으로는 누구도 이런 것들에 대한 지식에 이를 수 없다. 하나님이 비밀로 작정하신 것을 어떤 인간 지성도 알아낼 수 없었을 것이다. 심지어 아주 희미한 형태도 말이다.[17]

이 모든 논의는 내가 서론에서 제기한 주제, 즉 이성과 계시의 이분법의 문제로 우리를 돌려보낸다. 신약 성서에서 계시는 이성이 범접

할 수 없는 것이다. 왜냐하면 계시된 것은 순전하고 우연적인 사실들의 형태로 세상에 나타나기 때문이다. 즉, 이전에 인간이 경험한 어떤 것과도 관계없이 '하늘에서 뚝 떨어진' 사실들이기 때문이다. 그런 계시는 원칙적으로 인간 이성에 반대되고, 오직 '비밀' 혹은 '신비'라는 이름으로만 수용될 수 있다.[18]

바울이 옳다. 신약 증인들의 보고의 '사실성'을 의심한다면, 우리는 복음서의 핵심을 잃어버리게 된다. 이것은 그 사실성을 의심하면 요한이나 바울은 거짓말쟁이가 되며 거짓말쟁이에게는 아무 배울 것도 없기 때문이 아니라, 증언의 사실성이 복음서가 우리에게 전하고자 하는 메시지의 핵심이기 때문이다. 일반 진리들을 목적으로 하는 플라톤의 《대화편》의 경우 그것들이 보고하는 사건들의 역사성이 의심된다 해도 여전히 철학적 저작으로 가치 있게 연구될 수 있다. 그러나 플라톤의 대화들과 달리, 신약 성서 저자들은 경험적 일반 진리로부터 기독교 복음이 어느 정도 추론될 가능성을 애서 부정한다. 역으로 기독교 복음이 그 경험적 일반 진리에 기여할 수 있는 것은 많다고 여긴다.

이 모든 것은 신약 성서 저자들이 책을 쓸 때 사실들에 대한 증언 이외에 다른 관심과 목적을 전혀 가지지 않았음을 말하는 것이 아니다. 신약 성서들은 분명히 보편적 인간의 삶을 다루는 본문을 포함하며, 철학적 문제에 대한 일정한 입장도 개진한다. 그러나 대체로 신약 성서의 핵심 저작들은 그들 노력의 대부분을 복음과 관련된 사실들의 보고에 집중한다. 이것은 신약 성서의 논리가 근본적으로 법정적(예수가 메시아라는 주장을 지지하는 증인들의 증거)이라는 사실과 잘 조화된다. 신약 성서의 주된 목적은 일반적으로 부정되고 거부되는 특정 사건들에 대해 목격자적 증언을 제공하는 것이다. 그리고 이 목적은 사물의 일반 진리에 대한 연구, 다시 말해 철학적 연구와는 상당히 거리가 멀어 보인다.

II. 성서적 '역사'의 목적

종종 구약 성서의 주된 목적도 신약 성서에서와 같이 특정한 기적들에 대한 목격자적 증언을 제공하는 것으로 이해된다. 비록 구약 성서가 오실 예수에 대해 증언한다는 주장이 전처럼 많지는 않지만 여전히 구약 성서를 하나님이 행하신 기적들(여기에는 계시를 통한 지식도 포함됨)을 증언하는 책으로 이해하는 경우가 많다. 그런 증언의 관점에서 구약을 읽는 독자들은 구약의 역사를 복음의 유대교적 단계로 이해한다. 이런 이해에 따르면 구약 성서는 몇몇 유대 종교적 교리들(하나님의 존재, 무로부터의 천지창조, 시내산 율법 수여, 다가올 메시아 시대)을 전해주는 신약 성서의 열등한 아류로 전락하게 된다. 그런 유대 종교적 교리들은 신약 성서에서 예수의 기적들로 증명되고 사도들의 증언으로 사람들에게 확증된 그리스도의 복음(하나님이 그리스도 안에서 드러낸 '숨겨진 비밀')으로 대체될 것이다.[19]

1장에서 이미 분명히 논의한 바처럼, 구약 성서에 대한 이런 이해에 문제가 있다고 생각한다.[20] 구약 성서의 핵심 본문인 이스라엘의 역사서가 저술된 목적은 바빌로니아에 유배 중인 유대인들에게 그들이 의심하는 과거의 기적 사건들에 대해 믿을 만한 증언을 제공하려는 것이 아니다. 또한 하나님께서 그때까지 인류에게서 감추신 비밀들을 드러낼 목적으로 쓰인 것도 아니다. 저작 목적은 오히려 정반대다. 이스라엘의 역사서는 이름을 밝히며 자신이 누구인지 말하고 자신이 특정 사건들을 직접 목격했다고 주장하는 바울과 베드로와 같은 증인들의 저작이 아니라, 다양한 자료들을 통해 유대인의 역사를 구성한 익명 저자들의 작품이다.[21] 어찌 익명의 개인이 신뢰할 만한 '증인'으로 인정되겠는가? 이스라엘의 역사서는 '증언'으로 의도된 것이 아니다! 이스라엘의 역사서는 당시 발생한 끔찍한 사건들(이스라엘 왕국과 유다 왕국의 멸망, 성전의 처참한 파괴 그리고 백성들과 땅이 바빌로니아인들에 의해 강탈당한 일)에 대한 포로기 유대인들의 이해를 돕기 위해 저작되었다. 그리고 그 역사서의 저자는 이 일들을 직접 목격했다고 명확하게 주장하지 않으며 그렇게 주장할 이유도 없다. 역사서가 주로 관심을 둔 사건들(왕조의 멸망)은 기적도 아니고, 그들에게 처음 계시된 숨겨진 비밀도 아니다. 역사서가 그렇게 공들여 설명하려는 사건들은 당시 사람들에게 이미 잘 알려진 사실이었다.

이스라엘의 역사서에 묘사된 좀더 오래된 사건들에 대해서도 똑같은 말을 할 수 있다. 분명히 이스라엘의 역사서의 최종 저자는 이전 역사가들, 선지자들 그리고 학자들의 글을 참조하고 자신의 책에 반영했다.[22] 이스라엘 역사를 쓰기 위한 준비 과정에서 그는 신뢰할 만한 사료와 그렇지 못한 사료를 구분해야 했을 것이다. 그러나 일반적으로 그는 자신의 사료를 밝히지 않는다. 또한 그가 역사적 사건들의 목격자임을 강조하거나 혹은 다른 방식으로 그의 역사 증언의 특별성을 세우려하지도 않는다.[23] 그럴 필요도 없었다. 왜냐하면 그가 기술한 내용 대부분은 당시 교양 있는 유대인들이 이미 잘 알고 있는 책이나 전승을 참고하여 각색한 것이기 때문이다. 오래된 사료들이 늘 그렇듯, 그가 참고한 자료들이 모든 사람에 의해 신뢰받은 것은 아니다. 그러나 누구도 역사서 저자에게 그의 역사 서술을 뒷받침할 더 신뢰할 만한 증언들을 내놓으라고 요구할 필요를 느끼지 못했다. 그의 역사서는 사람들이 전부터 여러 경로를 통해 들어 아는 이야기에 대한 예리하고 정교한 재진술이었기 때문이다.

이런 이야기를 들으면 이스라엘 역사서가 처음 나왔을 때 혁명적 작품이 아니었을 것이라는 인상을 품게 되는데, 분명히 잘못된 인상이다. 당시 역사서는 혁명적 작품이었다. 유대인과 이방인이 이스라엘 역사와 이스라엘의 사명에 대해 생각하는 방식을 완전히 재정립한 작품이다. 역사서가 인류 역사에 미친 영향력은 전무후무한 것이다. 그러나 그 역사서가 가져온 혁명적 변화는 (신약 성서의 경우처럼) 그것이 사람들이 전에 한 번도 들어보지 못한 기적들에 관한 이야기이거나, 오랫동안 감추어졌다가 마침내 계시된 하나님의 비밀에 관한 좋은 소식이어서 발생한 것이 아니었다. 그 영향력은 절망한 백성들에게 '세계 역사의 궁극적 목적, 그 역사 가운데 유대인의 역할 그리고 실패의 역사에 굴하지 않고 유대인들이 모든 민족을 위한 축복의 통로로서의 사명을 계속 감당해야 하는 이유'를 가르쳐준 데에서 발견된다. 이뿐만 아니라 역사서는 유대인들이 그들의 역사적 사명을 '어떻게' 감당해야 할지에 대한 가르침도 제공했다. 이 모든 가르침 중 어떤 것도 증언이나 증거에 의존하지 않았다. 왜냐하면 이스라엘 역사서에서 핵심은 사실들, 즉 '과거에 정말 무슨 일이 일어났는지'가 아니었기 때문이다. 역사서를 쓸 때 핵심은 과거의 사건들을 '어떻게 해석할지'와 그 사건들에 비추어 오늘을 '어떻게 살아야 할지'에 있었다. 과거사에 대한 목격자적 증언들은 이런 일에 그렇게 도움이 되지 않는다.

예루살렘의 멸망에 이르는 일련의 역사를 이해하려는 이런 노력 이면에 있던 목적들과 그에 합당한 삶의 방식에 대해 보다 명확한 입장을 살펴보도록 하자.

이스라엘의 역사서는 다양한 주제를 다루는 방대한 양의 저술이다. 그러나 그 다양한 관심사에도 불구하고 역사서에는 그 이야기 전체를 관통하는 핵심 주제들이 있다. 앞으로 이들 중 상당수의 주제를 논하게 될 것이다. 그러나 지금은 하나에 집중하길 원한다. 이 주제는 역사서 최종 본문의 저자가 역사서를 저술한 동기를 이해하는 열쇠가 될 것이다. 여기서 집중하려는 주제는 바빌로니아나 이집트로 유배 간 유대 민족의 생존이다. 유대인이 민족적 정체성을 유지한 채 역사에서 살아남을 것인지 아니면 주변 민족의 문화를 수용해 역사에서 사라질 것인지의 문제다.[24] 역사서의 저자는 유대 민족이 금방 사라져버릴 가능성이 높다고 믿었다. 메소포타미아의 대제국들은 다른 민족들을 지구상에서 멸절시키는 특기가 있었다. 기원전 722년에 이스라엘을 멸망시킨 아시리아인들은 피정복민들에 대해 강제 동화 정책을 폈고, 피정복민들을 그들과 똑같은 아시리아인으로 만들기 위해 그들을 제국의 오지로 유배 보냈다.[25] 그리고 이 정책은 다른 민족의 경우와 마찬가지로 이스라엘 민족에게도 성공적으로 작용했다. 불과 150년 만에 북이스라엘의 백성들은 유배 간 지역에 완전히 동화되어 사라져갔다. 그때부터 이스라엘의 '사라진 부족들'에 관한 전설이 만들어졌다.

남유다 백성들도 북이스라엘 백성들과 같은 운명을 맞을 수 있다는 두려움이 성서 본문에서 고스란히 느껴진다. 예를 들어, 예레미야서는 이집트 남부의 바드로스로 유배 간 유대인들과 선지자 예레미야 사이의 논쟁을 기록한다. 그 논쟁에서 유대인들은 자신들이 외국 신을 숭배했더라면 예루살렘이 멸망하지 않았을 것이라고 주장한다. 그리고 이제 그들이 이집트에 난민으로 살게 되었으니 그 지역의 신들을 추종하겠다고 예레미야에게 통보한다.[26] 당시 많은 유대인이 바로 이런 주장에 동조했던 것 같다. 예레미야, 에스겔 그리고 다른 위대한 지도자들은 유배 당시 민족의 멸절을 예상했다. 그리고 처음부터 끝까지 역사서 본문은 예루살렘과 유다국의 궁극적 회복을 위해 외국 관습을 거부하고 유대 관습을 회복하는 것이 매우 중요하다고 주장하고 있다.[27]

따라서 이스라엘의 역사서는 외국 문화에서 위안을 찾으려 한 유대 공동체의 붕괴를 막는 과정에서 생겨난 작품이었다고 말할 수 있다. 이런 의미에서 역사서의 저술 목적은 유배지 안에 유대 '나라'를 건국

하는 것이다.[28] 물론 이런 식의 설명은 아주 단순한 것이다. 나는 앞서 정교한 본문은 다양한 목적을 염두에 두고 저술될 수 있다고 말한 바 있다. 그리고 그것은 다양한 측면에서 건국의 과제를 시도하는 역사서에 해당하는 말이다. 어느 측면에서 역사서 본문은 과거가 어떠했고 오늘날 사라진 것은 무엇인가를 기억하기 위한 유대인들의 기억 저장소(신뢰할 수 있는 하나의 저장소)로 의도되었다. 주변 민족의 영웅적 이야기에 뒤지지 않는 그들 조상들의 이야기를 읽고 또 읽으면서 유대인들은 민족적 자긍심을 찾을 수 있었을 뿐 아니라 민족적 정체성을 견고하게 붙들 동기도 얻었다.[29] 그러나 이스라엘의 역사서가 과거의 영광에 대한 단순한 서술만 있는 것은 아니다. 과거의 유배 사건과 기타 비극에서 성공적으로 회복한 이야기를 기록함으로 현재 유배 중인 유대인들의 궁극적 귀환을 준비하려 했다.[30] 역사서에 이집트나 바빌로니아에 끌려갔다가 결국은 이스라엘로 돌아온 유대인들의 이야기가 반복적으로 등장한다. 먼저 아브라함 시대에, 야곱 시대에 그리고 여호수아 시대에 그런 일이 있었다. 그 이야기가 들릴 때마다 회복이 가능하다는 믿음이 강화된다.[31] 이스라엘 역사 이야기에서 모세는 유배 간 유대인의 전형적인 모델로 그려진다. 그는 이집트나 바빌로니아에서 유대민족을 위한 의로운 행실의 모델이었다. 가나안 땅의 문턱에서 그 땅에는 들어가지 못했지만, 모세는 이스라엘에게 그들의 역사와 법을 가르침으로써 다음 세대의 이스라엘인들이 새 왕국을 건설할 수 있는 정지작업을 했다.[32]

어떤 점에서 이스라엘의 역사서는 쉽게 정치적인 저작으로 읽힐 수 있다. 그리고 어떤 의미에서 그 역사서의 신학적 메시지는 정치적 메시지의 단순한 연장으로 간주될 수 있다. 고대 근동에서 많은 국가 신이나 부족 신이 전쟁에서 자기 백성들을 돕는 것으로 묘사되지만 진노했을 때에는 그 백성들에게 전쟁 패배나 재앙을 안기기도 했다. 따라서 신들에게 버림받았다고 생각한 국가나 부족은 그 신을 달래서 다시 자기편으로 돌아오게 만들기 위해 노력했다. 이런 문맥에서 보면 성서의 역사서가 유다의 잃어버린 옛 영광을 되찾으려면 이스라엘의 하나님이 명한 법도로 돌아서라고 촉구하는 것은 주변 나라들에 속한 우상숭배자들이 비슷한 사건들에 대해 내렸을 정치적 해석과 그리 달라 보이지 않는다.[33]

이처럼 역사서를 정치적 저작으로 보는 것은 전혀 잘못된 것은 아니지만 그렇게 하면 역사서의 가르침들이 전제하는 핵심 포인트를 놓치게 된다. 역사서 저자가 성취하려 했던 특별한 것들을 보려면, 이스라엘의 역사서가 이스라엘의 하나님을 한 민족의 수호자가 아니라 모든 피조물에게 선을 베푸시려는 온 우주의 창조자로 이해한다는 것을 깨달아야 한다. 왜냐하면 이스라엘의 하나님이 온 땅의 하나님이자 수호자로 이해되면, 그의 행위·명령 그리고 그의 선포된 뜻이 고대 세계의 부족 신이나 국가 신의 경우와 달리 어떤 특정 민족에 국한되지 않고 모든 인류를 이롭게 하는 것이기 때문이다.[34] 따라서 이스라엘 하나님의 뜻에 대한 통찰을 얻기 위한 역사서의 시도는 유대 민족의 행복에 대한 연구가 아니라 도덕과 정치의 일반 질서에 대한 탐구가 된다. 이런 종류의 탐구를 그리스인들은 '필로소피아'(철학)라고 불렀다.[35]

이스라엘 역사서의 현안적 관심과 도덕과 정치의 일반 질서에 관한 관심 사이의 관계를 좀더 자세히 들여다보자. 앞서 말한 바처럼 이스라엘 역사서를 최종 완성한 저자가 항상 염두에 둔 현안적 관심은 바빌로니아와 이집트에 살고 있는 유대인들이 민족적 정체성을 잃고 소멸해버릴지 모른다는 위기의식이었다. 당시 유대인들이 던지던 질문 중 하나는 현재 거주하는 나라의 지방 관습들을 거부하고 유대인 도시와 국가의 회복을 위해 노력함으로써 이미 내려진 '역사의 판결'(유다가 나라를 잃은 사건을 지칭함—역자 주)을 거스를 이유가 무엇인지다. 이 질문을 조금 거칠게 표현하면 이렇다. 유대인들보다 더 오래되고 강력한 민족들이 넘쳐나는 세상에서 모세가 "민족들 중에 가장 작은 민족"[36]으로 부른 유대 민족의 집단적 생존을 위해, 즉 그들의 작은 왕국을 이스라엘 땅에 회복시키기 위해 힘써야 할 이유가 도대체 무엇인가?[37]

하지만 이스라엘 역사서가 이 질문에 내리는 답은 너무나 대담하여 숨을 멎을 정도다. 이스라엘의 역사서는 유대 나라의 재건 노력이 가치 있는 이유를 '이스라엘을 위한 것이 곧 온 인류를 위한 것'이라는 사실에서 찾는다. 이런 견해의 핵심이 창세기의 앞부분이, 즉 '모세의 책들'(구약 성서의 처음 다섯 권을 가리키는 유대 숙어—역자 주)이 아브라함을 처음 소개하는 부분에 제시된다. 하나님이 아브라함에게 다음과 같이 말씀하신다.

네 조국, 네 고향, 네 아버지의 집을 떠나 내가 너에게 보일 땅으로 가라. 그러면 나는 너를 큰 민족으로 만들 것이고 너를 축복하여 네 이름을 위대하게 만들 것이며 너는 복이 될 것이다. … '너로 인해 땅의 모든 족속이 축복을 받을 것이다.'[38]

이렇게 유대 민족의 시조는 이 땅의 모든 민족에게 어떤 모양으로든지 '복'이 될 사람으로 소개된다. 이것은 아브라함의 후손들이 모든 민족에게 그 복을 전달할 것임을 암시한다. 이 메시지는 몇 장 뒤 아브라함이 소돔을 멸망시키려는 하나님의 행위를 정의롭지 못한 것으로 여겨 도전하는 에피소드에서 또 반복된다. 그곳에서 하나님께서 다음과 같이 말씀하신다.

아브라함은 위대하고 강한 민족이 될 것이며, '그로 인해 세상의 모든 민족이 복을 받을 것이다.' 내가 그를 택한 것은 그가 그의 자식들과 가족들에게 명하여 여호와의 법을 지켜 정의와 공평을 행하게 할 것임을 알기 때문이다.[39]

이 구절에서도 유대인들이 모든 민족에 복을 가져다 줄 것임이 암시되지만, 그것은 아브라함이 공평과 정의를 이해하는 사람이라는 사실, 그가 그것들을 미래 세대에게 전수할 것이라는 사실, 그리고 이어지는 이야기에서 드러나듯 그가 하나님의 정해진 뜻에도 도전하는 겁 없는 의지를 가진 사람이라는 사실과 연결된다.

이 구절들에 언급된 것처럼 아브라함의 후손들이 인류 복지에 어떻게 기여하게 될 것인지의 문제는 여기서 다루지 않을 것이다.[40] 그것이 어떻게 가능한지를 보이는 것이 이스라엘의 역사서 전체가 관심 갖는 이론적 과제이기 때문이다. 하지만 4장과 5장에서 역사서의 도덕, 정치철학을 논할 때 그 몇 가지 측면을 다룰 예정이다. 지금 중요한 것은 유대인이 왜 스스로를 세계 민족들을 위한 축복의 통로로 생각하는지가 성서 내러티브에서 사소한 문제가 아니라는 점이다. 그것은 창세기 4장부터 집중적인 관심의 대상이 된다.[41] 이론적으로 창세기 4장은 인류를 두 종류로 나눈다. 하나는 가인, 즉 농부다. 그는 전통적이며 우상숭배적인 사회(이집트와 바빌로니아)를 대표한다. 그런 사회가 가르치는 최고 가치는 복종이다. 다른 하나는 아벨, 즉 목동이다. 그는 참된 선을 자유롭게 추구하는 자유로운 지성을 대표한다. 아벨은 유대인이 아니다. 이스라엘 역사서에서 드러나는 목동 이미지도 보편적인 이미지다. 즉, 목동은 개인의 자유를 위해, 그리고 보다 고상한 것을 추구하기 위해 거대 문명들의 권력과 부를 기꺼이 버리는 모든 개인이나 사회를 대표한다.[42] 최초의 유대인 아브라함의 삶에서 이 목동적 이상은 그의 특별한 정치적 야심과 결합된다. 그 야심은 목동적 이상이 대표하는 도덕 질서를 민족 전체의 삶으로 확장하는 것이다. 이것이 가능하다면 그것은 유대인이 온 세계에 주는 선물이 될 것이다.

이 생각은 개인과 민족에 가장 좋은 삶이 무엇인가에 근거한 일반 정치 프로그램으로 이어지며, 유대 민족이 역사의 멸망 선고를 거부하고 그들의 왕국을 회복해야 할 좋은 이유가 있다는 주장의 근거가 된다.

이미 말한 바처럼, 신약 성서는 하나님이 오래전에 감추어두신 비밀들에 대한 '계시'로 제시된다. 반면 이스라엘의 역사서는 신약 성서와 정반대의 태도를 취한다. 이스라엘의 역사서가 전하는 이야기들에 따르면 '이스라엘'은 특정한 삶의 방식과 특정한 세계관을 대표한다. 그리고 그 삶의 방식과 세계관은 절대로 비밀이 아니다. 인류가 에덴동산 밖 척박한 땅에 발을 내딛은 순간부터 줄곧 알려져 왔던 것이다. 아벨이 하나님의 호의를 얻기 위해 어떤 비밀에 대한 계시가 필요했던 것은 아니었다.[43] 노아도 하나님의 어떤 명시적 가르침 없이도 당대에 완전하고 의로운 자가 될 수 있었다.[44] 아브라함도 어떻게 살아야 하는지에 대해 하나님으로부터 특정한 안내를 받은 적이 없다. 그러나 하나님은 그가 "자식들과 가족들에게 명하여 여호와의 법을 지켜 정의와 공평을 행하게 할" 것임을 믿었기 때문에 그를 사랑했다.[45] 이외에도 역사서는 아브라함 이전 시대의 국가들에 계시된 하나님의 법들의 출현과 같은 추가적인 많은 예를 제시한다.[46]

따라서 모세가 시내산에서 받은 율법은 인류에게 감추어졌다가 그때 비로소 계시된 비밀이 아니다. 실은 그 반대다. 하나님이 모세에게 말씀한 것은 (비록 부분적인 형태이지만) 이미 알려진 것을 보다 구체적으로 설명하신 것이다. 모세도 불가사의한 비밀들에 대한 특권적 통찰을 가졌다고 주장하는 대신 자신의 법이 세상 다른 민족들이 '지혜, 명철, 정의'라고 부르는 것과 정확히 일치한다고 주장한다.

85

그것이 그 민족들의 눈에 너희의 지혜와 총명이 될 것이며, 이 모든 규례를 들은 그들은 '과연 이 위대한 나라 사람들은 지혜롭고 총명한 백성이다.' 하고 말할 것이다. … 오늘 내가 너희에게 주는 이 모든 율법과 같이 올바른 규례와 법도를 가지고 있는 위대한 나라가 어디 있겠느냐?[47]

마찬가지로 '눈이 열린'[48] 이방인을 대표하는 비이스라엘 선지자 발람도 모세의 율법에 따라 광야에서 살아가는 이스라엘을 보고 그들의 도가 선하며 그들의 삶이 정의로움을 깨닫게 되었다.

하나님께서 저주하지 않은 이를 내가 어찌 저주하랴? … 나는 그들을 바위 꼭대기에서 바라보며, 언덕에서 그들을 보니 … 나는 의로운 자의 죽음같이 죽기를 원하며 나의 최후가 그와 같기를 원한다. … 하나님께서 축복하셨으니 내가 바꿀 수 없을 것이다. 여호와께서는 야곱의 죄악을 보지 않으시고 이스라엘의 죄를 보지 않으신다. … 야곱아 너의 장막이, 이스라엘아 너의 거처가 어찌 그리 아름다우냐! 골짜기처럼 뻗어 있고 강가의 동산 같구나. 여호와께서 심으신 침향나무 같고 물가의 향백나무 같구나.[49]

발람의 외침("나는 의로운 자의 죽음같이 죽기를 원하며 나의 최후가 그와 같기를 원한다!")은 익숙함과 편견을 내려놓고 사태를 있는 그대로 평가하는 사람이 (그가 이스라엘인이든 아니든 상관없이) 모세 율법을 어떻게 생각할지를 알게 해준다.[50]

초기의 랍비 주석가들은 하나님의 법이 원리적으로 모든 인류에게 주어졌는지의 문제에 대해 매우 급진적인 입장이었다. 즉, 그들은 아브라함과 이삭과 야곱은 시내산에 없었지만 모세의 율법을 지킬 수 있었다고 주장한다.[51] 아울러 모세의 율법이 유대인에게만 특별히 주어진 것이 아니라 시내산 사건 이전에 이미 많은 민족에게 주어졌었다고 주장한다. 그들은 그럼에도 불구하고 유대인만이 그 율법을 지키기로 결단한 민족이라고 주장한다.[52] 그러나 이런 급진적 입장도 창세기나 민수기 혹은 신명기 본문에 담긴 유사한 주장을 전하는 것 같다. 즉, 모세의 가르침은 그것이 하나님의 말씀임에도 불구하고 인간 지성이 이해할 수 없는 신비로운 것은 아니라는 주장이다. 나아가 하나님의 특별한 은혜가 아니면 인간이 절대 몰랐을 종류의 것은 아니라는 것이다. 오히려 모세의 가르침은 인간 지성이 (그것이 올바르게 기능한다는 것을 전제로) 당연히 이해할 수 있는 것을 담아낸다고 여겨졌다.[53] 율법에 대한 이런 견해는 신명기에 기록된 모세 자신의 말에서도 발견된다.

은밀한 것들은 여호와 우리 하나님께 속한 것이나 드러난 것들은 영원히 우리와 우리 자손에게 속한 것이니 우리가 이 율법의 모든 말씀을 행하게 하려는 것이다. … 참으로 오늘 내가 네게 명령하는 이 명령은 네게 어려운 것도 아니고 멀리 있는 것도 아니다. … 사실 그 말씀이 네게 아주 가까워서 네 입에 있고 네 마음에 있으니, 네가 그것을 행할 수 있다. 보아라, 내가 오늘 생명과 복, 죽음과 재앙을 네 앞에 두었다.[54]

이 구절에서 모세는 그의 가르침이 "은밀한 것"이 아니며, "어려운 것"도 아니라고 주장한다. 오히려 그것은 명확하고 매우 친근한 것으로 "생명과 복"을 가져오는 도(that way)로 제시된다.

여기서 주목할 것은 모세의 가르침이 '생명과 복'에 대한 열쇠를 가진다고 말할 때, 모세가 사후 세계나 영혼 불멸 혹은 이 세상과 다른 어떤 영역이나 세계를 언급하는 것이 아니라는 점이다. 모세는 사람들에게 이 세상에서 행복과 불행에 영향을 주는 것들만을 이야기한다. 다시 말해 그의 가르침은 우리가 살아 있을 때 '생명과 복'을 가져오는 것과 '죽음과 재앙'을 가져오는 것에 관한 가르침으로 제시된다. 이 때문에 다른 민족이 스스로의 능력으로 모세의 율법을 검토한 후 그 율법에 대해 정확한 평가를 내릴 수 있었던 것이다. 모세가 가르치는 주제가 이 세상에서 생명과 복을 가져오는 것이라는 사실, 좀더 정확하게 말하면 정상적 인간 이성이 어느 정도 밝힐 수 있는 주제라는 말이다.

이스라엘의 역사서가 저작된 목적과 관련한 결론은 다음과 같다. 역사서는 특정 시대와 장소에서 어떤 간절한 정치적 목적을 성취하려고 쓰였다. 그 목적은 흩어진 유대 민족이 소멸하는 것을 막고 그들의 조국, 그들의 도시, 그들의 왕국을 회복하도록 백성들을 준비시키는 것이다. 가장 기본적인 수준에서 다시 말하면, 이스라엘의 역사서는 유배 중인 유대인으로 하여금 이방신들을 버리게 하고 이스라엘 하나님과 그의 율법으로 돌아오게 해 그들이 다시 그들의 땅으로 돌아올 희망을 품도록 저작되었다. 그러나 이런 현안적 목적은 더 큰 목적을 위한 시작에 불과하다. 이스라엘의 역사서는 도덕과 정치 질서에 대한 일반 탐구와 논의로 이어질 동기와 문학적 틀을 제공한다. 따라서 역사서의 보다 큰 목적은 보편적 도덕과 정치 질서에 관한 탐구다. 아울러 역사서는 왜 세계 민족들이 '생명과 복'을 달성하지 못해왔는지, 어떻게 인류가 그것을 얻을 수 있는지에 대한 일반적인 설명을 제공하려 한다. 이스라엘의 역사서 안에서 이런 일반적 주제들과 유대인들의 현안에 대한 설명들이 서로 놀랍게 엉켜 단일한 통일체를 창조한다. 즉, 역사서는 인류의 도덕적·정치적 문제에 대한 설명을 통해 유대인들의 현안적 정치 대의(유대 왕국의 회복)가 인류의 문제 해결에 가지는 함의를 드러낸다. 이스라엘의 역사서는 이런 이중의 목적을 끊임없이 염두에 두고 서술되었다. 이 때문에 이스라엘의 역사서는 일차 독자였던 바빌로니아와 이집트에 유배당한 유대인들의 관심사를 초월한다. 오히려 놀랍도록 명확한 목소리로 모든 시대와 모든 장소에 있는 유대인에게, 그리고 땅끝에 있는 개인과 민족에게 말을 건넨다.

III. 구약 성서에서 '질문함'의 전통

지금까지 우리는 이스라엘 역사서의 저술에 영향을 준 요인들을 살펴보았다. 이제는 보다 많은 책이 포함된 선집, 즉 구약 성서 전체의 편집 목적을 살펴보려 한다. 이전 장에서 논의했듯이 구약 성서의 후반부는 두 종류의 문학 단위로 나뉜다. '선지자들의 설교'에는 15권의 책이 포함되어 있고, '성문서'에는 11권의 책이 들어 있다. 이 책들은 장르와 내용이 매우 다양하기 때문에 이 모든 책에 공통되는 하나의 저술 목적은 찾기 힘들 것이다. 그러나 이런 책들이 하나의 성서에 '편집된 목적'에 대한 일반론적 논의는 충분히 가능하다.

어떤 측면에서 예언적 설교의 관심사는 역사서의 그것보다 훨씬 넓다. 예언적 설교들은 진리와 선을 깨닫는 것의 어려움과 관련된 심리학과 인식론적 문제들을 깊이 건드린다.[55] 그럼에도 불구하고 예언서가 이스라엘의 역사서와 매우 가까운 관계에 있다고 말할 수 있는 이유는 역사서의 적지 않은 부분이 소수자였던 이스라엘 선지자들(이들은 왕국의 멸망이 정말 올 수 있다는 것을 알고, 큰 위험을 무릅쓰고, 심지어 목숨을 잃어가며 왕과 백성들에게 경고했던 사람들이다)에 대한 기억을 담고 있기 때문이다.[56]

또한 역사서 저자에 따르면 선지자들 가운데서 소수자였던 '참' 선지자들의 가르침들은 (때때로 그의 견해와 상충해도) 그의 세계관에 없어서는 안 될 토대를 놓았다. 성문서에 속한 책들은 주제에 있어서 앞선 두 문학 단위(역사서와 선지자들의 설교)와 더 느슨한 연합을 이룬다. 그럼에도 불구하고 성문서가 역사서와 공유하는 주제는 분명하다. 여러 면에서 잠언은 '생명과 복'에 이르게 하는 윤리적 교훈들을 담은 윤리책이다. 욥기는 선한 개인(과 선한 민족)이 재앙을 당하게 되는 이유를 탐구한다. 에스더서는 인간의 결정과 행위만으로 구성되는 정치 상황 속에서 하나님의 뜻이 어떻게 전개되는지를 설명한다. 이처럼 선지자들의 설교와 성문서에 속한 책 가운데 도덕과 정치 질서를 논하는 역사서의 노력에 직간접적으로 관계하지 않은 책은 없다.

이런 광범위한 주제적 연관 이외에도 우리는 구약 성서의 책들이 공통적으로 무관심한 주제들도 이야기할 수 있다. 역사서와 마찬가지로 대개 예언서와 성문서의 책들은 사후 세계, 영원한 구원, 하나님의 비밀 계시에 관심이 없다. 다시 말해, 구약 성서의 책들은 사후의 삶에 대한 추측에 관심 없다. 오히려 현세의 원리에 관한 지식과 지혜를 얻는 데 집중한다.[57] 어떤 사람은 세상의 미래 상태를 묘사하는 선지자의 예언은 예외라고 말하고 싶을 것이다. 왜냐하면 그 예언은 인류가 도덕적·정치적 야만 상태에서 구원받을 미래에 관한 것이며, 그에 대한 예언 계시는 사후 세계나 영원한 구원에 관한 약속과 마찬가지로 믿음에 근거해 수용되어야만 하기 때문이다. 그러나 나는 이것도 완전히 옳은 해석은 아니라 생각한다. 세상의 미래적 상태에 대한 예언적 비전들이 서로 매우 날카롭게 대치한다는 사실, 그리고 성서의 최종 본문이 (탈무드가 나중에 비슷한 주제를 다룰 때 그러는 것처럼) 의도적으로 이 상충되는 비전들을 병치시킨다는 사실은 적어도 성서의 편집자들이(선지자들도 마찬가지일 수 있음) 그런 예언들을 필연적으로 발생할 것(=필연적 미래)에 대한 불가역적 선언으로 간주하지 않았음을 보여준다. 오히려 성서에서 그런 예언들은 인류 세계가 목표하는 여러 대안적 이상들(ideals)로 제시된다. 혹은 우리의 실패가 가져올 재앙들에 대한 여러 대안적 비전들로 제시된다.

사도 바울은 구약 성서 저자들 사이에 발견되는 관점의 다양성을 이렇게 표현했다. 하나님이 예전에는 예언자를 통해 "조금씩, 조금씩,

여러 가지 방식으로" 조상들에게 말씀하셨지만, 신약 성서에서는 명확하게 오해 없게 마지막으로 말씀하셨다.[58] 그러나 구약 성서의 편집자들은 우리가 하나님의 말씀을 조금씩, 조금씩 다양한 방법으로 이해하는 것을 그다지 문제라고 생각하지 않은 것 같다. 생각해보면 인간의 지성은 제한적이고, 인간의 앎은 부분적일 뿐이다. 성서 내러티브는 모세와 관련된 에피소드를 통해 이 점을 의심할 여지없이 분명히 가르쳐준다. 그 에피소드에 따르면 모세는 하나님의 얼굴이 아니라 그의 뒷모습만을 보았다.[59] 이스라엘의 다른 선지자들도 마찬가지다. 선지자마다 이해와 관점이 제한되었기 때문에 그들은 사물을 다른 방식으로 보았던 것이다.[60] 이런 이해에 따르면 바울이 믿었던 분명하고 명확한 계시는 실제로는 가능하지 않다.

이와 같은 사실들은 구약 성서가 선집 형태를 가지게 된 이유를 암시한다. 성서 저자들의 이해가 각각 제한적인 것이라면, 진리에 대한 독자의 접근은 필연적으로 다양한 이견들을 통한 것이어야 한다. 이것이 옳다면 그렇게 다양하고 때로는 첨예하게 대립되는 본문들을 한 권으로 편집한 성서 편집자들의 목적은 분명하고 명확한 메시지를 가진 통일적 저작을 구축하기 위함이 아니었을 것이다. 그것은 '질문함의 전통'을 포착하고 반영할 수 있는 작품을 만드는 것이었다. 그로써 독자들이 이 전통이 품어낸 다양한 관점을 이해하고 독자 자신의 이해를 구축하도록 하기 위함이었을 것이다. 이스라엘의 역사서는 이 전통의 대표적 담지자다. 하지만 역사서를 중심으로 편집된 다른 본문들도 대안적 비전을 제공하고, 확장하고, 세련화할 나름의 기회를 부여받았다. 성서를 통해 우리에게 일정한 대화가 일어나는 공간을 부여받게 된다. 진리에 대한 끊임없는 탐구가 이루어지는 공간이다.[61] 따라서 구약 성서를 읽는 독자들은 이 질문함의 전통 안에 자리를 잡고 자기 자신의 경험과 능력 안에서 진리 탐구를 계속하도록 요청받고 도전받는다.

서론에서 필자는 구약 성서의 대부분 혹은 전체를 계시의 산물로서가 아니라 이성적 저작으로 읽으면 더 유익하게 이해될 수 있다고 제안했다. 이것은 많은 사람에게 공감할 수 없는 견해처럼 보일 것이다. '이성적 저작'은 어떤 개인이나 민족의 경험을 넘어서는 보편적인 세계 경험(즉 많은 사람에게 일반적으로 적용되는 원리)에 관한 것이고 구약 성서 본문 대부분은 그런 보편적인 세계 경험을 표현하기에 적합한 장르로 보이지 않기 때문이다. 성서의 3분의 2 이상을 차지하는 (역사나 이야기를 전하는) 내러티브 산문은 본질상 특수하고 단회적인 것을 다룬다. 마찬가지로 선지자들의 설교 본문도 예루살렘이나 바빌론에서 발생한 특

3장
구약 성서는 어떤 방식으로 철학적 문제를 논하는가?

정 역사적 사건들에 반응해 하나님이나 선지자들이 우리에게 말하거나 우리를 위해 행한 특수한 것들을 보고한다. 이 본문들이 특수하고 단회적인 사건들에 관한 것이라는 사실은 그것들이 보편적이고 일반적인 성격의 주제들을 논할 목적으로 저작되었을 가능성을 배제하는 듯하다.

지금부터는 성서 본문들이 보편적이고 일반적인 성격의 논의나 이론을 개진하도록 의도된 것이 아니라는 의심이 성서 저자들의 논의 전개 방식에 대한 무지 때문임을 주장할 것이다. 기억해야 할 것은 내러

티브나 예언 장르의 한계를 극복하고 그런 장르를 사용해 보편적이고 일반적인 문제를 표현한 사람들이 성서 저자들이었다는 점이다. 마치 초기 그리스 철학자들이 시와 희곡 장르를 철학적 탐구의 도구로 사용했던 것과 마찬가지다. 지금부터 나는 철학적 탐구를 위해 성서 저자들이 성서 본문에 도입한 몇몇 문학적 기법들을 묘사할 것이다. 첫째, 성서 내러티브 저자가 사용한 논증의 방식을 살필 것이고, 둘째, 선지자들의 설교를 살필 것이고, 마지막으로 이스라엘 역사서 안에 포함된 법문서, 즉 모세 율법이 역사서와 예언적 설교의 논증 패턴과 어떻게 결합하는지 살필 것이다.

I. 교훈적 내러티브

구약 성서의 상당 부분은 내러티브로 되어 있다. 이스라엘의 역사서를 시작으로 예레미야의 일부, 요나서, 욥기의 일부, 룻기, 에스더, 다니엘의 일부, 에스라-느헤미야 그리고 역대기는 내러티브로 되어 있다. 다음의 두 가지 이유에서 성서 내러티브는 그리스 철학자들의 저작에서 발견되는 것들에 필적하는 명확한 이론적 입장을 개진하지 않는 것으로 이해된다. 먼저, 내러티브에 내재하는 모호성 때문에 성서 역사와 이야기가 사상 전달에 부적절한 도구임을 주장하는 학자들이 있다.[1] 예를 들어 존 바턴(John Barton)은 예언서들의 윤리 사상을 학문적으로 연구한 최초의 성서학자임에도 불구하고, 성서 내러티브의 윤리적 입장에 대해서는 뭐라고 말하기 어려워한다. 그 이유는 창세기와 사사기와 같은 내러티브 장르는 본문에 묘사된 사건들에 대한 저자의 생각을 모호하게 만드는 경향이 있기 때문이다. 다음은 바턴의 말이다.

분명히 (성서) 이야기를 윤리적 탐구의 대상으로 사용하는 것에는 몇몇 복잡한 문제들이 있다. … 윤리적 탐구의 대상이 문학적 내러티브 속에 박혀 있다는 사실은 그 자체로 심각한 문제다. … '여호와 문서의 저자'처럼 말이 없는 저자의 경우 독자들은 등장인물들의 행위에 대한 저자의 생각(어떤 입장을 지지하는지, 반대하는지, 아니면 중립적인지 등)을 확신 있게 말하기 힘들다.[2]

이 견해에 따르면, 예를 들어 독자들은 야곱이 눈멀고 죽어가는

아버지 이삭을 속여 그의 형 에서의 축복을 가로챈 것에 대한 성서 저
자의 평가를 알 수 없다. 이 이야기의 저자는 야곱의 행위를 좋게 생각
했을 수 있다. 이 경우 야곱의 행위를 윤리적으로 정당화하는 것은 흔
히 가정되는 에서의 거친 성격과 비도덕성일 것이다. 혹은 저자가 야곱
의 행위를 혐오스러운 것으로 생각했으며 그것을 비도덕적 행위의 예
로 내러티브에 포함했을 가능성도 있다. 그것도 아니면, 저자는 야곱의
속임수를 긍정적으로도 부정적으로도 평가하지 않은 채 있는 그대로
서술했을 수도 있다. 이 경우 야곱의 예는 오늘날이라면 절대로 허용되
지 않았을 행위를 통해 하나님의 뜻이 신비스럽게 이루어지는 경우라
할 수 있다. 즉, 야곱의 행위를 민족의 위대한 과거와 연관된 '영웅적 인
물'의 특별한 행위로 간주하는 것이다.[3] 이처럼 내러티브 문학은 그 본
성상 저자의 생각을 명확히 표현하지 않기 때문에, 저자가 정확히 무엇
을 어떻게 생각하는지 아는 것은 불가능하다.[4]

한편 다른 견해에 따르면 내러티브는 우리가 실제 삶에 부딪히
는 미묘하고 복잡하고 무한히 다양한 상황들을 다루기 때문에, 사상
들에 대한 추상적이고 이론적인 논설보다 '우월한 철학적 본문이 된다.'
예를 들어, 철학자 마사 누스바움(Martha Nussbaum)은 내러티브 작품이
구체적이고 특정한 상황에서 나오는 진리들을 전달하는 데 철학 논문
들보다 유능하다고 주장한 헨리 제임스(Henry James)를 긍정적으로 인
용한다.

인간 삶의 어떤 진리들은 내러티브 예술의 언어와 형식을 통해 적합하고 정확하게
표현된다. 소설가의 예술적 언어들은 인간 삶의 어떤 요소에 있어서 둔탁한 일상 언
어나 추상적 이론이 보지 못하는 부분을 포착해낸다. … 소설가의 예술적 언어는
구체적이고 깊은 인생 경험에서 유래하는 동시에 그 인생의 복잡함과 구체성을 세
련되게 표현하려 한다. 제임스의 주장은 다음과 같다. 이렇게 충만하고, 이렇게 구체
적인 언어만이, 즉 내러티브의 언어(와 구조)만이 그가 참이라고 믿는 것을 독자들에
게 적합하게 전달할 수 있다.[5]

이 견해는 어떤 의미에서는 바턴의 견해와 정반대다. 제임스의 견
해에 따르면 삶의 실제 상황들은 복잡하며, 진리 추구와 관련해 중요한
것은 삶의 세부 요소들이다. 군더더기 없게 형성된 이론은 우리가 추구

93

하는 해답들을 담고 있는 삶의 세부 요소들에서 추상된 것이기 때문에 실제 삶의 상황과 관련된 진리에 이르는 데 무능하다. 내러티브는 그 세부 요소를 가장 잘 표현할 수 있는 장르이기 때문에 실제 삶의 상황에 내재한 모호성을 보존함과 동시에 그것에 관한 하나의 해석적 관점도 가질 수 있다.

이 두 견해(내러티브는 너무 모호해 명확한 하나의 관점을 전달하지 않는다는 입장과 내러티브는 구체적이고 특정한 사실들에 관한 하나의 관점을 표현할 수 있다는 입장)는 내러티브 장르가 추상적이고 일반적인 철학 개념을 논하는 데 적합하다는 견해와 상충된다. 결론적으로 이 두 견해는 성서 저자들이 보편적이고 일반적인 가치의 논의를 제공하는 데 그다지 큰 관심을 두지 않았을 것이라는 의심을 품게 한다. 그리고 이 의심은 추상적이고 일반적인 가치의 논증들은 시공간적 사실들로부터 추상화된 개념들을 통해 전달되어야 한다는 전제에 근거한다. 그러나 필자는 그 두 견해가 바로 이 전제에서 있어 잘못되었다고 생각한다.[6] 추상적 개념이 아닌 내러티브 화법을 통해서도 아리스토텔레스 스타일의 논문(이 논문은 'X에는 세 가지 종류가 있다'라는 말로 시작하는 문단들로 되어 있음)에서와 같은 추상적인 철학 논증을 제공할 수 있고, 성서 저자들이 바로 이 일을 하고 있는 것이다. 이 화법 중 몇 가지를 살펴보자.

성서 저자가 추상적인 철학 논증의 주요한 수단으로 사용하는 내러티브 화법 중 하나는 둘 혹은 그 이상의 성서 인물 사이에 모형적 대조 관계를 설정하는 것이다. 이 인물들은 서로 반대되는 원리(나 일군의 원리들)를 대표하게 된다. 성서 내러티브에서 이런 모형적 인물 대조(모형론으로도 불림)는[7] 처음에 특정 인물들 사이의 경쟁과 분쟁 관계에서 발생하고 나중에 후속 세대의 인물들의 비슷한 분쟁 관계를 통해 발전하게 된다. 그 분쟁의 후대 버전들은 세부 요소들에서 종종 상당한 변이를 보인다. 앞의 사건과 관련있는 원리들이 새로운 인물과 상황을 다루는 내러티브에 맞게 다양한 모습으로 제시되기 때문이다. 그러나 바로 이런 변이가 그 추상적인 원리들은 (그것들의 발생 원천인) 내러티브 인물들의 특수성으로부터 자유롭게 한다. 이렇게 성서 내러티브에서 시간과 공간을 초월한 관점이 개진된다.

그런 모형적 인물 대조의 성서적 예 중 가장 중요한 하나를 이미 언급한 바 있다. 아담과 하와에게서 태어난 두 아들인 가인과 아벨 사이의 갈등 관계에서 처음 발생한 인물 대조다. 창세기 내러티브에 따르면 하나님은 남자를 에덴에서 내보내시며 농부의 삶을 살도록 하셨다. 남자는 "네 이마의 땀"을 통해 땅으로부터 식량을 얻기 위해 노예처럼 일해야 하는 "흙의 종"이 되었다. 그리고 아담의 첫 번째 아들인 가인도 하나님 말씀대로 "흙의 종"이 되었다. 그는 아버지처럼 농부가 되었을 뿐 아니라, 수확에 대한 감사의 표시로 하나님께 제사드린 최초의 인간이 되었다. 어떤 의미에서 가인은 제사 개념의 발명자다.[8] 그리고 바로 이 점에서 가인은 고대 근동의 농업 사회에서 칭송되는 미덕들의 화신이다. 가인은 명령에 복종하는 자였고, 아버지에게 물려받은 질서(=삶의 방식)를 대대로 이어가는 자였다. 나아가 그 질서를 창조한 신에게 경의도 표했다. 그러나 아우 아벨은 하나님이 남자를 위해 정하신 운명을 거부한다. 그는 하나님의 뜻을 무시하고 양치기가 된다. 양치기들은 땅에서 식량을 얻어내는 일을 양과 염소에 맡기기 때문에 비교적 편한 삶을 산다. 어떤 의미에서 아벨은 고대 근동 문명의 골칫거리였던 유목 사회들과 연관된 덕목들의 화신이 된다. 그는 복종을 거부하며 자신과 가족들의 삶을 더 좋게 만들기 위해 최선을 다하고 그 목적을 달성하는 데 도움이 된다면 기존에 물려받은 질서(=삶의 방식)를 기꺼이 뒤집는다. 아벨도 하나님께 제사를 드렸지만, 가인의 제사를 따라한 것이다.[9]

이스라엘의 역사서는 가인과 아벨의 갈등 관계에서 처음 형성된 모형적 대조 관계를 매우 특별하게 발전시킨다. 주지하다시피 성서 내러티브에서 하나님은 가인보다 아벨을 선호하는 것으로 묘사된다. 이것은 성서 저자가 다양한 인물 유형들뿐 아니라 서로 경쟁적인 도덕, 정치 질서, 나아가 '하나님의 뜻'에 대한 이론들을 정립할 때 근거로 삼는 핵심 요소다. 이스라엘 역사에서 가장 중요한 인물들, 즉 하나님이 선호한 인물들(아브라함·야곱·모세·다윗)은 모두 목동이다. 이 인물들은 서로 매우 다르지만, 그들은 모두 우리가 아벨에게서 발견하는 동일한 특징을 조금 다른 방식들로 가지고 있다. 예를 들어 아브라함은 메소포타미아의 부모 집을 떠나 양치기의 삶을 택하고, 그 주변의 왕들과 맞섰으며, 심지어 (소돔 이야기에서) 정의 문제를 놓고 하나님께 도전하기도 했다.[10] 모세도 그가 자랐던 이집트 왕궁을 떠나 목동이 되었고, 그 후 왕들과 싸웠을 뿐 아니라 심지어 하나님과도 대립한다.[11] 첫 번째 유월절 밤에 히브리 노예들은 모두 양을 죽여 그 피를 문지방에 바르도록

명령받았는데, 이것은 출애굽을 통해 히브리인들도 '양치기'의 삶으로 전환했음을 암시하는 것이다.[12]

가인과 아벨 사이에 처음 형성된 모형 대조(type contrast)에 대해서는 할 말이 더 많다. 이 책의 4장과 5장은 창세기에서 처음 발생한 후 이스라엘 역사를 통해 발전해가는 모형 대조의 예들이 인간 윤리와 정치 질서에 가지는 함의를 탐구할 것이다. 8장에서는 그 모형 대조의 예들이 인간과 하나님의 관계를 이해하는 데 어떤 의미를 가지는지도 살필 것이다. 그러나 여기에서는 다음을 말하는 것으로 만족할 것이다. 가인과 아벨 이야기 자체는 철학적으로 매우 빈약하다. 다른 이야기들과 분리시켜 그것에만 주목한다면 우리는 그 안에서 그다지 많은 내용을 발견하기 힘들 것이다. 그러나 그 이야기가 모형 대조의 관점으로 이해되면, 즉 그 이야기에서 처음 형성된 모형 대조가 후속 역사에서 보다 풍부한 형태로 반복되는 모형 대조들의 기초로 기능한다는 사실이 이해되면, 우리는 그 이야기를 통해 이집트와 바빌로니아의 공식 사상 체계를 정교히 비판할 기초를 얻게 되고, 나아가 성서 저자가 이스라엘 고유의 것으로 연결시키는 일련의 대안적인 사상 체계도 이해할 수 있게 된다.

지금은 그 가치에도 불구하고 이 책에서 자세히 논의되지 않을 모형 대조의 한 예에 좀더 시간을 할애하려 한다. 창세기에서 야곱의 열두 아들 중 다섯 명(야곱의 첫 번째 아내 레아의 네 아들인 르우벤, 시므온, 레위, 유다와 야곱의 두 번째 아내 라헬의 장남인 요셉) 사이에 전개되는 리더십을 향한 경쟁 관계에 의해 처음 형성된 모형적 인물 대조다. 그 다섯 젊은 목동들의 최고를 위한 경쟁 이야기는 창세기 전체의 3분의 1을 차지한다.[13] 각 인물들은 특정 유형의 통치 철학과 관련한 일련의 특징과 가치들을 대변한다. 르우벤은 보수성, 감상벽 그리고 장남 특유의 순진함을 대표한다. 시므온은 폭력을 통해 리더십을 주장하려는 경향을 보이며, 레위는 모든 문제에서 정의로움과 순결함을 집요하게 주장한다. 유다는 개인적 약점과 실수에도 불구하고 자신의 행동을 고쳐 도덕적 원리를 재확립하는 능력을 보여준다. 마지막으로 요셉은 특정 목적을 달성하기 위해 권력을 활용하는 탁월한 능력을 보여준다.[14]

이 인물들 각자는 특정 유형의 통치 철학과 관련한 복잡한 특징들을 대표한다고 언급한 바 있다. 따라서 지금 방금 제시한 개괄적 요약은 그 인물들을 공정하게 대변하지 못한다. 단지 본격적 탐구의 출발점으로만 의미가 있을 것이다. 예를 들어, 요셉이라는 인물의 오만은 눈살을 찌푸리게 한다. 노골적으로 거드름을 부리는 요셉의 꿈은 가족의 화합을 무너뜨린다. 요셉이 아버지의 사랑을 이용하는 모습도 보기 좋지 않다.[15] 그러나 아버지와의 관계는 가족 내에서 최고가 되기 위한 요셉의 계략만은 아니다. 아버지 야곱에게 도움이 되고자 했던 요셉의 소망은 진실했고 뜨거웠다. 이뿐만 아니라 요셉은 그 소망을 현실화하는 능력도 가졌다. 요셉의 이런 성품과 능력은 그를 형제들 사이에서 돋보이게 했다. 다른 형제들은 모두 아버지에 대한 충성에 심하게 결격인 것으로 묘사된다.[16] 한편 윗사람들에게 도움이 되고자 했던 요셉의 불타는 소망은 아버지 야곱에게만 적용된 것이 아니다. 그는 자신을 노예로 삼았던 이집트 장군 보디발을 섬기는 데 마찬가지의 탁월함을 보였고, 그 후 자신이 투옥된 이집트 감옥의 간수를 탁월하게 섬겼고, 마지막으로는 이집트 왕도 탁월하게 섬겼다.[17] 그러나 주인의 필요에 자신을 맞추는 요셉의 능력(이것은 의심할 여지없이 큰 미덕임)은 양날의 검이 되었다. 왜냐하면 요셉이 기근을 피하도록 이집트로 데려온 이스라엘 사람들이 결국 이집트에 갇힌 신세가 된 것은 이집트 왕의 이익을 극대화시키는 요셉의 무한한 능력과 상당히 관련 있기 때문이다. 요셉은 참으로 특정 목적을 위해 정치권력을 활용하는 데 탁월한 능력을 지녔지만, 그의 목적은 종종 (도덕적 원리가 아닌) 정치적 편의에 의해 설정된 것처럼 보인다.[18]

나머지 네 형제도 요셉만큼이나 매우 복잡한 인물들이다. 그러나 이들도 이스라엘 역사서에서 모형적 인물 대조의 기초가 된다. 서로 대조되는 네 형제는 각각 이후의 이스라엘 역사에서 반복되는 좀더 복잡한 인물 유형들에 대한 기초가 된다. 예를 들어, 시므온과 레위는 처음에 요셉과 반대되는 유형의 인물처럼 보인다. 누이동생 디나가 강간당했을 때 그들은 아버지 야곱의 결정을 기다리지 않고 그들이 강간에 책임 있다고 판단한 주민들을 대량학살했다. 이 행동은 야곱의 뜻을 거스르며 진행된 과잉 애족 행위였다. 이 이야기에서 그들은 자신들이 판단하기에 정의로운 것을 이루기 위해 요셉과 달리 아버지의 뜻을 살피지 않고 행동했던 것이다.[19] 그러나 요셉이 파라오를 주인으로 섬겼던 시절에는 그 인물들에 관한 완전히 다른 평가가 가능하다. 요셉은 이집트 관습에 적응해 그 관습에 따라 행동한다. 반면에 그의 형제들은 이집트에서도 양치기로서의 정체성을 고집한다. 이때 그들은 특유의 고집스러움을 발휘해 전통적인 삶의 방식을 영예롭고 충실하게 지켜낸다.[20] 수단적 적응을 추구하는 요셉의 성향이 그가 이집트 왕을 섬기는 위치에 있게 되었을 때는 부정적으로 기능하는 반면 시므온과 레위에 의해 대표되는 비타협적 대립주의가 파라오의 통치 아래에서는 중요한 장점이 된다. 성서 내러티브가 강조하는 바처럼, 모세도 자신이 옳다고 생각한 대의를 위해 이집트 왕자의 지위를 내던지고 자신의 목숨을 위태롭게 하면서까지 파라오의 종을 살해한 것은 그가 레위인 부모로부터 물려받은 레위적 성품 때문이었다.[21] 황금 송아지 사건 때 모세의 명령을 받아 검을 들고 우상숭배하던 형제들을 3천 명이나 학살한 것도 레위인들이었다.[22] 그리고 이스라엘인들이 (이스라엘을 우상숭배에 빠트리기 위해 찾아온) 모압 여인들과 대낮에 음란한 행위를 할 때 레위 지파의 지도자 홉니의 아들 비느하스는 시므온 지파의 수장인 살루의 아들 시므리를 그의 새 여자 친구와 함께 창으로 꿰어버렸다.

성서 내러티브의 바로 이 시점에서 최종적으로 레위인들은 그들의 너무 과격한 이상주의 때문에 사람들을 지혜롭게 다스리지 못할 것이라고 판단되었다. 하나님이 그들에게 영원한 제사장직을 주시지만[23] 레위인들은 어떤 영토도 받지 못하고, 이스라엘 전역에 흩어지는 신세가 된다.[24] 요약하면 이스라엘의 역사서는 레위인들의 과격주의(예를 들어, 모세)가 없었더라면 이스라엘이 절대 이집트를 탈출할 수 없었음을 인정하지만, 그렇다고 그런 과격주의자들에게 영토, 사람들 혹은 군대의 지휘권을 주는 것은 좋지 않다고 판단했다.

그러면 시므온은 어떠한가? 야곱이 죽기 직전 그들의 머리 위에 내린 그 유명한 저주에 따르면 시므온의 운명도 레위의 운명과 그다지 다르지 않다. 야곱은 그 두 아들에 대해 "그들의 검은 잔인함의 도구다"라고 말한다. "내 영혼이 그들의 모임에 들어가지 않기를 원하노라. 내 영혼이 그들의 회중과 만나지 않기를 원하노라. … 나는 그들을 야곱 가운데 나눌 것이며, 이스라엘 가운데 흩을 것이다."[25] 그리고 이 저주에 따라 시므온 지파도 레위 지파처럼 흩어져버린다. 시므온 지파에게 주어진 영토는 유다 지파의 영토로 흡수된다. 시므온도 이스라엘 일부를 다스릴 권리를 박탈당한 것이다.[26] 그러나 그 두 지파의 공통점은 여기까지다. 시므온 지파의 수장인 살루의 아들 시므리를 레위 제 사장 비느하스가 죽였다고 서술함으로써 성서 내러티브는 우리에게 그 둘 사이에 매우 중요한 차이가 있음을 가르친다. 레위 지파의 과격주의 는 순수와 정의를 위한 열망에서 나오는 것인 반면, 시므온 지파의 과 격주의는 (때로는 레위 지파의 그것과 구분이 잘 안 되지만) 시므리가 싯딤에서 저지른 추악한 죄가 증거하는 것처럼 개인적 자제력의 박약이나 도덕 심의 결여에서 나오는 것이었다. 이스라엘 역사서의 가르침에 따르면 이 런 미묘한 차이 때문에 선한 동기에서 출발한 과격파의 열심은 제사장 직으로 승화될 수 있었지만, 또 다른 과격파 시므온 지파는 어떤 리더 십 역할에도 적합하지 않다고 판단되어 이스라엘의 공직에서 완전히 배제되었다.

그 외 다른 인물 유형들도 이스라엘 역사서에서 다양한 인물을 통해 발전되며 일반 정치 질서와 관련한 매우 흥미로운 주제들을 제시 한다. 결국 성서 내러티브에 의해 사람들을 다스리는 데 가장 적합하다 고 판정되는 덕목들은 유다와 연관된 특질들이다. 요셉의 정치적 능력 들(외교·행정·재정·전쟁 능력)이[27] 유다보다 뛰어났음에도 불구하고 성서 내러티브는 유다가 대표하는 인물 유형을 이상적인 통치자로 판정한다. 왜 그럴까? 역사서가 개진하는 관점에 따르면 지도자에게 가장 중요한 특질은 자신의 잘못을 공개적으로 고백할 수 있는 능력이다. 유다는 죽 은 아들의 며느리 다말과의 부적절한 관계에 관한 이야기와[28] 요셉을 배반한 과거사를 되풀이하지 않기 위해 동생 베냐민을 위해 자신을 희 생한 이야기에서[29] 자신에게 반성 능력이 있음을 증명했다. 역사서 저 자는 유다가 자신의 잘못된 행위를 감추기 위해 다말을 쉽게 죽일 수 있었음에도 그렇게 하지 않고 정의를 위해 공개적 수모를 택했다는 사 실에 대해 단순히 도덕적 칭찬을 하는 것이 아니다. 역사서 저자는 겸 손히 자신의 잘못된 행위를 고칠 수 있는 지도자의 능력이 국가가 잘 못된 길로 갈 때 국가의 방향을 바로잡을 수 있는 유일한 희망임을 말 하고 있다. 따라서 회개할 수 있는 지도자가 중요시되는 것은 정치적 지 혜에 의한 것이다. 국가의 운명이 그것에 달렸다. 여러 왕들에 대한 역 사서의 서술에 반영된 것이 바로 이런 유형의 리더십이다. 특히 다윗과 북이스라엘의 멸망 이후 유다의 중흥을 이끈 히스기야는 그런 리더십 을 대표한다.

한편 다윗의 아들 솔로몬은 외교, 행정, 재정, 왕국의 건설 사업 등에서 놀라운 재능을 가진 것으로 역사서에서 높게 평가된다. 실제로 그의 통치 기간 중 이스라엘은 이 땅의 모든 나라가 희망하는 전성기를 구가한 것으로 그려진다.[30] 그러나 요셉의 경우처럼 솔로몬의 정치적 천재성이 그를 타락시켜 끔찍한 일을 저지르게 만들었다. 솔로몬이 파라오의 공주들과 결혼한 것은 요셉이 유명한 이집트 제사장의 딸과 결혼한 것을 연상시킨다. 솔로몬이 건설 사업에서 자국 백성들을 강제 징집한 것은 요셉이 이집트 전체를 노예화한 것을 연상케 한다.[31] 결국 솔로몬은 자신의 잘못을 인지하는 능력, 즉 다윗(과 유다)이 소유한 능력을 갖지 못했고, 요셉이 그랬던 것처럼 솔로몬도 인생 도중에 길을 잃는다.[32] 비슷한 예가 느밧의 아들 여로보암이다. 처음에 그는 솔로몬의 관료로서 요셉의 집에서 강제 징집된 노동자들을 관리하던 자였다.[33] 그후 여로보암의 재능들은 그로 하여금 북방 지파들을 유다에서 분리시켜 요셉의 집을 중심으로 한 이스라엘이라는 독립 왕국을 건설하도록 만들었다. 그러나 일단 그가 새 왕국의 주인이 되자, 그의 정치적 재능들은 그가 타락하는 원인이 된다. 여로보암은 이렇게 생각한다. '만약 그가 북방 지파들로 하여금 계속 예루살렘에서 제사드리도록 허락하면 그들은 곧 유다와의 통일을 요구하게 될 것이다.' 따라서 그는 북방 지파들이 예루살렘에 가지 않고도 예배할 수 있도록 북이스라엘의 두 성소에 황금 송아지상들을 설치한다. 백성의 마음을 사기 위해 우상을 이용한 여로보암의 작전은 크게 성공해 두 왕국의 분열이 영구화된다.[34]

이처럼 이스라엘 역사서는 요셉과 같은 지배자들이 우상숭배적인 세상에서 허우적대다가, 정치권력의 더러운 물에서 허우적대다가 결국 우상숭배의 먹이가 될 수밖에 없음을 가르친다. 요셉 유형의 리더들을 넘어지게 하는 유혹은 우상숭배의 유익, 즉 주변 세계와 적당히 타협할 때 오는 이익인 것이다. 분명 적응, 즉 타협하는 것이 정치적으로 지혜로운 일이다. 그러나 적응이 인간의 궁극적 목표가 아니라면 우리의 정치 방정식에 어느 정도의 '무모함'이 변수로 들어와야 할 것이다. 유다나 레위와 같은 인물들만이 그런 '무모함'을 제공할 수 있다. 그럼에도 불구하고 이스라엘 역사서는 요셉과 같은 지도자들을 완전히 권력에서 배제시킬 것을 요구하지는 않는다. 그들의 재능은 분명 유용하다.[35] 오히려 역사서가 개진하는 주장은 이스라엘이 성공하고 번성하기 위해 유다와 요셉과 같은 인물들이 동지로서 협력해야 한다는 것이다. 이런 협력은 여호수아(요셉)와 갈렙(유다)의 공동 작업에서 예증된다. 힘을 합친 그 둘은 가나안 땅을 성공적으로 정복했다. 그때 이스라엘은 한마음으로 전쟁하고 한마음으로 하나님을 섬겼다. 또한 다윗(유다)과 솔로몬(요셉)의 연속된 통치로 인해 이스라엘은 역사상 가장 큰 전성기를 이룰 수 있었다. 만약 다윗이 스루야의 아들 요압과 같은 통제 불능한 폭력적 인물(요압은 다윗 이야기에서 시므온과 같은 역할을 함)이 아닌 요셉 유형의 인물을 제2인자로 두었다면 어떻게 되었을까?[36] 혹은 솔로몬이 느밧의 아들 여로보암이 아니라 유다와 같은 인물을 곁에 두었다면 어떻게 되었을까? 모든 것이 매우 달라졌을 것이다.[37]

이 짧은 논의를 통해 이스라엘 역사서가 유다, 요셉, 레위, 시므온, 르우벤 사이의 유형적 인물 대조를 통해 어떻게 추상적인 개념을 확립하고 그것을 통해 어떻게 일반적인 가치의 논의를 개진하는지에 대해서 대략적으로 설명했다. 그 과정에서 내러티브의 문학적 성격을 다소 간과한 면이 있다. 성서 내러티브는 분명 추상적 유형의 틀 안에 잘 들어맞는 방식으로 인물들을 묘사하지는 않는다. 오히려 성서 저자는 내가 여기서 할 수 없는 것을 유능하게 해낸다. 즉, 성서 저자는 내러티브만이 제공할 수 있는 풍부한 개성으로 무장한 매우 독특한 인물을 섬세하게 묘사해내는 동시에, 그 독특한 인물들이 어떻게 특정 인간 유형의 예로서 기능하는지 보임으로써 성서 본문으로부터 도덕, 정치, 종교에 관한 일반 논증들이 자연스럽게 우러나오도록 한다.

인물 유형들을 대조함으로써 개념적 틀을 구성하는 것은 일반 가치의 개념들을 확립하기 위해 성서 내러티브가 사용하는 기술 중 하나에 불과하다. 다른 기술들도 있다. 그중 하나가 인물이 아닌 특정 사건들을 내러티브상에서 간격을 두고 반복하는 것이다. 성서의 사건들이 여러 번 반복되는 것은 랍비들이 성서를 주해할 때 자주 사용하는 원리와 상통한다. "아버지들의 행위는 아들들에게 징표가 된다."[38] 이 말의 의미는 성서에서 한 번 발생한 사건은 후에도 다시 발생한다는 말이다. 성서 저자들이 이야기들을 그런 식으로 구성한 의도는 수 세대의 차이를 두고 발생하는 사건들이 비록 세부 사항에서는 서로 다를지라도 근본적인 의미에서는 결국 하나의 사건이라는 사실을 독자들에게 알리기 위해서다. 서로 떨어진 사건들을 한 묶음으로 구성할 때 예상되는 결과는 어떤 상황(여기에는 관련 개인들의 동기와 그들 행동의 결과들이 포함됨)에 대한 일반 설명이다. 아울러 그 설명은 보다 일반적 성격의 논의로 쉽게 이어진다.

다음의 예를 생각해보자. 모세가 십계명을 건넨 후 시내산으로 사라졌을 때 이스라엘 백성들이 신을 요구한다. 모세의 형 아론은 이스라엘 사람들에게 금귀고리를 거둔 후 그것을 녹여 황금 송아지를 만든다. 전사적 사사였던 기드온도 그들의 왕이 되어달라는 백성들의 요구를 거절하면서 마찬가지로 이스라엘 백성들에게서 금귀고리를 거둔 후 그것으로 황금 우상을 만들어 자기 고향 오브라에 설치한다. 성서 저자가 금귀고리를 거두는 모티브를 통해 그 두 사건을 하나로 해석하도록 암시하고 있다면, 우리는 그 두 사건이 어떻게 하나로 읽힐 수 있는지 더 깊이 관찰할 필요가 있다.

다음은 내 견해다. 황금 송아지를 만든 죄는 출애굽기에서 시내산 율법 수여 직후에 발생한다. 즉, 그것은 이스라엘 사람들이 이집트의 노예 생활에서 해방된 지 두 달도 채 되지 않은 시점에 발생한 것이다. 사람들이 시내산에서 화염과 양뿔나팔 소리 가운데 하나님의 목소리(십계명)를 들었을 때 그들은 모세에게 중보자의 역할을 간청했고, 모세에게 그들 대신 하나님의 말씀을 받아올 것을 요청했다. 모세는 이에 동의하여 홀로 하나님의 나머지 가르침을 받기 위해 산으로 올라간다. 그러나 그가 올라가버리자, 사람들은 정신 나간 듯 아론에게 "일어나 우리에게 신을 만들어주세요. 우리를 이집트 땅에서 끌어낸 그 사람 모세는 지금 어떻게 되었는지 알 수 없습니다"라고 말한다.[39] 이에 아론은 백성들로부터 금귀고리를 모아 황금 송아지를 만들어준다. 그리고 그들은 "오 이스라엘이여, 이것들이 너희를 이집트 땅에서 이끌어낸 너희들의 신들이다"[40]라고 말하기 시작한다. 참 이상한 일이다. 왜냐하면 성서 본문의 어디에서도 백성을 출애굽시키는 일에 송아지는 고사하고 송아지와 닮은 어떤 것도 관여했다는 기록이 없기 때문이다. 또한 참 하나님께서 그들에게 친히 나타나셔서 우상을 만들지 말라고 말씀하신 것이 불과 얼마 전의 일이다.

이 이야기는 너무 극단적이어서 사람들은 이것을 한 번의 일탈로 간주한다. 즉 이야기 안에서 이스라엘 백성들이 보여준 배은망덕·

무지·어리석음·모욕은 너무 극단적이어서, 이집트의 오랜 노예 생활의 영향 혹은 하나님의 시내산 신현(Theophany)에 대한 심리적 충격 때문일 것이라고 추정할 정도다. 하지만 우리는 사사기의 기드온 이야기에서 너무나 똑같은 패턴의 사건이 반복됨을 보게 된다. 가나안 땅에 정착한 이스라엘 백성들이 미디안에 의해 정복되어 7년 동안 어렵게 살다가 하나님이 개입하셔서 기드온을 통해 해방되었다.[41] 전쟁이 끝날 즈음에 사람들은 기드온에게 그와 그 후손들이 왕이 되어 그들을 다스려달라고 요구한다. 이 요구를 거부한 기드온은 전쟁의 승리가 그의 힘 때문이 아니며, 그들의 참된 왕은 오직 하나님임을 상기시키면서 다음과 같이 말한다. "나는 너희들을 다스리지 않을 것이다. 내 아들도 너희들을 다스리지 않을 것이다. 하나님께서 너희를 다스릴 것이다."[42] 이 유명한 말은 그의 숭고한 마음을 표현한다. 그러나 곧이어 기드온은 사람들에게 금귀고리와 미디안과의 전쟁에서 얻은 다른 노략물들을 가져오라고 요구한다. 그리고 그것들로 황금 우상을 만든다. "그리고 온 이스라엘은 음란하게 그것을 섬기고 그것은 기드온과 그의 가문에 덫이 되었다."[43]

이처럼 성서 역사서에서 유사한 사건이 반복되는 것은 우리로 하여금 황금 송아지의 죄악이 인간 역사에서 단회적인 사건이라는 편견을 깨도록 만든다. 그리고 반복되는 사건들을 잘 관찰함으로 우리는 인간 본성(그리고 그것이 특정한 상황들에서 어떻게 작용하는지)에 대한 보다 보편적인 논의를 성서 본문에서 얻어낼 수 있다. 끔찍한 노예 상태에서 빠져나온 백성이라면 무엇보다도 자유를 원할 것이라고 생각하는데, 황금 송아지 사건과 기드온 이야기에서 그런 생각이 환상임을 보여준다. 그 두 사건에서 참된 자유(누구에게도 의지하지 않고, 자기 행동에 책임을 지며, '배경'이라고는 하나님 '배경'밖에 없다고 말할 수 있는 그런 자유)는 무섭고 두려운 것으로 경험된다. 성서 본문이 암시하는 바에 따르면 방금 해방된 민족이 그 무엇보다도 원하는 것은 다시 "누군가를 그들 위에 모시는 것"이다. 즉, 그들은 참된 자유의 공포와 두려움을 느끼지 않아도 되도록 누군가가 그들 대신 책임져주기를 바란다. 그리고 그 누군가가 (모세가 되었든 기드온이 되었든) 최근까지 그들을 억압한 자들과 비슷한 주인 역할을 해주지 않을 때, 그 백성들은 '사람'보다 더 굳건한 것, 그들을 어려움에 버리지 않을 보다 영속적인 것(황금 송아지이든 황금 우상이든)을 원

103

할 것이다.[44] 스스로가 하나님의 뜻의 대리자였고 하나님을 다른 것과 바꾸는 것이 얼마나 어리석인지를 잘 아는 아론이나 기드온과 같은 지도자들도 백성들과 마찬가지의 위험에 노출되어 있었다. 왜냐하면 그들은 귀가 얇았고 그들의 손은 사람들이 원하는 바를 들어줄 준비가 되어 있었기 때문이다. 이 견해에 따르면 해방의 사건은 그 안에 자멸의 씨를 가지고 있다. 자유롭게 된 사람들의 삶에 빈 공간이 창출되고, 그 공간은 너무나 쉽게 어떤 형태의 우상으로 채워진다.[45]

또한 창세기에서 소돔 사람들이 롯의 집 문을 부수듯이 두드리는 장면을 생각해보자. 그들은 롯에게 그 집에서 숙박하는 손님들을 내어놓으라고 요구한다. 그들을 강간하기 위해서다. 매우 비슷한 장면이 사사기 마지막 부분에 다시 등장한다. 베냐민 지파 마을인 기브아 사람들이 레위인 여행자가 머무르는 집의 문을 부서지라 두드린다. 그들은 그를 강간하겠다고 말하며 주인에게 그 여행자를 내어놓으라 요구한다. 첫 번째 이야기에서 롯이 폭도들에게 자신의 딸을 내어주겠다고 제안하지만 다행히 딸들은 봉변을 면한다. 반면 두 번째 이야기에서는 레위인이 폭도들에게 자신의 첩을 내어주고 기브아 남자들은 그녀가 죽을 때까지 그녀를 강간한다. 이 두 이야기를 통해 이스라엘 역사서의 저자는 이방인들(현대 사회에서는 외국인 노동자나 난민들이 한 예가 될 수 있음)에 대한 학대, 성적 타락, 여성에 대한 학대가 임계점을 넘으면 그 사회는 언제라도 붕괴될 수 있음을 암시한다.[46]

또한 라반이 그의 누이 리브가를 신속히 가나안으로 이삭에게 시집보내지 않고 아람 땅에 "며칠 동안, 적어도 열흘 동안" 잡아두려 했던 일을 생각해보자.[47] 리브가를 더 잡아두려는 라반의 시도는 수년 후에 그의 조카와 관련해 다시 한번 반복된다. 그는 조카에게 아람 땅에서 그와 함께 잠시 머물라고 제안한다.[48] 그러나 그는 결국 수십 년간 그 젊은 양치기를 '노예'처럼 부려먹는다. 이집트 왕이 너그럽게 야곱과 그의 아들들이 이집트에서 머물도록 허락한 일도 비슷한 맥락에서 이해할 수 있다. 왜냐하면 그 너그러움으로 인해 그들은 이집트에서 평생 갇혀 살아야 했기 때문이다.[49] 앞서 언급한 기브아에서의 강간 사건에도 환대 모티브가 등장한다.[50] 이뿐만 아니라 이집트의 궁에서 성장한 솔로몬 왕의 대적 하닷의 이야기에도 환대 모티브가 등장한다.[51] 이런 일련의 유사한 이야기들을 통해 이스라엘 역사서는 환대와 보호가 다른 사람을 통제하는 하나의 수단일 수 있으며, 그 경우 그 환대를 받아들이는 사람은 그 순간 자유를 잃게 되는 첫걸음을 딛게 된다는 냉소적 견해를 개진한다.[52]

이 모든 경우와 많은 다른 경우에서 성서 저자는 별개의 사건들을 유사한 형태로 묘사함으로써 만사가 (여러 사건에 적용 가능한) 일반 법칙에 따라 돌아감을 주장할 뿐 아니라 성서 저자들이 이해하는 그 일반 법칙들을 독자들에게 제공한다. 물론 성서 내러티브에서 유사하게 그려진 사건들이 실제로는 그렇지 않은 사건들에서 구성된 것일 수 있다. 그리고 자주 성서 저자들은 유사한 장면들 사이의 대조를 통해 특정 사건에 대한 비판을 제공하기도 한다. 예를 들어, 기브아의 강간 사건에서 그 도시를 멸망시키려 한 주체가 소돔의 경우와 달리 하나님이 아니라 이스라엘 지파 리더들이었다는 점이 매우 중요하다. 이 차이는 사사기 전체의 메시지와 관련해 특별한 의미를 가진다. (비록 지파 간 내전이 기브아인들의 죄에 대한 징벌의 일환이었지만) 그 결과 베냐민 지파 전체가 거의 멸절되었다는 사실은 이스라엘 사회 전체의 심각한 불의함과 잔인함을 보여준다.[53] 소돔 이야기와 기브아 이야기 사이의 이런 차이들은 그 둘의 유사점이 교훈하는 보다 일반적인 가르침을 약화시키지 않는다.

이제는 성서 내러티브가 일반적인 철학 사상을 개진하기 위해 사용하는 마지막 기법을 고려할 것이다. 이 기법은 특정 어구나 단어 조합을 반복함으로써 일반 개념을 담아내는 전문 용어를 창출해내는 것이다. 매우 유명한 예가 "내가 여기 있습니다"(히네니)라는 표현이다. 이것은 하나님의 부르심에 대한 인간의 즉각적 헌신의 반응(종종 극단적 어려움 가운데서의 헌신)을 표현하는 데 사용된다. 예를 들어, 모세가 불타는 떨기나무에서 하나님의 부르심에 '히네니'라고 대답한다. 이 대답은 그가 파라오와 맞서기 위해 이집트로 가야 한다는 명령를 아직 듣기 전이다. 그러나 모세의 '히네니'를 제대로 이해하기 위해서는 그 말이 등장하는 내러티브의 다른 예들도 함께 고찰해야 한다. 독자들이 모세가 '히네니'라고 대답하는 소리를 들을 때 그들은 아브라함도 아들을 번제로 바치는 이야기에서 하나님의 부르심에 '히네니'라고 대답했다는 사실을 기억할 것이다. 야곱도 이집트로 내려가야 한다는 하나님의 말씀이 있던 날에 하나님의 부르심에 '히네니'로 응답한다. 소년 사무엘도 엘리 가문의 멸망에 대한 하나님의 예언이 있던 날에 하나님의 부르심에 '히네니'라고 대답한다.[54] 그런데 여기서 중요한 것은 이처럼 어떤 용어의 숙어적 의미가 한 번 성립되면, 그 용어는 문맥에 따라 조금 다른 뉘앙스들로 사용될 수 있다는 것이다. 예를 들어, 아브라함이 아들 이삭과 함께 모리아산(하나님이 이삭을 제물로 바치라고 명령한 장소)을 향해 걸을 때, 이삭이 그에게 "내 아버지여"라고 말한다. 그때 아브라함은 "내 아들아, 내가 여기 있다"(히네니 베니)라고 대답한다.[55] '히네니'가 자주 하나님에 대한 온전한 헌신을 의미하기 때문에 우리는 아브라함의 대답에서 아들에 대한 아브라함의 완전한 헌신을 읽어낼 수 있는 것이다. 이뿐만 아니라 아브라함이 그의 아들 이삭을 바치는 이야기(아케다 사건)에서 이 용어가 세 번이나 등장함에 주목해보자. 아브라함은 하나님이 그를 처음 부를 때(그의 아들을 바치라는 명령 이전에) '히네니'라고 대답한다. 그 후 모리아로 가는 여정에서 아브라함은 아들의 질문에 '히네니 베니'라고 대답한다. 마지막으로 그가 손을 들어 아들을 죽이려 할 때 천사가 아브라함의 이름을 불렀는데, 그때 아브라함은 다시 '히네니'로 대답한다. 아직 이때는 아이에게 손을 대어서는 안 된다는 명령을 아브라함이 듣기 이전이다.[56] 이처럼 하나님에 대한 순수한 순종과 헌신을 상징하는 데 사용되는 "내가 여기 있습니다"(히네니)라는 표현은 아브라함의 마음을 보여주는 창으로 기능하며 우리로 하여금 그의 마음이 서로 대치되는 헌신의 대상들(이삭과 하나님) 사이에서 갈기갈기 찢겨지고 있었음을 보게 한다.[57]

마찬가지로 다른 성서 용어들도 반복되는 가운데 특별한 의미를 지니게 되어 결국 그 의미에 대한 숙어적 용어로 기능하게 된다. 예를 들어, "그가 눈을 들었다"(바이사 에트 에이나브)라는 표현은 그 인물의 인식 변화를 암시한다. 즉, 그 인물에게 지금까지 숨겨져 왔던 것이 그에게 계시될 것임을 암시한다.[58] "그가 아침 일찍 일어났다"(바야쉬켐 바보케르)는 표현은 이후에 이어지는 행위가 강한 의도와 집중력을 가지고 행해질 것임을 암시한다.[59] "나무와 돌"(에츠 바에벤)이라는 표현은 우리 주변의 사물 가운데 신으로 오해되는 것들을 가리킨다.[60] "그의 눈에 옳은 것"(하야샤르 베에이나브)이라는 표현은 특정 개인의 기준에 의해 옳게 보이는 것을 지칭한다.[61] "각자가 자신의 포도나무와 무화과나무 아래에서"(이쉬 타하트 가프노 베타하트 테에나토)라는 표현은 국가적 풍요와 국민 행복의 시대를 암시한다.[62] "유익이 없는 것"(로 모일)이라는 표현은 인간 행복에 기여하지 않는 헛된 것을 지칭한다.[63] 이외에도 예는 많다. 성서 저자는 특정한 뉘앙스를 담지만 보다 보편적인 적용이 가능한 이런 수백 개의 표현을 통해 단회적인 사건을 묘사함으로써 그 사건이 인생의 일반 법칙에 대한 교훈을 담아낼 수 있도록 만든다.

지금까지는 성서 저자들이 내러티브 장르의 한계를 극복하고 그것을 보다 보편적 성격의 주제를 위한 담론으로 변화시키기 위해 사용한 세 가지 기법들을 설명했다. 그 과정에서 성서의 이야기들은 '교훈적 내러티브'로 불릴 수 있게 되었다. 즉, 성서 이야기는 사물의 일반 본성에 관한 사상들을 조사하고 개진하는 내러티브다. 레온 카스(Leon Kass)의 말을 빌리자면 성서 내러티브는 우리에게 "과거의 단회적 사건이 아니라 늘 발생하는 일"에 대해 교훈한다.[64] 지금까지의 논의에서 이 주제를 빠짐없이 다룬 것은 아니다. 나는 성서 본문이 그것의 문학 장르적 한계 때문에 철학적 논증에 사용될 수 없다는 주장을 논파하려 했다. 즉, 그런 주장은 성서의 '내러티브' 장르가 어떻게 기능하는지에 대한 단순한 무지에서 유래한 것임을 밝히려 했다. 사실은 구약 성서의 저자들은 내러티브를 통해 보다 보편적인 인간 문제를 다루기 위한 다양한 도구들을 구비하고 있다. 지금까지 설명한 기법들을 통해 성서 저자들은 그들의 철학적 입장을 분명하게 이해시킬 수 있으며, 성서 본문의 그런 기법을 잘 숙지한 독자들은 성서 저자들의 철학적 입장들을 명확히 전달받을 수 있다. 성서 저자들이 그런 도구를 가졌음을 알았으니 이제 우리의 관심은 그들이 그 도구를 가지고 어떤 사상들을 전달하고 있는지 밝히는 일일 것이다.

이런 견해는 현대 성서학자들의 견해와 크게 대조된다. 그들은 성서 저자들이 대부분 과묵하다는 사실을 강조하고, 그들의 과묵한 글을 통해 특정 문제에 대한 성서 저자들의 견해를 추론하는 것은 불가능하거나 적어도 매우 어렵다고 주장한다. 하지만 성서 저자들의 능력과 의도 그리고 그들의 이야기 기법에 대한 필자의 설명이 옳다면, 현대 해석가들은 성서 저자들의 뜻을 알 수 없다고 주장할 근거를 잃게 된다. 이와 관련해 필자가 근본적인 문제라 여기는 것은 현대인의 관심 주제에 대한 성서 저자들의 견해가 필연적으로 원시적일 것이라는 암묵적 전제와 성서 본문에서는 세련되고 복잡한 논의를 발견할 수 없을 것이라는 무의식적 전제다.[65] 어떤 본문의 윤리적 입장을 예로 들어 말하자면, 그 본문 저자의 견해는 매우 단순한 틀 안에서 발견될 것으로 예상된다. 다시 말해, 성서 저자는 ①그것을 '긍정하거나' ②그것을 '부정하거나' ③그것도 아니면 그에 대한 '어떤 도덕적 판단도 하지 않는다.' 성서 저자의 견해는 이 세 가지 가운데 하나일 것이라고 가정된다.[66] 물론 실제 삶에서의 윤리적 판단은 아주 복잡할 것이다. 사람들은 항상 다양한 동기를 가지며 상충하는 관심사를 저울로 재며 그 모든 것을 고려하여 특정한 시점에 특정한 방식으로 행동한다. 재차 비슷한 상황에서 윤리적 결정을 해야 할 경우도 시간의 흐름이 복잡한 요인들의 방정식을 바꾸어 버려 도덕적 판단에 변화가 생기기도 한다. 좋은 소설가들은 이런 도덕적 결정의 복잡성을 예리하게 고려한다. 그러나 일부 성서학자의 눈에 성서 본문에 묘사된 사건들은 그런 복잡성을 잘 반영하지 못하는 것 같다. 그들의 눈에는 성서의 사건들이 몇 줄 내러티브가 전개되다가 마지막에 전형적인 '교훈'이 제시되고 그다음 이야기로 넘어가는 '이솝 우화'처럼 보일 것이다.

그러나 성서 이야기들은 몇 줄 가다가 교훈으로 끝나는 짧은 우화들이 아니다. 사실은 그 반대다. 잘 알려진 성서 이야기들 중 상당수가 윤리적 복잡성을 반영한다. 어떤 행동을 승인하는 일련의 이유들이 그 반대의 결론을 지지하는 다른 일련의 이유들과 세심하게 대조된다.[67] 그러나 본문을 아무리 열심히 읽어도 등장인물이나 그 인물의 행동에 대한 성서 저자의 견해를 알아낼 수 없는데, 그 이유는 그 견해가 그 이야기 안에서만 표현되는 것이 아니기 때문이다. 특정 인물이나 사건에 대한 저자의 견해가 드러나는 시점은 성서 내러티브의 나중에, 때때로 훨씬 나중에 가서다. 즉, 묘사된 사건의 결과들이 온전히 다 드러난 다음이다. 예를 들어, 야곱이 그의 형 에서로부터 축복을 훔치는 이야기를 아무리 열심히 읽어도 야곱의 속임수에 대한 성서 저자의 견해를 알 수 있는 것은 아니다. 성서 저자의 견해는 7-8년 후에 다시 반복되는 비슷한 속임수 사건을 통해 비로소 이해된다. 즉, 라반이 야곱에게 라헬 대신 레아를 준 이야기는 야곱의 속임수 이야기를 거의 정확하게 반영한다.[68] 라반의 속임수 사건은 야곱의 사건과 마찬가지로 장자의 권리와 관련 있고(라반의 경우 장녀의 권리는 존중한 반면, 야곱의 경우는 장남의 권리를 무시함), 상대방이 앞을 볼 수 없는 상태(라반 이야기의 경우는 첫날

밤의 어둠 때문인 반면, 야곱 이야기의 경우는 노안으로 인한 실명 때문임)에서 발생했다. 유일한 차이는 속임수의 희생자다. 야곱 이야기에서 야곱은 속이는 자였지만, 라반 이야기에서 야곱은 속임수의 희생자가 된다. 야곱의 속임수에 대한 성서 저자의 견해가 분명해지는 지점은 야곱이 속임수의 희생자가 된 내러티브다. 나아가, 아버지의 사랑을 되찾기 위해 요셉을 죽인 야곱의 아들들이 (요셉의 의복에 동물의 피를 묻혀) 아버지를 속인 대목에 가면 야곱이 속임수로 에서의 장자권을 빼앗은 사건에 대한 성서 저자의 판단이 의심할 여지없이 확실해진다.[69]

시므온과 레위가 동생 디나를 강간한 세겜 사람들을 학살한 이야기도 마찬가지다. 그 이야기만 읽으면 그 학살 행위에 대한 저자의 윤리적 견해를 전혀 가늠할 수 없다. 저자의 윤리적 견해가 분명해지는 때는 나중에 비슷한 폭력 사건이 요셉의 형들—(시므온과 레위도 포함해서) 형들은 요셉을 죽이고 아버지를 속였음—에 의해 반복될 때이다.[70] 입다가 그의 딸을 제단에서 번제로 드린 이야기도 그것을 묘사하는 본문 안에서는 그 사건에 대한 저자의 판단을 찾을 수 없다. 그 이야기(아버지나 남편에 의해 여자가 희생당하는 모티브)가 레위인의 첩이 토막 살해되는 사건에서 반복될 때 입다 행위의 비도덕성과 그것이 보여주는 사사 시대의 총체적 도덕 붕괴가 온전한 빛 가운데 드러난다.[71]

이 예들과 많은 다른 예에서 우리는 다음과 같은 몇 가지 결론을 이끌어낼 수 있다. 첫째, 현대 독자들이 성서 이야기에서 성서적 가르침을 발견하지 못하는 이유는 상당 부분 그들이 그 이야기를 (우화나 민담과 같이) 그것 자체로 독립된 이야기로 읽기 때문이다. 즉, 그 이야기 안에서만 '메시지'를 이끌어내려 한다. 그러나 성서 이야기는 매우 정교하게 연결된 전체의 작은 한 부분이라서 당연히 전체의 관점에서 이해되어야 한다. 다음의 탈무드 교훈은 바로 이 점을 강조한다. "토라의 단어들은 그것의 본래 이야기 안에서는 큰 의미가 없지만, 다른 곳에서 읽히면 매우 풍성한 의미를 가지게 된다."[72] 성서 이야기를 그것의 전후에 위치한 사건들과 단절시키면, 우리는 그 이야기의 의미를 이해할 모든 능력을 상실하게 된다. 둘째, 성서에 기록된 사건들에 대한 저자의 관점이 이후의 사건들의 문맥에서 온전히 드러난다는 사실은 윤리적 문제에 대한 성서 저자들의 접근 방식에 중요한 시사점을 준다. 즉, 성서 저자들의 관점에서 어떤 행위의 도덕성을 궁극적으로 결정짓는 것은 그 행위의 결과들이다. 좀더 나은 도덕적 판단을 하려면, 특정 행위가 유발할 결과들을 정확히 예측할 수 있어야 한다. 만약 그 결과들을 잘 예측할 수 없다면 그 행위에 대한 판단을 유보해야 할 것이다(6장과 7장에서 성서 저자들의 '진리' 개념을 논의할 때 이 부분을 더 자세히 다룰 것이다).

셋째, 성서 저자의 관점이 다양한 인물들과 사건들을 거치면서 명확히 드러난다고 해서 그런 저자의 관점을 단순한 것으로 여겨서는 안 된다. 특정 성서 인물이나 사건에 대한 저자의 관점이 처음에 모호한 것은 '모 아니면 도'라는 식의 저자의 단순한 견해를 감추기 위한 위장술이나, 그 단순한 견해를 최대한 늦게 드러내기 위한 전략이 아니다. 성서 내러티브는 중요한 문제들이 다루는 도덕적 상황들의 모호성을 잊지 않으려고 최대한 노력한다. 심지어 (전체 문맥을 통해) 성서 저자의 관점을 명확히 이해한 후에도 독자들은 성서 본문이 다루는 도덕적 상황들의 모호성을 충분히 감지할 수 있다. 예를 들어, 성서 내러티브가 이삭을 속인 야곱의 행위를 중대한 도덕적 흠으로 묘사하고 있음은 의심할 여지가 없다. 어떤 점에서 야곱의 전 인생은 그가 젊은 시절 저지른 끔찍한 잘못의 그늘 아래서 전개된다고 말할 수 있다. 그럼에도 불구하고 성서 내러티브는 장남 에서가 유산 상속자가 되어야 한다는 이삭의 뜻을 거역한 야곱의 행위가 옳았음을 일관되게 주장한다. 하나님이 야곱에게 지어준 이스라엘("너는 하나님과 및 사람들과 싸워 이겼다"라는 뜻)이라는 이름 자체가 이를 잘 보여준다. 하나님이 야곱을 기뻐하신 이유는 그의 변명할 여지없는 거짓말 때문이 아니라, 쌍둥이 동생으로 태어난 우연이 그에게 강요한 운명에 야곱이 필사적으로 저항했기 때문이다.[73] 이 때문에 이야기가 진행되면서 야곱은 그가 아버지와 형을 속인 일에 대해 벌을 받지만, 성서 저자는 주어진 운명에 저항하려 한 야곱의 동기가 옳았음을 확인해주고, 나아가 실제로 운명에 저항하며 모험적 인생을 산 야곱을 칭찬한다. 시므온과 레위의 폭력에 대해서도 비슷한 이야기를 할 수 있다. 시므온과 레위는 세겜에서 저지른 끔찍한 일로 정죄되고 심판받는다.[74] 그러나 성서 내러티브는 강간범을 벌하려는 형제들의 동기를 칭찬할 뿐 아니라, 세겜 사람들의 보복을 지나치게 두려워한 아버지의 뜻을 거스르고 과감히 행동한 점도 칭찬한다.[75]

이처럼 성서 내러티브는 특정 인물과 그들의 행동에 대해 명확하지만 결코 단순하지 않은 판단을 내린다. 성서 저자들이 사용하는 개넘들과 그것들을 통해 개진하는 주장들에 대해서도 비슷한 말(즉, 명확하지만 단순하지는 않음)을 할 수 있다. 예를 들어, 성서 저자는 아벨과 그와 비슷한 양치기 유형의 인물들을 인류가 본받아야 할 더 나은 모델로 그리지만, 그렇다고 가인을 악당으로만 그리지는 않는다. 가인은 아버지의 전통을 존중하는 일과 제사를 드리는 일에서 동생보다 우월하게 그려진다. 잘 생각해보라. 남자는 땅을 경작해야 한다는 하나님의 명령에 순종한 사람은 가인이다. 또한 하나님께 감사 제사를 드려야 한다는 생각을 처음 한 사람도 가인이다. 그리고 재미있는 것은 가인이 상징하는 농업 사회는 일반적으로 조상들의 전통을 존중하고, 신들을 섬기는 일에도 매우 주의 깊은 것으로 여겨진다. 마찬가지로 자신의 잘못을 인정하고 잘못된 길에서 잘 회개하는 유다가 통치자의 모델로 요셉보다 선호되지만, 성서 내러티브에서 요셉도 정치와 재정 분야에서뿐 아니라 아버지에 대한 충성과 성욕 절제에 있어 유다보다 우월한 것으로 묘사된다.[76] 요셉에게 자기 가족을 출애굽시켜 고향으로 돌려보낼 능력이 없음을 알게 된 후에야 우리는 요셉이 그 재능을 주인을 (그 주인이 이집트 왕과 같은 악인일지라도) 반역하는 데는 쓰지 않을 것임을 깨닫게 된다.[77] 이스라엘인들이 반역을 해야 한다면 필요한 사람은 유다다. 상황이 정말로 심각하다면 과격한 레위도 괜찮다.

성서 내러티브가 다양한 유형을 세우고 그 다양한 유형에 장점과 단점을 골고루 분배하고 그 유형들을 대조적으로 병치시키는 일이 철학보다 문학의 일에 가깝다고 주장할 사람이 있을 것이다. 그러나 나는 그런 견해를 거부한다. 플라톤과 같은 위대한 철학자도 인물 유형 혹은 정부 유형을 논의하면서 그 상반된 유형들이 장점과 단점을 모두 지님을 인정한다. 서로 반대되는 원리들이 대립할 때 한쪽이 모든 장점을 가지고, 다른 한쪽은 단점만을 가진다고 주장하는 것은 일반적으로 성공적인 논의 전략이 아니다. 그리고 철학적 담화가 그런 식으로 진행되면 크게 부끄러운 일이다. 성서의 교훈적 내러티브가 보통 그런 교조적 교훈주의와 거리가 멀다는 사실은 본문의 간결함이나 모호성이 아니라 성서 저자의 사상가적 탁월성을 증명한다.

II. 선지자들의 설교

성서에서 가장 길고 중요한 부분인 교훈적 내러티브 다음에 구약 성서의 약 4분의 1을 차지하는 선지자들의 설교가 이어진다. 지금부터는 선지자들의 설교가 어떻게 보편적 가치를 지닌 논증들을 개진하는지를 다루고, 아울러 선지자들의 설교를 이성적 산물로 이해하는 것을 방해하는 장애물이 무엇인지도 살필 것이다.

문학적 관점에서 선지자들의 설교는 매력적인 형식으로 기록되었다. 그것은 시(詩)인 동시에 논증이다. 이스라엘 선지자들의 예언은 감성적 이미지와 몸을 떨리게 하는 강한 표현들로 가득하다. 선지서가 문학의 고전이 된 이유도 그것이 보여주는 수사적 탁월성 때문이다. 그러나 동시에 기억해야 할 것은 이스라엘 선지자의 설교들이 특정 세계관과 윤리관을 '논증'할 목적으로 저작되었다는 것이다. 그 논증들을 통해 선지자들은 종종 보편적 가치의 문제들을 탐구하게 된다(탈무드에 따르면 성서에 보존된 이스라엘 선지자들의 예언들은 단지 지역적 의미가 아니라 영속하는 의미를 가진다[78]). 다시 말해, 선지자들의 관심이 일차적으로 사람들의 변화를 촉구하는 데 있지만, 그들의 관심은 또한 특정 주제에 관한 명확하고 일관된 사상을 개진하는 데에도 있다. 그 사상은 후에 '거짓 선지자들'(구약 성서에서 이들의 역할은 플라톤의 저작에서 '소피스트'들의 역할과 크게 다르지 않음)로 알려진 사람들과의 공개적 논쟁 가운데 혹은 선지자들 사이의 다양한 의견들 가운데 개진될 것이다.

예언적 설교들을 읽을 때 우리가 목표하는 바는 그들의 사상들을 밝히는 것이다. 이를 위해 우리는 무엇보다도 선지자들이 '은유'(metaphor)를 어떻게 활용하는지를 이해해야 한다. 히브리어 연설 문체에서 가장 중요한 것은 은유다. 선지자들의 설교에서 은유적 표현을 만나지 않고 한 줄도 나아갈 수 없다. 논의의 주제가 전혀 다른 삶의 영역에서 빌려온 은유들을 통해 묘사되고, 분석되고, 비판된다. 선지자들의 사상 중 상당 부분이 그런 수사법을 사용해 전달되기 때문에, 선지자의 설교를 철학적으로 분석하려면 그런 수사법으로 전달된 논증을 분석해야 한다. 그러나 분석하는 데 큰 문제는 없을 것이다. 현대 독자들은 대부분 학교에서 문학을 공부해서 은유법에 익숙하기 때문이다. 따라서 은유가 작동하는 방법에 대한 독자들의 선이해는 선지자의 메시지를 공부할 때 직관적으로 그리고 즉각적으로 도움이 된다. 그러나 다음의 몇 가지 전제 혹은 편견은 선지자들의 메시지를 이해하는 데 방해가 되기 쉽다.

그 편견 중 하나가 다음과 같은 가정이다. 즉, 선지자가 은유와 유비를 사용하는 것은 자신의 생각을 분명하기 전달하기 위함이 아니라 오히려 그것을 모호하게 만들기 위함이라는 가정이다. 이 때문에 선지자들의 문학 전통은 다니엘서에서[79] 발견되는 후대의 은비(隱秘)주의(esotericism: 진리가 소수의 사람들에게만 계시된다는 생각)와 함께 분류되는 폐해를 당한다. 아울러 그런 가정은 신약 성서의 영향 때문이기도 하다. 신약 성서에서 예수의 비유는 그 비유를 듣는 사람들 대부분에게는 이해되지 못하도록 의도된 것으로 간주된다. 즉, 비유는 의미를 감추기 위한 장치라는 뜻이다. 예를 들어, 마가복음은 예수가 군중 앞에서 씨 뿌리는 농부에 관한 비유를 말씀하는 장면을 다음과 같이 묘사한다.

그가 가르치시며 말씀하셨다. "들으라! 씨 뿌리는 자가 나가 씨를 뿌린다. 그가 씨 뿌렸을 때, 어떤 씨는 길가에 떨어져 새들이 와서 그것을 먹어버렸다. 어떤 씨는 흙이 별로 없는 돌밭에 떨어졌다. … 그리고 어떤 씨는 옥토에 떨어져, 자라서 열매를 맺었는데, 그 소산이 30배, 60배, 심지어 100배나 되었다." 그는 이어 "귀 있는 자는 들어라."라고 덧붙이셨다.

후에 제자들이 예수에게 대부분의 사람들이 이해하지 못하는 비유를 사용하는 이유에 대해 물었을 때, 다음과 같은 대답을 듣게 된다.

그가 홀로였을 때, 열두 제자와 그 주변에 있던 다른 사람들이 그에게 비유에 관해 물었다. 그는 "너희들에게는 하나님 나라의 비밀이 주어졌지만 밖에 있는 사람들에게는 모든 것이 비유로 온다. 이는 (성서에 기록된 대로) 그들이 보고 보아도 깨닫지 못하며, 듣고 들어도 이해하지 못하게 하기 위함이다. 그렇지 않으면 그들은 하나님께 돌아와 죄사함을 받을 것이다."[80]

이 구절 및 다른 구절들에 예수는 그가 사용하는 비유(은유)의 목적이 (일부 청중만을 위해 의도된) 그의 가르침을 감추기 위한 것이라고 제자들에게 가르쳤다. 아우구스티누스도 이와 비슷한 취지로 말한 바 있다.

"(비유들은) 그 의도를 감추어 믿지 않는 지성인들이 변하여 믿게 되는 것을 막거나, 그들이 신앙의 신비들로부터 배제되도록 한다."[81] 여기서 일부만이 이해하고 다수의 사람은 '바깥에' 혹은 '배제된 채' 남겨진다는 것은 좋은 것으로 간주되며, 하나님의 말씀이 오랫동안 감추어진 비밀들(하나님의 은혜가 없었다면 절대로 알려지지 않았을 비밀들)에 대한 계시라는 견해와 잘 일치한다.[82]

내가 말한 바처럼 구약 성서의 은유들이 수수께끼나 신약의 비유와 연결되기 때문에 독자들에게는 (은유를 많이 사용하는) 구약 성서의 예언적 설교가 이성적 논증과 전혀 관계없는 것으로 여겨진다. 그러나 여기도 문제의 핵심은 구약 성서라는 (신약보다) 더 오래된 본문에 그것들과 상관없는 (신약의 저술) 목적들을 부여하는 것이다. 내가 보기에 이스라엘 선지자들의 설교에서는 하나님의 가르침을 일부 사람들에게서 감출 목적으로 은유가 활용된 적은 거의 없다.[83] 이스라엘의 선지자들이 늘 은유를 사용해 말씀하는 것으로 보아 은유 사용에는 정반대의 목적이 있었던 것 같다. 즉, 청중이 어려운 주제를 보다 잘 이해할 수 있도록 사용하는 것이다.[84] 은유가 손쉬운 이해를 목표로 한다는 점은 우리가 읽게 되는 선지서의 모든 은유에서 명백하게 나타난다. 이것은 선지자들이 씨 뿌리는 농부를 비유로 사용할 때도 마찬가지다. 이사야서에 등장하는 씨 뿌리는 농부 비유를 예로 들어보자.

비록 네가 기쁨의 식물을 심을지라도 … 비록 네가 씨 뿌리는 날에 네가 그것을 자라게 하고 씨 뿌리는 아침에 그것을 무성하게 할 수 있어도 슬픔과 큰 고통의 날에 수확이 사라질 것이다.[85]

이 본문에서 이사야는 처음에는 풍성했지만 나중에 아무것도 남지 않는 수확의 경험을 이용한다. 이 은유는 성서 윤리에서 가장 중요한 원리 중 하나를 가르치기 위한 것이다. 즉, 처음에 좋은 결과를 내는 듯이 보이는 행동과 마지막에 좋은 결과를 내는 행동을 대조하는 것이다.[86] 여기 사용된 은유는 분명했을 어떤 것을 모호하게 만들기 위한 것은 아니다. 오히려 정반대. 추상적일 수 있는 윤리적 원리가 이사야 시대의 거의 모든 사람이 잘 아는 소재를 통해 청중에게 쉽게 전달된 것이다.

　　이사야서에서 또 하나의 예를 들어보자. 이사야 선지자는 개인이나 공동체의 악행은 통제되지 않은 산불에 비유될 수 있다고 주장한다.[87]

악은 불같이 탄다. 그것은 가시와 덤불을 집어삼키며 연기를 피워 올리며 숲의 나무들을 사른다. 만군의 여호와의 진노 때문에 땅이 검게 그을렸다. 사람들은 그 불에 던져진 기름같구나.[88]

　　여기서도 윤리적 문제에 관한 중요한 주장을 개진하기 위해 산불이 은유로 사용된다. 여기서 (수많은 다른 구절에서와 마찬가지로) 이사야는 악행을 하지 말아야 하는 이유를 다음과 같이 주장한다. 즉, 악행은 그 악행의 피해자만을 해치는 것이 아니라, '자기 자신과 민족 전체에 해를 가져온다.' 언뜻 동의가 안 되는 이 주장은 이사야 시대의 모든 사람이 이해할 수 있는 유비, 즉, 산불 은유를 통해 설득력 있게 전달된다. 숲 속에서 마른 가지에 불이 붙었다고 하자. 그 불은 마른 가지만을 희생시키지 않고 주변의 모든 것을 초토화시킨다. 불의 성질에 맞게 그 폐해는 즉각적이고 피할 수 없으며 자동적이다. 마찬가지로 이사야는 악행의 폐해도 그 악행의 성질에 맞게 즉각적이며 피할 수 없으며 자동적이라고 주장하는 것이다.

　　여기서 이 구절들이 이사야의 윤리학에 대해 제기하는 흥미로운 질문들(예를 들어, 그가 어떻게 성공할 것처럼 보이는 것과 결국 성공하는 것을 구분할 수 있는가? 어떻게 악행이 악인 자신과 그 민족에 해를 줄 수 있는가?)을 다루지는 않을 것이다. 지금 여기서의 내 주장은 이것이다. 예언적 연설의 전통에서 은유는 사태를 모호하게 만들기 위함이 아니라 명확하게 만들기 위함이다. 은유는 도덕이나 다른 추상적 주제에 관한 중요한 일반적 입장을 개진하는 데 사용된다. 그 입장들은 추상적 이론 담론이 아니라 사람들이 쉽게 이해할 수 있는 은유를 통해 제시되기 때문에 청중에게 더욱 쉽게 받아들여진다. 다양한 방식과 다양한 관점에서 같은 은유를 재활용하고 하나의 은유나 유비를 제2의 은유나 유비 혹은 제3의 은유나 유비로 강화함으로써 선지자는 자신의 입장을 교정하고 세련되게 만들어 궁극적으로 같은 주제에 대한 직설적 표현 못지않은 정밀함을 가진 입장에 도달한다.

선지자들의 설교가 유비나 은유를 통해 일반 사상들을 개진한다는 사실은 매우 쉽게 확인 가능하다. 그러나 현대 독자들은 선지자들의 설교 안에서 그런 논증들을 읽어내는 데 이중의 어려움을 겪는다. 첫째, 그들은 이성적 혹은 철학적 저작이 시의 형태를 가진다는 생각에 익숙하지 않다. 둘째, 그 결과 그들은 선지자들이 힘써 전해주는 논증들을 마치 비밀의 계시(예를 들어, 미래의 숨겨진 일들을 알려주는 것)인양 오해한다. 물론 예언자적 설교들이 예언이나 미래 사건에 대한 계시를 포함함을 부정하지 않는다. 이것도 이스라엘 예언의 중요한 요소다. 내가 말하려는 것은 선지서 본문에서 미래 사건에 대한 계시만을 찾으려 하면 선지자들이 말하는 대부분의 내용이 그런 예언과는 전혀 상관없다는 사실을 간과하게 된다는 것이다.

씨 뿌리는 자의 비유에 대한 신약 성서의 설명이 인용하는 이사야 본문을 예로 들어보자. 마태복음은 예수의 비유 사용이 수백 년 전에 이사야가 예언한 것을 성취하는 사건이라고 말한다. 예수는 다음과 같이 이야기한다.

이것이 내가 비유로 그들에게 말하는 이유다. 그들이 보아도 보지 못하며, 들어도 듣거나 깨닫지 못한다. 이사야의 예언이 그 비유를 통해 성취되고 있다.[89]

그러나 이사야서 본문에 근거해 이사야의 주장을 이해한다면 우리는 그가 미래 사건을 예언하고 있는 것이 아님을 알게 된다. 나아가 그는 매우 다른 이야기를 하고 있다. 다음은 이사야서의 원래 본문이다.

나는 "내가 누구를 보낼까? 누가 우리를 위해 갈까?"라는 주님의 음성을 들었다. 그때 나는 "내가 여기 있습니다. 나를 보내소서."라고 대답하였다. 그러나 그분은 다음과 같이 말씀하셨다. "가서 이 백성에게 말하라. '(너희들은) 들어도 이해하지 못할 것이며, 보아도 깨닫지 못할 것이다.' 이 백성들의 마음을 기름지게 하고 그들의 귀를 무겁게 하고, 그들의 눈에 먹물을 발라, 그들이 눈으로 보지 못하고, 귀로 듣지 못하고, 마음으로 이해하지 못하게 하라. 그들이 돌아와 고침받을까 한다." 그때 나는 "주여 어느 때까지이니까?"라고 물었고, 그분은 "도시들이 황폐해져 주민이 없고 … 주님이 사람들을 멀리 보내버릴 때까지니라."라고 대답하셨다.[90]

이 본문은 이사야가 하나님의 소명을 듣고 이스라엘 백성과 열방에게 그분의 메시지를 전하는 자로 자원하여 나선 첫 순간을 묘사한다. 하나님께서 여기서 이사야에게 말씀하는 것은 이사야의 전체 사명에 대한 요약이다. 거기에는 예루살렘 주민들의 마음에 대한 어떤 주장과 그 마음이 어떤 결론으로 이어질 것인지에 대한 비관적인 평가가 함께 들어 있다. 예루살렘 주민의 마음과 관련한 주장은 그 자체가 인간본성에 대한 중요한 주장으로 이어진다. 이사야는 감각이 보고하는 바와 마음(=지성)이 이해하는 바가 반드시 참은 아니라는 주장을 개진하는 것이다. 만약 사람들이 참된 것을 보고 이해할 수 있다면 그들은 자신들의 행위가 그들을 파멸로 이끌고 있음을 깨달을 것이다. 그리고 회개하고 행실을 고칠 것이다. 그러나 그들은 참된 것을 보고 이해하지 못한다. 왜냐하면 인간의 지성(=마음)은 감각 너머에 있는 참된 것을 보고 이해할 수 없기 때문이다. 이사야가 사용하는 은유(기름진 마음과 접착제로 봉쇄된 감각들)는 이 어려운 내용을 그의 청중에게 쉽게 전달하는 것을 목표로 한다. 진리가 존재한다. 그러나 사람들이 의존하는 지성(=마음)의 기관들이 그것을 모호한 것으로 만든다. 또한 이사야서에서 자세히 설명될 또 하나의 주장이 있다. 이것은 방금 한 주장의 미래적 결말이다. 즉, 진리를 이해하지 못하는 무능함이 궁극적으로 그들의 나라(=민족)를 망하게 할 것이다(후에 예레미야도 같은 주장을 하는데, 이것은 6장에서 다룰 핵심 주제 중 하나다).

앞서 인용한 본문이 이스라엘 역사에 대한 미지의 미래를 계시하는 것인가? 인간 이성에는 감추어진 필연적인 미래 사건에 대한 묘사인가? 반드시 성취되어야 하는 예언인가? 이렇게 본문을 해석하면 이사야가 그 본문을 기록한 명백한 목적을 놓치는 것이다. 이사야는 민족의 필연적인 멸망에 대해 받은 계시를 단순히 전달하기 위해 하나님의 메신저로 자원하여 수십 년 동안 목숨 걸고 사람들과 왕들 앞에서 설교한 것이 아니다. 이사야가 그렇게 잔인하고, 힘 빠지고, 궁극적으로 무익해 보이는 사명에 뛰어들 어떤 이유도 없어 보인다. 이사야는 미지의 미래에 대한 단순한 예언을 자신의 사명이라고 생각하지 않는다. 그는 이스라엘의 하나님이 그의 마음을 바꿀 수 있음을 너무나 잘 알고 있다. 예언된 모든 것이 실현되는 것은 아님을 알고 있다(이스라엘 역사서는 성취되지 않은 예언의 경우들을 기술함으로써 이 점을 매우 분명히 말한다. 이사야의 예언 중 하나도 성취되지 않았다[91]). 이사야는 다음의 말씀을 통해 미지의 미래가 아닌 분노 가운데 말하는 하나님, 신랄한 냉소를 퍼붓는 하나님을 그린다. "이 백성들의 마음을 기름지게 하고 그들의 귀를 무겁게 하고, 그들의 눈에 먹물을 발라, 그들이 눈으로 보지 못하고, 귀로 듣지 못하고, 마음으로 이해하지 못하게 하라. 그들이 돌아와 고침받을까 한다." 여기서 이사야는 어떤 미래의 사건에 대한 계시를 전하는 것이 아니다. 어떤 미지의 미래를 말하는 것이 아니다. 그가 묘사하고 있는 것은 현재의 상황이며, 현재 일이 진행되는 방향이다. 그것은 사람들이 이미 잘 알고 있는 바다. 이 본문을 통해 이사야는 신비한 비밀을 계시하는 것이 아니라 (하나님의 이름으로 전해지는 충격적인 말씀을 통해) 사람들의 눈과 마음을 열게 하여, 그들이 깨달음과 자기 이해에 이르러 스스로 생각과 관점을 수정하기 원했던 것이다.

선지자들의 설교 중 미지의 미래에 대한 계시로 읽히는 많은 부분을 자세히 보면 실은 이런 성격의 본문이다. 즉, 현재 상황에 대한 비판이 백성과 왕의 마음에 변화가 일어나지 않으면 발생할 일의 형태로 제시된 것이다. 이 점에서 이스라엘 선지서들의 저작은 그리스 철학자들의 저작과 다소 차별된다. 이스라엘 선지자들의 관심은 '현재'를 이해하는 것뿐 아니라 현재에 대한 이해를 통해 '미래'에 영향을 주는 것이다. 이런 관심(미래를 예측하게 하는 보다 나은 개념적 도구를 개발하는 것)은 선지자들의 저작의 가장 중요한 특징 중 하나다. 신명기에서 모세는 예언 말씀의 진위를 가리는 것은 기적의 유무가 아니라 그 말씀이 그대로 실현되는지의 여부라고 말한다.[92] 예언 말씀을 일종의 마술로 이해하는 현대 독자들은 이 말씀이 의미하는 바를 놓치기 쉽다. 선지서의 저자들은 '오늘'을 이해하는 원리들을 찾아 심리, 윤리, 정치의 영역을 끊임없이 탐구함으로써 그 영역들에 어떤 예언적 원리를 부여하려 한다. 그 예언적 원리를 통해 사람들은 그들이 어떤 길을 선택하면 어떤 일이 벌어질 것인지를 어느 정도 확실히 예측할 수 있게 된다. 결국 선지자들이 추구하는 것은 도덕 질서의 '합법성'(lawfulness)이다. 다시 말해 자연스럽고 확실하게 생명과 선으로 귀결되는 그런 법들이다. 이런 법들은 '하나님의 뜻'이라 명명될 수 있다.

나는 미래의 일에 대한 예측에 집중하는 선지서 본문, 특히 자주 '종말'을 묘사하는 것으로 간주되는 본문들도 바로 이런 관점에서 이해되어야 한다고 생각한다. 이것들은 예언적 설교의 특징인 현 인간 상황에 대한 신랄한 분석을 잠시 접어두고, 다가올 시대에 이스라엘과 열방에 일어날 일들을 묘사함으로써 (백성들에게) 위로를 제공하는 본문이다. 나는 이 본문들이 '종말'(이 세상이 끝나고 완전히 다른 질서가 도래하는 것)에 대한 것으로 오해되었다고 생각한다. 왜냐하면 성서의 선지자들이 종말에 대해 예언했다는 증거가 거의 없기 때문이다. '미케츠 야밈'이라는 히브리어 표현이 종종 "마지막 날"[93]로 번역되지만, 실제로는 "시간이 흘러"를 의미한다(예를 들어, 가인과 아벨의 이야기에서 이 표현이 다음의 구절에서 사용된다. "'시간이 흘러' 가인이 여호와에게 땅의 소산을 제물로 가져왔다"[94]). 다시 말해, 선지자들이 현 시대의 고난과 혼란을 넘어 언젠가 찾아올 좋은 날을 설명할 때 이 표현을 쓰는데, 이 표현은 세상의 마지막을 말하는 것이 아니라 오히려 가까운 미래를 뜻하는 것이다. 가까운 미래에 하나님의 선하심이 이 세상에 나타날 것이라고 말하는 것이다. 이것은 매우 중요한 차이다. 왜냐하면 종말적 해석은 예언자의 모든 말을 신비롭거나 기적적인 어떤 것, 나아가 인간 이성으로 이해되지 않는 어떤 것으로 왜곡시켜버리기 쉽기 때문이다. 어린 양과 늑대가 함께 눕고, 산이 낮아지는 환상을 문자적으로 이해하는 것은 선지서 본문에 대한 그런 종말적 이해에 기인한다.[95]

물론 예언적 설교 안에는 다가올 평화와 복지의 시대에 대한 이상적 표현이 풍부히 들어 있다. 이스라엘의 하나님이 모든 열방의 창조자로 이해되고 모든 나라의 행복을 원하시는 분으로 이해될 때 선지서 본문은 처음으로 제대로 이해될 수 있다. 이스라엘과 인류의 미래 역사에 관해 이스라엘의 선지자들이 주는 다양한 대답 가운데 어떤 것은 우리에게 불편한 것일 수 있다. 그럼에도 불구하고 미래 세계에 대한 선지자들의 묘사에는 중요하고 값진 것이 있다. 독자들이 선지자들의 논증의 가장 기본적 도구가 유비와 은유임을 유념하지 못한다면 그것을 놓치게 된다. 양과 함께 눕는 늑대, 송아지와 함께 있는 사자를 이야기할 때[96] 이사야는 내가 이미 언급한 은유적 논증을 통해 아시리아나 바빌로니아와 같은 포식자 제국들이 더 이상 이스라엘을 사냥하지 않고, 오히려 이스라엘의 친구가 되는 세계 비전을 제공하는 것이다. 다소 덜 익숙한 다음의 본문은 비록 은유적 표현을 사용하지 않지만, 마찬가지의 교훈을 제공한다.

그날에 이집트에서 아시리아로 통하는 대로가 생길 것이다. 아시리아는 이집트로, 이집트는 아시리아로 오갈 것이며, 이집트는 아시리아와 함께 예배할 것이다. 그날에 이스라엘은 이집트와 아시리아와 함께 '트리오'를 이루어 세상의 축복이 될 것이다. 만군의 여호와께서 축복하시며, "내 백성 이집트, 내 손의 작품 아시리아, 내 유업 이스라엘이 복되도다."라고 말씀하실 것이다.[97]

언젠가 이 세상에서 이스라엘이 더 크고 강한 주변 나라들과 평화롭고 우애 있게 살 것이라는 주장은 매우 파격적인 것이어서 이사야가 꿈꾼 비전의 대담함과 그 비전을 전하는 이사야의 용기에 놀랄 정도다. 이상적 세계가 어떤 모습일 것인가에 대한 이사야의 놀라운 논증을 그의 은유적 어법에 대한 오해로 인해 잘못 받아들여서는 안 된다. 그것은 정치 사상사의 중요한 순간을 진부한 환상 정도로 전락시켜 버리는 것이다.

III. 구약 성서의 법·언약·토라

구약 성서 대부분은 내러티브와 선지자의 설교들로 구성되어 있다. 이 범주에 들지 않는 부분은 시편과 잠언과 같은 긴 성문서와 아가, 애가, 전도서와 같은 짧은 성문서들이다. 현대 학자들은 종종 이 가운데 잠언과 전도서는 이성적 작품으로 간주했다.[98] 그러나 서론에서 논의한 것처럼 나의 관심은 구약 성서에서 어떤 책들이 이성적 작품으로 읽힐 수 있는지를 결정하는 것이 아니다. 오히려 구약 성서 전체를 대체로 그렇게 읽을 수 있음을 입증하길 원한다. 그러나 그런 목적으로 이 저작들에 대해 논의하면 너무 많은 시간이 걸릴 것이다. 그래서 나는 당분간 그 문제를 다루지 않고 구약 성서의 대부분을 차지하는 내러티브와 선지자들의 설교에 초점을 맞출 것이다.

철학적 논의를 위해 성서 내러티브와 예언적 설교가 사용하는 기법들에 대한 논의를 마치기 전에 성서의 법전 본문이 내가 제안한 성서 이해의 틀에서 어떤 위치를 차지하는지에 관해 잠시 논하겠다. 양적인 면에서 말하자면 모세 율법이 성서 본문에서 차지하는 비율은 크지 않다. 그럼에도 모세 율법은 여러 측면에서 구약 성서의 핵심이라 할 수 있다. 이것은 매일 율법대로 살려고 노력하는 유대인들에게 분명 그러하지만, 유대 종교를 운운하지 않더라도 성서 본문에서 율법이 가지는 중요성은 매우 명백하다. 율법을 포함하는 역사서 부분은 물론, 선지자의 설교, 시편, 잠언 그리고 다른 성서 책들도 언제나 율법을 인용한다. 그리고 성서 본문 자체의 구성이 모세 율법의 중심적 위치를 부정할 수 없게 만든다. 구약 성서는 이스라엘 역사서를 중심으로 구성되며, 또한 이스라엘 역사서는 신명기를 중심으로 회전한다. 구조적으로 신명기는 이스라엘 역사서의 한가운데 위치한 책인 동시에 문체적으로 신명기는 역사서에서 유일하게 모세가 직접 이스라엘 백성에게 설교하는 책이다. 성서 본문은 율법 이외에 매우 다양한 주제를 다루지만, 그림 1(56쪽)이 보여주는 것처럼 신명기는 구약 성서를 왕관에 비유했을 때 그 안에 박힌 보석과 같은 존재다. 그리고 신명기만큼이나 모세 율법을 많이 다루는 책도 없다. 구약 성서의 구조상 모세 율법은 그 중심에 위치하며 전체 주제의 시금석 역할을 한다.

그럼에도 불구하고 구약 성서의 아주 적은 부분만이 실제로 모세 율법을 다루고 있다. 유대인이나 기독교인 중 일부가 토라(유대적 가르침)를 할라카(유대법)와 동의어인 것처럼 이야기한다는 사실도 그 사실을 바꾸지 못한다.[99] 성서 역사서 저자도 구약 성서의 편집자도 구약 성서에 편만한 '질문의 전통'을 한갓 법전들로 대체하려 하지 않았을 것이다.[100] 탈무드의 편집자도 마찬가지였다. 이 때문에 그들은 법전 본문을 그 법전에 넓은 이론적 틀을 제공하는 철학적 이야기들 사이에 분산시켜버렸다. 모세 율법은 더 큰 지성적 작업의 한 부분(결정적 부분이지만 여전히 한 부분)이다. 역사서의 최종 저자가 '질문함의 전통'을 일련의 법전들로 환원하려 했다면 그는 현재 모습의 성서가 아닌 모세 율법을 그것의 적당한 해설과 함께 바빌로니아와 이집트의 유배자들에게 유포시켰을 것이다. 그러나 그런 모세 율법은 유대인들에게 역사서만큼의 영향을 주지 못했을 것이고, 인류 역사의 방향도 매우 달라졌을 것이다.

그렇다면 모세 율법과 성서의 나머지 부분 사이의 관계를 어떻게 보아야 하는가? 성서는 이 관계를 어떻게 제시하는가?

지난 장에서 주장했듯이 신약 성서의 법정적 은유(비밀, 계시, 주장, 증인 등의 용어)는 구약 성서에 등장하지 않는다. 구약 성서의 저자들은 그들의 저작 목표를 성취하는 데 도움이 되는 은유들을 사용한다. 그들이 사용하는 은유들은 신약의 그것과 다른 종류의 것이다. 여기서

121

는 구약 성서 안에서 성서 저자들의 저술 목적을 드러내는 데 사용된 가장 중요한 세 가지 은유적 틀, 즉 법·언약·교훈에 대해 논의할 것이다(이것은 탈무드에까지 그대로 적용된다). 이것들이 성서 본문의 저작 목표를 정립하고 그것과 관련한 독자의 위치를 그려주는 유일한 은유는 아니다.[101] 그러나 내가 아는 한 그것들이 가장 자주 사용되는 은유들이다. 따라서 내 목표는 이 다양한 은유들이 어떻게 모세 율법을 이스라엘 역사서와 선지서의 넓은 이론적 관점 안에 위치시키는지 보여주는 것이다.

나는 성서 저자들의 저술 의도가 사람들에게 '생명과 선'을 가져다주는 데 도움이 되는 사고방식과 행동 양식을 모색하는 것이라고 주장했다. 이것은 그들의 탐구 질문이 도덕 세계의 '법칙'(사람의 행동과 세상에서 발생하는 일 사이의 인과관계)을 밝히는 질문임을 의미한다. 이 질문은 구약 성서에서 다양한 방식으로 표출된다. 이 가운데 가장 중요한 것은 우리의 삶이 순종하는 자들에게 축복을, 불순종하는 자에게 형벌을 주시는 하나님의 '법'에 의해 지배된다는 은유 개념이다.

아마 여러분은 내가 '법'이라는 용어를 모세 율법에 적용하면서 그것을 왜 은유라고 말하는지에 대해 의아해할 것이다. 우리는 모세의 가르침을 법(히브리어 '후킴') 혹은 계명(히브리어 '미츠봇')으로 생각하는 데 너무 익숙한 나머지 하나님이 우리에게 원하시는 것을 그런 용어들로 이해하는 것이 은유적 사유임을 잊어버린다. 즉, 그 용어들이 (보편 도덕과 자연 질서를 더 잘 이해하려는 노력 가운데) 국가를 다스리는 인간 왕의 경험에서 유래한 은유에 기초하고 있음을 잊어버린다. 그 은유는 다음처럼 작동한다. 왕은 자신이 다스리는 국가의 복지에 대한 책임을 진다. 이를 위해 그는 그 백성에게 법과 명령을 선포한다. 이는 백성들이 질서 있게 협력하여 공동의 선(=복지)을 이루도록 하기 위함이다. 왕의 백성들에게 기대되는 것은 왕의 율법에 순종하고 그럼으로써 국가의 복지와 관련한 자기 역할을 감당하는 것이다. 그들이 순종하지 않으면(국가복지에 대한 역할을 거부하면) 왕은 그들의 불순종에 대해 책임을 물음으로써 모두에게 선이 임하도록 할 것이다.

구약 성서에 반복적으로 개진되는 견해에 따르면, 왕에 대한 우리의 경험이 하나님에 대한 우리의 경험에 좋은 은유적 유비(analogy)를 제공한다(잘 생각해보면 그럴 수밖에 없다). 이 은유적 유비에 근거해 말하자면, 왕이 자기 나라를 다스리는 데 관심 있듯 하나님도 세상을 다스리는 데 관심 있다. 그리고 왕처럼 하나님도 만물에 법칙과 계명을 제공함으로 세상을 다스린다. 그 법칙과 계명의 목적은 모두의 선을 위한 행동 양식을 창조하는 것이다. 선지자의 설교와 시편에서 '만물'을 다스리는 것으로 묘사되는 것이 이 법칙과 계명이다. 바다는 자기 법을 가지고, 해·달·별들도 자기 법을 가지며, 동물과 식물도 자기 법을 가진다.[102] 우리가 보는 아름다운 세계의 '선'은 법칙 순종의 결과다. 인간을 위한 법도 있다. 그것의 목적은 국가와 개인에게 질서와 행복을 가져오는 것이다. 인간에게 주어진 법 중 가장 위대한 것이 모세 율법이다. 그러나 인간들은 바다·별·동물 등이 자연법칙에 순종하듯이 모세 율법에 그렇게 신속하게 순종하지 못한다. 그래서 하나님도 왕처럼 세상을 생명과 선으로 이끌고 질서를 유지하기 위해 그 율법을 어긴 자를 처벌한다.

주목할 것은 성서 본문이 법의 은유로 이해되는 한, 다시 말해 우리가 성서를 모세의 '가르침'이 아닌 모세의 '법'으로 생각한다면, 독자들은 스스로를 왕의 지시에 순종하길 원하는 군인이나 신민의 위치에 놓는 것이다. 그렇다면 그는 왕의 법전이나 군대 장군이나 국가 행정수반이 하달한 공문을 읽듯이 성서 본문을 읽게 된다. 즉, 무엇을 해야 하고, 무엇을 하지 말아야 하는지에 대한 관심으로 성서를 읽는다. 그리고 왕을 위해 일하는 군인이나 행정 관료에게 복종이 기대되는 것처럼 우리에게 기대되는 것도 복종이라고 생각할 것이다. 이런 은유적 틀에서는 복종이 국가 질서와 복지의 열쇠가 된다.

성서를 법에 은유하는 것이 성서를 증거(witness)에 은유하는 것과 얼마나 다른가! 전자는 독자를 (말씀에 순종해야 하는) 신민이나 군인의 위치에 놓는 반면, 후자에서 독자는 (말씀을 판단하는) 판사의 위치에 있게 된다.

그러나 내가 말했듯이 법의 은유는 독자와 구약 성서 사이의 관계를 규정하는 유일한 은유가 아니다. 두 번째 중요한 은유는 성서 전반에 등장하는 언약 혹은 계약(히브리어 '베리트')이다. 이것도 일차적으로는 정치 영역에서 빌려온 은유다. 여기서도 하나님은 우리가 경험하는 인간 왕에 유비된다. 그러나 국가 계약의 은유와 관계된 경험은 법의 은유를 낳은 정치 경험과 매우 다른 것이다. 법의 은유에서는 복종이 왕을 한 번도 보지 못한 사람에게도 기대되는 신민의 의무인 반면, 계약(=언약) 관계는 당사자 사이에 개인적 관계가 있고 공동의 역사 경험이 있을 때만 발생하는 것이다.[103] 더 구체적으로 말하면 계약 관계에서 왕은 '상대방을 존중한다.' 왕이 그와 언약을 맺는 이유는 '그의 헌신과 도움이 필요하지만 그의 동의 없이는 그것을 얻을 수 없기 때문이다.' 일방적 명령에 해당하는 왕의 율법이나 포고와 달리, 계약(=언약)은 어떤 관계를 전제한다. 그 관계는 이렇게 요약될 수 있다. 비록 왕의 힘이 그의 계약 상대보다 훨씬 강하지만, 왕은 자신의 뜻을 상대방에게 강요하지 않으며, 이런 의미에서 왕이 추구하는 질서를 이룩하기 위해서는 상대방의 도움과 협력이 필요한 관계다. 다시 말해 계약(=언약) 관계는 왕의 명령에 대한 계약 상대방의 '자발적인' 순종 위에 성립하며, 왕도 상대방의 도움이 '필요함'을 인정하는 관계다.[104]

성서의 언약 관련 본문에 두드러지는 것이 하나님이 인간의 도움을 원하실 뿐 아니라 그것을 필요로 하신다는 사실이다. 이것은 강요된 순종의 뉘앙스를 지닌 율법 은유와 매우 다르다. 성서의 언약(예를 들어 하나님이 아브라함과 맺은 언약)은 인간과 하나님의 관계에 대한 새로운 은유이며, 그것은 하나님의 '손바닥' 안에 있는 바다·별·동물 등과 달리 인간이 선택의 자유를 가진다는 사실을 전제한다. 이 견해에 따르면 인간은 그의 능력과 힘을 어떻게 사용할지 스스로 결정하는 독립적 존재다. 한편 하나님은 매우 능력 있지만 전능한 존재는 아니다. 그와 반대로 하나님은 인간의 반역과 타락에 영향받는 존재다. 하나님의 뜻이 이루어지려면 그는 도움, 즉 함께 일할 연합군이 필요하다. 그리고 자발적으로 그분께 나아가서 그분의 일에 헌신하는 사람들은 기계적 순종을 통해 얻을 수 없었던 어떤 것, 즉 하나님의 사랑을 얻게 된다.[105]

선지자들의 설교에서 이 언약 개념은 성서 전체에서 가장 놀라운 은유의 기초가 된다. 바로 하나님을 이스라엘의 남편에 비유하고, 반역한 이스라엘을 다른 남자의 품으로 가버리는 젊은 아내에 비유하는 것이다. 여기서 언약의 은유에 약간의 변형이 일어난다. 더 이상 왕과 언약한 상대 사이의 언약이 아니라 결혼 언약이 된다.[106] 그러나 그 언약의 기저적 구조는 여전히 동일하다. 오히려 왕 언약과 관련된 정서들은 결혼 언약에서 더욱 밝게 불탄다. 결혼 언약도 여전히 보다 힘센 남편과 약한 아내 사이의 연합이지만, 그 힘센 남편이 절대로 아내를 통제할 수 없다. 그는 그녀의 사랑도 그녀의 행동도 통제할 수 없다. 그녀가 원해서 남편에 충성하는 것이고, 그녀가 원해서 남편에 충성하지 않는 것이다. 선지자들에 따르면 이런 관계가 이스라엘의 하나님과 어릴 적에 충성을 맹세했던 그의 백성에게도 적용된다. 분명 하나님은 이스라엘보다 훨씬 힘이 세다. 그러나 그는 그들의 사랑이나 그들의 행동을 강요할 수 없다. 그들이 원해서 충성하는 것이고, 반역도 그들이 원해서 하는 것이다. 배반당한 남편이 젊었을 적 아내에게 받았던 그녀의 열정과 사랑을 기억하며 고통을 느끼는 것처럼 하나님도 지금은 사라져버린 이스라엘의 충성에 대해 형용할 수 없는 고통을 느끼신다.[107]

하나님이 이스라엘이 반역하는 것을 보실 때 아무것도 할 수 없다는 이미지는 놀랍도록 강력한 감정을 유발시킨다. 선지자는 그런 감정으로 유대인들에게 그들의 백성에 대한 신의, 그들의 법에 대한 신의 그리고 그들의 하나님에 대한 신의를 지켜야 한다고 촉구하는 것이다. 여기서 언약 당사자 간의 입장이 완전히 뒤바뀐다. 유대인들이 하나님께 돌아올 것을 요구받을 때 이는 하나님께서 유대인이 순종해야만 하는 전능한 왕이기 때문이 아니라 하나님도 상처받을 수 있는 존재이며 우리의 도움이 필요한 존재이기 때문이다. 하나님은 과거 조상들이 주겠다고 약속했던 그 도움이 절실한 것이다. 그러나 우리는 하나님께 그 도움을 자발적으로 드리지 못했다.

구약 성서를 언약의 관점에서 바라보면, 독자들은 종주 왕의 속주(힘 약한 왕)나 힘 있는 남편의 젊은 아내의 입장이 되는 것이다. 그들은 '충성'된 속주 혹은 '충성'된 아내가 어떻게 행동해야 하는지 알기 원한다.[108] 여기서 성서를 법에 비유했을 때 그렇게 중요했던 절대 복종의 이유는 사라진다. 중요한 것은 그분의 뜻에 자발적으로 연합했던 사람들에 대해 하나님이 한때 느꼈던 사랑이다. 그리고 옛 계약이 지금도 지켜질 수 있는지 아니면 영원히 파기된 것인지의 문제가 현안이다.

성서 저자들이 자신들의 저술 목적을 설명하면서 사용한 마지막 은유를 고려해보자. 구약 성서를 교훈 혹은 가르침(토라)으로 보는 것이다.★ 토라는 부모를 의미하는 히브리어(호레)와 스승을 의미하는 히브리어(모레)와 같은 어원을 가진다. 그러나 고대 이스라엘에서 대개의 경우 부모가 스승의 역할을 했으므로 토라라는 용어도 일차적으로 자식과 그의 부모의 관계를 전제한다. 부모만큼 자식이 지혜를 터득해 최고의 인생을 살기 원하는 사람은 없을 것이다. 우리는 다음의 잠언 구절을 통해 토라가 바로 이런 용법으로 사용되고 있음을 확인할 것이다.

내 아들아, 네 아비의 훈계(무사르)를 들으며, 네 어미의 가르침(토라)을 버리지 말라.[109]

　　구약 성서를 교훈 혹은 가르침으로 보는 은유법은 법과 언약의 은유가 유래한 경험 영역과 매우 다른 경험 영역들로부터 유래한 것이다. 여기서 처음 우리는 이스라엘의 하나님을 왕이 아닌 아버지에 비유하여 이해하게 된다. 물론 아버지는 가족 내의 질서와 순종을 중요하게 여기고 종종 자식들의 도움을 요청하기도 한다. 그러나 이런 것들이 그 은유의 핵심은 아니다. 가르침의 은유에서 핵심적인 것은 아버지가 자녀들에 대해 느끼는 애정, 자녀가 잘되기 바라는 소망과 그렇지 못했을 때 느끼는 고통이다. 그가 우리에게 주는 가르침은 오로지 우리의 행복을 위한 것이다. 다시 말해, 그는 우리가 지혜롭고 똑똑해지기를 원하는데, 그 이유는 우리가 독립하도록 하기 위함이며, 그가 죽었을 때에도 올바르게 살아가도록 하기 위함이다.[110] 따라서 하나님이 아버지로 은유될 때, 패러다임의 전환이 일어난다. 우리는 하나님의 율법을 지킴으로 어떤 일반 질서에 기여할 의무를 가진 존재로 세상을 살아가는 것이 아니라, 하나님이 우리에게 허락하신 세상을 잘 알고 이해해 우리 스스로의 힘으로 '선'(the good)을 성취하는 존재로 세상을 살아가는 것이다.[111]

126

　　구약 성서를 토라로 보는 은유에서도 독자와 성서 사이의 관계가 변한다. 이제 우리는 옛 본문(예를 들어, 잠언에서 명백히 그런 것처럼)을 아버지가 자녀를 위해 기록한 책으로 이해한다. 그 책을 통해 아버지는 자녀에게 스스로 생각하고 행동할 수 있는 지혜와 명철을 전수한다. 이 은유에 근거해 생각하면 우리가 성서를 공부하는 목적은 의무감(율법)

★ 유대인들은 토라를 두 가지 의미로 사용한다. 때때로 토라는 '토라트 모세' 즉, "모세의 가르침"에 대한 약자로 사용된다. 그래서 토라는 모세가 저작한 구약 성서의 처음 다섯 권의 책(오경)을 지칭하는 말이다. 또한 토라는 유대인의 모든 고전들을 지칭하는 데도 사용된다. 여기에는 구약 성서 전체와 탈무드, 그 외의 후대 랍비 저작들이 포함된다. 지금 논의에서 관심을 두는 것은 두 번째 용법이다. 즉, 성서와 후대의 유대인 저작들을 모두 '가르침' 혹은 '교훈'의 관점에서 보는 것이다.

이나 충성심(언약)으로 행동하기 위함이 아니라 참되고 바른 것에 대한 우리 자신의 이해와 깨달음에 근거해 행동하기 위함이다. 이처럼 구약 성서에 대한 가르침 혹은 교훈의 비유는 우리 자신의 이해력 그리고 그것으로 우리가 찾아낸 '선'에 중점을 두는 것이다.

지금까지 살펴본 이 세 은유는 서로 어떤 관계에 있는가? 우리는 이 세 은유가 개별적으로 존재하는 것처럼 구약 성서를 읽을 수 있을 것이다. 이 경우 어떤 순간에 한 은유가 본문 독해를 주장하다가 다른 순간에 다른 한 은유에 그 역할을 넘겨줄 것이다. 그러나 이것은 너무 단순한 접근 방식이다. 이 세 은유는 서로와 격리되어 존재하는 것이 아니라 언제나 성서 본문에서 함께 작용한다. 더 좋은 접근법은 그것들 사이에 위계질서가 존재한다고 보는 것이다. 즉, 언약은 법의 은유에 대한 기초를 제공하고, 토라(가르침 혹은 교훈)의 은유는 언약에 대한 기초를 제공한다. 이것은 다음과 같은 방식으로 구체화된다.

구약 성서에서 이스라엘의 선지자들은 하나님의 율법과 계명을 순종하도록 촉구한다. 그리고 그들 설교에 대한 피상적 독해에 따르면, '따지지 않는' 순종이 모든 성서 저자가 관심 갖는 바인 양 생각된다. 실제로 인간의 율법 순종이 바다나 별들 혹은 새들이 그들에게 주어진 자연법칙에 순종하는 것에 비유된다는 사실은 인간의 순종이 따지지 않은 절대 순종이라는 견해를 강화시킨다. 그러나 이런 식의 성서 독해는 너무 단순한 것이고 대답할 수 없는 너무 많은 질문을 발생시킨다. 따지지 않는 순종은 결국 인간의 자연적 능력을 작동 정지시킬 것을 요구하며, 인간을 기계로 바꾸어버린다. 만약 그렇다면 하나님은 인간이 아니라 기계를 바라신다는 말인데, 이스라엘 역사서와 다른 성서 책들의 저자들에 따르면 인간은 기계가 되어서는 안 되며, 하나님도 그런 인간을 원치 않으신다. 하나님은 에덴에서 인간을 "우리의 모양대로, 우리의 형상을 따라" 만드셨다.[112] 그리고 그분은 기꺼이 그 인간에게 피조물을 이름 지을 자유도 주셨다.

주 하나님께서 들의 모든 짐승들과 공중의 모든 새를 지으시고 그들을 인간에게 데려오셔서 그가 그들을 어떻게 이름 짓나 보셨다. 인간이 모든 생물을 부르는 것은 무엇이나 그들의 이름이 되었다.[113]

말과 생각의 영역에서 인간에게 허락된 동일한 자유가 행동의 영역에서도 주어진다. 하나님은 에덴을 '경작하고 보존하기'[114] 위해 인간을 그곳에 두시며 그에게 '땅을 채우고 정복하라'고 명하신다.[115] 그리고 그에게 모든 짐승과 새, 물고기를 다스리게 하시고[116] 그가 먹을 수 있는 것과 그가 먹어서는 안 되는 나무에 관해 명령하신다.[117] 이 모든 일에서 인간의 자유는 하나님의 기쁨인 것처럼 보인다. 그리고 이 자유가 인간을 악으로 이끌었을 때에도 하나님은 인간에게 자유를 주신 것을 후회치 않으신다. 반대로 성서 내러티브에서 인간의 최고 영광으로 제시되는 것은 인류의 악행에 맞서 (심지어 하나님과 맞서) 행동할 인간의 자유다. 이런 특징이 하나님이 가장 사랑하시는 인물들에게 나타난다. 예를 들어, 아벨·아브라함·야곱·모세 등은 자신이 이해한 선을 위해 하나님께 뻔뻔히 도전하여 그분과 씨름해 이긴 자들이다.[118] 성서 저자들이 자유를 박탈당한 인간, 즉 기계적 인간을 덕으로 여겼다는 증거는 전혀 없다.[119]

또한 이런 문제도 있다. 율법 법전들과 그것에 복종하라는 권고들은 아무리 많은 형벌로 협박한다 해도 우리가 율법에 순종해야 하는 이유를 설명해주지는 않는다. 불순종의 형벌이 아무리 큰 것이라도, 순종하지 않은 것이 더 낫다고 말할 수 있는 경우는 얼마든지 있다. 순종에 대한 우리의 (자유로운) 결단을 정당화해주는 것이 율법 안에서는 발견되지 않는다. 이런 의미에서 우리는 율법이 미완임을 발견한다. 자유의지를 선물받은 남자나 여자가 그럼에도 불구하고 순종해야 한다면 그 순종의 당위를 설명하는 율법 이외의 다른 것이 필요하다는 것이다.

지금까지의 논의를 통해 구약 성서를 법전으로 읽어서는 구약 성서의 핵심에 대한 일관된 이해에 이를 수 없다는 것이 분명해졌다. 이 법전 은유가 제공하는 성서 구조를 더 추궁하려면 우리에게는 좀더 정교한 설명틀이 필요하다. 그 설명틀은 하나님과 유대인의 관계에 대한 또 하나의 은유인 언약이다. 언약의 은유는 하나님의 완전성을 다소 희생시키고 하나님의 창조 세계가 인간의 적극적인 도움을 필요로 한다는 사실을 인정한다.[120] 그런 관점에서 하나님께서 아브라함을 사랑하신 이유를 그가 그분의 곁에 서서 그분의 일을 열심히 추구한 사실에서 찾을 수 있다. 하나님은 또한 아브라함과 맺은 언약 때문에 이스라엘을 사랑하셨고, 이 언약에 충성된 유대인들을 사랑하셨다. 아울러 이 사랑은 하나님이 이스라엘을 보존하시고 유대인들을 위대한 민족으로 만드시겠다는 약속의 기초로 이해된다. 이런 문맥에서 율법에 대한 순종은 완전히 다른 모습을 가지게 된다. 언약 안의 율법은 이스라엘인들을 보존하시고 그들을 위대한 민족으로 만들겠다는 하나님의 약속에 대한 표현으로 간주된다. 다른 한편 언약 백성인 이스라엘인들은 '명령이기 때문에' 혹은 '벌받지 않기 위해서' 율법을 지키는 것이 아니다. 이스라엘인들에게는 율법을 지켜야 하는 다른 많은 이유가 있다. 즉, 유대인들은 조상들이 하나님과 맺은 언약에 신실하기 위해 그리고 그리 오랫동안 굳건히 유지된 사랑 때문에 율법에 순종해야 한다. 또한 우리 옛 조상들이 처음 약속했고 그 후 이스라엘 역사를 통해 갱신되어온 약속을 지키려는 마음에서 율법을 지켜야 한다. 우리는 유배 생활 중 생명을 보존해준 것에 대한 감사와 오랜 세월 동안 우리에게 각종 좋은 것들을 주신 것에 대한 감사로 율법을 지켜야 한다. 그리고 우리는 하나님이 부분적으로 조성하신 세계를 완성해 가시도록 돕기 위해 율법을 지켜야 한다.[121]

대부분의 시대와 장소의 유대인들에게는 이런 대답들이 율법 준수의 이유를 충분하게 설명한다. 그러나 성서의 저자들은 그 대답들에 만족하지 못하는 것 같다. 그리고 이것이 언약의 은유가 완벽하지 않은 이유다. 앞서 언급한 것처럼 유대인들과 이스라엘의 하나님 사이의 관계는 완전히 독특한 것은 아니다. 고대 근동의 모든 민족이 자신들의 신을 섬겼고, 이 신들은 성서 속 이스라엘의 하나님을 연상시키는 방식으로 말하고 행동한다. 이 신들도 약속하고 명령한다. 또한 백성들에게 자신이 베푼 은혜에 합당한 충성도 요구한다.[122] 재앙이 백성에게 임할 때, 이 신들도 그 백성의 불충과 불신앙에 대해 진노한다. 이스라엘과 하나님 사이의 언약이 다른 나라들에서도 정확하게 복제되었다고 말하려는 것은 아니다. 그러나 유사성은 충분히 커서 왜 이스라엘과 하나님의 언약이 다른 민족이 그들의 신과 맺은 유사한 언약보다 더 특별하게 간주되어야 하는지에 대한 문제를 제기할 수 있다. 지난 장에서 언급한 대로 이방신들도 유대인들을 잘 보호할 수 있다는 주장이 성서 안에 명확히 인용되어 있다. 이집트에 유배 간 유대인들이 예레미야에게 다음과 같이 말한다.

그러자 자기 아내들이 다른 신들에게 분향하는 것을 아는 모든 남자와, 그 곁에 서 있는 모든 여자, 곧 이집트 땅 바드로스에 사는 모든 백성의 큰 무리가 예레미야에게 대답하였다. "당신이 여호와의 이름으로 우리에게 알려준 말을 우리가 듣지 않겠습니다. 오히려 우리는 우리 자신의 입에서 나온 모든 말대로 행하여, 우리와 우리 조상과 우리 왕들과 우리 고관들이 유다의 성읍들과 예루살렘 거리에서 행하던 대로 하늘 여왕에게 분향하며 그에게 붓는 제사를 드릴 것이니, 그때에는 우리가 양식이 풍부하고 복을 누렸으며 재앙을 겪지 않았습니다. 하지만 우리가 하늘 여왕에게 분향하고 그에게 붓는 제사를 그만두었을 때부터, 우리는 모든 것에 궁핍하며 칼과 기근으로 죽게 되었습니다."[123]

이 본문에서 이집트에서 난민 생활하던 유대인들은 가나안 신들의 축복이 이스라엘 하나님의 축복보다 우월하다고 명확히 주장한다. 아울러 우리는 이 주장이 바빌로니아나 이집트의 신들에게도 적용되었다고 추정할 수 있다. 보다 강력해 보이고 보다 충직해 보이는 다른 신들과의 연합보다 아브라함의 언약을 선택해야 하는 강력한 이유가 없다면 당시 사람들은 언제나 이스라엘 하나님과의 옛 언약이 실패했고 이제 새로운 것을 시도할 때라고 주장할 수 있었을 것이다.

유배 생활의 도전이 분명하게 해준 것은 구약 성서를 언약으로 이해해도 성서에 대한 온전한 이해가 자동적으로 발생하는 것은 아니라는 것이다. 언약의 은유가 제공한 구조를 좀더 추궁하려면 보다 정교한 설명틀이 필요함을 깨닫게 된다. 그리고 그 정교한 설명틀은 토라, 즉 가르침의 은유를 통해 성서를 이해할 때 비로소 제공된다. 이 은유를 통해 처음으로 우리는 왕으로서가 아니라 아버지로서 하나님을 만나게 된다. 그의 가르침의 동기는 사랑이며, 그의 가르침의 목표는 우리가 지혜를 얻어 행복하고 선한 삶을 스스로의 힘으로 발견하는 것이다. 율법이나 언약과 관계없어 보이는 많은 본문이 왜 성서에 포함되어 있는지를 설명하는 것이 바로 이것이다. 예를 들어, 구약 성서가 왜 아브라함 언약이 아니라 창조 기사로 시작하는지를 설명한다.[124] 또한 구약 성서가 시내산의 모세 율법 수여에만 초점을 두지 않고 홍수 후 노아에게 준 법에도 관심을 가지는 이유를 설명한다.[125] 이것은 성서 독자에게 하나님이 그의 피조 세계와 그 안에 사는 민족들에게 기대하시는 것이 무엇인지도 알게 한다. 왜 하나님이 한 인간과 혹은 한 민족과의 언약을 필요로 하는지도 설명한다. 왜 하나님은 장막에서의 삶을 메소포타미아 문명의 영광보다 더 좋아하는지도 설명한다. 어떤 종류의 인간이 혹은 어떤 행위들이 하나님의 사랑을 얻는가도 설명한다. 무엇을 해야 자신과 민족을 위해 축복을 얻을 수 있는지도 설명한다. 언약 본문들은 특수한 성격을 지니고 있다. 즉, 그것은 특정 개인이나 특정 민족과 그 하나님과의 관계를 규정한다. 그러나 구약 성서가 제공하는 가르침의 은유는 언약적 틀을 넘어 우리에게 그 언약의 토대적 지평들을 지시해준다. 그럼으로써 성서는 내가 이전 장에서 설명한 기법들을 통해 일반 개념을 도입한다. 그런 개념들은 그 성격상 유대인들과 하나님 사이의 언약에 동참하지 않고서도 이해될 수 있다. 따라서 구약 성서는 유대인들(의 교훈)을 위해 쓰였지만 성서의 견해와 주장이 모든 민족 가운데 선포되고 논의되지 않을 이유가 없는 것이다.

131

2부

구약 성서로 철학하기: 다섯 편의 사례연구

구약 성서의 윤리학('인간은 어떻게 살아야 하는가'라는 질문에 답하는 학문)은 종종 하나님이 명령하는 모든 일에 복종하는 것이라고 이야기된다. 당신이 하나님께 직접 지시를 받거나 혹은 선지자에게 지시를 받는다면 그 지시에 순종해야 한다. 그대에게 하나님의 법이 주어졌다면 그 법에 순종하라. 이처럼 성서적 윤리학에는 절대적 순종의 원리 이외의 것은 없어 보인다.[1]

그러나 이런 견해는 성서 본문에 대한 지나치게 단편적이고 심지어 부주의한 독해에 근거한 것이다. 분명히 구약 성서의 하나님은 그분의 계명이나 율법을 받지 못한 사람들이나 민족에게도 그들 행동에 대

4장
양치기의 윤리학

한 도덕적 책임을 물으신다. 예를 들어, 가인은 (동시대의 다른 사람들은 말할 것도 없고) 하나님에게서 살인에 대한 어떤 지시도 받지 못했음에도 불구하고 동생을 살인한 것에 대한 형벌을 받는다.[2] 아울러 노아의 세대는 폭력으로 인해 멸망했고 소돔도 성적 타락 때문에 멸절당했지만, 그들은 그 주제들에 대해 하나님의 명령을 전혀 받지 못했다.[3] 마찬가지로 독자들은 금지된 열매를 먹었던 것에 대해 추궁당한 아담이 ('왜 하와를 내게 주셨나요?'라고) 하나님을 '비난한 잘못'을 저질렀음을 (내러티브의 등장인물들처럼) 암묵적으로 받아들인다. 노아가 술 취한 것도 죄이며, 그

의 아들 함이 술 취한 아버지의 벗은 몸을 보고 형제들에게 아버지를 험담한 것도 죄라고 가정되는데, 이 모든 것은 하나님께서 인류에게 아직 이 주제들(책임 회피, 술 취함, 험담)에 대해 어떤 계명도 주시기 이전이다.[4] 또한 성서 내러티브는 롯의 딸처럼 아버지를 술 취하게 한 후 그와 성관계를 가지는 것이 잘못되었다는 것도 암묵적으로 전제한다. 이웃을 강간하는 것에 대해서도 마찬가지다. 심지어 세겜의 경우처럼 사랑하는 사람이라도 강간하는 것은 잘못된 일이다. 라반처럼 어려운 처지에 있는 친척을 데려다 노예 노동을 시키는 것도 나쁜 것이며, 이집트 왕처럼 다른 민족을 노예 삼는 것도 잘못된 것이라고 암묵적으로 전제한다. 이 모든 전제를 가정한 때는 아직 하나님이 이 주제들에 대해 어떤 지시도 주지 않았을 때다.[5] 이와 비슷한 예를 얼마든지 더 들 수 있다. 아브라함은 소돔을 멸망시키는 것이 과연 정의로운 일인가에 대해 하나님과 논쟁한 적이 있는데("온 땅의 재판장께서 정의를 행하지 않으실 겁니까?"[6]), 이후에도 여러 성서 인물들이 하나님의 행동을 하나님과 독립적인 도덕적 기준에 근거해 그것이 과연 도덕적인지를 따지는 것처럼 보인다.

이런 예들이 매우 많다는 사실은 성서 저자들이 하나님의 계명을 사물의 본성에서 유래하는 근본적인 도덕법에 대한 표현이거나 그것을 보충하는 것으로 간주했음을 보여준다. 즉, 성서 저자들은 인간이 적어도 그 도덕법을 하나님의 명시적 지시 없이도 적어도 큰 틀에서 분별할 수 있어야 한다고 생각한다. 이런 견해에 따르면 구약 성서의 윤리학은 우선적으로 일종의 자연법에 근거한다.[7]

그러나 이것이 옳다 해도 여전히 많은 것이 불확실한 채로 남는다. 이스라엘 역사서에서 드러나는 자연법적 윤리학의 내용이 구체적으로 무엇인가? 이 윤리학이 이스라엘 역사서에 심긴 모세 율법의 내용과 어떤 관계에 있는가? 어떻게 그것이 특정 상황에 있는 개인이 행해야 하는 특정 행동에 대한 하나님의 명령과 어떻게 관계하는가? 우리가 이스라엘 역사서가 개진하는 윤리학을 분명하게 이해하게 된다면 이 세 질문들에 모두 만족스럽게 대답할 수 있을 것이다. 그리고 내 생각에는 우리가 선지자들의 설교와 다른 성서 책들에서 개진되는 윤리학에 대한 온전한 그림을 얻기 원하는 데에도 역사서의 윤리학을 이해할 필요가 있다.

본 장에서는 이 세 질문 중 첫 번째 질문을 다루며 이스라엘 역사서의 자연법적 윤리학의 핵심 요소들을 창세기 이야기를 중심으로 살필 것이다. 이것이 이어지는 모든 논의의 배경이 될 것이다. 이스라엘 역사서의 윤리학을 이해하기 위해서는 양치기 은유가 내러티브에서 감당하는 핵심 역할을 이해하는 것이 필요하다고 주장할 것이다.[8] 이스라엘 역사서에서 양치기와 농부는 상반되는 두 개의 삶의 방식, 상반되는 두 개의 윤리학을 대표하는 유형으로 간주된다. 이 상반되는 삶의 방식과 윤리학은 종종, 특히 아브라함·요셉·모세·다윗의 이야기에서 첨예하게 대립한다. 그러나 이스라엘 역사서에 따르면 양치기 윤리학의 문제는 가인과 아벨의 시대까지 그 기원이 거슬러 올라간다. 따라서 양치기의 윤리학에 대한 하나님의 선호는 하나님이 인류에게 주시는 어떤 법이나 계명보다도 우선되는 것으로 그려진다.[9] 하나님이 아브라함·모세·다윗과 같은 성서 인물과 맺은 이후의 언약들도 반드시 그 언약들의 효력이 근거로 삼는 이전의 윤리적 입장, 즉 양치기적 윤리학의 문맥에서 이해되어야 한다.

본 장의 마지막에서는 역사서의 자연법적 윤리학이 내러티브에서 나타나는 하나님의 여러 계명들(모세 율법을 포함함)과 가지는 관계에 관한 예비적 논의를 이어가겠다.

I. 가인의 살인: 농부와 양치기

고대 내러티브들은 주로 왕족이나 귀족 출신의 영웅들에 대한 것이다. 그러나 이스라엘의 성서적 역사는 그것과 매우 다르다. 성서 역사는 양치기들에 관한 이야기다. 아브라함, 이삭, 야곱, 요셉과 그 형제들, 모세 그리고 심지어 다윗까지 모두 양치기다. 그리고 이 인물들의 이야기가 대부분인 이스라엘의 역사서는 양치기와 관련된 이미지로 넘쳐난다. 에덴 이후 인류의 삶은 농부였던 가인이 양치기였던 동생 아벨을 죽인 일로 시작한다. 가인이 아벨을 죽인 이유는 하나님이 농부의 제사를 거절하고 양치기의 제사를 받으셨기 때문이다. 최초의 유대인 아브라함도 우르(Ur)라는 대도시에서 태어났지만 그는 하나님의 부르심을 따라 도시 생활을 버리고 양치기들의 유목 생활을 시작한다. 아브라함 이야기의 절정에서 하나님은 그에게 아들 이삭을 번제로 드리라고 명령하지만 하나님은 곧 인신 제사를 물리시고 양의 제사를 받으신다. 야곱도 그의 아들들을 양치기로 키운다. 그러나 그가 사랑했던 아들 요셉은 달랐다. 요셉의 꿈은 곡물을 수확하는 것, 다시 말해 농사를 짓는 것과 관계있었다. 그 꿈 이야기를 들은 요셉의 형제들은 양치기들을 "가증한 것"처럼 미워하는 나라, 강력하고 곡물이 많은 나라인 이집트로 그를 팔아버린다. 히브리인들의 가장 위대한 지도자 모세도 어린 시절을 이집트 왕궁에서 보냈지만, 그는 이집트적인 삶의 방식을 받아들이지 않고 광야로 도망가 그의 조상들처럼 양치기가 된다. 모세가 하나님의 소명을 받은 것도 양을 치고 있을 때였다. 그리고 파라오와 맞서 그 땅에 재앙들을 내리기 위해 이집트로 돌아왔을 때도 그의 손에는 양치기의 지팡이가 들려 있었다. 히브리 노예들을 해방시킬 때에도 모세는 양을 죽이고 그 피를 문지방에 바른 사람들만을 해방시켰다. 모세가 히브리 노예들을 이집트에서 데리고 나와 시내산으로 인도했을 때 그들은 쇼파르, 즉 양뿔나팔 소리 가운데 나타나는 하나님의 음성을 들었다. 양뿔나팔은 여호수아의 가나안 정복의 상징이기도 하다.[10] 모세가 이스라엘 백성을 인도할 그 땅도 반복적으로 목가적 이미지인 "젖과 꿀이 흐르는 땅"으로 묘사된다. 이것은 이집트 노예 생활의 상징으로 기억된 "고기국과 떡"과 첨예하게 대조된다.[11] 그러나 해방된 노예들은 그 약속의 땅에 들어가기를 두려워한다. 그리고 그에 대한 벌로 온 민족이 약속의 땅을 정복할 준비가 될 때까지 40년 동안 조상들처럼 광야에서 유목 생활을 하게 된다.[12] 고통스러운 사사 시대가 지난 후 다윗이 전쟁터에 처음 모습을 드러냈을 때 그의 손에는 갑옷이 아니라 양치기의 막대기가 들려 있었다. 그리고 양치기의 주머니에서 꺼내 든 돌멩이로 골리앗을 죽인다. 그리고 그가 이스라엘의 왕이 되었을 때 이스라엘의 모든 지파가 그에게 와서 다음과 같이 말한다. "여호와께서 당신에게 이렇게 말씀하셨습니다. 너는 내 백성 이스라엘을 목양하라."[13]

이 모든 예의 의미는 무엇인가? 단순하게 최초의 유대인들이 양치기였다는 우연을 반영하는 것은 아닐 것이다. 성서 역사가가 이스라엘 내러티브에서 '양치기들'을 강조하는 것은 단순히 보고의 의미를 넘어선다. 성서에 따르면 이집트인들은 양치기들과 빵도 같이 떼려 하지 않았다. 그러나 요셉의 형제들은 이집트 왕에게 그들이 양치기임을 강조하여 말한다.[14] 다윗도 들에서 양을 치다가 전쟁터에 나와 물맷돌을 '양치기 주머니'에 넣고 골리앗과 싸운다. 또한 패배한 골리앗의 갑옷을 그가 양을 칠 때 사용했었던 장막 가운데 숨겨둔다.[15] 이 모든 사실 중 어느 것도 독자들에게는 그다지 중요하지 않겠지만, 보다 넓은 이야기의 문맥에서는 특별한 의미를 가진다. 구약 역사의 넓은 문맥에서는 양치기인 것, 양치기처럼 생각하고 행동하는 것이 숙고할 가치가 있는 특별한 의미를 지닌다.[16]

그렇다면 이스라엘 역사서에 사용된 양치기 이미지는 무엇을 말하는가? 이 질문에 대답하려면 당연히 창세기 첫 부분인 아벨 이야기에서 시작해야 한다. 두 형제가 태어났다는 것을 제외하면 가인이 아벨을 죽인 사건은 인간이 에덴에서 추방된 사건 이후 성서 저자가 우리에게 말할 필요가 있다고 느낀 최초의 사건이다. 아벨이 살해당한 사건이 차지하는 이 중요한 위치 때문에 그 이야기는 이스라엘 역사서의 나머지에서 발생하는 모든 것(에덴동산에서 묘사된 풍부와 안락의 상태가 사라진 후 인간들이 적자생존의 세상에 던져졌을 때 발생한 모든 것)에 대한 서론이 된다. 아벨의 이야기에 이미 인간이 그 무서운 환경과 어떻게 싸워나가야 하는지에 대한 어떤 가정이 들어 있다. '굶어 죽지 않으려면 땅을 경작해 곡물을 얻어야 한다. 따라서 인간은 큰 고역과 고난을 통해서만 빵을 먹을 수 있다'는 가정이다. 이것은 하나님 자신에 의해 선포된 인간의 운명으로 묘사된다. 하나님은 금지된 열매를 먹은 형벌의 일부로 인간으로 하여금 땅을 경작하는 운명을 주셨다. 다음의 창세기 본문은 하나님이 인간에게 정해준 에덴 밖의 삶을 묘사하고 있다.

(하나님께서) 사람에게 말씀하셨다. "땅이 너 때문에 저주를 받고, 너는 평생 동안 수고하여야 그 소산을 먹을 것이다. 땅에 네게 가시덤불과 엉겅퀴를 낼 것이며, 너는 들의 식물을 먹게 될 것이다. 너는 흙에서 취해졌으니 흙으로 돌아가기까지 네 얼굴에 땀을 흘려 음식을 먹을 것이다." 여호와 하나님께서는 그를 에덴동산에서 내보내시고, 그를 취했던 그 땅을 경작하게 하셨다.[17]

큰 고통이 본문에 가득하다. 그리고 그 고통은 농부의 삶을 살도록 저주받은 인생에 대한 것이다. 본문은 인간이 '저주받은 땅'[18]에서 아주 힘들게 빵을 얻게 될 것이라고 말한다. 땅은 인간에 적대적이 되어 인간을 끊임없이 고된 노동에 시달리게 한다. 땅이 어떤 의미에서 사람의 주인이 된 것이다. 살아 있는 동안에는 매일 아침부터 저녁까지 그의 일상을 지배하고, 나중에 죽은 뒤에는 그의 몸도 접수할 것이다. 성서가 묘사하는 농경 생활의 고통은 히브리어 표현 '라아보드 에트 하아다마'에 특히 잘 표현된다. 나는 이것을 "땅을 경작하다"라고 번역해왔다. 그러나 "경작하다"로 번역된 '라아보드'는 "섬기다"라는 뜻도 지닌다. 그러니까 하나님은 인간을 벌하시면서 그가 "땅을 섬기도록" 만드신 것이다. 다시 말해, 인간이 땅의 종이 되도록 하신 것이다.[19]

이 놀라운 구절 다음에 성서 내러티브는 곧바로 가인과 아벨의 이야기로 전환된다. 하와는 두 명의 아들, 가인과 아벨을 출산하는데 "아벨은 양 치는 자였고, 가인은 땅을 경작하는 자였다(오베드 아다마)."[20] 시간이 흘러 가인은 하나님께 "땅의 열매 가운데" 제물을 바쳤고 아벨도 형의 본을 따라 양 떼의 첫 새끼를 바쳤다. 하나님께서 아벨의 제물을 받으셨지만 형의 제물은 거절하셨다. 부끄러움과 분노 가운데 가인은 그의 동생을 살해하고 땅에 그를 묻는다.[21] 하나님께서 당신을 피해 동쪽으로 가는 가인을 저주한다. 가인은 동방에서 최초의 도시 에녹을 건설했다.

문자적으로 보면 이 이야기는 말이 안 된다. 왜 하나님이 아벨의 제물을 받으시고 가인의 제물은 거절했을까? 성서 본문은 하나님께 제사드릴 생각을 먼저 한 사람이 가인임을 강조한다. 땅에서 어렵게 수확한 많지 않은 곡식 중 일부를 취하여 하나님께 감사 예물로 드릴 생각을 한 사람이 가인이었다. 이런 의미에서 가인은 경건한 사람이다. 아벨은 그의 형을 따라 제사를 드렸을 뿐이다. 더욱 이해 안 되는 것은 분명히 가인의 입장에서 순종의 행위였던 것을 하나님이 거절하셨다는 사실이다. 이전에 하나님은 땅을 저주하시고 인간에게 그것을 경작하라고 명하셨다. 가인의 아버지 아담에게 "네 이마의 땀을 통해 네가 빵을 먹으리라"라고 말씀하셨다. 그러면서 땅에서 취하여 만든 아담으로 하여금 그 땅을 경작하도록 하셨다. 그리고 가인은 정확히 그런 하나님의 뜻을 행한 사람이었다. 그는 하나님께서 그의 아버지에게 명하신 대로 땅을 경작하는 농부가 되었다.[22] 그는 그것이 저주와 고통일지라도 하나님의 뜻에 복종했다. 그리고 그 마음에 하나님이 허락하신 것에 대한 감사하는 마음을 가져 제사를 드렸던 것이다. 왜 하나님은 그런 경건의 사람, 즉 하나님의 명령에 복종한 사람, 아버지의 가르침을 행한 사람의 제사를 받지 않으셨을까?[23]

반면 하나님은 양 치는 일에 대해서는 한마디 말씀도 하지 않으셨다. 아벨이 양을 치기 시작했을 때 그는 하나님께서 명하지 않은 어떤 것을 하는 셈이었다.[24] 아벨은 땅이 저주받았기 때문에 사람이 그 땅을 섬겨야만 겨우 입에 풀칠한다는 것을 알았다. 그리고 다음과 같이 생각했다. '양들은 인간이 수고하지 않아도 알아서 먹고살기 때문에, 양을 친다면 나는 저주받은 땅을 섬기는 일에서 자유롭게 될 수 있을 것이다.' 다시 말해, 아벨은 땅의 저주를 피할 방법을 발견한 것이다.[25] 그리고 양치기가 하나님의 뜻이라기보다 아벨이 원한 것이라는 사실은 아벨도 "또한" 가인을 따라 제사를 드렸다고 말하는 성서 본문에 의해 강조된다. 그럼에도 불구하고 하나님이 아벨의 제사를 받으신다. 어떻게 이런 일이 있을 수 있는가?

가인과 아벨 사이의 경쟁 이야기는 성서 역사서와 이후의 성서 저작들에서 반복해 등장하는 두 가지 모델을 제공한다. 각 모델은 특정한 삶의 방식과 인간다운 삶에 대한 관점, 즉 윤리학적 관점을 대표한다. 성서 본문은 독자들에게 극명하게 대조되는 두 선택지를 제시하고 그들로 하여금 하나님의 선택, 즉 올바른 선택이 우리의 선택과 반드시 일치하지 않음을 깨닫게 한다. 그 두 가지 모델은 다음과 같다. 첫 번째는 농부의 삶이다. 경건한 가인은 땅에 대한 저주와 그 저주받은 땅을 경작하라는 (아담을 통한) 하나님의 명령을 도전할 수 없는 것으로 받아들였다. 그 저주와 명령에 대한 가인의 반응은 그의 아버지와 마찬가지로 '복종'이었다. 그리고 이 복종의 윤리학 안에서 그는 자신이 가진 적은 것의 일부를 감사 제물로 드리는 관습을 시작했다. 성서 저자의 눈에 가인은 농부의 삶, 경건한 복종의 삶, 전통적 관습에 감사함으로 복종하는 삶, 겨우 먹고살기 위한 삶을 대표한다.

두 번째는 양치기의 삶이다. 아벨은 땅에 대한 저주를 현실로 받아들이지만, 그 현실이 그의 충성을 강요할 만큼 내재적 가치를 지녔다고는 생각지 않는다. 하나님이 말씀하셨다고 해서, 아버지가 그렇게 살았다고 해서 그것이 좋은 것이 되는 것은 아니다. 아벨의 반응은 복종과 정반대되는 것이었다. 그는 사람과 하나님의 분노를 감수하면서 자기 자신과 그 후손들을 위해 더 좋은 것을 확보하려고 지혜롭고 용기 있게 반항의 길을 간다. 아벨은 양치기의 삶, 즉 반항과 창조의 삶, 하나님의 (단순한 명령이 아닌) 참된 뜻으로 생각되는 것을 추구하는 삶, 인류의 참된 선을 구하는 삶을 대표한다.[26]

성서 이야기에 따르면 하나님이 인간을 에덴에서 내보낼 때 양치기로서의 삶을 명하신 것은 분명 아니다. 그러나 곧 밝혀지듯이 양치기로서의 삶이 하나님께서 원하시는 것이었다. 바로 하나님이 원하시는 것은 인간의 상황이 향상되는 것과 인간이 자신의 독립적인 노력을 통해 더 큰 선을 얻어내는 것이다.[27] 비록 하나님이 아담에게 이 주제에 대해 교훈하지는 않으셨지만, 제사가 드려지기 시작되고 가인의 제사가 거부된 후, 가인의 제사가 왜 거부당했는지를 설명하실 때 정확하게 그 메시지를 전하신다.

"네가 왜 화를 내며 왜 네 얼굴이 떨어졌느냐? 네가 더 잘하면(테이티브), 네 얼굴이 들리지 않겠느냐?"[28]

하나님은 더 나은 선을 위해 노력하는 사람, 즉 남이 시키지 않아도 스스로 무엇인가를 좋게 만들려는 사람의 제물을 받으신다. 하나님이 아벨에게서 이 특징을 보셨고 이것이 그의 제물을 받으신 이유다.[29]

아마 이것을 이해하는 것은 그리 어렵지 않을 것이다. 그런데 충격적인 것은 하나님이 가인의 제물을 받지 않으셨다는 것이다. 가인의 명백한 좋은 점들에도 불구하고 하나님은 그의 삶을 완전히 거절하신다. 어찌된 일인가? 왜 하나님은 감사 제사를 드리는 가인의 솔선수범과 창의성을 받지 않으셨을까? 성서의 다른 곳에서와 마찬가지로 하나님은 여기서도 종교·제물·명령에 복종하는 것, 조상들이 했던 것을 답습하는 일에 특별히 관심을 두지 않으신다. 하나님은 우리가 하나님의 말씀이라 여기는 것을 행하는 것에도 그다지 관심을 보이지 않는다. 가인의 경우에서처럼 이 모든 것은 한쪽으로 치우치면 짐승적인 삶의 일부가 될 수 있기 때문이다. 그것들은 인류의 참된 선을 적극적으로 추구하는 일에 유용되지 않으면 아무런 가치가 없다.

가인과 아벨 그리고 땅의 저주에 관한 이야기는 매우 흥미로운 신학적 질문들을 제기하지만, 그 질문들은 다음 기회에 다루기로 하자. 지금 논하고자 하는 주제는 성서적 윤리학(성서가 가르치는 삶의 방식)

140

이다. 그리고 이런 관점에서 가인 이야기의 후기는 상당히 중요하다. 위에서 언급한 바처럼 동생을 살인하고 그로 인한 심판을 받은 이후, "가인은 여호와 앞에서 나와 … 도시를 세웠다."[30] 다시 말해, 최초의 살인자는 농부였고, 그 농부는 최초의 양치기를 죽였다. 그리고 바로 그 농부가 또한 최초의 도시 건설가다. 오늘날 독자들의 귀에는 이 내용들이 사실들의 의미 없는 연결처럼 들릴 수 있다. 우리는 마을과 국가를 대립적인 것으로 생각하고, 농촌의 지역주의를 도시의 무연고적 세계시민주의와 완전히 다른 것으로 인식하는 경향이 있다. 그러나 성서에서 가인이 도시의 건설과 연결된 것은 전혀 임의적인 것이 아니다. 실은 매우 중요한 의미가 거기에 있다. 성서 내러티브에 따르면 농부적인 생활 방식에서 자라나오는 궁극적 열매는 도시다. 가인과 연관된 농경 생활의 논리적 종착점은 부와 권력의 축적물인 도시다. 이 문제를 좀더 생각해보자.

아브라함이 태어나기 천 년 전에 나일강과 유프라테스강은 거대한 관계시설을 통해 대규모 농업을 가능케 했다. 대규모 농업으로 생산된 잉여 농산물은 메소포타미아의 바빌로니아 국가들[31]과 파라오의 이집트를 일으켰다. 메소포타미아와 이집트에 생긴 제국들은 농지를 더 많이 확보하기 위해 전례 없는 규모의 공공 토목 사업을 진행했다. 이것은 더 많은 부와 권력으로 이어졌다. 이를 위해 제국들은 중요한 사업이 진행될 때면 그 백성들을 짧게는 몇 주, 길게는 몇 달 동안 강제 노역에 동원했다. 수십만 명의 강제 노역은 일종의 세금으로 간주되었다. 이를 위해 필요해진 것은 많은 사람을 강제 노동에 동원시킬 뿐 아니라 평지에 축적되는 부와 권력을 탐한 유목 민족들로부터 공공시설들을 보호하는 큰 군대를 키우는 것이었다. 또한 이 모든 것은 왕과 그 관료들을 큰 부자로 만들었다. 이집트의 피라미드와 바빌로니아의 지구라트와 같은 건축물들은 그들의 부를 상징했다. 아울러 왕은 곧 신이라는 견해가 생겨났으며, 아니면 적어도 왕은 신의 아들이며, 대리통치자이며, 대제사장이라는 견해가 유포되었다.[32]

이 모든 특징은 바벨탑 이야기에서 집약된 형태로 나타난다. 그 이야기에서 유프라테스 강변의 가장 중요한 도시 바빌론의 지배자들은 모든 인류가 한 도시에 모여 한 언어를 사용하며 '하늘 정복'이라는 한 가지 목표에 집중하는 삶을 살도록 결정한다.[33] 이처럼 성서 내러티브에 따르면 도시와 국가 생활은 농부의 윤리학이 자연스럽게 확장된 것이다. 우리가 가인에게서 발견하는 모든 덕목(신이 선포한 말씀에 복종하기, 경건한 제사와 자기희생 그리고 지난 세대의 전통을 준수하기 등)은 대도시와 그 제국에서 완전한 형태를 갖춘다.

그리고 우리가 아벨에서 발견하는 모든 덕목(절대적이라고 여겨지는 신의 말씀에 이의를 제기하기, 전통적으로 권위 있다고 여겨진 것을 받아들이는 데 주저하기, 더 나은 상태를 위한 혁신에 깊은 관심을 가지기)은 도시와 제국을 다스리는 신성한 왕들의 세상에서는 절대로 용납될 수 없는 것, 즉 "가증한 것"으로 간주된다.[34] 유목민들은 문명을 밖에서 바라본다. 그들은 산에서 도시와 국가가 하는 일을 내려다보며, 광야를 통한 자신만의 독자적 길을 계획한다. 도시 생활의 화려함과 거짓말들은 그들에게 아무런 가치가 없으며, 그 거짓말을 믿고 매일 힘들게 들에서 노동하는 농부들의 짐승 같은 삶은 더욱 그렇다. 양치기들은 그 어떤 것보다도 그들이 소중히 여기는 것을 가지고 있다. 즉 그들은 자유롭다. 그들에게는 정치적 독립이 있다. 그들은 유목민으로 살기 때문에 그들 스스로 이외에 누구의 지배도 받지 않으며, 누구도 그들의 행위를 규제하거나 그들의 노동이나 재산에 세금을 부여하지도 않는다. 그들은 또한 윤리적으로도 독립적이다. 그들의 '문명 밖' 관점과 그들이 하는 일의 자유와 존엄이 그들로 하여금 정말 중요한 것(모든 인간이 직면한 위험, 오류, 죽음들 그리고 그들 스스로 참된 도를 발견하고 그것에 따라 살 때 감당해야 하는 책임)에 집중하게 한다.[35]

이처럼 성서 저자들의 관점에서 양치기와 농부는 세상이 건설된 이래 서로 갈등해왔던 두 개의 근본적인 윤리 성향을 대표하는 상반된 개념틀이다.[36]

II. 아브라함의 윤리학: 우르를 떠남

창세기에서 우리는 아브라함으로 불리는 한 남자와 만난다. 그는 당시 문명 세계의 심장부인 바빌로니아의 대도시 우르를 떠나 가나안의 척박한 산지에서 양과 염소를 기르는 목자로 새 삶을 시작하려 한다. 그때 그의 나이는 75세였다. 하지만 우르를 떠나는 것은 아브라함의 아이디어가 아니라 그의 아버지 데라의 꿈이었다. 데라는 스스로 가나

안을 향한 여행을 시작했지만, 아람 땅(오늘날의 시리아 지역)의 한 도시(하
란)까지만 여행할 수 있었다.[37] 하나님은 이 여행을 본인 스스로의 계획
으로 간주하시고[38] 데라가 그것을 완수할 수 없게 되었을 때 개입하셔
서 아브라함을 불러 그 일을 이어받게 하신다.

여호와께서 아브람에게 말씀하셨다.[39] "너는 네 땅, 네 친족, 네 아버지의 집에서 떠
나 내가 네게 보여줄 땅으로 가거라. 내가 너를 큰 민족이 되게 하고 네게 복을 주어
네 이름을 크게 할 것이니, 네가 복이 될 것이다. … 땅의 모든 족속이 너로 말미암
아 복을 받을 것이다."[40]

왜 아브라함은 메소포타미아를 떠났을까? 방금 인용한 본문에
기록된 하나님의 말씀이 우리에게 그 이유에 대한 실마리를 제공한다.
물론 하나님이 사람이라면 누구나 원하는 것들(역사에 이름을 남기는 것,
위대한 민족의 조상이 되는 것)을 아브라함에게 제안한 것은 분명하다. 그러
나 이것들 이외에 하나님은 대도시의 삶 대신 양치기 장막에서의 삶을
선택하는 일에 수반되는 (올바른 삶의 문제와 관련된) 윤리적 차원의 다음
두 가지에 대해서도 말씀하신다.[41] 첫째, 아브라함은 '복받을 것'이라는
말씀을 듣는다. 둘째, 그가 '땅의 모든 족속의 복이 될 것'이라는 말씀
도 듣는다. 그리고 성서 역사서는 이 두 가지에 대해 일관적이다. 아브
라함 후손들의 역사에서 "땅의 모든 민족들이 복받을 것"이라고 반복
적으로 주장함과 동시에[42] 아브라함의 인생 마지막에 대한 서술에서
"여호와께서는 아브라함이 하는 모든 일에 복을 주셨다"라고[43] 밝힌다.
"모든 일에" 선을 이루는 동시에 그 선을 다른 모든 사람에게 전
하는 인생을 사는 것이 절대 쉬운 일이 아니다. 이스라엘 역사서에서
어떤 한 사람의 인생이 '좋은 삶'(the life well lived)에 대한 결정적 모델로
의도되었을 가능성은 희박하지만, 아브라함의 인생에 대한 하나님의
말씀은 그의 인생이 후속 세대의 귀감으로 의도되었음을 암시한다. 따
라서 후속 세대들은 하나님이 인간에게 무엇을 원하시는지에 대해 아
브라함의 인생을 통해 보고 배울 필요가 있다. 이것이 우리가 아브라함
의 인생에 대한 성서 내러티브를 자세히 살펴야 하는 이유다. 이때 우
리의 관심은 아브라함의 인생을 복되다 말할 수 있게 하는 것이 무엇인
지, 또한 무엇이 그의 인생을 후속 세대들에게 복을 전수하는 삶으로

만드는지에 있다.

여러 번 지적된 것처럼 창세기는 아브라함을 도덕적으로 완전하게 그리지 않는다. 우리는 그가 끔찍한 잘못을 저지르는 것을 보고, 그 일로 징계를 받는 것도 본다.[44] 그러나 그런 부족함에도 불구하고 하나님은 아브라함이 "그의 자식과 그 가족들에게 명령하여 여호와의 도를 지켜 공의와 정의를 행하게" 할 수 있음도 믿으신다.[45] 실제로 아브라함과 관련된 본문들은 그를 다른 성서 인물들(유대인이나 이방인 할 것 없이)과 구분되는 다양한 덕목의 소유자로 그린다. 내가 세어본 바에 따르면 독자들이 아브라함과 연결시켜야 하는 덕목은 다음 다섯 가지다.

① 그는 친족에게나 낯선 사람들에게나 심히 관대할 수 있다.[46]
② 그는 불의에 마음 아파하고 분노하며 무고한 자들을 보호하기 위해서라면 자신의 목숨을 위험에 빠뜨리면서까지 주저 없이 행동한다.[47]
③ 그는 자신의 것만을 취하고 다른 사람에게서 취한 것은 모두 값을 지불한다.[48]
④ 그는 경건하게 제사를 드리고, 성소를 설치하고, 하나님을 외쳐 부른다.[49]
⑤ 그는 자기 자신과 그의 가족들의 이익을 지키는 데 매우 관심이 높다.[50]

아브라함이 가진 이 도덕적 덕목들 중 처음 세 가지는 당시 세계에서 찾아보기 힘든 덕목들이다. 예를 들어, 그의 장막 입구에 나타난 손님 세 명에게 아브라함이 보인 놀라운 관대함은 소돔과 고모라 남자들이 노소 할 것 없이 그 세 손님들에 보인 야만적인 '환영'(그들은 그 손님들을 강간하려 했음)과 대조된다.[51] 소돔에서 여러 다른 죄들도 행해지고 있음은 의심할 여지가 없다. 그럼에도 불구하고 성서 저자가 아브라함의 손님 접대와 소돔과 고모라의 손님 접대를 대조적으로 병치한 것은 우리에게 다음과 같은 중요한 교훈을 주기 위함이다. 바로 아브라함이 보인 관대함(=환대)이란 덕목은 도시 전체의 멸절과 관계되는 매우 중요한 도덕적 덕목이다.

앞서 나열한 아브라함의 세 번째 덕목, 즉 자신과 남의 재산의 경계에 대한 철저한 구분에 대해서도 같은 이야기를 할 수 있다. 무려 세 개의 에피소드가 이 주제에 관한 것이다. 네 왕들이 훔쳐갔던 재산을 아브라함이 소돔 사람들에게 되찾아주었을 때, 소돔 왕은 아브라함에게 그 되찾은 재산을 그냥 가지라고 제안한 일이 있었다. 그는 그 제안을 불쾌히 여겨 거절한다.[52] 아브라함은 자신이 판 우물이지만 블레셋의 그랄 왕에게 그 값을 자원하여 지불한 일도 있다.[53] 마지막으로 히타이트 사람들이 아브라함의 아내가 매장될 헤브론의 막벨라 동굴을 무료로 주겠다고 제안했지만, 아브라함은 그 제안을 거절한다.[54] 여기서도 아브라함의 행위는 동시대의 다른 인물들과 크게 대조된다. 소돔, 블레셋, 헤브론의 왕들은 일관되게 타인의 재산권을 무시한다. 그들은 남의 물건을 다른 사람에게 처분해버리고, 그들의 부하들이 도적질해도, '선물'로 준 것을 후에 다시 달라고 해도 관심이 없다. 이런 도덕적 결함은 이스라엘 역사서의 핵심 주제들 중 하나이며, 역사서 본문은 제사장 엘리의 가문, 선지자 사무엘의 가문, 이스라엘의 왕 아합이 모두 이스라엘을 다스리는 권세와 권위의 자리에서 제거된 이유가 재산권 경계를 세우고 존중하는 일에 무능했기 때문이라고 주장한다.[55] 그런 무능에서 해방되는 것은 성서 역사서의 핵심적인 윤리 강령 중 하나다.

이런 상황에서 성서 내러티브가 자기 이익에 대한 아브라함의 예리한 촉각 그리고 자기 이익을 확보하는 그의 능력을 매우 체계적으로 강조한다는 사실은 놀랍다. 이것은 아브라함이 하나님과의 관계에서 종종 하나님께 보증을 요구한다는 점에서 두드러진다.[56] 또한 아브라함이 가나안 땅의 백성들과 연합과 조약을 체결하는 데 열심인 점,[57] 상대방에게 껄끄러운 요구를 하는 그의 능력, 그리고 그의 이익이 걸린 부분에서 기꺼이 투쟁하려는 모습에서도 두드러진다.[58] 의심할 여지없이 자기 이익에 대한 이런 집요한 추구가 그가 저지른 가장 명백한 도덕적 실수의 원인이 되기도 했다. 그는 아내의 종(=하갈)을 침실에 들여 자신과 사라의 후손을 확보하려 했다. 이것은 분명 잘못된 행위이며 아브라함과 사라 모두 그 일 때문에 크게 고통당한다. 또한 아브라함 이야기의 초반부에서 그가 자기 목숨을 부지하려고 아내를 다른 사내들의 욕정의 대상이 되도록 내버려둔 일도 마찬가지로 명백한 도덕적 결함의 예다[그리고 이 경우 자기 이익에 대한 아브라함의 집착(자기 살겠다고 자기가 보호해야 할 여자를 개들에게 던지는 행위)이 이후에 성서에서 가장 사악한 두 도시(아

145

브라함 시대의 소돔 성과 사사 시대의 기브아 성)의 죄들과 연결된다].[59]

그러나 자기 이익에 대한 아브라함의 본능적 감각은 도덕적 실패로만 이어지지 않았다. 그 감각은 우리가 그를 존경해야 하는 덕목들(이 모든 덕목은 자기 이익과 자기 가족 구성원들의 이익에 대한 관심과 연관된 것들임)의 원천도 된다. 우선 재산권의 분명한 경계를 강조하는 아브라함의 덕목에 적용될 수 있는데, 그 이유는 재산권의 경계를 분명히 하는 덕목이 이타주의적 공정성에서 유래했을 가능성은 매우 적기 때문이다. 아브라함은 재산권의 경계가 불명확할 경우 필연적으로 발생하는 증오와 싸움을 피하기 위해서 재산권의 경계를 명확히 구분하기를 원했다.[60] 자기 이익에 대한 아브라함의 관심이 존경할 만한 덕목으로 이어지는 예는 그가 (네 왕으로 구성된 침략 군대와 맞서 싸운 데에서 드러나듯이) 다른 사람들을 구하기 위해 기꺼이 자기 목숨을 거는 경우에서도 발견된다. 그것은 포로로 잡혔던 수많은 사람을 해방시키게 된 군사작전이었고, 성서 본문은 분명 그렇게 묘사할 수 있었다. 그러나 성서 저자는 그렇게 말하지 않고, 그 군사작전의 주요 동기가 아브라함이 조카 롯을 구하기 위한 것임을 밝힌다. 마찬가지로 아브라함이 소돔의 정의로운 사람들을 그곳의 악한 자들과 함께 멸망시키는 것이 정의로운 것인지에 대해 하나님과 논쟁하는 장면도 롯과 그 가족들을 보호하려는 아브라함의 관심을 배경으로 하고 있다고 할 수 있다. 아브라함이 말한 "의인들"에 롯과 그 가족들이 포함되기 때문이다.[61] 심지어 자기 장막에 나타난 낯선 세 손님에게 아브라함이 보인 놀라운 환대도 그들이 하나님이 보낸 사람임을 아브라함이 눈치 챘다는 사실을 배경으로 한다. 그리고 아브라함이 행한 거의 모든 일에 대해 이와 비슷한 설명을 할 수 있다.

밧단 아람에 온 아브라함의 종 엘리에셀과 그의 일행을 환대한 리브가의 이야기를 통해 알 수 있듯이 성서 저자는 여행에 지친 낯선 손님을 이타적으로 환대하는 것이 어떤 것인지를 우리에게 잘 보여줄 수 있다.[62] 또한 엘리에셀이 리브가에게 선물한 금팔찌를 본 후에 엘리에셀을 환대한 리브가의 오빠 라반의 이야기에서 알 수 있듯이 성서 저자는 개인적 영달만이 동기가 된 환대가 어떤 모습인지 우리에게 너무나 잘 보여줄 수 있다.[63] 그러나 아브라함이 하는 거의 모든 일에서 성서 본문은 중도의 길을 택한다. 즉, 아브라함의 놀라운 선행들을 묘사하면서 성서 저자는 그 행위들의 일부 동력이 자신과 가족의 안위에

146

대한 아브라함의 관심에서 왔음을 암시한다. 아브라함은 그의 도덕적 덕목들이 자신의 이익에 대한 관심에서 유래하거나 그것과 일치하는 인물의 모델이 된다.

모든 인간 행위의 완전한 이타성을 구하도록 요구하는 칸트의 윤리 원칙들에 익숙한 독자들에게는 아브라함 모델이 윤리적 행위의 기초로서 부족한 것처럼 느껴질 수 있다. 그러나 아벨이 양치는 삶을 시작한 이야기에서 잠시 살폈던 덕목을 아브라함도 가지고 있음에 주목할 필요가 있다. 아벨이 하나님을 노엽게 할지도 모르는 위험한 혁신을 통해 자신의 운명과 다른 사람들의 운명을 더 좋게 만들 수 있었는데, 아브라함도 마찬가지였다. 그리고 조금만 깊이 생각해보면 그럴 수밖에 없음을 알게 된다. 하나님이 아브라함에게서 구하시는 것은 이름이 창대케 될 사람, 그로부터 위대한 민족이 생겨날 사람이다. 여기서 하나님의 관심은 단순히 정의로운 사람이 아니라 부정의로 가득한 세상에서 생존할 수 있는 능력을 가진 사람, 생존한 후 정의로운 사회의 기초를 놓을 수 있는 사람이다. 하나님이 찾으시는 사람은 '힘과 성공의 덕목'★을 가진 사람이어야 한다. 아브라함의 하나님은 "세상의 모든 민족"이 이런 종류의 덕목을 통해 복받을 수 있다고 생각하심이 분명하다. 아니 이런 종류의 덕목을 통해서만 가능하다고 믿으신다.

이 모든 것이 아브라함의 인격에서 핵심을 형성할 뿐 아니라 아브라함을 미래 세대의 모범으로 만들어줌에도 불구하고, 아브라함이 그와 전혀 다른 도덕적 측면도 지님에 주목할 필요가 있다. 그는 가인과 동일한 덕목을 하나 공유하는데, 그것은 그의 모든 야심과 성공에도 불구하고 아브라함이 여전히 종교적 인물이라는 점과 관계있다. 우리는 자주 아브라함이 스스로 제단을 세우고, 제사를 드리며 하나님의 이름을 부르는 것을 목격한다. 자신이 가진 것에 대해 감사하고 우리가 가진 모든 것이 궁극적으로 우리 노력의 결과가 아님을 인정하는 능력은 자기 자신의 이익에 대한 아브라함의 일관된 관심을 절제시키는 매

147

★ 이 책의 저자에 따르면 덕목은 '긍정적인 도덕적 특질'이다. 이런 윤리적 덕목에는 다양한 종류가 있는데, 그 중 하나가 '연약함의 덕목'이다. 예를 들어, 겸손과 친절이 연약함의 덕목에 속한다. 또 하나가 '힘과 성공의 덕목'인데, 정의 실현을 위한 열심이 그 예가 될 수 있다. 아브라함의 경우 롯을 구하기 위해, 소돔 사람들의 빼앗긴 재산을 되찾아주기 위해 군대를 일으켜 전쟁을 수행했다. 이런 덕목은 연약함의 덕목보다 힘과 성공의 덕목에 가깝다(역자 주).

우 중요한 균형추가 된다.

지금까지 우리는 아브라함의 덕목 중 성서 본문이 직접 언급하는 것들만을 논의했다. 특별한 해설 없이도 본문을 읽으면 알 수 있는 덕목들이다. 그러나 지금부터는 앞서 논의한 것들과 달리 본문에서 명확하게 제시되지는 않지만, 그럼에도 불구하고 본문에서 발견되는 아브라함의 덕목을 살필 것이다. 그 덕목은 무고한 피를 흘리는 일에 대한 아브라함의 혐오다. 이것은 매우 여러 곳에서 발견되지만 가장 분명하게 드러나는 곳은 소돔의 정의로운 사람들의 운명에 관해 그가 하나님과 논쟁하는 대목이다. 아브라함이 단호하게 하나님이 하시는 일에 도전한 것("주께서 의인을 악인과 함께 죽이시는 것은 부당하며 의인이 악인과 같이 취급되는 일도 부당합니다. 온 땅을 심판하시는 주께서 정의를 행해야 하지 않으시겠습니까?"[64])은 매우 건방진 행위이며 신성모독에 해당할 수도 있다. 아브라함이 하나님과 논쟁하면서 반복적으로 사과한 사실은 아브라함도 자신이 아주 '멀리 나가고' 있음을 잘 의식하고 있었음을 보여준다. 그러나 아브라함은 하나님의 진노를 감수하면서도 여전히 그렇게 행동한다. 이는 아브라함의 입장에서 소돔의 무고한 생명들이 죽게 되는 일이 그런 위험을 감당할 만큼 중대한 일이었기 때문이다.[65] 바로 이 점에서 아브라함은 자녀들을 신에게 제물로 바치는 가나안 민족이나 그 주변 민족과 선명히 구별된다.[66] 그리고 건축물을 지을 때나 전쟁할 때 일상적으로 사람을 제물로 바칠 뿐 아니라 자기 이익을 위해서라면 무고한 사람을 기꺼이 살해하는 이집트인, 블레셋인, 바빌로니아인과도 다르다.[67] 심지어 이 점에서 아브라함은 사울이나 다윗과도 구별된다. 사울과 다윗도 성서 역사서에서 때때로 인간 생명을 충분히 존중하지 않는 것으로 그려진다.[68] 이런 관점에서 자신의 생명을 바쳐서라도 무고한 생명을 보호해야만 한다는 아브라함의 의식은 다른 인물들에게서 찾아보기 힘든 매우 특별한 것이며 하나님께서 후대 세대에게 전수되기를 원하시는 덕목이다.

그런데 이 중요한 사실이 아브라함이 이삭을 바치는 사건 때문에 잘 드러나지 않는 것이 안타깝다. 아브라함이 하나님의 명령을 따라 아들을 기꺼이 바치는 장면은 그가 인간의 생명을 그렇게 존중했는지 의심하게 만든다. 실제로 모리아산에서 벌어진 아브라함과 이삭의 이야기는 하나님의 이름으로 끔찍하고 어리석으며 도덕적으로 혐오스러운 일을 하려는 사람들이 자주 인용했다. 오늘날 이 이야기가 '이삭의 희생' 혹은 아브라함의 시점에서 '오랜 기다림 끝에 얻은 아들을 하나님의 명령을 따라 기꺼이 바치는 이야기'로 불리는 일은 매우 흔하다.[69] 이런 제목들은 구약 성서에 대한 기독교적 해석과 잘 어울린다. 기독교적 해석에서는 소위 '이삭의 희생' 이야기가 신약에서 하나님이 독생자 예수를 십자가에서 희생시킨 사건에 대한 예표로 이해된다. 또한 그런 제목들은 하나님에 대한 믿음이 그런 말도 안 되는 일을 받아들이는 것이라는 일부 기독교적 입장과도 잘 조화된다. 그리고 아브라함과 이삭 본문에 대한 그런 이해는 성서적 윤리학의 핵심을 하나님의 명령에 대한 무조건적인 순종으로 환원시켜버린다.[70]

그러나 모리아산 사건에 대한 위와 같은 해석들은 수용될 수도 없고, 수용되어서도 안 된다. 이런 일반적인 해석들은 성서 저자가 의도한 내러티브 문맥을 무시하고 이루어진 것들이다. 아울러 이 해석들은 아브라함이 이삭을 제물로 기꺼이 바치려 한 일이 없음을 보여주는 구절들을 무시한 것이다. 아브라함이 이삭을 바치려 한 본문은 성서 역사서의 윤리적 가르침을 왜곡하고 곡해하는 데 너무 자주 사용되기 때문에 여기서 주의 깊게 논의할 가치가 있다.

먼저, 아브라함이 모리아산에서 이삭을 바치려 한 이야기의 배경이 되는 당시 윤리적 상황을 이해해야 한다. 앞서 말한 바처럼 성서 내러티브에 따르면 하나님은 아브라함을 바빌로니아에서 이끌어내어 주변 사회들의 도덕적 타락에 영향받지 않는 삶을 추구하도록 만드셨다. 성서 내러티브는 도덕 질서가 세상에 내재함을 전제하고 민족과 개인이 이 도덕 질서에 따라 하나님에 의해 심판받을 것임을 가정한다. 이러한 가정은 아브라함 이야기에서 반복적으로 드러난다.[71] 이런 배경에서 아브라함의 모리아산 이야기를 살펴보면 이야기의 핵심 주제는 아브라함의 하나님과 주변 민족의 신들을 도덕적으로 구별하는 것임을 찾을 수 있다.[72] 독자들이 이 이야기에서 배워야 하는 가장 중요한 교훈은 다른 민족의 신들은 무고한 인간 생명을 경시할 수 있는 반면(이것의 극명한 예가 아이를 번제로 드리는 가나안의 관습임), 아브라함의 하나님은 인간들이 주는 영광이나 감사 혹은 제사보다 인간 생명을 더 가치 있게 여긴다는 것이다. 그래서 이스라엘의 하나님은 아브라함이 자신의 가장 귀한 자산인 독자를 드리는 것과 그의 소유도 아닌 숫양을 드리는 것 중

후자, 즉 숫양의 번제를 더 선호하신 것이다. 이것은 양치기들의 신이였던 아브라함의 하나님을 상징하는 것이 숫양 제사라는 사실과도 잘 부합된다. 이 하나님은 아들보다, 즉 인신 제사보다 숫양 제사를 더 기쁘게 받으신다.[73] 이 모든 것은 아브라함의 모리아산 이야기가 맹목적 순종과는 정반대의 교훈을 제시함을 암시한다. 이 이야기는 유아 인신 제사가 팽배한 문화를 배경으로 한 이야기로, 우주를 다스리는 하나님은 (이방신들과 달리) 인간들이 그를 위해 인간 생명을 제물로 바치는 것에 관심이 없다는 것이다. 그 하나님에게 무고한 인간의 생명은 인간들이 드리는 '영광'(인신 제사)보다 더 귀중한 것이기 때문이다.

아브라함이 이삭을 바치려 한 사건을 제대로 이해하기 위해 살펴야 할 두 번째 내러티브 요소는 자신의 이익을 추구하는 아브라함의 일관된 성향이다. 아브라함의 이런 특징이 그의 윤리 덕목들의 원천이며 그를 위대한 민족의 시조가 될 수 있게 한 원동력이라고 이미 말했다. 그러나 그것이 그를 끔찍한 잘못들로 이끌기도 한다. 가장 대표적인 예는 그가 아내 사라를 희생시켜 위험에 처한 자신의 생명을 보존하려 한 일이다. 비록 이야기가 전개되면서 아브라함은 성장해가지만 그가 자신의 이익 추구와 덕행들을 매우 능숙하게 조화시킨 점은 어떻게든지 해결되어야 하는 딜레마를 제공한다. 아브라함과 같이 이 일에 매우 능숙한 사람도 언제나 자신의 이익을 증진시키면서 덕행을 할 수 있는 것은 아니기 때문이다. 그러면 문제는 '아브라함이 (덕행에) 필요하다면 자기 이익을 크게 희생시킬 수 있겠는가'라는 것이다. 그리고 하나님께서 이삭을 통해 아브라함을 시험하신 이유는 아브라함이 자기 자신의 이익에 반하면서까지 하나님을 따를 수 있는지 알아보기 위한 것이었다.[74] 나아가 그런 자기희생을 할 수 있는 순간으로 아브라함을 이끄시기 위한 것이다. 아브라함은 이미 자신과 새로 태어난 그의 아들(=이삭)을 할례하라는 명령에서 비슷한 시험을 미리 체험한 바 있다(당시 할례는 자칫 아이의 생명을 앗아갈 수 있는 위험한 시술이었다. 만약 이삭이 할례 때문에 죽게 된다면 아브라함은 미래의 후손을 잃게 되는 것이다―역자주). 그때 아브라함은 그의 아들에게 칼을 대라는 명령을 받았다.[75] 이후 아브라함은 자기 이익에 대한 집착을 완화시켜야 했지만, 그러지 못했다.[76] 따라서 하나님은 좀더 극단적인 시험 방법에 의존하신다. 아브라함에게 3일 동안 모리아로 여행 가 그곳에서 아들을 희생 제물로 바

치라고 명령했다.[77]

　　이것으로 하나님이 이삭의 생명을 앗아갈 의도가 없었음이 분명해졌다. 성서의 다른 부분과 마찬가지로 이스라엘의 역사서에서도 우리는 이스라엘의 하나님이 무고한 피 흘림을 슬퍼하신다는 사실을 배울 수 있다. 특히 하나님은 아이들을 희생 제물로 드리는 관습을 가증하게 여기서서, 성서는 가나안인들이 이 관습 때문에 멸망당했다고 묘사한다.[78] 하나님이 마지막 순간에 개입하셔서 아브라함이 아이를 죽이지 못하게 한 것이 모리아산 이야기의 핵심이다. 그리고 하나님이 다른 생각을 품었다는 증거는 본문 어디에도 없다. 만약 하나님이 본래 원했던 것이 인신 제사라면, 아브라함에게 그 더러운 일을 위해 3일 길을 여행하라고 지시할 필요가 없었을 것이다. 처음부터 아브라함의 아들을 제물로 받을 의도가 전혀 없으셨던 것이다.[79]

　　그러나 아브라함은 어떠한가? 하나님이 시험의 기간으로 정하신 3일이 흐르는 동안 그는 하나님의 명령을 따라 아들을 살해하기로 마음먹었을까?[80] 제사를 드리러 가는 이삭과 두 명의 젊은 시종이 제단에 올릴 동물이 없음을 분명히 알고 있었을 때 아브라함은 무엇을 말하고 어떻게 행동하는가? 다음의 구절은 그 여행길에서 어떤 일이 일어났는지를 설명한다.

151

(아브라함이) 번제에 쓸 나무를 쪼개어 가지고 일어나 하나님께서 말씀하신 곳으로 갔다. 셋째 날에 아브라함이 눈을 들어 멀리서 그곳을 바라보고, 종들에게 말하기를 "너희는 나귀와 함께 여기 머물러라. 나와 아이는 저기로 가서 예배하고 너희에게로 돌아오겠다." 하고 아브라함이 번제에 쓸 나무를 들어 아들 이삭에게 지워주고, 그는 불과 칼을 손에 들었고 그들 두 사람이 함께 걸어갔다.

이삭이 그의 아버지 아브라함에게 말하기를 "내 아버지여" 하니,

아브라함이 대답하였다. "내 아들아, 내가 여기 있다."

이삭이 말하기를 "보십시오. 불과 나무는 있는데 번제로 드릴 어린 양은 어디 있습니까?" 하니

아브라함이 "내 아들아, 번제를 위한 어린 양은 하나님께서 자신을 위하여 준비하실 것이다."라고 말하고 그들 두 사람이 함께 걸어갔다.[81]

　　3일의 여행 기간을 다루는 이 본문은 하나님께 받은 명령에 대

한 아브라함의 생각과 아들에 대한 그의 감정에 대해 많은 것을 알려준다. 본문은 두 번이나 "그들 두 사람이 함께 걸어갔다"라고 기록한다. 이 본문은 그 둘 사이의 개인적 친밀성이 높을 뿐만 아니라 그 둘의 마음이 하나였음을 보여준다.[82] 아들에 대한 아브라함의 헌신도 이삭의 부름에 아브라함이 응답한 방식에서 강하게 드러난다. 그는 하나님의 부름에 대답할 때만 사용한 '히네니'(내가 여기 있습니다)를 이삭에게 쓰는데, 이것은 이 여행 기간 동안 아들에 대한 아브라함의 사랑이 흔들리지 않았으며 그것은 흡사 하나님에 대한 충성과 비슷했음을 암시한다. 또한 아브라함은 두 번이나 명시적으로 '이삭을 제물로 바치지는 않을 것'이라고 말한다. 한 번은 아브라함이 "나와 아이는 저기로 가서 예배하고 너희에게로 돌아오겠다"라고 시종들에게 말했을 때다. 여기서 "돌아오겠다"로 번역된 히브리어 동사는 분명 복수형이다. 즉, 아브라함과 이삭이 함께 돌아올 것이라는 말이다. 두 번째는 이삭이 아브라함에게 "번제로 드릴 어린 양은 어디 있습니까"라고 물었을 때 아브라함이 대답한 말이다. 그 말은 미래를 정확히 예언하고 있다. "번제를 위한 어린 양은 하나님께서 자신을 위하여 준비하실 것이다."

그렇다고 아브라함이 이 시험을 어떤 마음의 동요도 없이 맞았다고 주장하는 것은 아니다. 3일간의 여행, 즉 시험의 날들은 아브라함에게 고통과 공포, 의심으로 가득한 시간이었다. 그럼에도 불구하고 본문은 아브라함의 의도와 행위에 대해 어떤 모호함도 남기지 않는다. 아브라함은 다음의 분명한 사실을 한 순간도 잊지 않았다. 바로 하나님이 그에게 어떤 것이든 명령하시더라도 그가 아들을 살해하는 것은 절대로 그분의 뜻이 아니라는 사실이다. 하나님께서 친히 번제를 위한 숫양을 예비하실 것이다. 그 둘이, 즉 아브라함과 이삭이 함께 하인들과 나귀가 있는 곳으로 돌아올 것이다. 아브라함이 아들의 살해 계획을 숨기기 위해, 먼저 하인들에게, 그다음 이삭에게 거짓말을 했다고 해석하는 것은 본문의 핵심을 놓치는 것이다. 본문의 핵심은 아브라함과 이삭이 한마음으로 함께 걸었고, 아브라함은 무고한 피 흘림을 요구하지 않으시는 정의로운 하나님을 믿으며 그의 아들을 진실하게 대했다는 것이다.

모리아산으로 가는 도중에 발생한 일에 대한 이런 이해는 종종 소홀히 취급되는 다음의 구절에 의해 확인된다. 이 구절은 하나님이 개입하셔서 아브라함에게 이삭을 해하지 말 것을 명한 직후의 상황에 관한 것으로 아브라함이 그 모든 시험을 어떻게 이해했는지 잘 보여준다.

아브라함이 그의 눈을 들어 살펴보니, 뿔이 수풀에 걸린 숫양 한 마리가 뒤에 있었다. 아브라함이 가서 그 숫양을 잡아 그의 아들을 대신하여 번제로 드렸다. 아브라함이 그곳 이름을 '여호와께서 준비할 것이다'(여호와 이레)라고 불렀으니… **83**

　이 본문이 말해주는 바처럼 아브라함은 모리아의 끔찍한 현장을 아무 말 없이 떠나지 않았다. 그는 그곳에 이름을 붙인다. 그러면서 그곳에서 발생한 일의 교훈이 무엇인지 우리에게 말해준다. 그가 그곳에 붙인 이름은 "여호와께서 준비하실 것이다(여호와 이레)"인데, 이것은 몇 줄 앞서 그가 이삭에게 한 말인 "번제를 위한 어린 양은 하나님께서 자신을 위하여 준비하실 것이다(엘로힘 이레)"라는 자신의 말을 가리킨다. 그 이름의 의미는 분명하다. 아브라함의 견해에 따르면 모리아산 사건에서 기억하고 후대에게 전할 가치가 있는 것은 단 하나뿐이다. 바로 아브라함은 하나님께서 숫양을 준비하셔서 인신 제사가 드려지지 않게끔 하실 것이라는 확신을 처음부터 굳게 가지고 있었고 하나님도 아브라함이 믿은 대로 그의 아들 대신에 숫양을 예비하심으로써 아브라함의 믿음을 저버리지 않으셨다는 것이다.**84**

　이런 해석은 아브라함이 이삭을 묶는 장면의 전후에 묘사된 아브라함의 말과 행동을 고려할 때 분명해지는데, 그 말과 행동은 우리로 하여금 아브라함이 한순간도 이삭을 죽이려 생각지 않았음을 보여준다. 요약하면 모리아산 사건의 가장 중요한 메시지는 비록 하나님이 아브라함에게 끔찍한 악(인신 제사)을 명하시는 것 같았지만, 옳고 그름에 대한 자기 자신의 판단과 궁극적으로 정의로운 하나님에 대한 믿음을 굳게 붙듦으로써 아브라함이 자신의 도덕적 방향성을 유지할 수 있었다는 것이다.

　그러나 여전히 문제가 남는다. 만약 이런 이해가 옳다면, 즉 아브라함이 이삭을 죽이는 것이 본래 하나님의 의도가 아니었다면, 아브라함에게 그의 아들을 해하지 말라고 명령한 다음의 구절은 어떤 의미인가? "그 아이에게 네 손을 대지 말고 그에게 아무 일도 하지 마라. 네가 네 아들, 네 외아들까지도 내게 아끼지 않으니, 이제 나는 네가 하나님을 경외한다는 것을 알았다.”[85] 이 구절은 본래 문맥과 상관없이 자주 인용되어 그 전후 구절들의 의미를 왜곡시킨다. 아브라함이 하나님의 명령을 따라 그의 아들을 죽이려 한다는 것을 하나님이 이제야 알게 된 것이 아니라면, 하나님이 아브라함의 무엇을 보고 그가 참으로 하나님을 경외하는 줄 알았다고 말하는 것일까? 그리고 아브라함이 하나님을 위해 '아들을 아끼지 않았다'는 말의 의미는 무엇인가?

많은 독자는 아브라함이 하나님을 기쁘게 하기 위해 실제로 아들을 기꺼이 죽이려 했다고 굳게 믿고 있을 것이다. 그러나 성서 본문은 하나님을 경외한다는 사실을 증명하기 위해 (모리아로 여행하던 3일 동안) 아브라함이 무엇을 했었는지에 대한 다른 대답을 제공한다. 그 대답은 하나님의 시험에서 아브라함의 아들이 실제로 상처받았음을 보여주는 수많은 실마리에서 발견해야 한다. 물론 이 실마리들은 랍비 전통에서는 매우 잘 알려진 것들이다.[86]

몇 가지 실마리를 예로 들면 다음과 같다. 먼저, 아브라함이 모리아산에서 숫양을 제물로 바친 후 그는 혼자 하인들이 대기하던 곳으로 돌아간다. 본문은 전에 “그들 두 사람이 함께” 했던 것처럼 아브라함이 그의 아들과 함께 걸었다고 말하지 않는다. 오히려 그 반대로 “아브라함이 그의 종들에게로 되돌아왔다”고 기록한다. 다시 말해 아브라함이 '홀로' 종들에게로 돌아온 것이고, 아브라함이 몇 절 앞에서 장담했던 것처럼 아들과 함께 돌아온 것이 아니다.[87] 두 번째 실마리는 이삭이 다시 내러티브에 등장할 때, 성서 본문(“이삭은 … 네게브 땅에서 살고 있었다”[88])이 증거하는 것처럼, 그는 더 이상 아브라함과 함께 살고 있지 않았다는 것이다. 실제로 그 후 이삭은 그의 아버지를 장례할 때를 제외하면 아브라함과 함께 있지 않는 것으로 묘사된다.[89] 세 번째, 성서 내러티브는 모리아산의 시련 이후, 이삭이 그의 쫓겨난 형제 이스마엘과 친해졌음을 알려준다. 아버지의 장례식에 이삭과 이스마엘이 함께 왔을 뿐 아니라 본문은 이삭이 모리아 사건 이후 브엘라해로이 '근처에' 살게 되었다고 두 번이나 강조하는데, 이곳은 이스마엘이 아브라함에게서 쫓겨난 후 거의 죽게 되었다가 살아난 곳이다.[90] 이와 같이 이삭과 이스마엘을 가깝게 연관시킴으로써 성서 본문은 그의 아버지가 정말 그를 제단에서 죽이려 했다고 생각한 아들의 내면세계를 들여다볼 수 있게 한다. 아브라함이 그럴 의도가 없었다는 사실은 중요하지 않다. 아브라함의 어떤 말도 그때 이삭이 받은 상처를 고칠 수 없다. 이삭은 상처받았고, 그 상처는 치유되지 않은 것이다.

따라서 아브라함은 아들을 번제로 드릴 의도가 없었지만, 하나님의 명령을 따라 진행한 모리아산으로의 여행에서 그에게 정말 중요한 무엇인가를 희생한 것이다. 그는 그의 하나뿐인 아들의 신뢰와 사랑을 잃어버렸고, 그 후에도 그것을 되찾지 못한 것 같다. 아브라함과 이삭은 이 상처를 안고 나머지 인생을 살아갔다.

이런 독해는 "네가 네 아들, 네 외아들까지도 내게 아끼지(하사크타) 않으니, 이제 나는 네가 하나님을 경외한다는 것을 알았다"라는 구절에서 '하사크타'의 의미를 설명한다. 히브리어 동사 '하사크타'는 종종 "붙들고 놓지 않다"로 번역된다. 그래서 사람들은 그의 아들이 '하나님께 가도록' 그를 기꺼이 놓아주었기 때문에 아브라함이 하나님의 칭찬을 받았다고 해석한다.[91] 그러나 내가 이해하는 바에 따르면 '하사크타'는 성서에서 절대로 그런 의미로 사용되지 않는다. 그런 번역에 근거한 해석도 옳지 못하다. '하사크타'는 누군가가 혹은 무엇이 위험에서 놓임받아 구원받은 상황을 가리킨다.[92] 그러나 본문에서 이 동사는 부정어와 함께 사용되기 때문에 그 의미는 아브라함이 그를 붙들고 있어 이삭이 (상처의) 위험에서 구원받지 못했음을 의미한다. 다시 말해, 그 히브리어는 아브라함이 그의 아들을 (상처의) 위험에서 구원하지 못했음을 의미한다. 하나님이 개입했을 때는 너무 늦었다. 이삭은 살아남을 것이지만, 그는 놓임받지 못했다. 즉 (상처의) 위험에서 구원받지 못했다.[93]

III. 요셉: 곡식에 배고픈 자

아벨의 삶과 아브라함의 삶에 대한 이야기는 이스라엘의 역사서와 성서의 나머지 책들이 견지하는 윤리관에 대해 많은 것을 가르쳐준다. 그러나 역사서의 윤리학에 대한 보다 일반적인 논의에 들어가기 전 아브라함의 삶과 반대되는 이미지로 의도된 세 번째 이야기를 살펴보는 것이 좋겠다. 아브라함의 증손자 요셉의 이야기다. 창세기에서 이스라엘인들의 이야기는 메소포타미아의 중심 도시를 떠나 가나안 장막에서 양치기 생활을 시작한 아브라함으로 시작해, 가나안에서 양을 치며 장막 생활하던 이스라엘 사람들을 이집트의 도시(농경 중심지)로 이끌어온 요셉의 이야기로 끝난다. 그곳에서 이스라엘인들은 나머지 생애 동안 죄수처럼 생활했으며, 그의 자녀들은 이집트 왕의 노예가 된다. 요셉의 성취와 잘못을 동시에 뒤집고 이스라엘 백성들을 출애굽시킨 모세 이야기와 더불어 요셉 내러티브는 서로 대비되는 농부들의 윤리학과 양치기들의 윤리학에 관한 이야기다. 요셉 이야기는 우리가 아브라함 이야기에서 살펴보았던 것과 동일한 윤리적 주제를 조금 다른 각도에서 부각시킬 것이다.

하나님에 의해 순결하고 참된 삶으로 부름받고 바빌로니아를 떠나온 이스라엘 백성들이 어떻게 이집트에서 노예로 살게 되었는가? 양치기의 삶을 포기하라고 그들을 압박한 것은 주로 경제적 요인이었다. 아브라함이 가나안에 들어온 날부터 그 후손들이 이집트로 이민 갈 때까지 가나안에는 세대마다 기근의 위협이 있었다. 그리고 기근이 찾아올 때마다 아브라함과 그 자녀들은 이집트의 부와 기술력에 의존하며 생존했다. 아브라함이 가나안에 정착한 지 얼마 지나지 않아 다음과 같은 일이 발생했다.

156

그 땅에 기근이 있었는데 기근이 심하므로 아브람이 이집트에 거류하려고 그곳으로 내려갔다.[94]

아브라함이 이집트에서 돌아왔을 때 그의 종들과 롯의 종들은 가축의 부족한 목양지를 놓고 싸우기도 했다.[95] 이삭도 기아 때문에 블레셋 땅으로 내려갔고,[96] 그의 아들 야곱도 먹을 것이 없어 절망해하며, 가족들에게 죽음을 운운하며 다음과 같이 말한다.

그 무렵 야곱이 이집트에 곡식이 있는 것을 알고 그의 아들들에게 말하기를 "어찌하여 너희는 보기만 하느냐?" 하고, 또 말하기를 "보아라 내가 이집트에 곡식이 있다는 것을 들었다. 너희는 그리로 내려가서 거기서 우리를 위하여 식량을 사와라. 그래야 우리가 살고 죽지 않을 것이다." 하였다.[97]

여기에 우리가 배워야 하는 쓰라린 교훈이 있다. 양치기의 삶은 보다 바람직한 삶의 방식인지는 몰라도, 안정적인 수입을 제공하지 않는다. 그것은 최고의 삶이지만, 궁극적으로 최선이 아닌 것(나아가 싫어하는 것)에 의존하게 된다. 기근이 찾아오면 양과 염소는 땅에서 스스로 생존할 수 없다.[98] 오로지 이집트의 농업 생산력이 그들을 구할 수 있다.

히브리 양치기들의 이상적인 삶에 국가가 필연적으로 개입할 수밖에 없다는 것이 창세기 요셉 이야기의 주제다. 족장 야곱에게는 12명의 아들이 있었는데, 그중 다섯 형제들(르우벤, 시므온, 레위, 유다, 요셉)이 그 부족의 리더십을 이어받기 원했다. 특히 요셉은 나이가 제일 어렸지만 그가 17세가 되던 해 특별한 재능들이 두드러지기 시작했다. 그는 세속 권력의 원리들(외모, 호의, 영향)을 사용하는 데 매우 능숙했다. 성서 본문은 요셉이 "자기 형제들을 목양하였으며", 아버지 야곱이 자신의 형들을 통제하려 할 때 아버지의 첩자가 되어 아버지를 섬겼고, 그로 인해 아버지의 호의를 얻어 특별 선물을 받기도 했다고 기록한다.[99] 나아가 요셉은 그와 그의 형제들이 곡식단을 묶고 있는데, 형들의 곡식단이 그의 곡식단에게 경배하고, 별들과 해와 달이 그에게 엎드린 꿈을 꾸었다고 말했다. 형들은 "네가 정말로 우리 위에 왕이 된다는 것이냐? 네가 정말로 우리를 다스리겠느냐?"라고 말하며 그를 미워했다.[100]

요셉의 꿈은 형제들이 상상하기 힘들었을 의미를 반영하고 있다. 즉, 그 꿈에서 요셉은 형제들을 양치기로, 독립적인 유목 주체로, 근본적으로 평등한 존재로 간주하지 않고, 농부들·세속 권력의 거대 구조의 일원·음식과 군대를 제공하는 통치자들의 보호에 삶을 의존하는 존재로 간주한다. 실제로 그런 요셉의 견해는 매우 현실적인 것이다.[101] 그러나 아버지 야곱과 달리 형제들은 이것을 깨달을 능력이 없었다. 그들에게 동생 요셉은 조작에 능하고 형제를 통치할 꿈을 꾸는 자로서, 조상들의 가르침과 정반대되는 존재였다. 그는 바빌로니아인이나 이집트인과 같았다. 꿈을 해석하는 행위 자체도 이스라엘의 관습이 아니라 바빌로니아와 이집트의 전문 분야다.[102] 따라서 형제들은 기회가 오자마자 그를 여행하는 상인들에게 팔아 그가 그렇게 살기 원하는 곳, 즉 이집트로 보내버린다.

이집트에서 요셉은 성공한다. 그를 노예로 구입한 이집트 관리 보디발의 집에서 고속 승진한다. 성공하기 위해 요셉이 해야만 했던 것은 그의 능숙한 재능을 발휘하는 것뿐이다. 그러면 모든 일이 잘 풀린다. 그러나 곧 요셉은 권력의 길과 그가 교육받아온 이상들 사이에 괴리가 있음을 발견하게 된다. 이 괴리는 보디발의 아내가 그를 유혹하는 장면에서 처음으로 드러난다. 그녀가 그를 붙잡고 포기하려 하지 않았을 때, 요셉은 결정해야 했다. 그녀를 거부하면 그가 성취한 모든 것이 무너질 수도 있다. 그러나 그녀를 받아들이면 아버지 집에서 배운 가장 기초적인 가르침을 저버리는 것이다.[103] 이 순간 요셉은 놀라운 내적 힘을 발휘해 그녀를 거부한다.[104] 권력을 얻는 대가가 간음이라면, 그는 "그 대가가 너무 비싸요"라고 말했던 것이다. 그리고 그는 이집트의 지하 감옥에서 비참한 최후를 맞이한다. 오랜 세월 그는 그 구덩이에서 썩어갔으며, 그의 삶은 망가졌다.

요셉이 생의 최후까지 이스라엘 가문의 일원으로 남는 데 성공했기 때문에, 즉 그의 자녀들이 이스라엘 민족의 지도자가 되기 때문에 랍비 주석가들은 이 첫 번째 영적 승리를 이후의 더 큰 영적 업적에 대한 상징으로 이해했다. 즉, 보디발의 유혹을 이긴 사건은 요셉이 후에 이집트에서 잡은 권력을 그의 백성을 위해 사용할 것임을 암시한다는 것이다. 랍비 메이르(Meir)는 보디발의 아내를 거절한 일이 (철저히 이집트인으로 살다 죽은) 요셉에게 양치기(=유대인)로 간주될 권리를 부여했다고 주장한다.[105]

그러나 요셉에 대한 이런 긍정적인 평가를 모든 랍비가 수용하진 않는다. 위대한 주석가들 가운데 이집트에서 요셉이 잘못 처신했다고 주장하는 사람들도 있다. 요셉이 이집트의 관습을 받아들인 것,[106] 이집트의 충복이 되어 아버지를 부끄럽게 한 점,[107] 총리가 된 후 오만하게 통치한 점 등을 비판했다.[108] 그리고 에스더서, 다니엘서, 에스라-느헤미야서 등도 이런 비판에 동의하며 요셉의 이집트에서의 행보를 부정적으로 평가한다.[109]

요셉에 대한 평가들이 이렇게 엇갈리는 이유는 요셉이 이집트에서 히브리인의 정체성을 잃지 않았음에도 불구하고 그가 이집트 왕의 감옥에서 보낸 세월 동안 무슨 교훈을 얻었는지가 분명하지 않기 때문이다. 불편한 진실은 보디발 아내 이야기, 즉 요셉이 이스라엘인으로 정체성을 지키기 위하여 그가 얻은 모든 세속 권력을 희생하는 이야기는 더 이상 반복되지 않는다는 것이다. 오히려 상황은 그 반대다. 요셉은 상관의 명령에 다시는 불순종하지 않고 나머지 생애 동안 자신의 권력 증식과 그가 섬기는 신성 왕의 권력 증식에 해가 되는 일을 절대로 하지 않는다. 마치 보디발 사건이 요셉이 양치기적 정체성으로 행한 '마지막' 사건이었으며, 그 지하 감옥에서 요셉은 '이집트에서 이상주의자로 사는 것은 바람직하지 못하다'라는 교훈을 얻은 듯하다. 물론 요셉은 파라오를 대신해 이집트가 7년의 기근을 견디도록 대비하는 일을 맡았다. 그리고 그 때문에 유대인과 모든 이집트인이 굶어 죽지 않게 되었다. 그러나 양치기의 관점에서는 요셉이 여기서 모든 것을 잃었다고 말할 수 있다. 왜냐하면 요셉은 인생을 아브라함이 모든 것을 바쳐 거부한 우상의 제국(이집트 감옥)을 건설하는 일에 바쳤기 때문이다. 요셉은 어릴 적 꿈꾸었던 것처럼 정치적으로 성공해 세계의 통치자가 되었지만 성서 내러티브는 그가 죽은 후 그에게 우상의 제국과 공모한 것에 대한 벌을 내린다. 그의 마지막 유대적 소원은 200년이나 지나서 성취된다. 즉 그의 뼈가 이집트에서 나와 조상들의 땅, 세겜에서 장사 지내진다. 그 동안 그가 세우는 데 일조한 우상의 제국은 그의 자녀들과 후손들의 등을 채찍으로 사정없이 내리치고 있었다. 이것은 이집트 왕궁의 우상숭배 가운데 자란 모세가 조상 아브라함의 모범을 따라 다시 양치기가 되어 이스라엘의 하나님께 돌아와, 요셉의 손이 이룬 성과를 양치기의 지팡이로 파괴할 때까지 계속되었다.

159

요셉 이야기의 쓸쓸한 아이러니는 성서적 윤리학의 핵심에 자리한 갈등을 반영한다. 그렇다! 이집트 국가의 성공이 없었더라면 인류는 멸망했을지 모른다. 그리고 이스라엘 한 젊은이가 세계에서 가장 거대한 제국의 힘을 증강시킴으로써 그의 민족과 세계를 구원할 수도 있다. 그러나 그 결과 이스라엘 백성들이 다시 속박의 집으로 돌아가서 그 나라의 종이 될 뿐만 아니라, 종으로 일하면서 그 나라를 더 강하게 하여 다른 민족들도 그 나라의 종이 되게 한다면, 그럼으로써 이 세상의 고통과 우상숭배를 증가시킨다면 그것이 무슨 구원이겠는가? 이것 자체가 악이 아닌가?

성서 역사서가 증언하는 요셉 이야기에서 이런 딜레마는 여러 가지 형태들로 반복된다. 언제 순종하고 적응해야 하는가? 언제 저항하고 거부해야 하는가? 이집트로 이주한 히브리 양치기는 일반적으로 이집트에서 '혐오스러운 존재'로 간주된다. 요셉도 예외가 아니다. 이집트의 신(양)을 도살하는 직업인 양치기는 교만하고, 고집불통이며, 적응에 문제가 있는 신앙 파괴자의 화신으로 간주된다. 이 점에서 요셉도 예외가 아니다. 그러나 놀라운 솜씨로 요셉은 이 모든 편견을 극복한다. 성서 본문은 자신을 이집트인들의 취향에 맞도록 만든 요셉의 노하우와 기술을 끊임없이 나열한다. 그는 머리를 이집트식으로 자른다, 꿈을 해석한다, 이집트식 이름으로 개명한다, 이집트식 의복을 입는다, 금과 은으로 치장한다, 전차를 탄다, 사람들에게 인사를 받는다, 이집트 왕의 이름으로 맹세한다, 이집트 대제사장의 딸과 결혼한다, 아버지 시체를 미라로 보존한다, 본인이 죽었을 때도 자신의 시신을 미라로 처리한다.[110] 그는 장자의 이름도 "하나님이 나로 하여금 … 내 아버지 집의 모든 것을 잊게 하셨습니다"를 의미하는 므낫세로 짓는다.[111] 그리고 그는 알 수 없는 이유로 그의 아버지에게 자신이 살아 있다는 것을 알리지 않는다. 이처럼 요셉은 기회 있을 때마다 호의를 얻기 위해 자신의 상관들에게 잘 보이려고 하는 반면, 그의 백성들은 고통당하도록 내버려둔다.

그러나 이집트에 대한 이런 외적인 순응은 보다 깊은 것으로 우리의 주위를 환기시킨다. 요셉은 언제나 그의 주인을 기쁘게 하기 위해 노력해왔다. 자신의 뜻을 아버지의 관심사에 열심히 맞추었고, 그다음에 보디발의 관심사에, 그다음에 이집트 감옥의 간수의 뜻에, 그리고 마지막으로 이집트 왕의 관심사에 그의 뜻을 맞추었다. 요셉의 경제적 제안이 "파라오와 그의 모든 신하들의 눈에 좋았던" 것은[112] 전혀 놀랄 일이 아니다. 왜냐하면 요셉은 주인의 이익을 극대화하는 일이 아닌 것을 주인에게 제안한 적이 결코 없었기 때문이다.[113]

어떤 의미에서 세속적 이익에 대한 요셉의 집착은 아브라함을 연상시킨다. 그러나 아브라함이 언제나 자신의 이익이나 그 가족의 이익을 추구하는 것으로 묘사되는 반면 요셉은 언제나 당시 섬기는 주인의 이익에 관심이 있는 것으로 묘사된다. 그리고 주인의 이익을 지칠 줄모르게 추구하는 가운데 요셉은 그것이 그의 백성에게도 가장 좋은 것이라고 스스로를 설득한다. 예를 들어, 이집트의 식량을 책임지는 장관의 입장으로서 요셉은 늘상 이스라엘 사람들을 기근에서 구원하는 것이 자신의 역할이라고 형제들에게 말한다. 다음은 요셉이 자신의 정체를 처음 밝히면서 한 말이다.

나는 형님들이 이집트에 팔았던 형님들의 동생 요셉입니다. 이제 형님들이 나를 이곳에 판 것 때문에 근심하거나 자책하지 마십시오. 하나님께서 생명을 구하시려고 형님들 앞서 나를 보내셨습니다. 이 땅에 두 해 동안 흉년이 들었으나 앞으로도 다섯 해는 밭갈이와 추수가 없을 것입니다. 하나님께서 세상에 형님들의 후손을 보존하시고 큰 구원으로 형님들을 살리시려고 형님들 앞서 나를 보내셨습니다. 그러므로 이제 나를 이곳으로 보내신 분은 형님들이 아니고 하나님이십니다.[114]

요셉의 설명대로, 그가 이집트에서 권력을 축적하며 오랜 세월을 보낸 것은 유대인들의 생명을 구하기 위함이다. 이제 요셉은 유대 동족을 그의 보호 날개 아래에 들이고 앞으로 있을 결핍의 시간 동안 그들을 먹임으로써 바로 그 일을 할 것이다.

저에게 지체 말고 내려오십시오. 당신(요셉의 아버지)과 당신의 아들들, 그리고 당신의 손자들은 당신의 양과 소와 당신의 모든 소유를 가지고 고센 땅에 거주하시며 저와 가까이 계십시오. 아직도 흉년이 다섯 해나 더 있으므로 제가 거기서 당신을 보양하겠습니다. 당신과 당신의 집안과 당신께 속한 모든 것이 부족하지 않도록 하겠습니다.[115]

이 모든 것이 당시에는 매우 고마운 일처럼 보였다. 그러나 대기근이 지나고 17년이 지난 후에도 형제들은 여전히 이집트에 살고 있다. 그리고 요셉은 동일한 주장을 반복한다.

형님들은 저를 해하려 하였으나, 하나님께서는 그것으로 선을 이루어 오늘처럼 많은 백성을 살리셨습니다. 이제 형님들은 두려워하지 마십시오. 제가 형님들과 형님들의 어린 것들을 양육하겠습니다.[116]

본래의 기근 위협이 오래전에 사라졌는데도 이 같은 말이 다시 반복된다는 것은 요셉에게 좋은 일이 결코 아니다. 물론 그가 이 구절에서 한 말은 모두 문자적으로 사실이다. 제국을 성공적으로 운영함으로써 그는 그의 백성과 수많은 사람에게 해마다 생명을 보존할 수 있는 식량을 공급할 수 있다. 그러나 요셉의 말에서 문제는 하나님의 뜻과 국가에 의한 경제적·정치적 힘의 축적이 동일시된다는 점이다. 다시 말해, 요셉이 이집트의 식량 생산을 잘 관리하는 한 그는 생명을 살리고 있다는 것이다. 그리고 유대인이 그의 식량 공급에 의존하는 한 그는 유대인의 생명도 구원하고 있는 것이다. 국가 권력이 생명을 준다는 생각은 기근과 관련 없이 언제나 사실로 제시된다. 실제로 이 모든 것은 요셉이 이집트에 오기 전부터 오랫동안 이집트의 공식적 통치 철학이었다. 다음은 이집트의 왕들이 자신의 행적에 대해 남긴 기록 가운데 하나다.

나는 보리를 생산하고 곡식의 신을 사랑한 왕이었다. (물의 원천) 나일 강이 모든 경작지에서 나를 존중하였다. 내가 통치할 때 굶주리거나 목마른 자가 하나도 없었다. 사람들은 내가 이룩한 것을 통해 평안히 살았다.[117]

이집트 왕이 신이나 우상으로 간주되었던 이유는 요셉이 스스로에 관해 계속 주장하는 다음과 같은 능력에 기초했다. "나는 무수한 사람들의 생명을 살리고 있고, 형님들과 형님들의 어린 것들도 양육할 것이다."

요셉처럼 힘의 축적을 이 세상에서의 유대적인 사명과 동일시하는 것은 여러 면에서 문제가 있다. 첫째, 이집트 사회에서 요셉의 성공이 유대인을 구원하는 결과로 이어질 것이라는 사실은 요셉이 파라오의 종으로 일한 지 9년이 지나서야 (이집트에 온 지 22년이 지나서야) 명백해지기 때문에, 언제 어디에서나의 권력 축적의 정당성에 대한 요셉의 해명은 사후적 성격을 가진다. 그런 요셉의 해명은 마치 권력을 추구하는 것이 '언제나' 하나님의 뜻이라는 오해를 준다. 마찬가지로 요셉은 그런 권력을 얻기 위해 자기 백성과 그 문화와의 연합이라는 관점에서 적지 않은 희생을 감수해야 했다. 그리고 이것도 그는 신적 섭리의 일부로 정당화하는 것 같다. 즉, 그런 희생이 없었더라면 요셉은 "큰 구원으로 너희 생명을 구할" 수 없었을 것이고 '형님들과 형님들의 어린 것들의 양육'을 이렇게 무한히 지속할 수도 없었을 것이라고 말하는 것 같다. 환언하면 생명을 구하는 것이 최고의 가치이고 모든 권력 추구가 생명을 구하는 것으로 이해되면 하나님께서도 경제적·정치적 힘(요셉의 경우 '속박의 집' 이집트의 경제적·정치적 힘)을 축적하는 데 필요한 모든 행위들을 용납하지 않을까?

요셉이 그의 인생에서 딱 한 번, 자기 주인의 경제적·정치적 이득에 반하는 것으로 여겨지는 행위를 한다. 그것은 야곱의 매장과 관련 있다. 17년의 이집트 생활 끝에 임종을 맞이한 야곱은 요셉을 불러 자신을 조상들의 땅에 묻어주도록 맹세시킨다. "그가 자기 아들 요셉을 불러 말하였다. '…나를 이집트에 장사하지 마라. 내가 내 조상들과 함께 눕거든 너는 나를 이집트에서 메어다가 조상들의 묘지에 장사하여라.' 요셉이 말하기를 '내가 아버지의 말씀대로 하겠습니다.' 하였다. 야곱이 또 말하기를 '내게 맹세하여라.' 하니, 요셉이 아버지에게 맹세하였다."[118]

　　야곱이 (맹세까지 시킨 것으로 보아) 이집트 왕의 종인 그의 아들을 의심한 것 같다. 그리고 전혀 근거 없는 의심도 아니다. 요셉이 이집트를 다스린 80년 동안 이집트 왕과 관료들은 요셉의 다음 두 가지 제안에 대해서만 열광적이었던 것으로 기록된다. 첫째는 기근에 대비하자는 요셉의 제안이었고, 둘째는 아버지와 형제들이 남은 5년의 기근 동안 이집트에서 그의 보호 아래 살도록 그들을 초청해달라는 요셉의 청이었다. 이 두 번째 제안을 듣자마자 이집트 왕은 요셉의 형제들에 대한 초청의 말을 좀더 강한 어조(=명령의 형태)로 반복한다. "이제 너희들은 … 이렇게 하도록 명령되었다."[119] 이에 이집트 왕의 명령에 '복종하여' 요셉의 형제들은 아버지 야곱과 그 가족들을 데려와 이집트에 정착한다. 더욱이 이집트 왕은 그들의 재산을 고향에 두라고 명령하면서, 그렇게 하면 이집트에서 새것으로 교체해 주겠다고 약속한다. 그러나 이미 이집트 왕의 의도를 의심한 야곱은 그의 제안을 무시하고 재산을 이집트까지 가져온다.[120] 이집트 왕이 야곱과 그의 가족에게 그토록 관심을 가지는 이유는 명백하다. 그는 그의 충복 요셉이 가나안의 고향으로 돌아갈까 두려워한 것이다. 이뿐만 아니라 돌아간 그가 국경 지역에 소요를 일으킬 것도 두려워한다. 따라서 그는 히브리인들을 가까운 곳에 이주시켜서 그들의 위협을 중화시키려 한 것이다. 그리고 이런 정치적 고려는 일반적인 경우라면 그다지 환영받지 못했을 결정(양치기 부족을 이집트 땅에 들이는 일)을 정당화하기에 충분했다.

　　기근이 끝난 후 12년 동안 파라오는 히브리인들을 이집트에 잡아 두는 데 성공했다. 그동안 가나안으로 돌아가자고 먼저 말을 꺼내는 자가 아무도 없었다(이는 그 주제에 대한 성서 본문의 침묵에 의해 암시된다). 물론 그런 말을 꺼내도 파라오가 허락하지 않았을 것이지만 말이다. 그런데

163

이 문제가 야곱이 죽을 때 불거진다. 나이든 족장이 마지막 숨을 이용해 요셉(파라오에게 영향을 줄 수 있는 유일한 아들[121])으로 하여금 그를 조상들과 함께 헤브론에 장사 지낼 것을 맹세시킨 것이다. 인생에서 처음으로 요셉은 왕의 이익에 반하게 행동하는 자신을 발견한다. 야곱은 형제들도 장례식을 위해 가나안으로 돌아가야 한다고 주장했는데, 왕의 입장에서는 다음과 같은 걱정이 들었을 것이다. 그들이 장례식을 빌미로 갔다가 돌아오길 거부하면 어찌되는가? 더구나 형제들이 돌아가는 것을 본 요셉도 그 유혹에 넘어가 가나안으로 도망해버리면 어찌할까?

(이런 왕의 걱정을 잘 알았지만) 아버지와 한 약속을 어길 수 없었던 요셉이 한 일은 놀라운 것이다. 이집트의 제2의 통치자가 다른 관료들에게 가서 그가 아버지를 장사하러 가나안에 다녀올 수 있도록 파라오를 설득해달라고 도움을 요청한다.

그를 위한 애곡 기간이 지났을 때 요셉이 파라오의 궁에 말하였다. "만일 내가 지금 여러분에게 은혜를 입었으면, 파라오의 귀에 말해주십시오. 내 아버지께서 나에게 맹세하게 하시기를 '보아라, 내가 죽으면 내가 가나안 땅에 나를 위해 파 놓은 내 무덤에 장사하여라.' 하였으니, 이제 내가 올라가서 내 아버지를 장사하게 해주십시오. 그 후에 내가 돌아오겠습니다."[122]

파라오는 요셉과 그 형제들이 가나안에 다녀올 수 있도록 허락한다. 단 그들의 자녀들은 고센 땅에 인질로 남겨두게 했고 파라오의 군대가 장례 사절단을 호위해야 했다.[123] 그런데 요셉은 왜 파라오의 종들에게 가서 부탁을 해야 했을까? 그것도 "내가 지금 여러분에게 은혜를 입었으면"이라는 말까지 붙여가며 말이다.[124] 그리고 왜 요셉은 자신은 본래 그럴 생각이 없었던 것처럼 야곱이 자신에게 '맹세를 시켰다'는 핑계를 대는 것일까? 26년 동안 이집트를 통치한 요셉이 아닌가? 이집트를 기근의 위기에서 구해내고 이집트의 모든 부와 힘을 파라오의 손에 집중시켜준 인물이 아닌가? 그런 그가 왕에게 아버지를 장사하기 위해 잠시 휴가 다녀오겠다는 부탁도 직접 할 수 없는가? 그는 그렇게 왕이 두려웠던가?

이 질문에 대한 답은 간단하다. 요셉은 정말 왕을 두려워했다. 아무리 요셉이 큰 권력을 가졌어도 그는 자유인이 아니다. 조상들과 같은 양치기가 아닌 '속박의 집' 이집트에 사는 파라오의 종이다. 이 속박의 집이 지구상 가장 큰 경제적·정치적 힘을 가진 나라이며 그 신민들의 생사여탈권까지 쥐고 있음은 의심할 여지가 없다. 마찬가지로 요셉과 같은 사람이 아침저녁마다 다른 사람들에게 명령을 내리고, 그들의 목숨과 그들 가족들의 목숨 그리고 그들의 재산을 마음대로 빼앗을 때, 아무도 그를 말릴 사람이 없다는 것도 의심할 여지없는 사실이다. 그러나 그런 권력 경험이 아무리 강렬해도, 그것은 어디까지나 환영에 불과하다. 종들의 수장이 아무리 권력 있다 해도 그는 여전히 종일뿐이다. 요셉은 보디발의 집에서와 마찬가지로 파라오의 집에서도 일순간에 그의 주인에 의해 멸망당할 수 있다. 따라서 요셉이 파라오의 뜻을 거슬러 행동해야 한다고 느꼈을 때, 즉 그가 파라오의 진노의 대상이 될 수도 있고, 그의 호의를 잃게 될 수 있다고 느꼈을 때, 요셉은 몇 세대 후 히브리 노예들이 다른 파라오 앞에서 느꼈던 공포와 똑같은 공포에 휩싸이게 된다. 그리고 요셉은 이런 공포에 항복하고 그의 가족은 파라오의 손에 종으로 살게 된다. 그리고 그의 아버지와 달리 그는 파라오에 도전할 생각을 하지 못했다.[125]

결국 요셉도 자신이 패배자임을 알아차린 듯하다. 그가 임종의 순간을 맞았을 때 자신의 삶의 업적들을 되돌아보면서 그 형제들에게 다음과 같이 고백한다. "나는 죽으나, 하나님께서 형님들을 반드시 돌보시고 형님들을 이 이집트 땅에서 아브라함과 이삭과 야곱에게 맹세하신 그 땅으로 인도하실 겁니다."[126] 요셉은 자신이 꾼 꿈을 성공적으로 성취했다. 그러나 그는 궁극적으로 자기 자신을 포함해 누구도 구원하지 못했다. 창세기의 맨 마지막 구절은 구약 성서를 통틀어 가장 암울한 구절이다.

요셉이 백십 세에 죽으니, 그들이 그 몸에 방부제 향료를 넣고, 이집트에서 그 관에 넣었다.[127]

요셉의 힘은 이제 어디에 있는가? 우리 스스로에게 물어보자. 그의 모든 지혜와 능력이 사라진 지금 그의 백성에게 어떤 일이 발생할 것인가? 이 질문에 대한 대답은 출애굽기의 앞부분에 제시되어 있다.

그때 요셉을 알지 못하는 새로운 왕이 이집트에 일어나서 … 우리가 그들에게 지혜롭게 대하자 … 그리고 이집트는 이스라엘 자손들에게 일을 더욱 혹독하게 시켜, 힘든 노동, 곧 흙 이기기와 벽돌 굽기와 각종 밭일로 그들의 생활을 괴롭게 하였으며, 그들이 시키는 모든 일이 더욱 혹독하였다 … 파라오가 자기 모든 백성에게 명령하여 말하기를 "히브리 남자 아이들이 태어나거든 모두 강에 던지고, 여자 아이들은 모두 살려주어라." 하였다.[128]

노예 생활이 시작된 것이다. 그리고 곧이어 이스라엘 자손들이 파라오의 손에 살해당한다. 그리고 요셉이 자신의 사명으로 생각했던 이스라엘 백성들을 구원하는 일은 다른 사람에게 맡겨졌다. 그(=모세)는 요셉이 실패한 자리에서 성공하게 될 것이다.

이 모든 것이 주는 메시지는 너무나 분명하다. 좋은 사람에게 손짓하는 하나의 길이 있다. 그는 제국의 힘을 그의 백성과 나아가 인류의 선을 위해 유용할 수 있다고 믿는다. 이 길에 따라가면 그는 왕의 제국 건설을 도울 것이며 그 도움에 대한 대가로 물질적 복지와 신체적 보호를 받을 것이다. 그는 이것들을 추구하면서 가장 중요한 도덕적 원칙을 지킬 수 있다고 믿는다. 그러나 이 길은 환상에 불과하다. 인간이 정의롭게 행할 수 있는 힘의 원천은 양치기적 자유, 즉 보다 고귀한 것을 섬기기 위해 세상 권세의 이익에 '반대해' 행위할 수 있는 능력을 유지하는 데에서 온다. 그리고 이것은 곡물의 제국에 세워진 국가 우상들을 섬기는 자는 절대로 이룰 수 없는 것이다. 그것들을 섬기면 그들처럼 된다. 그리고 모든 것을 잃게 된다.

IV. 주변인의 윤리학

이제 아벨, 아브라함, 요셉 이야기를 통해 보았던 것에 근거해 이스라엘 역사서의 윤리학에 관한 좀더 일반적인 주장들을 이끌어내길 원한다.

고대 이집트와 바빌로니아의 대도시들을 건설한 농부들은 매우 특정한 윤리학의 범주에서 살아갔다. 아버지에게서 배운 교훈, 왕의 율법, 제사장들이 정한 예배법에 순종했다. 그리고 그들은 농산물, 복종, 종교가 국가 문명을 지탱하고 있는 것이라고 이해하고 그렇게 살았다.

그들이 생산한 곡물은 스스로의 생계 유지에 쓰였을 뿐 아니라 왕이 군인들과 관료들을 거느릴 재화로도 사용되었다. 왕의 녹을 먹는 군인들과 관료들만이 외래 침략군의 노략질로부터 그리고 빗나간 시민들의 범죄로부터 백성을 보호할 수 있었다. 농부가 생산한 곡물은 나라의 제사장들을 고용하는 데도 사용되었다. 제사장들은 신들에게 중보기도함으로써 백성을 보호했다. 국법에 복종함으로써 농부는 자신과 다른 사람들을 보호해주는 국가를 지탱했다. 신들에 순종함으로써 그는 자신뿐 아니라 다른 사람들을 위해 이 세상과 저세상에서 신의 호의를 얻었다. 이처럼 고대 근동의 윤리학에서 모든 행위는 궁극적으로 국가의 지탱이라는 목표를 향해 있었다. 왜냐하면 모든 선은 국가로부터 흘러나오기 때문이다. 실제로 농부, 세리, 왕, 군인, 제사장의 폐쇄적 집단을 유지하는 데 도움이 되는 모든 것은 선으로 여겨졌다. 왜냐하면 그것이 대중에게 생명과 안전을 보장하는 국가라는 시계를 하루 더, 한 세대 더 움직이게 한다고 믿었기 때문이다.

이 윤리학을 아테네 철학의 윤리학과 비교하는 것은 매우 유용하다. 아테네 철학과 고대 국가 종교 사이에는 엄청난 거리가 있지만, 그럼에도 불구하고 한 사람의 윤리적 삶이 국가에 의해 구성된 정치 공동체의 공동생활과 아무 관련 없이 이루어진다는 것은 생각하기 힘들다.[129] 이런 점에서 플라톤과 아리스토텔레스의 사상은 고대 근동의 대제국들의 사상과 매우 유사하다. 그 두 사상은 우리가 도덕 질서를 이해하려 한다면 반드시 개인을 '그를 다스리는 국가의 일부'로 규정하며 시작해야 한다고 주장한다.

예를 들어 《크리톤》에 나오는 소크라테스의 죽음에 대한 플라톤의 서술을 살펴보자. 소크라테스는 도시의 신들을 모독한 죄와 그가 가르친 젊은이들에게 악한 영향을 준 죄로 아테네 국가에 의해 사형을 선고받았다. 이에 아테네의 법에 따라 소크라테스는 독약을 마심으로 자살하도록 요구받았다. 그때 소크라테스의 친구이자 제자인 크리톤이 그가 탈옥하여 안전히 테살로니카로 도망갈 수 있도록 주선했다. 그러나 소크라테스는 그 계획을 거부하며, 친구들에게 만약 그가 법에 불순종하면 국법과 나라에 얼마나 많은 해가 미칠지 생각해보라고 촉구한다. 다음 문단에서 소크라테스는 의인화된 아테네 법과 국가의 입을 빌려, 그가 그것들에 불순종하는 것은 그것들을 파괴하는 것과 다름없다는 의견을 개진한다.

우리가 여기서 달아나려고 계획하는 중 '법'과 '국가'가 찾아와서 우리를 똑바로 보며 물으면 어찌 대답하겠는가. "소크라테스여, 너는 무엇을 하려는 계획인가 말하라. 이 행동으로 너는 우리, 즉 법과, 나아가 온 도시를 파괴하려고 계획하는가? 아니면 도시 법정의 판결이 효력이 없어 개인 시민들에 의해 무효화되고 무력화되어도 그 도시가 파괴되지 않을 수 있다고 믿는 것인가? … 자 말해보라. 우리를 파괴하기 위해 도대체 너는 어떤 죄목을 우리와 도시에 붙이려는가? 우리가 너를 태어나게 하지 않았느냐? 네 아버지가 네 어머니와 결혼하여 너를 낳은 것이 우리를 통해서가 아니냐? … (우리가 또한) 네 아버지에게 예술과 체육으로 너를 교육하라고 지시하지 않았는가? … 네가 출생하고, 양육되고, 교육된 후 어찌 너희, 너와 너의 조상들 모두가 우리의 자손이며, 우리의 종임을 부정할 수 있는가?"

여기서 소크라테스는 내가 고대 근동의 제국들의 견해라고 주장했던 것에 큰소리로 동의하고 있다. 즉, 인간 개인에게 생명과 교육을 제공한 것이 국가와 그 법이라는 주장이다. 어린아이는 자신의 생명과 교육을 부모에게서 받았다고 순진하게 생각할 수 있지만 그렇지 않다. 왜냐하면 법과 국가가 그 부모를 보호하여 그들을 살리며, 또한 결혼과 교육에 관한 국가법이 없었다면 그 개인은 물론 가족도 교육도 얻지 못했을 것이기 때문이다. 이것이 사실이라면 인간 개인은 국가의 '후손이며 종'으로 스스로를 간주해야 하며 그가 국가에 진 빚을 복종으로 갚아야 한다.

168

너는 네 국가와 법에 복수할 권리를 가진다고 생각하는가? 우리(법과 국가)가 너를 파괴하려고 작정하면 그리고 그것을 올바른 일이라 여긴다면, 너는 반대로 네 능력이 닿는 데까지 우리를 파괴하려고 꾀할 것인가? … 네 지혜가 고작 그뿐이냐? 너는 네 국가가 네 어머니, 아버지, 네 모든 조상보다 더 존귀함을 모르느냐? 국가가 신들과 이성적 사람들에게 더 존경받아야 하며 더 신성시되며 더 중요하게 여겨져야 함을 모르느냐? 너는 국가를 섬기며, 그것에 복종하고, 아버지가 화났을 때보다 국가가 화났을 때 더욱 화를 풀어주어야 함을 모르느냐? 너는 국가를 설득하거나 그 명령에 순종해야 한다. 그리고 국가가 너에게 참으라고 지시하는 것에 대해서는 그것이 곤장이든 족쇄든 말없이 참아야 한다. 그리고 국가가 너를 전쟁에 가라 한다면 너는 부상당하든 죽든 그 명령에 순종해야 한다. 항복해서도 후퇴해서도, 탈영해서도 안 된다. 그렇게 하는 것이 옳은 것이다. 전쟁에서나 법정에서나 어디서든지 자기 도시와 국가의 명령에 복종하거나 정의의 본질에 맞게 국가를 설득해야 한다. 네 어머니나 아버지에게 폭력을 행사하는 것이 불경한 것이라면 네 국가에 대한 것은 더욱 그러하다.[130]

인용된 본문에 따르면 국가는 신성한 것이고 부모보다 더 존경받아야 한다. 전시나 평화시나 할 것 없이 국가가 원할 때 복무해야 하고 주어진 임무에서 이탈하면 안 된다. 심지어 국가가 부당하게 죽으라고 명령해도 순종해야 한다.

아리스토텔레스의 저작에서 이런 견해가 체계화되어 그의 윤리학의 기초로 작용한다. 예를 들어, 아리스토텔레스는 《니코마코스 윤리학》을 시작하면서 만약 최고선(the highest good)을 깨닫기 원하면 그 선을 계시해줄 학문 분과는 정치학, 즉 국가 통치의 기술에 관한 학문이라고 주장한다. 그는 다음과 같이 말한다.

169

우리가 그 자체로 원하는 … 어떤 목적이 있다면 … 분명 그것은 선과 최고선임에 틀림없다. … 그렇다면 우리는 … 그것이 무엇인지, 그것은 어떤 학문이나 능력의 대상인지를 결정해야 한다. 그것은 가장 권위 있는 기술, 참으로 최고의 기술이라 할 수 있는 것에 속할 것이다. 그리고 정치학이 바로 이런 성질을 가진 것 같다. 왜냐하면 정치학은 국가에서 어떤 학문들이 연구되어야 하는지 결정하며, 각 시민들이 어떤 것을 배우며, 어느 정도까지 그것을 배워야 하는지도 결정하기 때문이다. … 정치학은 우리가 무엇을 해야 하고 무엇을 해서는 안 되는지에 관해 입법하기 때문에, 정치학의 목적은 … 반드시 인간의 선이어야 한다. 만약 한 개인과 국가가 같은 목적을 달성하려 한다면, 국가의 목적을 달성하고 보존하는 것이 더 위대하고 더 온전한 것처럼 보인다. 왜냐하면 한 개인을 위해 그 목적을 달성하는 것도 가치가 있지만 그것을 도시들 혹은 국가를 위해 달성하는 것은 더 훌륭하고 신성하기 때문이다.[131]

이 본문에 따르면 정치학, 즉 국가 통치에 관한 지식은 "최고의 기술"이다. 정치학은 인간 선과 관련된 다른 문제에서도 지식의 근원이다. 그리고 우리가 어떻게 행동해야 하는지를 가르쳐주는 것이 인간 선에 대한 지식이기 때문에 윤리학에 대한 이해는 반드시 국가 통치에 대한 이해에서 기원해야 한다. 실제로 아리스토텔레스는 인간의 목적(인간 개인이 행동하거나 삶을 살 때 지향하는 최고의 목적들)이 국가의 목적과 유용하게 분리될 수 있다고 생각하지 않는다.

비록 아테네 철학은 여러 측면에서 고대 근동 제국들의 정치 기원론들과 매우 다르지만, 여전히 인간을 통치 국가의 피조물로 보며, 윤리학을 덕 있는 개인이 국가의 선에 어떻게 봉사할 수 있는지를 이해하려는 학문으로 간주하며 그런 견해를 계속 발전시킨다.

이스라엘 역사서의 윤리적 관점은 '무엇이 인간의 선을 정의하는가'에 대한 이런 이해에 반대한다. 이스라엘의 하나님이 아브라함에게 준 첫 번째 지시가 '네 고향 나라를 떠나 그것과의 유대를 단절하라'는 명령이다. 소크라테스가 '상상 속에서라도 해서는 안 되는 것'으로 제시한 바로 그것이다. 이런 측면에서 더욱 놀라운 것은 모세 이야기다. 통치자에게 감사의 빚을 진 아이가 있다면 그는 바로 모세다. 그는 이집트 공주에 의해 죽음에서 구원받았고 이집트 궁에서 자라났다. 그런데 자기 목이 달아날 위기에 처하자 소크라테스가 부정의의 극치라고 말한 바로 그 행위를 한다. 그가 저지른 범죄에 대해 기소당했을 때 모세는 재판이나 그 형벌에 복종하지 않고 그에 대한 국가의 권위를 정면으로 거부한다. 우리는 성서의 다른 영웅적 인물들에 대해서도 비슷한 말을 할 수 있다. 그들 대부분은 그들이 거주한 국가의 지배자들과 첨예하게 대립하고 그들의 법과 명령을 밥 먹듯이 거부하는 것으로 그려진다.[132] 마치 성서 내러티브의 저자들이 국가의 법이나 통치 왕의 명령은 어떤 규범적 효력도 지니지 않는 빈말 정도로 여기는 것 같다.

그러나 우리는 그것이 사실이 아님을 안다. 5장에서 살필 바와 같이 구약 성서에서 무정부주의적 동력은 궁극적으로 거부된다. 이스라엘의 역사서는 통일 이스라엘 왕국, 특히 솔로몬의 초기 통치 기간을 인간 성취의 최고점으로 제시한다. 또한 예루살렘 성전의 헌당식 때 솔로몬이 드린 기도는 인류가 소망하는 것에 대한 성서 최고의 표현 중 하나다.[133] 더욱이 역사서뿐 아니라 이사야, 예레미야, 에스겔과 같은 선지서 저자들 그리고 이스라엘의 역대서 저자도 모두 다윗 왕국이 회복되길 소망했으며, 왕국 회복을 위해 저술하고 가르쳤다. 이 성서 본문들은 방금 논의한 아테네 철학 본문들 못지않게 국가의 보존과 번영에 관심이 있다. 그러나 성서 본문은 그리스 사상이 고려할 수 없는 것을 과감히 고려한다. 예를 들어, 시민 불복종, 자신에게 주어진 임무를 버리는 것, 심지어 국가의 멸망. 이 모든 것은 성서 저자들의 마음에 항상 있었으며 성서 본문의 영웅들은 늘 이런 것들을 생각하고 실행에 옮긴다. 그리고 그러는 가운데 그들은 자주 하나님의 사랑과 도움을 얻는 것으로 묘사된다.

이런 성서 본문을 어떻게 이해할 수 있을까?

그 대답은 성서적 윤리학이 그리스 윤리학의 관점과 완전히 다른 관점에서 인간 행동을 평가하고 있음을 깨닫는 데 있다. 유목민의 삶에서 유래한 성서적 관점은 인간 삶에서 일어나는 모든 것을 국가 밖에 서 있는 사람의 시점으로, 그리고 국가에 어떤 매임도 없는 사람의 시점으로 바라보고 평가하는 것이다.[134] 이런 양치기적 관점의 윤리학은 국가에서부터 시작할 수 없다. 왜냐하면 아브라함이 그랬던 것처럼 인간은 국가 밖에서도 가치 있는 삶을 살 수 있기 때문이다. 따라서 윤리학은 국가에 독립적인 존재로서 인간(혹은 인간 가족)의 관점에서 시작해야 한다. 즉, 윤리학은 가족의 운명을 책임지는 개인을 전제하고 그곳으로부터 진행한다.[135] 만약 국가가 이 개인이 그의 (가장으로서의) 책임과 의무─이것은 국가(에 대한 책무)보다 앞설 뿐 아니라 국가와 완전히 별개로 존재할 수 있음─를 다하도록 돕는 데 기여한다면, 국가의 체제와 국법이 존재 이유와 목적을 가지지만, 국가가 그런 목적에 기여하지 않는다면 국가와 국법은 개인에게 아무것도 요구할 수 없는 것으로 이해된다. 유목적인 개인의 관점에서 그런 국가와 법은 존재 이유를 가지지 않는다.[136]

지금까지의 논의가 보여주는 것은 이스라엘의 역사서와 성서의 다른 부분에서 국법에 대한 복종(심지어 국가의 존재 자체)이 정당화될 수 있다면 그것은 윤리적 근거에 의해서만 그리될 수 있다는 것이다. 따라서 이스라엘 역사서는 정치가 윤리보다 앞선다는 이집트와 바빌로니아의 주장(이것은 아테네 철학에서 다시 부활함)을 거부한다. 만약 아브라함, 모세, 엘리야가 그들이 태어난 나라의 왕들, 법들 그리고 명령들을 따르지 않는다면 그 이유는 그 국가나 법이 개인의 (윤리적) 책임과 의무의 관점에서 정당화될 수 없기 때문이다. 그들에게 윤리적이지 않는 신은 신이 아닌 것처럼, 바른 윤리에 봉사하지 않는 국가도 국가가 아닌 것이다.

그렇다면 구약 성서가 왕들과 국법을 판단하는 기준으로 삼는 양치기적 윤리학의 내용은 무엇인가? 창세기 이야기를 통해 성서 저자는 이 질문에 답하기 위해 집요하게 노력한다. 앞선 가인과 아벨에 대한 논의에서 분명해진 것처럼, 양치기 윤리학은 '한 개인이 자신의 행복과 그가 부양하는 가족의 행복을 위해 무엇을 해야만 하는가'를 묻는 것으로 시작한다. 이스라엘의 하나님이 가인과 같은 사람(아버지의 전통을 그대로 이어받고, 그의 신이 명령하는 바대로 행하며, 그의 복종이 가져다준 얼마 안 되는 축복에 감사하여 그중 일부를 제물로 드리려 한 사람)의 경건을 선호하지 않은 것도 이 질문에 답하려는 집요한 시도인 것이다. 물론 하나님이 가인을 거절했다고 그가 경건과 순종의 미덕 자체를 거절하는 것은 아니다. 그런 미덕은 적절한 때와 장소에서 적절한 정도로 행해지면 훌륭한 미덕이다. 하나님이 거절하신 것은 이것들이 윤리적 삶의 기초가 될 수는 없다는 것이다. 도덕적 삶의 합당한 근원적 기초는 자기 자신과 가족의 행복에 대한 관심이다. 그리고 아브라함·이삭·야곱의 삶에서 우리가 확인한 것처럼, 일단 이 기초가 세워지면 양치기의 윤리학은 족장들의 이집트 속박 시절 이야기에서 상술된 것 같이 도덕적 삶의 다른 중요한 요소들을 가동시킨다. 그 중요한 요소들에는 고통 속에 있는 타인들을 돕는 관대함과 용기, 쓸데없이 남을 해하지 않기, 타인의 재산권 존중, 결혼 관계의 영역을 철저하게 지킴, 경건함, 충성됨 그리고 비난받을 때 잘못을 솔직히 인정하는 능력 등이 포함된다.

아브라함의 이야기와 요셉 이야기가 의미 있게 대조되는 것도 바로 이런 배경에서다. 아브라함은 국가를 버리고 타락한 인간들의 통제를 넘어, 산지에서 장막 생활하는 양치기의 윤리학(삶의 방식)을 추구한다. 반면 요셉은 이런 삶의 방식을 거부하고 국가의 심장부에 살기로 결심한 사람의 윤리학을 보여준다. 우리 모두가 그런 것처럼 요셉도 그의 자유의지로 자신이 거주할 국가를 선택한 것이 아니다. 그러나 일단 그 국가에 살게 된 그는 (그럼에도 불구하고 그 국가를 버린 아브라함과 모세와 달리) 그 국가를 섬기며 그 안에서 선을 이루면서, 그것의 일부가 되기로 결심한 것이다. 가장 근본적 측면에서 아브라함과 요셉이 원한 것이 서로 다르지 않음을 깨닫는 것이 중요하다. 즉, 그 둘은 모두 스스로와 가족을 (배고픔·속박·강간·절도·살인에서) 보호하기 원한다. 그리고 그 둘 모두는 이 목적을 위해 재산과 힘을 기르는 데 관심이 있다. 또한 그 둘 모두는 이런 목적을 이루는 데 정의롭기를 원하며 하나님의 뜻에 맞게 살기를 원한다. 그러나 요셉이 그의 아버지들과 달라지는 지점은 그 목적들을 추구하기 위해 그가 사용한 수단들이다. 요셉은 '제국'의 이기(利器)가 아브라함적인 목적을 이루는 데 유용하게 사용될 수 있다는 믿음을 대표한다. 그리고 얼마간 요셉이 옳게 보였던 때가 있었지만,[137] 우리가 살펴본 것처럼 결국 그의 노력은 그의 백성에게 수백 년에 걸친 고통스런 속박의 삶을 가져다준다. 따라서 요셉 이야기는 아브라함 이야기에서 과감히 주장된 도덕관을 확인해주며 명확하게 해준다. 어떤 순간에 상황에서라도 제국적인 국가의 악과 우상을 수용하는 것은 궁극적으로 불가한 것이다. 우리가 그것을 추구하면 우리의 자손들이 그 대가를 치르게 될 것이다.

한편, 아브라함과 요셉 이야기 사이의 공통점은 이보다 훨씬 깊은 수준에서 찾아진다. 이 둘 모두는 올바른 행위의 필수불가결한 뿌리가 주체적인 도덕 판단과 행동을 그것을 끊임없이 방해하는 무시무시한 세력들 앞에서 지켜내는 것이라고 믿는다. 아브라함 이야기에서 도덕 판단의 주체성은 사방에 포진된 가나안 왕들과 아브라함의 반복적 대결에 의해 극적으로 표현된다. 요셉 이야기에서 이 문제는 두 번 표면에 드러난다. 첫 번째, 요셉이 보디발 아내의 유혹을 거부할 때다. 그때 요셉은 자기가 생각하기에 옳은 행동을 하는 대가로 개인적인 추락과 멸망을 기꺼이 받아들였다. 두 번째는 요셉이 아버지를 장사하기 위해 그의 가족들이 이집트에서 나갈 수 있도록 파라오에게 요구하는 것을 두려워했던 순간이다. 이 이야기는 이집트에 살던 유대인들이 파라오를 얼마나 두려워했는지 잘 보여준다. 그 두려움 때문에 그들이 옳다고 생각하는 것을 할 수 없을 정도였다. 성서 본문은 요셉이 이스라엘이 이집트를 떠나야 함을 인지하고 있었음을 강조하다. 그러나 그는 두려움 때문에 그것을 행동으로 옮기지 못했다. 이스라엘이 노예가 되고 수많은 무고한 인명을 희생하게 된 것도 파라오나 그의 관료들이 취한 어떤 행동 때문이라기보다 궁극적으로 이런 두려움 때문이었다. 실제로 역청과 벽돌을 만드는 육체적 노예 생활은 기근 후에도 이스라엘 사람들이 어떤 이유에서인지 이집트에서 가나안으로 돌아갈 수 없었던 그 순간부터 그들을 붙잡은 내면적 노예 상태의 구체적 표현에 지나지 않는다.

주체적 판단과 행동은 인간에 대한 두려움 혹은 인간이 만든 기

173

관들에 대한 두려움과 그것들에 대한 무조건적 헌신의 유혹에 저항하는 능력에 달려 있다. 그 둘(두려움과 무조건적 헌신)은 협력하여 개인에게서 옳고 그름을 판단하는 능력과 그런 판단에 근거해 행동할 자유를 빼앗아버린다. 따라서 인간과 그가 만든 기관에 대한 두려움과 무조건적인 헌신의 유혹에 저항할 수 있는 능력을 유지하는 것이 이스라엘 역사서가 개진하는 윤리학, 즉 양치기 윤리학의 기초다.

이에 어떤 분들은 다음과 같이 반박하고 싶을 것이다. 즉, 구약 성서가 인간이 만든 기관이나 인간에 대한 복종의 윤리학으로 시작하는 것은 아니지만 하나님의 명령에 대한 순종을 일관되게 주장하는 것은 분명하지 않은가? 그렇지 않다. 이미 언급한 바처럼 성서의 역사서는 아벨이 하나님의 뜻을 어긴 것으로 묘사한다. 즉, 아벨은 하나님이 땅을 경작하도록 에덴에서 몰아내셨을 때 농업 대신 양치기의 삶을 선택한다(농업이 하나님의 직접 명령은 아니었어도 인간 삶에 대한 하나님의 명시적인 의도였음은 분명하다). 아브라함도 소돔의 멸망과 관련한 하나님의 뜻에 도전했다. 또한 우리가 살핀 바처럼 아브라함은 그의 아들을 죽이라는 명령에 표면적으로 드러난 하나님의 뜻을 거부했고 이 거부는 아브라함이 아들을 제물로 묶은 장소에 붙인 이름(여호와이레: "여호와께서 준비하실 것이다")에서 분명히 드러난다. 그리고 이후의 이스라엘 역사 서술도 이 패턴에 맞추어진다. 모세는 하나님과 논쟁해 하나님이 진노 가운데 이스라엘을 멸망시키지 못하도록 막은 것으로 묘사된다. 나아가 이런 논쟁 중에 우리는 모세가 장막을 접고 가나안으로 나아가라는 하나님의 직접 명령을 두 번이나 어긴 것을 보게 된다.[138] 모세의 형 대제사장 아론도 두 아들이 죽은 그날에 모세를 통해 내려진 제사에 관한 하나님의 명령을 거부하고 순종하지 않는다. "이것이 하나님이 보시기에 선할까?"라고 모세에게 반문한다. 그리고 성서 본문에 따르면 모세는 아론의 그런 행동을 긍정한다.[139] 비느하스도 (재판을 통해 공개 처형하라는) 하나님의 지시를 어기고 미디안 공주와 성관계 중인 시므온 지파의 수장을 현장에서 즉결 심판하지만, 하나님의 명확한 칭찬을 얻고 그 결과 제사장직도 얻는다.[140] 또한 슬로브핫의 딸들은 아들에게만 유산을 주도록 한 하나님의 율법의 명백한 뜻에 도전하고 아버지에게 아들이 없으니 자신들이 유산을 상속해야 한다고 주장한다. 여기서도 하나님은 그들의 도전을 받아들여 모세에게 슬르브핫의 딸들의 청대로 율법을

개정하라고 말씀하신다.[141]

이 모든 본문과 그와 비슷한 다른 본문들은 성서에서 하나님의 뜻이라고 여겨지는 것에 무조건 순종하는 것이 옳다는 가정에 심각한 질문을 제기한다. 만약 그런 가정이 사실이라면 성서에서 가장 혼란스러운 본문 중 하나에 관심이 모여진다. 바로 야곱이 ("하나님과 사람들과 싸워 이겼다"라는 의미의) '이스라엘'이라는 새 이름을 얻게 되는 장면이다. 이 본문은 야곱이 아람 친척 라반의 속박에서 탈출해 가나안으로 들어가기 직전, 그가 두려워하던 형 에서의 살인적인 증오와 만나기 전날 밤을 배경으로 한다.

야곱이 홀로 남았는데 어떤 사람이 동트기까지 그와 씨름하다가 자신이 야곱을 이길 수 없는 것을 보고 야곱의 엉덩이뼈를 쳤으므로 야곱은 그 사람과 씨름하다가 그의 엉덩이뼈가 탈골되었다.
그 사람이 말하기를 "동이 트니 나를 보내라." 하니,
야곱이 "저를 축복하지 않으면 보내주지 않겠습니다."라고 말하였다.
그 사람이 야곱에게 묻기를 "네 이름이 무엇이냐?" 하니,
"야곱입니다."라고 대답하였다.
그러나 그 사람이 말하기를 "네 이름을 더 이상 야곱이라 부르지 않고, 이스라엘이라고 부를 것이니, 네가 하나님과 사람들과 겨루어 이겼기 때문이다."…
그리고 그곳에서 야곱을 축복하였다.[142]

왜 하나님이 이 시점에서 야곱에게 이스라엘이라는 이름을 주시고 그 이름의 의미를 "네가 하나님과 사람들과 싸워 이겼기 때문"이라고 설명해주실까? 야곱이 사람들과 싸워 이긴 것은 명백하다. 아니면, 적어도 내일이면 그것이 명백하게 될 것이다. 라반이 약 20년 동안 속임수와 속박으로 야곱을 메소포타미아에서 노예로 잡아두었다. 그러나 야곱은 자신의 의지와 지혜 그리고 하나님의 도움으로 가족을 데리고 라반에게서 도망하는 데 성공했다. 이제 동일한 능력들이 야곱으로 하여금 그가 한때 잘못했던 형 에서도 이기게 할 것이다. 에서는 과거에 그를 죽이기 원했었고 지금은 400명의 병사를 거느리고 야곱에게 다가온다. 야곱도 뼛속까지 두려워하고 있다. 그러나 다음 날 저녁까지 야곱은 이 무서운 대적도 이길 것이다. 이런 의미에서 야곱이 "사람들"

과 싸워 이겼다는 말은 참으로 옳다.

그러나 하나님은 어떠한가? 하나님은 야곱의 편이지 않았는가? 야곱이 하나님과 싸워 이겼다는 말이 도대체 어떤 의미인가?

야곱이 밤새도록 씨름한 그 사람을 다시 생각해보자. 야곱이 그의 꿈에서 (그것이 꿈이었다면) 함께 씨름한 사람은 에서가 아니라 하나님 자신이었다. 그리고 조금만 생각해보면 야곱이 에서와 평생 벌여온 싸움은 실제로는 하나님의 선포를 거부하는 몸부림이었다. 따져보면 야곱을 어머니 자궁에서 쌍둥이 형제와 함께 잉태하게 하시고 에서에게 그를 이길 힘을 주셔서 야곱을 동생으로 만든 것은 결국 하나님 아닌가? 그리고 에서에게 아버지의 사랑을 얻는 데 필요한 성격과 기술을 주셔서 유산 상속자로서의 그의 지위가 아버지 이삭의 눈에 확정된 문제처럼 보이게 만든 분이 결국 하나님 아니신가? 물론 하나님은 야곱이 아직 어머니 배 속에 있을 때 그가 그의 형을 이길 것이라고 어머니 리브가에게 약속하셨다. 그러나 그 순간 이후 줄곧 야곱의 삶은 하나님이 그를 버린 듯한 상황의 연속이었다.[143] 구약 성서에서는 '운명'이라는 개념은 없다. 사람들의 결정과 이스라엘의 하나님의 선고가 있을 뿐이다. 따라서 야곱의 눈에는 (그리고 성서 저자의 눈에는) 그에게 펼쳐진 모든 삶이 하나님의 선고처럼 여겨졌다. 이런 의미에서 야곱이 그의 인생에서 씨름해온 상대는 하나님이다.[144]

일단 이것을 깨닫게 되면 우리는 야곱의 씨름 사건(그는 이 씨름에서 장애인이 되었음에도 불구하고 하나님을 놓아주려 하지 않았음)이 주는 은유적 의미를 이해할 수 있다. 야곱은 하나님과 씨름하면서 "저를 축복하지 않으면 보내주지 않겠습니다"라고 말한다. 야곱은 하나님과 싸우다가 하나님에게 벌을 받는데도 불구하고 그의 목적인 축복을 하나님에게서 빼앗을 때까지 물러서지 않으려 한다. 그리고 야곱은 실제로 축복받았다. 만약 그가 그의 운명을 받아들이고 자기보다 나이 많고, 더 사랑받고, 더 힘센 형의 종이 되었다면 절대 받을 수 없었을 축복을 받았다. 그는 이제 11명의 아들과 일생 사랑한 아내를 데리고 큰 재물과 함께 자유인으로 돌아온다. 그다음 날 그는 그의 위대한 유산, 즉 조상들의 땅을 차지하는 일의 마지막 장애물인 에서도 제거했다. 야곱은 모든 축복을 받았다. 그리고 이것은 하나님의 변치 않을 것 같았던 '선고'에 저항해 얻은 것이다. 그렇다, 야곱은 하나님과 싸워 이겼다.[145]

　　이처럼 얍복강에서 야곱이 하나님과 씨름한 이야기는 가인과 아벨의 이야기에서 처음 등장한 중요한 주제들을 반복한다. 아벨처럼 야곱도 그에게 던져진 듯한 숙명을 거부하고 스스로와 그 후손들을 더 좋은 삶으로 인도하기 위해 기꺼이 큰 모험을 한 사람이다. 그리고 그 모험은 하나님의 명백한 뜻으로 보이는 것과 반대로 나가는 것도 포함했다. 또한 아벨처럼 그도 하나님께서 역사의 운명에 도전하는 자, 그리고 자신과 가족을 위해 더 나은 삶을 만들기 위해서라면 왕·국가·전통, 심지어 하나님이 만드신 듯한 질서와 용기 있게 충돌하는 자를 존중하시고 아끼심을 발견한다.

　　더욱이 야곱은 아벨처럼 단순한 개인이 아니다. 야곱은 이스라엘 역사서에서 '이스라엘'이라는 이름을 지닐 한 민족의 시조로 등장한다. 역사서의 관점에서 야곱은 양치기적 민족(어떤 것이 양치기의 윤리학과 일치하지 않으면 그것이 왕이나 신의 명령이라도 받아들이지 않을 민족)의 시조다. 반복적으로 성서의 역사서와 선지자들의 저술은 바로 이 점을 강조한다. 자신의 충성과 의무를 주변인, (아브라함이 가나안에 62년을 거주한 다음에 여전히 자신을 그렇게 불렀던 것처럼)[146] 즉, "나그네와 객"(누구의 종도 아니며, 무엇이 옳은가에 대한 주체적인 판단에 의해 바뀔 수 없는 어떤 것에도 매이지 않은 존재)의 관점에서 늘 새롭게 검토해야 한다고 강조한다.[147]

　　다른 문화권에서는 신성모독에 해당하는 것(하나님과 싸워 이겼다는 주장)이 유대 민족의 상징으로, 그리고 성서적 신앙의 불가사의로 승화된다. 양치기적 민족은 운명 지워진 대로의 우주 질서를 거부하고 그것이 그들과 같은 '주변인'의 윤리학의 요구에 맞추어 왜 변화될 수 없는지를 묻는다.

　　하나님의 뜻과 관련해 이런 성서 내러티브의 윤리관이 가지는 신학적인 함의에 대해 할 말이 많지만, 여기서의 초점은 구약 성서의 윤리학이기 때문에 이 본문들을 떠받치는 신학에 대한 주의 깊은 논의는 다음 기회로 미루려 한다. 다음을 이야기하는 것으로 당분간 충분할 것이다. 이스라엘의 하나님은 옳은 일을 위해 반항하는 자들을 사랑한다. 그리고 하나님의 눈에 옳은 삶을 살기 위해 싸우는 사람이라면, 하나님은 그가 자유의지를 이용해 그분과 싸워 이기는 것도 기뻐하실 수 있다.

　　어떤 이는 이렇게 질문할 것이다. 그런 윤리적 가르침이 하나님이 순종을 기대하며 개인들에게 내리는 명령과 어떻게 공존할 수 있을까? 그런 윤리학이 하나님이 순종하라 명령하신 모세 율법과 어떻게 공존할 수 있을까? 이 질문들은 8장에서 다룰 매우 중요한 문제들이다. 지금은 그 문제에 대한 답들의 대략적 방향만 제시하겠다. 하나님의 뜻처럼 보이는 것을 거부하는 것이 옳을 가능성도 있음을 보여주는 성서 내러티브의 경우는 적은 반면(그 인상은 매우 강렬할지 몰라도), 이스라엘 역사서와 성서의 다른 부분에서 모세 율법을 지키라는 명령은 많고 명확하다. 더욱이 성서 내러티브도 양치기가 아닌 가인·이삭·요셉과 같은 농부형 인간에게 주로 속한 덕목들(순종·경건·안정성·생산성)을 잘 인지하고 있다. 따라서 아벨·아브라함·야곱·모세로 대표되는 양치기들의 계보가 훨씬 더 큰 강조와 찬양을 받지만, 성서 역사서는 그것과 대조되는 유형의 사람들이 인간 사회(여기에 이스라엘에 의해 세워질 사회도 포함됨)를 세우는 데 필연적으로 감당할 핵심 역할 또한 인지하고 있다.[148] 주의 깊은 균형 잡기를 통해 구약 성서는 그 두 지점 모두를 고려하는 윤리 영역에 대한 견해를 제시한다. 첫째, 모세 율법은 정의롭고 풍요로운 삶의 열쇠로 간주된다. 그 이유는 그것이 자연법칙과 너무나 일치해 그 법을 외부자의 입장에서 보는 양치기적 관점에서도 수용할 수 있고 복종할 가치가 있기 때문이다. 둘째, 이스라엘 역사서는 모세 율법을 그것에 선행하는 자연법칙을 폐기하거나 무효로 만드는 것으로 제시하지 않는다. 자연 질서와 자연법칙은 선지자들의 설교나 역사서에 그대로 존재한다. 이것들은 우리로 하여금 순종을 넘어 그리고 특정 순간에 요구되는 것처럼 보이는 것을 넘어 하나님이 참으로 사랑하시는 것, 모세 율법이 참으로 이루려 의도한 것을 찾도록 인도한다. 따라서 우리에게 사람과, 그리고 필요하다면 하나님과 싸울 용기를 주는 것이 바로 반항과 저항의 성서 이야기들이다.[149] 반항과 저항의 자세만이 모세 율법을 하나님의 뜻과 정의에 대한 표현으로 계속 기능할 수 있도록 보증한다.

1장과 2장에서 논의했듯이, 이스라엘의 역사서(창세기에서 열왕기서 까지)는 천지창조부터 유다 왕국의 멸망까지를 다루는 연속적인 하나의 내러티브다.[1] 이 역사서는 이스라엘 민족의 출현과 이 민족이 세운 왕국의 성립과 멸망에 초점을 둔다. 역사서의 주요 관심사 중 하나는 분명 이스라엘 왕국의 흥망성쇠의 원인을 밝히는 것이다. 물론 이 문제는 바빌로니아와 이집트에서 유배 생활하던 유대인들에게는 단순한 학문적인 관심이 아니었을 것이다. 적어도 일부 유대인은 이 재앙을 이스라엘 하나님의 무력함과 무관심 탓으로 돌리고 '이제는 외국 신들을 수용해야 한다'고 주장했다.[2] 이스라엘 역사서는 분명히 이런 견해

5장
이스라엘의 역사서에 나타나는 정치철학

에 반대하며 저술되었고, 이스라엘 왕국의 흥망성쇠에 관한 이 이야기는 그 재앙이 이스라엘 사람들이 스스로 내린 일련의 (잘못된) 결정들의 결과임을 암시한다. 즉, 역사서에 따르면 더 좋은 결정들이 적절한 시기에 내려졌다면(이스라엘 백성들이 다르게 행동했다면) 이스라엘 왕국이 망하지 않았을 것이다.[3] 더욱이 올바른 선택을 할 수 있는 기회는 유배 생활하는 유대인들에게도 열려 있고, 그들이 어떻게 결심하느냐에 따라 포로기 유대인들은 유다와 예루살렘의 회복을 이룩하고 사라진 옛 왕국보다 훨씬 더 견고한 왕국도 세울 수 있을 것이다.

이스라엘의 역사서는 이스라엘의 흥망성쇠를 어떻게 서술하는가? 왕국의 붕괴를 가져온 원인을 구체적으로 무엇이라 제시하는가?

역사서에 대한 일반적인 해석에 따르면 이스라엘 왕국이 망한 이유는 유대인들이 하나님과 맺은 언약을 위반하고 율법과 계명을 어겼기 때문이다. 그리고 이 메시지는 역사서에 분명히 들어 있다. 그러나 바로 이런 주장(언약과 율법에 대한 위반이 망국의 원인임) 때문에 이스라엘의 역사서는 유대인들과 하나님 사이의 특수한 관계를 다루는 책이며 그것이 작성된 특정 시대와 장소를 넘어서 보다 보편적으로 적용되는 메시지는 담고 있지 않다는 오해가 생겨났다.

역사서가 분명 하나님과 이스라엘의 특수한 관계라는 관점에서 주장을 개진하지만, '오로지' 그런 관점에서만 주장을 개진하지는 않는다. 오히려 역사서에서 이스라엘 왕국의 흥망성쇠는 보다 일반적인 성격의 광범위한 논의 안에서 제시되며, 이스라엘과 하나님의 언약에 관한 특수한 주장도 바로 그런 광범위한 문맥에서 발생한다.[4] 다시 말해, 역사서는 아브라함의 언약과 모세 언약을 일반 세속 국가와 통치자들의 본성에 대한 (성서적) 반작용으로 제시한다. 한편 사울 왕국은 무정부적 정치 질서에 대한 반작용으로 성립된 것이다. 또한 역사서는 솔로몬 왕국의 궁극적 실패를 국가 일반에 적용되는 정치 법칙에 따라 발생한 자연스러운 결과로 간주한다. 그러는 가운데 정치사상의 핵심적 문제들도 상당수 다루어진다. 예를 들어, 개인과 국가의 관계, 무정부주의 장단점, 정부 성립의 요인들, 정부의 위험성, 가장 좋은 통치 형태, 통치자들의 책임, 국가 쇠락의 원인 등과 같은 문제들에 대해 일관적이며 일반적인 논증을 제공한다. 역사서 내의 체계적 논증과 성서적 정치철학이 후대의 정치 사상사에 미친 영향은 이스라엘의 역사서를 정치철학사에서 손꼽히는 걸작 중 하나로 만들기에 충분하다.

본 장에서는 이스라엘 왕국의 흥망성쇠의 원인들에 대한 설명에 초점을 맞추고 이스라엘 역사서의 정치철학의 최초 표본을 제공할 것이다. 이스라엘 역사서는 교훈적 내러티브이기 때문에 정치사상에 대한 논의는 내러티브 자체의 전체적 요약으로부터 시작해야 한다. 이때 나는 이스라엘 왕국의 흥망성쇠에 관한 역사서의 서술에서 특히 주요한 네 가지 사건과 그 사건들이 묘사되는 방식에 드러나는 정치철학을 강조하려 한다. 그 네 가지 사건은 첫째로 출애굽 이야기, 둘째로 무정부 상태에 관한 사사기 이야기를 마무리하는 기브아 강간 사건, 셋째로 사무엘서의 이스라엘 건국 이야기, 마지막으로 솔로몬 왕국의 분열이다.

I. 출애굽과 혁명

위대한 중세 주석가 아이작 아브라바넬(Isaac Abravanel)이 강조하는 바처럼 구약 성서는 근본적으로 세속 권력, 특히 국가 권력을 신뢰하지 않는다.[5] 이것은 성서 내러티브의 가장 앞부분에 이미 암시되는데, 그것에 따르면 최초의 도시를 건설한 사람은 최초의 살인자 가인이다.[6] 국가에 대한 성서 저자의 혐오는 바벨탑 이야기에서 보다 노골적으로 드러난다.

온 땅에 언어가 하나였으며 말도 하나였다. … 그들이 서로 말하기를 "자, 우리가 벽돌을 만들어 단단히 굽자." 하고… "자, 우리가 우리의 성읍과 탑을 건축하여 그 꼭대기가 하늘에 닿게 하여 우리의 이름을 내고, 온 지면에 흩어지지 않도록 하자."라고 말하였다. 여호와께서 사람들이 건축한 성읍과 탑을 보려고 내려오셔서, 여호와께서 말씀하셨다. "보아라, 그들이 한 백성이며 모두 하나의 언어를 가졌으므로 이것을 시작하였으니, 이제 그들이 하려는 모든 일을 막지 못할 것이다. 자, 우리가 내려가서 거기에서 그들의 언어를 혼잡하게 하여 그들이 서로의 언어를 알아듣지 못하게 하자." 여호와께서 그들을 거기에서 온 땅 위에 흩으시니, 그들이 성읍 건축하기를 그쳤다.[7]

이 본문에서 우리는 국가에 대한 성서 저자의 의심을 집약된 형태로 보게 된다. 바벨탑은 제국적인 국가들에 대한 성서의 이미지이고 이 국가들에 대한 성서의 가르침은 다음과 같이 매우 노골적이다. '사람들이 스스로를 한 민족으로 간주하고 한 국가에서 함께 살게 될 때 그들의 야망은 끝을 모른다!'[8] 이 땅을 다스리게 된 그들은 하늘도 다스릴 수 있을 것이라고 믿게 된다. 그들 자신의 이름을 위대하게 만듦으로써 그들은 영생을 얻게 될 것이라고 믿게 된다. 다시 말해, 그들은 스스로를 하나님이라고 생각하게 된다.[9] 그리고 실제로 성서의 위대한 제왕들은 그런 식으로 묘사된다. 이집트의 왕들, 산헤립, 느부갓네살

181

그리고 아하수에로(아마 크세르크세스일 것임)는 자기를 신으로 생각해 어떤 악한 일이라도 서슴지 않고 하는 인물들로 묘사된다.[10] 이런 인상은 제왕들에게 국한되지 않는다. 소왕국의 왕들도 비슷한 종류로 그려진다. 예를 들어, 가나안의 왕 아도니베섹은 "칠십 명의 왕들이 그들의 엄지손가락과 엄지발가락을 잘리고 내 상 아래서 먹을 것을 주웠었다"라고 자랑한다.[11] 더 작은 왕국의 왕들도 그들이 할 수만 있다면 그들의 통치를 온 땅과 하늘에까지 펼치려 할 것이다. 그들이 저지르는 악행은 그들이 동원할 수 있는 무력의 양에 의해 제한될 뿐이다.[12]

이스라엘의 역사서가 우리에게 히브리인들을 처음 소개시켜주는 문맥은 이런 성서 속 세속 권력에 반대하는 히브리인들의 모습이다. 실제로 히브리인이 우리에게 처음 소개된 본문부터 그들은 줄곧 왕과 국가의 오만과 자기 숭배에 반항하는 모습으로 등장한다. 하나님은 아브라함을 바빌로니아의 큰 도시 중심지로부터 이끌어내어[13] 그를 가나안의 척박한 광야로 인도하여 그곳에서 목동들의 장막을 거처 삼아 유목민으로 살게 하셨다. 이 문명으로부터 탈출한 사건은 아브라함이 인간의 통치에서 자유롭게 된다는 것이며, 그렇게 자유롭게 된 그는 그의 마음을 하나님께 쏟을 수 있게 됨을 의미한다. 다시 말해, 성서에는 분명 무정부적 상태를 선호하는 경향이 있다.[14]

182

그러나 구약 성서는 유목 생활을 유토피아적으로 그리지 않는다. 왕들의 잦은 침범과 그들이 저지르는 끔찍한 악행들로 유목 생활의 이상이 반복적으로 깨진다. 침략자들은 아내를 훔쳐가고, 친척들을 납치해가고, 우물을 빼앗고, 딸들을 강간한다.[15] 그러나 국가 밖에서 생활하는 이런 실험을 끝낸 것은 그와 같은 폭력이 아니다. 아브라함이 자신과 그 가족을 위해 건설한 삶을 매우 의심스러운 것으로 만든 것은 경제적 어려움이었다. 가나안은 아브라함이 이민했을 때부터 매 세대마다 기근을 맞았다. 굶어 죽을지도 모른다는 두려움이 히브리인들을 종종 이집트로 내려가 도움을 구하게 했다.[16] 그때마다 이집트는 그들을 구해준다. 그러나 모든 범죄 조직이 그렇듯, 이집트의 보호는 공짜가 아니다. 히브리인들의 자유를 대가로 한 것이다.[17]

우리가 살핀 바처럼 이스라엘의 하나님은 국가를 그다지 좋아하지 않는다. 아브라함의 경우처럼 하나님이 누군가를 무척 사랑하면, 보통 그에게 그 국가에서 나오라고 말씀하신다. 그러나 이집트에 살던 이스라엘은 민족 전체가 종살이를 하는 경우다. 그들은 그냥 자유롭게 나올 수 없는 상황이다. 그럴 때는 어떻게 해야 하는가?

이에 대한 성서의 대답은 숨 막힐 정도로 대담하고 무정부 상태에 대한 성서적 선호를 다시 한 번 확인해준다. 바로 저항과 혁명이다.[18] 이 메시지를 우리에게 확실히 각인시키려는 듯 이스라엘 백성의 이집트 탈출 이야기를 다루는 출애굽기는 히브리인들이 국가에 저항하는 세 장면으로 시작한다. 첫 번째 장면에서 파라오가 히브리 산파들에게 히브리 노예들에게서 태어난 모든 남자 아이를 살해하라고 지시하지만, 그 산파들은 왕의 명령을 거부한다.[19] 두 번째 장면에서는 어떤 히브리 여인이 막 태어난 사내아이를 파라오의 병사들로부터 숨기고, 파라오의 딸이 그녀와 함께 그 아이를 살리는데, 이것은 왕의 명령에 대한 노골적 반항이다.[20] 세 번째 장면은 이 반항의 아이 모세가 성년이 되었을 때 발생한다. 다음은 성년 모세에 관한 이야기다.

그 아이가 자라자 … 공주의 아들이 되었고, 파라오의 딸이 그의 이름을 모세라 불렀다. … 모세가 장성한 후, 어느 날 그의 형제들에게 나가 그들이 고되게 노동하는 것을 보다가 어떤 이집트 사람이 한 히브리 사람, 곧 자기 형제를 때리는 것을 보았다. 모세가 좌우를 살펴 사람이 없는 것을 보고 그 이집트 사람을 쳐 죽여 모래 속에 감추었다.[21]

다른 장면에서와 마찬가지로 이 장면에서도 파라오나 그의 법, 혹은 국가 관료에게 순종할 의무를 지닌 것처럼 행동하는 사람은 아무도 없다. 국가에 대한 반역을 정당화하는 하나님의 개입도 전혀 없다. 반대로 이 모든 장면에서 사람들은 옳다고 생각하는 일을 하기 위해 국가의 법을 무시한다. 그리고 성서는 그들의 행동이 분명 옳다고 생각하는 듯하다. 왜냐하면 이들의 반역적 행위들의 직접적 결과로 히브리인들에게 (그들을 이집트로부터 구원해줄) 모세가 주어졌기 때문이다. 그러나 모세가 이집트인을 살해하고, 이집트에서 도망가 그의 조상들의 생활 방식이었던 양치기의 삶을 시작하고 나서야 (그것도 이 모든 것을 스스로의 판단으로, 하나님의 지시 없이 행하고 나서야) 이스라엘의 하나님은 처음으로 모세에게 나타난다.[22]

이 모든 것의 메시지는 분명하다. 하나님은 부정의한 국가에 저항하는 자들을 사랑한다. 하나님은 그들에게 나타나시며, 그런 자들을 도우신다. 물론 이집트에서 탈출해 나오는 히브리 노예들은 대개 수동적으로 묘사되며, 하나님은 그들을 "강한 손과 펴신 팔"로 구원하시는 분으로 묘사된다.[23] 그러나 출애굽 이야기는 히브리 가족 각자가 양을 도살하여 먹고 그 피를 문지방에 바르라는 명령에 순종할 때까지 그 절정에 이르지 않는다. 다시 말해 하나님은 그들에게 이집트인들의 신을 죽여 먹는 일을 공개적으로 시연하라고 요구하신 것이다.[24] 그와 같은 이집트에 대한 공개적 불복종과 경멸은 '속박의 집'으로부터 구원받아 약속의 땅에서 자유로운 새 삶을 얻기 원하는 누구나가 치러야 하는 최소한의 의무인 것이다.[25]

II. 사사기와 무정부 상태의 경험

이 시점까지 무정부 상태와 국가 사이의 선택은 분명해 보인다. 외적의 침입과 기근이 삶을 어렵게 만들어도, 성서 내러티브는 이집트의 노예 생활을 가나안에서 족장들이 경험했던 어떤 것보다도 나쁘게 평가함에는 의심할 여지가 없다. 이 때문에 이스라엘 사람들이 가나안 땅에서 희망했던 삶의 형태는 왕의 발아래 복종하는 삶이 아니라 무정부적인 자유의 삶이었다. 이것은 사사기에서 백성들이 미디안인들을 물리친 기드온을 왕으로 삼으려 했을 때 기드온이 말했던 바다.

이스라엘 사람들이 기드온에게 말하기를 "당신이 우리를 미디안의 손에서 구원하였으니, 당신과 당신의 아들과, 당신의 아들의 아들들도 우리를 다스리게 해주십시오." 하니 기드온이 그들에게 말하기를 "나는 여러분을 다스리지 않을 것이며, 내 아들도 여러분을 다스리지 않을 것이니 여호와께서 여러분을 다스릴 것입니다." 하였다.[26]

마찬가지의 정서가 기드온이 죽은 후 그의 아들 요담에 의해,[27] 또한 이스라엘의 가장 위대한 사사 사무엘 선지자에 의해 강력하게 표현되었다. 사무엘은 왕을 세우는 일이 이스라엘을 아브라함이 빠져나왔던 속박의 국가로 다시 회귀시키는 것이라고 주장하면서 영속 국가를 세우는 일을 반복적으로 질타했다.

(사무엘이) 말하였다. "너희를 다스릴 왕의 제도는 이러하다. 그가 너희 아들들을 데려다가 그의 병거를 관리하고 기마병이 되게 하며, 그들이 그의 병거 앞에서 달리게 될 것이고, 또한 그를 위하여 천부장과 오십부장을 삼고 그의 밭을 갈게 하며 그의 곡식을 추수하게 하고 그의 전쟁 도구와 병거 장비들을 만들게 할 것이며 그가 너희 딸들을 데려다가 향로 만드는 자와 요리하는 자와 빵 굽는 자로 삼을 것이다. 또한 그는 너희 밭과 포도원과 올리브 밭에서 좋은 것을 거두어 자기 종들에게 주고, 너희 곡식과 너희 포도원 소출의 십분의 일을 거두어 자기 궁정 관리들과 신하들에게 줄 것이다. 또한 너희 남종들과 여종들과 빼어난 젊은이들과 나귀들을 끌어다가 그의 일을 시키고, 그가 너희 양 떼의 십분의 일을 가져갈 것이며, 너희는 그의 종이 될 것이다. 그날에 너희는 너희가 선택한 왕 때문에 부르짖을 것이나 여호와께서는 너희에게 응답하지 않으실 것이다."[28]

사무엘이 여기서 그리는 왕정에 대한 그림은 왕이 특별히 악한 경우가 아니다. 성서에서 통치자와 자주 연관되는 살인이나 신체 절단, 강간에 대한 언급이 없다. 오히려 사무엘이 집중해 말하는 백성의 아들과 딸들과 종들 그리고 그들의 땅과 가축들을 취할 것이라는 내용은 왕의 일상적 직무와 관계된 것이다. 즉, 상비군과 관료 체계를 유지하기 위해서 모든 왕이 반드시 거두어야 하는 세금과 부역에 관한 것이다. 그러나 장막에서 자유롭게 사는 양치기적 삶의 방식을 선호하는 성서 저자의 관점에서는 매우 심각한 고통과 속박의 그림일 뿐이다. 실제로 사무엘이 백성들에게 '만약 그들이 왕을 세우면 그들 모두는 그의 아바딤(종)이 될 것'이라고 말할 때 그는 성서 내러티브 저자가 이집트에서 파라오의 노예로 사는 히브리인들을 지칭할 때 사용한 바로 그 단어(아바딤)를 사용한다.[29] 선지자 사무엘의 눈에는 국가와 왕정의 성립은 이집트로 다시 돌아가는 것과 같았다.[30]

그러나 아무리 무정부적 정치 질서를 동경한다 해도 성서 내러티브는 결국 무정부주의가 아닌 국가에 찬성표를 던진다. 그 이유는 간단하다. 무정부주의가 기대대로 잘 돌아가지 않기 때문이다. 사사기 전체가 무정부주의의 폐해에 대한 하나의 긴 고소장이다. 구약 성서의 정치철학은 바로 이 고소장을 중심으로 돌아간다.

사사기서는 여호수아 아래서 이스라엘 사람들이 가나안을 침략한 이후의 역사를 기록한다. 여호수아가 지휘한 정복 전쟁은 이상적으

185

로 그려진다. 즉, 이스라엘 사람들이 한마음으로 협력하여 가나안 땅을 정복하고 그 주민들의 혐오스러운 행위들로부터 그 땅을 정화했다.[31] 그러나 이스라엘 사람들은 그런 상태를 오래 유지할 수 없었다. 그래서 "그들 다음에 여호와도 알지 못하고 여호와가 이스라엘을 위해 행하신 일도 알지 못하는 또 다른 세대가 일어났다."[32] 그리고 이어지는 여덟 편의 에피소드는 이스라엘의 가나안 정복이 성취했던 모든 것이 점진적으로 붕괴되어감을 보여주도록 배열되었다.[33]

옷니엘, 에훗 그리고 드보라를 다루는 처음 세 이야기는 여호수아 시대의 특징인 이스라엘의 하나됨과 도덕적 힘을 계속 보여준다. 이 에피소드들에서 리더십은 중요한 지파들, 즉 유다·에브라임·베냐민 지파에 속해 있고 사사들도 적어도 본문이 보여주는 한에서는 고귀한 인격의 소유자들이다. 그리고 이 모든 것은 이스라엘의 대적들에 대한 극적이며 온전한 승리로 이어지고 본문을 통해 우리는 "그 땅이 40년 동안 평안했음"을 확인하게 된다.[34]

그러나 세 번째 에피소드부터 지파 간의 연대에 금이 가는 징조가 나타난다.[35] 여선지자이면서 사사인 드보라의 노래는 가나안의 왕 야빈과 싸우러 가자는 그녀의 요구에 응하지 않은 네 지파의 이름을 하나하나 열거한다. 르우벤·갓·단·아셀. 드보라는 이들을 다음과 같이 꾸중한다. "왜 너희들은 양우리에 앉아만 있었는가? 양들이 우는 소리를 들으려 했는가?"[36]

네 번째 에피소드에서 기드온은 비주류에 속하는 네 지파들만을 이끌고 전쟁한다. 그 자신도 주류 지파 출신이 아니다.[37] 그는 주류 지파에 대해서는 어떤 리더십도 행사하지 못한다. 오히려 에브라임 지파의 지도자들에게 공격당할 위기에 처한다.[38] 더욱이 갓 지파는 그를 너무나 경멸한 나머지 전쟁 중인 기드온 병사들에게 식량을 공급하는 것을 거부한다.[39] 후에 기드온이 돌아와 갓 사람들을 죽여 복수한다. 이로서 그는 자기 백성을 향해 칼을 휘두른 최초의 사사가 된다.[40] 이것이 끝이 아니다. 기드온은 우상들에 약하다. 그는 자신을 위해 주물 우상을 만들어 오브라에 설치한다. 성서에 따르면 그 결과 "모든 이스라엘이 그것을 따라 죄짓고 그것은 기드온과 그의 가문에 덫이 되었다."[41] 기드온이 죽자 그의 아들 아비멜렉이 기드온의 나머지 아들들을 죽이고 스스로를 왕으로 선포한다. 그러나 자신도 그의 추종자들과 결별한

후 유혈 전투 도중 죽는다.[42]

다섯 번째 에피소드에서[43] 입다는 길르앗 사람들만을 다스리는 것으로 묘사된다. 다시 말해, 그는 넓게 잡아봐야 요단 동편 지역에 자리한 두 지파 반만의 사사일 뿐이다. 창녀의 아들로 태어난 그는 '아나쉽 레이킴', 즉 "잡놈들"[44]의 대장이 되었고 모압인들의 신 그모스가 마치 이스라엘의 하나님과 비슷하게 살아 있는 존재인 것처럼 그 신을 입에 올리곤 했다.[45] 암몬 사람들을 무찌르기 위해 맹세도 하는데 그 결과, 입다는 승리한 후 자신의 딸을 이스라엘의 하나님께 번제로 희생해야 했다.[46] 그는 그 지역에 평화를 가져오지도 못했다.[47] 또 입다는 에브라임 사람들과의 앙금을 심화시켰고, 그 결과 에브라임과 요단 동쪽 지파 사람들 사이의 내전이 발생하여 수만 명이 죽게 된다.[48]

여섯 번째 에피소드의 주인공인 삼손은 선배 사사들보다 훨씬 더 깊이 우상숭배에 빠진다. 그는 블레셋 사람들과 어울리고 블레셋 여인과 결혼하고, 블레셋 창녀와 잠자리를 같이한 것으로 그려진다. 그리고 이런 일들은 그를 자주 위험에 빠뜨렸고, 결국 그는 눈을 잃고 사람들의 조롱거리가 되는 처지에 놓인다.[49] 삼손은 자신은 물론 누구도 구원하지 못한다. 그는 적지에서 자살한다.

일곱 번째 에피소드에서는 이스라엘에 어떤 사사도 없는 듯하다. 본문은 "모든 사람이 자기 소견에 옳은 대로 행했다"라고 기록한다.[50] 단 지파는 하나님이 멸해야 한다고 판단한 적을 이길 수 없어서[51] 이스라엘의 북방 국경에서 보다 약하고 순진한 사람들을 발견하고는 그들을 공격하여 멸절시킨다.[52] 그 지파의 제사장은 은 우상을 섬기던 무책임한 레위인으로, 그 우상은 단 지파의 우상이 된다.[53] 그리고 이 절박한 지파 앞에 있는 그 우상 판매자의 이름은 모세의 손자, 게르손의 아들, 여호나단이다.[54]

이 정도 되면 이스라엘은 더 떨어질 나락이 없을 것 같은데 그들은 더 떨어진다. 마지막 에피소드에서 우리는 어떤 레위인이 첩과 함께 그의 고향 에브라임으로 돌아오는 장면을 대한다. 도중에 그는 밤을 보내기 위해 베냐민 지파의 마을 기브아에 멈춘다. 그때 어떤 노인이 그 여행자를 발견하고는 길에서 밤을 보내지 말 것을 간청한다. 노인이 그렇게 간청한 충분한 이유가 있었다. 다음을 보라.

187

그들이 기브아에 들어가 묵으려고 그곳으로 돌이켜 들어갔는데 … 보라! 그 저녁에 밭에서 한 노인이 일하다가 돌아오고 있었는데, 그는 에브라임 산지 사람으로 기브아에 머물러 살고 있었으며 … 그 노인이 눈을 들어 어떤 나그네가 성읍 큰 길에 있는 것을 보고…

그 노인이 말하기를 "안심하시오. 필요한 것은 모두 내가 담당하겠으니, 길에서는 묵지 마시오." 하고 그를 자기 집으로 맞아들여, 나귀에게 여물을 주었으며, 그들이 발을 씻고 먹고 마셨다.

그들이 마음을 즐겁게 하고 있을 때, 그 성읍의 불량배들이 그 집을 에워싸고 문을 세게 두드리며 집주인 그 노인에게 말하기를 "노인 집에 들어온 그 사람을 끌어내시오. 우리가 그와 관계하겠소." 하니,[55]

집주인인 그 사람이 나와서 그들에게 말하기를 "아니네. 내 형제들이여, 제발 악을 행하지 말게나. 이 사람이 내 집에 들어왔으니, 이런 수치스러운 일은 하지 말게. 보시게, 내 처녀 딸과 그 사람의 첩이 있으니, 내가 그들을 데리고 나오겠네. 그들을 욕보이든지 말든지 자네들 보기에 좋을 대로 하게. 그러나 이 사람에게는 이런 수치스러운 일을 하지 말게." 하였다.

그러나 그 사람들이 듣지 않으므로 그 사람이 그의 첩을 밖에 있는 그들에게 내어주니, 그들이 그 여자와 관계를 갖고 밤새도록 능욕하다가 새벽 미명에 그 여자를 놓아주었다. 동틀 때에 그 여자가 자기 주인이 있는 그 노인의 집 문에 와서 날이 밝을 때까지 쓰러져 있었다. 그 여자의 주인이 아침에 일어나 그 집 문을 열고 길을 떠나려고 나서는데, 보니, 자기 첩인 그 여자가 손을 문지방 위에 올려놓고 그 집의 문 앞에 쓰러져 있었다.

그가 그 여자에게 일어나 가자고 말하였으나 아무 대답이 없었다.[56]

188

그의 첩을 집 밖으로 밀어내었고, 이제 잔인하게 살해된 그녀의 시체를 받은 레위인은 그것을 에브라임으로 가져가서, 칼로 12조각으로 자른 후 12지파의 장로들에게 각각 한 조각씩 보낸다. 크게 흥분한 지파들은 한 곳에 모여 베냐민 사람들에게 그 범죄자들을 내어놓으라고 요구한다. 그러나 자신의 잘못을 잘 모르는 듯한 베냐민 사람들은 그 요구를 거부한다. 그 후 발생한 내전에 이스라엘 전체가 말려들어 양쪽에 많은 사상자가 발생한다. 그러나 이스라엘이 승리하고 결국 베냐민 지파의 모든 남녀노소가 멸절의 지경에 이른다. 마지막 순간에 공격을 거두어 베냐민 지파는 진멸을 면하고 600명의 젊은이들만 생존

하게 된다.**57**

　　사사기를 마무리하는 이 이야기는 매우 강력하고 분명한 메시지를 전달한다. 왜냐하면 기브아의 첩 이야기는 성서 내러티브에서 먼저 등장한 이야기를 재연한 것이기 때문이다. 이 사건은 창세기에 다음과 같이 서술된 소돔의 멸망 이야기에 대한 재연이다.

두 천사가 저녁때에 소돔에 도착하였는데, 마침 롯이 소돔 성문에 앉아 있다가 그들을 보고 일어나 영접하였다.

그리고 그의 얼굴을 땅에 대고 엎드려 절하며 말하기를 "내 주여, 보소서. 주의 종의 집으로 들어오소서…"

그들이 말하기를 "아니다. 우리는 거리에서 밤을 보내겠다." 하였으나

롯이 그들에게 간청하자 그들이 돌이켜 그의 집으로 들어갔으며, 롯은 그들을 위하여 잔치를 베풀고 누룩을 넣지 않은 빵을 구워 내놓자 그들이 먹었다.

그런데 그들이 눕기 전에 그 성읍 사람들, 곧 소돔 사람들이 어린아이로부터 노인에 이르기까지 사방에 다 모여 그 집을 에워싸고, 롯을 불러 말하기를 "이 밤에 네게 온 사람들이 어디 있느냐? 그들을 우리에게로 끌어내라. 우리가 그들과 관계해야겠다." 하니,

롯은 대문 입구에 있는 그들에게 나가서 뒤로 문을 닫고 말하였다. "내 형제들이여, 제발 악을 행하지 마시오. 그들에게는 아무 일도 하지 마시오. 보시오, 내게 남자를 알지 못한 두 딸이 있소. 내가 그 애들을 당신들에게로 데려올 테니 당신들 눈에 좋을 대로 하시오. 다만 이 사람들은 내 집에 들어왔으니, 그들에게는 아무 일도 하시 마시오."

그러나 그들이 말하기를 "물러서라." 하고 또 말하기를 "이 사람이 와서 머물며 이제 재판관이 되려 하는구나…" 그리고 그들이 롯을 세게 밀치며 문을 부수려고 다가왔다.

그때 그 사람들이 손을 내밀어 … 문 밖에 있는 사람들을 작은 자에서 큰 자에 이르기까지 쳐서 그 눈을 멀게 하니 … 그 사람들이 롯에게 말했다. "네게 딸린 사람이 여기에 또 있느냐? … 그들은 누구든지 이곳에서 이끌어내라. … 우리가 이곳을 멸하겠다."**58**

　　이 두 본문을 비교하면 기브아에서 레위인의 첩에게 발생한 이야기가 곧 소돔 이야기임이 분명해진다.**59** 이 두 본문은 서로 닮았다는

189

것을 독자들이 자명하게 받아들이도록 작성되었다. 그러나 사사기의 나머지 부분에 묘사된 점증하는 야만 상태(각 세대는 그 아버지 세대보다 더욱 타락하게 됨[60])의 절정으로 의도된 기브아 이야기는 매우 특정한 교훈을 주기 위한 것이다. 그 교훈은 비록 이집트 국가에 속박된 삶은 상상하기 힘들 정도로 나쁜 것이지만, "모든 사람이 자기 소견에 옳은 대로 행하는" 무정부 상태도 그에 못지않게 나쁘다는 것이다. 왜냐하면 베냐민에서 발생했던 사건이 어디에서나 혹은 모든 곳에서 쉽게 발생할 수 있기 때문이다. 질서를 유지해줄 국가가 없이는 더 큰 타락으로의 추락이 브레이크 없이 지속되어 결국에는 사람들이 소돔의 악행들을 재연하게 될 것이다. 그리고 소돔이 너무 타락하여 지구에서 완전히 멸망하게 되었음은 주지의 사실이다.[61]

III. 사무엘과 왕정의 성립

네 번에 걸쳐 내러티브의 저자는 사사기에서 점증하는 것으로 묘사된 야만 상태를 '이스라엘에 왕이 없는 상태'로 지칭한다. 그중 두 번은 야만 상태와 왕이 없는 것을 명확하게 연결시킨다. "이스라엘에 왕이 없으므로 모든 사람이 자기 소견에 옳은 대로 행했다."[62] 그리고 이스라엘의 사사 시대에 대한 성서 서술의 핵심 주제는 모두가 "자기 소견에 옳은 것"을 하는 상태에 대한 혐오다. 결국 무정부 상태에서 사람이 살 수 없음이 분명해진다.[63] 무정부 상태에 대한 유일한 대안은 항구적인 정치·군사 권력(내적으로 사회질서를 유지하고 밖으로는 외적의 침략에서 백성을 보호할 수 있는 권력)을 세우는 것이다. 다시 말해, 무정부 상태의 대안은 정치 국가, 즉 왕정의 성립이다.[64]

이스라엘 국가의 성립은 사무엘상 8장에서 묘사된다. 그것은 '자연 상태'의 공포를 끝내고 사회계약을 기초로 형성된 초기 근대국가 개념의 원천들 중 하나다. 이스라엘 사람들은 당시 사사였던 사무엘에게 찾아가 왕(즉 전쟁에서 백성을 방어하고 평화 시에는 그들을 통치할 수 있는 항구적인 통일 주권)을 요구한다.

그러므로 이스라엘의 모든 장로가 모여 라마에 있는 사무엘에게 가서, 그에게 말하기를 "보십시오. 당신은 늙었고, 당신의 아들들은 당신의 길로 행하지 않으니 이제

모든 민족처럼 우리에게 왕을 세워서 우리를 다스리게 해 주십시오."라고 하였다.[65]

이 요구에 사무엘은 충격을 받지만,[66] 지혜로우신 하나님은 그 요구를 수용하신다.

여호와께서 사무엘에게 말씀하셨다. "백성이 네게 하는 모든 말을 들어주어라. 그들이 너를 버린 것이 아니라 나를 버려 그들의 왕이 되지 못하게 하는 것이다."[67]

유대인들도 그들의 국가를 가져야 한다.

의미심장하게도 이스라엘의 초대 왕으로 선택된 사람은 그 악명 높은 범죄가 발생한 마을 출신의 젊은이, 이스라엘 대 베냐민 내전에서 생존한 600명의 베냐민 청년들 가운데 한 사람이었을 기브아의 사울이었다.[68] 이스라엘이 그 베냐민 출신의 왕을 받아들였다는 것은 그의 부족이 과거에 대해 진정 어린 회개를 했다는 표지다. 그렇다면 사울의 선택은 왕정의 새 시대가 가져올 형제애와 내적 연대에 대한 표지인 것이다. 실제로 사무엘서 본문은 이스라엘 왕의 선택을 사사 시대 지파들의 삶을 특징짓던 혼란과 내전을 치유하는 사건으로 묘사한다.[69] 암몬인들이 길르앗 야베스인들(이들은 반역했던 갓 사람들임)의 눈을 뽑고 그들을 노예로 삼으려 위협할 때 사울이 온 이스라엘에서 군대를 모아 그들을 구원한다.

사울이 말하기를 "무슨 일로 백성들이 울고 있느냐?" 하니, 그들이 야베스 사람들의 말을 그에게 전해주었다. 사울이 이 말을 들을 때 하나님의 영이 강하게 임하시어 그의 분노가 크게 타올라, 소 두 마리를 잡아 토막을 내고, 그것을 전령들의 손에 들려 이스라엘 전역에 보내며 말하기를 "누구든지 사울과 사무엘을 따라 나오지 않으면, 그의 소도 이와 같이 만들 것이다."라고 하니, 두려움이 여호와로부터 백성에게 임하여 그들이 한 사람처럼 나아왔다. … 그리고 그들이 새벽에 (암몬의) 진영으로 들어가서 날이 뜨거울 때까지 암몬 사람을 죽이니, 남은 자들이 다 흩어져 둘도 함께 있지 못했다.[70]

사울은 모든 이스라엘을 "한 사람처럼" 연합시킴으로 큰 승리를 거두었다. 그러나 사울은 어떻게 승리했는가? 소를 토막 내고 그 토막

191

들을 이스라엘 전역에 보낸 것은 유대인들에게 레위인의 첩이 죽은 그 무시무시한 기브아 사건을 떠올리게 한다. 물론 사람이 아니라 소를 토막 냄으로 사울은 그의 통치가 보다 인간적일 것임을 분명히 한다. 심지어 그의 협박("누구든지 사울과 사무엘을 따라 나오지 않으면, 그의 소도 이와 같이 만들 것이다")도 백성의 목숨이 아니라 재산에 대한 것이라는 점에서 기드온이나 입다가 취한 전략보다는 훨씬 진보한 것이다. 그러나 지파들의 연합(사사 시대에는 없었던 일)이 처벌에 대한 협박을 통해 이루어졌다는 사실을 간과해서는 안 된다. 본문은 그 결과 "두려움이 여호와로부터 백성에게 임하였다"고 기록한다. 사울이 그의 전임자들보다 더 인간적일지 몰라도 그는 궁극적으로 보복의 공포 정권을 세움으로써 백성의 통일을 이룩한 것이다.

여기서 우리는 처음으로 돌아온 것 같은 느낌을 받지 않는가? 이스라엘인들의 재산(과 나아가 그들의 목숨)에 대한 협박에 근거한 통치가 사울을 혐오스러운 고대 제국의 왕처럼 만들지 않는가? 이스라엘이라는 국가도 이집트나 바빌로니아와 같은 제국의 배아가 될 것인가? 이스라엘도 세계 제국이 될 때까지 백성들을 희생시키며 그 힘을 기르려 할 것인가? 무엇이 이스라엘을 막아 그런 제국이 되지 못하게 할 수 있을까?

여기서 우리는 구약 성서에서 개진된 국가 이론과 우리에게 익숙한 초기 근대의 정치사상 사이의 매우 중요한 차이점을 깨닫게 된다. 홉스와 로크에 따르면 국가를 발생시키는 사회계약은 특정 국가를 구성하는 개인들 사이에 체결된다. 그 백성들 이외에 계약에 참여하는 주체는 없다.[71] 그러나 구약 성서에서 국가를 성립시키는 계약은 좀 다르다. 국가를 성립시키는 계약의 두 당사자는 백성과 하나님이다.

이 사실에서 우리는 무엇을 알 수 있는가? 국가 형성적 계약에 하나님이 개입된 사실이 국가 이론에 어떤 영향을 미치는가?

성서 내러티브는 국가와 왕이 세워진 것이 사람들의 요구라는 점을 분명히 한다. 내적 무질서와 외적인 침입으로부터 보호받기 원하는 백성의 열망은 정당할 뿐 아니라 국가 성립에 부정적 영향을 주는 다른 중요한 걱정들(예를 들어, 국가나 왕이 우상숭배의 대상이 될 위험과 왕이 백성을 억압하고 노예로 삼을 위험)보다 우선되는 것으로 묘사된다. 실제로 하나님께서 사무엘에게 "백성이 너에게 무엇을 말하든지 그들의 목소리를 경청하라"고 말했다는 성서의 기록으로 보아,[72] 구약 성서는 그리스철학의 어떤 고전보다도 민주적 통치를 지지함에 있어 진보적이다. 그럼에도 불구하고 성서 저자들은 통치의 적법성이 사람들 사이의 동의에서만 온다고 생각지 않는다. 만약 백성이 악을 행하는 데 동의한다면? 한가한 질문이 아니다. 황금 송아지 이야기로부터 베냐민 지파의 멸망 이야기까지, 성서 내러티브는 백성들이 엄청난 악행에 동의할 수 있음을 말해준다.[73] 그리고 우리도 이 사실을 전혀 의심해서는 안 된다. 우리는 독일의 바이마르 공화국의 예를 통해 총선을 통해 표출된 백성의 합의된 뜻이 인류 역사상 가장 비열한 독재 정권 중 하나를 잉태했고, 수천만의 사람을 죽음으로 몰아갔음을 목격했다.[74] 통치의 적법성은 백성의 동의에서만 유래하는 것이 아니다. 통치의 적법성을 위해서는 반드시 그 이상이 요구되어야 한다.

이스라엘 역사서에 묘사된 왕정 성립 이야기에서 이 추가적 요건은 하나님의 뜻으로 표현된다. 여기서 하나님의 뜻이란 옳고 그름에 대한 독립된 기준(사람들의 합의로부터 독립된 기준)이다. 죽을 때까지 왕을 세우는 일에 반대했던 선지자 사무엘과 달리 하나님은 영구적인 국가의 성립에 동의하신다. 이 사실은 성서 내러티브가 당시의 상황에서 국가를 세우는 것이 옳은 일이라고 판단했음을 보여준다.[75] 이것은 다음의 함의를 가진다. 백성들의 필요가 그들이 살게 될 정치 체제를 결정하는 데 가장 중요하고 시급한 고려 사항으로 간주되어야 하는 한편, 그 정치 체제는 반드시 '선하고 정의로운 것의 범위를 넘어가지 않는다'는 독립적인 판정에 의해 비준되어야 한다. 여기서 하나님은 그 합의의 한 당사자, 그것도 마지못한 당사자로 묘사된다. 그리고 구약 성서의 정치철학에 가장 중요한 요소 중 하나(국가 성립 계약의 '조건성')의 신학적 기반을 제공하는 것이 바로 하나님이 그 계약에 마지못해 들어갔다는 것이다. 하나님이 실제로 국가 성립에 동의하시지만, 하나님이 마지못해 동의하셨다는 사실이 그렇게 성립된 국가의 성쇠에 영향을 준다. 즉, 통치자들이 계속 악을 추구한다면 그들 왕국의 존재에 대한 하나님의 동의가 철회될 수 있는 가능성을 고려해야 한다는 것이다.

망설이는 하나님을 설득하기 위해 국가 성립 계약은 다음의 조항을 포함한다. 왕은 첫째, 국가를 성립시킨 백성들의 뜻에 맞게 통치해야 할 뿐 아니라, 둘째, 사무엘이 말하는 '하데레크 하토바 베하예샤라',

즉 "선하고 올바른 길"을 따라 통치해야 한다.[76] 다시 말해, 그의 통치는 정의와 선이라는 독립적 기준에 부합해야 한다. 백성들의 합의만으로 충분하지 않다. 사울을 왕으로 세우면서 사무엘은 백성들에게 다음과 같이 말한다.

이제 너희가 요구하여 선택한 왕을 보아라. 여호와께서 너희를 다스릴 왕을 주셨다. 만일 너희가 여호와를 경외하여 그분을 섬기며, 그분의 음성에 순종하고 여호와의 명령을 거역하지 않으며, 너희와 너희를 다스리는 왕이 다 같이 여호와 너희 하나님을 따르면 … 나는 선하고 올바른 길로 너희를 가르칠 것이니 … 그러나 만일 너희가 계속하여 악을 행한다면, 너희와 너희 왕이 다 같이 멸망할 것이다.[77]

그러므로 우리가 가진 정치 체계는 백성들의 소망에 응답하는 동시에 이 소망들로부터 궁극적으로 독립적인 올바름에 대한 기준에 응답하는 이중적 적법성에 의해 운영된다.[78] 이스라엘의 헌법에서 선지자 제도의 기초를 제공한 것도 이런 이중적 적법성의 체계다. 사람들과 그들의 대표자들은 그들 자신의 이익을 수호하기 위해 왕에게 끊임없이 요구하는 자들로 간주되는 반면 선지자들은 왕을 선하고 올바른 길로 강권하려고 노력하는 자다. 심지어 선지자들은 왕의 악행 때문에 하나님이 왕국에 대한 계약을 철회할 수 있음을 경고한다.[79]

그러나 올바른 길에 대한 독립적인 기준은 구체적으로 무엇을 말하는가? 성서 내러티브는 이스라엘 왕이 '선하고 올바르게' 통치했다고 평가받기 위해 반드시 해야 하는 많은 것을 가르쳐주지만, 이 문제를 여기서 온전히 다루는 것은 불가능하다. 그러나 내가 강조하고 싶은 것은 옳은 길에 대한 성서적 기준이 가나안 땅에서 우상숭배를 몰아내는 것이나 과부와 고아의 보호 같은 기초 도덕과 관련된 것만은 아니라는 사실이다. 왕이 올바른 길을 따른다는 것의 가장 중요한 의미는 신명기의 모세 율법에 명시되어 있는 '왕의 율법'에서 발견된다.[80] 그곳에서 이스라엘 왕은 다음의 법을 따라야 하는 것으로 묘사된다.

너는 반드시 여호와 네 하나님께서 택하신 사람을 네 위에 왕으로 세우되, 네 형제 중 한 사람을 왕으로 세워야 하며, 네 형제가 아닌 외국인을 네 왕으로 세워서는 안 된다.[81] 왕은 말을 많이 가져서도 안 되며 말을 많이 얻으려고 백성을 이집트로 보내지 말 것이니 … 왕은 또 그 마음(레바보)이 미혹되지 않도록 아내들을 많이 두어서도 안 되며, 자신을 위해 은과 금을 많이 모아서도 안 된다. 그가 왕위에 오르거든 그는 이 율법의 사본을 두루마리에 써서 평생 자기 옆에 두고 그것을 읽으면서 여호와 자기의 하나님 경외하기를 배우며, 이 율법의 모든 말씀과 규례를 지켜 행하여야 한다. 그의 마음(레바보)이 그 형제들보다 높아지지 않고 그 명령에서 오른쪽으로나 왼쪽으로나 벗어나지 않으면 이스라엘 중에서 그와 그의 자손이 오랫동안 그의 왕위에 있게 될 것이다.[82]

이 모세 율법에 따르면 왕은 많은 수의 말을 모으지 못하도록 되어 있다. 왕은 많은 아내를 두는 것도 피해야 하며 많은 양의 금을 축적해서도 안 된다. 그리고 생각해보면 왕과 관련한 이 세 가지 금지 사항은 서로 상통함을 알 수 있다. 먼저, 말에 대한 경고는 분명히 상시적으로 전쟁을 치르는 데 필요한 대규모 상비군을 유지하지 말라는 말이다. 둘째, 많은 아내에 대한 경고는 외국과의 연맹에 깊게 관심을 두는 것을 방지하려는 목적을 지닌다. 외국의 공주들을 아내로 두는 것은 그런 연맹의 중요한 수단이었다. 아울러 많은 아내에 대한 경고는 왕국이 끊임없는 음모들에 말려들지 않도록 하기 위함이다. 통치자의 성적 일탈과 그로 인한 왕위 승계의 혼란은 음모의 원인이 된다. 셋째, 금을 축적하는 것에 대한 경고는 많은 말과 아내들을 위한 재원 마련을 위해 무거운 세금과 부역을 부과하고 심지어 그것을 위해 정복 전쟁에 나서는 것을 금지하는 것이다.

이 모든 것을 간단히 요약하면, 왕의 율법은 성서의 거대 제국들을 특징짓는 삶의 방식을 금지하기 위해 제정된 것이다. 대신 성서는 우리가 오늘날 '제한적 국가'(limited state)라 부르는 것을 대안으로 제시한다. 이 제한적 국가의 왕은 더 큰 권력을 끊임없이 추구하는 데 인생을 낭비하는 대신 자신의 변덕보다 더 높은 법에 복종하고 국민의 복지를 추구하는 자다.[83] 바로 이것이 성서에서 왕은 "이 율법의 사본을 두루마리에 써서 평생 자기 옆에 두어야" 한다는 말씀이 의미하는 바다.

마찬가지 의미에서 성서 내러티브는 국가가 영토적 야망에 제한적이어야 한다고 주장한다. 예를 들어, 모세의 책들과 여호수아서는 그 땅의 분명한 영토들을 지정한다. 이스라엘 사람들은 다음과 같은 명령을 받는다.

길을 떠나 아모리 사람의 산지로 가되, 그 모든 인근 지역, 곧 아라바와 산지와 쉐펠라와 네게브와 해변과 가나안의 땅과 레바논과 그 큰 강 유프라테스까지 가거라.[84]

현재 유대 국가의 국경과 비교하면 모세와 여호수아가 규정한 국경은 무척 관대해 보인다. 그러나 이집트와 메소포타미아의 영토적 야심과 비교하면, 성서 내러티브가 그 명령으로 말하려는 생각은 이스라엘이 추구하는 영토는 제한적이어야 한다는 것임을 알 수 있다.[85]

너희가 세일에 살고 있는 에서의 자손, 곧 너희 형제의 경계를 지나게 될 때 … 너희는 각별히 조심하여라. 내가 그들의 땅은 한 발자국도 너희에게 주지 않았으니, 그들과 다투지 마라. 내가 세일 산지를 에서에게 유업으로 주었기 때문이다. … 모압을 괴롭히지 말고, 그들과 싸우지 마라. 내가 너에게 그들의 땅을 유업으로 주지 않을 것이니, 내가 이미 롯의 자손에게 아르를 유업으로 주었기 때문이다. … 암몬 자손 가까이 이르게 되거든 너는 그들을 괴롭히지 말고 그들에게 싸움도 걸지 마라. 나는 암몬 자손의 땅을 너에게 유업으로 주지 않을 것이니, 내가 이미 그 땅을 롯의 자손에게 유산으로 주었기 때문이다.[86]

종합하면 왕의 율법, 이스라엘 국경에 대한 제한, 그리고 이스라엘 동쪽 국경 지역을 침범하지 못하게 한 명령은 이스라엘 왕국이 그 영토적 야망에 있어 주변 국가들과는 다른 국가가 되어야 한다는 이해를 반영한다. 아마 이스라엘은 하나님의 선포에 의해 국력이 제한된 세계 최초의 나라일 것이다.

IV. 솔로몬과 통일 왕정의 종식

왕에 관한 모세 율법은 최소주의적이라는 평을 받아왔다. 그러나 그런 견해는 그 율법들이 왕과 그의 왕국에 얼마나 어려운 일을 요구하는지를 잘 이해하지 못하는 것이라 생각한다. 성적 순결법, 음식 제한법, 안식일 준수법이 개인의 욕구에 대한 체계적인 절제를 명령하듯이 왕의 율법(금, 아내, 말의 축적을 제한하는 법)도 국가의 욕구에 대한 체계적인 절제를 명령한다. 절제의 이유도 동일하다. 금, 아내, 말을 마구잡이로 축적하는 것으로 표현된 국가의 욕구들은 이방 민족 국가의 특징이었던 폭력, 억압, 심지어 우상숭배의 원인으로 간주된다. 만약 이런 욕구들을 제어할 수 있다면 그 정부는 사람뿐 아니라 하나님의 동의까지 얻어낼 수 있을 것이다.[87]

국가의 욕구들을 제어함은 통치자들의 욕구를 제어함을 의미한다. 그리고 성서 내러티브는 이 문제가 왕정에만 나타나는 것이 아니라 모든 정치 리더십의 내재적 문제임을 강조한다. 이 문제는 이스라엘의 사사 기드온에게까지 거슬러 올라간다. 그는 왕이 되라는 추종자들의 요구를 영예스럽게 거부하지만 왕의 율법이 정확히 금하고 있는 것, 즉 금과 아내들을 많이 모으고 싶은 욕구를 드러냈다. 이 둘은 그에게 좋은 일을 가져다주지 않았다. 금은 오브라에서 앞서 언급한 우상을 만드는 데 사용되어, 결국 이스라엘 민족을 가나안인들의 우상숭배적 삶으로 이끌었다.[88] 한편 많은 아내는 그에게 아들 70명을 낳아주었는데,[89] 이 아들과 아내는 즉시 권력 승계에 대한 모의를 시작하여 기드온이 죽자 그들은 스스로를 왕으로 선포하고 서로를 죽였다. 이 정치적 공포는 마지막 왕위 주창자가 살해당할 때까지 수년 동안 지속되었다. 이 모든 이야기는 유혈 사태로 끝난다.[90]

그러나 이것은 끝이 아니라 시작일 뿐이다. 왜냐하면 기드온이 이스라엘에 남긴 유산은 무절제의 전통을 포함하기 때문이다. 이후 이스라엘에 일어난 사사들은 아내, 말, 재물을 늘리는 일을 계속했다. 예를 들어, 기드온의 후계자 가운데 길르앗 사람 야일은 30마리의 말을 타고, 30성에 사는 30명의 아들을 두었다. 베들레헴의 이브단도 마찬가지로 30명의 외국인 여자와 결혼한 30명의 아들과 30명의 외국인 남자에게 시집간 30명의 딸을 두었다. 그리고 비라돈 사람 압돈은 70마리의 말을 타고 돌아다닌 40명의 아들들과 30명의 손자들을 두었다.[91] 아내, 특히 외국인 아내를 많이 취하고 그 후손들을 말에 태우는 이런 무절제의 예들은 자기 신격화와 무제한적 권력의 저주가 기드온이 역사의 무대에서 사라진 후에도 오랫동안 이스라엘의 리더십을 따라다녔음을 보여준다.

왕국이 성립되면서 초점이 자연스럽게 이스라엘의 왕으로 이동한다. 이스라엘의 왕들 중 유일하게 첫 번째 왕 사울만이 이 문제에 관해서 왕의 율법을 잘 따른다. 그의 라이벌이자 후계자였던 다윗은 위대한 전사로 사람들에게 더 많은 사랑을 받았고, 사방의 적들을 물리치고 이스라엘에 평화를 가져오는 데 성공한 인물이었다. 그러나 다윗은 여자와 관련해 놀랍도록 약한 절제력을 보인다. 우리가 이름을 아는 다윗의 아내만 해도 여덟 명에 달하고 성서 저자가 이름을 말해주지 않는 아내들은 더 많다.[92] 이뿐만 아니라 그는 다른 남자의 아내들을 빼앗는 데도 주저하지 않아 밧세바를 얻기 위해 우리야를 죽이는 무리수까지 둔다.[93] 하나님께서 자기 잘못을 인정하고 진정하게 회개하는 능력 때문에 다윗을 사랑하셨지만 그의 행위는 통제될 수 없는 결과, 즉 나라를 근간부터 흔드는 결과들로 이어졌다. 하나님이 그에게 "보아라 내가 네 집에서부터 재앙을 일으킬 것이다"고 말씀하신 것처럼[94] 아버지가 원하는 여자는 가리지 않고 취했다는 것을 인지한 다윗의 아들들도 그의 영향을 받아, 암논의 경우 그의 이복누이를 강간했고 압살롬은 그의 아버지의 아내들과 동침했다.[95] 암논은 너무 일찍 죽어 잘 알 수 없지만, 압살롬의 경우 살인과 배반의 능력이 그의 무절제한 성적 욕구와 혼재해 있었다.[96] 나아가 다윗은 여러 명의 아내와 아들들에 대한 충정 때문에 왕위 승계의 문제를 혼란스러운 상태로 남겨두었다. 그 결과 더 많은 음모와 유혈 사태가 벌어졌다.[97] 다윗이 사랑에 대한 절제력을 가지고, 정절을 지켰다면 이런 일들은 발생하지 않았을 것이다.[98] 또한 다윗이 패배한 암몬인들에게 부과한 강제 노동과 이스라엘인들을 위해 그들 마을에 건설된 벽돌 건축물들도 이런 관점에서 눈여겨볼 필요가 있다.[99]

198

하지만 이 사건들은 다윗의 아들 솔로몬의 통치 중 발생할 일의 전주에 불과하다. 솔로몬의 시대에 이스라엘 국가는 인간이 이 땅에서 성취할 수 있는 업적의 정점에 도달한다. 이스라엘은 전쟁에서 승리했고 사방의 국경에서 평화를 얻었다. 권세와 돈을 가졌고, 이방 나라들 가운데 존경도 받았다. 하나님이 전에 약속하신 지경까지 국경을 넓혔다. 그 통치자는 지혜롭고 정의롭게 나라를 다스린다. 그는 경건하고 위대한 성전을 하나님께 봉헌한다. 그의 리더십 아래서 학문이 융성하고 사람들은 행복하다.[100] 선지자들이 메시아 시대의 모델로 사용했던 것이 솔로몬 통치의 성공적인 전반부였을 정도다.

그러나 솔로몬의 왕국이 국가가 이상적으로 여기는 바의 정점에 올랐음에도 불구하고 그 멸망의 씨가 무절제를 통해 뿌려졌다. 솔로몬의 국가는 왕의 율법에서 고통스럽게 멀어져갔다.[101]

일 년 동안 솔로몬에게 들어오는 금의 무게가 육백오십육 달란트였다. 그 외에도 상인들과 무역업자들과 아라비아의 모든 왕들과 그 나라의 총독들로부터 들어오는 것들이 있었다. 솔로몬 왕이 두드려 편 금으로 큰 방패 이백 개를 만들었는데, 방패 하나에 금 육백 세겔을 입혔고 두드려 편 금으로 작은 방패 삼백 개도 만들었는데 … 더욱이 왕이 상아로 큰 보좌를 만들고 그것을 순금으로 입혔는데 … 솔로몬 왕이 마시는 그릇은 모두 금이었고 레바논 나무 궁의 그릇들도 모두 순금이었으며, 은으로 만든 것이 없었으니, 솔로몬 시대에는 은을 귀하게 여기지 않았다….

솔로몬이 병거와 기마병들을 모으니, 그에게 병거 천사백 대와 기마병 만 이천 명이 있었는데, 그가 그들을 병거 성들과 왕이 있는 예루살렘에 배치하였다. … 그리고 솔로몬을 위해 이집트와 구에서 말을 들여왔는데, 왕의 무역상들이 구에서 값을 지불하고 사왔다. 병거는 은 육백 세겔, 말은 백오십 세겔을 주고 이집트에서 수입하여 가져와서, 헷 사람의 왕들과 아람 왕들에게 무역상들을 통해 수출하였다.

솔로몬 왕이 파라오의 딸 외에 수많은 이방 여자를 사랑하였으니, 곧 모압 여자들, 암몬 여자들, 에돔 여자들, 시돈 여자들, 헷 여자들이었다. 여호와께서 이방 민족들에 대하여 이스라엘 자손들에게 말씀하시기를 "너희는 그들에게 들어가지 말고, 또 그들도 너희에게 들어오지 않게 하여라. 그렇지 않으면 그들이 너희 마음을 돌려 다른 신들을 따르게 할 것이다." 하셨으나 솔로몬은 그들을 사랑하고 그들에게 집착하였다. 그에게 칠백 명의 왕비와 삼백 명의 후궁이 있었는데, 그 여자들이 그의 마음(리보)을 돌아서게 하였다.[102]

솔로몬의 아내들이 종종 관심의 대상이 되는데, 그들은 "그의 마음을" 외국의 신에게 "돌아서게(향하게) 했다"라고 여겨진다. 그리고 이것은 바로 이어지는 본문과 잘 어울린다. 그 본문은 솔로몬이 예루살렘에 그의 외국인 아내들이 섬기는 신들을 위해 신전을 지었음을 강조한다.[103] 그러나 성서 내러티브는 예루살렘에 우상숭배가 도입된 것에만 관심 갖지 않는다. 오히려 금, 말, 아내에 관한 왕의 율법이 체계적으로 거부됨을 보여준다. 먼저, 솔로몬의 마음이 변한 것이 외국인 아내의 영향이라고 증거한다. 그보다 앞선 기드온의 경우 황금 때문에 (그렇지 않았으면 저지르지 않았을) 범죄(그모스, 몰렉 등과 같은 이방신을 위한 신전을 예루살렘에 짓는 죄)를 저지르게 된 것이다.

왕의 율법은 왕의 마음을 하나님께 향하도록 하는 목적만을 가진 것은 아니다. 왕이 백성들에게 충정을 지키고 그들을 불쌍히 여기

199

도록 하는 목적도 가진다. 이것을 신명기 본문의 언어로 표현하면 "그의 마음이 그 형제들보다 높아지지 않도록 하는" 것이다.[104] 물론 솔로몬의 마음이 "그 형제들보다 높아졌다"라는 성서 구절은 없다. 그러나 우리는 은잔이 너무 천하다 하여 사용하지 않은 왕이 그 백성의 고통을 어떻게 알겠는가 반문할 수 있다.[105] 또한 하나님의 성전보다 더 큰 궁전을 자신을 위해 지을 때 백성에게 부과한 부담에 대해 솔로몬이 얼마나 큰 관심을 가졌을까?[106] 그가 외국인 아내들을 위해 궁전과 신전을 지었을 때는 어떠했을까?[107] 아울러 우리는 다음을 생각해야 한다. 이스라엘과 그들 가운데 사는 가나안인들에게 부여된 강제 부역이 이집트 파라오가 이스라엘인들에게 부여한 강제 부역을 연상시키지 않는가?[108]

우리가 이런 질문들을 떠올릴 수 있다면 솔로몬의 백성들도 마찬가지였을 것이다. 그래서 솔로몬이 죽었을 때 백성들은 왕의 마음이 더 이상 그들과 함께 있지 않음을 깨달았다. 그리고 그것이 땀과 피로 건설된 왕국을 무너뜨리는 요인이 되었다.

이스라엘 왕국의 이후 이야기는 다음과 같다. 솔로몬의 아들 르호보암이 왕위에 오르자마자 그는 대중의 지도자 느밧의 아들 여로보암의 도전에 직면한다. 여로보암은 북방 지파들의 강제 부역을 책임진 솔로몬 내각의 일원이었다.[109] 솔로몬이 죽자, 그 강제 노동 담당자는 북방 지파의 대표단을 이끌고 새 왕에게 그의 많은 아내와 전차 그리고 금 그릇이 백성들의 노동과 세금에 의한 것임을 상기시켰다. 그리고 그 신생 국가가 부여한 세금 부담을 경감시켜줄 것을 요구했다. 세금 부담을 줄여주면 백성들은 르호보암을 기쁘게 섬길 것이라고 말한다.

여로보암과 온 이스라엘 회중이 르호보암에게 와서 말하기를 "왕의 아버지께서 우리의 멍에를 무겁게 하였으나, 이제 왕께서 왕의 아버지가 시킨 힘든 부역과 우리에게 씌운 무거운 멍에를 가볍게 해주십시오. 그러면 우리가 왕을 섬기겠습니다." 하니[110]

그 젊은 왕은 어떻게 할지를 생각하기 위해 잠시 시간을 가진다. 그러나 주변 사람들은 그의 머리를 큰 권력에 대한 헛된 망상으로 채운다.

그와 함께 자라난 젊은이들이 말하였다. "그들이 말하기를 '왕의 아버지께서 우리의 멍에를 무겁게 하였으나, 왕은 우리를 위하여 가볍게 해주십시오.'라고 하니, 이 백성에게 왕께서 말씀하시를 '내 새끼손가락이 내 아버지의 허벅지보다 굵으니, 내 아버지께서 너희에게 무거운 멍에를 씌우셨으나 이제 나는 너희 멍에를 더욱 무겁게 하고, 내 아버지께서는 너희를 채찍으로 징계하셨으나 나는 너희를 전갈로 징계할 것이다.' 하십시오."[111]

르호보암의 "새끼손가락"이 그 아버지의 "허벅지보다 굵을" 것이라는 젊은이들의 확신 속에서 우리는 바벨탑 이야기의 주제였던 하늘을 뚫는 오만을 발견한다. 그러나 그 젊은 왕은 그들의 조언을 받아들이고 그들이 그에게 조언한 악한 말들을 입에 올린다. 이것은 대립으로 이어졌고 그 결과는 재앙이었다.

왕이 백성들에게 거칠게 대답하여 … 그들에게 말하기를 "내 아버지께서 너희 멍에를 무겁게 하셨으나 나는 너희 멍에를 더욱 무겁게 하고, 내 아버지께서는 너희를 채찍으로 징계하셨으나 나는 너희를 전갈로 징계할 것이다." 하였다. 이같이 왕이 백성의 말을 들어주지 않았다….
온 이스라엘은 왕이 그들의 말을 들어주지 않은 것을 보고서 왕이 대답하여 말하기를 "우리가 다윗에게서 가진 몫이 무엇이냐? 이새의 아들에게는 어떤 유업도 없다. 이스라엘아, 네 장막으로 돌아가라. 다윗아, 이제 네 집이나 돌보아라." 하고…
르호보암 왕이 부역자를 감독하는 아도니람을 보냈는데, 온 이스라엘이 그를 돌로 쳐서 죽이자 르호보암 왕이 급히 병거에 올라 예루살렘으로 도망하였다. 이같이 이스라엘이 다윗의 집을 반역하여 오늘날까지 이르렀다.[112]

그 젊은 왕의 뻔뻔스런 말을 들은 북방 지파들은 왕에게 반역해 세금을 걷기 위해 온 왕의 관리를 죽이고 왕국의 북쪽 지역을 유다로부터 떼어내버렸다.[113] 이렇게 이스라엘 지파들의 통일 왕국이 끝나게 된다.[114] 이런 일련의 사건을 통해 우리는 왕의 율법을 어기면 나라가 망한다는 사실을 똑똑히 볼 수 있게 되었다. 솔로몬은 아내·금·전차를 많이 모았다. 그 땅에 우상숭배를 들여온 것이 그의 아내들과 금이었다. 백성들의 분노와 반역을 일으킨 것이 세금과 부역이었다. 불과 몇

201

년 전만 해도 모든 인류가 부러워했던 왕국의 갑작스러운 멸망은 그의 생각이 형제들보다 높아진 통치자의 교만 때문이었다.

그러나 여기서 제한적 국가 개념이 유일한 정치적 교훈은 아니다. 다윗과 솔로몬의 왕국이 두 개로 찢어진 것을 성서 내러티브는 분명히 끔찍한 비극으로 취급한다. 열왕기서에서 처음으로 개진된 통찰은 아니다. 이미 요셉과 그 형제들 사이의 증오를 둘러싸고 벌어지는 창세기 이야기에서 나타난다. 여호수아 시대에 그 땅을 정복한 이후에도 동일한 주제가 반복되는 내전의 형태로 도입된다. 사울·다윗·솔로몬의 통일 왕국이 형제들 사이의 증오를 잠시 멈추게 했다. 그리고 솔로몬이 왕의 율법을 어긴 것이 그의 아들 르호보암 때에 형제간의 전쟁을 다시 부활시킨 주범이었다. 이후의 역사에서 우리는 그 두 이스라엘 왕국이 어떻게 서로를 죽이고 반복적으로 외래의 적들에게 서로를 팔아먹어 마침내 망하게 되는지 보게 될 것이다. 즉, 내전을 벌이다가 약해져 죽게 된 역사다.[115]

이스라엘 역사서에서 이 이야기의 행복한 결론은 분명히 드러나지 않는다. 그러나 예레미야와 에스겔 선지자의 예언에서 본격적으로 발견된다. 그들은 온 이스라엘이 하나의 통치자, 하나의 왕 아래서 다시 통일될 날을 예언한다.[116]

V. 결론

이스라엘 역사서의 정치철학을 연구할 때 가장 중요한 단계는 성서 내러티브에서 이스라엘 백성들이 한 번이 아니라 두 번 구원받는다는 사실을 인식하는 것이다. 출애굽기에서 한 번 구원받았고 사무엘서에서 다시 구원받는다. 그들의 첫 번째 구원자는 그들을 국가의 전제적 통치에서 구원한 모세였고, 두 번째 구원자는 그들을 무정부 상태의 혼란에서 구원한 다윗이었다. 그의 아들 솔로몬의 통치기 전반부에서 우리는 인간이 성취할 수 있는 최상의 정치 상태를 본다. 그 상태는 짧았지만 동시에 역사적으로 실제 실현되었다.

이상을 염두에 두면 성서 내러티브가 가르치려 한 정치철학을 이해하는 것이 어렵지 않다. 성서는 정치 질서를 이집트 파라오가 대표하는 전제 국가와 사사 시대 이스라엘이 대표하는 무정부 상태 사이를 오가는 것으로 이해한다. 첫 번째 길은 속박으로 이어진다. 두 번째 길은 무질서와 내전으로 이어진다. 어떤 길도 한 백성의 자유를 위한 기초로 기능할 수 없다. 성서 내러티브가 씨름하는 문제는 그 치명적인 두 위협들에 맞서 이스라엘의 자유로운 삶을 보장할 수 있는 제3의 길이 있는가 하는 것이다.

구약 성서가 개진한 정치철학에 따르면 제3의 길이 있다. 정치 발전을 원한다면 국가를 세우는 수박에 없다. 그러나 그 국가는 원칙상 고대 근동의 '열방'들처럼[117] 그 힘이 무제한적이어서는 안 된다. 두 극단 사이에서 "선하고 올바른 길"을 찾아야 한다. 이를 위해 통치자는 제한적 국가 권력이 덕목임을 이해해야 한다. 그는 또한 국경을 확장하지 않는 것, 군비의 증강을 제한하는 것, 외교를 위해 원리를 저버리지 않은 것, 국가의 수입을 무한히 확장하려 하지 않는 것, 왕 자신을 그 백성보다 지나치게 높이 생각하지 않는 것이 덕목임을 이해해야 한다. 바로 이런 제한들 안에서 백성과 왕이 정의를 사랑하고 하나님을 사랑해야 한다. 이것이 그들의 조상 양치기들의 특징이었다.

이처럼 구약 성서는 제한적 통일 국가의 덕목을 지지하며 그것을 무정부적 혼란이나 전제 국가보다 선호한다. 이 제한적 민족국가, 즉 왕이 그 형제들 가운데 선택되며 그들과 한마음이 되는 국가가 성서적 이상이다. 그러나 이것은 경쟁하는 두 악덕들 사이에 위치한 이상이다. 그래서 이 이상에 따라 살려고 노력하는 현실 국가는 한쪽이나 다른 한쪽으로 치우칠 위협에 항시 노출된다. 유다와 예루살렘의 멸망에 영향을 받아 이스라엘 역사서를 작성한 성서 최종 저자의 눈에 분명히 보이는 인간의 정치적 사명은, 그 두 극단 사이에서 국가를 잘 운영함으로 백성들과 하나님의 지지를 모두 얻어 그 왕국을 정치적으로 장수시키는 일이다.

이스라엘 예언 역사의 거장 중 한 명이 아나돗 출신 힐기야의 아들 예레미야(기원전 647-572년)다. 예레미야는 유다 왕국의 임박한 멸망에 대해 경고했을 뿐만 아니라 결국에는 자신의 눈으로 그것을 목격한 선지자다. 예루살렘의 멸망 후에도 그는 이집트로 이민 간 유대인들 사이에서 계속 활동했다. 우리는 예레미야서에 편집된 그의 예언적 설교와 그 설교에 부록으로 달린 예루살렘의 최후를 묘사하는 역사적 내러티브를 통해 그의 사상을 알 수 있다. 전통적으로 예레미야는 열왕기서(이스라엘 역사서의 마지막 부분)와 애가의 저자로 간주된다. 그리고 예레미야 혹은 그의 제자 중 하나가 이스라엘 역사서의 최종본을 쓴 저자였

6장
예레미야의 인식론: 진리를 어떻게 알 수 있는가?

을 가능성이 높다.[1] 그러나 오늘날 예레미야라는 이름과 가장 밀접하게 연결되는 것은 그의 예언적 설교들이며, 여기에서 나는 그 설교들의 핵심 주제 중 하나(플라톤 사상에서 지식과 의견의 문제로 알려진 것에 대한 그의 사상)를 살펴볼 것이다.

《국가》에서 플라톤은 지식과 의견을 구분하고 인간은 특정한 문제에 관해 다양한 의견을 가지게 된다고 주장한다. 세계에 대한 인간의 경험이 변할 뿐 아니라 잘못될 수도 있기 때문에 인간들이 수용한 의견들은 서로 모순되기도 한다. 따라서 거의 모든 사람이 자신은 많은

것을 알고 있다고 확신하지만 실제로는 거의 아는 것이 없으며, 그들을 호도하는 가치 없는 의견들에 갇혀 인생을 보내게 된다는 것이다. 플라톤에 따르면 참으로 존재하는 것에 대한 지식은 철학을 통해서만 달성 가능하며, 그 지식은 영혼이 환영의 영역을 탈출하여 영원하고 불변하는 이데아의 세계에 들어가는 것을 돕는다.[2]

한편 성서 저자들이 이런 지식과 의견의 문제에 관심을 가졌을까? 예레미야는 분명 그랬다. 지식의 문제는 그가 말한 설교의 핵심을 형성한다. 그리스 철학자처럼 예레미야는 왜 어떤 사람들은 다른 사람들보다 세계에 대한 보다 참된 이해에 도달하는가 하는 문제를 치열하게 고민했다. 또한 실재에 대한 정확한 이해가 발생했을 때 그 이해를 다른 사람에게 전달하는 것이 왜 그렇게 어려운지도 고민했다. 예레미야는 대부분의 사람이 사물을 있는 그대로 보지 못한다고 믿었다. 심지어 현자, 선지자, 제사장 그리고 성서를 주의 깊게 연구한 사람들도 그러하다. 우리 눈앞에 있는 사물들의 참된 본성에 대해 이리도 깜깜하게 되는 이유들이 무엇일까? 우리는 그런 무지를 피할 수 있을까? 그렇다면 그 방법은 무엇인가? 대부분의 성서 저자들처럼 예레미야 역시 '이원론자'(dualist)가 아니다. 그는 우리가 매일 경험하는 세계 이외의 다른 '영역'이 존재한다고 믿지 않는다. 그래서 그는 플라톤처럼 영원한 이데아의 세계를 운운하며 이 문제들에 답할 수 없다.[3] 오히려 그의 대답은 진리가 우리 자신의 경험 세계에서 판명되는 방식과 관련 있다. 예레미야의 대답은 그리스 사상을 통해 우리에게 익숙하게 된 것과 매우 다른 '지식' 개념을 제공한다.

예레미야서는 세 개의 큰 단락과 하나의 후기로 구성된다. 1장에서 35장을 포함하는 1부는 선지자의 설교들로 구성된다.[4] 36장에서 45장까지인 2부는 예루살렘의 최후에 관한 역사 내러티브이고, 46장에서 51장까지인 3부는 이스라엘 주변 아홉 민족의 운명에 관한 예언들을 기록한다.[5] 마지막으로 52장은 후기 부분으로, 열왕기서에 기록된 이스라엘 역사의 마지막과 거의 동일한 내용을 포함한다.[6] 본 장의 논의에서는 지식과 의견의 문제와 관련된 대부분의 자료를 포함하는 예레미야서의 1부에 등장하는 설교들에 집중할 것이다. 또한 예레미야와 상이집트의 바드로스(Patros)에 정착한 유대인 이민자들 사이의 논쟁을 보존한 예레미야의 역사 내러티브 부분도 핵심 본문들을 중심으

206

로 살필 것이다.

I. 진리 추구

이스라엘 선지자들은 진리에 대한 인간의 주체적 추구를 어떻게 생각할까? 적어도 예레미야는 이 문제에 대해 분명한 입장을 취한다. 그는 모든 사람이 스스로의 힘으로 진리가 무엇인지 알기 위해 노력할 책임을 가진다고 주장한다. 진리는 현자나 선지자 혹은 제사장이 말하는 것을 그냥 받아들인다고 얻어지는 것이 아니다. 대개의 경우 그들이 예루살렘 백성들에게 말하는 것은 거짓되고 부패한 것이었다. 각 개인은 스스로 질문하고 조사해야 한다. 그리고 예레미야는 예루살렘의 죄를 지적하면서 그 도시의 범죄함이 멸망을 가져올 것이라고 경고하지만, 또한 예루살렘 시민들이 진리를 부지런히 구하면 예루살렘을 구원할 수도 있다고 가르친다. 예를 들어, 한 설교에서 예레미야는 만약 진리를 구하고 행하는 자가 예루살렘 백성 가운데 한 사람이라도 있으면 하나님께서 그 도시를 기꺼이 용서하실 것이라고 주장한다. 그는 다음과 같이 말한다.

예레미야 5장

1절. 예루살렘 거리를 오르락내리락하라. 그리고 직접 가서 광장들을 수색하라. 만약 네가 한 사람이라도 찾으면, 정의를 행하고 진리(에무나)[7]를 구하는 사람이 한 사람이라도 있으면, 나는 예루살렘을 용서할 것이다.
2절. 그들이 "여호와께서 살아계시니"라고 말해도 그들이 맹세하는 것은 거짓을 위한 것(라쉐케르)이다.
3절. 주여, 당신의 눈이 진리(레에무나)에 있지 않습니까?[8]

이 본문에서 예레미야는 소돔(악행 때문에 지구상에서 곧 사라질 도시)의 운명에 관해 아브라함이 하나님과 가진 논쟁을[9] 모방한다. 아브라함이 하나님께 했던 질문은 소수의 의인이 그들의 존재와 행위를 통해 하나님의 진노를 누그러뜨리는 동시에 소돔을 파멸에서 구할 수 있는지의 여부였다. 그리고 하나님은 궁극적으로 열 명의 의인이 그곳에 있으면 악인들의 도시가 용서될 수 있다는 데 동의한다. 창세기 18장 26절에서 여호와께서는 "내가 소돔에서 50명의 의인을 그 도시 안에서 발견하면, 나는 그들로 인해 그 전체 도시를 용서할 것이다"라고 말씀했다. 또한 32절에서 아브라함은 "만약 열 명의 의인이 그곳에서 발견된다면 어찌하시겠습니까?"라고 묻는다. 그러자 여호와께서는 "열 명으로 인하여 그 도시를 멸망하지 않을 것이다"라고 말씀했다.[10]

어떤 점에서 예레미야는 당시 청중에게 매우 유명하고 친숙했을 논쟁을 재연하고 있는 것이다. 그는 예루살렘의 악행이 소돔과 비슷하게 되었지만, 그 도시에 있는 의로운 소수가 도시를 구원할 수 있을지도 모른다고 주장한다. 그러나 예레미야의 주장과 창세기에서 아브라함이 주장한 것 사이에는 중요한 차이점도 있다. 아브라함은 소돔의 운명에 대한 '의로운' 사람들의 영향을 강조하는 반면, 예레미야는 정의를 행하는 사람들뿐 아니라 진리를 찾는 사람들도 언급한다. "정의를 행하고 진리를 구하는 한 사람이라도 있으면 … 나는 예루살렘을 용서할 것이다." 그 도시를 구원하는 데 필요하다고 예레미야가 믿고 있는 사람들은 탐구하는 사람, 생각하는 사람이다. 또한 예레미야가 암시하는 바는 한 도시를 파멸로부터 구원하는 데 열 명의 의로운 사람이 필요했다면, 의로운 자가 만약 진리도 추구한다면, 같은 일을 하는 데 그 한 사람이면 충분하다는 것이다. 왜냐하면 예레미야가 강조하는 것("그들이 '여호와께서 살아계시니'라고 말해도 그들이 맹세하는 것은 거짓을 위한 것이다")처럼 하나님의 눈은 인간들의 입에 있는 경건한 고백에 주목하는 것이 아니라, 예레미야가 말한 것("주여, 당신의 눈이 진리에 있지 않습니까?")처럼, 하나님은 인간들 앞에 있는 진리들, 인간들이 맹세하는 진리들에 주목하기 때문이다.

하나님의 눈이 진리에 있다는 말은 무슨 뜻일까? 아브라함이 주장했던 것처럼 예레미야는 한 도시가 하나님 앞에 합당하게 되기 위해서 그 도시에 정의롭고 공평하게 행하는 사람들이 있어야 한다고만 말하지 않고, 진리를 추구하는 사람이 있어야 한다고 강조한 이유가 무엇일까? 사람들이 진리를 추구하지 않는 곳에서는 궁극적으로 의로운 행위가 불가능하다는 확신 때문이었을 것이다. 정의와 공평이 습관이 된 도시에서 사람들은 다른 사람들이 하는 바를 따라함을 통해 무의식적으로 정의롭고 공평한 행위를 할 것이다. 그러나 그런 습관이 일상적이지 않은 곳에서는 진리에 대한 심사숙고함을 통해서만 정의와 공평이 행해질 수 있다. 그 경우 사람들은 적어도 자기 자신의 행위에 대해 성찰해야만 한다. 그 행위들을 비판적인 눈으로 검토하여 그것들에 관한 진리를 발견할 수 있어야 한다. 이런 성찰적 질문들을 던지지 않으면 사람들은 자신이 하는 것이 전부 좋은 것이라고 믿게 된다. 그리고 이것이 예레미야가 예루살렘 사람들에 대해 가진 견해다.

예레미야 8장
6절. 내가 귀 기울여 들은 바다. 그들은 정의롭게 말하지 않을 것이다. 누구도 자신의 악행을 후회하며 "내가 무슨 짓을 했지?"라고 묻지 않는다. 각자가 전투에서 돌진하는 준마처럼 각자 자기 길로 갔다.

앞서 논의한 대로 예언적 설교에서 대부분의 주장은 은유를 통해 이루어진다. 그리고 이 예레미야 구절은 그 좋은 예를 제공한다.[11] 예레미야의 견해에는 자기의 행동에 대한 성찰이나 탐구 없는 삶은 전쟁터에서 돌진하는 준마와 같은 것이다. 준마는 특출 난 힘과 능력을 소유하고 있지만 생각하지 않고 앞으로 돌진한다. 즉, 준마는 기수가 아무리 멍청한 사람이라도, 그가 명령한 것이라면 무엇이든 수행하는 생각 없는 존재다. 그렇게 돌진하다가 승리할 수도 죽을 수도 있지만, 그 말은 자기 행동의 의미를 전혀 생각하지 못하기 때문에, 자신이 지혜롭게 행동하고 있는지 어리석게 행동하고 있는지 전혀 알지 못한다. 예레미야의 견해에는 그렇게 남의 명령에 무의식적으로 따르는 사람은 무엇인가를 후회할 수도 없을 뿐더러 어떤 것을 새로운 방식으로 해볼(이것이 예레미야가 말하는 '정의롭게 말하기'임) 엄두도 내지 못한다. 도덕적 지식의 기초는 한 전투와 다음 전투 사이의 휴지 기간에 발생하는 자기 행동에 대한 부지런한 검토와 비판이다. 그런 질문함이 없이는 자기 행동이 옳은 것인지 잘못된 것인지 판단할 수 없다. 즉, 진리를 절대 알 수 없다. 그리고 그런 진리에 대한 앎이 없으면 절대로 정의롭게 살 수 없다.

질문함의 중요성에 대한 예레미야의 입장은 어떤 점에서 소크라테스보다 훨씬 급진적이다. 아테네 시민들과 논쟁할 때 소크라테스는 도시의 모든 사람이 철학자가 되어야 한다고 주장하지 않았다. 오히려 그는 소수만이 그런 능력을 지녔다고 믿었다. 그가 요구했던 것은 소수의 제자와 함께 자유롭게 진리를 추구하는 것이었다. 반면 예레미야는

209

소수이니 다수이니 구분을 하지 않는다. 대중 가운데서 진리를 추구하는 의인을 찾는 데 실패한 후("분명 이 사람들은 가난하다. 그리하여 어리석다.") 유다 땅의 위인들 가운데 그런 사람을 찾고자 했지만("나는 위인들에게 가서 그들과 이야기해볼 것이다"), 그들 가운데서도 위인을 발견하지 못한다.[12] 예레미야가 보기에 진리 추구의 필요성에 대해서 천한 사람들과 많이 배우고 능력 있는 사람들 사이에 아무런 차이가 없다. 그의 견해에 따르면 어떤 사람도 주체적 탐구의 필요성에 있어 예외일 수 없다. 모두가 자신들의 경험과 행동을 주의 깊게 돌아보아 스스로를 속이며 악행을 정의로 오인하는 일이 없어야 한다.

그렇다면 진리를 추구하고 정의를 행하는 개인들의 노력에 예레미야 같은 선지자들의 메시지는 어떤 역할을 하는가? 다음의 중요한 구절에 따르면 예레미야는 예언이 약간의 도움이 될 수 있지만 모두에게 주체적 탐구의 능력이 있고 선지자의 음성을 들었든지 못 들었든지 모두가 주체적으로 진리를 추구할 의무를 지닌다고 생각한 듯하다.

예레미야 6장

16절. 여호와께서 이같이 말씀하셨다. 너희는 길에 서서 살펴보며, 옛적 길 곧 선한 길이 어디인지 찾아보고 그곳으로 가라. 그러면 너희 영혼이 평강을 얻을 것이다. 그러나 그들이 말하기를 "우리는 가지 않겠다." 하였다.

17절. 내가 너희 위에 파수꾼을 세우고 말했다. 너희는 쇼파르(양뿔나팔) 소리를 들어라. 그러나 그들이 말하기를 "우리는 듣지 않겠다." 하였다.

18절. 그러므로 민족들아, 들어라. 회중아, 그들이 당할 일을 알아두어라.

19절. 땅이여, 들어라. 보아라. 내가 이 백성에게 재앙을 내릴 것이니, 이것은 그들의 생각의 열매다.

위 본문의 17절부터 보자. 그것은 진리를 깨닫도록 돕는 선지자의 역할을 명시적으로 표현한다. "내가 너희 위에 파수꾼을 세웠다"는 하나님의 말씀은 선지자들의 역할을 가리키는 것이다. 여기서 선지자가 도시 성벽에서 근무하는 파수꾼에 비유되었다. 파수꾼의 임무는 문제가 발생할 때 양뿔나팔을 불어 경고하는 것이다.[13] 파수꾼의 나팔 소리는 사람들의 지식을 대체할 수는 없다. 나팔 소리를 듣는 것은 성벽 위에서 서서 관찰하는 일과 다르다. 그것은 성벽 밖에서 실제 발생하는 일을 아는 것과도, 해야 할 바를 아는 것과도, 실제 행동을 취하는 것과도 다르다. 실제로 파수꾼 비유는 선지자의 임무가 매우 제한적임을 암시한다. 그가 할 수 있는 것은 고작 왕과 백성에게 임박한 위험을 경고함으로 그들이 가장 중요한 일에 집중하게끔 돕는 것이다. 선지자들의 경고가 없다면 사람들의 생각은 다른 곳에 있었을 것이다. 선지자의 역할을 이렇게 규정한 예레미야와 에스겔의 견해에 따르면 예언은 '자명종'으로 기능하는 것으로 이해된다. 그러나 이 잠을 깨우는 종소리 자체가 필요한 지식(진리)을 전달할 수는 없다. 이제 일할 시간이라는 사실을 알리는 자명종 소리일 뿐이다. 사람들에게 힘을 모아 진리를 추구할 것을 요청하는 자명종 소리일 뿐이다.

이것을 그 앞 절인 16절과 비교해보자. 16절에는 선지자에 대한 말이 없다. 여기서는 하나님이 백성에게 직접 말씀하신다. 소위 중재자 없이 말씀하신다. 그리고 여기서의 메시지는 예루살렘 백성들이 각자 스스로 앎(=지식, 진리)을 추구해야 한다는 것이다. "너희는 길에 서서 살펴보며, 옛적 길 곧 선한 길이 어디인지 찾아보고 그곳으로 가라." 성서의 다른 구절들처럼 이 구절도 지혜는 '길'에서 발견되는 것이라 말한다. 여기서 길은 모든 사람에게 공개되고 모든 사람이 참여하는 일상 생활적 경험에 대한 은유다.[14] 이 길에 서서 어느 길이 생명과 선으로 통하고 어느 길이 그렇지 않은지를 스스로 '살필' 능력이 모든 사람에게 있다. 모두가 옛적부터 전해 내려온 다양한 길을 비교하여 그들의 가치들을 비교하고 평가할 능력을 가진다. 마지막으로 누구나 이 길을 직접 걸으며 '영혼의 평강'을 경험하며 이 길을 시험해볼 수도 있다. 이 견해에 따르면 진리 추구는 정의와 공평의 행위보다 선행하는 것으로 이해된다. 우리는 먼저 '길에 서서 살펴보아야' 한다. 그리고 "옛적 길 곧 선한 길이 어디인지 찾아" 보아야 한다. 그리고 오직 그다음에, 즉 스스로 살펴보고 찾아본 다음에, 선한 그 길을 걸을 수 있다. 예레미야가 여기서 묘사하는 진리 추구는 본질적으로 경험을 통한 추구다. 모든 사람은 '길'에 나가 눈을 부릅뜨고 사람이 행동하는 다양한 방식들, 사람이 살아갈 수 있는 다양한 방식들을 검토할 수 있다. 진리는 길에 서서 살피는 사람, 묻고 비교하는 사람들에게 주어진다. 예레미야가 보기에 문제는 그런 작업이 불가능하다는 것이 아니라 (그것만이 그들을 살릴 수 있음에도 불구하고) 사람들이 그런 주체적 탐구 행위를 거부한다는 사실이다.

이것을 생각하면 예레미야가 19절에서 임박한 재앙의 원인을 유대인들의 행위가 아니라 그들의 생각이라고 결론내린 것에 놀랄 필요가 없다. "보아라, 내가 이 백성에게 재앙을 내릴 것이니, 이것은 그들의 생각의 열매다." 예레미야에게 예루살렘의 멸망이 임박함에 따라 전개되는 드라마의 핵심은 예루살렘 백성들의 포악한 행위가 아니다. 그 드라마의 핵심은 그들의 사고 능력과 관련된 어려움이다. 참으로 신뢰할 수 있는 것, 지식(=진리)으로 간주될 수 있는 것을 헛되고 가치 없는 것으로부터 분별하는 지성적 능력을 둘러싼 어려움이다. 앞으로 예루살렘에 벌어질 일은 "그들의 생각의 열매"다. 즉, 시험했다면 부족한 것으로 판명되었을 사고력(=지성)의 열매다.[15]

II. 지성의 완악함

우리가 살펴본 바처럼 진리 추구는 예레미야 사상의 핵심이다. 그는 진리를 부지런히 추구하는 사람이 한 명만 있어도 예루살렘이 임박한 멸망에서 구원받을 것이라고 주장하기까지 한다. 매우 놀라운 주장이다. 예레미야는 도대체 예루살렘에서 무슨 일이 벌어진다고 생각하는가? 당시 예루살렘 사람들은 진리를 아는 일에 관심을 가졌다. 예레미야 자신이 여러 번 우리에게 말해주듯 그들은 현인들, 선지자들 그리고 제사장들에게 자문을 구한다.[16] 그러나 예레미야는 이 모든 자문을 가치 없는 것으로 간주한다. 왜냐하면 전문가들(현인, 선지자, 제사장)도 일반인과 마찬가지로 사물을 있는 그대로 보지 못하기 때문이다. 예레미야 선지자는 여러 번 백성과 그들의 지도자들이 자기 눈앞에 있는 것도 이해하지 못한다고 비난한다. 그리고 예레미야는 예언적 설교에서 그들이 그렇게 잘 보지 못하는 이유와 그 무지몽매 상태를 개선할 수 있는 방법에 대해 이야기한다. 예를 들어, 다음 구절을 살펴보자. 이 본문에서 예레미야는 사람들이 예루살렘 성전에서 제사를 드릴 때 스스로 무엇을 하고 있다고 생각하는지에 대해 다룬다.

예레미야 7장
8절. 보아라, 너희는 무익한 거짓말들(디브레이 하샤케르)을 믿고 있다.

9절. 너희는 도둑질하고, 살인하고, 간음하고, 거짓 맹세하고, 바알에게 분향하며, 너희가 알지 못하는 다른 신들을 따르면서,

10절. 내 이름으로 일컫는 이 집에 들어와 내 앞에서 서서 말하기를 '우리가 구원받았다.' 한다. 그리고 너희는 이 모든 역겨운 일을 또 행하려 하느냐?

11절. 내 이름으로 일컫는 이 집이 너희 눈에는 도둑들의 은신처(메아랏 파리쩜)로 보이느냐? 보아라, 나 역시 보고 있다. 여호와의 말이다.

성서의 다른 구절에서처럼 여기서도 이해력이 시력에 비유되고 있다. 예레미야는 사람들의 '눈'에[17] 예루살렘 성전이 어떻게 보이는지를 통해 예루살렘 성전에 대한 백성들의 이해를 다룬다. 11절 "너희 눈에는"이라는 말 다음에 곧바로 하나님이 직접 하신 냉소적 말이 뒤따른다. "나 역시 보고 있다." 예레미야가 사람들이 보고 있다고 말한 것은 도대체 무엇일까? 또한 그가 하나님이 "보고 있다"고 말한 것은 도대체 무엇일까? 잘 알다시피 예루살렘의 성전은 솔로몬이 하나님의 임재의 처소로 건설한 것이다. 사람들이 자신의 잘못을 인정하고 참된 회개의 표시로 제사를 드릴 때 하나님의 임재가 지상에 임하게 된다.[18] 그러나 예레미야의 판단에는 그런 성전에 대한 이해가 사람들 사이에서 사라진 지 오래다. 내가 "도둑들의 은신처"로 번역한 히브리어 표현 '메아랏 파리쩜'은 문자적으로는 강도들이 죄를 지을 때마다 도망 와 몸을 숨기는 굴을 의미한다. 물론 굴이 적극적으로 도둑들을 돕는 것은 아니다. 단지 도둑들에게 범죄에 대한 처벌을 피할 피난처를 제공한다. 그렇다고 그 굴에 은신한 도둑들이 자신들의 범죄를 회개하는 것은 아니다. 정반대다. 도둑들은 회개하지 않기 때문에 은신하는 것이다. 이 은유를 통해 예레미야는 속죄의 장소로서의 성전 개념이 사람들의 생각 속에서 범죄자들의 은신처와 같은 개념으로 대체되었음을 주장한다. 그 은신처는 범죄자들이 자신의 행위를 전혀 회개하지 않아도 그들을 구원할 수 있다. 따라서 사람들은 성전 제사를 회개의 수단이 아닌, 범죄를 저지른 후 면죄부를 받는 수단으로 간주한다. 이에 대한 하나님의 반응이 "나 역시 보고 있다"였다. 사람들이 성전을 도둑들의 은신처로 간주하게 된 것처럼 하나님도 사람들을 좋은 은신처를 구하는 도둑들의 무리로 보게 되었음을 의미하는 것이다.

다시 말해, 여기서 중요한 것은 그들 눈앞에서 벌어지는 일을 사

람들이 "어떻게 이해"하는가이다. 예레미야가 강조하는 바처럼 온 백성이 구원이 전혀 없는 곳에서 구원을 잘못 '보는' 일이 가능하다.

예레미야가 여기서 사람들이 사태를 어떻게 '보는가'에 대해 말하지만 그는 보다 표준적인 예언자 용어인 디브레이 쉐케르("거짓말" 혹은 "거짓된 일")를 사용하여 사람들 사이에 뿌리내린 거짓 개념들을 지적하고 있다(7장에서 '다바르'가 어떻게 "말"과 "사물"을 동시에 뜻하는지의 문제를 다룰 것이다.) 디브레이 쉐케르는 앞서 인용된 본문에서도 등장한다. 그곳에서 그 말은 "구원받았다"는 사람들의 착각과 성전에 대한 사람들의 잘못된 개념(성전을 용서의 자동판매기로 생각함)을 가리킨다. 구원과 성전에 대한 사람들의 이런 개념들을 이스라엘의 선지자들은 '거짓말'이라 부른 것이다. 거짓된 말은 존재하지 않는, 따라서 신뢰할 수 없는 허상이라는 의미다. 예레미야는 이 설교의 앞부분에서도 사람들의 잘못된 성전 개념을 지적하기 위해 그 표현을 사용한다. 다음은 매우 유명한 구절이다.

예레미야 7장

2절. 여호와께 경배하려고 이 문들로 들어오는 모든 유다 사람아, 여호와의 말씀을 들어라.

3절. 만군의 여호와 이스라엘의 하나님께서 말씀하신다. "너희의 길과 행실을 고쳐라. 그리하면 내가 너희로 이곳에서 살 수 있게 할 것이다. 너희는 '이것이 여호와의 성전, 여호와의 성전, 여호와의 성전이다.' 하는 거짓말(디브레이 하쉐케르)을 믿지 마라.

예루살렘 백성은 그들이 여호와의 성전에서 예배하기 때문에 구원받는다고 수도 없이 스스로에게 말할 수 있을 것이다. 그러나 예레미야가 이해하는 바에 따르면 그들이 아무리 그렇게 되뇌어도 그가 보는 현실이 (그들이 말하는) 하나님의 성전으로 바뀌지 않는다.

예레미야서의 일관된 주제는 말(words)은 그 자체로 사상(ideas)을 전달할 수 없다는 깨달음이다. 예레미야는 가령 어떤 단어의 의미에 대한 자신의 이해가 주변 사람들이 똑같은 단어에 대해 생각하는 의미와 화해할 수 없을 정도로 다르다는 것을 자주 발견한다. 예레미야는 종종 충격요법을 써서 그의 독자들이 단순해 보이는 단어들 뒤에 있는 복합적 개념들을 볼 수 있도록 한다. 예를 들어, 앞서 인용된 성전 앞에서 선포한 설교에서 그는 그 건물을 "여호와의 성전"이라는 이름으로 부르는 것 자체가 거짓말이라고 주장한다. 예레미야는 또한 잘못된 개념에 의해 훼손되어버린 단어들(이 단어들 자체는 매우 건전한 것임에도 불구하고)을 사용하지 말라고 촉구한다. 예를 들어, 예언에 대한 히브리어 단어가 '마사'인데, 이것은 "짐"을 의미할 수도 있다. 예레미야는 사람들이 하나님의 마사, 즉 예언을 구하면서 실제로 예레미야와 하나님을 조롱하는 경우가 있음을 잘 안다. 그들이 "여호와의 짐이 무엇인가"라는 의미로 마사를 사용하는 것인데, 이 경우 하나님의 말씀에 '부담스러운 짐'이라는 뉘앙스가 담기게 된다.

예레미야 23장

33절. 만일 이 백성이나 선지자나 혹은 제사장이 네게 "여호와의 마사가 무엇이냐?" 물으면…

34절. …나는 그 사람과 그 집을 함께 벌할 것이다….

36절. 그리고 "여호와의 마사"라는 말을 다시는 입에 내지 마라. 그(하나님)의 말이 사람에게 짐(마사)이 되겠느냐? 그러나 너희가 살아계신 하나님, 만군의 여호와 우리 하나님의 말씀을 뒤집었도다(하파크템).

37절. 너는 선지자에게 말하기를 "여호와께서 네게 무엇이라 대답하셨으며, 여호와께서 무엇이라 말씀하셨느냐?" 하여라.

38절. 그런데도 너희가 "여호와의 마사"라고 말하면…

40절. 너희가 잊지 못할 영원한 모욕과 영원한 수치를 당하게 할 것이다.

이 본문에서 예레미야는 의도적으로 하나님의 말씀을 '뒤집는' 사람들을 고발한다. 이때 "뒤집었도다"로 번역된 히브리어 단어는 창세기에서 하나님이 소돔에 하신 일을 묘사하는 데 사용된 단어("뒤집기, 완전한 파괴"라는 뜻의 '하페카')와 동족어다.[19] 예레미야의 표현은 독하다. 여기서 예레미야가 그를 재료 삼아 농하는 몇몇 장난기 있는 사람들에게 반응하고 있다고 생각하면 예레미야의 분노의 깊이를 절대로 알 수 없다. 예레미야는 그들의 말이 무해한 말장난이 아니라고 생각한다. 그는 온 예루살렘 사람들이 여호와의 말씀을 통해 그들의 현실을 분석해야 하며, 그 말씀이 그 도시의 운명을 결정할 것이라고 믿는다. 진리와 생

215

명을 살리는 일을 위해 사용되었을 수 있는 말씀을 뒤집는 일, 다시 말해 그것을 다른 의미(무가치한 농담거리)로 왜곡하는 일은 성전 예배를 파괴했었던 사상의 타락을 의도적으로 조장하는 일이다. 예레미야는 말씀의 가치 있는 의미와 무가치한 의미 사이의 구분에 무지몽매하기 때문에 예루살렘이 멸망할 것이라고 생각했다.

언어에 대한 예레미야의 비판은 성서의 말씀들을 이해하지 못하는 제사장과 선지자들의 무능에 관해 이야기할 때 가장 고통스러운 것이 된다. 왜냐하면 옛 본문에 사용된 단어들이 후대에 '뒤집혀' 그것들의 본래 의미가 사라졌다면, 하나님의 말씀을 연구하기 원하는 사람들은 그들이 읽고 있는 본문을 이해할 방도가 없을 것이기 때문이다. 다시 말해, 그들은 하나님의 말씀을 알지 못할 것이다. 이것은 다음의 예레미야 말씀의 의미다. "내 가르침(토라)을 붙잡은 사람들이 나를 알지 못했다."[20] 토라에 대한 이해가 없으면 그 외의 많은 것도 무시될 것이다. 다음의 본문에서 예레미야는 제사장과 선지자가 성서를 이해하지 못하는 무능을 도덕적 판단에 대한 그들의 무능뿐 아니라 다른 사람들에게 도덕적 판단을 가르치지도 못하는 무능과 연결시킨다. 그렇다면 이스라엘의 이 공식 '치료자'들은 치료의 능력이 없는 자들이며, 그들이 유다 땅에서 '보는' 평화도 평화가 아닌 것이다.

예레미야 8장

8절. 너희가 어떻게 "우리는 지혜로우며, 여호와의 율법이 우리에게 있다."라고 말할 수 있겠느냐? 보아라, 참으로 서기관의 거짓된 붓이 그 율법을 거짓으로 만들었다.

9절. 지혜로운 자들이 수치를 당하고 당황하며 붙잡혀갈 것이다. 보아라, 그들이 여호와의 말을 버렸으니, 그들에게 무슨 지혜가 있겠느냐?

10절. 그러므로 내가 그들의 아내를 다른 사람들에게 주어 차지하게 할 것이니, 이는 작은 자로부터 큰 자에 이르기까지 모두가 불의한 이익을 탐하고 선지자로부터 제사장까지 모두가 거짓을 행하였기 때문이다.

11절. 그들이 딸 내 백성의 상처를 건성으로 치료하면서 '평안하다, 평안하다.' 하지만 평안이 없다.[21]

매우 끔찍한 상황이다. 사람들이 하나님과 그의 가르침에 관심 없다는 것이 아니다. 그들이 평화에 대한 소망을 잃었다는 것도 아니다. 반대로 제사장과 선지자들은 자신들이 '여호와의 가르침'을 보수하고 있으며 그들이 유다 땅에서 목격하는 것은 하나님이 약속하신 '평화'라고 확신하고 있다. 그러나 '성전'의 경우처럼 그들이 사용하는 용어들은 이미 왜곡되어 그들이 이해하는 토라와 그들이 이해하는 평화는 이스라엘이 그 땅에 온전히 남기 위해 요구되는 실재들과 분리되어버렸다. 따라서 선지자들이 계속 예언하지만, 그들의 예언은 참된 것에 대한 예언이 아니다.

예레미야 23장

16절. 너희에게 예언하는 선지자들의 말을 듣지 말라. 그들은 … 자기 '지성'(=생각)에서 나오는 이상을 말하니, 여호와의 입에서 나온 것이 아니다.
17절. 그들이 나를 멸시하는 자들에게 계속 말하기를 "여호와께서 너희가 평안할 것이라고 말씀하셨다." 하며, 자기 '지성'(=생각)의 완악함대로(슈리룻 레브) 행하는 모든 자에게 말하기를 "너희에게 재앙이 임하지 않을 것이다." 하였다.[22]

217

이렇듯 예레미야의 견해에 따르면 유다의 선지자들은 잘못된 개념들의 안개를 헤쳐 나가는 능력을 가지지 못했기 때문에 오로지 "자기 지성(=생각)에서 나오는 이상"에 불과한 말만을 하게 된다. 그들을 제어해줄 참된 실재를 가지지 못한 그들은 가장 손쉬운 것에 의존한다. 선지자들은 어떤 선택을 해도 잘될 것이라는 말로 사람들을 안심시키며, 장기적으로는 어떤 길을 가더라도 특별히 나쁜 결과를 얻지 않을 것이라고 주장한다.

내가 번역한, 앞선 인용문에서 예레미야가 두 번이나 예루살렘과 유다 사람들의 "지성"(=생각)을 언급한 것에 주목하라. 실제로 예레미야서는 인간 지성에 대해 많은 것을 가르쳐준다. 그러나 이 가르침이 잘못된 번역 때문에 잘 드러나지 않는다. 히브리어 단어 레브(lev)는 직역하면 우리가 심장(heart)이라 부르는 신체 기관을 가리킨다. 그러나 대부분의 경우 이런 번역은 성서 저자들이 의도한 의미를 놓친다. 그리고 많은 경우 완전한 오역으로 이어지기도 한다. 성서 히브리어에서는 오늘날 서양 사람들에게 익숙한 이분법, 즉 감정의 산실인 '심장'(heart)과 생각의 산실인 '지성'(mind) 사이의 이분법이 존재하지 않는다. 성서 저자들은 감정도 인간 사고의 한 부분으로 간주한다. 즉, 감정도 지성의 한 부분이지 그것과 분리되지 않는다. 그리고 사람들은 '레비'(이 경우 "지성"으로 번역됨)로 생각하고, 추론하고, 믿는다.[23]

대부분의 서양인은 '심장'이라 쓰고 '지성'으로 읽어야 하는 구약 성서를 가지고 있다. 그래서 그들은 성서를 읽을 때 원문에는 없는 낭만적이며, 감정적인 느낌을 받게 된다. 이런 독해는 인간 지성(=생각)에 대한 성서 저자들의 가르침을 이해할 수 없도록 만든다. 이런 문제는 예레미야서에 잘 적용되는데, 예레미야는 자신의 설교에서 규칙적으로 지성을 의미할 때 '레브'라는 단어를 사용한다.[24]

예레미야에게 특히 중요한 개념은 앞서 인용한 예레미야 23장 17절에 등장하는 '슈리룻 레브'다. 이 말은 인간 지성의 '완악함(arbitrariness)'을 의미한다.[25] 예레미야는 다른 선지자들과 차별되게[26] 이 표현을 자주 사용하여 바로 이 점에서 인간의 본성이 동물과 다르다고 주장한다. 즉, 유일하게 인간만이 자신에게 아무 이익도 가져다주지 않을 것을 소중히 여기고 그것을 추구하는 것에 헌신하는 능력을 타고 났다는 것이다. 이것은 내가 위에서 인용한 예레미야의 설교에 반영되어 있다. 그 설교에서 당시 선지자들은 "그들 지성의 완악함"에 따라 행동하는 사람들을 안심시키기 위해 그들이 좋아하는 것들이 그들을 파멸이 아니라 행복으로 이끌 것이라고 말하는 자들로 묘사된다. 다른 본문들에서도 이 지성의 완악함이 "자기 자신의 생각을 따르는 것"과 관련 있음을 보게 된다. 이 표현은 전쟁에서 앞으로 돌진하는 준마의 은유를 연상시킨다.

예레미야 18장

11절. 이제 너희는 각자 자기의 악한 길에서 돌이키며 너희의 길과 행위를 바르게 고쳐라.

12절. 그러나 그들은 말하기를 "소용없다. 우리는 우리 계획(마흐세보테이누)대로 가겠고, 각자 자기의 악한 지성의 완악함(슈리룻 리보 하라)대로 하겠다." 할 것이다.

예레미야서의 다른 곳에서 예레미야는 이 지성의 완악함을 인생의 참된 목적들로부터 멀어지는 지성의 경향과 습성을 지칭하는 데 사용한다.

24절. 그러나 그들은 내 말을 듣지 아니하고 귀를 기울이지도 아니하였으며, 자신들의 악한 지성의 꾀와 완악함(비슈리롯 리밤 하라)을 따라 행하여, 내게서 등을 돌리고 얼굴을 내게로 향하지 않았다.

짐승들은 자연의 법칙에 순종하여 자신에게 좋은 것을 추구하지만, 인간들은 그렇지 않을 수 있다.[27] 인간들은 사물을 있는 그대로 보지 않고 거짓된 말, 거짓된 사상을 따라 보는 경향이 있다. 그럴 때 그들은 그들의 진정한 필요를 향해 '전진'하는 것이 아니라 그것으로부터 멀어져 '퇴보'하게 되는 것이다.

중요한 것은 지성의 완악함이 유대인에게만 적용되는 것이 아니라는 사실이다. 예레미야는 다른 나라의 백성도 그와 같다고 믿는다.[28] 우리가 보는 사물을 끊임없이 오해하고 무의식적으로 우리의 진정한 필요로부터 소외되는 것이 인류의 내재적 본성인 것 같다. 이 관찰들을 통해 예레미야는 지식 획득의 수단인 지성(=이성)의 본성에 관해 다음과 같은 유명하지만 과격한 결론에 도달한다.

219

예레미야 17장

9절. 만물보다 거짓된 것은 지성이니, 그것이 부패할 때 누가 그것을 알겠느냐?

여기서 "거짓된 것"으로 번역된 히브리어는 '아쿠브'인데, "뒤틀림"을 뜻하는 히브리어 '아쿰'과 연관된 것 같다. 지성의 본성이 뒤틀려 "똑바로 보지" 못하는 것을 가리킨다. 뒤틀린 지성은 거짓된 생각을 품고, 잘못된 선택으로 이어진다. 그리고 지성이 이렇게 유약하게 될 때는 우리 자신이 호도되고 있다는 사실조차 깨닫지 못한다. 이 때문에 자신의 지성이 내린 결론을 의심하는 것이 때때로 지혜로운 일일 수 있다.[29]

III. 자연법

이쯤 되면 우리는 예레미야의 사상을 일종의 신앙주의(fideism)로 파악하고 싶은 유혹을 느낀다. 만약 지성이 "만물보다 거짓된 것"이라면 우리는 인간 지성을 버리고 의심 없는 믿음과 맹목적인 순종을 받아들여야 하지 않을까? 그리고 이것이 예레미야가 결국 주고 싶은 메시지일까?

그러나 예레미야에 대한 이런 해석은 다음의 두 가지 이유로 수용될 수 없다. 먼저 그런 해석은 예레미야의 정신학—레브(지성 혹은 마음)의 본성에 대한 이해—과 조화될 수 없다. 이성을 버리고 신앙을 선택해야 한다는 기독교적 해석이 가능하려면 지성(생각의 처소)과 마음(믿음의 처소)을 서로 다른 정신 능력으로 간주하는 정신학을 받아들여야만 한다. 그 두 정신 능력이 서로 독립적으로 작동할 수 있다고 생각해야만 우리는 지성의 부패한 생각을 버리고 순수한 순종의 믿음(이것은 이해하려는 노력 없이 믿는 신앙을 말하며, 마음에서 나오는 것으로 이해됨)을 선택할 수 있게 되는 것이다. 그러나 지성과 마음의 이분법을 받아들이지 않은 예레미야에게는 불가능하다. 예레미야에 따르면 지성이 만물보다 거짓된 것이라 해도 그것을 버리고 믿음이라는 다른 정신 능력을 선택할 수는 없다. 왜냐하면 지성과 독립적으로 존재하는 믿음은 존재하지 않기 때문이다. 예레미야에게 인간 지성(이것은 우리가 생각하고 추론할 때 작동하는 정신 능력임)은 '믿은 행위'를 할 때도 작동하는 정신 능력인 것이다. 예레미야가 지성이 거짓되다고 말한 뜻은 사람들이 믿고 있는 바가 거짓말의 산물이라는 뜻이다. 예레미야가 백성에게 그들의 거짓된 생각을 쫓지 말고 순종하고 믿으라고 말할 수 없었던 이유는 그가 보기에 그들은 참된 것을 믿고 순종할 수 있는 능력 자체를 가지고 있지 않았기 때문이다.

예레미야가 백성에게 맹목적 순종과 믿음을 요구할 수 없었던 다른 이유는 설사 그것이 바람직한 행위일지라도 맹목적 믿음의 사람은 '누구에게' 순종하고 '무엇을' 믿어야 할지 '알 수 없을 것'이기 때문이다. 예레미야의 설교에서 지식의 문제는 매우 철저히 다루어진다. 이 사실은 사람들이 이해하고 있는 성서의 내용에 도전한다. 왜냐하면 토라를 잘 이해하고 있다고 생각하는 사람들이 실은 그 의미를 모를 수 있기 때문이다("내 가르침을 붙든 자들이 나를 모른다."[30]). 그리고 예레미야는 사람들이 이해하는 예언의 내용에도 도전한다. 왜냐하면 선지자들의 설교도 하나님의 말씀이 아닐 수 있기 때문이다["그들은 자기 지성(혹은 마음)의 환상을 말한다"[31]]. (그들 가운데 정직하지 못한 사람이 있는 것이 사실이지만) 제사장들과 선지자들이 정직하지 못한 사람들이기 때문은 아니다. 그것은 인간 지성이 만물보다 거짓된 것이기 때문이다. 그리고 하나님의 말씀과 성서가 모두 오직 (부패한) 인간 지성을 통해 파악되기 때문에 선지자와 제사장들도 그것의 의미에 관해 스스로를 속이게 되는 것이다. 하나님의 말씀을 제대로 이해하는 데 선지자나 제사장을 신뢰할 수 없다면, 성서나 예언에 대한 무반성적인 수용이나 맹목적 순종은 아무 유익이 없는 것이다. 우리가 받아들이거나 순종하는 것이 진리가 아니라면 그것에 대한 순종이나 수용은 가치 없는 일이다.

이 모든 것이 의미하는 바는 이것이다. 예레미야에 따르면 지식의 문제('어떻게' 참된 것을 알 수 있는가?)에 대한 해결은 인간 지성을 거짓된 것으로 보는 이론을 배경으로 구해져야 한다. 그럼에도 불구하고 인간이 진리에 도달하는 방법이 있다면, 그것은 하나님이 우리에게 부여하신 정신 능력(비록 이것이 흠투성이지만)을 통하는 것이다.

그렇다면 인간은 어떻게 진리를 발견할 수 있을까? 그것은 어떤 진리를 소유한 실재 자체가 지성의 완악함에 일종의 제한을 가할 때만 가능할 것이다. 즉, 그 실재가 지성으로 하여금 인간 본성에 자연스럽고 합당한 사상 개념들을 만들어내도록 강요할 때만 가능할 것이다. 4장에서 나는 이스라엘 역사에 따르면 인간 행위가 인간과 세계의 본성에서 유래하는 자연법을 따를 수밖에 없다고 주장했다. 물론 그 자연법의 일부 혹은 전부는 인간 지성으로 파악 가능한 것이다. 그리고 이 사실은 지식의 문제 해결의 매우 좋은 출발점이 된다. 왜냐하면 세계(인간과 그 환경)의 내재적 본성에서 유래하는 그런 법칙이 있다면 그런 법이 세상에 알려지는 것은 시간문제일 것이기 때문이다. 바로 실재의 참된 본성(=진리)은 점진적으로 시행착오를 거치면서 인간 지성에 그 존재를 확고하게 알릴 것이기 때문이다. 이 문제에 대한 예레미야의 입장을 살펴보자.[32]

예레미야의 설교는 내가 역사서의 주장이라고 말한 것과 매우 유사한 견해를 개진한다. 우리가 파악할 수 있는 한 예레미야는 우주의 모든 것이 하나님이 세우신 '법칙'에 의해 지배받는다고 생각한다. 예를 들어, 예레미야는 바다가 육지를 넘보지 못하도록 통제되어 있다는 사실을 물질세계를 지배하는 법칙의 예로 고려한다.

예레미야 5장

22절. 너희가 나를 두려워하느냐? 여호와의 말이다. 내 앞에서 너희가 떨지 않느냐? 내가 모래로 바다의 경계를 정하되, 영원한 규례로 삼아 그것을 넘지 못하게 하였으니, 바다가 출렁거려도 할 수 없고, 파도가 요란해도 그것을 넘어가지 못한다.

　　마찬가지로 비가 오는 것과 땅에 다양한 식물들이 자라는 것(이 둘에 농사가 의존함)은 하나님이 정하신 '추수 법칙'에 따른 것으로 파악된다.

예레미야 5장

24절. 그들의 마음에 "때맞추어 이른 비와 늦은 비를 주시며, 우리를 위하여 '추수 법칙'의 기한을 정하시는 여호와 우리 하나님을 경외하자."라고 말하지도 않았다.[33]

　　마찬가지로 다양한 종류의 새들도 생존하기 위해 꼭 알아야 하는 것들을 알고 각자 그들의 때와 계절에 맞추어 온다.

예레미야 8장

7절. 하늘의 황새까지도 자기에게 정해진 때를 알며, 산비둘기와 학과 제비도 돌아올 때를 지키는데, 내 백성은 여호와의 법도를 모른다.

　　이 본문들은 동식물을 포함한 자연 세계의 모든 것이 일정한 법칙에 따라 기능함을 암시한다. 그 법칙을 따르지 않는 존재는 해를 당하거나 종국에는 더 이상 존재하지 않을 것이다. 자연의 법칙이 없다면 육지가 물에 잠기게 될 것이고, 농사가 실패할 것이고 새가 멸종할 것이다. 그리고 이런 법칙은 존재하는 모든 것에 적용된다.[34]

　　인간은 어떠한가? 인간들도 자연법칙에 지배를 받는가? 그 법칙을 따르지 않을 때 그들도 해를 당하거나 종국에는 멸망할 것인가? 이스라엘 민족에 관해서 말하자면 이 질문에 대한 대답은 매우 분명하다. 앞서 인용한 마지막 본문에서 새의 행태와 관련된 법칙이 이스라엘 백성에게 주어진 법칙들과 정확하게 평행 법칙으로 제시된다. 물리학 법칙이 마른 땅이 존재하도록 허락하고 생물학 법칙이 새가 존재하도록 허락하는 것처럼 토라는 이스라엘에게 영존과 행복을 허락하는 '여호와의 법칙'으로 이해된다.[35] 그러나 유대인들은 이 '자연법'에 따라 살지 않는다. 들에 자라는 밀이나 하늘의 새와 달리 그들은 자기 '지성의 완악함'을 따라 살다가 선한 것에서 멀어지고 종국에는 파멸에 이른다. 그러나 이것이 자연법칙이 존재할 뿐 아니라 그것이 원칙적으로 이해 가능하며 실천 가능하다는 사실 자체를 바꾸지는 않는다.

여호와의 법이 자연법과 유사한 것이라면 왜 그것이 이스라엘에게만 적용되어야 하는가? 새들의 이동과 생애를 관장하는 법칙은 그들 본성에 내재되어 있다. 그리고 이스라엘이 소유한 본성도 완전히 동일하지는 않겠지만 다른 나라 백성들의 본성과 매우 유사할 것이 아닌가? 그렇다면 어째서 토라가 이스라엘만을 위한 여호와의 법이 되고 이스라엘과 비슷한 인간 본성을 가진 다른 민족에게는 동일한 중요성을 가지지 않는가? 즉 왜 유다와 예루살렘의 백성에게만 토라에 따르는 삶이 행복과 선의 조건이 되는가? 예레미야는 다른 나라들도 이스라엘과 마찬가지로 토라를 받아들여야 한다고 생각하는가?

예레미야가 그렇게 생각한다는 증거가 있다. 우선 그는 이방 나라들이 현재 따르는 법들을 무가치한 것으로 여기고 거부한다. 그 법들은 유대인들에게만 무가치한 것이 아니라 그것을 따르는 이방인들에게도 무가치한 것이다. 다음을 보라.

예레미야 10장

2절. 여호와께서 이같이 말씀하신다. 너희는 이방인들의 길을 배우지 마라. 이방인들은 하늘의 징조들을 두려워하지만, 너희는 그것들을 두려워하지 마라.

3절. 이방 민족들의 법들은 헛되니 이는 그들이 숲에서 베어낸 나무이며, 장인의 손이 도끼로 만든 작품이기 때문이다.…

5절. 그것들은 재앙을 내리지도 못하며 복을 주지도 못하니 너희는 그것들(우상들)을 두려워하지 마라.

이 본문이 다루는 주제는 바빌로니아인들이 행했던 점성술이다. 바빌로니아인들은 별의 움직임들을 인간의 다가올 운명을 계시하는 징조로 믿었다. 그들은 그런 징조가 자연법칙처럼 고정된 패턴을 따른다고 믿어, 관찰된 별의 움직임과 그것이 계시하는 징조적인 사건들을 연결시키는 법칙들을 방대한 문헌으로 묶었다.[36] 그러나 예레미야는 그런 점성술을 나무로 만든 우상에 비유하며 거부한다. 나무로 된 우상이 "장인의 손이 도끼로 만든 작품"인 것처럼 이 점술 행위들도 인간이 손으로 우상을 만드는 행위에 불과하다. 예레미야는 그것들을 두려워할 필요가 없으며 그것들에게서 받을 유익도 없다고 말한다. 왜냐하면 점성술이나 조각 우상들은 세상의 참된 본성에 대한 이해를 반영하지 않기 때문이다. 이 인간의 법칙들은 무가치하며 인간들이 자기 악한 지성의 완고함(슈리룻 리밤 하라)을 따르는 것에 불과하다.[37] 그리고 예레미야는 이스라엘뿐 아니라 온 민족이 이것을 깨닫고 그들이 조상으로부터 이어받은 가치 없는 법들을 버릴 날이 올 것이라고 굳게 희망한다. 다음을 보라.

예레미야 16장
19절. 민족들이 땅끝에서부터 주께 와서 말하기를 "우리 조상들이 물려받은 것은 오직 거짓뿐이며, 헛되고 아무 유익이 없는 것입니다."
20절. "사람이 어찌 자기를 위해 신을 만들 수 있겠습니까? 그것들은 신이 아닙니다."

224

그러나 정말 민족들이 땅끝에서부터 와서 그들 조상들의 법들이 "헛되고 아무 유익이 없는 것입니다"라고 고백한다면 그들은 어떤 법을 수용해야 할까? 예레미야의 대답은 세상의 민족들이 "내(하나님) 백성의 도"를 배워야 한다는 것이다. 그래서 그들도 이스라엘과 함께 "세움을 입게"될 것이다.

예레미야 12장
16절. 그들(이방 나라들)이 내 백성을 가르쳐 바알에게 맹세하게 한 것처럼, 그들이 내 백성의 도를 열심히 배워서 "여호와는 살아계시다."라고 내 이름으로 맹세하면, 그들도 내 백성 가운데 세움을 입게 될 것이다.
17절. 그러나 만일 그들이 듣지 않으면 내가 그 민족을 뽑아버리되, 멸망시킬 때까지 뽑아버릴 것이다. 여호와의 말이다.[38]

예레미야가 제안하는 바가 이방 나라들도 모세 율법 전체를 받아들여야 한다는 것인지 아니면 그냥 각 나라가 "내 백성의 도"를 수용하

여 그것을 각자의 특별한 성격과 필요에 맞추어 개정할 수 있다는 것인
지 정확히 알 길은 없다.[39] 그러나 어느 쪽이든 예레미야의 기본 메시지
는 매우 분명하다. 이 땅을 파괴하려는 세력들로부터 보호하고 식물과
새들이 건강하게 생존하게 돕는 물리적 세계와 동물 세계를 지배하는
법칙이 있는 것처럼 인간들의 생명과 행복을 지배하는 법칙도 있다는
것이다. 그리고 이 법칙은 다름 아닌 모세가 수여한 토라의 법칙들이며,
그것은 이스라엘을 포함한 모든 민족이 지속적으로 생존하기 원한다
면 반드시 따라야 하는 것들을 가르친다.

IV. 유익과 고통

예레미야가 이해하는 바대로 자연법은 바다가 땅을 삼키지 못하
도록 해주며 식물과 동물에 생존과 번성에 필요한 것들을 알려준다. 만
약 하나님이 이스라엘에게 주신 법이 '인류를 위한 자연법'이라면 그 법
들도 생명과 행복을 얻기 원하는 우리(개인이든, 민족이든)가 반드시 따라
야 하는 것을 가르칠 것이다. 다르게 말하면 그 법들에 불순종하면 우
리는 그것의 당연한 결과로 파멸과 붕괴의 고통을 느끼기 시작할 것이
다. 하지만 토라를 자연법으로 이해하는 이런 예레미야의 사상이 인간
지성의 완악함(혹은 자의성)에 대한 치유책도 제공하는 것은 아닐까? 즉
그 법을 무시할 때 결과로 예상되는 파멸과 붕괴의 고통이 우리가 선하
고 유익한 길로부터 이탈했다는 사실을 분명하게 보여줌으로써 세계의
참된 본성에 대한 엄한 교훈을 줄 수 있지는 않을까?

예레미야 설교의 많은 부분이 이런 방향을 가리키고 있다. 예레
미야는 이것과 관련하여 다른 성서 책들(이사야, 잠언, 욥기 등)에서도 중요
한 역할을 하는 용어를 소개한다. '호일'이라는 말인데, 보통 "유익, 혜
택, 혹은 요긴함을 주는 것"으로 번역된다.[40] 히브리 어근 '요드-아인-
라메드'(יעל: "올라가다")에서 유래한 말인데,[41] 어떤 것이 '호일'(과거형; 현
재형은 '모일', 미래형은 '요일')로 묘사될 때 그 '어떤 것'은 개인과 민족을
"일으켜 세워" 그들을 보존하고 강하게 만들 수 있는 길을 가리키는 것
으로 이해된다. 이 용어의 의미는 다음의 이사야 구절에서 분명하게 드
러난다.

이사야 48장

17절. 네 구속자이시며 이스라엘의 거룩한 분이신 여호와께서 이같이 말씀하신다. 나는 여호와 너의 하나님이니, 너를 가르쳐 유익(호일)하게 하여 네가 가야 할 길로 너를 인도한다.

18절. 만일 네가 나의 명령들에 귀를 기울였더라면 네 평화가 강 같았을 것이며, 네 의로움이 바다 물결 같았을 것이고,

19절. 네 자손이 모래 같았을 것이며, 네 후손들이 곡식 알갱이 같아서 그들의 이름이 끊어지거나 내 앞에서 없어지지 않았을 것이다.

이 본문에서 하나님은 순종을 요구하는 '왕'이 아니라 무엇이 유익한지 가르치는 '스승'으로, 그리고 어떤 길이 여행하기 가장 좋은지 말해주는 '가이드'로 등장한다.[42] 그리고 우리는 그 유익한(모일) 가르침을 따를 때 기대될 수 있는 혜택에 대한 분명한 그림을 얻는다. 즉 그 땅에서의 평화와 정의, 그리고 자기 이름을 이어줄 수많은 후손이 그 혜택이다.[43] 예레미야서에서도 하나님의 가르침이 인류를 유익하게 하는 교훈이나 안내로 이해된다. 우리가 이미 본 예레미야 본문에서 열방 민족들은 자신들이 조상에게 받은 것은 거짓말뿐이었다고 선포한다. 다음은 그것과 연관된 본문이다. 독자의 이해를 돕기 위해 필요한 부분에 히브리어를 병기했다.

예레미야 16장

19절. 민족들이 땅 끝으로부터 주께 와서 말하기를 "우리 조상들이 물려받은 것은 오직 거짓뿐이며(쉐케르), 헛되고(헤벨) 아무 유익(호일)이 없는 것입니다."

20절. "사람이 어찌 자기를 위해 신을 만들 수 있겠습니까? 그것들은 신이 아닙니다(로 엘로힘)."

여기서 예레미야가 말하는 바는 이방 민족의 신들, 그들의 삶의 방식들, 그들의 법들 모두가 세계의 참된 운영 원리를 이해하는 데에 하등의 가치도 없으며, 그래서 인류에게 유익이나 혜택이 되는 것을 그 안에 하나도 포함하고 있지 않다는 것이다.[44] 사람들에게 참된 유익을 제공하지 못하는 이교적 삶의 무능함이 다시 '호일'이라는 용어를 통해 표현되었다. 그리고 나는 히브리어 '헤벨'을 "헛되다"로 번역했는데,

'헤벨'의 문자적 의미는 "숨"이며 종종 '호일'("유익을 주는 것")의 반대 개념으로 사용된다. 즉 '헤벨'은 헛되고 덧없어 사람을 유익하게 하거나 세울 수 없는 것을 지칭한다.[45] 또한 "신이 아닙니다"(로 엘로힘)에도 주목할 필요가 있다. 이 말은 이방신들의 무용성을 표현하기 위해 이사야, 호세야, 예레미야 선지자들이 사용한 용어다. 즉, 이방신들은 세계의 본성에 대한 유익한 교훈이나 안내를 제공할 수 없다는 뜻이다.[46] 마찬가지로 예레미야의 "도둑들을 위한 은신처"(렘 7:8-10)에서 백성들이 성전에서 제사할 때 주어진다고 믿은 구원의 확신이 '빌티 호일', 즉 그렇게 믿는 자들에게 어떤 유익도 가져다주지 않는 것으로 불린다.

예레미야 7장
8절. 보아라, 너희는 무익한(빌티 호일) 거짓말들(디브레이 하샤케르)을 믿고 있다.
9절. 너희는 도둑질하고, 살인하고, 간음하고, 거짓맹세하고, 바알에게 분향하며, 너희가 알지 못하는 다른 신들을 따르면서,
10절. 내 이름으로 일컫는 이 집에 들어와 내 앞에서 서서 말하기를 '우리가 구원받았다.' 한다….

여기서도 사람들의 생각과 행동이 그들의 생존과 번성에 아무 유익도 주지 않는다는 것을 가르치기 위해 '호일'이라는 용어가 사용된다. 그것들은 사람들에게 유익을 주거나 "그들을 존귀케 하는 것"이 아니다.

예레미야는 자주 자신의 설교에서 다양한 은유를 통해 사람들에게 정말 유익이 되는 것과 그렇지 못한 것이 어떻게 다른지를 예리하게 설명한다. 예를 들어, 그는 사람들에게 유익을 주는 것을 물에 비유한다. 물은 이스라엘과 같은 사막 지역에서 드물고 귀한 것으로, 물이 없으면 사람들이 고통 가운데 죽게 된다. 이 물 비유는 예레미야가 주장한 자연법 교훈의 핵심으로 우리를 이끈다. 왜냐하면 예레미야는 사람들이 어떻게 생각하든지 자연이 정한 법칙들이 존재하며 인간은 그 법칙들에 대해 진정한 자유를 가지지 못한다고 매우 설득력 있게 주장하기 때문이다. 결국 어떤 사람도 '나는 물이 필요 없어요'라고 말할 능력이 없다. 그래서 누구도 물의 원천으로부터 떠나 살 수는 없다. 다음은 예레미야의 말이다.

예레미야 17장

13절. 그 땅에서 떠나가는 사람들은 (흙 가운데) 새겨질 것이다. 왜냐하면 그들이 살아있는 물의 근원, 즉 여호와를 버렸기 때문이다.

예레미야 18장

14절. 누가 밭의 바위에서 나는 (물을), 레바논에서 나는 눈(snow)을 떠나겠는가? 누가 새로이 찾은 물, 차갑게 흐르는 물을 버리겠는가?

15절. 내 백성은 나를 잊었고, 헛되이 분향하는도다.

이 구절과 다른 구절들에서 예레미야는 사막에서 발견된 물 원천의 은유를 사용해 인간이 생존하기 위해 그 본성상 반드시 필요한 것들이 있음을 강조하고 자연법칙이 금하는 것을 하는 유대인들, 즉 생존에 반드시 필요한 물을 거부하는 유대인들을 고발한다.[48] 여기서 하나님의 가르침은 인간의 생존에 필수불가결한 물에 비유된다. 하나님의 가르침에서 벗어날 때 이스라엘은 개인적으로도 사회적으로도 고통스런 죽음의 길을 가게 된다.

물론 사람들의 마음이 아무리 완악하다 해도 그들이 자신의 본능적인 필요에 등을 돌리고 아무 이유 없이 스스로에게 고통과 죽음을 가져오지는 않음을 예레미야도 잘 알고 있다. 그럼에도 불구하고 유대인들이 인간 본성의 요구와 부합하는 하나님의 법에서 벗어나 이방 민족들의 법과 풍속을 추구하는 이유는 그들이 생명과 행복을 스스로의 힘으로 얻을 수 있다고 믿기 때문이다. 따라서 예레미야는 물 저수지를 만들어 물을 가질 수 있다고 믿는 유대인들을 감안하여, 물 은유를 좀 더 확장한다. 인간이 만든 물 저수지는 아무 소용이 없다. 왜냐하면 그것은 터져 있어 물을 담을 수 없기 때문이다.[49] 다시 말해, 그 저수지는 유익(요일)하지 않다. 사람에게 참된 유익을 가져다줄 수 없다. 다음은 예레미야의 말이다.

예레미야 2장

8절. 제사장들은 "여호와께서 어디 계시는가?" 하고 묻지 않았고, 율법을 다루는 자는 나를 알지 못하였으며, 관리들은 나를 반역하였고, 선지자들은 바알의 이름으로 예언하였으며 도움을 주지 못하는 자(로 요일루)를 따라갔다.

10절. …이런 일이 있었는지 자세히 살펴보아라.

11절. 어느 나라가 자기들의 신을 신 아닌 것(로 엘로힘)과 바꾸었느냐? 그러나 내 백성은 자기들의 영광을 무익한 것(로 요일)과 바꾸어버렸다….

13절. 이는 내 백성이 두 가지 악을 행하였기 때문이니, 곧 그들이 생명수의 근원인 나를 버린 것과 물을 저장하지 못하는 터진 웅덩이를 스스로 판 것이다.

　　이 본문의 마지막 부분에서 예레미야는 자연법과 인간이 스스로 고안한 인공법을 비교하고 있다. 참된 실재(=진리)가 주는 것은 '샘물'이며 그것을 마시는 사람들은 갈증과 죽음의 고통에서 구원받는다. 하지만 사람들은 자연의 샘이 아니라 샘을 대체하는 웅덩이를 통해 그들의 필요를 채우려고 스스로 땅을 파지만, 그것은 "터진 웅덩이"에 불과하다. 그것으로 자연적 원천을 대체하겠다는 생각은 환상에 불과하다. 터진 웅덩이는 결국 죽음으로 이어진다. 마치 샘을 떠나 물을 마시지 않으면 결국 죽는 것처럼 말이다. 전자는 그 치명적 결과가 드러나는 데에 후자보다 좀더 시간이 걸릴 뿐이다.

　　예레미야의 또 다른 각도에서 비슷한 은유를 펼친다. 다음의 본문에서 예레미야는 하나님의 법에 대한 지식을 사나운 날씨로부터 양치기를 보호해주는 장막에 비유한다. 그리고 그 장막이 넘어지는 것을 방치할 때 오는 파멸을 애도한다. 다음을 보라.

예레미야 10장

20절. 내 장막이 부서지고 내 모든 줄이 끊어졌으나, 내 자식들이 나를 떠나갔으므로 내 장막을 다시 치고 내 휘장들을 다시 세울 사람이 없다.

21절. 목자들이 어리석어 여호와를 찾지 않으므로 그들이 무엇을 해야 할지 알지 못하며(로 히스킬루) 그들의 모든 양 떼가 흩어졌다.

　　사막의 뜨거운 태양·모래·바람·비 등은 목동 자신과 그의 가족 그리고 그의 재산을 망치는 요인이 되곤 한다. 인용된 본문에서 하나님의 뜻은 그런 거친 환경으로부터 양치기를 보호하는 장막에 비유된다. 그러나 장막은 저절로 세워지는 구조물이 아니다. 그것이 제공하는 보호막을 얻기 위해서는 실제적 지식을 가져야 한다. 이것을 히브리어로 '하스켈'이라 한다. 즉 장막 치는 법, 휘장을 세우는 법, 천과 줄을 다루는 법 등을 알아야 한다. 이런 일들에 대한 지식이 없으면 양치기와 그의 가축은 금세 멸망하게 된다. 그러나 이스라엘 백성들은 무지해졌다. 더 이상 "여호와를 찾지 않는" 그들은 "무엇을 해야 할지 알지 못하는" 상태가 되어 망하게 되었다.[50] 이처럼 예레미야는 하나님을 찾는 것과 그의 뜻을 아는 일을 실용적 지식(자신과 가족을 보호하는 데 필요한 지식)에 직접 연결시킨다. 하나님 찾는 일을 멈추어보라. 그대가 해야 할 바를 교훈하는 율법과 전통을 무시해보라. 그러면 그대는 곧 당신의 삶이 붕괴되고 무너지는 것을 발견할 것이다.[51]

아마 이보다 더 도발적인 비유는 다음의 은유일 것이다. 이 은유에서 하나님의 법이 산길을 다니는 데 필요한 태양빛에 비유된다. 이 은유는 예레미야의 주장을 새로운 경지로 이끌어간다. 즉, 독자들에게 하나님과 그의 교훈을 무시하는 자가 스스로 길을 찾을 것이라 기대할 수 없는 이유를 설명한다. 왜냐하면 여기에는 심리적 요소들이 작용하는데, 자기에게 유익한 것을 버리면 자연스럽게 인간은 무엇이 유익한지 알 수 없게 되어, 결국 그곳으로 돌아갈 수 없게 되는 것이다. 예레미야는 다음과 같이 말한다.

예레미야 13장

16절. 날이 어두워지기 전에. 너희 말이 석양 진 산에서 미끄러지기 전에 여호와 너의 하나님께 영광을 돌려라. 너는 빛을 희망하겠지만 그분은 사망의 그림자를 내리고 안개를 드리울 것이다.[52]

물론 예루살렘은 낮은 산들의 허리에 자리한 도시다. 예레미야의 설교를 듣고 있던 군중도 잘 알았다시피 계곡이 이어지는 산길을 거치지 않고 예루살렘에 들어올 수 없다. 잘못 발을 디디면 어느 순간 계곡의 밑바닥으로 굴러 떨어지게 된다. 오로지 밝은 대낮에만 비교적 안전하게 여행할 수 있다. 따라서 여행에 필요한 것은 여정 중간에 도사리는 함정과 위험을 볼 수 있게 해주는 태양빛이다. 그리고 하나님께 '영광을 돌릴' 때 우리는 태양빛, 즉 함정과 위험을 볼 수 있는 능력을 얻을 수 있다. 이 능력은 하나님의 율법을 통해 자신의 삶을 해석할 때 자연스럽게 찾아온다. 그러나 그 율법에서 돌아서는 것은 어두운 땅거미 가운데 여행하는 것과 같다. 본인의 인지력은 믿을 수 없는 것이 되고 위험스러운 것이 안전해보인다. 그러나 무엇인가가 잘못되고 있다는 사실은 곧 분명해진다. 넘어지기 시작하는 자신을 발견하기 때문이다. 계곡에서 넘어지는 현실은 부정하거나 합리화한다고 없어지는 것이 아니다. 그것은 냉엄하고 부정할 수 없는 현실이다. 넘어질 때마다 세계는 더욱 불확실하고 무서운 것이 된다. 그때 우리는 더 많은 빛이 필요함을 깨닫는다. 그러나 때가 이미 늦었다. 생각이 잘못되면 좋아지기란 거의 불가능하다. 안개와 어둠이 내리고, 멸망은 피할 수 없는 것이 된다.[53]

우리는 인간들이 그들에게 참으로 유익한 것으로부터 이탈할 때의 결과는 고통과 어려움(인간의 뒤틀린 지성도 부정할 수 없는 고통과 어려움)이라는 예레미야의 주장을 세 가지 다른 버전으로 살펴보았다. 예레미야는 계속해서 하나님의 율법을 버린 결과 발생한 고통이 확실히 "너의 지성에까지 도달해야" 한다고 말하며, 사람들이 (잘못을 깨닫기 위해서는) 자신의 행위에서 결과로 예상된 고통을 몸소 체험해야 한다고 주장한다.

예레미야 4장

18절. 네 길과 네 행위가 이것들을 네게 불러왔으니, 이것이 네 악함이다. 그것이 네 지성(마음)에까지 미치므로 심히 쓰라릴 것이다.[54]

이 구절과 다른 구절에서 예레미야는 예루살렘 백성들에게 그들 자신의 "삶의 방식들"과 "행위"들이 "너를 이렇게 만든 주범"(그들이 겪는 고통과 어려움의 요인)이라고 말한다. 그러나 예레미야에 따르면, 고통이 사람들의 잘못된 생각과 잘못된 행동의 결과이기 때문에 그 고통 안에 그 잘못된 생각과 행동을 교정하는 힘이 있다. 자신의 삶의 방식이 초래한 고통스런 결과들과 직면할 때 사람들은 그 고통의 참된 이유, 즉 그들이 하나님의 교훈으로부터 떠났음을 "알고 깨닫는다." "여호와가 네 길을 인도해주시는데도 네가 여호와를 버렸도다."

예레미야 2장

17절. 여호와가 네 길을 인도해주시는데도 네가 여호와를 버림으로 이것을 초래한 것이 아니냐?

19절. 네 악이 너를 징계하며 너의 배교가 너를 꾸짖을 것이니 네가 여호와 네 하나

231

님을 버리고 나를 경외하지 않은 것이 악이고 괴로움인 것을 알고 깨달아라.

　　또한 예레미야는 다음의 유명한 구절에서 유배 생활하는 북왕국 백성들의 대표로 에브라임을 설정한다. 에브라임은 북왕국 백성들의 방황에 관해서 그리고 사마리아가 파괴될 때 그들이 깨달은 것을 다음과 같이 말한다.

예레미야 31장
18절. 방황하는 에브라임의 소리를 내가 분명히 들었다. "주께서 나를 징계하시므로, 길들지 않은 송아지 같이 내가 징계를 받았습니다….
19절. 참으로 내가 돌이킨 후에, 깨달은 후 내 허벅지를 쳤습니다. 이는 내가 젊었을 때의 허물을 아직도 지니고 있으므로 부끄럽고도 수치스럽기 때문입니다.

　　이처럼 깨달음이 가능하다. 그러나 그 대가는 징계의 체험이다.[55] 이때 기도가 필요하다. 왜냐하면 사람이 걸을 수는 있어도 자신이 걷는 그 땅이 단단한지 그렇지 않은지를 혼자 힘으로 알아낼 수 없기 때문이다. 그래서 예레미야는 우리 행동의 결과가 무엇인지 확실히 알고 계시는 하나님께서 우리를 징계해서라도 진리를 가르쳐달라고 기도한다. 그래서 북방 지파들의 운명처럼 감당할 수 없는 고통 중에 진리를 배우는 것만은 피하고 싶은 것이다.

예레미야 10장
22절. 소리가 들린다. 지금 들린다. 북쪽 땅에서 오는 큰 소리다. 그것은 유다의 성읍을 폐허가 되게 하여 이리의 소굴로 만들 기세다.
23절. 여호와시여, 인생의 길이 자기에게 있지 아니하며, 그의 걸음을 정하는 것이 걷는 자에게 있지 아니함을 내가 압니다.
24절. 여호와시여, 나를 공의로 훈계하시되 주님의 진노 때문에 내가 소멸되지 않게 하소서.

V. 누구의 말이 옳을까?

　　예레미야의 인식론('어떻게' 진리를 알 수 있을까에 관한 이론)에서 보다 놀라운 요소는 잘못된 의견을 유지할 때의 결과들이 크게 강조된다는 것이다. 예레미야는 잘못된 의견들이 그 의견을 제시한 사람들을 압박하고 그들을 고통스럽게 벌한다고 우리에게 반복해서 가르친다. 그리고 이 고통은 부정할 수 없는 것이다. 아니, 정말 그런가? 다음의 구절에 주목해보자. 예레미야는 예루살렘의 백성들이 그들의 잘못된 생각에 대해 하나님이 부여한 징벌을 참을 수 있다는 것을 발견하고는 놀란다. 실제로 그들은 그 징벌을 견딜 뿐 아니라, 아무 고통도 느끼지 못하고 그리한다.

예레미야 5장

3절. 여호와시여, 주님의 눈은 진실을 찾지 아니하십니까? 주께서 그들을 치셨으나 그들은 아파하지 아니하며, 주께서 그들을 멸하셨으나 그들은 훈계받기를 거부하고, 그들의 얼굴을 바위보다 굳게 하며 돌아오기를 거부하였습니다.[56]

여기서 예레미야는 사람들이 그들의 악행 때문에 얻어맞았지만 그들이 아무 고통도 느끼지 못한다고 말한다. 그들은 '멸망당했지만' 그들의 생각과 삶의 방식은 전혀 변하지 않는다. 그들은 임박한 재앙에 대해 무지할 뿐 아니라 이미 그들에게 임한 재앙도 보지 못한다. 그들의 얼굴은 "바위보다" 굳어져서, 그들의 잘못이 초래한 결과에서 어떤 교훈도 얻지 못한다.[57] 오히려 그들은 아무 일도 없었다는 듯 선지자를 조롱한다. 아무 고통도 느끼지 못하는 이 철면피들은 조롱하듯이 "여호와의 말씀이 어디에 있는가? 지금 오게 하라!"[58]라고 말한다.

여기서 우리는 현실에 대한 상반된 인식들이 충돌하는 소리를 듣는다. 예레미야의 인식과 도시 백성들의 인식 사이에 큰 괴리가 생겨났다. 이 상황이 얼마나 오래 지속될 수 있을까? 얼마나 더 망해야 사람들이 자신들의 세계 인식에 문제가 있다는 것을 느끼게 될 것인가? 예루살렘을 소돔으로 간주하고 사람들에게 그들이 "왜곡한(뒤집은)" 개념들을 사용하지 말라고 경고한 설교에서 예레미야는 하나님께 거짓 선지자들이 사람들을 마취시켜 마땅히 느껴야 하는 고통을 느끼지 못하게 하고, 오히려 잘하고 있다고 그들에게 확신을 주는 상황이 얼마나 오래 지속될 수 있는지 질문한다. 다시 말해, 상반된 세계 인식들 사이의 갈등이 얼마나 오래 지속될 수 있는지 하나님께 질문한다.

25절. 내가 내 이름으로 거짓을 예언하는 선지자들의 말을 들으니, "내가 꿈을 꾸었다. 내가 꿈을 꾸었다." 한다.

26절. 거짓을 예언하는 선지자들의 마음속에 언제까지 이런 것이 있겠느냐? 그들은 기만스러운 자기 생각을 예언하는 자들이다.

27절. 그들이 각자 이웃에게 자기 꿈들을 말하니, 마치 자기 조상들이 바알 때문에 내 이름을 잊어버린 것처럼 내 백성으로 내 이름을 잊어버리게 하려는 것이다.

28절. 꿈을 꾼 선지자가 그 꿈을 설명하더라도 내 말을 가진 자는 내 말을 진실히 말하여라. 지푸라기와 알곡이 어찌 같겠느냐? 여호와의 말이다.

29절. 내 말이 불 같이 않느냐? 바위를 부수는 망치 같지 않느냐? 여호와의 말이다.[59]

이 질문에 하나님은 놀라운 대답을 하신다. 사람들은 생각하고 싶은 대로 생각할 수 있다. 또한 거짓 선지자들도 유창한 말로 사람들로 하여금 거짓을 진짜로 믿게 할 수 있다. 그러나 결국에는 그 상반된 현실 인식이 충돌하여 한쪽이 마지막을 고하게 될 것이다. 그 두 인식 틀의 충돌을 설명하기 위해 예레미야 선지자가 사용한 비유가 얼마나 강렬한지에 주목해보라. 사람들이 의존하는 거짓된 말(과 거짓된 것들)은 지푸라기와 같다. 반면 하나님의 말씀(과 그것이 가리키는 참된 것들)은 불과 같다. 말과 말이 부딪힐 때 하나님에게서 난 말씀은 쾅 소리와 함께 아무 것도 남지 않을 때까지 거짓된 말을 태워버릴 것이다. 끔찍한 일들을 보고도 아무 고통도 느끼지 못하는 바위처럼 굳어버린 사람들의 얼굴의 경우, 하나님의 말씀이 망치가 되어 그 바위처럼 굳은 얼굴을 부수어 잔돌들로 만들 것이다. 다시 말해, 참된 것들이 결국에는 세상에 나와 사람들에게 알려질 것이며, 그때 사람들이 믿었던 헛된 의견들은 부서지고 소멸되어 아무것도 남지 않게 될 것이다.[60]

예레미야는 상반된 진리 해석들 사이의 충돌을 이사야서와 에스겔서에도 등장하는 은유, 즉 "진노의 잔"의 은유로 생생히 묘사한다.[61] 그 은유에 따르면 민족들은 그들의 잘못된 사고가 뿌리 채 뽑힐 때까지 진노의 포도주를 강제로 마시게 될 것이다. 예레미야가 유다 멸망의 상징으로 포도주를 처음 사용한 구절은 그가 사람들의 잘못된 생각을 석양 진 산길을 걷는 것에 비유한 설교에서다. 다음을 보라.

12절. 그러므로 너는 그들에게 이 말을 전하라. 여호와 이스라엘의 하나님께서 이같이 말씀하신다. 모든 항아리가 포도주로 채워질 것이다! 그러면 그들이 네게 말하기를 "모든 항아리가 포도주로 채워질 것을 우리가 정말로 모르겠느냐?" 할 것이다.

13절. 그때 너는 그들에게 이같이 말하라. 여호와가 이같이 말한다. 보아라, 내가 이 땅의 모든 주민과 다윗의 보좌에 앉은 왕들과 제사장들과 선지자들과 예루살렘의 모든 주민을 술로 만취하게 하고,

14절 그들끼리 서로 치고 받게 할 것이니, 심지어 아버지와 자식들까지도 서로 그렇게 하게 할 것이다. 여호와의 말이다. 내가 그들을 불쌍히 여기거나 아끼지 아니하며, 어떤 긍휼도 베풀지 않고 그들을 멸망시킬 것이다.

이 설교는 현실 해석을 위한 사람들의 용어가 그 모호성으로 제대로 기능하지 못한다는 사실에 다시 한 번 주목한다. 예레미야는 예루살렘 백성들에게 "모든 항아리가 포도주로 채워질 것이다"라고 선언함으로 설교를 시작한다. 그러나 우리가 살펴본 다른 용어들(평화·구원·짐·여호와의 성전)처럼 이 표현도 두 가지로 이해될 수 있다. 사람들에게 포도주가 가득한 항아리는 기쁨과 자신감의 상징이지만 예레미야에게 그 항아리는 타락한 백성의 지도자들(즉 지성이 잘못된 의견으로 오염되어 있으며, 유다 민족은 물론 스스로도 구원할 수 없는 왕, 제사장, 선지자들)을 상징한다. 하나님은 무지와 어리석음 가운데 그들이 서로를 치게 하여 다시는 일어나지 못하게 하신다. 이 술 취한 지도자들이 그들의 종말을 믿지 않는다 해도 그들의 멸망은 확실히 정해졌다.

다른 예언에서 예레미야는 유다와 다른 민족들의 통치자들에게 포도주 잔을 들고 가라고 명받는다. 그리고 그들로 하여금 그 잔을 강제로 마시게 한다. 여기서도 멸망한 술꾼의 비유가 사용되지만, 전과 좀 다른 것은 예레미야가 묘사하는 술 취함이 예루살렘에 억지로 강요된다는 점이다.

예레미야 25장

15절. 여호와 이스라엘의 하나님께서 내게 이같이 말씀하셨다. 너는 내 손에서 이 진노의 포도주 잔을 받아 내가 너를 보내는 모든 나라가 그것을 마시게 하여라….

27절. 너는 그들에게 만군의 여호와 이스라엘의 하나님이 이같이 말씀하신다고 전하여라. 너희는 마시고 취하고 토하고 넘어져서 일어나지 마라. 이는 내가 너희 가운데 보낼 칼 때문이다.

28절. 만일 그들이 네 손에서 잔을 받아 마시기를 거절하면, 너는 그들에게 말하기를 "만군의 여호와께서 말씀하시기를 너희가 반드시 마시게 될 것이라고 하셨다." 하여라.

이전에 예레미야가 "모든 항아리가 포도주로 채워질" 것이라고 말했을 때, 유다와 예루살렘의 멸망이 적어도 어떤 점에서는 자발적인 술 취함 때문인 것으로 묘사되었다. 그때 유다는 물론 유다 사람들이 그들의 생각과 행위가 초래한 나쁜 결과들을 원했던 것은 아니다. 그러나 우리는 그들이 여전히 자신들의 현실 인식과 그것에 근거한 삶에 만족하고 있음을 본다.[62] 그러나 이 예언에서는 유다의 지배자들이 강제로 술을 마시게 된다. 술 마시는 자들이 어느 시점에서는 그만 마시고 싶어도("그들이 네 손에서 잔을 받아 마시기를 거절하면"), 그들에게는 더 이상의 선택권이 없고 "너희가 반드시 마시게 될 것"이라는 명령을 듣게 된다.[63] 지푸라기를 태우는 불과 바위를 부수는 망치처럼 여기서도 하나님의 말씀은 인간의 왜곡된 지성을 부술 힘과 능력을 지닌 것으로 묘사된다.[64] 그들의 지성이 이전의 사고들을 버리지 않기 위해 아무리 애쓰고 노력해도, 점점 강해지는 진리를 받아들이지 않을 수 없게 된다("너희가 반드시 마시게 될 것이다"). 그때 그들의 완악한 지성은 당황하게 되고("너희는 취하고"), 혼란에 빠져("토하고"), 마침내 붕괴된다("넘어진다").

예루살렘 백성들이 이 끔찍한 세상의 붕괴를 경험하면 지식에 이를 것인가? 분노의 잔을 마시고 그들 마음의 잘못된 사고들이 붕괴되면, 백성들이 실재를 있는 그대로 보게 될 것인가? 예레미야는 그렇다고 믿는다. "바위를 부수는 망치" 설교에서 예레미야는 이 사건들이 결국 백성들을 깨달음으로 이끌 것이라고 약속한다.

예레미야 23장

17절. 그들이 나를 멸시하는 자들에게 계속 말하기를 "여호와께서 너희가 평안할 것이라고 말씀하셨다." 하며, 자기 지성의 완악함(비슈리룻 리보)대로 행하는 모든 자에게 말하기를 "너희에게 재앙이 임하지 않을 것이다." 하였다.

18절. 누가 여호와의 회의에 참석하여 그 말을 알아들었으며, 누가 나의 말을 귀 기울여 들었느냐?

19절. 보아라, 여호와의 폭풍이 진노 중에 일어나니, 회오리치는 폭풍이 악인의 머리에 휘몰아칠 것이다.

20절. 여호와의 진노가 그 마음의 계획들을 이룰 때까지 그치지 아니할 것이니, 종국에(베아하릿 하야밈) 너희가 그것을 명백히 깨닫게 될 것이다(티트보네누바 비나).

이 예언에서는 '진노의 잔'이 '진노의 폭풍'으로 대체되어 있다. 진노의 폭풍은 이미 세상에 불기 시작했다. 많은 사람이 아직 그 폭풍과 진노를 제대로 깨닫지 못하고 있다. 그러나 대부분의 사람이 현재 그에 대해 무지하다고 해서 현재 일어나고 있는 (심판) 사건이 불가해한 것이라는 의미는 아니다. 실재가 존재한다. 그리고 그것은 하나님의 지성 안에 있는 것으로 묘사된다. 하나님은 실재에 대한 분명한 지식을 가진다. 그리고 그 진노의 폭풍이 불면 사람들도 결국 그에 대한 지식을 가질 것이다. 예레미야가 말한 대로 "종국에 너희가 그것을 명백히 깨닫게 될 것이다."

우리가 왜곡된 지성에서 유래하는 잘못된 말과 사고에서 해방될 수 있는가? 이에 대한 예레미야의 대답이 바로 이것이다. 우리의 지성은 우리를 잘 속인다. 그리고 한번 잘못된 사고방식에 고정되면 그로 인해 고통을 받아도 지성이 그 사고방식을 털어내기 쉽지 않다. 그러나 하나님의 말씀은 바위를 부수는 망치와 같다. 그것이 세상에 들어와 진리를 압도적으로 드러내면 그 잘못된 사고는 (아무리 우리가 그것을 꼭 붙잡아도) 하나님의 말씀 앞에서 부서진다. 그리고 일단 이 잘못된 사고에서 놓임받으면 사람들의 지성 속에서 새로운 사고, 진리를 담은 사고가 일어난다. 따라서 참 지식이 특정 시대와 장소를 사는 사람들을 피해갈 수는 있어도, 그 지식이 드러날 것이라는 사실만은 분명하다. 그리고 모든 사람이 "종국에" 그 지식을 얻게 될 것이다.

그렇다면 예레미야가 말하는 종국은 언제인가? 앞서 인용된 구절에서 예레미야가 사용하는 표현인 '베아하릿 하야밈'은 문자적으로 "날들의 끝에(at the end of the days)"를 의미한다.[65] 그리고 후대의 독자들은 이것을 종종 종말론적으로 이해했다. 즉 그 표현이 세상 마지막 날을 의미하는 것으로 이해했다. 그러나 이것은 그 히브리어 표현에 대

237

한 오해다. 예레미야가 그렇게 먼 미래를 생각했을 리 없다. 예레미야를 포함한 성서 저자들은 '아하릿'("끝")을 "나중에" 발생하는 일을 가리킬 때 사용한다. 즉, "지금 진행 중인 사건이 끝나면"이라는 의미다. 예를 들어, 예레미야가 사람들에게 "마지막에는(레아하리타) 너희가 어찌하려느냐" 물었을 때, '아하릿'이란 용어를 그런 의미로 사용하는 것이다.[66] 하나님이 이스라엘에 관해 "재앙이 아닌 평화의 생각을 품고", 이스라엘에게 "미래(아하릿)의 소망을 주신다"라고 예레미야가 말했을 때도 마찬가지다.[67] 예레미야는 이 구절들에서 사람들에게 세상의 마지막 날에 대해 말하는 것이 아니다. 단지 지금의 상황만을 생각하지 말고, 나중에 일이 어떻게 전개될 것인지를 생각해보라는 것이다. 위에 인용된 구절에도 마찬가지다. 예레미야는 사람들에게 "나중에 너희는 이것을 깨달아 알 것이다"라고 말한다. 즉, 예루살렘 사람들은 바빌로니아인들이 그 도시를 멸망시킬 때 비로소 그 전에 이해하기 힘들어 했던 것들을 이해하게 될 것이다.[68]

참된 지식이 "훗날에" 즉, 경험을 통해서 찾아온다는 주장은 예레미야서에 자주 반복된다. 예를 들어, 예레미야는 거짓 선지자와 참된 선지자를 구분해주는 특징적 표식이 '경험을 통한 입증'이라는 견해를 지지한다. 즉, 그가 말한 것이 성취되면 그는 하나님의 선지자이고, 성취되지 않으면 그렇지 않다는 것이다. 이런 예언(과 나아가 하나님의 말씀)의 분별에 대한 경험주의적 견해는 신명기의 모세 율법에서 가장 잘 표현된다.[69] 예레미야서에서 그것은 여고니야 왕과 유다의 지도자들이 유배당한 후 예레미야가 하나니야와 벌인 공개토론에서 나타난다. 이 끔찍한 사건에도 불구하고 하나니야는 제사장과 백성 들에게 2년 안에 유배 갔던 왕과 빼앗긴 성전 기물들이 예루살렘으로 돌아올 것이라고 주장한다. 하나니야가 당시 그런 주장을 했다는 것은 놀랍다. 유다 왕이 얼마 전 사슬에 묶여 끌려갔고, 왕의 동생은 그보다 전에 이집트로 끌려가 감옥에 있는 상태다.[70] 유다는 짓밟혔고 약탈당했으며, 멍들고 수치투성이의 땅이 되었다. 그러나 하나니야는 마치 별일 없었다는 듯이 평화를 예언하며, 모든 것이 잘될 것이라고 계속 주장한 것이다. 예레미야는 분노하며 다음과 같이 말한다. 하나니야의 예언들은 사람들이 그 예언들이 성취되는 것을 직접 경험할 때까지 가치 없는 것으로 간주하라!

예레미야 28장

9절. 평화를 예언하는 선지자는 그 선지자의 말이 이루어질 때에야 진실로 여호와께서 보내신 선지자로 인정받을 것(이바다)이다.[71]

　　하나냐와의 논쟁은 유다의 마지막 왕 시드기야가 통치한 지 4년째 되는 해에 성전에서 벌어졌다. 그러나 이 논쟁을 지켜보던 제사장과 백성은 모든 것이 잘될 것이라는 말을 믿고 싶어 한다.[72] 진노의 폭풍이 시작되었으나 그 '끝'은 아직 오지 않았다. 유대인들의 사고방식이 아직 부서지지 않았다. 그러나 예레미야가 사람들에게 말하는 것처럼 '진리는 오고 있다.'

　　이런 문맥에서 예레미야서의 두 번째 부분인 역사 이야기는 놀라운 사실 하나를 알려준다. 필자가 생각하기에 성서 전체에서 가장 충격적인 역사적 사실 중 하나다. 예루살렘이 멸망하고 약 10년 후, 바빌로니아인들에게 살해당하거나 포로로 잡히지 않은 유대인들이 이집트로 도망했을 때의 일이다. 상이집트의 바드로스에서 예루살렘 멸망의 생존자들이 예레미야와 공개토론을 벌이고 있다. 이 생존자들은 여전히 사고방식의 문제점을 깨닫지 못한다. 그리고 그들은 이방신을 섬기기로 한 다짐을 잘 지키지 못했음을 후회한다.

예레미야 44장

15절. 그러자 자기 아내들이 다른 신들에게 분향하는 것을 아는 모든 남자와 그 곁에 서 있는 모든 여자, 곧 이집트 땅 바드로스에 사는 모든 백성의 큰 무리가 예레미야에게 대답하였다.

16절. 당신이 여호와의 이름으로 우리에게 알려준 말을 우리가 듣지 않겠습니다.

17절. 오히려 우리는 우리 자신의 입에서 나오는 모든 말대로 행하여, 우리와 우리 조상과 우리 왕들과 우리 고관들이 유다의 성읍들과 예루살렘 거리에서 행하던 대로 하늘 여왕에게 분향하며 그에게 붓는 제사를 드릴 것이니, 그때에는 우리가 양식이 풍부하고 복을 누렸으며 재앙을 겪지 않았습니다.

18절. 하지만 우리가 하늘 여왕에게 분향하고 그에게 붓는 제사를 그만두었을 때부터, 우리는 모든 것에 궁핍하며 칼과 기근으로 죽게 되었습니다.

　　이처럼 국가가 망하고 성전이 파괴되는 것을 본 후에도 그리고 이집트에 도망가 난민으로 살고 있음에도 불구하고 많은 유대인의 사고 방식은 재앙 이전과 똑같았다. 그들의 이야기를 읽고 있으면 왕국의 멸망에서 배울 것이 아무것도 없는 것처럼 생각된다. 예루살렘의 모든 것이 평안했고, 예레미야가 하늘 여왕 숭배를 버리라고 외치던 것만이 문제였던 것 같다. 이때 성서 저자는 유머감각을 발휘해 그들이 예루살렘에서 "재앙을 겪지 않았습니다"(예레미야의 눈에는 이것이 바로 문제임)라고 말한 것을 전하며 그들이 하나님의 말씀을 들으려 하지 않는다고 말했다.[73]

유대인들이 이스라엘 땅에 남지 않고 이집트로 피난 간 것에 충격받은 예레미야는 그들이 여전히 깨닫지 못했다고 생각한다.[74] 그리고 그들에게 그들의 생각이 결코 옳지 않다고 말한다. 그들은 나중에야 깨닫게 될 것이다.

예레미야 44장

24절. 또 예레미야가 모든 백성과 모든 여자에게 말하였다. 이집트 땅에 있는 모든 유다 사람아, 여호와의 말씀을 들어라.

27절. 보라, 내가 그들이 복이 아니라 재앙을 받도록 그들을 지켜볼 것이니(쇼케드)[75]…

28절. 단지 칼을 피한 소수의 사람만이 이집트 땅에서 유다 땅으로 돌아갈 수 있을 것이니, 이집트 땅에 들어가서 거기 머무는 유다의 남은 자들은 모두 내 말과 그들의 말 중에서 누구의 말이 서게 될지(드바르 미 야쿰) 알 것이다.

29절. 여호와의 말이다. 이것이 너희에게 징표가 될 것이니, 곧 내가 이곳에서 너희를 벌하여 너희에게 재앙이 있을 것이라고 한 나의 말이 분명히 성취되는 것(야쿠무 드바라이)을 너희가 알게 될 것이다.

예레미야가 여기서 하나님의 사고와 사람들의 사고의 충돌을 묘사하기 위해 사용하는 용어들이 시사하는 바가 크다. 그는 "서다" 혹은 "일어나다"를 의미하는 히브리어 동사 '캄'을 사용하여 말이나 사고가 시간이 흐르면서 어떻게 되는지를 설명한다. 어떤 말이나 사고는 세상에서 진리로 세움을 받을 수 있다. 다른 말이나 사고는 연기처럼 일시적이고 무가치한 것으로 판명되어 사라져버릴 것이다. 하나님은 예레미야를 통해 훗날에 "누구의 말(이집트 유대인의 말 혹은 하나님의 말씀)이 서게 될지(성취될지)" 밝혀질 것이라고 말한다. 예레미야의 설교에서 그것은 경쟁하는 사고방식들이 서로 맞붙어 어느 한쪽이 쓰러질 때까지 계속 서로 싸우는 형국으로 묘사된다.[76]

이집트로 도망간 유대인들의 이야기는 인간 지성의 왜곡이 부서 지지 않을 것이고 많은 사람이 진리에 이를 수 없다는 놀라운 사실을 증거하는 듯하다. 이런 증거를 고려하면 예레미야가 소수의 사람(이 경우 선지자 혼자)만이 진리를 얻을 수 있다고 보는 플라톤의 견해를 채택한 다 해도 놀랄 일이 아니다. 그러나 이런 해석이 그의 결론은 아니다. 예 레미야는 그럼에도 불구하고 참 지식이 (징계의) 경험을 통해 달성될 수 있다는 주장을 고수한다. 그는 설교에서 일관되게 참 지식이 올 것이라 고 주장한다. 그리고 자신의 사고가 어리석었음을 경험으로 깨닫게 되 는 때 진리에 대한 깨달음도 온다고 주장한다. 예를 들어, 예레미야가 유다의 다른 사람들(임박한 바빌로니아의 공격을 바라보며 예레미야가 말한 대로 깨달음을 경험한 사람들)에 대한 설교의 한 구절을 보자.

예레미야 8장

13절. 내가 그들을 멸할 것이다. 여호와의 말이다. 포도나무에 포도가 없을 것이며 무화과 나무에 무화과가 없을 것이며 잎도 말라 버릴 것이니, 내가 그들에게 주었던 것들이 없어질 것이다.

14절. (그때 그들이 말할 것이다.) 우리가 어떻게 가만히 앉아 있겠느냐? 모여라, 우리 가 견고한 성읍들로 들어가 거기서 죽자. 이는 우리가 여호와께 범죄하였으므로 여 호와 우리 하나님께서 우리를 죽게 하시며, 우리에게 독한 물을 마시게 하신 것이다.

15절. 우리가 평안을 바라나 좋은 것이 없고, 치료의 때를 기다리나 보아라, 두려움 뿐이다.

20절. 추수가 지나고 여름철이 끝났지만 우리는 구원을 얻지 못했다.[77]

예레미야가 유다 사람들에게 강제한 포도주 잔의 은유에서처럼 여기서도 예레미야는 참 지식을 사람들이 마실 수밖에 없는 물["(하나 님이) 우리에게 독한 물을 마시게 하셨다"]에 비유하고 있다. 그러나 이 본문에 서 사람들이 쓰러져 감각 없이 되는 것은 아니다. 쓰러지는 것은 그들 의 잘못된 사고다. 잘못된 사고가 쓰러짐으로 그들은 그 대신 생겨난 완전히 다른 진리를 보게 된다. 그리고 유다 사람들은 그들의 진리 인식에 발생한 변화를 잘 알고 있다. 그들은 "거기서 죽자"라고 서로에게 이야기한다. 여기서 그들이 말하는 죽음은 그들의 지성을 채웠던 잘못된 사고의 붕괴와 그 사고에 근거한 무가치한 말의 붕괴를 의미한다. 그리고 그들은 "여호와 우리 하나님께서 우리를 죽게 하시며"라고 덧붙인다. 왜냐하면 망치가 바위를 부수듯 그들의 옛 사고를 부수었던 것이 하나님이 일으키신 사건들, 사람들을 압박하는 진리이기 때문이다. 또 그들은 "우리가 여호와께 범죄하였으므로"라고 말한다. 이것은 그들이 얻은 새로운 깨달음을 말하는 것이다.

이와 관련해 특히 흥미로운 것은 사람들의 의견과 행위가 그것들이 초래한 결과와 가지는 관계에 관해 우리가 앞서 살폈던 추수의 은유다. 초봄 씨뿌리기는 특정한 의견을 세우는 것이나 특정 행동을 취하는 것에 비유된다. 여름 동안 사람들은 봄에 심은 것이 잘 자랄 것이라는 가정 아래 걱정 없이 생활할 수 있다. 그러나 추수와 관련해서는 논쟁이 있을 수 없다. 유다 사람들이 다음의 구절에서 말하는 바처럼 말이다. "추수가 지나고 여름철이 끝났지만 우리는 구원을 얻지 못했습니다." 여름에는 허상이 있었지만 가을에는 허상이 있을 수 없다. 진리에 관해서도 같은 말을 할 수 있다. 진리는 마지막에 경험의 열매로 찾아온다.

IV. 결론

지금까지 논의한 바처럼 개인의 주체적인 진리 추구에 대한 예레미야의 평가는 매우 과격하다. 예레미야는 소돔이 의인 열 명이 없어서 망했지만, 예루살렘이 망한다면 진리를 부지런히 추구하는 한 사람이 없어서일 것이라고 주장한다. 그러나 예레미야는 그 진리가 쉽게 발견되지 않음을 인식한다. 그의 설교에 따르면 예레미야는 그 이유를 인간의 정신 구조에서 찾는다. 그는 이스라엘과 이방 민족 할 것 없이 대부분의 사람은 자기 지성(마음)의 완악함에서 발생하는 잘못된 사고에 갇혀 산다고 말한다. 왜곡된 지성은 실재를 있는 그대로 참되게 경험하지 못하게 하며, 스스로 고안해낸 잘못된 생각에 만족하게 하며, 변화에 대한 모든 요구를 거부하게 한다. 예루살렘의 선지자나 제사장도 별로 도움이 되지 않는다. 그들도 실재에 대한 거짓된 해석들을 유포한 죄에서 자유롭지 못하기 때문이다. 따라서 스스로 부지런히 진리를 추구하지 않으면 일반 개인은 스스로 속고 사람들을 속이는 거짓 선지자와 제사장에 의해 잘못된 길로 인도될 가능성이 있다. 따라서 참 지식을 얻을 유일한 희망은 (삶의) 경험에서 온다. 경험만이 거짓된 의견들을 부수고 새로운 이해를 가져다줄 힘이 있다.[78] 예레미야는 참 지식을 기대할 수 있다고 굳게 믿는다. 왜냐하면 어느 누구도 궁극적으로 그를 압도하는 '삶의 현실'에서 도망할 수 없기 때문이다. 결국에는 실재의 강함이 증명되어 오랫동안 사람들을 지배해왔던 잘못된 사고들을 압도할 것이다. 결국에 진리는 바위를 부수는 망치가 될 것이다.

예레미야의 인식론은 아테네 철학으로부터 이어진 철학 전통과 매우 다른 관점을 제공한다. 실재가 식별 가능한 자연법칙에 의해 지배된다는 그의 견해는 현 세계를 고정되고 이해 가능한 것으로 보는 아리스토텔레스적 견해와 크게 다르지 않은 것 같지만, 실제로는 인간을 환상(이 환상들이 인간을 부여잡고 그의 행위를 결정함)에 의해 항상 조작되는 존재로 보는 플라톤의 견해와 더 유사하다.[79] 예레미야는 인간의 삶과 인간을 사로잡는 환상들에 대한 플라톤의 문제의식에 깊이 공감하지만 매우 다른 방식으로 그 문제를 해결한다. 우리의 경험 세계가 불변하는 이데아 세계의 모방이라고 주장하는 대신, 예레미야는 환상들이 인간을 지배하는 이유를 인간 정신에서 찾는다. 즉, 인간 지성(마음)이 잘 속으며 왜곡된다는 것이다. 이런 식으로 예레미야는 실재를 단일 경험 세계로 이해한다. 이 단일 경험 세계는 우리의 잘못된 사고와 부딪혀 고통을 일으킨다. 그래서 헛된 사상 속에 행복해하는 사람들도 궁극적으로 그 환상들을 버리게 될 것이다. 왜냐하면 경험적 실재가 부과하는 고통이 그 헛된 사고들을 부술 것이며 새로운 참 사고가 생겨나도록 만들 것이기 때문이다.

인식에 대한 예레미야의 이런 견해는 고대 그리스에서부터 전해지는 철학 전통의 견해보다 여러 면에서 우월하다. 이 견해는 플라톤 이후의 형이상학을 괴롭혀온 이원론을 어느 정도 극복해준다. 동시에 인간 정신의 내재적 작동에 근거한 견해들의 다양성에 대한 현실적인 이해 방식을 제공한다. 더욱이 그런 견해와 종종 연관되는 주관주의가 세상에 대한 보다 참된 인식으로 나아가는 지성의 능력을 통해 고통의 현실들이 주는 압력을 어떻게 극복할 수 있는지도 보여준다. 최근에 와

243

서야 서양의 사상가들도 예레미야의 설교에서 개진된 것과 대체로 비슷한 방식으로 지식과 진리의 문제를 탐구하기 시작했다.[80] 특히 인간 지식이 갑작스럽고 과격한 패러다임의 변화를 통해 진보한다는 이론이 서양 사상의 상식이 된 때는 20세기에 들어와서임은 주지의 사실이다.[81]

지난 장에서 우리는 이스라엘의 선지자들이 개인의 주체적 진리 추구를 강조할 때 매우 과격해질 수 있음을 보았다. 이제 그들이 말하는 진리가 무엇인지를 물어야 한다. 우리가 구약 성서에서 만나는 '진리'라는 말이 아테네 철학자들의 저작들에 쓰인 것과 같은 의미인가? 나아가 오늘날 우리가 말하는 '진리'와 같은 것을 뜻하는가? 이 질문은 매우 중요하다. 왜냐하면 만약 구약 성서가 그리스철학에서부터 이어진 사상 전통이 반영된 것과 다른 진리 개념(즉, 진리와 거짓에 대한 이해)을 가진다면 우리는 선지자들이 말하는 진리 추구가 의미하는 바를 오해할 것이고, 또한 예언의 성격, 좀더 일반적으로는 하나님 말씀의 성격에

7장
구약 성서에서의 진리와 존재

대해서도 오해할 것이다. 동시에 성서가 거짓과 진리가 무엇인지에 대한 '새로운 이해 방식'을 제공한다면, 최근 진리가 무엇인지 명확히 이해하는 데 큰 어려움을 느껴온 서양 사상에 기여하는 바가 클 것이다.

널리 알려진 성서학의 입장(구약 성서의 학문적 논의에 50년간 긴 그림자를 드리운 입장)에 따르면 내가 방금 제기한 질문들은 그다지 의미가 없다. 이 견해에 따르면 성서의 기본 용어들은 그 용어들의 그리스어 혹은 영어 번역어와 그다지 중요한 차이를 갖지 않는다. 실재(reality)는 그냥 존재하는 것을 의미하고 우리가 무슨 언어를 사용하든지 인간 지

성이 그것을 약간의 차이는 있지만 거의 같은 조각들로 분석해낼 것이다.[1] 그러나 나는 이런 견해가 오해를 불러일으킨다고 믿는다. 이런 '교리'를 무조건적으로 받아들이지 않는 독자는 위의 견해가 전혀 사실이 아님을 깨달을 것이다. 즉, 중요한 성서 용어 중 상당수가 실제로는 그것의 영어 번역어와 매우 다른 의미를 지닌다.[2] 예를 들어, 지난 장에서 우리는 보편적으로 "마음"(heart)으로 번역되는 히브리어 '레브'(lev)의 예를 살펴보았는데, "마음"이라는 번역은 그 말이 쓰인 성서의 수많은 구절을 감정과 연관된 것으로 만드는 오역이다. 그러나 그 구절들에서 이야기되는 것은 인간의 이해력과 이성이다.[3] 다른 더 많은 예도 쉽게 생각할 수 있다. 이는 흔히 생각하는 바와 달리 철학적으로 중요한 많은 주제를 다룰 때 '번역된 구약 성서'가 조직적인 오해를 불러일으킴을 의미한다. 아울러 우리가 성서 저자들이 자신들의 사상을 표현하기 위해 사용한 기본 용어들의 의미를 재구성하는 데 노력하지 않으면 그들의 철학을 이해할 수 없음을 의미한다. 이런 점에서 구약 성서에 대한 공부는 그리스 철학자들의 저작을 공부하는 것과 크게 다르지 않다. 바로 그리스철학 저작에 사용된 용어들의 본래적 의미를 애써 재구성하지 않으면 고전학자들도 그리스 철학자들을 제대로 이해할 수 없는 것처럼 말이다.[4]

따라서 이번 장에서는 성서의 내러티브와 은유를 분석하는 일은 잠시 접어두고, 구약 성서를 특징짓는 몇몇 형이상학적 전제들을 설명할 것이다. 특히 구약 성서에서 가장 중요한 두 개념을 살필 것이다. "진리"로 번역되는 성서 히브리어 '에메트'와, 성서에서 "말"(words)과 "사물"(things)을 동시에 지칭하는 히브리어 '다바르'다. 내가 주장하는 바는 진리와 거짓, 말과 대상을 가리키는 히브리 용어들이 플라톤이나 아리스토텔레스의 가르침과는 매우 다른 의미를 가진다는 것이다. 이 용어들에 대한 성서적 용례들은 진리와 존재 개념을 명확히 정의하고 성서 저자들의 철학을 재구성하기에 충분히 일관되게 나타난다. 그리고 성서 용어가 의미하는 바를 분명히 하다보면 우리는 아테네 철학이 우리에게 알려준 형이상학 이론들["진리(존재)가 무엇인가?"]과 매우 다른 형이상학 체계와 만나게 될 것이다.

I. 진리는 실재와의 일치다: 언어적 진리

아리스토텔레스가 《형이상학》에서 했던 것과 같이, 진리에 대한 철학적 논의의 전통적 출발점은 진리와 거짓을 정의하는 일이다. 다음은 아리스토텔레스의 정의다.

A인 것을 A가 아니라고 말하거나, A가 아닌 것을 A라고 말하는 것이 거짓이다. A인 것을 A라고 말하고, A가 아닌 것을 A가 아니라고 말하는 것이 진리다.[5]

이 견해에 따르면 진리는 '발언된 것'(things that are said)의 특질이다. 더 엄밀하게 말하면 '~이다'와 '~아니다'로 구성되는 명제들의 특질이다. 그 명제들이 실제로 A'인' 어떤 것 혹은 실제로 A가 '아닌' 어떤 것에 대해 발언될 때 그 명제들은 진리가 되거나 거짓이 된다.[6] 예를 들어, 실제로 새인 것에 대해 "그것은 새다"라고 말하거나 새가 아닌 것에 대해 "그것은 새가 아니다"라고 말하는 것은 진리를 말하는 것이다. 이처럼 명제는 자기 자신을 넘어서 존재하는 '실재'(reality)를 가리키는 것으로 간주된다. 즉, 실재는 그것에 대한 발언으로부터 독립적인 존재라고 이해된다[7](전통적 사고에 따르면 발언된 것은 생각 속에서도 발언될 수 있다. 그래서 생각 속에서만 개진되고 음성 언어로 발언되지 않는 명제도 참이거나 거짓일 수 있다[8]).

아리스토텔레스의 진리와 거짓에 대한 정의(definition)에서 우리는 오늘날 '진리대응론'(correspondence theory of truth)으로[9] 알려진 것의 기본 요소들을 발견한다. 진리대응론은 최근까지 거의 모든 철학자의 사고를 지배했기 때문에 그 이론이 진리에 관한 자연스러운 사고방식이 아니가 하는 생각마저 들게 한다.[10] 특히 우리는 진리와 거짓에 대한 아리스토텔레스의 정의가 이후의 진리에 대한 철학 논쟁을 특징짓는 세 가지 전제적 가정에 의존하고 있음에 주목한다.

① 진리는 언어의 특질이다.[11]
② 참된 언어는 그것과 독립적인 실재에 속한 것(혹은 '~에 관한 것')이다.
③ 참된 언어는 이 실재와 일치하는(혹은 '대응하는') 것이다. 반면에 거짓 언어는 그렇지 않다.[12]

247

지난 세기에 진리가 언어와 실재의 일치로 이해될 수 있다는 생각이 많이 도전받게 되었다. 이 도전들이 제기한 질문 중 가장 중요한 것은 다음과 같다. 어떻게 개인이 자기 생각을 벗어나서 독립적 실체에 '도달할' 수 있는가? (말이나 생각이 실재와 일치하는지의 여부를 따지려면 '실재'가 무엇인지 알아야 하는데, 말과 생각을 통하지 않고 어떻게 실재를 알 수 있겠는가?) 그리고 설사 실재를 알게 되었다고 하자. 그러면 그 독립된 실재와 언어 혹은 생각 사이의 만족스러운 일치 혹은 대응을 어떻게 판단할 수 있는가?[13] [어느 정도 일치해야(혹은 대응해야) 진리 혹은 거짓이라고 말할 수 있을까?] 진리대응론에 대한 광범위한 불만에도 불구하고 진리에 대한 대부분의 논의는 아리스토텔레스의 정의를 땜질식으로 고치는 데 집중했을 뿐 그것과의 진정한 단절을 꾀하지 않았다. 오늘날도 과거처럼 대부분의 철학자는 언어가 없는 곳에 진리도 없다고 생각한다. 그리고 언어적 참은 '실재하는' 세상과의 관계에 달려 있다고 믿는다.[14] 이런 상황에서 성서가 이런 가정들에 전혀 의존하지 않는, 완전히 다른 진리관을 서양철학 전통에 제공한다는 사실은 단순한 호기심의 대상으로 치부할 문제가 아니다.

II. 대상의 진리

지금부터 필자는 구약 성서가 진리에 대한 새로운 입장을 개진한다고 주장할 것이다. 이 주장에 따르면 진리는 우선적으로 발언된 말의 특질이 아니라 대상의 특질이다. 여기서 '대상'(object)은 흔히 생각하는 도로·말·씨앗·사람 같은 물리적 대상뿐 아니라, 생각의 대상 전체(예를 들어, 인간의 행위나 사건, 상황들)도 포함한다.[15] 일단 '진리'라는 용어가 대상의 특질로 이해될 때 그것이 의미하는 바가 무엇인지 설명한 다음에 말의 특질로서의 진리의 문제로 되돌아올 것이다. 그리고 성서적 진리관에서는 발언된 말의 진리가 대상의 특질로서의 진리에 의존하며, 나아가 그것에 대응한다는 점을 밝힐 것이다.

먼저, "진리"를 뜻하는 히브리어 '에메트'(אמת)와 "거짓"을 뜻하는 히브리어 '쉐케르'(שקר)가 사용된 다음의 구약 본문들을 공부하자.[16] 아브라함의 종이 오랜 힘든 여정 끝에 메소포타미아에 도착했을 때 그는 자신을 거기로 인도한 길을 "진리의 길"로 묘사한다.

그리고 저는 엎드려 여호와께 경배하였습니다. 저를 진리의 길(데레크 에메트)로 인도하셔서 제 주인의 동생의 딸을 제 주인의 아들을 위하여 택하게 하신 여호와 제 주인 아브라함의 하나님을 찬송하였습니다.[17]

마찬가지로 이드로가 모세에게 백성을 다스릴 재판장들을 선임하는 법을 가르칠 때, 그는 '진실한 사람들'을 찾아야 한다고 말한다.

모든 백성 가운데서 능력과 덕이 있는 사람들, 곧 하나님을 두려워하며 진실하며(안쉐 에메트), 부정한 이득을 미워하는 사람들을 찾아서…[18]

그리고 예레미야는 하나님께서 이스라엘을 "참된 종자"로 심으셨다고 말한다.

나는 너를 귀한 포도나무 곧 온전히 참된 종자(제라 에메트, "진리의 종자")로 심었는데, 어떻게 들포도나무로 변질되었느냐?[19]

우리는 시편 기자가 "말(horse)은 헛되다"고 말할 때 "거짓"이라는 단어가 사물에 대해 사용되었음을 확인한다.

구원하는 데 말(horse)은 헛되며(쉐케르, "거짓이며"), 그의 강한 힘으로도 그는 도망하지 못할 것이다.[20]

마찬가지로 잠언에서도 우리는 "고운 것도 거짓되고"라는 구절을 발견한다.

고운 것도 거짓되고(쉐케르) 아름다운 것도 헛되지만 여호와를 경외하는 여자가 (모두에게) 칭찬을 받을 것이다.[21]

이 구절들과 비슷한 다른 구절들에서 진리(=참)와 거짓은 발언된 말의 특질이 아니다. 오히려 사물이나 사람의 특질이다. 그렇다면 성서 저자들이 어떤 사물—도로, 종자, 사람, 말(horse)—이 '참되다' 혹은 '거짓되다'고 말할 때 그것은 정확하게 무슨 의미인가?

249

다른 셈어들과 마찬가지로 히브리어에서 대부분의 단어는 보통 세 문자로 구성된 어근에서 파생되어 형성된다. 그 히브리어 어근은 일관된 형태론에 따라 다양한 품사의 단어들로 변할 수 있다. 이처럼 각각의 어근은 밀접하게 연결된 의미의 단어들로 구성된 '가족'을 형성한다. '에메트'의 경우, 어근이 알레프-멤-눈(אמן, 히브리어는 오른쪽에서 왼쪽으로 읽음)으로 구성되었고 그것에서 파생된 '친족어'들은 성서의 저자들이 "진리"라는 단어를 어떤 의미로 사용하는지를 잘 이해하도록 돕는다.[22] 예를 들어, 이 어근의 수동태 동사에서 파생된 형용사가 '네에만'(ne'eman)인데, 종종 "신실하다"로 번역된다. 이사야가 미래의 위대한 유다왕을 예언할 때, 그는 자신을 단단한 땅에 박힌 장막의 못에 비유한다.

또 내가 단단한(네에만) 땅에 박힌 못같이 그를 굳세게 할 것이니, 그가 그의 아버지 집에 영광의 보좌가 될 것이며 그의 아버지 집안, 후손과 자손의 모든 영광이 그 위에 걸릴 것이다.[23]

장막의 못이 "단단한(네에만, '신실한') 땅"에 박히면, 장막은 큰 폭풍에도 흔들림 없이 버틸 수 있다. 땅은 믿을 수 있고, 신실하고, 확실하다. 그러므로 그 못도 그러하다. 같은 단어가 결혼 관계의 정조에도 사용된다.

어찌하여 신실하던 성읍(키르야 네에마나)이 창기가 되었는가! 그 가운데 공의가 가득 차고 정의가 머물더니, 이제는 살인자들뿐이다.[24]

이 본문에서 예루살렘은 신실하지 못한 여인에 비유된다. 그녀는 한때 믿음직했으며 변치 않았지만, 이제는 더 이상 그렇지 않다. 여기서 우리는 장막 못의 신뢰성 혹은 확고성이 사람들의 특질로도 등장할 수 있음을 깨닫는다. 장막 못이 그것을 당기는 밧줄의 힘과 긴장에도 무너지지 않을 정도로 충분히 믿음직하듯, 신실한 여인도 구애자들의 설득에 넘어가지 않을 정도로 충분히 믿음직하다.

같은 친족어("진리"를 의미하는 어원에서 파생된 단어들의 모임)에 속한 단어 '에무나'의 용법을 살펴도 비슷한 결론에 도달한다. '에무나'도 자주

"신실함"으로 번역된다.[25] '에메트'처럼 이 단어도 명사형인데, 종종 대상의 특질을 묘사하는 데 사용된다. 예를 들어, 출애굽 직후 광야에서 벌어진 이스라엘과 아말렉 사이의 전투를 묘사하는 다음의 구절을 보라.

모세가 손을 들면 이스라엘이 이기고 그가 손을 내리면 아말렉이 이기는데, 모세의 손이 무거워지자, 그들이 돌을 가져와 그의 아래에 놓고 그를 그 위에 앉게 하고, 아론과 훌이 모세의 손을 한 사람은 이쪽에서, 한 사람은 저쪽에서 붙들어 올렸더니, 해가 질 때까지 그의 손이 그대로 있었다(에무나). 여호수아가 아말렉과 그 백성들을 칼로 쳐서 무찔렀다.[26]

이 구절에서 '에무나'의 의미는 분명하다. 그것은 붙들린 모세의 손과 관련해 사용되었다. 더 이상 흔들리지 않고 꾸준하고 안정되어 이스라엘의 승리를 위해 신뢰할 수 있게 된 손의 특질이 '에무나'로 표현되었다.

이런 예들과 그리고 다른 많은 유사한 예에서 우리는 어근 '알레프-멤-눈'이 사람이나 사물에 사용되어, 그것들의 신뢰성·꾸준함·신실함을 표현할 때 자주 사용됨을 알게 되었다. 그 어근에서 파생된 단어들은 역경 가운데서도 변치 않을 것으로 신뢰될 수 있는 사람이나 사물(장막 못, 왕, 도시, 아내, 손)의 특질을 가리킨다. 정리하면, 우리는 진리를 의미하는 히브리어들이 "신뢰성, 꾸준함, 신실함"을 뜻하는 어근에서 파생되었음을 알게 되었다.

이제 '에메트'의 용법으로 돌아가서 그 어근에 대한 우리의 이해가 그 어근에서 파생된 '에메트'의 정확한 뉘앙스(성서 본문 안에서의 의미)를 이해하는 데 어떤 도움을 주는지 살펴보자. 첫 번째 용례에서 아브라함의 종이 길고 위험한 여정 동안 그를 인도한 길을 "진리의 길"이라고 말한 것을 기억하는가? 그 길을 신뢰할 수 있다는 의미다. 즉, 역경에도 불구하고 그 길이 그를 희망하는 목적지까지 인도할 것이라는 뜻이다. 다시 말해, 그 종은 그 길이 밧줄의 인력을 버텨준 장막 못처럼 그를 위해 무엇인가를 해줄 것으로, 혹은 무엇인가가 되어줄 것으로 믿고 있었다. 그 길이 그를 목적지까지 인도하지 않았다면 그 종은 그것을 '거짓된 길'이라고 불렀을 것이다. 그러나 길이 그를 안전하게 목적지까지 인도했기 때문에 진리의 길이라고 부른 것이다.

마찬가지로 모세가 이스라엘의 재판관으로 선택한 사람들은 '부당한 이익을 싫어하는 진실한 사람들'이어야만 했다. 그리고 이 사람들은 장막 못처럼 외부의 압력에도 굴하지 않는다. 이 경우 압력은 자기 이익을 위해 행동하는 사람의 자연적 경향, 즉 자기 이익을 증진하는 방향으로 사건을 판결하려는 경향을 말한다. 모세는 자신이 임명하는 판사가 그런 경향에 굴하지 않고 공정한 판결을 내릴 것으로 기대한다. 이 일을 할 수 있는 사람은 진리의 사람이다. 왜냐하면 그는 (압력이나 유혹에) 흔들리지 않고 굳건히 설 것으로 기대될 수 있기 때문이다. 그 일을 할 수 없는 사람은 거짓된 사람이다. 그는 유혹 앞에서 무너질 것이다. 이 때문에 '부당한 이익을 혐오하는 것'이 매우 중요하다. 부당한 이익을 혐오하는 사람만이 흔들리지 않고 굳건히 설 것으로 기대되기 때문이다.

다른 예들에 대해서도 같은 이야기를 할 수 있다. 예레미야는 하나님이 이스라엘을 "참된 종자"(제라 에메트: 굳건히 버틸 것으로 기대되는 종자)로 심었는데, 부패한 잡종이 되어버렸다고 말한다. 이스라엘 첩자들이 기생 라합에게 주홍끈을 창문에 묶어두라고 말하면서 그것을 "진리의 표식"(오트 에메트)이라고 말한다. 이 의미는 이스라엘 군대가 도시를 공격할 때,[27] 그 표식이 라합의 생명을 구할 것으로 신뢰될 수 있다는 것이다.[28] 다른 한편 "구원하는 데 말(horse)은 헛되다(쉐케르)"[29]라는 시편 구절도 있다. 말(horse)이 전쟁의 참상으로부터 그 주인을 구할 것으로 신뢰될 수 없다는 뜻이다. 외국의 사치품들은 "속이는 빵"(레헴 쉐케르)과 같다. 몸을 보양해줄 것처럼 보이지만 실제로는 입 안을 모래로 가득하게 할 것이다.[30] 마지막으로 "고운 것도 거짓된(쉐케르 하헨)" 이유는 여호와에 대한 경외와 달리 외모적 아름다움은 여인을 구원할 것으로 신뢰될 수 없기 때문이다.[31]

이 예들과 다른 예들에서 우리는 성서의 히브리어 용법에서 진리는 신뢰할 수 있으며, 변치 않으며, 꾸준한 것이라는 것을 배울 수 있다. 반면 거짓된 것은 신뢰할 수 없는 것, 다시 말해, 믿을 수 있을 것처럼 보이나 실제로는 그렇지 않은 것을 말한다. 이런 예들에서 진리와 거짓은 사물이나 사람의 특질이며, '신뢰성'(reliable), '신실함'(faithful) 혹은 '꾸준함'(steadfast)과 같은 말로 표현할 수 있음을 알 수 있다. 따라서 진리와 거짓이 말과 실재 사이의 일치 여부를 가리키는 것이 아님은 의심할 여지가 없다. 왜냐하면 이 경우들에서 말은 아무런 역할이 없다. 오로지 사물과 사람들만 있다.

그러나 이런 용법이 '진리'와 '거짓'에 관한 성서 용법을 전부 대표하는 것은 아니다. 그렇다면 나머지 용법은 무엇인가? 진리와 거짓에 대한 나머지 용법은 사람들 대부분의 행위들이나 하나님에 의해 수행된 행위들과 관련된다. 이 경우 우리는 누군가가 다른 사람에게 혹은 다른 사람을 위해서 "진리를 행하다"(레아소트 에메트) 혹은 어떤 행동이 "진리로"(베에메트) 행해진다는 표현을 듣게 된다. 예를 들어, 아브라함의 종이 메소포타미아에 도착했을 때 그는 그의 주인의 친척 브두엘을 만나, 아브라함에게 "친절과 진리를 행"할 것(즉, 리브가를 가나안에 사는 이삭의 아내로 시집보내달라는 그의 요구에 응할 것)을 읍소한다.

제 주인이 제게 맹세하게 하고 말씀하시기를 "너는 내가 살고 있는 이 땅 가나안 사람들의 딸들 중에서 내 아들의 아내를 데려오지 마라. 오직 너는 내 아버지 집, 내 족속에게 가서 내 아들을 위하여 아내를 데려오라." 하셨습니다. ··· "자 이제 당신들이 저의 주인에게 친절과 진리를 행하려면 제게 알려주십시오. 만일 그렇지 않더라도 제게 알려주십시오. 그래서 제가 좌우간 행하게 해주십시오."[32]

253

이 본문에서 우리는 아브라함의 친척이 행해야 하는 "친절"이 무엇을 의미하는지를 쉽게 이해할 수 있다. 아브라함은 먼 나라에 이주해 살고 있고 브두엘의 가족은 오랫동안 그를 만나지 못했다. 그런데 그의 종의 말을 그대로 믿고 딸을 멀리 사는 아브라함의 아들에게 시집보낸다는 것은 브두엘의 입장에서 친절의 행위임에 틀림없다. 그러나 "진리의 행위"는 무엇을 말하는가? 아브라함의 관점에서 이 문제를 생각하면 그 대답은 자명하다. 아브라함은 아들이 가나안 여인과 결혼하여 가나안의 문화에 동화될 것을 두려워한다. 그러므로 그는 그 친족에게 아브라함의 가문이 주변 민족들의 우상숭배에 넘어가는 일을 막아줄 합당한 신부를 달라고 요구하는 것이다. 따라서 아브라함이 희망하는 것은 브두엘이 신뢰할 수 있는 사람, 즉 아브라함이 의지할 수 있는 사람이 되어주는 것이다. 이런 의미에서 리브가를 가나안으로 시집보내는 것은 단순히 친절의 행위가 아니라 신뢰, 변치 않음, 신실의 행위인 것이다. 다시 말해, 진리의 행위다. 그리고 그것을 행하는 사람은 아브라함을 위해 '진리를 행하는 것'이고, 스스로는 진리의 사람이 되는 것이다. 친절의 행위를 하는 사람이 친절한 사람이 되는 것과 같다.[33] 어떤 행위가 "진리로"(베에메트) 행해진다는 말도 비슷한 맥락에서 이해될 수 있다. 그 행위가 신뢰될 수 있는 방식으로 행해진다는 뜻이다.[34]

이런 예들로부터 우리는 성서에서 진리가 '신뢰성, 꾸준함, 신실함'을 특징으로 하는 행위에 사용될 수 있음을 배웠다. 또 이런 점에서 행위의 진리(어떤 사람에게 혹은 어떤 사람을 위해 "진리를 행할 때" 혹은 "진리로" 행해질 때)는 사물의 특질로서의 진리와 본질적으로 다르지 않음을 알 수 있다.

III. '신뢰할 수 있다'는 무슨 의미인가?

지금까지 논의한 바대로 성서에서 대상의 진리는 신뢰성, 꾸준함(변치 않음) 혹은 신실함의 특질들을 가리킨다. 즉, 어떤 것을 믿을 수 있다는 것 혹은 그것에 의존할 수 있다는 것이 성서적 진리관의 핵심인 듯하다. 그러나 이런 설명은 다소 모호한 측면이 있다. 그러므로 어떤 것을 '신뢰할 수 있다'(reliable)라고 할 때 정확하게 그 의미가 무엇인지 더 조사할 필요가 있다.

장막 못을 다시 예로 들어보자. 장막 못은 그것을 손에 들고 실제로 땅에 박아볼 때까지 신뢰할 수 있는 것인지의 여부를 전혀 알 수 없다. 기껏해야 그러기를 기대할 뿐이다. 아니 그 못의 능력을 희망할 뿐이다. 앞으로 있을 폭풍으로 인한 압력에도 버텨낼 것이라고 희망할 뿐이다. 오직 사후에야, 즉 폭풍이 지나간 후에야 우리는 그 장막 못이 신뢰할 만했다고, 그러니까 그 못이 진실했다고 말할 수 있다. 메소포타미아로 길을 떠난 아브라함의 종에 대해서도 같은 말을 할 수 있다. 그가 처음 그 길에 발을 내딛었을 때 그 길이 진실한지 알 수 없었다. 그에게 최선은 그 길의 능력을 희망하는 것이다. 그는 그의 사명을 성공적으로 마칠 수 있도록 그 길이 그를 안전하게 광야를 건너게 할 것이라고 기대한다. 그러나 그 길이 진실한 길인지를 확실히 알게 되는 때는 여행을 마친 이후다. 마찬가지로 우리는 포도나무로 자란 후에야 어떤 종자(seed)가 참인지 알게 된다. 어떤 판사가 부패한 판결의 유혹을 이긴 후에야 우리는 그가 참인지를 안다. 이 모든 예에서 사물들의 참과 거짓은 우리가 그것과 처음 만났을 때 판단할 수 없는 것이며, 오로지 그것이 "시간의 시험을 견딘" 후에야 판단이 가능해진다.[35] 어떤 사물에 대해 "신뢰할 수 있다" 혹은 "참이다"라고 말하는 것은 그 사물이 변화하는 상황과 역경을 이기고 우리가 그것에 희망했던 바를 해냈다는 의미다.

그러나 이것도 그다지 정확한 설명은 아니다. 그 장막 못이 도대체 '무엇을 한다'는 말인가? 장막 못이 '무엇을 한다'고 말하는 것은 신인동형론(神人同形論)적 은유다. 다시 말해 실제 장막 못은 완전히 무동(無動)적이다. 즉, 그것이 무엇인가를 하는 것이 아니다. 못은 못일 뿐이다. 못이 폭풍의 한가운데 있든 우리의 손안에 있든 못은 못일 뿐이다. 우리가 정말 그 장막 못으로부터 기대하는 것, 즉 우리의 가장 큰 기대는 그것이 '해줄' 무엇인가가 아니라, 그것이 '될' 어떤 것이다. 우리는 장막 못이 폭풍 가운데서도 그냥 그 자신(즉 부러지지 않은 온전한 모습)으로 남아주기를 희망한다고 말하기 쉽다. 그러나 이것도 옳은 것이 아니다. 사실 우리는 그 장막 못이 그대로 남아 있는 것에 전혀 관심 없다. 그 못은 보이지 않은 균열이 있어 압력을 받으면 부러질 못일 수도 있기 때문이다. 우리가 그 못을 땅에 박으면서 정말 바라는 것은 그 못의 마땅한 성질이다. 우리는 그 못이 폭풍이 주는 압력과 스트레스 가운데 (우리가 기대하는) 마땅한 못이 되어주기를 기대한다.

다른 사물에 대해서도 같은 말을 할 수 있다. 예레미야에 따르면 하나님은 종자가 세월의 역경 가운데 그대로 남아 있기를 원하지 않는다. 하나님은 그 종자가 하나님이 기대하시는 마땅한 종자가 되기를 희망한다. 즉, 해로운 잡초가 아니라 탐스러운 포도나무로 자라는 종자를 기대한다. 마찬가지로 아브라함의 종도 그 길이 그가 기대하는 마땅한 길이 되기를 희망한다. 그러니까 그로 하여금 안전하게 사막을 건너게 하여 그의 사명을 성공적으로 완성할 수 있게 할 길을 희망한다. 또한 이드로도 모세가 부패한 판결의 유혹을 이길 수 있는 사람들을 판사로 지명할 수 있기를 희망한다. 이 예들과 다른 예들에서 사물은 변화하는 시대와 상황에도 불구하고 우리가 기대하는 마땅한 그것이 될 때 신뢰할 수 있는 것으로 여겨진다.

요약하면, 구약 성서에서 진리(=참됨)는 시간과 상황이 변해도 그것의 마땅한 존재를 지키는 대상의 성질을 지칭한다. 반면에 거짓은 시간과 상황이 변하면 자신의 마땅한 존재를 버리는 것이다. 이런 성서적 진리 개념이 전체적으로 확대 적용될 수 있을까? 즉, 성서에서 명시적으로 '참되다'라고 간주되지 않은 것들을 포함한 모든 사물에 확대 적용될 수 있을까? 나는 그렇게 할 수 있다고 생각한다. 예를 들어, 나무에 새처럼 보이는 물체가 있다고 하자. 성서의 진리 개념을 그 새에 적용하면 어떻게 되겠는가? 먼저, 우리는 그 새가 참인지 거짓인지는 경험해보기 전까지 알 수 없다고 말해야 한다. 마치 여행 길, 장막의 못, 혹은 어떤 종자에 대한 참과 거짓의 판단도 실제 체험을 통해서만 내릴 수 있는 것과 마찬가지다. 둘째, 그 새가 시간과 환경이 변해도 우리가 생각하는 마땅한 새로 남아 있을 때 우리는 그 새가 참인지 알게 될 것이다. 예를 들어, 내가 그 새에 접근해서 만졌더니 땅에 떨어져 산산조각 났다고 하자. 그러면 그것이 거짓 새였음을 알 수 있을 것이다. 그 새는 내 손이 주는 압력 아래서 마땅한 새가 되지 못했기 때문이다. 반면 내가 접근하자 새가 놀라 날아간다면, 참된 새임을 알게 될 것이다. 왜냐하면 사람의 접근이라는 압력 아래서 변함없이 마땅한 새의 모습을 유지했기 때문이다.

256

　　마찬가지로, 밤중에 옆집에 세워진 새 차의 색깔을 검정색으로 보았는데 다음 날 낮에 보니 암초록이었다면, 그 검정색은 참이 아니다. 왜냐하면 시간과 환경의 변화로 검정색의 마땅함을 버렸기 때문이다. 반면에 자동차의 색이 어젯밤처럼 낮에도 검정색이었다면 그것은 참으로 검정이다. 내가 생각하는 베토벤의 교향곡 9번은 4악장에서 프리드리히 실러의 〈환희의 송가〉가 합창된다. 4악장에서 합창단이 그 노래를 부르면 그것은 참된 베토벤 교향곡 9번이지만, 그렇지 않으면 거짓된 베토벤 교향곡 9번이다. 모든 다른 사물에 대해서도 같은 말을 할 수 있다. 즉, 참된 검정색은 시대와 상황이 변해도 여전히 우리가 믿고 있는 검정색이며, 참된 새는 시대와 상황이 변해도 여전히 우리가 믿고 있는 새이며, 참된 베토벤 교향곡 9번은 시대와 상황이 변해도 여전히 우리가 믿고 있는 교향곡 9번인 것이다.

　　지금까지의 논의를 통해 우리는 진리와 거짓에 대한 성서적 정의를 확립할 수 있었다. 그것은 모든 사고의 대상에 적용될 수 있다. 이 견해에 따르면 참된 것은 시간과 상황이 변해도 그것의 마땅함을 유지하는 것이다. 반면 거짓된 것은 시간과 상황이 변하면 그것의 마땅함을 버리는 것이다. 이제부터는 대상의 진리 개념이 말의 진리 개념에 어떻게 적용될 수 있는지 살펴보자.

IV. 말의 진리

구약 성서에서 '진리' 혹은 '거짓'이라는 용어는 사물들, 사람들, 행동들의 특질에 해당한다. 그러나 '에메트'가 말의 진리(=사실이나 참)를 지칭하는 경우도 있다.[36] 이 경우 중 일부가 재판 상황을 다루는 본문들에 나타난다. 즉, 누군가가 어떤 주장을 하거나 남을 고소할 때, 그의 주장의 진위를 확인하기 위한 조사가 이루어져야 하는데, 다음은 그 예다.

만일 여호와 네 하나님께서 네게 주시는 어느 성문 안에서, 어떤 남자나 여자가 … 가서 다른 신을 섬기며 … 해나 달이나 하늘의 모든 천체에 엎드려 절하고, 그 일이 네게 보고되어 네가 듣게 되거든, 너는 그 일을 자세히 조사할 것이니, 만일 그 일이 참(에메트)이고 이스라엘 안에서 그런 역겨운 일이 벌어진 것이 사실로 드러나면, 너는 … 그 남자나 그 여자를 성문으로 끌어내고 … 증인 두 사람이나 세 사람의 증언에 근거해 그 사람을 죽일 지니라.[37]

이 본문에 따르면 재판 당국은 우상숭배를 저지른 어떤 남자와 여자에 대한 신고를 접수한다. 이때 시급한 문제는 그 보고가 사실(에메트)인지의 여부다. 그리고 그 보고의 사실성을 밝히는 방법은 명백하다. 매우 철저한 조사를 행하여 우상숭배에 대한 보고를 확인하면 보고는 사실로 판명될 것이다.

비슷한 절차가 열왕기서와 같은 내러티브 본문에서도 발견된다.

스바 여왕이 … 솔로몬의 명성을 듣고 … 매우 많은 수행원을 데리고 … 예루살렘에 이르러 … 왕에게 말하였다. "내가 내 나라에서 왕이 하신 일과 왕의 지혜에 대하여 들은 보고가 사실(에메트) 그대로 입니다. 그러나 내가 와서 내 눈으로 확인할 때까지 내가 그 말들을 믿지 못하였으나 오히려 내게 보고된 것은 그 절반에도 미치지 못하니, 왕의 지혜와 복이 내가 들었던 소문보다 뛰어납니다."[38]

257

이 본문에서 스바 여왕은 솔로몬의 위대함에 대한 소문을 듣는다. 그리고 문제는 그 소문이 참(에메트)인지의 여부다. 여기서도 조사(이 경우 여왕이 몸소 예루살렘으로 방문함)를 통해 그 소문을 확인하며, 그다음에 소문이 참인지 판명된다. 그리고 말의 진리가 문제되는 비슷한 다른 구절들에도 같은 원리가 작용한다.

그렇다면 말에 관해 사용되는 '참'과 '거짓'이라는 용어가 사물, 사람, 행위와 관련되어 사용되는 '참'과 '거짓'과 같은 의미를 가질까? 만약 그렇다면 말의 진리 개념은 보다 일반적인 대상의 진리 개념의 특별한 예에 지나지 않을 것이다. 여기서 중요한 것은 말의 진리가 아리스토텔레스의 철학 전통이 요구하는 (실재와의) 일치나 대응이 아닌 (변치 않는) 신뢰성을 가리키는 것으로 이해될 수 있는지의 여부다.

말의 진리를 그 신뢰성으로 이해할 수 있을까? 얼핏 그런 이해가 가능해 보인다. 앞서 인용한 구절들에서 재판 당국과 스바의 여왕에게 전해진 말들의 신뢰성이 검증되고 증명된 것처럼 보인다. 다시 말해, 우상숭배에 대한 소문을 신뢰할 수 있다고 재판당국이 판단할 때(즉, 언급된 그 남자와 여자가 실제로 우상숭배를 저지른 것으로 판명될 때), 그 말들은 참이라고 여겨진다. 스바 여왕이 들은 솔로몬의 위대함에 대한 소문을 그녀가 신뢰할 수 있다고 여길 때(즉, 솔로몬이 소문대로 위대한 통치자임이 판명될 때), 그녀는 그 소문을 참으로 간주할 수 있다. 따라서 말의 진리도 그것의 신뢰성으로 이해될 수 있는 것처럼 보인다.

그러나 좀더 자세히 살펴보면, 이런 이해는 곧 문제에 부딪힌다. 앞서 우리는 신뢰성이 정확히 무슨 뜻인지를 탐구하면서 다음과 같은 결론에 이른 바 있다. 즉, 어떤 대상이 시간과 상황이 변해도 마땅한 바를 유지할 때, 우리는 그것을 참으로 간주한다. 어떤 것이 신뢰할 만하다는 것은 시간과 상황의 변화에도 불구하고 그것의 마땅한 정체성을 유지한다는 뜻이다. 따라서 말의 진리가 대상들의 진리와 동일하다면, 어떤 소문이나 보고 혹은 어떤 말이 참인 경우는 시간과 상황이 변해도 그 말이 그것의 마땅한 바를 변치 않을 때일 것이다. 그러나 이것은 곧 혼란을 초래한다. 왜냐하면 한 번 내뱉은 말이 시간과 상황이 변해도 그것의 마땅한 바를 유지해야 한다는 제안은 이치에 맞지 않아 보이기 때문이다. 왜냐하면 물리적인 관점에서 생각하면, 발언된 말(words that are spoken)보다 더 일시적인 것은 존재하지 않기 때문이다. 말은 날

숨과 함께 존재했다가 들숨과 함께 사라져버린다. 만약 시간과 상황이 변해도 그것의 마땅한 바를 유지하는 것이 말의 진리를 결정하는 기준이라면 어떤 말도 참일 수 없다. 그렇다면 오히려 말은 그 본질상 신뢰될 수 없는 것으로 간주되어야 할 것이다. 그리고 성서는 말이 일반적으로 거짓되다는 견해를 보인다. 그럼에도 불구하고 성서는 발언된 말들에 대해서 진리값을 부여하기도 한다.

따라서 우리에게 남는 수수께끼는 다음과 같다. 만약 성서에서 진리의 말이 신뢰될 수 있는 말로만 정의된다면 여기서 "신뢰될 수 있는 말"이 의미하는 바가 무엇인가? 우선, 말의 신뢰성은 대상들의 신뢰성과는 다른 것일 수 있다. 이 경우 그 차이점이 이해되고 설명되어야 한다. 혹은 말의 신뢰성은 사물의 신뢰성과 동일하지만 단지 성서에서 말이 어떻게 시간과 상황의 변화 가운데 그것의 마땅한 바를 지킬 수 있는지를 우리가 이해하지 못할 뿐일 수 있다. 어느 경우든 성서에서 '말의 신뢰성'이 무슨 의미인지는 우리가 반드시 해결해야 할 수수께끼다.

하지만 그것만이 우리가 가진 유일한 수수께끼는 아니다. 여기에 또 다른 수수께끼가 있다. 내가 나뭇가지에 앉은 새라고 생각한 것에 가까이 갈 때 어떤 일이 벌어지는지 생각해보라. 어떤 면에서 이 상황에 대한 나의 이해는 나의 진리 개념이 대응 이론에 따른 것이든 혹은 성서의 신뢰성 이론에 따른 것이든 상관없이 동일할 것이다. 예를 들어, 내가 보는 새는 어느 경우든 동일하다. 그리고 어느 경우든지 그것을 보자마자 "그것은 새다"라는 문장을 의미 있게 말할 수 있다. 이런 점에서 내가 어떤 진리 개념을 채택하는지는 그다지 중요하지 않다. 그러나 이 상황의 다른 측면들은 내가 어떤 진리 개념을 채택하는지에 따라 변한다. 예를 들어 진리대응론에서는 진리 혹은 거짓이 '발언된(혹은 생각된) 문장' 안에 내재하는 특질로 여겨진다. 따라서 "그것은 새다"라고 말하면 그 문장의 참과 거짓은 그 문장과 독립적인 실재, 그 문장이 발언된 순간에 존재했던 실재와의 일치 여부에 의존한다. 다시 말해, 그 대상이 그 문장이 발언된 순간에 새인지 아닌지에 의존한다. 그러나 진리에 대한 성서의 신뢰성 개념에 따르면, "그것은 새다"라고 말하는 것은 그것이 발언된 순간에 참이거나 거짓인 문장을 발언하는 것이 아니다. 왜냐하면 말의 참과 거짓은 다름 아닌 그 말의 신뢰성 여부이기 때문이다. 그러나 이 신뢰성은 그 말이 발언된 순간에 알 수 없다. 왜냐하면 그 말의 신뢰성은 문제의 대상이 (우상숭배에 대한 고발과 솔로몬의 위대함에 대한 소문의 경우처럼) 검증을 통하여 증명될지의 여부에 의존하기 때문이다. 따라서 성서적 진리 개념에 따르면 발언된 말의 진위성은 검증을 통해, 즉 시간이 흘러 그것이 신뢰할 만한지의 여부가 가려질 때까지 알 수 없다.

성서에서 말의 진리는 시간이 흘러야만 판명될 수 있다. 이런 가정은 다음을 고려하면 더욱 재미있다. 앞에서 나뭇가지에 앉은 새의 진위성은 시간의 검증을 통해서만 알 수 있다고 말했다. 떨어져 깨지면 그 새는 거짓이고, 훌쩍 날아가면 그 새는 '진리'다. 이제 우리는 내가 그것을 처음 보았을 때 발언한 문장 "그것은 새다"에 관해서도 같은 이야기를 할 수 있다. 만약 내가 손으로 건드렸을 때 그 새가 떨어져 깨진다면 나는 그 문장이 거짓이라고 말할 것이고, 내가 접근할 때 그 새가 훌쩍 날아가버린다면 그 문장은 참이라고 말할 것이다. 다시 말해 "그것은 새다"라는 문장의 진위성은 그 새 자체의 진위성에 직접적으로 의존한다. 만약 새가 참인 것으로 판명되면 그 문장도 참이고, 그 새가 거짓인 것으로 판명되면 그 문장도 마찬가지다. 그 새가 참으로 새인지 아닌지가 일단 가려지면 우리도 "그것은 새다"라는 문장이 참인지 거짓인지 알게 되기 때문이다. 만약 새가 거짓이었다면, 그 새의 거짓됨은 회고적으로(in retrospect) "그것은 새다"라는 말을 거짓(신뢰할 수 없는 말)으로 만든다. 반대로 그 새가 참된 새였다면, 그 새의 참됨이 회고적으로(in retrospect) "그것은 새다"라는 말을 진리(신뢰할 수 있는 말)로 만든다.

따라서 참과 거짓에 대한 성서의 설명을 받아들이면 다음의 결론이 도출된다. 말의 진위성은 그 말이 지칭하는 대상의 진위성에 의존한다. 다시 말해, 실재가 발언된 언어와 독립적인 것으로 간주되는 진리대응론과 달리 성서의 진리 개념에서는 발언된 말이 실재에 직접 의존한다. 진리의 말은 언제나 참된 사물에 대해 발언된 말이다. 반면 거짓된 말은 거짓된 것에 관한 발언이다. 이런 주장은 참으로 옳은 것 같다. 성서 저자가 말하는 '거짓된 말'은 언제나 거짓된 것들을 가리키는 말이다. 예를 들어 예레미야는 다음과 같이 말한다.

선지자로부터 제사장까지 모두가 거짓(세케르)을 행한다. 그들이 딸 내 백성의 상처를 건성으로 치료하면서 '평안하다, 평안하다' 하지만 평안이 없다.[39]

여기서 선지자와 제사장의 말이 거짓인 이유는 그들이 평화가 없는 곳에 평안을 말하기 때문이다. 다시 말해 "평안하다, 평안하다"라는 그들의 말이 거짓인 이유는 그것이 가리키는 대상이 평화처럼 보이는 어떤 것이지, 참된 평화는 아니기 때문이다. 즉, 그들의 말은 거짓된 평화를 가리키기 때문에 거짓이다. 예루살렘의 평화가 참 평화였다면 그들의 말도 마찬가지로 참이었을 것이다. 다른 경우들에도 같은 말을 할 수 있다.

만약 성서의 진리 개념을 실제에 적용하면 다음과 같다. 필자는 여전히 새로 보이는 것에 대해 "그것은 새다"라고 말할 것이다. 그러나 그 말이 진짜 새에 대해 발언된 것인지 새가 아닌 것에 대해 발언된 것인지를 이해하기 전까지 그 문장을 참 혹은 거짓으로 판단하지 않을 것이다. 즉, 새 자체가 시간의 검증을 통해 진짜로 판명되기까지는 그 말이 "참이다 혹은 거짓이다"라고 단언하지 않을 것이다.

261

V. 대상 자체 대 인식된 대상

우리는 말의 진리에 대한 성서적 의미와 관련한 두 가지 수수께끼로 지난 논의를 마쳤다. 첫 번째, 성서적 이해에 따르면 우리의 발언이 참인 경우는 그 발언이 지칭하는 대상이 참일 때다. 반면 우리의 발언이 거짓인 경우는 그 발언이 지칭하는 대상이 거짓일 때다. 말이 지칭하는 대상이 그 말(혹은 우리의 생각)과 독립적인 실재로 존재한다는 생각에 익숙한 우리에게 이런 성서적 이해는 불편할 수 있다. 만약 대상들의 특질들(이 경우 '참'과 '거짓')이 자동적으로 그들을 가리키는 말이나 생각에 전달된다면 그 대상들의 독립적 실재가 파괴되는 것 같다. 성서가 주장하는 바처럼 우리의 말과 생각이 어떻게 대상에 의존하는지에 대해서는 추가적인 설명이 필요하다. 두 번째, (진리가 신뢰성으로 이해되고, 어떤 것의 신뢰성이 시간과 상황의 변화에도 불구하고 자신의 마땅한 본성을 유지하는 것으로 이해될 때) 말의 참됨이 정말 그 대상의 참됨과 궤를 같이하는 것으로 이해될 수 있는지 불확실하다. 왜냐하면 (물리적인 관점에서 생각하면)

발언된 말보다 더 일시적인 것은 거의 없기 때문이다. 따라서 이미 언급했듯이 발언된 말이 시간과 상황이 변해도 본연의 모습이어야 한다는 것은 물리적 이치에 맞지 않는다.

이 문제가 해결되어 말의 진리와 대상의 진리 사이의 관계가 명확하게 규명되려면 우리는 성서 저자가 '말'이라는 단어를 어떤 의미로 사용하는지 정확하게 이해해야 한다. 따라서 이제부터는 구약 성서에서 '말'이 어떤 의미로 사용되는지에 대한 논의로 넘어가겠다. 이 논의를 마치면 우리는 다시 말의 진리에 관한 두 가지 수수께끼로 돌아가 그 수수께끼가 해결되었는지를 살필 것이다.

말(일반적으로 '발언')을 뜻하는 히브리어는 '다바르'(דבר)다.[40] 많은 경우 다바르는 보통 "말"(words)로 이해된다. 예를 들어, 모세는 하나님께 자신은 바로 앞에서 말할 수 없다고 말하면서 자신은 "말을 잘하는 사람"이 아니라고 이야기한다.

모세가 여호와께 말하기를 "주님, 저는 말(다바르)을 잘하는 사람이 아닙니다. 전에도 그러했고, 주께서 주님의 종에게 말씀하시는 지금도 그렇습니다. 제가 입이 둔하고 혀가 무디기 때문입니다." 하니.[41]

다바르가 말이나 발언의 의미로 쓰인 다른 예가 여리고 정복 때 여호수아가 백성들에게 내린 명령에서 발견된다.

너희는 외치지 마라. 너의 음성이 들리게 하지 말고, 너희 입으로 어떤 말(다바르)도 하지 마라. 그러다가 내가 너희에게 외치라고 말하는 날에 외쳐라.[42]

그러나 다바르가 모든 종류의 발언을 포괄하지만 용법이 거기에 머무는 것은 아니다. 우선 다바르는 발언된 말을 지칭할 뿐 아니라 아직 생각 속에 있는 말도 가리킨다. 성서에 나오는 '마음에(베레브) 있는 것'과 '입에(베페) 있는 것' 사이의 차이는 오늘날 생각과 말의 차이와 유사한 것 같다. 모세는 하나님의 말씀을 "네 입"과 "네 마음"에 있는 다바르로 묘사한다.

참으로 오늘 내가 네게 명령하는 이 명령은 네게 감추인 것도 아니고 … 그 말씀(다

바르)이 네게 아주 가까워서 네 입에 있고 네 마음에 있으니, 네가 그것을 행할 수 있다.[43]

마음속에 있는 다바르는 발언되지 않은 생각이라는 사실이 신명기에 수록된 다음의 경고 본문에서 분명해진다.

너는 삼가서 네 마음에 악한 생각(다바르)을 품지 않도록 조심하여라. '면제년인 제칠 년이 가까이 왔다' 하면서 네 가난한 형제에게 아무것도 주지 않기 위하여 그에게 네 눈을 악하게 뜨지 않도록 조심하여라.[44]

갈렙도 가나안이 정복될 수 있는지에 관해 다른 정탐꾼들과 벌인 논쟁을 기억하면서 자신은 마음속에 이미 품은 다바르를 모세에게 소리 내어 말했다고 이야기한다.

내 나이 사십 세에 여호와의 종 모세가 이 땅을 정탐하라고 나를 가데스바네아에서 보냈고, 내가 돌아와서는 내 마음에 있는 대로 그에게 보고(다바르)했습니다.[45]

263

이 구절들과 수많은 다른 구절에서 다바르가 반드시 발언된 말만이 아니라 생각도 포함함을 알 수 있다.[46]

다바르가 말이나 생각에 대해서만 사용되는 용어라면 우리는 다바르를 그리스어 '로고스'와 비교하고 싶어질 것이다. 왜냐하면 로고스도 말과 생각을 모두 가리키기 때문이다. 그러나 다바르의 용법은 그보다 훨씬 더 넓다. 말과 생각을 포괄할 뿐 아니라 영어의 'thing'이 의미하는 바도 포함한다. 즉, 다바르는 민수기의 수록된 다음의 율법 조항에서와 같이 사물을 가리키기도 한다.

오직 금과 은과 구리와 철과 주석과 납, 곧 불에 견딜 수 있는 모든 것(다바르)은 불을 지나가게 하면 깨끗하게 될 것이다.[47]

신명기의 다음 구절에서도 마찬가지다.

네 형제에게 이자를 받지 말 것이니, 돈의 이자든지 곡식의 이자든지, 이자가 나올

수 있는 어떤 것(다바르)이라도 이자를 받지 마라.**48**

또한 다바르는 보다 넓은 의미의 'thing', 즉, 행동을 의미할 수도 있다. 예를 들어, 다음의 구절에서 천사는 롯과 그 가족이 소돔에서 빠져 나오기까지 소돔을 멸망시킬 수 없다고 말하는데, 소돔을 멸망시키는 행위가 다바르로 표현된다.

빨리 그곳으로 도망가거라. 네가 거기로 가기까지는 아무 일(다바르)도 하지 않을 것이다.**49**

하나님께서 사무엘에게 하신 말씀에서도 다바르가 비슷한 용법으로 사용된다.

여호와께서 사무엘에게 말씀하셨다. "보아라, 내가 이스라엘 가운데 한 가지 일(다바르)을 하려고 하는데, 누구든지 그것을 듣는 자는 그의 두 귀가 울릴 것이니, 내가 엘리의 집에 대하여 말한 모든 것을 그날 엘리에게 처음부터 끝까지 시행하겠다.**50**

다바르는 다음의 레위기 본문에서처럼 사건 일반을 가리킬 수도 있다.

만일 이스라엘 온 회중이 부지중에 잘못하고, 그 일(다바르)이 회중의 눈에 감추어졌을지라도 여호와께 하지 말라고 하신 모든 계명 가운데 하나라도 했다면 그들은 죄가 있으며, 그들이 범한 죄가 알려지면, 회중은 소 떼 중에서 송아지를 속죄 제물로 드려야 하고, 그들은 회막 앞으로 그것을 가져올 것이며.**51**

다음의 느헤미야 본문도 마찬가지다.

유다의 아들 세라 자손인 므세사벨의 아들 브다히야는 왕의 수하에서 백성의 모든 일(다바르)을 다스렸다.**52**

이 구절들과 수많은 다른 구절에서 다바르의 의미가 말과 생각에 국한된 것이 아니라 세상에 존재하는 모든 것을 지칭할 수 있음을 배울 수 있다. 실제로 다바르는 구약 성서에서 가장 많이 사용된 단어다.[53] 따라서 우리가 말과 대상과의 관계에 관한 성서적 입장을 탐구할 때 우리는 이 두 가지가 하나의 용어, 즉 다바르로 표현됨을 발견한다. 말과 대상의 관계에 대한 성서적 이해에서 가장 놀라운 부분은 성서가 말과 대상 사이의 구분을 인정하지 않는 것 같다는 사실이다.

물론 성서 저자들도 말이나 생각을 사물들과 구분해서 사용했을 수 있다고 주장하는 것이 가능하다. 즉, 다바르에 두 가지 용법이 있어서, 때로는 말이나 생각을, 때로는 사물이나 일을 지칭한다고 말할 수 있을 것이다.[54] 그러나 다음의 두 가지를 고려할 때 그런 주장은 받아들이기 힘들다. 첫째, 성서 저자들은 그리스 철학자들처럼 말과 대상을 대립시킬 필요를 느끼지 못한 것 같다. 이 일반론적 관찰은 그렇게 쉽게 무시될 수 있는 것이 아니다. 그들이 그럴 필요를 느꼈다면, 한 단어를 사용해 말과 사물을 동시에 묘사하는 일을 그토록 편안해하지는 않았을 것이다.[55]

둘째, 구체적인 단어 사용 용례의 관점에서 다바르의 두 가지 용법이 분명하게 구분될 수 있는 것이 아니다. 성서에 다바르가 말을 가리키는지 사물을 가리키는지 전혀 알 수 없는 경우가 매우 자주 등장한다. 예를 들어 다음의 창세기 구절을 살펴보라.

사라가 아브라함에게 말하기를 … "이 여종과 그 아들을 내쫓으십시오. 이 여종의 아들은 내 아들 이삭과 함께 상속자가 되지 못할 것입니다." 하니, 아브라함이 그의 아들에 관련된 일(다바르)로 인하여 근심이 가득하였다.[56]

사라는 하갈과 이스마엘을 집에서 내쫓으라고 아브라함에게 요구하고, 아브라함은 그 다바르 때문에 근심한다. 그러나 이 다바르의 의미가 정확히 무엇인가? 아브라함을 근심시키는 것이 사라의 말인가? 아니면 그 말이 지칭하는 사건, 즉 하갈과 이스마엘을 내어쫓는 일인가?

비슷하게 모호한 용법이 모세의 다음의 신명기 설교에서도 발견된다.

그때에 내가 너희에게 말했다. … "어떻게 내가 혼자서 너희의 괴로운 문제와 너희의 무거운 짐과 너희의 다툼을 감당할 수 있겠느냐? 너희는 … 지혜로운 … 사람을 골

265

라라. 그러하면 내가 그들을 너희의 우두머리로 삼을 것이다." 그러자 너희는 내게 "당신이 말씀하신 것(다바르)이 우리가 하기에 좋습니다" 하고 대답하였다.[57]

여기서도 사람들이 하기에 좋다고 판단한 다바르가 자신들을 위한 재판관들을 뽑으라는 모세의 말인지, 아니면 그 일 자체, 즉 자신들의 재판관을 뽑는 일을 그들이 좋다고 판단한 것이지 정확히 알 수 없다.

마찬가지의 관점에서 다음의 사무엘서 본문을 보라.

그들이 가는 도중에, 압살롬이 왕자들을 모두 쳐 죽여서 한 명도 살아남지 못했다는 소문이 다윗에게 들렸으므로 … 다윗의 형 시므아의 아들 요나답이 대답하여 말했다. "…이제 내 주 왕께서는 모든 자가 죽었다는 것(다바르)을 마음에 두지 마십시오."[58]

이 본문에 따르면 요나답은 모든 왕자가 죽었다고 말하면서 다윗에게 그 다바르를 마음에 두지 말 것을 요구한다. 그런데 다윗이 마음에 두지 말아야 할 다바르는 구체적으로 무엇을 의미하는가? 그가 마음에 두지 말아야 할 것이 그 보고(말)인가? 아니면 보고된 아들들의 죽음인가?

이런 예는 결코 일부가 아니다. 오히려 다바르의 불확정적 의미는 성서 언어의 고정적 특징이다. 성서를 읽는 독자들은 분명하게 '말'도 아닌, 그렇다고 분명하게 '일'이나 '사물'이 아닌 것(다바르)과 대면하게 된다. 이 사실을 고려하면 다바르에 별개의 두 가지 의미가 있어서, 성서 저자들이 그 단어를 사용할 때마다 하나의 의미를 선택한다고 결론 내리기는 불가능하다. 반대로 성서 저자들은 말과 대상 사이에 분명한 경계선을 그을 필요를 느끼지 못하는 듯 다바르를 사용했다.[59]

우리는 이것을 어떻게 이해할 수 있을까? 어떻게 사람이 말과 그 말이 지칭하는 대상을 구분하지 않을 수 있다는 말인가?

잠시 다음의 말을 생각해보자. 말과 대상 사이의 불분명한 구분은 수준 낮은 글쓰기의 산물이 아니라 성서적 진리 개념이 반영된 것이다. 그 개념에 따르면 다바르는 말과 대상 사이의 중간적 존재다. 다시 말해, 성서가 '다바르'를 이야기할 때 그것이 의미하는 바는 결코 (대상으로부터 독립된) 말이나 (말로부터 독립된) 대상 자체가 아니다. 그것은 오늘날 우리가 어떤 대상에 대한 '해석'으로 부르는 것, 다시 말해 '해석된 대상'을 지칭한다.[60] 이런 관점에서 성서가 어떤 다바르가 발언되었다고 보고할 때, 다바르는 그것이 가리키는 대상과 분리된 어떤 말을 지칭하는 것이 아니라, 누군가의 지성에 의해 파악된 혹은 해석된 사물을 지칭하는 것이다. 예를 들어, 갈렙이 가나안에서 가지고 돌아온 다바르는 그가 오자마자 발언한 말도 아니고 그 말이 가리키는 땅도 아니다. 그 다바르는 갈렙이 본 땅에 대한 그의 해석 혹은 그의 생각인 것이다. 마찬가지로 아브라함이 근심스럽게 여긴 다바르는 하갈의 축출에 대한 사라의 이해 혹은 생각이다. 모세가 말한 다바르도 백성들을 다스릴 재판관들을 뽑는 일에 대한 그의 이해 혹은 생각이며, 요나답이 마음에 두지 말라고 다윗에게 말한 다바르도 모든 왕자가 죽은 일에 대한 다윗의 이해 혹은 생각인 것이다.

다바르의 의미에 관한 이 견해에 따르면 성서 저자들에게는 단어와 대상을 구분할 필요가 전혀 없었다. 성서 저자들에게 다바르는 '해석(이해)된 대상'을 가리키기 때문이다. 그것이 마음속에만 있으면 겉으로 표현이 되지 않은 생각으로 존재하고, 소리 내어 발언하면 말이라는 물리적 형태를 갖추게 된다.

이것이 실제로 어떻게 적용될지 알아보려면 다시 한 번 하란으로 여행하는 아브라함의 종의 예를 생각하면 된다. 그가 그 길을 걷기 시작할 때 그 길에 관해 생각하거나 발언했다고 가정하자. 생각(말)과 대상을 극단적으로 구분하는 사람은 그 종 앞에 놓인 길이 그의 생각(말)과 관계없이 존재하는 '진짜' 길인지 아니면 그 길에 대한 그의 마음의 표상일 뿐인지를 결정해야 할 것이다. 그러나 성서 저자들처럼 생각과 대상에 대한 그런 극단적 이분법을 받아들이지 않으면, 그가 걷는 길이 (생각과 독립적으로 존재하는) 길 그 자체인지, 아니면 그것에 대한 마음의 표상인지의 문제가 처음부터 발생하지 않는다. 오직 그 다바르, 즉 '해석된 대상'이 있을 뿐이다. 그 종이 걷기 시작할 때 그 앞에 있는 유일한 길이다.

VI. 다바르의 참과 거짓

앞에서 제안한 바는 성서가 말이나 생각을 그것의 대상으로부터 엄밀하게 구분하지 않고 인간의 실재를 말과 대상의 중간 개념인 다바르로 이해한다는 것이다. 그런 '다바르'는 '해석(이해)' 혹은 '해석(이해)된 대상'으로 불릴 수 있다. 이제 나는 말의 참과 거짓의 문제로 돌아가서 성서 저자들이 다바르를 "참이다" 혹은 "거짓이다" 하고 말할 때 의미하는 바를 살펴보려 한다.

다시 한 번 메소포타미아로 여행하는 아브라함의 종의 예를 살펴보자. 그의 앞에는 그가 여행할 길이 놓여 있다. 그가 그 길에 관해 생각하면, 길은 그의 생각에서 다바르가 된다. 이제 우리는 그 종의 생각 속의 다바르가 참인지 거짓인지 물을 수 있다. 그리고 그것은 그 다바르가 시간과 상황의 변화에도 불구하고 신실하게 그것의 마땅한 존재를 유지하는지의 여부에 달려 있다. 다시 말해 그 종의 생각 속의 다바르가 시간과 상황의 변화 가운데서도 마땅한 존재를 유지하면 '드바르 에메트', 즉 참된 것이 되지만, 그렇지 않으면 '드바르 세케르', 즉 거짓된 것이 된다.

만약 그 종이 마음속의 다바르를 발언하게 되면 어떤 일이 벌어지는가? 성서적 용어로 표현하면 우리는 그 종의 마음속의 다바르가 그의 입의 다바르가 되었다고 말할 수 있다. 그러나 그의 입에서 나오는 다바르는 마음속에 있던 다바르와 다른 것이 아니다. 지금 종의 입에서 나오는 다바르는 그의 마음속에 이미 존재했던 바로 그 다바르다. 이것은 여호수아가 한 다음의 말에서 분명히 드러난다. "나는 내 마음속에 있는 말(다바르)을 보고했다." 에스겔도 비슷하게 말한다. "그날에 네 마음에 생각들(다바르)이 떠오를 것이니 … 네가 … (그것들을) 말할 것이다. '내가 성벽이 없는 마을로 올라가겠다.'"[61] 이 다바르가 더 이상 마음속에 감추어지지 않았지만 발언된 그것이 동일한 다바르라는 사실은 바뀌지는 않는다. 왜냐하면 길에 대한 종의 이해는 목소리로 표현했다고 해서 변하는 것이 아니기 때문이다. 그것이 이미 그의 마음에 있었던 같은 다바르이기 때문에 그 다바르가 참인지 거짓인지 검증하는 방법이 변할 것이라고 생각할 이유도 없다. 실제로 그 검증 방법은 변하지 않았다. 즉, 그 종의 입에서 나온 다바르가 참인지 거짓인지를 묻는다면 그 대답은 그 다바르가 시간과 상황이 변해도 신실하게 여전히 마땅한 존재를 유지할지 여부에 달려 있다는 것이다. 그 종의 입에서 나오는 다바르가 그것의 마땅한 존재를 유지한다면 '드바르 에메트'(참된 것)가 될 것이고, 그렇지 못한다면 '드바르 쉐케르'(거짓된 것)가 될 것이다. 다바르가 소리로 표현되었지의 여부는 그 다바르가 '참된 것'인지 '거짓된 것'인지의 문제에 아무런 영향을 끼치지 않는다.

이것을 염두에 두면, 구약 성서가 말의 진리를 대상의 진리 개념의 특수한 사례로 취급하는지의 여부를 알 수 있게 된다. 성서가 말의 진리를 다루는 대표적인 예는 우상숭배의 소문이 형사 당국에 도달한 예를 다루는 본문이다. 형사 당국은 그 말의 진위를 확인하기 위해 조사에 임해야만 한다. 우상숭배의 소문에 관한 다음의 본문에서 잘 예증된다.

만일 … 그 일이 네게 보고되어 네가 듣게 되거든, 너는 그 일을 자세히 조사할 것이니, 만일 그 일이 진실(에메트)이고 이스라엘 안에서 그런 역겨운 일이 벌어진 것(다바르)이 사실로 드러나면, 너는 그 악한 일을 한 그 남자나 그 여자를 성문으로 끌어내고 … 증인 두 사람이나 세 사람의 증언에 근거해 죽일 지니라.[62]

우리는 이 본문에서 우상숭배 행위에 대한 소문이 명시적으로 '다바르'로 불림을 확인할 수 있다. 그러나 여기서 다시 우리는 그 다바르가 '말'을 의미하는지 '일'을 의미하는지 고민하게 된다. 이 본문이 조사하라고 지시하는 다바르는 무엇인가? 소문의 말인가? 그렇다면 참이거나 거짓이 되는 것은 그 말이다. 아니면 우상숭배 행위인가? 그 경우 그 말이 가리키는 사태가 참된 것이거나 거짓된 것이 된다. 하지만 이것들은 진리대응론이 전제하는 말과 대상의 이원론이 우리에게 강요한 잘못된 선택이다.[63] 사실, 본문에서 다바르는 소문의 말을 들은 형사 당국이 '이해하거나 해석한 우상숭배 행위'를 가리킨다. 형사 당국이 그 소문을 조사할 때 다루어지는 문제는 그 보고를 듣는 순간 마음에 형성된 이해(이 경우 형사 당국이 이해한 우상숭배 행위)가 철저한 조사를 거쳐도 그것의 마땅한 모습을 유지하는지의 여부다.[64] 그 조사를 통해 그 다바르가 당국에 의해 신뢰할 만한 것(시간과 상황이 변해도 그 마땅한 모습을 유지하는 것)으로 여겨지면, 참된 말 혹은 참된 것(드바르 에메트)이었다고 여겨질 것이다. 한편 조사를 통해 그 다바르가 신뢰할 수 없는 것으로 판명되면 거짓된 것(드바르 쉐케르)이었다고 여겨질 것이다.

솔로몬의 부에 대한 명성을 듣고 그것을 조사하기 위해 찾아온 스바 여왕 이야기에 대해서도 같은 말을 할 수 있다.

스바 여왕이 왕에게 말하였다. "내가 내 나라에서 왕이 하신 일과 왕의 지혜에 대하여 들은 보고(다바르)가 사실(에메트) 그대로입니다. 그러나 내가 와서 내 눈으로 확인할 때까지 내가 그 말들을 믿지 못하였습니다."[65]

여기서 "보고"로 번역된 히브리어는 '다바르'다. 그리고 여기서 그 다바르는 말이냐 대상이냐의 문제에 무관심하다. "사실 그대로"였던 것이 스바 여왕이 자신의 나라에서 들은 말인가, 아니면 그 소문대로 증명된 솔로몬의 위대함인가? 여기서도 우리는 이런 불필요한 이분법적 사고를 피하는 것이 가장 좋다. 다바르는 솔로몬의 위대함에 대한 여왕의 해석을 가리킨다. 그리고 그녀는 솔로몬의 위대함에 대한 자신의 이해를 가지고 예루살렘을 방문했던 것이다. 그녀는 그곳에서 자신이 이해한 바가 옳은지 그른지 확인할 것이다. 그리고 그 다바르에 대한 실제 검증이 그것을 신뢰할 만한 것으로 드러내주었기 때문에 그녀는 '에메트 하야 하다바르'("그것이 참이다")라고 말한 것이다. 이 말은 그녀의 해석(그녀가 이해한 솔로몬의 위대함)이 그녀가 검증하는 동안 여전히 신뢰할 만한 것이었다는 뜻이다.

VII. 지속성이 중요한 다바르

이런 이해를 가지면 앞에 언급한 말의 진리에 관한 두 가지 수수께끼를 해결할 수 있게 된다. 첫 번째 수수께끼는 말의 진리가 그 말이 가리키는 대상의 진리에 의존하는 것이 가능할까 하는 문제다. 왜냐하면 (진리대응론에 익숙한 우리들에게) 말과 대상은 서로 독립적인 것으로 이해되기 때문이다. 이 질문에 대한 대답은 성서의 형이상학적 구조에서 말과 대상은 서로 독립적으로 존재하지 않는다는 것이다. 성서의 다바르는 (생각의 행태이든 발언된 형태이든) 해석 혹은 해석된 대상을 지칭한다. 다바르의 진리는 그것이 시간과 환경이 변해도 신실하게 그 마땅한 모습을 유지하는지의 여부에 달려 있다. 그것이 생각에만 있든 말로 표현되든 다바르의 진위성에는 변함이 없다. 어느 경우든 신뢰할 수 있는 (즉, 시간과 환경의 변화에도 불구하고 그 마땅한 모습을 유지하는) 다바르는 참이고, 그렇지 못한 다바르는 거짓이다. 우리가 이해된 세상과 발언된 세상을 억지로 구분하여 그 둘이 서로 다른 것처럼 만드는 이원론적 형이상학을 고집한다면 마음속의 다바르는 "대상"으로 불리게 되고, 목소리로 표현된 다바르는 "말"로 불리게 될 것이다. 이 경우 그런 이원론을 부과하는 일 자체가 말과 대상이 서로 독립적인 것이라는 환상을 만들 것이며 성서에서 말의 진위성이 대상의 진위성에 대한 결정 없이 결정될 수 없다는 사실에 놀라게 될 것이다. 그러나 그런 이원론을 채택하지 않으면 우리는 다바르가 생각의 형태로 마음에 있든 목소리를 통해 외부로 표출되든 두 개 모두 동일한 다바르이며 그것의 진리값도 마찬가지임을 쉽게 깨닫게 된다. 그러면 다바르가 '말·생각·대상' 중 어느 것으로 이해되어도, 진리값은 자연스럽게 변치 않을 것이다.

우리를 괴롭히는 두 번째 질문은 다음과 같다. 만약 대상의 진리가 시간과 환경의 변화에도 불구하고 그것의 마땅한 바를 지키는 것이라면 어떻게 물리적으로 매우 짧은 시간 동안만 존재하는 말이 '진리'일 수 있겠는가? 말은 특정한 상황에 관하여 특정한 순간에 발언되는 것이 아닌가? 이 문제는 말에 대한 히브리어 다바르가 영어 'word'와 같지 않다는 것을 깨달을 때 해결된다. 우리가 '말'을 생각할 때 우리는 그것을 보통 발언이라는 관점에서 생각한다. 누군가가 말하기를 멈출 때 말도 끝나는 것이다. 한편 히브리어 다바르는 사물들에 대한 '이해'를 가리킨다. 발언된 말은 다바르의 표지에 불과하다. 그리고 그 외적 표지가 사라진 후에도 '이해'는 지속된다. 따라서 예레미야는 하나님의 이름으로 다음과 같이 말할 수 있었다.

이집트 땅에 있는 모든 유다 사람이 칼과 기근으로 망하여 멸절될 것이다. 단지 칼을 피한 소수의 사람만이 이집트 땅에서 유다 땅으로 돌아갈 수 있을 것이니 … 유다의 남은 자들은 … 내 말과 그들의 말 중에서 누구의 말(드바르 미)이 지속되는지 알 것이다.[66]

여기서 유다에 대한 경고의 말씀은 특정한 시간에 예레미야가 한

271

말이다. 그러나 그 선지자가 한 다바르는 그 말의 발화가 완료된 이후 수년 동안 '지속될' 수 있다. 그의 적들이 한 다바르도 그것이 발화된 후 수년 동안 '지속될' 수 있을 것이다. 그리고 그 사람들의 마음속의 이해가 사건들의 무게 앞에서 무너지지 않을 때까지 그리할 것이다. 다시 말해, 예레미야가 두 다바르 중 하나가 사라지고 다른 하나가 남을 때까지 그 둘이 서로 대립하여 싸운다고 말할 수 있는 이유는 그 다바르가 말이 아니기 때문이다.

이스라엘 법정에서 두세 명의 증인의 말에 근거해 다바르가 확정될(지속될) 수 있다고 모세가 말하는 다음의 구절에 대해서도 비슷한 이야기를 할 수 있다.

사람이 범한 모든 죄에 대해서는 어떤 악이나 죄에 대해서도 증인을 하나만 세우지 말고, 두 증인의 증언이나 세 증인의 증언으로 그 사건을 확정하여라.[67]

이렇게 법정에서 증인이 증언을 하지만, 그들이 발언한 말(즉, 물리적 소리 파장)은 다바르가 아니다. 발언한 말은 그들이 말하기를 마친 후에도 오랫동안 지속되는 다바르의 표지일 뿐이다.[68]

이 구절과 많은 다른 구절에서도 구약 성서의 다바르는 순간 들렸다 사라지는 말과 같지 않음을 보게 된다. 다바르는 오랜 세월 동안에 걸쳐, 심지어 오랜 세대에 걸쳐 지속되는 '이해'(understanding)다. 그 것은 시간과 사건들을 통해 그것의 마땅한 모습이 되어간다. 그럼으로써 스스로를 참으로 증명하게 된다. 마땅한 모습이 되는 일에 실패한 다바르는 지나가는 환영에 불과한 것이다.

VIII. 결론: 성서적 형이상학과 우리들의 형이상학

구약 성서에서 발견된 진리 개념과 비슷한 것을 현대적 담론에서도 찾을 수 있다. 현대 영어 용법에서도 사물이나 사람 혹은 행위가 제한된 경우에 참되거나 거짓될 수 있다는 것을 인정한다. 예를 들어, 우리는 참된 사랑, 참된 친구, 참된 예술가, 참된 마음에 대해 말할 수 있다. 이런 표현들은 일종의 신뢰성으로서의 진리 개념과 일치하는 것처럼 보인다. 참된 사랑은 신뢰할 수 있는 사랑, 즉 시간이 흐르고 역경이 닥쳐도 그 마땅한 모습을 유지하는 사랑을 의미한다. 반면 우리가 어떤 친구를 거짓되다고 말할 때, 우리는 그가 신뢰할 수 없음을, 즉 역경이 오면 그가 친구의 마땅한 모습에서 벗어날 것임을 의미한다. 역사적으로도 영어와 다른 유럽어들에도 신뢰성이 대상의 진리 개념으로 활용되었다.[69] 심지어 서양 철학의 전통에서도 대상이 참이거나 거짓일 수 있는 가능성을 언급하는 철학자들을 만날 수 있다.[70] 따라서 우리는 진리에 대한 성서의 이해가 성서 저자들의 특정한 시대와 세계관을 넘어서도 어느 정도 그 의미를 지닐 수 있는 작은 증거를 가지는 셈이다.

그러나 일반적으로 이런 것들(즉, 서양 언어들에 대상의 진리 개념이 존재한다는 사실과 철학자들이 그런 진리 개념을 가끔 언급한다는 사실)이 대상의 진리 개념 뒤에 있는 논리를 이해하거나, 그것을 주류 철학 전통의 언어적 진리 개념의 대안으로 발전시키려는 체계적 노력까지 이어지지는 못했다. 철학 전통에서 그런 노력이 역사적으로 부족했던 것은 이원론적 전제들(보통 이원론자로 불리지 않은 사상가들도 여기에 예외가 아님)이 말과 실재 사이의 구분을 자연스럽고 자명한 것으로 보이도록 만든 결과인 것 같다. 일단 그런 구분이 설정되면 다음과 같은 진리 개념이 매우 편안한 것이 된다. ①진리는 말의 특질이다. ②진리의 말은 그것과 독립적으로 존재하는 실재와 '관련되었거나' 그 실재에 '관한' 것이다. ③진리의 말은 이 실재를 확증해주거나 실재와 '대응하는' 것이다.

그러나 지난 100여 년간 이원론적 철학과 독립적 실재 개념(인간의 사유와 관계없이 존재하는 실재)에 대한 비판이 길게 이어졌다. 그런 이원론을 극복하자는 구호가 자주 외쳐졌다. 철학에서 이런 비판들은 진리 대응론에 불편함을 느끼는 사람들이 늘어난 결과로 이해되었다. 진리 대응론에 대한 비판가들이 언제나 말과 대상의 이원론과 단절한 사람들은 아니지만 그들의 비판은 일반적으로 그 이원론적 형이상학이 잘 작동하지 않기 때문에 발생한 것이다. 예를 들어, 다양한 형태의 '접근' 논증에서 분명히 드러난다. 이 논증에 따르면 진리는 생각 혹은 말과 (그것으로부터 독립적으로 존재하는) 실재 사이의 일치나 대응으로 이해될 수 있는 것이 아니다. 왜냐하면 사람이 실재에 접근하기 위해서는 반드시 생각을 통해야 하기 때문이다. 즉, 생각을 통하지 않고는 그 실재에 접근이 불가능하고, 생각을 통해 접근된 실재는 생각으로부터 독립적인 것이 아니다. 이렇게 생각으로부터 독립적인 실재에 대한 '접근'이 불가능하다면, 어떤 사람도 생각과 실재를 의미 있게 비교할 수 없다. 이 말은 그 둘 간의 일치 여부, 즉 진리도 판단할 수 없다는 말이다. 이런 도전은 여러 형태로 주어지고 조심스럽게 받아들여질 필요도 있다.[71] 그럼에도 불구하고 그 도전은 진리대응론이 전제하는 이원론의 약점을 지적한다는 점에서 반박될 수 없다. 그 약점은 이해의 대상(우리 앞에 보이는 대상)이 그 자체로는 '실재'가 아니라 우리 앞에 보이지 않는 대상(인간 지성으로부터 독립적인 대상)을 가리키거나 표상할 뿐이라는 가정이다. 이런 가정이 여전이 유효한 이상 우리는 '사물 그 자체'라는 형이상학적 허구를 믿어야 한다. 그것만이 이원론을 가능하게 만들 수 있다. 그리고 그 이원론이 진리대응론의 존재를 계속 허용할 것이다. 그러나 '사물 그 자체'가 있다는 가정은 궁극적으로 버려져야만 한다. 그리고 그 가정이 버려질 때 그것에 근거하는 진리대응론도 버려질 것이다.

이런 철학적 배경에서 구약 성서의 진리 개념을 고찰하는 것은 매우 적절하다. 구약 성서의 진리 개념은 진리대응론이 기초하는 이원론적 전제들 없이 작동한다. 아테네 사상에서 내려온 철학 전통과 달리 성서 저자들은 그들의 진리 개념을 말과 대상(말이 지칭하는 실재)의 이원론에 근거하여 세우지 않는다. 다시 말해, 그들은 실재의 대상들이 인간의 말이나 생각과 독립적인 자기만의 영역에 존재한다고 생각지 않는다. 결과적으로 성서는 말이 실재하는 사물이나 상태와 대응하는지의 여부에 관심 없다. 성서적 이해에 따르면 진리는 대상의 특질이다. 어떤 대상이 신뢰할 만한 것으로 판명되면 그것은 참된 것이다. 어떤 대상이 신뢰할 만하다는 것은 시간의 흐름과 변화하는 상황에도 그것의 마땅한 모습을 유지한다는 것이다. 그러나 우리의 대상 개념(=이해)은 자기만의 구별된 공간에 따로 존재하는 별종이 아니다. 대상은 우리에 의해 이해된 실제 대상, 즉 '다바르'다. 따라서 어떤 대상에 대한 우리의 이해의 진위성은 이 대상의 진위성과 정확히 일치한다. 우리 앞에 있는 사물 이외의 사물은 없다(즉, 우리의 의식과 관계없이 존재하는 '사물 그 자체'는 허구다). 이런 진리 개념에 따르면 내 말은 어떤 대상에 대한 나의 이해와 다르지 않다. 대상에 대한 나의 이해를 다른 사람에게 전달하기 위해 그 이해를 발화(vocalization)하는 것이다. 이 때문에 진리의 말은 언제나 참된 대상에 관해 발언된 것처럼 보인다. 말은 화자가 이해한 대상을 표현한다. 그리고 그것이 그가 가진 실재의 전부다. 말에 의해 표현된 '대상에 대한 화자의 이해'가 신뢰할 만하면, 즉 참이면 그 대상들도 신뢰할 만하며, 그러므로 참된 것이다.

이런 해석이 옳다면 구약 성서의 저자들은 이원론자가 아니다.[72] 그들의 세계관은 한 영역만을 필요로 한다. 그 영역 안에서 대상에 대한 참된 이해가 잘못된 이해로부터 구분된다. 구분의 기준은 대상에 대한 이해가 그 하나의 영역에서 시간의 검증을 통과할 수 있는가다. 구약 성서에서 진리는 특정한 순간이 아니라 후속하는 사건들을 통해서만 드러나게 된다는 말이다. 즉, 그 실제 사건들이 '해석된(혹은 이해된) 대상' 즉 다바르를 참되거나 거짓된 것을 만드는 것이다. 실제로 신명기에서 어떤 선지자의 말이 진리로 간주될 수 있는지의 여부는 그 말이 시간의 흐름 가운데 스스로의 참을 증명할 수 있는지의 여부다.

내가 그들의 형제 가운데 … 선지자 하나를 세우고 … 내 말을 그의 입에 두겠다 … 네가 혹시 마음속으로 말하기를 "그 말(다바르)이 여호와께서 하신 말씀이 아닌지 우리가 어떻게 알 수 있겠는가?" 하겠지만 그 선지자가 여호와의 이름으로 말한 것(다바르)이 그대로 이루어지지 않고 실제로 실현되지 않으면 그 말은 여호와께서 하신 말씀(다바르)이 아니다. 그 선지자는 자기 마음대로 말하였다.[73]

오늘날, 대부분의 사람들은 만물이 하나님의 말씀이나 생각에 의해 창조되었고 그들이 그런 세상에서 살고 있다는 것을 잘 인식하지 못한다. 그러나 인간에 의해 파악되지 않은 실재가 존재하지 않는 세상(이 세상은 인간에 의해 해석된 대상들로 구성됨)에 산다는 것이 어떤 것인지는 어느 정도 상상할 수 있다. 인간 경험에 대한 이런 해석에 항상 던져지는 비판은 그것이 필연적으로 극단적 주관주의, 즉 '진리는 없다'는 주장으로 이어진다는 것이다. 그러나 성서 저자들은 진리 추구에 헌신하는 동시에 그런 진리 개념을 유지해왔다. 그리고 그런 진리 개념을 통해 진리를 추구하면서 실제로 진리를 찾은 듯하다. 지금까지 익숙한 이원론적 형이상학이 문제를 노정하는 이때, 그리고 우리의 진리 이해가 그것과 더불어 위험에 빠진 이때, 성서 저자들의 진리 개념을 공부하는 것은 매우 의미 있는 일이다.

275

최근 '예루살렘'과 '아테네'가 상호 모순적이며 조화 불가능한 세계관과 윤리관을 대표한다는 생각이 다시 유행하게 되었다.[1] 역사적 관점에서 말하면, 교부 테르툴리아누스는 구약 성서와 그리스철학 사이의 절대적 상극 관계를 주장한 것으로 널리 알려져 있다. "아테나와 예루살렘이 무슨 관계인가? 아카데미와 교회 사이에 무슨 일치가 있는가? 이단과 기독교도 사이에 무슨 관계가 있는가?"라는 테르툴리아누스의 질문은 매우 유명하다.[2] 그러나 테르툴리아누스만이 그렇게 생각한 것은 아니다. 그의 '예루살렘-아테네' 이원론은 소위 논쟁의 여지가 없이 매우 자명한 두 가지 전제에 근거하고 있는 서양 전통의 전체 담

8장
예루살렘과 카르타고: 구약 성서에서 이성과 믿음의 관계

론을 유발시켰다. 그 두 가지 전제는 다음과 같다.

① '믿음'과 '이성'은 인간의 지적 능력의 서로 상반된 두 측면을 지칭한다.
② 성서에 나오는 사상 전통은 이들 중 믿음을 대표하고 장려하며, 그리스철학은 이성을 포용한다.

이 전제들은 서양 기독교 문명의 역사에 특히 많은 영향을 끼쳐,

어떤 사람들은 이성에 반대해 믿음을 변호하고, 다른 사람들은 신앙에 반대해 이성을 옹호했으며, 또 다른 사람들은 그 둘이 화해될 수 있다고 주장했다. 이 모든 입장은 테르툴리아누스가 세워놓은 두 전제의 틀을 기초로 한 것이다. 그러나 필자의 견해는 이 두 전제 모두 확실히 잘못되었다는 것이다. 믿음과 이성 사이의 이원론이 지성적인 활동의 다양성을 이해하는 데 그다지 유익하지 않다고 생각한다. 이렇게 말하는 이유는 무엇보다도 그것이 경험적 사실이기 때문이다. 즉, 믿음의 사람들은 많은 경우에서 매우 이성적이며, 비이성적으로 고집피우는 사람들이 종종 가장 믿음이 없는 사람들이다. 그리고 구약 성서 안에 보존된 질문함의 전통(이성적으로 따지는 행위)이나 플라톤과 아리스토텔레스의 저작들이 대표하는 발견의 전통(믿음을 따른 모험)은 소위 믿음과 이성의 대립을 전제하는 피상적 논의들과 잘 어울리지 않는다.

　여기서 이 주제의 한 가지 측면을 살필 것이다. 즉, 믿음과 이성에 대한 테르툴리아누스식의 논쟁에서 '믿음'이라고 불리는 입장이 성서의 입장과 동일시될 수 있는지의 문제를 살필 것이다. 테르툴리아누스는 특정 종류의 기독교 신앙을 옹호한다. 그와 그를 따르는 많은 사람이 '예루살렘'이라는 별칭에 부여하려 했던 것도 바로 이런 종류의 기독교 신앙이다. 필자가 보기에, 이 별칭은 테르툴리아누스의 도시 카르타고에서 테르툴리아누스와 논쟁하던 사람들에 대한 그의 수사적 표현일 뿐, 예루살렘의 사상과는 아무 상관도 없다. 나아가 '예루살렘'이라는 이름으로 불리는 그런 종류의 믿음이 구약 성서에서는 전혀 발견되지 않음을 주장할 것이다. 구약 성서를 공부한다는 것은 종종 '믿음'으로 불리는 세계관과 전혀 다른 세계관들(아테네 사상과 다른 것만큼 카르타고에서 유래한 사상과도 다른 세계관임)과 만나는 것이다. 구약 성서의 사상과 그것이 서양 역사에서 가지는 위치를 제대로 이야기하기 위해서는 우리는 낯설고 매우 다른 대립 관계의 관점에서, 즉 카르타고(테르툴리아누스식의 기독교 사상)와 예루살렘(구약 성서의 사상) 사이의 대조 관계의 관점에서 생각하는 법을 배워야 한다.

　그러므로 지금부터 논의하는 것은 카르타고와 예루살렘 사이의 대조 관계에 대한 예비적 탐구다. 테르툴리아누스와 그를 따르는 사람들의 저작들에 나타나는 예루살렘과 아테네의 상극 관계를 짧게 요약하는 것으로 이야기를 시작할 것이다. 그다음에 구약 성서에서 인간 이성이 차지하는 자리와, 어떤 점에서 그리고 어느 정도까지 성서 저자들이 믿음을 덕으로 간주한다고 말할 수 있는지 살필 것이다. 결론에서는 예루살렘에 대한 테르툴리아누스의 개념은 믿음 혹은 이성과 관련된 구약 성서 본문과 조화될 수 없으며, 테르툴리아누스의 사상은 (예루살렘이 아닌) 카르타고에 의해 대표되는 입장으로 간주되어야 함을 주장할 것이다.

I. 테르툴리아누스의 예루살렘과 테르툴리아누스의 아테네

퀸투스 셉티미우스 플로렌스 테르툴리아누스(Quintus Septimius Florens Tertullianus)는 155년 로마 카르타고(오늘날의 튀니지)의 이교도 가정에서 태어나 자라다가 후에 기독교로 개종했다. 그는 라틴어로 저술한 최초의 중요한 기독교 사상가로, 이 덕에 종종 라틴 교회의 아버지로 불린다. 대부분의 기록에 따르면 나중에 그는 교회가 이단이 되었다고 결론 내리고 교회를 떠났다.[3] 그의 마지막 저술은 적어도 222년 이전에 완성된다.

테르툴리아누스는 기독교인의 믿음과 철학자의 진리 추구는 서로 화해될 수 없고, 상호 적대적이라는 견해를 개진한다. 필자는 이 점에서 매우 중요한 그의 사상의 세 측면을 다룰 것이다. 첫째, 그는 기독교인이 필요한 지식을 얻을 수 있는 수단은 권위적 교리문답이라고 주장한다. 둘째, 그는 진리 추구에 헌신하는 삶의 가치를 부정한다. 마지막, 그는 기독교인이 믿어야 하는 내용은 어떤 의미에서 어리석으며 반이성적이라는 견해를 지지한다.

먼저, 교리교육에 대한 테르툴리아누스의 입장부터 살펴보자. 테르툴리아누스는 《이단들에 대한 처방(Prescription Against Heretics)》에서 너무 알려고 하는 태도는 이단에 쉽게 빠지게 하기 때문에 기독교인은 철학자들의 진리 추구를 삼가야 한다고 주장한다. 기독교인은 '신앙의 표준'(기독교인이 믿어야 하는 교리 목록)에만 관심을 가져야 한다는 것이다. 테르툴리아누스의 신앙의 표준은 다음과 같다.

이제 신앙의 규칙은 … 의심할 여지없이 이것이다. 이것으로 우리의 믿음이 확인된다. 즉 한 분 하나님만이 계시고, 그분은 세계의 창조자이시며, 만물의 시작에 보내심받은 말씀을 통해 무에서 만물을 만드셨다. 그리고 이 말씀은 그의 아들로 불리며 그분은 하나님의 이름으로 족장들에게 다양한 모습으로 나타났고, 선지자들의 예언 가운데 선포되었고, 마지막으로 성령과 성부 하나님의 능력으로 처녀 마리아에게 내려오셔서, 그녀의 자궁에서 육체가 되어 그녀에게서 태어나, 예수 그리스도로 사셨다. 그 후 하나님 나라의 새 율법과 약속을 선포하셨고, 기적을 행하셨고, 십자가에 죽으시고 삼 일 만에 부활하신 후 하늘로 승천하셔서, 하나님의 오른편에 앉으셨다. 그분은 성령을 그의 대리 능력으로 보내셔서 성도들을 인도하신다. 그분은 영광으로 다시 오셔서 성도들과 악인들을 육체로 부활시킨 후, 성도들을 영생과 하늘의 약속된 축복으로 이끄시며, 악인들은 영원한 불로 심판하실 것이다.[4]

테르툴리아누스는 인간이 얻어야만 하는 일군의 지식이 있다고 주장한다. 그리고 이 지식은 인간이 진리를 추구한 것에 대한 결과가 아니다. 그 지식은 예수께서 하나님에게서부터 받아 직접 제자들에게 전수하고, 제자들이 사도적인 교회를 통해 선포한 가르침들이다. 또 테르툴리아누스는 어느 가르침이 올바른 가르침인지 분별하는 방법은 그 뿌리가 사도들까지 직접 거슬러 올라가는 교회가 가르치는 것을 추구하는 것이라고 말한다.

교회가 사도로부터, 사도들은 그리스도로부터, 그리스도는 하나님으로부터 받은 가르침을 포함하는 … 사도적 교회와 일치하는 모든 가르침은 … 진리로 여겨져야 한다. 반면에 그리스도와 하나님의 교회와 사도들의 진리와 반대되는 모든 교리는 거짓된 것으로 정죄되어야 한다.[5]

따라서 테르툴리아누스가 말하는 인류가 진리에 이르는 방법은 인류가 사도적 교회로부터 진리를 전수받는 것이다. 즉, 교회의 권위적 가르침을 배우는 것이다. 사도적 교회들 사이에 불일치의 가능성은 전혀 없다. 왜냐하면 진리는 하나이며 명백하기 때문이다. 테르툴리아누스는 다음과 같이 말한다. "교리의 다양성이 발견되는 곳에는 반드시 성서 본문이나 그 해석에 대한 왜곡이 있음에 틀림없다."[6] 간단히 말해 신앙의 표준은 하나이며, 무조건적 순종을 요구하며, 완벽하게 명확하여 궁극적 문제에 대한 인간의 질문이나 탐색에 종지부를 찍을 수 있다. 다음도 테르툴리아누스의 말이다. "이 (신앙의) 표준은 … 그리스도 가 가르치셨고 우리 가운데 이단들이 들여오는 질문들 이외에 '어떤 질문들도' 발생시키지 않는다."[7]

그렇다면 복음서의 그 유명한 구절("구하라 그러면 찾을 것이다")은 어떻게 이해해야 하는가?[8] 테르툴리아누스에게 이런 진리 추구에 대한 요청은 기독교 신앙의 표준을 아직 발견하지 못한 사람들에게 해당하는 것이다. 일단 이 신앙의 표준을 발견하면 모든 다른 진리 추구는 끝나야 한다. 그는 다음과 같이 말한다.

나는 다음의 입장을 개진한다. 하나의 그러므로 결정적인 그리스도의 가르침이 있다. 이방인도 무슨 수를 써서라도 그것을 믿어야만 한다. 그 목적을 위해 그들은 "구하는 것이다." 그래야 그들이 그것을 '발견'했을 때 믿을 수 있다. 그러나 그런 추구가 무한히 지속될 필요는 없다. 왜냐하면 그리스도가 가르친 것은 하나이며 분명한 것이기 때문이다. 그것을 '발견'할 때까지만 구하는 것이다. 그리고 발견한 후에는 믿는 것이다. 그리고 믿은 것을 보수하는 것 이외에 추가적으로 할 것은 없다. 따라서 그리스도가 가르친 것을 발견하여 믿은 후에는 다른 것을 추구해서는 안 된다. 그리스도는 그분이 너에게 가르친 것 이외의 것을 구하지 말라고 말씀하신다. … 그러므로 네가 '구해야' 하는 것은 그리스도의 가르침이고, 너는 그것을 찾을 때까지 … (구하는 것이다). 그러나 네가 이미 믿었다면 너는 이미 찾은 것이다.[9]

이렇듯 테르툴리아누스에 따르면 신앙의 표준을 찾을 때까지만 구하면 된다. 신앙의 표준이 발견된 후에는 모든 다른 지식의 추구는 원칙적으로 종식되어야 한다. 그는 나아가 기독교가 가르치는 것을 넘어서면서까지 추구할 만한 가치가 있는 진리는 존재하지 않는다고 말한다.

예수 그리스도를 얻은 후에 우리는 어떤 호기심의 논쟁도, 복음을 맛본 후에는 어떤 지적 탐구도 원치 않는다. 신앙을 가진 우리는 어떤 추가적 믿음을 바라지 않는다. 이것이 우리의 … 신앙이다. 그것(그리스도) 이외에는 우리가 믿어야 하는 것은 전혀 없다.[10]

물론 테르툴리아누스는 기독교도들이 질문하지 않을 것이라고는 생각하지 않는다. 그러나 그는 그런 질문들의 합법적인 유일한 출구가 교회 교사들과 함께하는 복음서 공부라고 주장한다. 모든 다른 노력은 신앙의 표준을 위험에 빠뜨리는 것으로 간주했다.

그러므로 우리의 '지적 추구'는 우리 자신의 (교리) 안에서, 우리 자신의 사람들에 의해, 그리고 우리 자신의 성서에 관하여 이루어져야 한다. 오로지 그것만이 … 신앙의 표준을 해치지 않는 지적 추구 방법이 된다.[11]

그리고 누군가가 그런 세계관(복음에 대한 연구 이외에 모든 다른 진리 추구를 조롱하는 세계관)은 인류를 맹목적 무지의 삶에 가두어버릴 것이라고 불평한다면, 테르툴리아누스는 사람들이 신앙을 해칠 수 있는 것을 배우는 것보다 차라리 성서 이외의 다른 것들에 대해 무지한 것이 더 좋다고 대답한다. 다음은 그의 말이다.

그대가 알아서는 안 될 것을 알게 되지 않도록 무지 가운데 있는 것이 더 좋소. 왜냐하면 그대는 (이미) 알아야 할 것에 대한 지식을 획득했기 때문이오. … 신앙의 표준에 반대되는 것에 대해 아무것도 모르는 것은 모든 것을 아는 것이오.[12]

이처럼 우리는 테르툴리아누스로부터 기독교와 지식 추구의 관계에 관한 매우 극단적인 주장을 듣는다. 그의 주장에 따르면 추구해야 하는 "하나의 그러므로 결정적인" 지식이 있고, 그것은 그리스도의 가르침들이다. 그리고 그 가르침들은 권위 기관(=교회)에 물어봄으로써 쉽고 온전하게 얻을 수 있다. 이것을 넘어가서 묻거나 주장하는 것은 아무 의미가 없다. 그리스도의 가르침 이외에 추구할 가치가 있는 다른 지식은 없다.

바로 이런 문맥에서 테르툴리아누스는 철학에 반대한다고 천명하고 그 유명한 질문을 던진 것이다. "아테네와 예루살렘이 무슨 관계가 있는가?" 그리고 그 관점에서 생각하면 그가 아테네를 예루살렘에 근본적으로 적대적인 것으로 생각한 이유가 명백해진다. 기독교인은 "알아서는 안 되는 것을 배우지 않도록" 무지 상태에 있는 것이 가장 좋다고 말한 이상, 이방인들의 저작을 읽어 얻게 될 유익도 없는 것이다. 실제로 《영혼의 증언(The Soul's Testimony)》에서 테르툴리아누스는 기독교인은 이방인의 교훈이나 문학과 단절해야 한다고 말한다. 신이 하나라고 주장하는 철학자들의 저작도 예외가 아니다. 테르툴리아누스는 "이방 저서들 가운데 기독교인이 긍정할 수 있는 것은 전혀 없음을 인정하자"고 말한다.[13] 더 구체적으로 말하면, 기독교인의 유일한 관심은 "그가 이미 믿고 있는 바를 보수하는 것"이어야 하며, 기독교인은 믿음을 "세우는 것 같지만 결국은 끌어내리는" 철학자들의 기교로부터 아무 유익도 얻을 수 없다고 한다. 그런 기교들이 하는 것은 고작 기독교적 신앙의 표준을 무너뜨릴 이유를 찾는 것이다.《이단들에 대한 처방》에서 테르툴리아누스는 철학을 기독교의 적으로 선포한다. 다음은 테르툴리아누스의 글이다.

불행한 아리스토텔레스여. 그대는 사람들을 위해 논쟁술, 즉 논증을 세우고, 무너뜨리는 기술을 발명했소. 그것은 모호한 주장을 하며 … 논쟁을 유발시키며 – 심지어 부끄럽게도, 모든 것을 철회하지만, 정작 다룬 것은 아무것도 없다! … 사도 바울이 우리에게 경고할 때 그는 우리가 경계해야 할 기술로 철학을 분명히 언급한다. 골로새 교인들에게 편지하면서 그는 "아무도 철학과 헛된 속임수로 너희를 사로잡지 못하도록 주의하여라."라고 말한다.[14] … 그는 아테네에 가본 적이 있다. 그리고 (철학자들과) 토론하면서 진리를 왜곡함에도 불구하고 진리를 가졌다고 주장하는 인간 지혜에 대해 알게 되었다. … 아테네와 예루살렘이 무슨 관계가 있는가? 아카데미와 교회 사이에 무슨 일치가 있는가? 이단과 기독교도 사이에 무슨 관계가 있는가?[15]

이처럼 테르툴리아누스는 기독교도에게 철학을 거부하라고 요구한다.[16] 아울러 복음(기독교도에게 필요한 유일한 것)을 믿게 된 후에는 진리 추구를 멈추어야 한다고 주장한다. '신앙의 표준'에 도전 불가능한 배타적 영혼지배권을 주는 그의 주장은 당시에도 강경한 반철학적 입장으로 비추어졌을 것이다. 그러나 테르툴리아누스에게는 이것조차 충분하지 않았다. 왜냐하면 예수에 대한 믿음이 소위 이성과 조화될 수 있다는 의미에서, 궁극적으로 합리적이라는 주장을 가능하게 하기 때문이다. 그래서 한발 더 나아가 테르툴리아누스는 복음이 기독교인들에게 요구하는 믿음은 세속적 기준으로 판단할 때 어리석은 것이어야 한다고 주장한다. 테르툴리아누스에 따르면 기독교인들은 믿어야 하는 내용이 완전히 이치에 안 맞는 것이라도 굳게 믿어야 한다. 그는 이런 견해를 《그리스도의 육체(The Flesh of Christ)》에서 다음과 같이 표현한다.

그대가 아직 지워버리지 않았다면, 다음의 성서 구절을 잘 생각해보라. "하나님께서 지혜로운 자들을 부끄럽게 하시려고 세상의 어리석은 것들을 택하셨다."[17] 여기서 "어리석은 것들"은 무엇인가? … 그대는 처녀의 몸에서 인간으로 태어나 육체의 본성을 입으셔서 자연의 모든 … 수치들 가운데 사신 하나님을 믿는 것보다 더 "어리석은 것"을 찾을 수 있는가? … 물론 그것 못지않게 매우 어리석은 다른 것들도 있다. … 어느 것이 하나님께 덜 합당한가? 어느 것이 더 많은 수치를 일으킬 것 같은가? 하나님이 인간으로 태어나는 것인가? 하나님이 죽어야 하는 것인가? 그가 육체를 입어야 했던 것인가? 아니면 그가 십자가를 져야 했던 것인가? 그가 할례를 받아야 했던 것인가? 그가 십자가에 달려야 했던 것인가? 그가 강보에 싸여야 했던 것인가? 그가 수의에 싸여야 했던 것인가? 그가 마구간에서 태어나야 했던 것인가? 아니면 그가 무덤에 묻혀야 했던 것인가? '지혜'를 말하는가! 그렇다면 그대는 (그의 죽음에 관한) 이것을 믿기 거부해야 한다. 그러나 그대가 세상에 대해 '바보'가 되지 않으면 절대로 '지혜로워' 지지 않을 것이다. … 하나님의 아들이 십자가에 죽었다. 사람들이 그것을 부끄럽게 여길지라도 나는 부끄러워하지 않는다. 그리고 하나님의 아들이 죽었다. 이 사실은 어리석은 것이기 때문에 믿음의 대상이다. 그리고 그가 장사되어 다시 사셨다. 그것은 불가능한 것이기 때문에 확실한 사실이다.[18]

284

이 인용문에서 믿음과 이성 사이의 대립 관계가 절대적으로 악화되어 하나님은 인류에게 이성이 혐오스러워 하는 것을 믿으라고 요구하시는 분이 된다. 인간들에 의해 이 땅의 강자로 간주되던 것을 기독교인들의 연약함을 사용하셔서 이기신 하나님께서 복음의 어리석음을 사용하셔서 인간들에 의해 지혜로 간주되는 것을 이기신다. 인간 지성의 기준들로는 하나님이 우리에게 믿으라고 요구하는 것은 어리석은 것임에 틀림없다. 이렇게 테르툴리아누스는 기독교 신앙이 인간 이성과 화해될 수 없다고, 나아가 인간 이성의 관점에서 혐오스러운 것이라고 주장한다.

테르툴리아누스의 견해는 광신자의 견해다. 그럼에도 불구하고 그의 견해는 이후의 기독교 사상에 강력한 영향력을 발휘했다. 주류 기독교는 늘 이 입장을 칭찬해왔으며, 그것의 메아리들이 오늘날까지 계속 들려온다. 우리는 키르케고르가 기독교 신앙을 "지성에 대한 어리석음"(an absurdity to the understanding)으로 간주한 데에서 테르툴리아누스와 비슷한 입장을 보게 된다.

> 그러면 무엇이 어리석은 것인가? 어리석은 것은 영원한 진리가 시간에 존재하게 된 것, 하나님이 태어나 존재하게 되고, 성장해서 하나의 인간 개인으로 존재하게 된 것이다. … (다시 말해) 어리석은 것은 신앙의 대상, 즉 오직 믿겨야만 하는 것이다. … 기독교는 … 지성의 관점에서 어리석은 … 것에 관해 내면적 신앙을 요구한다.[19]

마찬가지로 C. S. 루이스도 예수께서 인류에게 믿으라고 요구하신 것들이 인간의 기준으로 판단하면 "말도 안 되는 난센스"이며 미친 짓이라고 말한다.

> 당신도 알다시피, 이 사람이 말한 것은 인간의 입에서 나온 말들 중 가장 충격적인 것이다. … 말도 안 되는 난센스라고 말하는 것도 매우 친절하게 표현한 것이다. … 하나님을 제외한 모든 화자의 입에서 이 말은 역사의 어떤 인물도 따라올 수 없는 어리석음과 교만함으로 간주되는 것을 암시한다. … 한갓 인간인 자가 예수님이 말한 것을 말했다면 … 그는 (자신을 삶은 달걀이라고 주장할 정도의) 미치광이거나 지옥의 악마일 것이다.[20]

위 구절들을 인용하면서 약간의 불편함을 느낀다. 그러나 테르툴리아누스의 입장이 아직까지 왜 그렇게 큰 영향력을 가지는지를 이해하기 위해서는 이런 인용문들을 똑바로 대면할 필요가 있다. 즉, 성서적 가르침을 "어리석은 것", "말도 안 되는 난센스"라고 말하는 사람들이 기독교에 반대하는 사람들이 아니라는 것이다. 이런 말을 하는 사람들은 대표적인 기독교 사상가들이다. 바로 이런 생각들이 현대의 주석가들로 하여금 성서를 마치 인간 이성의 명령에 반하는 것처럼 여기도록 허락하는 것이다. 즉, 기독교 신앙은 인간 이성이 도저히 받아들일 수 없는 것들을 믿는 것이라는 생각이다.[21]

285

II. 구약 성서와 '신앙의 표준'

테르툴리아누스는 유대인이나 유대교에 대해 거의 아는 바가 없었다.[22] 그는 예루살렘에 발을 들인 적도 없다. 그러나 그는 먼 유대 도시를 그의 과격한 카르타고 기독교의 대표 브랜드로 사용했다. 이런 테르툴리아누스 때문에 예루살렘이 교리주의적 신앙을 상징하게 된 것이다. 아울러 예루살렘의 이름으로 인간의 진리 추구가 폄하되고 이성적으로 말도 안 되는 어리석은 것에 대한 의지적 믿음이 강조되었다.

다른 사람은 몰라도, 필자는 예루살렘과 교리주의적 신앙의 결합을 매우 가슴 아프게 생각한다. 그리고 그런 종류의 기독교 신앙과 접하면 새삼스럽게 "이것이 예루살렘과 무슨 관계지? 카르타고 기독교와 구약 성서의 가르침 사이에 무슨 공통점이 있지?"라는 질문을 던지게 된다.

따라서 구약 성서가 테르툴리아누스의 기독교와 모종의 관계를 가진다는 주장이 거부되어야 하는 이유를 몇 가지로 설명하려 한다.

먼저, 테르툴리아누스식 기독교의 핵심, 즉 인류가 가장 고상한 목표를 달성하려면 반드시 획득해야 하는 모든 지식, 반드시 믿어야 하는 모든 명제적 교리를 담은 특정한 '문단'(paragraph: 테르툴리아누스의 '신앙의 표준')이 존재한다는 주장을 살펴보자.[23] 테르툴리아누스가 이 신앙의 표준을 정할 때 바울의 모범을 따르고 있다고 주장할 수 있을 것이다.[24] 그러나 구약 성서에서 발견될 수 있는 어떤 모범이나 전례를 따르고 있다고는 주장할 수 없다. 실제로 구약 성서를 구성하는 책들 어디에서도 우리는 구원의 필요충분조건으로 기능하는 단 하나의 믿음의 내용(이나 행위들)을 제시하는 구절을 찾을 수 없다. 십계명도, 신명기에서 하나님이 우리에게 요구하는 것에 대한 모세의 놀라운 요약("이스라엘아, 여호와 너의 하나님이 너희에게 요구하시는 것은…"[25])도, '쉐마 이스라엘'로[26] 시작되는 일련의 기도들도 인류가(혹은 유대인이) 반드시 믿어야 하는 모든 것을 포함한 절대적인 표준으로 제시되지 않는다. 심지어 이들 중 가장 구체적인 문단인 십계명도 합당한 행위(신앙은 더 말할 것도 없고)의 지침으로서 결코 완전한 것이 아니다. 구약 성서는 그런 표준적인 절대 교리를 제공하지 않는다.[27]

그러나 한 걸음 더 나아가길 원한다. 왜냐하면 구약 성서가 표준적인 절대 교리를 제공하지 않는다는 것은 우연한 일이 아니기 때문이다. 오히려 구약 성서는 그런 교리주의를 배격한다고 생각한다. 즉, 구약 성서가 그런 교리주의를 주장하는 것을 어렵게 (심지어 불가능하게) 만들도록 구성되었다고 믿는다. 구약 성서의 처음 절반은 궁극적으로 한 사람에 의해 엮인 단일한 내러티브로 간주될 수 있지만,[28] 구약 성서의 나머지 절반을 구성하는 26권의 책들에 대해서는 같은 말을 할 수 없다. 1장에서 내가 주장한 바처럼, 이 책들은 핵심 주제에 관해 다양한 의견을 제공한다. 예를 들어, 다니엘서와 에스더서는 정치 문제에서 종교 의식의 준수가 과연 효과적인지에 대해 의견을 달리하고, 이사야서와 미가서는 다가올 세대에 나타날 이상에 관해 의견을 달리하며, 이스라엘의 역사서와 에스겔서는 자녀들이 부모의 죄 때문에 벌을 받는지의 여부에 대해 의견을 달리한다.[29] 따라서 우리는 구약 성서를 이해하기 위해서는 우리는 성서를 매우 훌륭한 선집으로 간주해야 한다. 그래서 구약 성서의 가르침은 하나의 짧고 명확한 문단으로 요약될 수 없다. 오히려 구약 성서의 가르침은 하나의 가족처럼 유기적으로 기능하는 다양한 관점(이 관점들은 각자의 입장에서 진리를 설명함)을 통해 발견될 수 있다. 따라서 구약 성서의 독자들은 교리의 다양성이 발견되는 곳에는 반드시 "성서 본문이나 그 해석에 대한 왜곡이 있음"이 분명하다는 테르툴리아누스의 입장에 절대로 동의할 수 없을 것이다. 우리가 어떤 것이 '성서적이다'라고 말할 때 의미하는 것의 핵심은 그것이 성서적 진리를 다양한 관점에서 제공하고 있다는 뜻이다.

구약 성서의 이런 형식은 민족 전체를 의식적으로 품으려고 했던 성서적 유대교의 정치적 성격에서 부분적으로 기인한다. 전체 민족을 다 아우르려면 성서적 유대교는 그만큼 외연이 넓어야 했다. 그러나 구약 성서가 교리주의를 거부하는 이유는 그보다 더 깊다. 성서 종교가 하나의 '신앙의 표준', 즉 표준적인 절대 교리를 부여하는 노력들에 회의적일 수밖에 없는 이유는 하나님의 생각에 대한 지식이 본질상 오류 가능하고 연약한 인간의 능력을 넘어선다는 사실 때문이다.[30] 이 점에서는 하나님의 이름·얼굴·역사에 대한 분명한 지식을 얻기 원했던 모세도 예외가 아니다. 선지자들 중 가장 위대한 선지자 모세가 할 수 있었던 전부는 하나님의 손에 의해 가려진 채 바위의 틈에 서서 지나가시는 하나님의 뒷모습만을 보는 것이었다.[31] 그리고 인간에게 포착되지 않는 이런 하나님의 모습은 성서에서 자주 반복된다. 예를 들어, 시내산에서 하나님을 구했던 엘리야도 희미한 소리만을 들었고, 이사야가 환상 가운데 본 하나님의 보좌방도 연기로 가득 차 있었다.[32]

남들보다 환상을 잘 보고 환상을 잘 수용할 수 있는 능력을 지닌 특별한 개인들도 하나님을 부분적으로만 보는 것이 최선이라면, 그런 선지자적 은사를 받지 못한 일반인이 하나님을 아는 것은 더 어려운 일이다. 예를 들어, 시내산에서 이스라엘이 하나님을 만났던 사건을 생각해보라. 그곳에서 하나님께서 모든 이스라엘 사람에게 나타나시지만, 사람들은 이 만남에서 어떤 지식도 얻지 못한다. 왜인가? 사람들이 하나님을 보자마자 도망갔기 때문이다. 처음에 그들은 두려워서 큰 소리로 모세에게 하나님의 말씀을 대신 받아달라고 요청한다. 그리고 얼마 후 그들은 하나님의 나타나심이 그들에게 의미하는 바를 완전히 잊어버리고 금으로 된 소 신상을 만든다.[33] 이 쓰라린 사건의 교훈은 매우 분명하다. 진리가 사람들의 눈앞에 있어도 사람들은 그 진리를 받아들일 인격적 능력을 갖추지 못했다!

따라서 성서 저자들이 하나님을 직접 경험하지 못한 이스라엘의 대중을 하나님의 뜻에 대한 상충하는 의견들 가운데 표류하는 존재로 그린 것은 놀랄 일도 아니다. 이사야와 예레미야의 설교에 따르면, 예루살렘은 선한 의도로 가나안의 전통적 신들을 설파하는 우상숭배자들과 현재의 좋은 것만을 보고 결말을 상상하지 못하는 무지한 선지자들 그리고 성서를 주의 깊게 연구하지만 해석의 천박성에 갇혀 본문 속에 깊이 숨겨진 하나님의 말씀을 발견하지 못하는 눈먼 제사장들이 전하는 거짓 지식들로 가득하다.[34] 이사야와 예레미야의 저작 속에서 우리는 지식을 향한 모든 길이 매우 험난함을 본다. 전통, 예언, 성서가 모두 왜곡되었기 때문에 진리가 언제 어떻게 드러나게 될 지 불분명하다.

이렇듯 구약 성서에서 하나님의 말씀은 세상에 현존하는 것으로 간주된다. 그러나 그것을 발견하기 위해서는 지식의 정글을 헤치며 나아가야 한다. 노력에 노력을 거듭하여 영원하고 참된 것으로 나아가야 한다. 그런 노력으로 참된 것으로 나아가는 데 성공하지 못하면, 하나님의 이름으로 선포되는 많은 것이 사람들이 실제 생각하고 믿는 바는 물론, 나아가 그들의 삶과 명확한 관계없이 남게 된다.

테르툴리아누스가 주창한 종교에서 기독교 메시지는 최고의 명확성을 보인다. 그것은 한 문단으로 요약될 수 있고 "우리들 가운데 … 어떤 질문도 일으키지 않는다." 그러나 성서 종교가 놀랍도록 '아름답지만' 그런 명확성은 성서 종교의 특징이 아니다. 구약 성서의 구성은 성서 저자들의 염세적인, 더 정확하게는 현실적인 인식론('어떻게' 진리를 알 수 있는가에 대한 이론)을 반영한다.[35] 우리가 가진 구약 성서 자체가 인간 구원에 관한 '지식의 난해성'(elusive nature)을 반영한다. 그것은 한 문단으로 요약될 수 없으며 다양한 관점들을 통해 추구되어야 한다.

III. 구약 성서와 '자율적인' 인간 이성

앞 절에서는 성서적 가르침의 형식과 내용 모두 교리주의의 가능성을 거부한다고 주장했다. 이 주장이 옳다면 그 함의는 매우 넓을 것이다. 왜냐하면 그 주장이 함의하는 바에 따르면 인간의 진리 추구는 테르툴리아누스의 주장처럼 하나님의 가르침을 발견하는 순간 끝나게 되는 단회적인 것이 아니다. 오히려 성서적 견해에 따르면 정반대가 더 옳다. 구약 성서에서 진리를 배우기 원하는 사람들은 반드시 평생에 걸친 진리 추구를 다짐해야 한다.[36] 구약 성서를 정경으로 편집한 사람들도 분명히 그런 삶을 살았을 것이다. 그리고 그들의 진리 추구가 여러 면에서 아테네 전통의 철학적 진리 추구와 달랐지만, 성서가 권위적 교리주의의 가능성을 거부한다는 사실은 성서 저자들의 진리 추구가 테르툴리아누스의 카르타고식 기독교 신앙과도 공통점이 거의 없음을 시사한다. 실제로 테르툴리아누스식 교리주의의 목적은 구약 성서 세계를 특징짓는 인식론적 정글을 없애는 것이다. 그럼으로써 인간이 평생 동안 진리를 추구할 필요도 없애는 것이다.[37]

이번 단락과 다음 단락에서 성서 저자들이 이런 진리 추구를 어떻게 이해했는지 더 자세히 살필 것이다.

사람들은 철학과 구약 성서에서 발견되는 질문함의 전통 사이에 분명한 차이가 있다고 말한다. 철학이 자율적 이성을 대표한다면 구약 성서의 질문 전통은 하나님의 명령에 '의존하는' 제한적 이성을 대표한다고 여기기 때문이다. 나는 이런 구분이 일관적이지 않다고 생각하지만, 그럼에도 불구하고 이런 구분은 다음의 질문에 특별히 주의를 기울일 필요가 있음을 보여준다. 하나님의 '도움' 혹은 하나님의 권위로 말하는 사람의 '도움'을 전혀 받지 않고 스스로 생각하고 행동한 개인에 대한 성서 저자들의 평가는 무엇인가?

다음의 예를 살펴보자.

① 십브라와 브아: 이집트에 거주한 히브리 산파들의 경우를 보자. 파라오가 이스라엘의 모든 남자 아이를 죽이라고 명령했을 때 히브리 산파 십브라와 브아는 그 명령을 거부한다. 나중에 우리는 하나님께서 그들을 축복하셨다는 이야기를 듣는다. 그러나 그들은 하나님에게 유아 살인이 옳지 못하다는 취지의 말씀을 받은 적이 없다. 그것이 옳지 못하다는 판단은 순전히 그들 자신의 것이다.[38]

② 요게벳·미리암·파라오의 딸: 마찬가지로 아이 모세는 그를 나일강에 띄어보낸 어머니 요게벳과 목숨을 걸고 바구니를 따라간 누이 미리암, 그리고 모세를 강에서 건져내어 파라오의 명령에 반하는 방식으로 그를 기른 파라오의 딸에 의해 구원받는다. 이 여인들 중 누구도 하나님이나 선지자들로부터 그 아이를 구하는 것이 옳은 일이라는 가르침을 계시받지 않았다. 이런 행동으로 이끈 것은 온전히 그들 자신의 생각이다.[39]

③ 모세: 성서에 따르면 파라오의 딸이 모세에게 이름을 지어주고 자신의 아들로 기른다. 그 후 우리가 모세에 대해 알게 되는 사실은 그가 형제들 가운데로 나가 그들의 고통을 본다는 것이다. 모세는 우연히 이집트인이 히브리 노예를 구타하는 것을 발견하고는 그를 죽여 모래에 묻는다. 하나님의 말씀이 모세에게 임해서 자기 동족들을 살피는 것이 옳은 일이라고 말해주지 않았다. 혹은 동족을 억압하는 이집트인을 죽이는 것이 옳은 일임을 말해주는 계시도 없었다. 모세로 하여금 그렇게 행동하게 만든 것은 온전히 자기 자신의 생각이다.[40]

방금 말한 것들이 다른 많은 예에도 적용될 수 있다. 실로 성서는 처음부터 끝까지 하나님의 '도움' 혹은 그분의 권위로 말하는 사람들의 '도움' 없이 자신의 이성과 판단력을 활용해 행동한 개인들의 이야기로 가득하다.[41] 우리는 이 사실을 어떻게 이해해야 할까? 우선 이런 예들은 성서가 인간의 자유로운 탐구와 그런 탐구에 근거한 행동에 매우 긍정적인 입장을 견지함을 보여준다. 이런 관점에서 구약 성서는 자발적으로 진리를 추구하고 정의를 행한 사람들을 '잘 산 인생'(life prop-erly led)의 모범으로 간주하는 것처럼 보인다. 이뿐 아니라 개인과 국가에 있어 독립적인 진리 추구를 좋은 삶의 기초로 제시하는 명백한 성서 구절들도 있다. 나는 이미 진리를 추구하고 정의를 행하는 한 사람 때문에 하나님께서 타락한 도시를 멸망으로부터 구원해주신다는 예레미야의 선포를 논의한 바 있다.[42] 실로 예레미야는 그런 진리와 정의 추구가 하나님의 특별 지시를 필요로 하는 것이 아님을 분명히 밝힌다.

여호와께서 이같이 말씀하셨다. 너희는 길에 서서 살펴라. 옛적 길들에 관해 물어라. 선한 길이 어디인지 (묻고) 그곳으로 가라. 그러면 너희 영혼이 평강을 얻을 것이다. 그러나 그들이 말하기를 "우리는 가지 않겠다." 하였다.[43]

길에 서서 진리를 찾는 모티브는 그 자체로 중요하다. 우리는 우리에게 열려 있는 다양한 길을 비교해 살펴야 한다. 하나님의 특별한 지시 없이 그 길들을 보고 '선한 길이 어디인지' 경험적으로 분별할 수 있다면, 이유는 증거들이 그 현장에 있어 사람들이 현장을 잘 살피면 증거들을 발견할 수 있기 때문일 것이다. 비슷한 모티브가 잠언에도 등장한다.

지혜가 길거리에서 부르짖고, 광장에서 그 소리를 높이며, 지혜가 성벽 위에서 소리치고 성문 어귀에서 그 소리를 발하여 말하기를, "… 내가 불렀으나 너희가 거절하였고 내가 손을 내밀었으나 아무도 거들떠보지 아니하였다."[44]

잠언서가 길에서 구할 수 있다고 주장하는 지혜란 정확히 어떤 종류의 지혜인가? 잠언은 다양한 예를 통해 부패한 환상으로부터 탈출하여 진리에 이르기 위해 사람들이 사용할 수 있는 이성이 어떤 것인지를 설명한다. 여기에 음주에 관한 예가 있다.

술잔 속의 포도주가 붉게 빛나고 순하게 내려갈지라도 너는 포도주를 보지도 말라. 결국 그것이 뱀같이 물 것이고, 독사같이 쏠 것이며 네 눈이 이상한 것들을 보게 되고 네 마음은 허튼 소리를 하게 될 것이며 너는 마치 바다 한가운데 누운 것 같고 돛대 위에 누운 것 같으며 네가 말하기를 "나를 때려도 아프지 않고 나를 쳐도 감각이

없으니 내가 언제나 깨어날까? 깨면 또 술을 찾아야지."라고 할 것이다.[45]

간음과 관련한 예가 있다.

너를 악한 여자로부터 외간 여인의 유혹하는 혀로부터 지켜라. 네 마음이 그 여자의 아름다움을 탐내지 말고 그 여자의 눈길에 매혹당하지 마라. … 음란한 유부녀가 네 귀한 생명을 사냥하기 때문이다. 사람이 불을 가슴에 품고 자기 옷을 태우지 않을 수 있겠느냐? 이웃의 아내와 동침하려 들어가는 자도 이와 같으니, 그 여자를 만지는 자는 모두 벌을 면치 못할 것이다. … 간음하는 자는 지각이 없는 사람이니, 그것을 행하는 자는 자신의 영혼을 파멸시키는 자다. … 이는 남편이 질투에 불타서 복수하는 날에 용서치 않을 것이며, 그는 어떤 보상도 마다하고 많은 선물을 줄지라도 받으려 하지 않을 것이다.[46]

우상숭배와 관련한 예가 이사야서에 나온다.

그들이 알지 못하고 분별하지 못하는 것은, 그들의 눈이 감겨 볼 수 없고 그들의 마음이 닫혀 깨닫지 못하기 때문이다. 사람이 생각도 없고 그 마음에 지식도 없으며 분별력도 없이 말하기를 "나는 그 중에 절반은 불사르고 또한 그 숯불 위에 빵도 굽고, 고기도 구워 먹었다. 그리고 내가 그 나머지로는 역겨운 것을 만들고, 나무 조각 앞에 엎드려 절을 할까?" … 그는 마음이 미혹되어 스스로를 그릇 인도하고, 그의 영혼을 구원하지도 못하면서 "내 오른손에 있는 것은 거짓(쉐케르)이다."라고 말하지도 못한다.[47]

이 예들을 통해 우리가 알 수 있는 바는, 잠언서가 길에서 구할 수 있다고 주장한 지혜는 어떤 것이 참으로 가치 있는 것인지에 대한 합리적인 추론에 다름 아니라는 것이다. 예를 들어, 성서 저자들은 술이 사람을 고통에 무디게 만들며 중독시키기 때문에 술을 마셔서는 안 된다고 주장한다. 간음을 해서는 안 되는 이유도 그 남편이 복수할 것임을 우리가 경험적으로 알고 있기 때문이다. 마찬가지로 우상숭배를 금지하는 이사야 구절도 사람들로 하여금 거짓된 것들을 그들의 생각에서 뿌리째 뽑도록 하기 위해 그들의 경험적 추론에 호소한다. 즉, 이사야는 이렇게 말하는 것이다. "너도 이미 알다시피 네 손에 있는 나무

토막의 반은 이미 불에 던져졌다. 그러므로 그것은 파멸로부터 자신을 방어할 힘조차 없는 것이다. 그러니 그것이 너를 구원하거나 네 기도에 응답할 수는 더더욱 없을 것이다. 같은 나무토막에서 잘린 나머지 반이 너를 구원할 수 있다고 믿어서 그것 앞에 절하고 도움을 요청하는 것은 정말 거짓을 믿는 것이다."

이 예들과 많은 다른 예에서 성서 저자들은 모든 이스라엘과 모든 사람이 공유하는 경험에 근거한 논증에 호소한다. 반면 어리석은 자들은 경험의 조언에 주의를 기울이지 않고 자신과 자기 민족을 파멸시키는 길로 나아가는 자들로 일관되게 묘사된다.[48] 여기서 성서의 진리 추구와 철학자들의 진리 추구 사이의 차이는 매우 모호하게 되며, 거의 사라져버린다.

따라서 이스라엘의 선지자들의 설교에서 경험과 그 경험에 근거한 추론에서 얻은 지혜가 때때로 하나님의 음성을 듣는 일과 동의어처럼 쓰인다는 사실은 놀랄 일이 아니다. 예를 들어, 다음의 예레미야 본문을 살펴보자.

293

내가 예루살렘을 돌무더기와 이리의 소굴로 만들며 유다 성읍들을 폐허로 만들어 사는 사람이 없게 하겠다. 이것을 깨달을 만한 지혜자가 누구인가? 여호와의 입이 말씀하신 것을 받아서 선포할 자가 누구인가? 어찌하여 그 땅이 멸망하여 광야처럼 불타서 지나가는 자가 없는가?[49]

여기서 "이것을 깨달을 만한 지혜자"는 "여호와의 입이 말씀하신 것을 받아서 선포할 자"와 대구로 쓰여, 사람의 마음에 떠오르는 생각이 마치 하나님의 말씀과 동일한 것처럼 표현된다.[50] 우리는 "하나님의 영"이 임하는 그 미래의 왕의 도래를 기대하는 이사야서에서 비슷한 구문을 발견한다. 그러나 그곳에서 이 "하나님의 영"은 지혜나 지성 혹은 지혜롭게 그리고 정의롭게 판단하는 능력과 거의 구별되지 않는다.

여호와의 영, 곧 지혜와 분별의 영이시고 권면과 능력의 영이시고 지식과 여호와를 경외하는 영이 그 위에 머무를 것이니 그가 여호와의 경외함을 즐거움으로 삼고,[51]

IV. 하나님 앞에서 진리 추구하기

구약 성서의 저자들은 개인의 주체적인 진리 추구를 일관되게 호의적으로 바라본다. 특히, 구약 성서는 개인이 대개 하나님의 말씀에 관한 지식의 원천들로부터 상당히 멀리 떨어져 있는 것으로 간주하고 어디서든, 어떤 방법으로든 참된 것에 대한 지식을 얻으려 노력하는 사람들을 지지한다.

물론 이것은 전체 그림의 일부에 지나지 않는다. 성서는 인간과 하나님 사이의 직접적인 만남도 많이 묘사한다. 그런 만남에서 진리가 비록 완벽하지는 않지만 적어도 충분히 분명하게 드러난다. 그러나 여기에서도 테르툴리아누스식 종교의 복종적 신앙과 구약 성서에 묘사된 인간과 하나님 사이의 소통을 조화시키기는 어렵다. 이런 관점에서 출애굽기의 첫 부분을 다시 생각해보자. 출애굽 이야기는 인간 역사에 하나님이 명시적으로 개입한 대표적 사건이다. 그러나 더 자세히 살펴보면 그 이야기에서 하나님은 인간의 '독립적' 추론과 그에 근거한 인간 행동의 궤적 안에서 움직이신다. 모세가 태어나, 살아남고, 어른으로 성장한 것은 십브라와 브아·요게벳·미리암·파라오의 딸의 행위 덕분이다. 모세가 이집트인을 죽이고, 이집트에서 도망쳐 광야에서 양치기의 삶을 살기 시작한 것도 모세 자신의 독립적 선택 때문이다. 심지어 불타는 떨기나무 가운데 하나님이 나타나신 것도 모세가 그를 찾으러 나선 후에 발생한 것으로 묘사된다.

모세가 그의 장인 미디안 제사장 이드로의 양 떼를 치더니, 그가 양 떼를 광야 너머로 이끌고 가서 하나님의 산 호렙에 이르렀다. 그때 여호와의 사자가 떨기나무 가운데로 나오는 불꽃 속에서 그에게 나타나셨는데, 모세가 보니 떨기나무에 불이 붙었으나 그 떨기나무가 소멸되지 않았다. 모세가 말하기를 "내가 돌아가서 왜 떨기나무가 타지 않는지 이 큰 광경을 봐야겠다." 하니 여호와께서 그가 보려고 돌아오는 것을 보시고, 그 떨기나무 가운데서 그를 불러 말씀하시기를 "모세야, 모세야." 하시므로…[52]

우리가 하나님의 일방적인 행위의 예를 찾는다면 이 본문은 매우 이상할 것이다. 왜냐하면 하나님이 불타는 떨기나무에 나타나신 일이 모세의 구하는 행동(Moses' seeking)에 대한 반응으로 묘사되기 때문이다. 먼저 모세는 그의 양 떼를 깊은 광야로 끌고 간다. 그리고 그가 "하나님의 산"에 도착한 후에야 그는 그의 관심을 끄는 먼 광경과 만난다. 그리고 모세가 그 광경이 주는 도전을 받아들여 그 광경이 어떻게 된 것인지 알아보기 위해 길을 벗어난 후에야 하나님께서 응답하신다.[53]

다른 선지자들과 하나님의 첫 만남도 이와 비슷하여, 그 장면들에서 하나님은 인간의 노력에 응답하여 말씀하시는 분처럼 보인다. 사라진 하나님(absent God)을 찾아 시내산으로 간 엘리야의 노력을 앞에서 언급한 바 있다. 이와 관련하여 마찬가지로 놀라운 것은 이사야의 소명 장면이다. 이 장면은 명령이 아닌 질문으로 시작한다.

웃시야 왕이 죽던 해에 내가 높이 들린 보좌에 앉으신 주님을 보았는데 … 그때에, 내가 말씀하시는 주님의 목소리를 들었다. "내가 누구를 보내며, 누가 우리를 위해 갈까?" 그때 내가 대답하기를 "내가 여기 있습니다. 나를 보내주소서."라고 하였다.[54]

모세가 불타는 떨기나무에서 하나님과 만난 장면에서처럼 여기서도 하나님 편에서의 분명한 망설임이 보인다. 이사야서에 묘사된 하나님은 자신의 명령을 (기계적으로) 받들 인간을 찾는 분이 아니다. 그 대신 하나님은 "내가 누구를 보내며, 누가 우리를 위해 갈까?"라고 질문한다. 이사야가 이 도전에 응답하여 일어난 후에야("내가 여기 있습니다. 나를 보내주소서.") 하나님은 그에게 그가 해야 할 일을 말씀하신다. 만약 이사야가 그처럼 대답하지 않았다면 어떻게 되었을까? 아마도 하나님은 "내가 누구를 보내며, 누가 우리를 위해 갈까?"라는 질문을 상당히 오랫동안 던지셨을 것이다. 그 도전에 응답할 자가 나올 때까지 말이다.[55]

젊은 예레미야의 첫 예언에 대한 본문에서도 우리는 비슷한 인상을 받는다. 그 예언에서 예레미야는 하나님을 명령 내리는 자가 아닌 질문하는 자로 묘사한다.

또 여호와의 말씀이 내게 임하셨다. "예레미야야, 네가 무엇을 보느냐?" 내가 대답하기를 "제가 아몬드 나뭇가지를 보고 있습니다." 하였더니 여호와께서 내게 말씀하시기를 "네가 잘 보았다. 나는 내 말이 그대로 이루어지는지 지켜보고 있다." 하섰다. 여호와의 말씀이 두 번째 내게 임하셨다. "네가 무엇을 보느냐?" 내가 대답하기를 "제가 끓는 가마솥을 보고 있습니다. 그 솥의 면이 북쪽으로부터 기울었습니다." 하였더니, 여호와께서 내게 말씀하셨다. "재앙이 북쪽으로부터 이 땅의 모든 주민에게 쏟아질 것이다."[56]

여기서도 하나님은 질문하신다. "예레미야야, 네가 무엇을 보느냐?" 왜 하나님은 이런 게임을 하실까? 왜 그분은 예레미야에게 그가 보고 있는 것을 말씀해주지 않고 질문하는 것일까? 그 이유는 예언이 일방적 전달이 아니기 때문일 것이다. 적어도 가끔 하나님의 역할은 답을 주는 것이 아니라 질문을 던지는 것이다. 이 질문에 반응한 선지자들은 하나님이 예레미야에게 말씀하신 것처럼 '잘 볼' 수 있는 것이다. 그렇지 않으면 그는 잘 볼 수 없다.[57]

물론 성서 인물들이 먼저 구하지 않았는데도 하나님의 음성을 듣게 되는 경우도 있다. 그럼에도 불구하고 예언적 통찰이 인간의 탐구에서 결과한다는 증거는 너무 많아 도저히 무시될 수 없다. 특히 놀라운 것은 아브라함의 경우다. 왜냐하면 여기서 우리는 최초의 히브리 예언을 목격할 뿐 아니라 그때 주어진 하나님의 메시지(바빌로니아를 떠나 가나안으로 가서 나라를 세우라!)는 구한 것도 아닌데 청천벽력같이 갑자기 주어진 것이기 때문이다. 그러나 여기서도 내러티브는 아브라함에 대한 하나님의 말씀이 (잘 설명되지 않은) 분명한 인간의 선제적 노력(즉, 가나안으로 여행할 것을 결심하고 그 여정을 시작한 것은 아브라함의 아버지 데라였음) 다음에 등장함을 알 수 있다.[58]

이런 사실을 깨달으면 우리는 예레미야의 유명한 구절을 더 쉽게 이해할 수 있다. 다음의 구절에서 하나님은 인간에게 지식을 찾고 추구하라고 친히 요청하신다.

예레미야가 아직 경비대 뜰에 갇혀 있을 때에, 여호와의 말씀이 그에게 두 번째 임하였다. … 너는 내게 부르짖어라. 내가 네게 응답하겠고, 네가 알지 못하는 크고 비밀스러운 일을 네게 알려주겠다.[59]

이 구절에서 하나님은 예레미야의 지식 탐구를 친히 갈망하신다. 예레미야가 부르짖으면 하나님께서 그에게 "네가 알지 못하는" 것을 말해주겠다고 약속하신 것으로 보아 그것이 선지자의 영혼을 다스려야 하는 어떤 고정된 절대 교리는 아님을 알 수 있다. 인간과 하나님의 관계가 "우리들 가운데 어떤 질문도 일으키지 않는다"는 문장을 수용해야 성립되는 것이라면 인간이 묻고 구할 때 지금까지 숨겨진 '큰 것'을 배우게 될 것이라는 하나님의 약속은 전혀 이해되지 않는다.

이 예들이 암시하는 것처럼 구약 성서의 하나님은 어떤 고정된 명제들에 대한 믿음을 요구하지 않으신다. 성서의 하나님은 진리를 구하는 사람에게 그의 진리를 계시하시고 그의 역사들을 이루신다. 심지어 하나님은 인간의 질문과 탐구를 간절히 원하신다. 실제로 구하고 질문하는 인간에 대한 하나님의 선호 때문에 하나님의 명령에 질문을 제기하고 하나님과 논쟁하고 때때로 하나님의 마음까지 바꾸게 한 인물들의 전통이 성서 안에 생겨났다. 여기에는 소돔을 멸망시키는 것이 정의로운 것인가에 대해 하나님과 논쟁한 아브라함이 포함된다. 모세도 여러 번 이스라엘을 도말해버리겠다는 하나님을 설득한다. 기드온은 하나님이 이스라엘을 버린 것이 아닌가 하는 의문을 제기한다. 다윗은 자기 부하 중 한 명을 하나님이 부당하게 죽이신 것에 분노한다. 이사야, 예레미야, 에스겔, 하박국, 요나, 욥 등도 하나님의 정의에 의문을 제기한다.[60] 이 모든 예를 통해 우리는 인간이 하나님의 말씀에 도전하면서도 여전히 하나님에게 칭찬받을 수 있음을 알게 된다. 아브라함과 모세의 경우에는 인간이 제시한 견해가 하나님이 처음에 옳다고 생각한 견해를 이기는 듯하다. 그리고 4장에서 제안한 바처럼 이 전통의 하이라이트는 야곱이 밤새도록 하나님과 씨름하여 다음 날 아침 새 이름인 '이스라엘'을 받은 이야기다. "네 이름을 더 이상 야곱이라 부르지 않고, 이스라엘이라고 부를 것이니, 네가 하나님과 겨루고 또 사람들과 겨루어 이겼기 때문이다."[61]

이 이야기들의 함의가 광범위해서 많은 독자는 그것을 잊고 싶어하는 듯하다. 우리가 이런 이야기들의 함의를 심각하게 생각한다면 분명히 구약 성서가 인간에게 이성에 위배되는 교리를 복종적으로 믿는 삶을 요청한다고 생각할 수 없게 될 것이다. 반대로 성서 저자들의 관점에서 인간의 마땅한 자세는 담대한 생각과 행동이다. 즉, 하나님의 진리로 보이는 것일지라도 묻고 따지기 전에 받아들여서는 안 된다는 것이다. 욥이 친구들에게 다음과 같이 말한 것처럼 말이다.

너희는 잠잠하고 나를 내버려두어라. 내가 말할 것이니, 무슨 일이든지 내가 당할 것이다. … (하나님께서) 나를 죽이실지라도 나는 그분을 소망하니 그분 앞에 내 행위를 변호할 것이다. 이것이 나에게 구원이 될 것이니 이는 사악한 자가 주님 앞에 나아갈 수 없기 때문이다.[62]

V. 구약 성서에서 인간의 지혜와 어리석음

여기서 중요한 것은 구약 성서 어디에서도 하나님의 말씀을 테르툴리아누스나 그에 동의하는 사람들의 주장을 따라 '어리석은 것'이나 '비이성적인 것'으로 간주하는 본문은 없다는 사실이다. 물론 신약 성서 본문에 대해서는 그런 해석이 가능할 수도 있겠다. 즉, 신약 성서 본문에서는 하나님의 지혜가 오늘날 인간의 관점에서 어리석거나 비이성적으로 불릴 수 있다. 그러나 그런 접근은 지금 주장하는 논점을 강화하는 역할을 한다. 바로 구약 성서 저자들은 하나님의 말씀이 인간적 관점에서 '어리석은 것'이거나 '비이성적인 것'이라고 말한 적이 '한 번도' 없다는 사실이다. 왜냐하면 구약 성서에서는 하나님의 지혜와 진리가 원칙적으로 세상 기준에 따르는 인간들에 의해서도 지혜와 진리로 인정되기 때문이다.[63] 물론 때때로 인간들이 하나님의 말씀 안에 있는 진리와 지혜를 보지 못할 수도 있다. 실제로 많은 사람이 그러했다. 그러나 성서 저자들은 이런 실패에 그다지 동감하지 않는다. 왜냐하면 그들의 관점에서는 선지자들이 하나님의 말씀으로 전해준 지혜가 현재의 인간 세계를 위해 인류가 추구하는 바로 그 지혜이기 때문이다.

우리는 다양한 문맥에서 이 사실을 확인할 수 있다. 아마 가장 유명한 예가 신명기 4장에서 모세가 한 말일 것이다. 이스라엘 백성들에 대한 설교에서 모세는 그가 가르친 율법이 마음이 열린 다른 나라 사람들에게도 지혜로운 것으로 이해될 수 있다고 주장한다.

이 (가르침)이 민족들의 눈에 너희의 지혜와 총명이 될 것이며, 이 모든 율법을 들은 그들은 "과연 이 위대한 나라 사람들은 지혜롭고 총명한 백성이다."라고 말할 것이다. … 오늘 내가 너희에게 주는 이 모든 율법과 같이 올바른 규례와 법도를 가지고 있는 위대한 나라가 어디 있겠느냐?[64]

만약 위의 구절에서 모세가 말한 것처럼 이방 민족들도 모세가 이스라엘에게 가르친 율법을 지혜로운 것으로 간주한다면 그 법은 그 법 자체를 넘어서는 기준, 즉 다른 민족들도 자기 방식으로 접근할 수 있는 어떤 기준을 반영하는 것임에 틀림없다.[65] 그렇다고 무엇이 지혜이며 총명인지에 대한 왜곡되고 기만적인 생각을 가진 나라들이 없다는 말은 아니다. 그런 나라들이 분명 있다. 그럼에도 불구하고 우리가 알 수 있는 것은 하나님의 가르침이 원칙상 세속적 기준에서도 지혜로운 것으로 판단될 수 있는 것이며, 모세도 그것을 믿었다는 사실이다. 이런 관점에서 모세가 한 다음의 말을 이해할 필요가 있다. "보아라, 내가 오늘 생명과 복, 죽음과 재앙을 네 앞에 두었다!"[66]

바로 이것이 스스로를 "눈을 뜬 남자"로[67] 부른 이방인 선지자 발람 이야기의 교훈이다. 민수기에 따르면 발람은 이스라엘을 저주하도록 모압 왕에 의해 매수된다. 그러나 막상 직접 이스라엘 백성을 보게 되었을 때 그는 이 백성은 축복된 사람들이라는 결론에 이른다. 하나님의 율법을 따라 사는 그들은 죄나 사악함이 없는 정의로운 백성이요, 강가에 심긴 나무같이 번성하고 있다. 이 모든 것을 자신의 눈으로 확인한 발람은 그를 매수한 왕에게 하나님이 저주하지 않은 자들을 저주할 수 없다고 말하며 다음과 같이 선포한다. "나에게 정의로운 자의 죽음을 주오. 그리고 내 마지막이 그의 마지막과 같게 하오!"[68]

발람의 마지막이 이스라엘의 마지막과 같지 않을 것이지만,[69] 이스라엘의 선지자들은 다른 민족들도 발람이 했던 것(이스라엘의 도에서 지혜를 찾고 그것을 받아들이는 것)을 할 수 있을 것이라 기록한다. 앞서 살핀 바처럼 예레미야는 민족들이 자신들의 법에는 추구할 진리가 없음을 궁극적으로 깨달을 것임을 예언했다. "우리 조상들이 물려받은 것은 오직 거짓뿐이며, 헛되고 아무 유익이 없는 것입니다."[70] 그리고 하나님께서 말씀하신 것처럼 이방 민족들도 "내 백성의 길들을 열심히 배워서 … 그들도 내 백성 가운데 세움을 입게 될 것이다."[71] 이사야의 예언은 이 점에 있어서 더욱 충격적이다.

때가 되면 여호와의 전의 산이 … 서게 될 것이고 모든 민족이 그리로 모여들 것이니, 많은 백성이 오면서 말할 것이다. "가자, 우리가 여호와의 산과 야곱의 하나님의 전으로 올라가자. 주께서 주님의 길을 우리에게 가르치실 것이니, 우리는 그 길을 걸어갈 것이다." 이는 가르침(토라)이 시온에서, 여호와의 말씀이 예루살렘에서 나올 것이기 때문이다.[72]

이는 가르침(토라)이 내게서 나오고 내 법이 백성들을 위한 빛으로 불탈 것이기 때문이다.[73]

이 구절들과 또한 비슷한 다른 구절들에서 우리가 알 수 있는 것은 선지자들이 이스라엘의 가르침을 이방인들도 좋고, 유익하고, 참된 것으로 인정할 수 있는 것으로 이해한다는 사실과 나중에는 이방인들도 이것을 깨달을 것이라는 사실이다.[74]

6장에서 우리는 하나님의 말씀을 판단하는 예레미야와 이사야의 기준이 사람들에게 '유익'을 가져다줄 수 있는지의 여부임을 보았다.[75] 시편이나 잠언에서 비슷한 내용이 발견되는데, 모세 율법은 그것에 순종하는 자들에게 실제적 유익을 가져다준다는 것이다. 모세 율법은 그것을 자신의 삶에 적용하는 사람은 누구나 지혜로운 자가 되게 한다.

하나님의 율법은 신뢰할 만하여 어리석은 사람을 지혜롭게 한다.[76]

유명한 시편 119편에서도 시편 기자는 하나님께 지혜를 달라고 부르짖는다. "나를 깨우쳐 살게 하소서!"[77] 여기서 시편 기자가 말하는 깨우침은 율법을 공부하고 그 말씀대로 살 때 얻어지는 것이다. 그는 계속해서 다음과 같이 말한다.

내가 주님의 법을 얼마나 사랑하는지요. 내가 온종일 그것을 묵상하고 있습니다. 주님의 명령이 항상 나와 함께하므로 그것이 나를 원수보다 지혜롭게 합니다. 내가 주님의 증거들을 묵상하므로 내가 나의 모든 스승보다 더 지혜로우며 주님의 교훈들을 지키므로 내가 노인들보다 더 현명합니다. 주님의 말씀을 지키려고 내 발을 금하여 모든 악한 길에서 떠났습니다. 주께서 나를 가르치셨으므로 내가 주님의 율례들에서 떠나지 아니하였습니다. 주님의 말씀의 맛이 내게 얼마나 단지요. 내 입에서 꿀보다 더 답니다. 주님의 교훈들로 인하여 내가 지혜를 얻습니다.[78]

이 구절들과 또한 다른 많은 구절에서 분명해지듯 구약 성서를 저술한 선지자와 학자들은 하나님의 말씀이 우리에게 이 세상에서 잘 살고 번영하는 법을 가르친다고 믿었다. 이런 점에서 하나님의 지혜와 진리는 인간의 것과 근본적으로 다른 게 아니라 인간 지혜의 연장선상에 있는 것으로 간주되어야 한다. 하나님의 지혜는 사태의 '전체를 보기' 위해 사람들이 가지려 하는 능력이다. 다시 말해 충분한 경험과 지식, 이 경험과 지식에 근거한 예리한 판단, 그리고 그의 행동의 궁극적 결과를 예측하는 능력이다. '전체를 보는 능력'을 가진 사람이 많지는 않다. 이 때문에 사람들은 무엇이 자신에게 궁극적으로 유익을 줄 것이며, 무엇이 그에게 무가치하거나 해로울 것인지 판단하는 것을 어려워한다. 어떻게 인간이 이런 어려움을 극복하고 어느 정도 하나님의 지혜를 얻을 것인가가 어떤 의미에서 구약 성서의 주제다. 그러나 성서에서 추구되는 지혜, 하나님의 지혜라 불리는 것은 인간 지혜와 이성이 볼 때 혐오스러운 것이거나 반하는 것이 아니다. 하나님의 지혜는 인간을 이 세상에서 행복과 번영으로 이끌 세계관이다. 다시 말해, 하나님의 지혜는 인간 지혜와 이성이 성취하려 하는 바로 그것이다.

요약하면, 성서 저자들의 관점에서 하나님의 지혜는 인간 지혜와 반대되지 않는다. 인간 지혜와 이성의 관점에서 본질상 '어리석은 것' 혹은 '반이성적인 것'이 아니다. 반대로 하나님의 지혜는 인간 지혜와 이성이 지향하는바, 즉 인류를 행복하게 하는 참되고 영원한 지혜로 우리를 인도한다. 따라서 우리는 성서 저자들이 관심 가지는 것이 인간 지혜나 이성과 완전히 다른 것이라는 테르툴리아누스의 편견을 버려야 한다. 참된 '예루살렘'의 관점에서 하나님의 말씀은 (유대인이나 이방인 할 것 없이) 모든 인류가 지혜로 인식하는 인간 지혜와 이성과 궤를 같이한다.

301

VI. 예루살렘의 신앙

이번 장의 서두에서 테르툴리아누스식 믿음과 이성의 이원론에서 구약 성서가 '믿음'의 입장을 대표한다고 말할 수 있는지 질문했다. 지금까지 살펴본 바에 따르면 그 질문에 대한 답은 '아니오'다.

테르툴리아누스의 믿음 개념은 ①명제들로 구성된 고정된 교리로 표현된다. 그리고 ②이 교리는 진리 추구의 삶을 불필요한 것으로,

심지어 해로운 것으로 이해한다. 또 ③하나님은 우리에게 인간의 (모든) 능력을 무조건적으로 포기하라고 요구하시고 교리의 내용이 인간 이성의 기준에서 '말도 안 되는' 경우에도 그것을 수용하도록 요구한다. 그러나 구약 성서의 저자들이 추구하는 것은 테르툴리아누스의 믿음과는 완전히 다른 것이다. 구약 성서 저자들은 고정된 교리를 거부하고 그것에 도전하며, 우리에게 매우 다양하고 폭넓은 성서를 제공한다. 이 때문에 그런 성서를 '하나님의 말씀'으로 진실하게 받아들이는 사람들은 성서의 내용과 성서가 우리에게 요구하는 것을 이해하기 위해 평생 노력하지 않으면 안 된다. 그리고 구약 성서 안에 묘사되는 진리 추구의 목적은 '세상이 지혜라 말하는 것'을 얻는 것이다. 즉, 개인과 민족에게 생명과 행복을 주는 지식이다. 구약 성서 저자들이 이스라엘과 열방에게 물려주기 원했던 것은 인간 이성으로 볼 때 혐오스럽고 어리석은 것이 아니다. 반대로 그들은 합리적인 것, 인간 이성(최고의 상태에 있는 인간 이성)이 옳다고 판단하는 것으로 우리를 인도한다.

이것은 구약 성서의 가르침이 테르툴리아누스가 가르친 '신앙의 표준'과 정반대임을 보여준다. 나는 앞서 이 두 기준들의 차이를 예루살렘(구약 성서 저자들의 고향)과 카르타고(테르툴리아누스의 고향) 사이의 충돌로 표현했다.

그렇다면 예루살렘의 '신앙'은 무엇인가? 구약 성서의 세계관이 카르타고의 신앙을 분명하게 거부하지만, 구약 성서는 사람에게 생명과 행복을 주는 진리를 추구하라고만 가르치는 것은 아니다. 구약 성서 저자들도 자주 우리에게 하나님의 음성에 순종하고 모세 율법을 준수하라고 명령한다. 그리고 그런 음성에 순종하고 율법을 준수하는 것은 일종의 '신앙'이다. 그것이 구약 성서에 잘못 부과된 테르툴리아누스식의 신앙은 아니지만 적어도 신앙임은 분명하다. 그렇다면 우리는 다음과 같이 질문할 수 있다. 구약 성서와 유대 전통에서 요구되는 신앙은 어떤 것인가?

이스라엘 역사서 가운데 하나님에 대한 신앙을 말하는 본문은 상대적으로 적지만, 그 중요성은 주목할 만하다. 예를 들어, 아브라함은 나이가 좀 들어서 하나님을 믿었다고 묘사된다. 다음의 창세기 본문을 보라.

이 일들 후에 여호와의 말씀이 환상 가운데 아브람에게 임하여 말씀하시기를 "아브람아, 두려워하지 마라. 나는 너의 방패이고 너의 상급이 매우 클 것이다." 하시니 … 그리고 여호와께서 그를 밖으로 이끌어내어 말씀하시기를 "하늘을 향하여 보아라. 네가 별들을 셀 수 있거든 그것들을 세어 보아라." 하시고, 그에게 또 말씀하시기를 "네 후손이 이와 같을 것이다."라고 하셨다. 그리고 아브람이 여호와를 믿으니(베헤에민), 여호와께서 이것을 그의 의로 여기셨다.[79]

이스라엘 백성들도 홍해에서 이집트인들이 패하는 것을 목격한 후 하나님을 믿는 '민족'이 되었다고 묘사된다.

그날 여호와께서 이집트 사람의 손에서 이스라엘을 구원하셨고, 이스라엘은 바닷가에 있는 이집트 사람들의 시체를 보았으며, 이스라엘이 여호와께서 이집트 사람에게 행하신 큰 능력을 보았으므로 백성들이 여호와를 두려워하고 여호와와 그분의 종 모세를 믿었다(베야아미누).[80]

이 두 구절에서 아브라함과 이스라엘 백성들은 '여호와를 믿었다'고 이야기된다. 그러나 분명한 것은 이 구절들에서 "믿다"로 번역된 히브리 동사 '헤에민'은 오늘날 "하나님을 믿는다"고 말할 때의 통상적인 의미인 하나님이 살아계신다는 믿음을 의미하지 않는다.[81] 또한 그것은 아브라함과 이스라엘 백성들이 교리로 이어질 수 있는 특정 명제들을 받아들였음을 의미하지도 않는다. 그 두 구절에 나오는 하나님에 대한 믿음은 정확하게 말하면 '하나님에 대한 신뢰'다.[82] 그것은 하나님이 아브라함과 그의 후손들을 보호하고 그가 약속한 대로 그들을 축복하실 것이라는 믿음[내가 보기에 이것은 느낌 혹은 감(感)에 가깝다[83]]을 지칭한다. 그 단어가 사용된 문맥을 보면 분명해진다. 하나님은 아브라함의 상급(때로는 '보상'으로도 해석됨)이 클 것이며 그의 후손이 하늘의 별처럼 많아질 것이라고 약속하시고, 아브라함은 그런 하나님을 믿게 된다. 마찬가지로 하나님은 파라오의 전차의 위력 앞에 죽을 수밖에 없었던 도망 노예들을 (홍해에서) 구원하신다. 그러자 그들은 하나님과 모세가 그들을 약속의 땅 가나안으로 데려다줄 것이라고 믿게 된 것이다. 그리고 이것은 '헤에민'이라는 단어가 지난 장에서 논의했던 진리를 의미하는 단어 '에메트'와 친족어라는 사실에서도 분명해진다. 이 친족어에

303

속하는 단어들은 신뢰할 수 있는 것, 변치 않는 것, 신실한 것을 가리키는 경향이 있다. 우리가 논의하는 단어 '헤에민'도 예외가 아니다. 성서 저자가 아브라함이 하나님을 믿었다고 말할 때, 그것은 하나님이 신뢰할 만한 분이라는 아브라함의 믿음을 지칭한다. 그리고 이스라엘 백성들이 하나님과 모세를 믿었다고 말할 때에도 그것은 그 둘이 의지할 만하다는 백성들의 느낌을 지칭한다. 따라서 구약 성서의 '믿음'은 이스라엘의 하나님이 신뢰할 만하고 의지할 만하다는 (사람들의) 믿음에 다름 아니다.

하나님을 불신앙한 예들을 다룬 역사서 본문에 대해서도 같은 말을 할 수 있다. 다음은 역사서에 나오는 불신앙의 예들이다. 이스라엘 백성들이 가나안 백성들과의 전투(호르마 전투)에 패하여 40년 광야 생활을 시작하게 된 이유는 그들이 하나님을 믿지 않았기(로 야아미누 비) 때문이다.[84] 하나님이 모세와 아론을 가나안 땅으로 들이지 않으신 이유도 하나님에 대한 그들의 불신앙(로 헤에만템 비)이다.[85] 북왕국의 멸망을 설명할 때 이스라엘 왕조의 죄목 중 하나로 지목된 것도 선지자가 전해준 하나님의 경고를 믿지 않은 것(로 헤에미누)이다.[86] 이 예들에서도 믿음은 하나님께서 그의 약속(혹은 경고)을 이행할 것임에 대한 신뢰로 정의되며, 불신앙은 그것을 신뢰하지 못하는 상태를 가리킨다.

이런 관점에서 중요한 것은 신명기(모세의 마지막 설교)에서 모세가 가나안 땅 진입을 앞둔 이스라엘 백성들에게 이스라엘의 하나님이 의지할 만하며 신뢰할 만한 분임을 강조했다는 것이다. 다음은 모세의 말이다.

그러므로 여호와 네 하나님께서 참 하나님이시며, 그분을 사랑하고 그분의 계명을 지키는 자에게는 천 대에 이르기까지 언약과 인애를 지키시는 신실하신 하나님(하엘 하네에만)이심을 너희는 알아야 한다. … 그러므로 너는 오늘 내가 네게 행하도록 명령하는 규례와 법도를 지켜라.[87]

여기서 모세는 이스라엘의 하나님을 [히브리어 네에만(נאמן)을 사용하여] "신실하신 하나님"으로 부른다. '네에만'은 '진리'를 의미하는 '에메트'의 또 다른 친족어로 "충성스러운, 신실한"이란 의미다.[88] 이스라엘의 하나님이 신실하신 "참 하나님"이라고 말하면서 모세는 백성들에게 여러 신 가운데 이스라엘의 하나님만이 충성스럽고 신실하신 분임을 가르친다. 다시 말해, 이스라엘의 하나님만이 자신의 이름으로 하신 약속을 지키시는 분이다.[89]

그렇다면 이스라엘의 하나님은 무엇을 약속하셨는가? 시내산 언약 이후 하나님의 약속에 대한 관심은 주로 하나님의 율법과 연결된다. 즉, 이스라엘이 그 율법을 준수한다면 그들이 생명과 행복을 얻을 것이라는 약속이다. 따라서 하나님을 "신실하신 하나님"으로 부르는 것은 하나님께서 율법을 지킨 자에게 생명과 행복을 주실 것임을 고백하는 것과 같다. 또한 하나님에 대한 믿음을 가진다는 것도 하나님께서 율법을 지키는 개인 혹은 민족에게 생명과 행복을 주실 것으로 느껴짐을 말한다.

이스라엘 역사서 이외에 하나님에 대한 믿음을 덕목으로 분명히 밝히는 성서 책들에는 이사야, 예레미야, 시편, 잠언, 역대서가 포함된다. 예를 들어, 예레미야는 믿음이 우리를 강하게 할 것["여호와를 신뢰하는(이브타) 사람은 복을 받을 것이다. 여호와가 그의 요새가 될 것이다"[90]]이라고 말한다. 그리고 시편의 핵심적 가르침은 하나님에 대한 신뢰가 우리를 구원할 힘을 가진다는 것이다["내가 그분을 신뢰하므로(바타) 도움을 받았다"[91]]. 역대서에서도 유다 왕 여호사밧은 전쟁을 앞둔 백성들에게 여호와에 대한 믿음이 승리의 열쇠라고 말한다.

305

백성들이 일찍 일어나 드고아 들로 나가니, 그들이 나갈 때에 여호사밧이 서서 말하기를 "유다와 예루살렘 주민들아, 내 말을 들어라. 여호와 너희 하나님을 신뢰하여라(하아미누). 그러면 견디어낼 것이다(베테아메누). 그 선지자를 신뢰하여라(하아미누). 그러면 승리할 것이다(베하쯜리후)." 하고.[92]

이사야는 한 걸음 더 나아가 사람들에게 언제나 믿음을 가지라고 촉구한다.

너희는 여호와를 항상 의지하라(비트후). 여호와는 영원한 반석이시다.[93]

그리고 비록 믿음이라는 단어가 등장하지는 않지만 믿음에 대해 많은 가르침을 주는 성서의 다른 부분들도 있다. 가장 먼저 생각나는 책이 에스더서다.

그럼에도 불구하고 하나님에 대한 믿음이 구약 성서 전체에서 동일한 정도로 강조되는 것은 아니다. 이사야, 시편 그리고 잠언에서만 하나님에 대한 믿음이 일종의 보편적인 명령(우리가 언제나 순종해야 하는 것)으로 등장하는 듯하다.[94] 이스라엘의 역사서는 예레미야와 다른 성서 책들처럼 이와 관련해 더 주의 깊은 행보를 보인다. 예를 들어, 모세 오경은 반복적으로 '하나님을 경외하라' 그리고 '하나님을 사랑하라'고 백성들에게 명령하지만, 정작 하나님에 대한 믿음을 명령하지는 않는다. 이미 살핀 바처럼 역사서에서 하나님이 아브라함의 믿음을 의로 여기셨다는 사실이 명백하게 언급되지만, 이것을 믿음에 대한 보편적인 명령이라고 볼 수 없다. 더욱이 역사서는 하나님에 대한 백성들의 신뢰 부족을 북왕국 멸망의 요인으로 묘사하지만, 그것은 17절에 걸친 고발문에 언급된 많은 다른 죄목 중 하나일 뿐이다.[95] 신뢰 부족(불신앙)은 유다 왕국과 예루살렘을 멸망시킨 죄의 목록에는 언급조차 되지 않는다.[96]

이 모든 것을 고려한 결론은 다음과 같다. 비록 구약 성서가 하나님에 대한 신뢰(하나님이 그가 한 약속을 지킬 것임을 믿는 것)를 분명히 바람직한 덕목으로 간주하지만, 많은 구약 성서 저자는 신약 성서나 그 후의 기독교 전통에서와 다르게 하나님에 대한 믿음을 언제나 우리의 최고 관심사가 되어야 하는 명령으로 간주하지는 않는다.

왜 구약 성서 저자들은 '믿음'을 명령하지 않는 것일까? 신명기에서 모세는 하나님께서 그분의 계명과 율법을 지키는 개인과 민족에게 이 세상에서 생명과 행복을 줄 것임을 매우 강조하며 가르친다.[97] 이것이 모세가 믿는 바임은 의심할 여지가 없다. 그리고 모세는 이스라엘 백성들도 그것을 믿어야 한다고 생각한다. 그러면 왜 이 믿음을 직접 명령하지는 않을까? 왜 "네 마음과, 네 영혼과 네 생각"을 다하여 하나님을 믿으라고 명령하지 않을까?[98]

VII. 모세와 하나님의 본성

앞의 질문에 답하는 일에 모세 율법 자체는 그다지 도움이 안 된다. 그러나 모세가 이 주제에 대해 하나님의 대답을 직접 들으려고 시도한 사건들을 성서 저자가 어떻게 묘사하는지 살피면 성서에서 하나님에 대한 믿음이 명령으로 주어지지 않은 이유를 잘 이해할 수 있다.

종종 언급되는 바처럼 모세는 하나님과 쉽고 명확하게 소통한다는 점에서 다른 선지자들과 구별된다. 성서 내러티브는 인간이 그의 이웃과 이야기하듯이 모세가 하나님과 '대면해서' 말한다고 보고한다.[99] 실제로 우리는 모세가 하나님께 매우 강압적으로 말하는 장면도 목격한다. 모세는 여러 번 하나님을 설득하려 했고 심지어 (하나님이 마음을 바꾸지 않으면) 그에게 주신 명령을 수행하지 않겠다고 으름장을 놓기도 했다.[100] 그럼에도 불구하고 모세는 사람에 불과하다. 그가 하나님의 본질─성서적 언어로 말하면 하나님의 이름(name), 하나님의 도(way), 하나님의 영광(glory)─을 이해하는 것은 결코 쉬운 일이 아니었다. 이 사건들을 논의하는 것이 쉬운 일은 아니지만 여기서 잠시 논의할 필요가 있다. 왜냐하면 반복적인 시도 끝에 모세가 마침내 하나님의 본성을 언뜻 보게 되었을 때 그가 깨달은 것은 필자가 지금 주장하는 것과 유사하기 때문이다.

하나님의 본성을 이해하려는 모세의 노력에 대한 이야기는 적어도 야곱 때까지 그 기원이 거슬러 올라간다. 야곱은 하나님의 본성에 대한 질문과 평생 치열하게 씨름했다. 그에게는 하나님이 어머니 리브가를 통해 그의 승리를 약속했지만 그 후 약속을 어기고 그를 버린 존재처럼 느껴졌다.[101] 그가 던진 질문들은 그가 마침내 그의 형과 대면하기 전, 밤새 벌어진 하나님과의 씨름 이야기에서 매우 강렬한 형태로 나타난다. 이 이야기에서 우리는 하나님이 야곱에게 그 이름을 묻는 장면과 만날 뿐 아니라 야곱이 '하나님의 이름을 계시해달라'고 요청하는 장면과도 만난다.

야곱이 홀로 남았는데 어떤 사람이 동이 트기까지 그와 씨름을 하다가 … 그 사람이 야곱에게 묻기를 "네 이름이 무엇이냐?" 하니, "야곱입니다."라고 대답했다. 그러자 그 사람이 말하기를 "네 이름을 더 이상 야곱이라 부르지 않고, 이스라엘이라고 부를 것이니, 네가 하나님과 겨루고 또 사람들과 겨루어 이겼기 때문이다." 하였다. 야곱이 "주의 이름을 알려 주십시오."라고 요청하자, 그 사람이 말하기를 "무엇때문에 내 이름을 묻느냐?" 하고, 거기서 야곱을 축복하였다.[102]

307

성서 내러티브에서 종종 이름은 그 사람의 본성을 반영한다고 생각되었다. 그리고 야곱의 이름도 예외가 아니다. 야곱(야아코브)이라는 이름은 사람의 뒤꿈치를 가리키는 단어 '에케브'를 연상시킨다. 그래서 그의 이름은 그를 앞지른 다른 사람들을 집요하게 따라잡으려는 야곱의 성격을 반영하는 것 같다. 또한 다른 사람의 뒤꿈치를 잡아 그를 넘어뜨리려는 야곱의 모습을 연상시킨다.[103] 한편 이스라엘이라는 이름은 야곱의 성격에 일어난 변화를 반영한다. 즉, 그는 대적들의 뒤꿈치를 잡치는 사람일 뿐 아니라 "하나님과 겨루고 또 사람들과 겨루어" 그들 모두를 이기는 사람이다. 하나님께서 이렇게 야곱에게 그의 본성을 가르쳐주자, 이번엔 야곱이 하나님의 이름을 알기 원한다. 야곱의 질문은 또 다른 질문의 형식으로 거부된다. "무엇 때문에 내 이름을 묻느냐?" 하나님에게 축복을 빼앗을 수 있었던 야곱이지만, 그에게 하나님의 본성은 여전히 봉인된 책과 같다.

하나님의 본성에 대한 지식을 얻어낼 사람은 모세다. 시내 광야에서 이스라엘의 하나님을 찾아나선 모세가 마침내 불타는 떨기나무에 도착했을 때, 그도 그의 조상이 그랬던 것처럼 하나님의 이름을 알기 원한다.

모세가 하나님께 말하였다. "보소서, 제가 이스라엘 자손에게 가서 '너희 조상들의 하나님께서 나를 너희들에게 보내셨다.' 하고 말했을 때, 그들이 '그분의 이름이 무엇이냐?' 하고 물으면 제가 그들에게 무엇이라 대답합니까?" 하나님이 모세에게 대답하시기를 "나는 나일 것이다(I will be what I will be, 에히예 아쉐르 에히예). 너는 이스라엘 자손에게 이같이 말하기를 '나는 ~일 것이다(에히예)가 나를 보냈다'고 하라." 하셨다.[104]★

물론 이집트에 있는 히브리 노예들은 하나님의 이름에 그다지 관심이 없다.[105] 이 질문에 관심 있는 것은 모세 자신이다. 그리고 그는 (거절에 가까운 대답이지만) 야곱이 받았던 대답보다 좋은 대답을 얻는다. 이 본문에서도 이름은 본질을 반영한다고 이해된다. 그리고 "나는 나일 것이다"라는 이름은 매우 특정한 종류의 본질을 증거한다. 그것은 무엇이든지 될 수 있는 본성, 완전히 임의적이며 자유롭고, 유동적이며, 변화무쌍한 본질을 묘사한다. 이 견해에 따르면 땅에 형성되어 나온 물처럼 하나님은 인간에게 본성이나 방향이 없는 존재, 따라서 어느 하나의 사물이나 행위에 머물 수 없는 존재로 나타난다.

그러나 모세는 이 대답을 받아들이려 하지 않는다. 하나님이 파라오와 대결한 후, 시내산에서 율법을 수여한 후, 그리고 황금 송아지 우상 사건에 대해 진노한 후 모세는 하나님의 본질에 대한 더 좋은 대답을 얻고 싶었다. 그래서 세 번째 시내산에 올랐을 때 모세가 하나님께 다시 묻는다. 이번에는 그분의 도(way)와 그분의 영광(glory)을 보여달라고 더 집요하게 요청한다. 그리고 이번에 모세는 전과 다른 대답을 얻는다. 하나님은 모세가 그를 볼 수 있도록 허락하시고, 그의 이름을 알려줄 것이라고 말씀하신다. 다음은 하나님이 모세에게 말씀하신 내용의 일부다.

여호와께서 모세에게 말씀하시기를 "네가 내 앞에서 은총을 입었고 내가 너의 이름을 알고 있으니…" 여호와께서 말씀하시기를 "내가 나의 모든 선한 것을 네 앞에 지

★ 많은 영어 성서는 하나님의 이름 '에히예 아쉐르 에히예'(אהיה אשר אהיה)를 "I am that I am"으로 번역하고, 이후에 나오는 에히예(אהיה)를 "I am"으로 번역한다. 이런 번역은 '에히예 아쉐르 에히예'를 그리스적 표현 '에고 에이미 호 온'(εγο ειμι ο ων, "I am the one who is")으로 번역한 칠십인역을 따른 것이다. 칠십인역은 다음과 같은 다른 그리스어 저작에도 영향을 미쳤다. 필로《모세의 생애》1.74-75,《꿈에 관해서》1.230-231; 요 8:24, 28, 58(여기서 예수님은 비슷한 구절을 사용해 자신을 지칭하심). 계 1:8도 참고할 것. 이처럼 출애굽기 본문은 하나님을 '존재자'와 연결시키는 전통에 끼워 맞추어졌다. 이 전통은 크세노파네스, 파르메니데스, 플라톤까지 거슬러 올라간다. 다음의 책을 보라. Louis H. Feldman, *Judaism and Hellenism Reconsidered* (Leiden: Brill, 2006), p. 62.
내 견해로는 '에히예 아쉐르 에히예'의 번역을 그리스 사상과 조화시키는 이런 전통은 다음의 세 측면에서 문제가 있다. 첫째, 모세에게 준 하나님의 대답의 문자적 의미를 왜곡한다. 동사 '에히예'는 미래 시제이고 구약 성서의 다른 용례에서와 같이 "I will be"(나는 ~일 것이다)를 의미한다. 예를 들어, 창 26:3을 보라. 하나님이 이삭에게 "네가 이 땅에 거주하면 내가 너와 함께 할 것이고(에히예) 네게 복을 줄 것이다"라고 말씀하신다. 이 인용 구절의 직전에 위치한 출 3:12에서도 하나님이 모세에게 "내가 너와 함께 할 것(에히예)이다"라고 말씀하신다. 둘째, 야곱과 모세 이야기에서 하나님의 이름에 대한 문제가 제기되는 문맥을 곡해한다. 그 이야기들에서 관심은 하나님의 존재 여부(즉, 그가 존재자인지)가 아니라 그분이 약속을 지키는 분으로 신뢰될 수 있는가의 여부다. 셋째, 성서적 형이상학의 큰 그림을 곡해한다. 성서적 형이상학은 하나님을 그리스철학의 '존재'와 연결시키지 않는다. 이런 이유들 때문에 나는 "나는 나일 것이다"(I will be what I will be)라는 번역을 선호한다. 이것을 출 3:13-14에 대한 나크마니데스의 주석에 인용된 옹켈로스의 아람어 역과 비교하라. "나는 나일 자와 함께할 것이다(I will be with whom I will be)." 하나님이 그가 선택한 자에게 신의를 베풀 것이라는 뜻이다. 비슷한 해석을 제시한 다음의 학자들을 참고하라. Michael Fishbane, *Biblical Text and Texture* (Oxford: Oneworld, 2003 [1979]), pp. 67, 71; and Jon D. Levenson, *Sinai and Zion* (New York: Harper & Row, 1985) p. 22. 다음의 책도 참고하라. Benno Jacob, *The Second Book of the Bible: Exodus*, Walter Jacob, trans. (Hoboken: Ktav, 1992), pp. 71-77; Martin Buber, *Moses: The Revelation and the Covenant*, with intro. by Michael Fishbane (Amherst, N.Y.: Humanity Books, 1998 [1946]), pp. 51-54.

나가게 하며, 네 앞에서 여호와의 이름을 선포할 것이다. 내가 은혜 베풀 사람에게 은혜를 베풀고, 긍휼히 여길 사람에게 긍휼을 베풀 것이다." 하시고.[106]

　　매우 충격적인 대답이다. 우선 하나님은 모세에게 이름을 알려주시겠다고 말씀하신다. 그 이름을 통해 모세는 하나님의 본성을 알 수 있을 것이다. 즉, 하나님은 "네 앞에서 여호와의 이름을 선포할 것"이라고 말씀하신다. 그러나 하나님이 자신의 이름을 모세에게 계시하겠다고 말씀하신 바로 그 문장이 "내가 은혜 베풀 사람에게 은혜를 베풀고, 긍휼히 여길 사람에게 긍휼을 베풀 것이다"라는 말로 끝난다. 히브리 원문에서 분명한 것처럼 "내가 은혜 베풀 사람에게 은혜를 베풀고"(베하노티 엣 아쉐르 아혼)와 "긍휼히 여길 사람에게 긍휼히 베풀 것이다"(베리함티 엣 아쉐르 아라헴)라는 말은 하나님이 불타는 떨기나무에서 모세에게 한 말—"나는 나일 것이다"(에히예 아쉐르 에히예)—을 환언한 것에 불과하다. 하나님은 어떤 고정된 본성을 가지지 않는다는 의미로, 그리고 그의 의지는 완벽히 자유롭다는 의미로 보이는 내용이 여기서 훨씬 더 특별한 형태로 반복된다. "내가 은혜 베풀 사람에게 은혜를 베풀고, 긍휼을 여길 사람에게 긍휼을 베풀 것이다."[107] 도대체 무슨 의미인가? 온 땅의 재판관이 정의롭게 행하지 않으시겠다는 말인가? 하나님의 참 본성에 대한 실마리를 제공하는 말씀이 그 안에 자의성과 무의미성의 흔적을 담고 있다. 마치 이 세상에는 정의(justice)나 목적(purpose)이 발견될 수 없다는 듯이 말이다.

　　모세는 하나님이 지시한 대로 두 번째 돌판을 깎는다. 그리고 모세가 그 일을 마치자, 하나님은 그를 바위틈에 세운 후 그분의 손으로 그를 가리셔서 그를 아무것도 보지 못하도록 만드신다. 그리고 약속대로 모세 앞을 지나가시며 그 앞에서 "여호와의 이름"을 선포하신다. 다음은 이 사건에 대한 성서 기록이다.

여호와께서 구름 가운데 내려오셔서 그와 함께 거기 서서 여호와의 이름을 선포하셨다. 여호와께서 그의 앞을 지나가시며 선포하셨다. "여호와다. 여호와다. 긍휼히 여기시고 은혜롭고 노하기를 더디하고 인애와 진실(에메트)이 많은 하나님이며, 수천 대까지 의(의 결과들)를 쌓아두시며 악과 허물과 죄를 용서하시지만 벌받을 자는 결단코 면죄하지 않고 아버지의 죄를 자손 삼사 대까지 벌하는 하나님이다."[108]

위 구절은 인간의 요청에 응해 하나님이 자신의 이름에 대해 말씀해주시는 네 번째 장면이지만, 이 장면에서 처음으로 우리는 그의 대답에서 자의성과 혼돈 이상의 어떤 것을 읽어낼 수 있다. 성서 본문은 한 걸음씩 우리를 하늘로 그리고 신비의 내부로 이끌며, 실재의 겉껍질들을 벗겨나간다. 마침내 모세는 이 본문에서 인간이 하나님의 본성과 그분의 도에 대해 알 수 있는 최선의 것을 알게 된다.[109] 그리고 여기에 묘사된 "여호와의 이름"이 하나님의 본성과 세계를 운영하는 그분의 도에 관한 분명하고 명확한 선언으로 간주되는 한, 우리는 모세가 왜 자신이 믿는 바를 믿으며 또한 모세가 왜 그가 믿는 바를 확신 있게 이스라엘 사람들에게 말하는지를 알게 된다. 모세가 이 사건을 통해 깨달은 것은 그렇지 않게 보이는 겹겹의 외적 상황에도 불구하고 하나님은 틀림없이 정의로운 사람을 은혜로 보상하시며["수천 대까지 의(의 결과들)를 쌓아두시며"] 부정의한 사람을 벌하시는 분("아버지의 죄를 자손 삼사 대까지 벌하시는 하나님")이라는 것이다. 모세가 하나님을 믿는 이유는 하나님이 "신실한 하나님"임을 깨달았기 때문이다.[110]

그러나 이것이 전부는 아니다. 앞에서 말했듯이 모세가 하나님을 믿는 이유와 그 백성들도 하나님을 믿어야 한다고 말하는 이유를 알 수 있게 되는 것은 모세가 시내산에서 배운 "여호와의 이름"이 하나님의 본성과 그분의 도에 대한 명확하고 명백한 선언으로 간주될 때다. 그러나 하나님이 모세 앞에 선포하는 "여호와의 이름"이 정말 하나님의 본성에 관한 명확하고 명백한 선언인가? 다시 살펴보자. 여기서 하나님께서 죄를 반드시 처벌하실 것이라고 말씀하신다. 동시에 그분은 "아버지의 죄를 자손 삼사 대까지 벌하시는 하나님"으로 계시된다. 그러나 이 말은 악행에 대한 형벌이 범죄자의 2세대나 3세대 심지어 4세대까지 가시적으로 드러나지 않을 수 있음도 의미한다. 그리고 하나님이 은혜로우셔서 의의 결과들을 수천 세대를 위해 "쌓아두실" 분이라는 것도 하나님의 창고에 축적된 축복이 어느 세대의 사람들에게 체감할 수 있게 풀릴지는 알 수 없다는 의미로 이해될 수 있다.[111] 이것은 아브라함이 믿었던바, 즉 온 세계의 재판관이 사람들과 민족들을 위해 '지금' 정의를 베푸실 것이라는 명확한 선언과는 조금 다르다. 모세에게 계시된 것은 하나님이 '궁극적으로' 정의를 베푸실 것이라는 말이다. 즉, 모세 율법을 준수하라고 명령받은 사람들이 그들의 생애 동안 하나님의

311

정의를 체험하지 못할 수 있다. 심지어 그들의 아들들도 체험하지 못할 수도 있다. 이것은 이집트에 살았던 히브리 노예들의 경험과 잘 일치한다. 하나님은 그들의 외침을 약 200년 동안 듣지 않으셨다. 그동안 이스라엘 백성들의 피가 물같이 흘렀다. 그렇다면 이스라엘의 하나님이 그분의 계명과 율법을 지키는 개인과 민족들에게 이 세상에서 생명과 행복을 주실 것이라는 믿음은 상당히 희석된다. 자기의 생애만을 염려하는 사람들의 관점에서 "신실하신 하나님"이 하시는 일들은 "은혜 베풀 사람에게 은혜를 베풀고, 긍휼히 여길 사람에게 긍휼을 베푸시는" 분의 행위처럼 보일 것이다. 다시 말해 하나님이 정함이나 방향이 없는 변덕스러운 존재처럼 생각될 것이다.[112]

모세가 시내산에서 이해하게 된 "여호와의 이름"의 불편한 본질 이외에도 우리가 논의하고 있는 출애굽기 본문은 모세가 얻은 하나님에 관한 지식이 제한적임을 주장하는 것 같다. 위에서 언급한 바처럼 하나님이 모세 앞에서 "여호와의 이름"을 선포할 때 그분은 모세 앞을 "지나가고" 있었다. 한편 모세는 하나님의 손에 가리운 채 산의 바위틈에 갇혀 있었다. 그가 볼 수 있는 것은 제한될 수밖에 없다. 다음은 하나님이 모세 곁을 지나갈 때 그의 위치에 관한 설명이다.

하나님께서 말씀하셨다. "나를 보고서는 살 사람이 없으니, 네가 내 얼굴을 보지 못할 것이다." 여호와께서 또 말씀하셨다. "보아라, 내 곁에 한 곳이 있으니, 네가 그 바위 위에 서 있어라. 내 영광이 지나갈 때에, 내가 너를 그 바위틈에 두고 내가 지나갈 때까지 내 손으로 너를 덮었다가, 그 후에 내가 나의 손을 거둘 것이니, 네가 나의 등을 보겠으나, 나의 얼굴은 보지 못할 것이다."[113]

앞서 인용된 구절에서 "여호와께서 구름 가운데 내려오셔서 그(모세)와 함께 거기 서서 여호와의 이름을 선포하셨다. 여호와께서 그의 앞을 지나가시며 선포하셨다." 다시 말해, 여호와의 이름을 선포하거나 외치는 것(바이크라)은 본성상 정적인 것이 아니다. 그것은 시간에 걸쳐 이루어지는 것이며, 지성적 인간 앞을 '지나가심' 가운데 벌어진다. 위에 인용한 본문에서 우리는 이 하나님의 지나가심의 성격에 대해 좀더 많은 것을 배우게 된다. 그 첫째는 하나님의 다가오심으로 시작된다. 즉, 하나님을 보려는 사람이 그가 다가오시는 모습을 본다면 그것은 '그의 얼굴을 보는 행위'일 것이다. 둘째는 하나님의 지나가시는 순간이다. 이때 사람들은 그분의 옆모습을 볼 수 있을 것이다. 셋째는 하나님이 지나가신 다음이다. 하나님은 이때 모세가 "나의 등을 보겠으나, 나의 얼굴은 보지 못할 것"이라고 말씀하셨다. 모세가 하나님을 언뜻 본 것은 바로 이 마지막 단계에서다. 즉, 하나님이 등을 지고 멀어지실 때, 모세가 볼 수 있는 부분은 그분의 등뿐이다. 따라서 하나님의 선포를 통해 모세가 받은 "여호와의 이름"은 대단히 불완전하고 불분명한 방식으로 계시된 것이다. 우리가 하나님의 지나가심의 은유를 문자 그대로 이해하면, "하나님의 이름"에 관해 우리가 비교적 명확하고 확실하게 알 수 있는 것은 하나님이 이미 지나가버린 때의 모습이다. 다시 말해, 이미 과거가 되어버린 하나님의 역사들에 대한 지식이라는 것이다. 미래에 관한 것(하나님이 어떻게 행동하실 것인가)에 대해서는 어떤 명확한 지식도 보장되지 않는다. 미래에 대해 확실하고 선명한 지식을 얻으려면 하나님이 모세에게 접근할 때 하나님의 얼굴을 똑바로 쳐다보았어야 한다. 그러나 어떤 인간도 하나님의 얼굴을 똑바로 볼 수 없다.

기억해야 할 것은 모세가 과거나 미래의 어떤 사람보다 하나님의 본질과 도에 가깝게 접근했다는 것이다. 그러나 방금 논의한 출애굽기 본문에 따르면 하나님의 본성에 대한 모세의 이해는 매우 분명하게 유한한 인간이 알 수 있는 정도로 제한된 것이다. 모세에게 계시된 "여호와의 이름"은 모세의 인간적인 한계를 넘어서지 않는다. 즉, 인간 지성의 특징과 한계의 표지를 지닌다. 따라서 하나님의 본성에 대한 계시는 제한적이고 불완전한 것이다.[114]

성서 역사서의 내러티브에서 하나님이 그 계명을 지키는 사람들에게 생명과 행복을 주신다는 믿음은 매우 권장되는 덕목으로 간주된다. 그러나 성서가 하나님의 본질과 그분의 도에 대한 인간 지식과 이해의 한계를 인정한다는 점을 고려하면 그런 확신이 인간에게 가능한지 분명치 않다. 모세는 하나님에 대한 신뢰가 옳은 것임을 확신하기 위해 그분의 본질(=이름, 도, 영광)에 대한 지식을 얻으려 분투했다. 부분적이지만 모세는 이 점에서 성공을 거둔 것으로 여겨진다. 그러나 그 성공을 묘사하는 구절들은 그 성공의 의미에 대한 우리의 확신을 약화시키는 방식으로 기록되었다. 이런 점에서 하나님은 "은혜 베풀 사람에게 은혜를 베푸는" 분이라는 사실이 우리의 귀를 아직 생생하게 울린다

(하나님이 계명을 지키는 자에게 은혜를 베푼다는 뜻인가? 아니면 그것과 관계없이 자신의 임의대로 은혜를 베푼다는 말인가?). 모세가 지나간 하나님의 뒷모습만을 보고 그의 얼굴은 보지 못했다는 사실도 그분이 앞으로 하실 일에 대해 우리를 불안하게 만든다(즉, 우리는 그분의 미래 역사에 대한 확실하고 명확한 지식을 가질 수 없다). 하나님은 정말 신뢰할 만한 분인가? 시내산에서 모세가 체험한 사건에 대한 성서 기록을 읽는 우리는 하나님이 정말 신뢰할 만한 분이라고 생각함과 동시에 정말 그러한가 하는 의심도 품게 된다.

이제 모세 율법이 하나님에 대한 믿음을 '명령'하지 않는 이유에 대한 질문으로 되돌아가자. 구약 성서가 율법 본문과 그 율법의 준수를 가르치는 보충 본문들로만 구성되었다면, 그 보충 본문들이 하나님에 대한 믿음(하나님은 순종하는 자에게 즉각적으로 보상하시고 불순종하는 자에게 즉각적인 형벌을 내린다는 믿음)을 쉽게 '명령'할 수 있었을 것이다. 그러나 2장에서 논의한 바처럼 유다와 예루살렘 파괴의 여진 속에서 이스라엘 역사의 최종판을 편집했던 선지자 혹은 학자가 남긴 성서는 그런 것이 아니었다. 그는 율법책을 훨씬 광범위한 토라(가르침) 안에 넣기로 결정했는데, 광의의 의미에서 토라(=구약 성서 전체)의 관심은 일반적 성격의 논증을 통해 우리의 삶과 세계 역사에서 모세 율법이 가지는 위치를 이해시키는 것이다. 율법을 이해하기 위해 구약 성서가 제공하는 해석틀은 고대 근동의 전통 법전들의 서문에서 다루어지는 내용보다 훨씬 범위가 넓다. 한갓 인간의 뜻이나 인간이 만든 법, 인간이 만든 신들을 완전히 넘어서기를 추구했던 성서 역사서의 최종 저자는 보편적 가치를 지닌 법이 존재함을 독자들에게 가르친다. 그 법이 보편적 가치를 가지는 이유는 세계 창조의 원리에 근거하고, 그 창조 세계에 거주하는 인간과 민족의 본성에 근거하기 때문이다. 이뿐만 아니라 그 최종 저자는 그런 보편법을 최초로 체계적으로 구현한 게 모세 율법이라고 주장한다. 즉, 모세 율법은 이스라엘과 모든 인류의 유익을 위해 쓰였으며, 이스라엘의 하나님이 비록 (바빌로니아 포로 때) 완전히 사라진 것처럼 보일지라도(그의 인간 왕이 사슬에 묶여 감옥에 있으며 그의 법을 시행할 어떤 군대가 없을지라도) 여전히 그의 도를 거부하는 자들을 심판하시고 의인들을 축복하신다고 가르친다. 그리고 하나님은 창조 때부터 세상을 그렇게 다스려왔던 것이다.

　　이스라엘 역사서에서 모세는 모든 법이 그런 것처럼 율법을 명확한 명령의 형태로 우리에게 제공하지만, 이 명령들의 진정한 의미는 오경의 내러티브 문맥에서 파악되어야 한다. 오경의 내러티브를 통해 모세는 율법이 어떻게 생겨났고, 그것을 지켜야 하는 이유가 무엇이며, 그것이 인류 전체에 가지는 의미가 무엇인지에 대한 철학적 탐구를 시도한다. 그 철학적 논의는 하나님의 본성을 분명하게 이해하려던 모세에 관한 경우처럼 내러티브의 형태로 행해진다. 그리고 이 철학적 논의들이 반드시 온전한 믿음에 대한 요구로 이어지는 것은 아니다. 예를 들어, 모세 자신도 하나님의 본성은 물론, 그분이 신뢰될 수 있는지에 대한 명확하고 확실한 지식에 도달하지 못했다면, 어떻게 그런 명확하고 확실한 '믿음'을 모든 사람이 수용하고 순종해야 하는 율법(명령)의 형태로 요구할 수 있겠는가? 나아가 4장에서 논의한 모든 본문, 즉 자기 자신과 인류의 운명을 개선하기 위해 위험을 무릅쓰고 하나님과 '씨름하는' 개인들을 하나님이 사랑하신다고 주장하는 본문들은 하나님을 절대 신뢰하라는 명령과 갈등하는 것 같다. 하나님이 아담을 에덴동산에서 내보내시며 저주받은 땅을 경작하게 하셨다면, 결국 아벨이 농부에서 양치기로 전향한 것도 하나님에 대한 일종의 신뢰 부족에서 기인한 것은 아닌가? "온 땅의 재판장께서 정의를 행하지 않으실 겁니까?"라는 아브라함의 질문도 믿음 부족을 반영하지는 않는가? "저를 축복하지 않으면 보내주지 않겠습니다"라고 말한 야곱은 어떠한가? "당신이 그들의 죄를 용서하지 않으시려면, 나를 당신의 책에서 지워버리세요"라고 항의한 모세는 어떠한가?[115] 이런 말들도 일종의 믿음 부족에서 기인한 것은 아닌가? 그들이 하나님의 모든 판단이 언제나 최선의 것임을 굳게 믿었다면 이런 항의성 발언을 하지 않았을 것이다. 이 모든 것을 고려할 때, 하나님도 잘못 판단하실 수 있고, 그때 그분이 마음을 돌이키도록 인간이 그분에게 도전하고 설득하도록 하는 것이 그분의 뜻 같아보인다.

　　어떤 사람들은 모세 율법에서는 오로지 행위만이 명령될 뿐, 생각이나 감정은 명령의 대상이 아니기 때문에 하나님에 대한 믿음도 명령되지 않았다고 주장한다. 그러나 율법이 생각이나 감정을 명령하지 않는다는 주장은 사실이 아니다. 율법은 서슴없이 "하나님에 대한 두려움"을 명령한다.[116] 그리고 성서 저자들은 만장일치로 하나님에 대한 경외를 모든 사람의 항시적 의무로 간주한다. 성서의 숙어 가운데 "하나님을 경외함"이라는 표현은 죄책에 대한 두려움이다. 즉, 악하게 행하며, 나쁜 일이 발생한다는 의미다. 하나님을 두려워하라는 명령은 우리가 잘못 이해해서, 잘못 계산해서, 잘못 되어서 끔직한 일을 행할 수 있음을 두려워하라는 명령이다. 일단 우리 영혼에 불붙으면 그 경외심은 참되고 올바른 것을 구하고 아무리 큰 역경 속에서도 그것을 실천하게 하는 동력 혹은 자극이 될 수 있다. 시편 저자는 이것을 다음과 같이 표현한다. "하나님을 경외하는 것이 지혜의 시작이다."[117]

마찬가지로 모세는 반복적으로 "여호와 너희 하나님을 사랑하라"[118]고 명령한다. 성서에서 이 표현은 "네 마음과, 네 영혼과 네 힘을 다해" 하나님을 섬기고 그의 계명을 지키라는 뜻이다.[119] 얼핏 들으면 고정된 절대 믿음들에 따라 굳게 정해진 길대로 전심으로 행동하라는 명령처럼 들릴 수 있다. 그러나 전혀 그렇지 않다. 이스라엘의 역사서는 종종 하나님의 사랑을 다윗[그의 마음은 여호와 그 하나님 앞에서 온전했음(레바보 샬렘)][120]이나 요시아[그는 마음을 다하고(베콜 레바보) 영혼을 다하고 힘을 다하여 여호와께 돌아갔음][121]와 같은 개인들과 연결시킨다. 이들은 개인적으로 혹은 민족적으로 중요한 회개나 마음의 변화를 구하는 데 앞장 선 사람들이다. 여기서 히브리어 '레브'를 "마음"으로 잘못 번역하는 관습이 우리에게 혼돈을 준다. 이 사람들이 하나님을 섬긴 것은 그들의 '온 지성'을 통해서다. 그들은 '열린 생각'으로[122] "하나님을 구했기"[123] 때문에 회개와 변화를 이룩할 수 있었다. 그리고 전에 미처 깨닫지 못했던 새로운 생각들을 수용하여 기존 세계관을 수정했고 나아가 행동의 변화를 수용하고 주도할 수 있었다. 이처럼 이스라엘 역사서에 따르면 하나님에 대한 경외심과 마찬가지로 하나님에 대한 사랑은 우리로 하여금 참되고 올바른 것을 추구하게 하고 실천하게 하는 엔진이나 자극제다.

이 때문에 모세는 하나님에 대한 경외심과 사랑을 명령의 형태로 그의 율법에 기록했다. 이스라엘 역사서가 암시하는 바처럼 이런 특질은 양치기의 덕목으로서 개인들로 하여금 질문하는 삶, 기존 질서와 운명에 도전하는 삶을 살도록 도와준다. 그러나 하나님에 대한 신뢰는 그렇지 않다. 물론 하나님에 대한 신뢰는 참으로 바람직한 덕이다. 그러나 그것은 농부의 덕목이다. 가인과 노아, 요셉과 같이 아무리 삶이 어려워져도 하나님이 그들에게 내린 운명에 의문을 제기하지 않은 사람들의 덕목이다. 이와 같은 믿음을 덕으로 인정하는 것과 그것을 절대 명령으로 부여하는 것은 완전히 다른 문제. 므리바에서 물을 낼 때 믿음의 부족을 보였던 모세는 백성들에게 율법을 주면서 믿음을 명령하지 않았다.[124]

VIII. 다시 생각하는 예루살렘

기독교는 '믿음'이라는 말을 자주 한다. 그렇게 말하는 것은 복잡한 현상을 하나의 요소로 환원시키는 것이다. 기독교에서 특정 명제들에 대한 믿음은 매우 중요해서 그런 환원적 진술이 정당화될 수도 있다. 분명 테르툴리아누스는 기독교에 대한 그런 견해를 견지했다. 그리고 신약 성서의 많은 구절도 그런 환원적 견해를 지지하는 것처럼 이해될 수 있다. 예를 들어, 요한복음은 "하나님이 … 그의 독생자를 주셨으니, 누구든지 그를 믿으면 멸망하지 않고 영생을 얻게 하려 하심이라"라고 가르친다.[125] 바울도 "복음은 믿는 모든 자에게 구원하는 하나님의 능력이다"라고 말한다.[126]

317

그러나 구약 성서가 말하는 것 혹은 보다 일반적으로 유대 전통이 말하는 것을 '믿음'으로 환원하는 것은 쉽게 정당화되지 않는다. 충성의 덕목처럼 성서에서 하나님에 대한 믿음은 매우 중요한 덕목이다. 더욱이 하나님에 대한 신뢰는 시련 가운데 우리를 강하게 만드는 힘을 가지며 우리에게 (시련에 대한) 객관적 시야와 이해를 가져다준다. 그럼에도 하나님에 대한 믿음이 모세 율법에서는 명령으로 나오지 않는다. 그리고 성서 역사서의 내러티브 부분은 반복적으로 하나님에 대한 '절대적' 신뢰가 거의 가능하지 않고, 가능하더라도 사람과 하나님 모두가 원치 않는 결과로 이어짐을 암시한다. 실제 아벨, 아브라함, 야곱, 모세와 같은 인물은 하나님에 대한 절대적 신뢰가 부족한 자로 그려지는 반면 다른 사람들이 그런 신뢰를 가진 것처럼 묘사된 사실은 시사하는 바가 매우 크다. 심지어 하나님에 대한 믿음을 분명하게 촉구하는 시편이나 잠언과 같은 책들도 믿음을 여러 주제 중 하나로만 다룬다. 하나님에 대한 신뢰가 그 책들의 중심 초점은 아니다.

구약 성서를 '믿음'에 관한 것으로 환원하면, 필연적으로 구약 성서를 왜곡하고 파괴하게 된다. 그리고 이것은 우리가 테르툴리아누스식 믿음의 개념(구약 성서의 어디에서도 발견되지 않는 개념)을 버리고 성서 저자들이 말하는 믿음의 개념으로 대체한다 해도 변하지 않는 사실이다. 예루살렘과 아테네 사이의 경합(이 이원론적 관점에서 구약 성서는 아테네의 '이성'과 싸우는 '믿음'과 같은 편임)이 오늘날 많은 진영에서 활발하게 이루어지지만, 그런 이원론적 경합 가운데 구약 성서는 '믿음'에 관한 것으로 왜곡되거나 파괴된다.

　　독자들은 이 책이 제안하는 견해(성서는 개인들을 진리와 행복을 위한 주체적인 탐구의 삶으로 초청한다)를 받아들이기 매우 힘들 것이다. 그 이유는 모세 율법이 구약 성서에서 차지하는 중심적 위치 때문이다. 율법을 이성의 적으로 간주하고 카르타고식의 믿음과 같은 편으로 보는 경향이 서양 전통에서 매우 강하다. 이런 이해에 따르면 율법은 그 본성상 권위에 대한 맹목적인 순종을 요구한다. 그리고 그런 복종적 삶은 주체적 이성을 따르는 삶과는 정반대다. 무조건적 순종에 대한 요구는 플라톤의 《크리톤》에 나오는 아테네의 법에도 명시되어 있다. 그리고 사람들이 소크라테스를 죽이기 위해 활용한 논리도 바로 법에 대한 무조건적 순종이다. 법이 철학과 이성에 반한다는 주장에 대한 이보다 더 강력한 증거가 어디에 있겠는가? 테르툴리아누스도 어떤 것들은 권위에 근거해 믿어져야 한다고 말하고 싶을 때 '신앙의 표준' 혹은 '믿음의 법'을 거론한다. 그 외에도 비슷한 예를 많이 거론할 수 있다. 그리고 일단 이런 견해를 받아들이면 성서 전통과 랍비 전통이 모세 율법을 구약의 핵심적 위치에 두었다는 사실도 성서가 순종적 믿음을 요구하고 이성, 진리 추구, 철학 등을 거부한다는 주장의 (비록 결정적인 것은 아니지만) 또 다른 증거로 간주되게 만든다.

　　그러나 이처럼 율법과 이성을 반대되는 것으로 보는 경향은 잘못된 것이다. 그런 경향은 법 일반의 관점에서뿐 아니라 모세 율법이 성서와 후대 유대 전통 안에서 가지는 위치의 관점에서도 거부되어야 한다. (법 일반의 관점에서 생각하면) 법전은 그 목적 달성을 위해 사람들에게 순종을 요구해야 한다. 또한 집단적 판단의 도구인 법이 '언제나 누군가는' 불합리하다고 느끼는 것을 요구한다는 것이다.[127] 그러나 이런 분명한 사실들이 법과 이성 사이의 모순이나 적대 관계를 형성시키지는 않는다. 그리고 다음의 두 가지 중요한 고려 사항은 법이 진리 추구와 이성의 자유로운 발휘와 궤를 같이할 수 있음을 보여줄 것이다. 첫 번째, 플라톤을 비롯한 대부분의 철학자는 국가나 사회의 법에 대한 순종이 이성의 요구임을 주장해왔다. 그들에 따르면 이것은 그런 순종이 우리에게 중대한 시련을 가져다준다 해도 마찬가지다.[128] 철학자들에 따르면 이성은 개인의 행복보다 더 큰 목적들을 인정하고, 국가나 사회의 안녕은 종종 그런 목적으로 간주된다.[129]

두 번째 고려 사항은 논쟁에서 많이 언급되지 않지만 어떤 의미에서는 더 중요한 것이다. 법 자체가 '이성의 도구'라는 것이다. 법은 합리적인 개인이 현재의 문제를 과거 다른 사람들에 의해 수행된 합리적 추론의 관점에서 보게 하는 도구다. 소크라테스가 《국가》에서 하루 만에 말로 도시를 건설한 것처럼, 우리가 국가나 사회를 매일 새롭게 건설할 수 있다면 이성은 그런 도구(=법)를 필요로 하지 않을 것이다. 그러나 우리는 국가나 사회를 매일 새롭게 건설할 수 없다. 우리가 모두 경험으로 알고 있듯이 인간 사회를 건립하는 일은 제도와 관습에서 매우 큰 안정성과 일관성을 필요로 한다. 따라서 합리적인 것과 최선의 것을 찾는 과정은 이미 정립된 전례와 관습을 주의 깊게 고려하는 방식으로 행해져야 한다. 이런 의미에서 우리는 이전 세대들이 정립하여 전수한 전례와 관습을 '믿음'으로 받는 것은 아니다. 우리는 그 유산을 다음과 같은 이성 활동의 과정으로 이해한다. 즉, 그 전례와 관습을 우리의 출발점으로 하여 과거 조상 세대의 사법적 논증들을 배운다. 그리고 열린 마음과 존경의 마음으로 이전 세대들의 합리적 담론에 참여한 후에 우리는 변화하는 환경과 우리 자신의 경험적 지혜에 근거하여 그 법들의 기존 해석에 어떤 수정을 가할 수 있을지 생각한다. 그리고 평범한 법조인들이 증언할 수 있는 것처럼, 이 모든 과정은 이성에 합치한다. 그러나 변화가 필요하다고 증명되지 않은 곳에서는 일관성과 안정성을 선호하는 것도 이성에 합치한다.

지금까지 법 일반에 대해 내가 말한 것들은 모세 율법의 경우에도 그대로 적용된다. 성서 저자들이 이성에 반대할 의도로 모세 율법을 구약 성서의 핵심에 위치시킨 것은 아니다. 나라의 법을 가르치는 것이 이성적 사고에 반대하는 것이 아닌 것과 마찬가지다. 반대로 모세 율법이 이스라엘 역사서의 일부로 제시된 것은 그것이 이스라엘인 개인과 그 민족에 가져다줄 유익 때문이다. 그들은 율법을 받고 순종함으로 어디에 있든지(가나안에 있든, 유배지에 있든) 생명을 보존하게 될 것이다. 선지자들의 설교, 잠언, 시편에서 이것은 종종 경험으로 입증될 문제로 간주된다. 즉, 성서 저자들에 따르면 율법에 따른 삶과 그렇지 않은 삶을 비교하면 우리의 이성은 어떤 것이 좋은지 확인할 수 있다. 물론 성서 저자들이 잘못 생각했다고 주장할 사람도 있을 것이다. 그러나 그렇게 주장하는 사람은 하나님이 그 율법의 저자이기 때문에 무조건 따라야 한다는 비합리적인 제안을 수용하면서도 인간 이성이 순종할 가치가 있다고 판단하는 율법 체계는 거부하는 우를 범하는 것이다.

이제 남은 것은 모세 율법에 많이 등장하는 "하나님께서 말씀하셨다"로 시작하는 법들에 대한 논의다. 하나님의 이름이 거론되는 순간, 우리는 그 법이 더 이상 이성적 판단 대상이 아니라고 생각하기 쉽다. 하나님이 그렇게 말씀하셨으니, '복종해야 한다'는 것이다.

여러 번 이런 주장을 들었지만, 한 번도 그 주장을 이해할 수 없었다. 사실, 하나님이 그렇게 말했다고 반드시 복종해야 하는 것은 아니다. 에덴동산의 아담의 이야기로부터 성서의 모든 구절을 통틀어, 그리고 심지어 우리 시대에 이르기까지 사람들은 자신의 선택에 의해 살아왔고 살아간다. 어떤 사람들은 그들에게 합리적으로 보이는 것을 따라 살고 하나님의 법을 따라 '살지 않는다.' 다른 사람들은 합리적으로 보이는 것을 따라 살면서 동시에 하나님의 법에 따라 '산다.' 그 선택은 온전히 사람의 판단에 달렸다. 모세가 이스라엘 사람들에게 "생명을 선택하라"고 명령한 이유도 여기에 있다.[130] 모세가 당시 이스라엘 사람들에게 그리고 오늘날 우리에게 "생명을 선택하라"고 명령하는 이유는 '하나님이 말씀했다는 이유만으로 그것에 순종해야만 하는 것은 아니기' 때문이다.[131] 나아가 하나님이 말씀했다는 이유만으로 그것에 순종해야만 하는 것은 아니라는 원칙은 성서적 세계관의 핵심에 가깝다. 그리고 성서 저자들이 가르치는 교훈도 바로 이것이다.

사람들이 이 문제를 자꾸 혼동하는 이유는 모세 율법을 그것이 수록된 내러티브 문맥과 관계없이 이해하기 때문이다. 내러티브 문맥에서 유리된 모세 율법은 그냥 순종해야 할 법 조항에 불과하다. 율법을 그 문맥에서 분리시킨 채 생각하면 우리는 근거 없는 상상력을 발휘하여 성서에서 누군가(여기서는 모세)가 '하나님의 명령이다'라고 말할 때의 의미를 완전히 오해한다. 그러나 모세 율법은 이스라엘 역사서에서 다른 본문과 유리된 채 독립적으로 읽히도록 의도되지 않았다. 율법은 그것의 기원에 관해 많은 것을 가르쳐주는 내러티브 사이에 삽입되어 있다. 실제로 우리는 오경을 읽다보면 곧 '모세 율법의 효력과 의미가 그 내러티브들에 의존함을 깨닫게 된다.'[132] 이 내러티브들의 문맥에서 율법을 볼 때 우리는 그 율법들이 단순히 복종해야 할 명령이 아니라 우리와 하나님의 계약의 일부임을 보게 된다. 계약에는 두 당사자가 있게 마련이다. 우리가 그 계약을 필요로 하는 만큼이나 상처받기 쉬운 하나님(a vulnerable God)도 그 계약을 필요로 한다. 또한 그 내러티브의 문맥에서 우리는 모세 율법을 자연법으로 간주할 수 있다. 즉, 인류와 만물을 창조하신 하나님(그 창조주는 피조물 인간의 필요가 무엇인지, 그리고 그 필요를 채우기 위해 무엇을 해야 하는지를 잘 알고 계심)의 뜻이 모세 율법임을 배우게 된다. 바로 이런 내러티브의 문맥에서 모세 율법은 명령이 아니라 이스라엘과 온 인류의 '선물'이 된다.

동시에 성서 역사서의 내러티브 부분들은 모세 율법에 관한 중요한 질문들도 제기한다. 그 질문들은 율법의 효력을 폄하하거나 약화시키는 것으로 오해될 수 있다. 앞서 논의한 바와 같이 모세는 우리에게 '생명과 행복의 길'과 '죽음과 재앙의 길'을 제시하고 둘 중 하나를 선택하라고 촉구한다. 그러나 성서 역사서에 포함된 이야기는 모세 자신을 포함해 어떤 인간도 하나님의 본성을 완전하게 알 수 없음을 가르친다. 하나님께서 그분의 계명에 복종하는 사람들에 대한 약속을 지킬 것인지를 완전하게는 확신할 수 없다는 뜻이다. 이로부터 추론할 수 있는 것은 모세도 그가 제안하는 길이 실제로 우리에게 유익(생명과 행복)을 가져다줄지에 대해 완전하게 확신할 수 없었다는 것이다(그가 선택하지 말라는 삶의 방식에 대해서도 마찬가지의 이야기를 할 수 있다). 개인이나 민족에게 생명과 행복을 100퍼센트 보장하는 삶의 방식은 존재하지 않는 것인가?

다음은 동전의 양면들이다. 자연법으로서 모세 율법의 장점은 하나님이 만드신 피조물들의 본성에서 유래하는 것이다. 또한 불확실한 삶의 방식으로서 율법의 약점은 인간 지성의 한계에서 유래한다. 이 두 측면은 역사서가 모세 율법을 인간 이성의 기준에 따르는 것, 즉 이 세상의 창조 원리를 따르는 합리적인 것으로 제시하기 때문에 발생하는 문제다. 따라서 내러티브들은 율법에 따른 삶을 이성을 따르는 삶과 궤를 같이하는 것으로 그린다. 그 내러티브들은 율법을 설명하고 그 한계를 규명하여 우리가(나아가 모든 인류가) 왜 이 율법을 준수해야 하는지를 설명하는 철학적 담론이다. 내가 아는 한, 역사상 어느 민족의 법전도 그것의 한계와 의의를 설명하는 그렇게 방대한 철학적 주석을 포함하지 않는다. 그런 법전을 상상해냈다는 것 자체가 '예루살렘'의 진리, 생명과 행복 추구 활동의 큰 업적이다.[133]

이런 예루살렘의 진리 추구는 아테네의 진리 추구와 여러 면에서 다르다. 그러나 그 둘은 테르툴리아누스와 그의 추종자들이 제안하는 것에 비하면 그렇게 다르지는 않다. 구약 성서가 중요하게 다루는 주제는 인간이 진리를 추구할 때 하나님의 도움을 받느냐 마느냐의 문제가 아니다. 이스라엘의 하나님이 사람에게 나타나 말씀하시고 그를 위해 역사하셨다는 성서 기록이 그 문제에 답을 주지 않는다. 성서 본문에 그려진 남녀들과 그 본문을 기록한 저자들은 (필자가 생각하기에) 그것과 다른 더 중요한 문제로 고민했다. 무엇보다도 그들은 스스로를 합리적인 것(참되고 바른 것, 이 땅에서 사람에게 생명을 줄 수 있는 것)을 추구하는 자들로 간주했다. 그리고 그들은 인류에게 합리적인 것이 무엇인지가 즉각적으로 명백하게 드러나지 않고, 심지어 많은 사람에게는 전혀 명백하지 않다는 점을 이해한다. 그래서 그들은 지식의 정글(이 지식의 정글은 우리가 살아가는 혼란스럽고 무서운 현실로, 그 정글에 있으면 진리를 구별하기 힘들다)에서 변치 않고 신실하게 인간을 이롭게 하는 것이 무엇인지를 고민한다. 그리고 그들은 하나님이 진리를 말씀하셨기 때문에 이 세상에서 그런 지혜가 발견될 수 있다고 믿는다. 그것을 발견하기란 쉽지 않지만 우리는 참된 지혜를 발견하길 평생 추구해야 할 것이다.

성서 저자들은 카르타고식의 신앙을 받아들이지 않았다. 그들이 원한 것은 '세상이 지혜로 부르는 것'이다. 이 점에서 예루살렘은 아테네와 그다지 멀리 떨어져 있지 않다. 카르타고와 멀리 떨어져 있을 뿐이다. 이제 예루살렘과 카르타고를 분명히 구분해야 할 때가 되었다. 그래야만 예루살렘이 자기 목소리를 낼 수 있을 것이다. 그리고 그때에 비로소 아테네나 로마와 같은 다른 도시들과도 제대로 비교될 수 있을 것이다.

322

3부

결론

가까운 미래에 구약 성서의 철학 사상 전반을 다루는 책을 쓰는 일이 가능해질 것이다. 그러나 적어도 필자에겐 아직 먼 미래의 일이다. 이 책은 그것보다 훨씬 좁은 목표를 가지고 저술되었다. 이 책은 '구약 성서의 철학'에 대한 서론에 불과하다. 이 책에서는 두 가지를 시도했다. 먼저, 구약 성서의 철학 사상에 대한 연구가 더 빨리 발전할 수 있도록 도울 방법론적 틀을 제시했다. 그리고 이 틀을 기초로 구약 성서 저자들의 철학 사상에 대한 몇 가지 시범 연구를 수행했다. 이 방법론적 틀과 이 시범 연구들이 구약 성서에 대한 철학적 탐구가 가능할 뿐 아니라 필요한 것임을 드러내기에 충분했기를 바란다. 그리고 그런 탐

9장
이성과 계시를 넘어서는 하나님의 말씀

구에 회의적이었던 사람들뿐 아니라 관심은 있었지만 어떻게 진행해야 하는지 잘 몰랐던 사람들에게도 도움이 되었으면 한다.

이제 펜을 내려놓고 다른 사람들의 의견을 들으려 한다. 특히, 다른 사람들이 이 공동의 작업에 기여할 바에 대해 관심이 높다. 그러나 이 책을 마무리하기에 앞서 꼭 다루어야 할 주제가 있다. 구약 성서를 읽을 때 이성과 계시의 이분법을 완전히 버리는 것이 더 좋지 않을까 하는 질문이다. 그리고 이 질문에 간단하게 대답하겠다.

이 책은 구약 성서를 계시적 작품이 아니라 이성적 작품으로 유

익하게 이해할 수 있는지의 문제를 다루었다. 우리가 굳이 선택해야 한다면, 구약 성서 본문이 가르치려는 바를 이해하기 위해서는 이성적 작품으로 읽는 것이 더 낫다고 서문에서 주장했다. 그리고 원고를 준비하는 과정에서 내 주장이 잘못되었다는 증거를 찾지 못했다. 구약 성서를 철학적 작품으로 읽을 때 우리는 성서 본문의 새로운 차원과 만나고, 그것을 계시로만 간주할 때는 보이지 않았던 많은 사상을 배우게 된다.

그리고 나는 동시에 이성과 계시에 관한 기독교적 이분법의 틀 안에서의 '이성'이 구약 본문의 내용을 정확히 이해하게 하는지 의심스럽다고 말했다. 이성과 계시의 이분법은 구약 성서에 없는 것이다. 궁극적으로 이런 이분법적 틀이 구약 성서를 해석하는 기초가 되어서는 안 된다. 이성적 작품으로 이해된 구약 성서로부터 얻은 교훈을 우리가 충분히 이해한 다음에도 여전히 할 일(그다음 단계)이 남아 있다. 그것은 이성과 계시의 구분을 완전히 버리고, 그런 구분이 발명되기 이전의 이스라엘 선지자들처럼 세상을 이해하는 것이다. 이제부터는 '그다음 단계'에 대해 잠시 논의할 것이다. 그리고 그 이상의 논의는 다음 책을 위해 남겨두겠다.

이성과 계시의 전통적 구분은 인간 이성이 무엇인가에 대한 중세적 개념에 근거한다. 이 견해에 따르면, 이성은 자명하다고 여겨지는 명제들이나 경험 감각에서 유래한 명제들로부터 틀림없이 확실한 명제들을 추론하는 것을 지칭한다. 뉴턴의 과학이 성공한 여파 속에서 이런 중세적 이성에 대한 이해는 거의 무너졌다. 그러나 그 후 수세기가 흘렀지만 여전히 그 중세적 이성 개념을 대체할 다른 것이 합의되지 못했다. 철학자와 인지 과학자는 여전히 이성의 의미에 대한 설명(이성에 대한 중세적 개념이 당시 누린 전폭적 지지보다 훨씬 적은 지지를 받는 개념일지라도)을 기다리고 있다.[1] 현재 제안되고 있는 이성의 정의들은 과격한 경향이 있다. 지난 수십 년간 '마음'을 연구하는 학자들은 감정이 인간 이성의 정상적 활동에 직접 관여한다고 주장했다.[2] 다른 학자들은 이성이 근본적으로 은유와 유비에 근거하고 있다고 주장했다.[3] 또 다른 학자들은 '통찰' 혹은 '직관'과 같은 마음의 작용이 인간 이성을 이해하는 데 필요하다고 주장했다.[4] 여기서 이런 주장들을 평가하지 않겠다. 그러나 이런 주장들의 공통점을 찾는 것은 어렵지 않다. 이성에 대한 최근의 논의에서 공통적인 현상은 과거 서양 철학 전통에서 '이성에 반하는'

것들로 낙인찍혔던 마음의 작용들이 이제는 그렇지 않는 것으로 복권되고 있다는 것이다. 그것은 사람들이 비이성을 선호하게 되었기 때문이 아니라 그 마음의 작용들이 합리성에 대한 참된 그림의 일부임이 판명되었기 때문이다.

처음에 계시에 관해서는 상황이 좀더 좋아 보였다. 그러나 우리는 그런 인상이 얼마나 오래 지속될지 확신할 수 없다. 중세 철학은 '계시'가 무엇인가에 대한 질문을 너무 쉽게 보이도록 만드는 아리스토텔레스의 형이상학에 근거하고 있다. 7장에서 논의한 바처럼 이것은 두 영역, 즉 지성(=언어) '밖'의 영역과 지성(=언어) '안'의 영역을 분리하는 것을 전제한다. 이 '안팎' 분리적인 틀은 계시를 이해하는 쉬운 길을 제시했다. 지성이나 언어 밖에 있는 것은 '실재'이며, 그것은 사물에 대한 하나님의 이해와 동일하다. 마음 밖의 것, 즉 실재에 대한 지식이 갑자기 마음 안에 나타나면, 그것도 그 지식을 유발하는 인간 이성의 작용 없이 그렇게 되면, 사람들은 그것을 기적 혹은 계시라 생각한다. 따라서 계시는 밖으로부터의 진리의 일방적인 주입이다. 즉, 하나님 편에서의 일방적인 주입이자 신적 은혜다.

그러나 우리가 구약 성서의 형이상학에 대해 살핀 바에 따르면 계시에 대한 이런 견해는 심각한 문제를 노정한다. 6장과 7장에서는 일부 성서 저자의 형이상학은 과격하게 일원론적이라고 서술했다. 즉 성서적 형이상학은 아리스토텔레스의 '안팎' 분리적인 틀에 의존하지 않고, 지식과 진리를 한 영역의 차원으로만 정의한다.[5] 참된 말(히브리어에서 '말'은 '사물'로도 이해됨)은 그 한 영역에서 시간이 흘러도 그대로이며 여전히 유효한 것을 가리킨다. 즉, 이사야나 예레미야가 "하나님의 말씀"이라고 말할 때 그들은 그들 '밖'에서 오는 어떤 것을 말하는 것이 아니다. 그들이 말하는 하나님의 말씀은 주입된 말이 아니다. 또한 슐라이어마허가 주장하는 바처럼 그들이 말하는 하나님의 말씀은 '안'에서부터 오는 어떤 것도 아니다. 그것은 그 둘과 다른 것이다.

하나님의 말씀이 예레미야를 채울 때 예레미야가 경험한 것이 정확히 무엇이었는가? 불행하게도 그의 설교들은 예언에 대한 현상학적 고찰을 담기 위한 것이 아니다. 나아가 어떤 선지자도 그런 종류의 정보를 우리와 공유하지 않는다. 예를 들어, 예레미야의 저술에서 그와 하나님 사이의 교통이 어떠했는지를 명확히 보여주는 유일한 본문은 그가 어렸을 때 하나님과 첫 번째 대면한 사건을 묘사하는 본문이다. 이 본문은 긴 '소명' 이야기로 시작한다. 거기에서 젊은 예레미야는 열 방에게 그들의 흥망성쇠에 대해 예언하라고 명받는다.[6] 그의 예언은 하나님 자신의 말씀으로 제시된다. 그러나 예레미야가 전하는 예언의 실제 내용을 보면 우리는 매우 다른 어떤 것과 만나게 된다. 하나님이 예레미야에게 무엇을 보는지를 '질문'한다.

예레미야 1장

11절. 또 여호와의 말씀이 내게 임하셨다. "예레미야야, 네가 무엇을 보느냐?" 내가 대답하기를 "제가 아몬드 나뭇가지(샤케드)를 보고 있습니다." 하였더니

12절. 여호와께서 내게 말씀하시기를 "네가 잘 보았다. 나는 내 말이 그대로 이루어지는지 지켜보고(쇼케드) 있다." 하셨다.

13절. 여호와의 말씀이 두 번째 내게 임하셨다. "네가 무엇을 보느냐?" 내가 대답하기를 "제가 끓는 가마솥을 보고 있습니다. 그 솥의 면이 북쪽으로부터 기울었습니다." 하였더니

14절. 여호와께서 내게 말씀하셨다. "재앙이 북쪽으로부터 이 땅의 모든 주민에게 쏟아질 것이다."

326

두 번이나 하나님이 예레미야에게 무엇을 보느냐고 물으신다. 그리고 두 번이나 그 젊은 선지자는 유다와 예루살렘이 처한 상태의 본질을 꿰뚫는 은유로 대답한다.[7] 첫 번째, 예레미야는 아몬드 나무를 본다. 겨울의 아몬드 나무는 잎이나 열매가 없는 앙상한 가지일 뿐이다. 그러나 그 가지는 히브리어로 '샤케드'('부지런하다'를 의미하는 히브리어 동사 '샤카드'에서 유래함)로 불린다. 그 이유는 1월에 꽃을 피우고, 그 후 3주 안에 열매를 맺는 이 나무는 이스라엘의 나무 가운데 해마다 가장 먼저 겨울의 앙상함에서 깨어나 숨겨진 약속을 성취하는 나무이기 때문이다.[8] 예레미야는 위험과 곤란에 처한 왕국을 보고 예루살렘이 꽃피고 열매를 맺을 것이라는 하나님의 약속이 성취될 미래를 읽어낸 것이다. 그러나 이 은유는 예레미야 시대의 상황들에서 추출하기 힘든 예언적 은유다. 그래서 하나님은 예레미야에게 "네가 잘 보았다"라고 말씀하심으로 그의 은유적 대답에 응답하신다. 예레미야의 두 번째 은유, 즉 북을 향하여 기운, 끓는 가마솥은 예루살렘을 묘사한다. 예루살렘

이라는 가마솥은 도덕적 부패와 정치적 불안으로 어지럽다. 북쪽을 제외한 삼면이 가파른 절벽으로 둘러싸인 예루살렘은 오직 북쪽에서 오는 적에 의해서만 정복될 수 있다.[9] 이것은 그 도시가 희망찬 미래가 아니라, 멸망으로 치닫고 있음을 보여주는 은유다.

우리가 하나님과 예레미야 사이의 대화를 예레미야가 경험한 예언 현상으로 간주하면, 다음의 몇 가지 점이 두드러진다. 첫째, 예언자는 위로부터 부어지는 메시지의 수동적인 그릇이라는 일반적 이해와 반대로, 이 본문은 예레미야가 그 예언의 형성에 적극적으로 역할함을 강조한다. 예레미야와 하나님 사이의 대화에서 예레미야의 역할을 묘사하는 용어는 "예언"을 의미하는 히브리어 '나비'가 아니라, 보통 "보다"로 번역되는 히브리어 '로에'다.[10] 하나님은 예레미야에게 그가 무엇을 예언할지를 묻지 않으시고, 예루살렘을 생각할 때 무엇이 보이는지를 묻는다. 더욱이 이 예언은 하나님의 선제적 말씀으로 시작하지만 그 말씀은 하나님께서 관심 있는 주제에 대한 연설의 형태가 아니다. 오히려 질문의 형태를 띤다. 하나님은 예레미야에게 무엇을 보는지 묻고, 예레미야가 대답한 후에 그의 대답에 대해 "잘 보았다"고 말씀하심으로 반응하신다. 분명히 만약 여기서 예레미야의 역할이 하나님께서 그의 눈앞에 둔 완성된 형상을 보는 것이었다면, 하나님께서 "잘 보았다"라고 말씀할 필요가 없다. 그런 경우라면 '그것을 보여주신' 하나님이 잘하신 것이다. 그러나 여기서 강조는 의심할 여지없이 예레미야의 '보는' 능력이다. 예레미야는 진리를 보는 능력을 가졌다.[11]

이 본문을 좀더 자세히 들여다보면, 우리는 예레미야의 예언 경험이 실제로는 세 부분으로 구성됨을 알 수 있다. 그 중 두 부분은 하나님에게서 유래하는 것으로 그려지고, 나머지 세 번째 부분은 예레미야로부터 오는 것이다.

① 하나님이 질문하심: 예레미야는 자신 앞에 제시된 실재를 이해하는 데 어려움이 있음을 인지한다.

② 예레미야가 봄: 예레미야는 그가 매일 사용하는 기존 용어들 가운데 자신 앞에 제시된 실재를 가장 참되게 표현하는 것 같은 은유를 발견한다.

③ 하나님이 확증하심: 예레미야는 실재에 대한 유비(=은유)가 실

재의 본질에 관한 더 깊고 정확한 진리를 제공함을 이해한다.

따라서 예레미야의 예언은 일종의 순환 형태임을 알 수 있다. 하나님께서 그 순환의 시작점이다. 그러나 그분은 예레미야의 마음에 정답이 아니라 질문을 가져다줄 뿐이다. 그 질문을 통해 예레미야는 그의 경험이 쉽게 설명될 수 없는 것임을 깨닫는다. 그때 예레미야는 스스로 그 대답을 제시할 것을 하나님께 요청받는다.[12] 두 번째 단계에서는 하나님께서 정확하다고 칭찬한 예레미야의 통찰이 그 대답을 제공한다. 그다음에야, 즉 예레미야가 그 앞에 제시된 실재를 이해하는 열쇠가 되는 은유를 발견한 후에야 자신의 대답을 확증해주시는 하나님의 음성을 듣게 된다.

3장에서 나는 선지자들이 은유를 사용한 이유는 어려운 이야기를 보다 많은 사람에게 쉽게 전달하기 위한 것이라고 주장했다.[13] 일상 경험에서 유래한 은유들(준마, 파수꾼, 끓는 가마솥)을 통한 설명은 추상적인 용어로 설명된 선지자의 말보다 대중이 훨씬 쉽게 이해했을 것이다. 나는 그 말이 옳다고 생각한다. 선지자의 은유가 그의 주장을 모호하게 하여 오직 일부만이 이해할 수 있도록 한다는 주장은 분명히 틀렸다. 그러나 우리가 여기서 살핀 바를 생각하면 이것이 사태의 전부를 말해주는 것은 아닌 것 같다. 예레미야의 은유를 통한 주장은 단순히 대중을 배려한 관행이 아니다. 그것은 그의 첫 예언들이 암시하는 바처럼 그의 예언자적 통찰의 주요한 방식이다. 그것이 그로 하여금 그 앞에 놓인 실재의 핵심을 꿰뚫게 하고 사태를 있는 그대로 보게 한다. 다시 말해, 그가 사태를 있는 그대로 보고 사태를 제대로 이해할 수 있는 것은 회개치 않는 사람을 돌진하는 준마에 '비유'하고, 그리고 선지자를 도시 성벽 위의 파수꾼으로 '비유'하여 볼 때다.[14]

예레미야가 들은 하나님의 말씀이 실제로는 계시나 기적이 아니라고 주장하는 것은 아니다. 마치 우리가 감정, 은유, 통찰 등을 인간 이성의 기능 속에 포함시킨다고, 우리가 더 이상 이성을 의미 있게 말할 수 없는 것은 아닌 것과 같다. 여전히 하나님의 말씀을 계시로 인정하기 원한다. 그리고 우리의 정상적인 사고 과정을 (그것이 그것의 본연의 기능을 수행할 때) 이성이라고 부르기 원한다. 그러나 계시에 대한 중세적 개념을 지지하는 데 사용된 형이상학적 틀이 제거된다면 계시라는 용어에 그렇게 큰 의미가 남아 있을까 두렵다. 이성이라는 개념처럼 계시라는 개념도 그것의 정확한 의미가 모호해지는 상태로 빠질 위험에 처한 것 같다.

　나는 구약 성서를 제대로 이해하기 원한다면 궁극적으로 이성과 계시의 이분법을 포기해야 한다고 주장했다. 그렇게 말한 이유는 명확하다. 성서적 형이상학이 그리스적 계시 개념(계시를 다른 영역으로부터 받는 주입으로 이해함)을 받아들일 수 없음을 고려하면, 계시에 대한 새로운 개념, 즉 성서적 형이상학과 궤를 같이하는 혹은 성서적 형이상학에서 자연스럽게 흘러나오는 계시 개념이 필요할 것이다. 궁극적으로 우리는 그런 개념을 얻는 데 성공할 것이다. 마치 우리가 현재 가지고 있는 이성 개념보다 더 좋은 이성 개념에 궁극적으로 동의하게 될 것처럼 말이다. 전혀 알 수 없는 것은 일단 그 두 개념이 분명해지고 확고해지면 구약 성서에 나오는 하나님의 계시에 대한 우리의 이해와 이성에 대한 우리의 이해가 어느 범위까지 의미 있게 분리되고 구분된 채 남아 있을 수 있는지의 문제다.

329

이 책에서는 '이성'과 '철학'이라는 용어를 정식으로 정의하려고 하지 않았다. 또한 이 용어들이 사용되는 방식에 관한 다른 입장들로부터 필자의 견해를 변호하려 하지도 않았다. 그런 정의나 변호가 중요하지 않아서가 아니다. 오히려 이성에 대한 정확한 이해 없이는 성서의 본질이 무엇인지, 성서의 가르침이 무엇인지 이해하기 어렵다. 그런데 그런 공식적인 정의들을 서론에 도입하려고 여러 번 시도한 끝에 내린 결론은 나 자신이나 독자들에게 별로 도움이 되지 않는다는 것이다. 특히 이성의 본질에 대한 필자의 견해를 설명하고 변호하다 보니까 이 책이 의도한 주제들에서 멀리 떨어져 나가게 됨을 발견하게 되었

부록
이성이란 무엇인가?

다. 반면, 그 주제를 간단히 처리하면 독자들에게 나의 논의가 그 주제를 피상적이고 공정하지 않게 다룬다는 인상만을 남길 수 있다는 생각이 들었다.

그럼에도 불구하고 내가 '이성'이나 '철학'을 언급할 때 의미하는 바에 대한 보다 명확한 그림을 얻기 원하는 독자들을 무시하기에는 이 주제의 중요성이 너무 크다. 이 부록은 그런 독자들을 위한 것이다. 물론 이 부록도 다소 피상적인 접근임을 인정한다. 여기서는 인간 이성의 본성이라고 여겨지는 것의 골격만 제시하려 한다. 이어지는 논의는 이

주제에 대한 큰 방향만을 제시하는데, 일부 독자들은 도움을 받을 수 있을 것이다. 여기에 제시된 골격에 살을 보태어 보다 체계적이고 설득력 있게 만드는 일은 앞으로 내가 해야 할 과제다.

분량의 문제 때문에 이 부록에서는 철학에 대한 정의를 이성과 따로 취급하지 않겠다. 물론 원칙적으로는 철학적 담론을 인간 이성 활동들 중 하나로 구분하는 것이 바람직하다. 예를 들어, 특정 문제에 대한 진리에 도달하기 위해 우리는 최소한 이성의 몇몇 측면을 사용하게 되는데, 상당수의 경우 엄밀하게 미리 정의된 개념과 기계적 계산에 의존하는 이성 활동(큰 수를 곱셈한다고 생각해보라)이다. 그리고 철학은 어느 정도 우리가 사용하는 개념을 추론하고 설명하거나 반론하고 개정하는 작업 등을 포함한다고 생각한다. 단순히 개념을 사용하는 것은 철학이 아니다. 하지만 여기서 철학적 이성과 비철학적 이성을 정확하게 구분하는 것은 전혀 유익하지 않다고 생각한다. 중요한 것은 이성의 본질을 이해하는 것이다. 일단 이성의 본질을 이해하면 철학의 본질에 대한 많은 것들도 자연스럽게 이해할 수 있을 것이다.

광의의 의미에서 '이성'은 지성의 능력을 가리킨다. 이성 활동에 의해 인간은 참되고 선한 것에 대한 지식을 자연스레 얻을 수 있다. 그러나 이런 광의의 의미는 조금만 깊이 들어가면 곧 혼란스럽고 어려워진다. 인간이 참되고 선한 것에 대한 지식을 얻기 위해 자연스레 의존하는 인간 지성의 능력이란 무엇인가? 이 질문을 제대로 답할 수 있는 사람이 한 사람이라도 있는지 궁금하다. 이 질문에 답하지 못하면(이성과 계시 혹은 이성과 신앙의 차이를 포함하여) '이성'에 관한 모든 이야기는 공허한 말놀이가 될 위험이 있다.

'이성'이라는 용어가 언제나 잘못 정의되는 것은 아니다. 중세 철학은 비교적 명확하고 잘 정의된 이성 개념을 가졌다. 유클리드 기하학을 모델로 하여 중세 철학자들은 이성을 다음과 같이 정의한다. 자명하게 참인 명제들(혹은 감각 증거로부터 의심할 여지없게 추론되는 명제들)로 시작하여 그로부터 절대적으로 확실하게 연역된 다른 명제들로 나아가는 것을 이성으로 정의했다.[1] 데카르트의 가르침도 이와 비슷하여 그는 "나는 생각한다"는 자명한 사실로부터 세계의 본성에 관한 거의 모든 것을 틀림없이 확실하게 연역할 수 있다고 주장했다. 스콜라 철학이나 데카르트 철학 모두에서 전제들의 자명성과 합당한 연역적 추론의 확실성은 인간 지성으로 하여금 기하학이나 다른 수학 분과학에서처럼 절대적 확실성을 가진 결론들에 도달하도록 허락한다.

그러나 이런 이성 개념은 과거만큼 그렇게 많은 지지자를 끌지 못한다. 그것은 부분적으로 수학 자체의 발전 때문이다. 19세기에 비유클리드 기하학이 개발되고 물질 공간을 묘사하기 위해 과학에 도입된 후, 이성이 모든 사람에게 확실하고 명확한 것들로 시작한다는 개념은 더 이상 변호할 수 없게 되었다. 실제로 지난 세기의 수학은 그 전제들이 필연적 참이라는 견해를 포기했고, 그 전제들을 논의의 편의를 위한 가설로 간주하기 시작했다.[2] 그리고 이런 변화는 보다 일반적인 변화의 한 예에 불과하다. 철학에서도 많은 철학자가 한 개인에게 절대적으로 확실한 것이 다른 사람들에게는 그렇지 않다는 결론에 도달했다. 따라서 다음과 같은 이성의 개념이 (때로는 명시적으로 그러나 많은 경우 암묵적으로) 사람들 사이에 받아들여지게 되었다. 이성은 다양한 이유에서 '기초적'인 전제들(이들의 기원이 때로는 불명확하더라도)이 가지는 함의들을 "알아내는" 것이다. 철학자 니콜라스 월터스토프(Nicholas Wolterstorff)는 다음과 같이 말했다.

333

얼마 전까지도 그랬지만 옛날에 철학자들은 철학이 … 합리적으로 확실한 것들에 근거해야 한다고 가정했다. … (그러나 오늘날 철학자)는 크고 작은 많은 것들을 '믿게' 된다. 아마 그는 물리적 존재를 믿는다. 그렇다면 철학자로서 그의 도전은 자신의 믿음을 합리적으로 확실한 것들에 기초시키지 못하면 그 확신들을 버리는 것이 아니라, 다양한 영역의 사상에서 그의 물리주의적 믿음들이 가지는 함의들과 본질을 알아내는 것이다. 이때 그는 그의 마음속에 떠오르는 문제들뿐 아니라 다른 사람이 그의 사상에 대해 제기하는 문제를 처리하는 방식으로 그렇게 해야 한다. 그러나 이 문제들은 너무나 강력하여 그는 그의 물리주의적 믿음을 포기해야 할지도 모른다.[3]

이 견해에 따르면 중세나 데카르트 철학의 기초가 되었던 자명한 명제들은 그 기원이 명확하지 않는 '크고 작은' 믿음들로 대체된다. 앨빈 플랜팅가(Alvin Plantinga)의 주장대로 이 "기초적 명제"들은 "어떤 종류의 경험"(즉, 다양한 종류의 감정이나 감각과 같은 비명제적 경험)에서 유래했을지 모른다.[4] 이런 배경에서 유래한 기초 명제들은 중세 철학에서처럼 연역적 추리의 기초로 기능한다. 그러나 이 기초 명제들은 더 이상 절대적으로 확실한 것으로는 여겨지지 않는다. 그래서 이들로부터 연역된 결론들도 확실한 것으로 간주되지 않는다. 이 결론들은 오직 가설적이며 개연적인 결론일 뿐이며 반대의 압력이 일정 정도 가해질 때 뒤집힐 수 있는 것으로 간주된다.[5]

사람들이 다양하면서 때로는 상호 모순적인 전제들(이 전제들의 기원은 알려지지 않거나 중요하지 않음)에 기초해 주장을 펼치고, 그 전제들의 기원이 불확실해도 우리가 그것을 교조주의적으로(즉, 압도적인 반대 증거에도 불구하고 믿는 태도로) 받아들이지 않는 한, '이성'을 위한 기초로 간주될 수 있다고 말하는 사람들은 수학자나 철학자만이 아니다.[6] 다른 분과학에서도 이성에 대한 비슷한 견해를 발견할 수 있다. 또한 정치나 종교의 문제에 관해 합리적 논증을 해야 할 때나 개인적으로 결정을 내려야 할 순간에도 우리는 비슷한 개념의 이성을 사용한다. 비록 완전히 설득력 있는 주장을 위해 필요한 증거를 다 제시하지는 못하지만, 합리성에 대한 신스콜라적 개념이 점점 많은 사람에게 수용되고 있는 것 같다. 즉, 제대로 연역된 주장은 모든 사람의 동의를 얻어낼 수 있다는 중세적 이성의 교만은 더 이상 공감을 얻지 못한다. 그러나 이성이 명제들의 연역(고정된 것이나 정해진 것으로 여겨지는 명제로부터 사람들이 동의할 수밖에 없는 방식으로 다른 명제들을 연역해내는 것)을 통해 논증하는 것이라는 통찰은 신스콜라적 이성 개념이 중세의 이성 개념과 공유하는 바다.

이성에 대한 이런 신스콜라적 개념이 좋은 것만은 아니다. 어떤 명제들이 자명하게 확실하다는 가정을 버린 것은 환영할 일이지만 이성적 사고를 목적으로 진리를 포기하는 불편한 경향들도 함께 출현했다. 전제들이 더 이상 자명하지 않다는 사실과 합리적인 것인지 의심스러운 심리학적 과정들(학자들도 이 과정을 잘 이해하지 못함)로부터 그 전제들이 생겨난다는 사실은 다음의 결론으로 우리를 이끈다. 바로 '이성'이라는 이름을 붙일 수 있는 유일한 것은 '적법한 추론'(valid deduction)이다. 그리고 진리가 아닌 전제로부터 출발하는 적법한 추론은 진리를 추구하는 것과 아무 관계도 없는 활동이다. 그것은 일종의 게임이 되어버린다. '너'는 너의 전제에서 연역하고, '나'는 나의 전제에서 연역하지만, 그 연역적 결론들이 우리를 어디로 이끌지 알지 못한다. 한 철학자가 최근에 나에게 이렇게 말했다. "나는 철학이 우리를 진리에 더 가깝게 데려다주는지에 대해서는 관심 없다. 내게 중요한 것은 좋은 논증을 하는 것이다." 내가 받는 인상은 오늘날 많은 철학자가 이와 비슷한 말을 한다는 것이다. 그리고 그도 그럴 것이, 만약 우리가 그런 전제들에 대해 그다지 큰 신뢰가 없는 상태에서, 이성을 그런 전제들로부터의 연역적 추론에 불과한 것으로 이해하면, 그 이성은 진리 추구와는 아무런 관계없는 것이 되고 만다!

이건 그다지 좋은 결론이 아니다. 우리가 이성을 사용하는 목적이 진리 추구가 아니라면, 왜 애초에 이성적으로 생각해야 하는지 알 수 없게 된다. 더욱이 인간 이성의 활동이 우리를 부정하기 어려운 방식으로 진리에 가깝게 데려갔던 경우들이 많다. 예를 들어, 뉴턴의 《프린키피아》는 성공적으로 별들의 운동, 지상 물체의 운동, 조수의 생성, 진자 운동, 지구 평면의 모양 등을 모두 하나의 법칙으로 설명했다. 이것은 인간 이성이 우리를 진리로 데려가는 데 성공한 매우 놀라운 예다. 이런 예들을 이성이 무엇인지에 대한 조금 수정된 견해의 기초로 삼으면 어떨까?

《프린키피아》가 흥미로운 것은 인간 이성의 활동이 우리를 진리로 이끌 수 있다는 좋은 예이기 때문만은 아니다. 뉴턴이 《프린키피아》 제2판의 서문, 〈자연 철학의 연구를 위한 규칙들〉과 《광학》의 부록에서 한 질문들에서 강조하는 바처럼 《프린키피아》의 저술 목적은 합당한 이성 사용의 예를 보여주는 것이다. 그것은 중세와 데카르트 철학으로부터 이어받은 기존의 이성 개념을 무너뜨리는 것이다. 이런 의미에서 《프린키피아》는 우리가 지금 논의하는 문제의 핵심을 건드린다. 뉴턴은 인간 이성이 정말 무엇을 할 수 있는지를 보여주고, 이성이 과거에 일반적으로 생각되었던 것과는 전혀 다른 것임을 이해하게 도와준다. 그러면 뉴턴이 추구한 이성 개념은 무엇이었는가?

뉴턴의 과학은 우리가 현재 '경험과학'이라 부르는 것이었다. 즉, 그 결과가 소위 자명한 명제로부터가 아니라 경험으로부터 연역 추론된 것이다. 그러나 뉴턴을 단순히 경험주의자라고 말하는 것은 잘못이다. 왜냐하면 그 말은 그가 합리성의 개념에 들여온 혁명을 가리기 때문이다. 뉴턴은 그에 앞서 다른 사람들이 시도했던 것처럼 중세 철학의 연역적 방법을 완전히 버리지 않는다. 반대로 《프린키피아》에서 정의와 공리로부터 추론되는 연역적 증명의 방법이 너무 중요하게 여겨져서 여러 면에서 유클리드 《기하학》의 속편처럼 느껴질 정도다. 그럼에도 불구하고 뉴턴의 이성 개념은 기하학과 같은 연역적 학문들을 '경험에서 주의 깊게 추론된 공리에 근거한 것'으로 본다는 점에서 혁명적이다. 즉, 뉴턴은 유클리드의 기하학을 자명한 공리에서 시작되는 학문으로 이해한 것이 아니라 폭넓은 경험을 바탕으로 한(공리를 성립시키는) 추상 과정에서 시작한 학문으로 이해한다.[7] 《프린키피아》에서 제시된 뉴턴의 합리성이란 개념은 공리(예를 들어, 뉴턴의 '운동의 법칙')를 경험에서 추상하는 단계 그리고 그 일반 법칙에서 특수 명제들을 연역하는 단계, 두 단계의 절차를 포함한다. 그 공리들에 '진리'의 지위를 부여하는 것은 그것들이 경험과 가지는 두 번의 접촉이다. 첫째, 공리들은 인간 이성 작용의 첫 단계 때 경험에서 의식적으로 추상된 것이다. 둘째, 그 공리들은 더 넓은 경험의 세계에 성공적으로 적용될 때 추가적인 지지를 얻고 유효한 것으로 인정된다.[8] 그리고 이런 추가적 인정은 첫 단계 때의 공리의 추상 원리를 재확인해주고 그 공리들을 신뢰할 수 있는 것, 즉 진리로 확립시킨다.[9]

이런 이성 개념은 중세 철학과 초기 근대의 합리주의적 철학의 단절을 의미한다. 그러나 뉴턴의 합리성 개념은 우리 시대에 점점 인기를 얻고 있는 신스콜라적 이성 개념에 적잖은 도전이 된다. 플랜팅가나 월터스토프와 같은 현대 철학자들이 제안한 합리성 개념(전제의 진리성은 그 전제에서 추론된 결론의 변호가능성에 궁극적으로 의존함)도 뉴턴의 눈에는 합당한 이성 사용의 예로 인정받지 못할 것이다. 왜냐하면 우리의 전제를 폭넓은 경험의 문맥에 정립시키는 추상 과정과 경험의 추가적 영역에 성공적으로 적용함으로 그 전제들의 이전 추상 원리를 재확인하는 과정이 없다면, 다시 말해, 뉴턴식의 합리적 추론 과정을 거치지 않으면, 추론의 기본이 되는 전제들이 정도의 차이는 있지만 결국 자의적일 수밖에 없을 것이기 때문이다. 그리고 뉴턴에게는 (그 앞선 학자들에게도 마찬가지지만) '자의적'이라는 말은 비합리적이라는 뜻이다.

내가 설명한 대로의 뉴턴의 입장이 옳다고 가정하자. 인간 이성이 제대로 작동하려면 두 단계의 절차를 거쳐야 한다고 가정하자. 그러면 인간 이성의 활동의 첫 번째 단계에 대해 우리는 무엇을 알고 있는가? 불행하게도 우리는 그다지 많이 알고 있지 않다. 뉴턴 자신도 첫 번째 단계의 이성 활동을 설명할 때 용어를 일관적으로 사용하지 못한다. 그가 제공하는 설명과 예들은 온전한 설명이 되지 못한다. 오늘날 철학자들은 뉴턴이 말하는 이성 작용의 첫 번째 단계를 '귀추적/회고적 추론'(abductive/retroductive inference) 혹은 '최선의 설명을 향한 추론'(inference to the best explanation)으로 부른다.[10] 그러나 내 생각에는 이 단계에 대한 정말 좋은 설명은 아직 철학이나 인지 과학에 존재하지 않는다. 따라서 나는 현 토론 주제에 도움이 되는 뉴턴의 귀추법(abductive inference)의 특징을 몇 가지로 나열할 것이다.

첫째, 뉴턴의 귀추법의 결과물이 명제 형태의 정의들 혹은 공리들(《프린키피아》에서 공리로 기능하는 것은 '운동의 법칙'임)이지만 뉴턴이 경험에서 일차적으로 추론하려 했던 것은 명제가 아니다. 그것은 관찰된 현상들의 '일반 원인들'로[11] 간주되는 '힘'(force), '질량'(mass)과 같은 추상적 대상(특질)들이다. 이것들은 뉴턴의 정의들 혹은 공리들로 기능하는 명제들의 주제로 간주된다.

둘째, 뉴턴은 이 용어들을 사용할 때 이미 잘 정립된 용법에 의존하지 않는다. 이전의 자연 철학자들의 저서에서 비슷한 용례들을 찾을 수 있지만, 뉴턴의 저서에서 힘과 질량이란 개념은 상당히 변형되어 사용된다.[12] 힘이나 질량과 같은 용어는 뉴턴의 저작에서 은유 혹은 유비로 기능했다고 말해도 과언이 아니다. 그것들은 뉴턴이 관찰하는 사태에 대한 문자적 묘사에 사용된 개념이 아니다. 뉴턴이 취급하는 추상 개념들은 처음에는 은유나 유비로서의 힘이나 질량이었다. 그러나 이 은유들은 뉴턴이 '작용 원인들'(operative causes)을 이해하는 기초로 기능하기에 충분히 훌륭하다. 그리고 이렇게 기능하는 은유들은 공리 체계 혹은 전제들의 체계 안에서 말끔히 상합될 수 있도록 재구성되고 조정된다. 힘과 질량 같은 용어들을 그들이 사용된 법칙들에 의해서 정의된 것으로 보게 된 것은 후대 세대들의 관행이다. 그 관행들은 그 법칙들을 처음 발생시킨 귀추적 작업의 은유적/유비적 성격을 모호하게 한다. 이것은 유클리드 기하학의 공리들에 사용되는 용어들의 기원이 모호하게 된 것과 마찬가지다.

뉴턴의 합리성 개념의 첫 번째 귀추적 단계에서 은유와 유비가 지배적 역할을 한다는 사실은 우리에게 교훈 혹은 경고가 되어야 한다. 왜냐하면 철학, 과학사, 심리학, 언어학, 인류학과 같은 분야에서 쏟아지는 저서들에서 은유와 유비가 중요한 역할을 감당해왔고, 앞으로도 그럴 것이기 때문이다. 이것은 전제로부터의 연역적 추론이 건전한 인간 이성의 기능을 묘사하는 데 충분히 좋은 유형이 되는지에 의문을 제기한다. 이 문제를 다루는 책들은 매우 다양하다. 그중 일부는 인간 사상에서 은유적 표상이 가지는 핵심적 역할에 주목한다.[13] 다른 연구들은 현대 과학적 추론의 핵심에서 '유형'들(보통 공간을 차지하며 움직이는 부분들로 구성된 이론적 구성물)이 차지하는 위치에 주목한다.[14] 그러나 또 다른 연구들은 명제로 쉽게 포착되지 않는 주제들을 생각할 때 내러티브 산문에서 사용될 수 있는 대조 유형이나 반복 유형 들에 관심을 가진다.[15] 그러나 이런 다양한 접근법들 가운데 공통된 하나의 연결점을 찾을 수 있다고 생각한다. 즉, 인간 이성은 명제들을 다른 명제들로부터 연역할 때 일어나는 의식 작용들보다 더 근본적인 의식 작용들을 동반한다. 이 인간 이성의 보다 근본적인 부분이 어떻게 작동하는지 그리고 그것이 '기본적' 명제로부터의 연역적 추론(이것이 종종 '이성'과 동일시되었음)과 어떤 관계를 가지는지는 현재까지 해결되지 않은 문제다.

앞서 언급한 바처럼 여기에서 이 문제에 대한 더 자세한 논의는 불가능하다. 그러나 이 책에서 내가 '이성'이라는 용어를 그렇게 사용하게 된 상황을 독자들이 이해할 수 있을 만큼은 말하고 싶다. 현재 내가 말할 수 있는 바는 이것이다. 은유, 유비 혹은 유형은 명제적 형태가 아니다. 그래서 정의나 공리로 기능할 수 없다. 또한 정의나 공리로 기능할 수 있는 어떤 것을 표상하지도 않는다. 대신 귀추법에서 사용된 은유들은 일반 원인들('본질들'[16])을 가리키도록 의도된다. 이 원인들은 본질상 일반적으로 적용 가능하지만(즉, 그들이 추상되어 나온 개별 사례들을 초월함), 중요한 면에서 그들이 추상되어 나온 구체적 사물이나 상황 들과 닮아 있다. 특히 구체적 사물이나 상황이 그것을 정확히 묘사하는 특질들에 있어 무한한 것처럼, 귀추법의 은유·유비·유형이 대표하는 본질 혹은 일반 원인과 연관되는 특질의 수도 무한할 수 있다. 실제로 은유가 귀추법에 필요한 새 추상 용어들을 정립하는 데 유용한 도구가 되는 이유는 은유들과 연관될 수 있는 특질의 수가 무한하기 때문이다.

특정 일반 원인이나 본질을 우리가 경험 가운데서 일관적으로 인지할 수 있을 때에 비로소 명제의 형태로 (부분적이지만) 그것을 설명하는 노력을 시작할 수 있을 것이다. 정의와 공리는 이미 경험에서 어느 정도 인지되는 일반 원인, 즉 본질에 숨어 있는 것을 포착하여 최대한 정확한 명제의 형태로 *끄집어낸* 노력의 결과다. 이 명제들은 필연적으로 그 일반 원인들을 단순화('개념화')시킨다는 단점이 있지만, 그것들은 그 단점을 상쇄할 만큼 논의에 적확성을 더해준다.[17] 따라서 명제로부터의 연역적 추론은 뉴턴의 경우처럼 그 정의와 공리가 정확한 한, 우리를 참된 결론으로 이끌 수 있다고 간주되어야 한다. 그러나 이 정의와 공리가 조정될 가능성은 언제나 열려 있다. 왜냐하면 일반 원인, 즉 본성에 관한 적합한 은유도 공리적 명제로 번역될 때 지나치게 혹은 왜곡되지 않게 단순화될 수 있기 때문이다.

이 모든 것은 본격적 논의의 예비적 습작에 불과하다. 그럼에도 불과하고 지금까지 논의된 이성 개념은 주로 연역적 추론에 근거한 (여전히 인기 있는) 이성 개념보다 인간 이성의 본질에 더 가깝다고 생각한다. 내가 옳다면 이것은 다음을 의미한다. 우리가 인간 정신 능력에 대한 충분한 지식을 얻게 될 때, 소위 이성은 "경험에서 '일반 원인'을 추론하고, 그것을 일반 법칙이나 원리로 구체화한 후 그 법칙과 원리를 특수 사례에 적용하는 인간의 정신 작용"으로 정의될 것이다.

이성에 대한 이런 개념에 따르면 일반적인 것을 특수 사례에 적용하는 것은 다음의 두 가지 목적에 봉사한다. 첫째, 특수한 사례에 관한 우리가 전에 몰랐던 새로운 지식을 얻게 한다. 예를 들어, 뉴턴은 그의 전제들로부터 일련의 추론을 거쳐 지구가 구형임을 예측할 수 있었다. 둘째, 우리의 추론이 실제 경험(예를 들어, 주의 깊은 관찰을 통해 우리가 알게 된 실제 지구 모양)에 부딪혀 검증되어야만 궁극적으로 우리는 우리의 전제들이 옳다고 여길 근거를 가지게 된다.

바로 이것이 이 책에서 사용한 '이성'과 '철학'에 대한 정의다.

구약 성서 본문과 관련해, 그 본문들이 이성이나 철학적 작품으로 이해될 수 있는지의 문제는 다음의 형태를 취한다. 구약 성서 본문들은 인간이 경험하는 사물이나 사태의 일반 원인 혹은 본성을 우리에게 알려주려 하는가? 우리 경험의 세계에 일반적으로 적용 가능한 법칙이나 원리를 세우는 노력에 이 일반 원인이 활용되는가? 그리고 그 법칙과 원리가 특수 사례나 상황에 적용되어 지식이 되거나 그 원리나 법칙의 참됨이 확증되는가?

내가 제안한 대로 구약 성서에서 어떤 작품의 저자가 은유·유비·유형을 활용하여 일반 원인이나 본성에 관한 이론들을 정립하려 했음을 깨닫는 순간, 우리는 성서 저자의 대다수 혹은 전부가 이성적 작업을 하고 있음을 쉽게 알게 된다. 또 그 저자들이 독자들도 그들과 마찬가지의 이성적 사고를 하기 원하는 것을 알게 된다. 그리고 우리는 구약 성서 전체에서 이성이 사용됨을 발견한다. 이것이 바로 내가 이 책의 2부, 즉 윤리학·정치철학·인식론·형이상학·구약 성서의 믿음에 관한 탐구에서 설명하려 했던 것이다.

서론_ 이성과 계시의 이분법을 넘어서

1) 물론 이런 견해에 동의하지 않는 중요한 목소리들도 있다. 교부들 가운데 가장 중요한 목소리는 예수의 부활을 철학자들이 가능하게 여기는 질서 안에 위치시키려 한 유스티누스(Justinus)다. 예를 들어 유스티누스의 《부활에 관하여 6(On the Resurrection 6)》를 보라. 신플라톤주의자 오리게네스도 보다 복잡한 견해를 제시한다. 그리고 수백 년 후 개혁장로교운동의 인문주의적 성향의 사람들은 대개 이성과 계시의 구분을 거부한다. 이 주제에 관한 보다 자세한 논의를 보려면 다음의 책들을 참고하라. Steven Grosby, "Hebraism: The Third Culture," in Jonathan Jacobs, ed., *Judaic Sources and Western Thought* (New York: Oxford University Press, 2011), pp. 73-96; Eric Nelson, *The Hebrew Republic: Jewish Sources and the Transformation of European Political Thought* (Cambridge, Mass.: Harvard University Press, 2010); Yoram Hazony, "Judaism and the Modern State," *Azure* 21 (Summer 2005), pp. 33-50; Fania Oz-Salzberger, "The Jewish Roots of Western Freedom," *Azure* 13 (Summer 2002), pp. 88-132. 기독교 입장 안에 이런 중요한 이견들이 있음에도 불구하고 초기 기독교에서 이성과 계시 사이에 엄격한 구별은 일반적이었다고 말할 수 있다. 그리고 오늘날까지 기독교 교리를 형성하는 중요한 요인으로 남아 있다. 이성과 계시의 엄격한 구분의 가장 유명한 주창자는 교부 테르툴리아누스였다. 그의 견해는 8장에서 논의될 것이다.

2) Immanuel Kant, *Religion Within the Limits of Reason Alone*, Theodore M. Green and Hoyt H. Hudson, trans. (New York: Harper & Row, 1960), p 116.

3) 출 7:1을 비롯한 많은 구절.

4) 사 7:7을 비롯한 많은 구절.

5) 플라톤, 《소피스트》, 241d.

6) 파르메니데스가 쓴 저서의 신학적·종교적 성격에 관해서는 다음의 책들을 보라. Werner Jaeger, *Theology of the Early Greek Philosophers*, Edward. S. Robinson, trans. (New York: Oxford University Press, 1947); W. K. C. Guthrie, *History of Greek Philosophy* (Cambrdige: Cambridge University Press, 1965), vol. II; Sarah Broadie, "Rational Theology," in A. A. Long, ed., *Cambridge Companion to Early Philosophy* (Cambridge: Cambridge University Press, 1999), pp. 205-224. 특히 거스리(Guthrie)는 파르메니데스를 비롯한 당시의 철학자들이 호메로스처럼 운문의 형태로 철학 저서를 출판했음을 강조한다. 호메로스는 여신이 그를 통해 말씀하심을 강조했으며, 보다 일반적으로 "그리스인에게 주어진 시의 선물은 시인이 홀로 글을 쓰지 않음을 의미한다. … 이것은 은유가 아니라 시인이 다른 사람들보다 더 깊은 진리에 대한 통찰을 얻게 되는 신적 영감에 대한 진정한 믿음을 반영했"고 주장한다(Guthrie, *History of Greek Philosophy*, vol. II, p. 6).

7) 파르메니데스의 시는 콕슨의 《파르메니데스의 단편들》(A. H. Coxon, *The Fragments of Parmenides* [Assen, Netherlands: Van Gorcum, 1986])에서 찾을 수 있으며, 여기 인용된 부분은 44, 48쪽의 '단편 1'의 일부다.

8) 파르메니데스, 단편 9-11, pp. 80-84.

9) 파르메니데스, 단편 12, p. 86.

10) 파르메니데스, 단편 8, p. 74.

11) 파르메니데스, 단편 13, p. 86.

12) 파르메니데스, 단편 5, p. 54.

13) 파르메니데스, 단편 8, p. 76.

14) 파르메니데스, 단편 5, p. 54.

15) 파르메니데스, 단편 8, p. 78.

16) 엠페도클레스의 시는 브래드 인우드의 《엠페도클레스의 시》(Brad Inwood, *The Poem of Empedocles* [Toronto: University of Toronto Press, 2001])에서 찾을 수 있으며, 인용된 본문은 214-215쪽(단편 9 [3] 10 [131])에 있다.

17) 헤라클레이토스의 단편들은 찰스 칸의 《헤라클레이토스의 예술과 사상》(Charles H. Kahn, *The Art and Thought of Heraclitus* [Cambridge: Cambridge University Press, 1979])에 등장하며, 인용된 구절은 83쪽(단편 119)에 있다.

18) 헤라클레이토스, 단편 57, p. 55.

19) 예를 들어, 거스리의 견해에 따르면 "파르메니데스는 그의 가르침에 예언적 혹은 묵시적 권위를 주장함에 있어 헤라클레이토스와 동일하다."(Guthrie, *History of Greek Philosophy*, vol. II, p. 6).

20) 최초의 철학자 탈레스는 오늘날 터키 지역에 있는 밀레투스에서 살았다. 한 전승에 따르면 탈레스는 페니키아(오늘날 레바논 지역)에서 밀레투스로 이주한 이민자였다. 그는 이집트의 제사장들만을 스승으로 두었다고 전해지며, 세계가 "신의 작품이기 때문에 가장 아름다운 것"이라 말한 것으로 알려져 있다. 또한 신들은 인간의 모든 행동을 알고 있다고 말한 것으로도 알려져 있다(Diogenes Laertius, *The Life of Thales*, 1, 6, 9). 그의 가르침이 고대 이스라엘의 가르침과 유사하다는 것도 자주 언급된다.

21) 플라톤, 《변명》 31d, 40a-b. 소크라테스의 철학으로부터 이런 신의 목소리를 제거하기 위해 후대의 독자들은 이 신의 행동을 실천적 문제에만 국한하려 했다. 그러나 인용된 본문에 따르면, 소크라테스 본인이 직접 신이 연설 도중에 간섭한다고 말한다. 따라서 신의 목소리가 그의 철학에 영향을 미치지 않았다고 말할 이유가 없다.

22) 플라톤, 《변명》 33c; cf. 30a. 《테아이테토스》에서 소크라테스는 그의 철학 활동을 산파의 기술에 비유한다. 그는 그 일을 여신에게 "강요받았다"고 주장한다(150c; cf. 150d).

23) 소크라테스가 그의 철학함에 신들의 도움을 요청하는 대목은 다음의 대화 편에 등장한다. 플라톤, 《필레보스》 25c; 《심포지움》 237a; 《국가》 432c. 《법》 893b도 보라. 《티마이우스》 27b-d. 소크라테스가 그의 철학적 통찰이 신의 목소리를 통해 온다고 명시적으로 말한 유명한 경우는 《파이드로스》 242b-d이다.

24) 보다 상세한 설명을 위해 다음의 책을 참조하라. Mark McPherran, *The Religion of Socrates* (University Park: Pennsylvania State University Press, 1999); B. Darrell Jackson, "The Prayers of Socrates," *Phronesis* (1971). pp. 14-36.

25) Bertrand Russell, *The History of Western Philosophy* (New York: Simon & Schuster, 1945), pp. 38-58, 89-90.

26) 만약 위대한 사상가가 우리의 통찰과 심각하게 대립할 때마다 그의 사상을 거부하고 공부하지 않는다면 우리가 공부할 수 있는 위대한 철학자는 한 명도 남아 있지 않게 된다. 플라톤을 생각해보라. 그는 신적 음성의 존재, 이데아 세계의 존재, 유아 살인 그리고 공산주의에 동의한다. 뉴턴의 경우는 어떠한가? 그는 연금술, 즉 물질의 성장과 시공간의 절대성을 믿었고 물리법칙에서 연역 가능한 '하나님'을 믿었다. 우리가 칸트의 사상에 다 동의하는 것도 아니다. 그는 인간 지성과 독립해 존

재하는 순수 이성을 발견했다고 주장한다. 그의 초월적 연역은 신비에 가깝다. 또한 칸트는 친구의 목숨을 구하기 위한 거짓말도 잘못되었다고 생각한다. 그리고 윌리엄 제임스는 사교를 신봉했으며 니체는 우리의 모든 행동이 무한 반복되는 생애에서 재연된다고 주장했다. 과거의 위대한 저술들을 읽으면서 우리가 배우는 첫 번째는 우리의 직관과 반대되는 것을 용납하는 것이 배움의 시작이라는 것이다.

27) 기독교가 이 일의 유일한 동인이라고 주장하는 것은 아니다. 중세에 이슬람과 유대교 학자들도 이런 이분법을 수용했다. 예를 들어, 933년 바그다드에서 활동한 위대한 유대 철학자 사아디아 가온은 이성과 계시 사이를 엄밀히 구분하는 것으로 자신의 철학적 논의를 시작한다. 그리고 그 후 중세 유대 사상은 가온의 예를 따랐다. 보다 자세한 논의를 위해서 다음의 책을 참고하라. Sa'adia Gaon, *The Book of Beliefs and Opinions*, Samuel Rosenblatt, trans. (New Haven: Yale University PRess, 1948), pp. 26-33. 흥미롭게도 사아디아는 계시된 모든 지식이 이성을 통해 얻어질 수 있다고 주장한다. 그럼에도 불구하고 그는 이성과 계시는 완전히 다른 것이라고 말한다.

28) 이 논의는 다음의 글에 기초하고 있다. Yoram Hazony, "Judaism and the Modern State," pp. 34-37, 40-42.

29) Wilhelm von Humboldt, "Decline and Fall of the Greek Republics"(1808). 이 글은 쉴러 연구소 홈페이지에서 열람 가능하다. http://www.schillerinstitute.org/transl/humboldt_gk_pns.html.

30) Immanuel Kant, *Religion Within the Limits of Reason Alone*, pp. 116, 118. 인용에서 작은 따옴표로 강조된 부분과 괄호 "(그리스적)"은 원저자의 것이다. 악명 높게 칸트는 유대주의를 안락사시켜 "순수한 도덕 종교"를 만들 것을 주장했다. 다음의 책을 보라. Immanuel Kant, *The Conflict of the Faculties*, Mary J. Gregor, trans. (Lincoln: Nebraska University Press, 1992 [1979]), p. 95. 칸트 철학에서 반유대주의의 역할에 대한 자세하고 섬뜩한 설명을 보려면 마이클 맥의 《독일 이상주의와 유대인》(Michael Mack, *German Idealism and the Jew* [Chicago: University of Chicago Press, 2003], pp. 1-41)을 보라.

31) "일반적으로 말해, 철학사에서 구분되는 시대는 단 둘뿐이다. … 하나는 그리스 시대이고 다른 하나는 게르만 시대다. 게르만 철학은 기독교 세계의 철학이다. … 기독 유럽인들 … 집단적으로 게르만 문화를 공유한다. 왜냐하면 이탈리아, 스페인, 프랑스, 영국 등이 게르만 민족들을 통해 새로운 형태를 얻었기 때문이다. … 그리스 세계는 사상을 이념으로 발전시켰지만, 기독 게르만 세계는 사상을 영혼으로 이해했다"(Georg Wilhelm Friedrich Hegel, *Lectures on the History of Philosophy*, E. S. Haldane, trans. [Lincoln: Nebraska University Press, 1995], vol. I, p. 101).

32) Hegel, *Lectures*, vol. III, p. 22.

33) Jonathan Sacks, *Crisis and Covenant: Judaism After the Holocaust* (Manchester: Manchester University Press, 1992), pp. 260-270을 참조하라.

34) George H. Sabine and Thomas L. Thorson, *A History of Political Theory* (Hinsdale, Ill.: Dryden Press, 1973).

35) Leo Strauss and Joseph Cropsey, *History of Political Philosophy* (Chicago: University of Chicago Press, 1987); Sheldon Wolin, *Political and Vision: Continuity and Innovatin in Western Political Thought* (Boston: Littel, Brown, 1960).

36) 러트거스 대학교에 좀더 공정하기 위해서 나의 스승 캐리 맥윌리엄스(Carey McWilliams)는 좀 달랐음을 말해야 한다. 그는 칼뱅과 청교도들을 통해 성서가 미국의 조상들에 미친 영향에 대해 다른 사람들보다 더 많이 생각하고 글도 썼다. 예를 들어, 그의 1986년의 논문 〈미국 정치 전통 내의 성서(The Bible in the American Political Tradition)〉를 보라. 또 다른 내 스승이자 러트거스 대

학교의 교수인 아로노프가 편집한 《종교와 정치》(*Religion and Politics* [New Brunswick, N. J.: Transaction, 1984], pp. 11-45)에 수록되어 있다. 나의 박사학위 지도교수인 고든 쇼켓(Gordon Schochet)은 후에 구약 성서가 서양 사상사에 미친 영향을 재평가하는 데 선두적인 역할을 하게 된다. 고든이 아서 에이핑거(Arthur Eyffinger)와 공동 편집하는 저널 《히브리 정치 연구》(*Hebrew Political Studies* [Shalem Press])를 참고하라.

37) Sheldon Wolin, *Politics and Vision*, p. 97.

38) Sheldon Wolin, *Politics and Vision*, p. 96.

39) 월린은 자신의 주장을 증명하는 데 다니엘 7장 9-27절만을 인용하는 것에 만족한다. 그러나 그것과 다른 버전의 성서 구절도 많다. 미가 4장 3-6절을 보라. "민족이 민족에 대항하여 칼을 들지 않을 것이며 … 모든 사람이 자신의 포도나무와 무화과나무 아래 앉을 것이며 두려워하는 자도 없어질 것이다. … 모든 사람은 그의 신의 이름으로 행할 것이며, 우리는 영원히 우리의 하나님 영원하신 자의 이름으로 행할 것이다."

40) 여기서 나는 서양 철학의 일반 역사를 말한다. 그리스 철학사를 다루는 전문 서적들은 고전 그리스 사상과 성서의 사상 사이의 유사성을 보다 주의 깊게 다룬다.

41) Bertrand Russell, *History of Western Philosophy*, p. 25.

42) 서양 역사에 대한 유대주의의 기여에 관해 러셀은 다음과 같은 항목을 나열한다. 신성 역사; '하나님이 특별히 사랑하시는 작은 인류 공동체의 존재'; '의'에 대한 새로운 이해(예를 들어 '자선'); 히브리 법전(예를 들어 '십계명'); 메시아; '저세상 개념'(Bertrand Russell, *History of Western Philosophy*, pp. 308-309). 그러나 이런 유대주의의 특징들이 러셀의 철학사 이해를 증진시키지는 못했다. 심지어 러셀이 언급한 '의'에 대한 새로운 이해는 도덕철학 분야에서 상당한 영향력을 가질 법했지만, 그의 책에서 완전히 사라져 다시는 언급되지 않는다.

344

43) Anthony Kenny, *A New History of Western Philosophy* (New York: Oxford University Press, 2007), p. 86.

44) 다음은 구약 성서의 가르침에 대한 케니의 요약이다. "예수의 가르침은 구약 성서의 세계관을 그 틀로 하고 있다. 구약 성서에 따르면 주 하나님 여호와는 말씀으로 하늘과 땅 그리고 그 안의 모든 것을 창조했다. 유대인들은 하나님의 선민으로 모세에게 계시된 신법을 가지는 독특한 특권을 누렸다."(Anthony Kenny, *New History of Western Philosophy*, p. 86).

45) 내 생각에는 이 학자들도 윤리학과 잠재적으로 유관할 수 있는 개념으로 신을 언급할 때마다 자신들이 성서를 다루고 있음을 감지한다. 예를 들어, 하먼은 다음과 같이 말한다. "그대들은 윤리에 관한 신법 이론을 구축할 수 있다. … 그 이론에 따르면 선과 악이 하나님의 법에 의해 결정된다. … 그 이론은 우리가 천국과 지옥에 대해 염려하는 만큼 선악에 대해서도 관심을 가진다고 말한다." 그리고 윌리엄스는 하나님의 개념이 윤리학에 어떤 도움이 될지를 짧게 다루는 장을 포함한다. 결론은 "그 개념이 완전히 불가해하기" 때문에 윤리학에는 도움이 되지 않는다는 것이다. (Bernard Williams, *Morality: An Introduction to Ethics* [Cambrdige: Cambridge University Press, 1972], p. 72). 그러나 이것이 사실이라면 하먼과 윌리엄스는 잘못 생각했다. 왜냐하면 그들은 구약 성서의 윤리적 가르침을 전혀 다루지 않았기 때문이다(이 주제에 관해서는 이 책의 4장을 보라). 그러나 내 생각에는 이런 침묵이 철학자 시몬 블랙번의 《선하다는 것: 간편 윤리학 개론》(Simon Blackburn, *Being Good: A Short Introduction to Ethics*)보다는 낫다. 블랙번은 윤리 사상에 대한 성서의 실제 기여를 (심지어 잠재적 기여도) 전혀 언급하지 않고, 책의 첫 두 페이지를 성서적 도덕 개념의 '약점'들로 채운다. 그의 결론을 심각히 받아들일 필요는 없지만 시사하는 바가 있다. 그는 다음과 같이 적는다. "따라서 성서는 전체적으로 아동, 정신지체자, 동물, 환경, 이혼자, 불신자, 다양한 성적 선

호를 가진 사람들, 노년의 여인들에 대한 학대에 백지 수표를 준다. 또 우리를 죄에 의해 끊임없이 오염된 타락한 존재라고 규정하며, 우리에게도 학대적이다. 그리고 우리 자신에 대한 증오는 다른 사람에 대한 증오를 가져온다."(Simon Blackburn, *Being Good: A Short Introduction to Ethics* [New York: Oxford University Press, 2003], pp. 10-13. 블랙번 정도의 학자라면 마음만 먹는다면 아리스토텔레스나 칸트의 도덕에 대해서도 이런 식의 조롱을 할 수 있을 것이다.

46) John Deigh, *An Introduction to Ethics* (Cambridge: Cambridge University Press, 2010), p. 124. 작은따옴표로 한 강조는 필자가 더한 것임.

47) 왜 1987년에 와서야 한 성서학자가 자신의 논문에서 타나크(즉 구약 성서)의 본질을 비평적 학문의 틀에서 탐구하는 학문 분과를 만들자고 제안하게 되었는지를 설명한다(M. H. Goshen Gottstein, "Tanach Theology: The Reliion of the Old Testament and the Place of Biblical Theology," in P. Miller, P. Hanson, and S. D. McBride, eds., *Ancient Israelite Religion: Essays in Honor of Frank Moore Cross* [Philadelphia: Fortress Press, 1987], p. 622; pp. 627-628도 참고하라).

48) 구약 성서에 대한 이런 관점은 스피노자로부터 시작된 듯하다. 그는 "하나님의 말씀이 오류나 삭제된 내용을 가지며 비일관적으로 편집되었다"고 주장한다. Benedict Spinoza, *A Theologico-Political Treatise*, R. H. M. Elws, trans. (New York: Dover, 1951), p. 165을 참고하라.

49) Julius Wellhausen, *Prolegomena to the History of Israel* (Atlanta: Scholars Press, 1994 [1885])을 참고하라. 최근에 많은 문서비평학자가 문서들의 엄격한 구분에서 한 발 물러났다. 그러나 이런 변화가 성서 사상의 연구와 관련해서는 아무런 도움도 되지 않고 있다.

50) Solomon Schecter, "Higher Criticism-Higher Anti-Semitism," in *Seminary Addresses and Other Papers* (Cincinnati: Ark Publishing, 1915), pp. 35-40; Joseph Blenkinshopp, *Prophecy and Canon: A Contribution to the Study of Jewish Origins* (Notre Dame, Ind.,: Notre Dame University Pres, 1977), pp. 19-20; Jon Levenson, *The Hebrew Bible, the Old Testament, and Historical Criticism: Jews and Christians in Biblical Studies* (Louisvill, Ky.: Westminster John Knox, 1993), pp. 1-61.

51) 심지어 대학에서 유대학을 연구하는 사람들도 지금까지 구약 성서의 철학 사상들에 대한 학문적 연구를 꺼려왔다. 그들의 연구는 보통 필로 시대부터 시작된다.

52) 역사가 도널드 하먼 아켄슨은 서양사에서 성서 사상이 차지하는 위치에 관한 질문과 관련해 역사학에서 제대로 된 답을 얻는 것은 불가능하다고 지적했다. 그것에 관해 질문해봤자, "곧 그 질문은 학문 분과 주의, 자격 시비, 자의적 정의, 대담한 허풍의 구름 속에 사라져버린다"라고 말한다 (Donald Harman Akenson, *Surpassing Wonder: The Invention of the Bible and the Talmuds* [New York: Harcourt Brace, 1998], p. 3). 아켄슨은 서양이 자신의 성서적 과거와 직면하는 것을 조직적으로 피하는 이유를 그들이 "논쟁적인 유대 노예들보다 귀족이나 지성적 주인을 자신의 뿌리로 삼고 싶은 막연하고 무의식적인 속물성에 기인한다고 말한다"(Donald Harman Akenson, *Surpassing Wonder*, pp. 3-5). 지난 세기 니체 연구의 거장 철학자인 월터 카우프먼도 "서양 사상, 예술, 문학에 대한 구약 성서의 영향은 아직 연구되지 않았다"는 데에 동의하며, 그 이유를 다음과 같이 말한다. "본래 히브리적이었던 많은 것이 서양 문화에 완벽하게 흡수되어서 누구도 그것이 외래로부터 온 것임을 깨닫지 못하기 때문이다"(Walter Kaufman, *From Shakespeare to Existentialism* [Princeton: Princeton University press, 1980], p. 89).

53) Robert Alter, *The Art of Biblical Narrative* (New York: Basic Books, 1981); Meir Sternberg, *The Poetics of Biblical Narrative* (Bloomington: Indiana University Press, 1985).

54) Brevard Childs, "The Old Testament as Scripture of the Church," *Concordia Theological*

Monthly 43 (1972), pp. 709-722; Brevard Childs, *Introduction to the Old Testament as Scripture* (Philadelphia: Fortress Press, 1979). 다음의 책도 참조하라. James A. Sanders, *Tora and Canon* (Eugene, Oreg.: Wipf & Stock, 1999).

55) John Barton, *Understanding Old Testament Ethics* (Louisville, Ky.: Westminster John Knox, 2003); Daniel Elazar, *Covenant and Polity in Biblical Israel* (New Brunswick, N. J.: Transaction, 1995); Michael Walzer, *Exodus and Revolution* (New York: Basic Books, 1985); Aaron Wildavksy, *Moses as Political Leader*, with intro. by Yoram Hazony (Jerusalem: Shalem Press, 2005 [1984]).

56) Joshua Berman, *Created Equal: How the Bible Broke With Ancient Political Thought* (New York: Oxford University Press, 2008); Mary Douglas, *Leviticus as Literature* (New York: Oxford University Press, 1999); Lenn Goodman, *God of Abraham* (New York: Oxford University Press, 1996); Steven Grosby, *Biblical Ideas of Nationality* (Winona Lake, Ind.: Eisenbrauns, 2002); Leon Kass, *The Beginning of Wisdom: Reading Genesis* (New York: Free Press, 2003); Mira Morgenstern, *Conceiving a Nation: The Development of Political Discourse in the Hebrew Bible* (University Park: Pennsylvania State University Press, 2009); Eleonore Stump, *Wandering in Darkness: Narrative and the Problem of Suffering* (New York: Oxford University Press, 2010); Shmuel Trigano, *Philosophy of the Law*, with intro. by David Novak, Gila Walker, trans. (Jerusalem: Shalem Press, 2011 [1991]); Gordon Wenham, *Story as Tora: Reading Old Testament Narrative Ethically* (Grand Rapids, Mich.: Baker Academic, 2000). 또한 나의 책도 여기에 덧붙이고자 한다. Yoram Hazony, *The Dawn: Political Teachings of the Book of Esther* (Jerusalem: Shalem Press, 2000 [1995]).

1장_ 구약 성서의 구조

1) 이렇게 말하는 이유를 9장에서 설명한다.

2) 많은 성서학자는 방금 내가 언급한 책들(이사야, 욥기, 창세기 등) 자체가 다양한 시대에 다양한 저자에 의해 쓰인 더 작은 문학 단위의 모임이라고 말할 것이다. 이 책에서 나는 구약 성서 책들의 본문 형성사에 대한 논의를 피할 것이다. 이 책의 목적 달성을 위해서는 구약 성서의 모든 책이 완성된 통일체로 읽힐 수 있으며 그것은 역사의 어느 시점에 최종 저자 혹은 최종 편집자가 그 다양한 자료들을 현재의 완성품으로 만들어냈기 때문임을 말하는 것 정도로 충분할 것이다.

3) 이 삼단 구분은 탈무드에 등장하는 랍비들의 삼단 구분, 즉 오경·선지서·성문서와 비슷하지만 동일하지는 않다. 전통적으로 모세가 저작했다고 여겨지는 토라는 내가 이 책에서 이스라엘의 역사서로 부르는 아홉 권의 책 가운데 처음 다섯 권만을 포함한다. 따라서 이스라엘 역사서의 나머지 반은 '선지서'에 포함되는 것이다. '선지서'에 속한 책들의 목록은 탈무드《바바 바트라》 14b에 나와 있다.

4) 문학적으로 이것들을 역사서에 대한 '주석'이라고 생각하지는 않는다. 그랬다면 그 내용과 의미가 전적으로 역사서에 의존해야겠지만 그렇지 않다. 내가 말하려는 것은 선지자들의 설교와 성문서가 이스라엘의 역사서에 대한 해설, 반응, 수정, 비판, 첨가를 위해 편집된 것처럼 보인다는 것이다. 물론 선지자들의 설교나 성문서의 일부 본문은 역사서의 최종 본문보다 시대적으로 앞서기 때문에, 이것이 그 본문들 모두에 적용될 수는 없다. 그럼에도 불구하고 우리가 가진 구약 성서의 최종 배열 순서를 고려하면 선지자들의 설교와 성문서는 의도적으로 역사서의 내용에 의존하고 그것에 대한 반응으

로 편집된 것 같다.

출 17:8-13.

6) 선지자들의 설교와 성문서가 동시에 성서에 첨가되었다고 믿을 이유는 없다. 선지자들의 설교가 역사서에 대한 일련의 주석으로 먼저 편집되었을 가능성이 충분히 있다. 또한 후에 성문서가 편집될 때 선지자들의 설교의 구조를 모방했을 가능성도 있다. 마찬가지로 개연성 있는 다른 가설들도 가능하다. 내가 말하려 하는 것은 구약 성서에서 선지자들의 설교와 성문서는 병행 구조를 가진다는 것이다.

7) 출 20:18f. 역사서의 내러티브 부분과 율법 부분의 관계는 이 책 전체에서 다루지만 특히 2장의 I, 3장의 III, 8장의 VI부터 VIII까지를 참고하라.

8) 창세기에서 열왕기서에 이르는 역사 이야기의 일관성을 체계적으로 다룬 책들은 다음과 같다. David Noel Freedman, *The Unity of the Bible*, pp. 1-39; Donald Harman Akenson, *Surpassing Wonder: The Invention of the Bible and the Talmuds* (New York: Harcourt Brace, 1998). 조금 오래된 책이지만 G. Hoelscher, *Geschichts-schreibung in Israel* (Lund: Gleerup, 1952)도 참고하라.

9) 이 견해에 따르면 모세는 창세기, 출애굽기, 레위기, 민수기, 신명기의 대부분을 썼고, 여호수아는 신명기의 끝부분과 여호수아를 썼으며, 사무엘은 사사기와 사무엘서를 썼고, 예레미야는 열왕기서를 썼다. 탈무드 《바바 바트라》 14b를 참조하라.

10) 역사서의 자료들에 관한 방대한 학술서들을 훌륭하게 요약해주는 책으로 Richard Elliott Friedman, *Who Wrote the Bible?* (New York: Harper Collins, 1997 [1987])가 있다. 이런 접근에 대한 고전적 비판서는 Umberto Cassuto, *The Documentary Hypothesis*, with intro. by Joshua Berman (Jerusalem: Shalem, 2006)이다.

11) Meir Sternberg, *The Poetics of Biblical Narrative* (Bloomington: Indiana University Press, 1985), p. 13. 물론, 스턴버그가 역사 비평에 반대하는 것은 아니다. 다른 구절에서 그는 다음과 같이 말한다. "역사적 저자(들)을 밝혀 그들의 내러티브를 합당한 사회문화적 배경 속에 위치시키는 노력은 원칙적으로 가치 있는 일임에 틀림없다. … 그러나 불행히도 이런 연구들은 지난 세기 동안 사실보다는 너무 많은 환영을 만들어냈다. 이는 노력이나 재능이 부족했기 때문이 아니라 그런 작업을 수행할 데이터가 부족했기 때문이다. … 슬픈 진리는 우리는 성서 저자들에 대해 아는 것이 거의 없다는 것이다. 성서의 저작 과정과 본문 전수에 대해서는 더 모른다. 그리고 앞으로도 사정은 나아질 것 같지 않다"(Meir Sternberg, *The Poetics of Biblical Narrative*, p. 64).

12) R. N. Whybray, *The Making of the Pentateuch*, p. 15. 또 다른 학자는 다음과 같이 말한다. "(구약 성서)에 대한 순전하게 역사적인 분석은 만족스런 결과를 낼 수 없다. 성서 책들의 연대를 특정하고 그것들을 역사적 순서로 연구하려는 노력은 처음부터 실패하게 되어 있다. 점점 확실해지는 것은 만족스런 구약 문학 형성사는 쓰일 수 없다는 것이다. … 초기 본문과 후대 편집문을 나누는 만족스런 기준도 지금까지 존재하지 않는다"(James Crenshaw, *Story and Faith: A Guide to the Old Testament* [New York: Macmillan, 1986], p. 2). 이런 학계의 상황을 조망하면서 에드워드 그린스타인(Edward Greenstein)은 다음과 같이 결론내린다. "오늘날 많은 성서학자는 신앙의 위기를 경험하고 있다. … (우리가) 수행한 연구의 결과를 믿을 수 없게 되고 있다. 과거에 객관적 진리라고 여겼던 것들이 우리 생각의 창작물임이 더 절실하게 느껴진다. … 현대 비평학은 우리 자신의 미드라쉬와 정확하게 똑같다"(Edward Greenstein, *Essays on Biblical Method and Translation* [Atlanta: Scholars Press, 1989], p. 23).

13) 다시 말해, 나는 구약 성서에 대한 학문적 연구가 가령 아리스토텔레스의 저작에 대한 연구와 마

347

찬가지로 수행되어야 한다고 믿는다. 본문의 형성사를 전공하는 역사가들은 자신의 연구를 수행하면서 철학자나 정치 이론가가 그 최종 본문을 연구하는 것을 막을 필요는 없다. 성서의 최종 본문에 대한 관심이 1980년대, 특히 성서 본문의 정치적 메시지를 이해하려는 정치철학자들에 의해 성공적으로 수용되었고, 성서의 철학에 대한 후속 연구에서도 그 가치를 계속 입증하고 있다. 이런 연구 방법론에 관해서는 다음의 글들을 참고하라. Michael Walzer, *Exodus and Revolution* (New York: Basic Books, 1985), pp. 7-8; Aaron Wildavsky, *Moses as Political Leader*, with intro. by Yoram Hazony (Jerusalem: Shalem Press, 2005 [1984]), pp. 10, 20; Daniel Elazar, *Covenant and Polity in Biblical Israel* (New Brunswick, N. J.: Transaction, 1995), pp. 54-55; Leon Kass, *The Beginning of Wisdom: Reading Genesis* (New York: Free Press, 2003), p. 14; Joshua Berman, *Created Equal: How the Bible Broke with Ancient Political Thought* (New York: Oxford University Press, 2008), pp. 8-9.

14) 솔로몬의 아들 르호보암 아래 왕국이 분열된 때까지의 역사는 5장에서 다루어진다. 분열된 왕국들은 서로 적대관계에 있었고 이스라엘이 열왕기하 17장 6절에서 멸망하기까지 서로를 계속 배반한다. 유다 왕국이 이집트와 바빌로니아의 손에 멸망당하는 끔찍한 이야기는 열왕기하 23장 29절에서 25장 21절까지에 등장한다. 에스겔 19장 1-9절도 보라. 유다의 마지막은 신명기 28장 36절, 29장 27절에도 나온다. 또 주목할 만한 것은 예레미야 36장에서 45장이 예루살렘의 멸망 직후에 관한 에필로그를 포함한다는 것이다. 이 에필로그는 본래 이스라엘 역사의 결말로 의도되었을 가능성도 있다.

15) 내러티브 대부분이 유다 멸망 전 요시아 왕의 개혁 중 저작되었다고 주장하는 학자들이 있다. 예를 들어, William M. Schniedwind, *How the Bible Became a Book* (Cambridge: Cambridge Univeristy Press, 2004)을 보라. 이 견해에 따르면 유배 시절에 그 역사의 마지막 부분이 저작되어 기존의 역사서에 붙여졌다. 이 견해는 역사서를 유기적 통일체로 간주하는 독자들에게는 도움이 되지 않는다. 역사서의 통일성은 각 본문들이 우리가 가진 최종 본문의 결말을 일관되게 반영한다는 점에 있기 때문이다. 그 견해를 설득력 있게 만들려면, 과거 요시아 시대의 것으로 여겨진 결말을 서술하고 그 결말이 그 전 부분의 가르침들과 어떻게 조화되는지 설명할 필요가 있다. 그러나 내가 알고 있는 한 누구도 아직 그런 설명을 제시하지 않았다.

16) 현대 성서학자들은 예레미야 혹은 그의 조력자이자 제자였던 바룩이 역사서 편찬에 관여한 핵심 인물이었다고 추정한다. 예를 들어, 리처드 프리드먼(Richard Elliott Friedman)은 신명기에서 열왕기서에 이르는 부분의 저자로 예레미야와 그의 조력자인 바룩을 꼽았다. 참조. Richard Elliott Friedman, *Who Wrote the Bible?*, pp. 146, 149. 한편 데이비드 노엘 프리드먼은 바룩이 그 역사서 부분의 유일한 저자라고 주장했다. 참조. David Noel Freedman, *The Unity of the Bible*, pp. 70-71. 그러나 나는 이 문제에 대한 최종적 답(예레미야인지, 바룩인지, 혹은 우리가 모르는 제3자인지)을 얻기에는 증거가 부족하다는 스턴버그의 말에 동의한다. Meir Sternberg, *The Poetics of Biblical Narrative*, pp. 67-68을 참고하라.

17) 이스라엘의 역사서가 처음부터 히브리어를 모르는 이방인들의 관심이 되었다고는 생각지 않는다. 내가 받는 인상은 역사서는 유대인들을 독자로 상정하여 저작되었다는 것이다. 그러나 유배 생활의 산물인 만큼 역사서 본문은 주변 나라들의 사상을 염두에 두고 저작되었을 것이다.

18) 내가 '선지자들의 설교'라는 용어를 사용하는 이유는 그것을 사사기, 사무엘서, 열왕기서와 같은 선지자들의 다른 저작과 구분하기 위함이다. 전통적으로 이스라엘 역사서의 후반부를 구성하는 내러티브는 '전기 선지서'(느비임 리쇼님)로 불렸고 선지자들의 설교들은 '후기 선지서'(느비임 아하로님)로 불렸다.

19) 창 20:7. 이 구절이 '나비'라는 단어가 처음 사용된 곳이다.

20) 사회 비평가적 선지자에 관해서는 다음의 책을 참고하라. Michael Walzer, *Interpretation and Social Criticism* (Cambridge, Mass.: Harvard University Press, 1993), pp. 69-94.

21) 신 18:15-18. 신 17:14-20을 참조하라.

22) 삿 5:14-18. 왕정의 성립 이전에 예언은 "희귀했고, 이상은 자주 나타나지 않았다"고 전해진다. 삼상 3:1을 참조하라.

23) 현대 성서학에서는 이사야서를 두 권의 책으로 이해한다. 두 번째 책에 포로기 바빌로니아인들이 언급되기 때문인데, 이런 견해는 중세의 유대 주석가 이븐 에스라(Ibn Ezra)에게도 보인다. 또한 이븐 에스라는 랍비 모세 이븐 치키틸라(R. Moses Ibn Chiquitilla)의 의견을 따른 것으로 전해진다. Uriel Simon, "Ibn Ezra Between Medievalism and Modernism: The Case of Isaiah 40-66," *Supplement to Vetus Testamentum* (1985), pp. 257-271을 참고하라. 이 문제에 대한 토론을 보려면 다음의 글을 읽으라. Benjamin Sommer, "The Scroll of Isaiah as Jewish Scripture, Or Why Jews Don't Read Books," in *Society of Biblical Literature 1996 Seminar Papers* (Atlanta: Scholars Press, 1996), pp. 225-242.

24) Sid Z. Leiman, *The Canonization of Hebrew Scripture* (New Haven: Connecticut Academy of Arts and Sciences, 1991), p. 28.

25) 에스라와 느헤미야를 한 권의 책으로 보는 견해에 관해서는 탈무드 《산헤드린》 93b를 참조하라. 느헤미야를 스룹바벨과 동일인물로 이해하는 탈무드 《산헤드린》 38a도 참조하라.

26) '지혜 문학'이라는 말은 성서학자와 고대 근동 학자들이 잠언이나 전도서와 같은 성서 책들을 세속 지혜(이것은 그리스철학의 전신임)를 다루는 이집트와 메소포타미아의 논쟁이나 운문과 연결시킬 때 사용되는 말이다. 고대 근동의 지혜 문학에 대한 좋은 개괄과 요약을 보려면 마이클 폭스의 잠언 주석을 참조하라. Michael V. Fox, *Proverbs 1-9: A New Translation with Introduction and Commentary* (New Haven: Yale University Press, 2000), pp. 17-27. 이 책에서는 '지혜 문학'이라는 용어는 물론 그것이 지칭하는 범주 개념도 사용하지 않는다. 잠언과 이집트 윤리 교본 사이의 강한 유사성을 찾는 것이 잘못된 일이기 때문이 아니다. 그것은 잘못된 일이 아니다. 그러나 잠언이 형식에 있어 이집트 윤리 교본과 유사하다는 사실이 잠언을 사사기, 예레미야 혹은 에스더와 같은 책들보다 더 '지혜 문학'으로 만들지 않는다. 모든 성서 책은 세상 지혜를 얻고 전하기 위한 노력의 일환으로 저작되었기 때문에 어떤 의미에서 모두 '지혜 문학'이다. 성서의 한두 권을 '지혜 문학'이라고 구별하는 어법은 바로 이런 사실을 사장시킨다. 한편 소위 '지혜 문학'을 제외한 나머지 성서 책을 암묵적으로 '지혜 문학'이 아닌 것(반지혜 문학)으로 만들어버린다. 이렇게 몇몇 성서 책을 나머지들과 구분하는 도구로서 이성-계시의 이분법이 성서 안에 들어와버린다. 나는 이런 식으로 성서 책들을 구분해서는 안 된다고 믿는다. 또한 이성 혹은 철학을 구약 성서에서 찾는다면 잠언이나 전도서가 그 예가 될 수 있을 것이라는 가정도 거부해야 한다. 이렇게 말하는 것은 잠언이나 전도서에 애정이나 관심이 없기 때문이 아니다. 단지 그 책들이 분량 면에서 성서에서 가장 많은 분량(6분의 5)을 차지하며 가장 중요한 내용을 담은 성서 내러티브와 선지자들의 설교와는 상대가 되지 않는다는 것이다. 그리고 구약 성서의 철학을 연구할 때 가장 먼저 고려해야 할 부분이 바로 역사서와 선지자들의 설교라면, 나는 구약 성서의 전부 혹은 대부분을 '지혜 문학'으로 부를 날이 오기를 학수고대한다.

27) 여기서 '저자'는 해당 책의 최종 저자 혹은 편집자를 가리키는 느슨한 용어다. 예를 들어, 시편은 많은 다양한 '저자'들에 의해 창작된 시 모음이다.

28) 사 2:2-4; 미 4:2-5.

29) 욜 4:9-12.

30) 이 견해는 벤저민 섬머나 이스라엘 놀의 책에 개진된 것과 어떤 면에서 비슷하다. Benjamin Sommer, "The Scroll of Isaiah as Jewish Scripture, Or Why Jews Don't Read Books," and Israel Knohl, *The Divine Symphony: The Bible's Many Voices* (Philadelphia: Jewish Publication Society, 2003)을 참고하라. 섬머는 다음과 같이 말한다. "현대 성서학의 발견들을 활용할 때 우리는 유대 학문의 본질적 특징을 새롭게 한다. 랍비 유대교와 중세 유대교의 성서 주해는 언제는 논쟁과 다양성에 초점을 두었다. … 포스트모던 시대의 유대인들은 그 다양한 목소리와 (비평학이 발견해준) 반대 목소리들을 만끽한다. 이것은 탈무드학과 현대 성서학의 변증법적 관계를 연상시킨다"(p. 238). 나는 구약 성서가 다양한 목소리를 제공하고, 구약 성서의 편집자들은 그런 다양성을 의도적으로 구했다는 사실에 동의한다. 그러나 현대 성서학이 제안하는 가설적 본문 형성사를 받아들이면서 섬머와 놀은 성서의 내적 다양성의 근거를 그 존재가 증명되지 않는 문서들에서 찾고 있는 듯한 느낌이다. 그럼으로써 구약 성서에 있는 가장 중요하고 참된 목소리들(우리에게 이스라엘의 역사서와 그 외의 부분을 최종적으로 완성해준 최종 저자들의 목소리임)과 최종 본문이 보여주려한 다양한 견해들이 도외시되었다고 생각한다. 최종 저자들의 본문에 초점을 맞춘 대안적인 견해를 보려면 다음의 책을 참고하라. Brevard Childs, *Introduction to the Old Testament as Scripture* (Philadelphia: Fortress Press, 1979); James Sanders, *Canon and Community* (Philadelphia: Fortress Press, 1984); Dale Patrick and Allen Scult, *Rhetoric and Biblical Interpretation* (Sheffield: Sheffield Academic Press, 1990), pp. 130-139.

31) 그러나 나는 성서의 핵심 가르침을 어떤 하나의 원리나 개념(예를 들어, 언약·하나님의 거룩·하나님의 주권, 그 외에 구약 신학의 '중심'(밋테)으로 제안된 다른 개념들)으로 환원할 수 있다고는 생각하지 않는다. 이 점에 관해 레벤슨의 책을 보라. Jon D. Levenson, *The Hebrew Bible, the Old Testament, and Historical Criticism: Jews and Christians in Biblical Studies* (Louisville, Ky.: Westminster John Knox, 1993), pp. 54-56. 내가 말하려는 바는 성서 저자들이 강조하는 가르침 중에 많은 동의를 얻는 것과 그렇지 못한 것을 구분할 수 있다는 것이다.

32) 이 견해에 대한 훌륭한 설명을 보려면 James Kugel, *The God of Old* (New York: Free Press, 2003), pp. 5-36을 참조하라.

33) 실제로 선지자들의 설교가 어떤 한 시점에 역사서와 연관 지어지지 않았으면 지금까지 전승되었을까 하는 의심이 있다.

34) 겔 18:1-23. 에스겔이 우리가 가진 역사서의 최종 본문을 알았는지는 확실치 않다. 그러나 그가 신명기 본문만을 알았다면, 그는 이 이론을 신명기에서 발견했을 것이다.

35) Yoram Hazony, *The Dawn: Political Teachings of the Book of Esther* (Jerusalem: Shalem Press, 2000 [1995]), pp. 123-143을 참고하라.

36) 예를 들어, Sara Japhet, *The Ideology of the Book of Chronicles and its Place in Biblical Thought* (Winona Lake, Ind.: Eisenbrauns, 2009)를 보라.

37) 모든 '나중의' 본문들이 역사서의 편집보다 늦은 것은 아니다. 아모스나 이사야의 설교들은 역사서의 일부 자료들보다 늦게 저술되었을 가능성이 있지만, 이 선지자들의 모든 설교는 역사서의 최종 편집보다는 앞서 저술된 것이다.

38) 겔 43:18-48:35에도 율법이 기록되어 있다.

39) 율법과 그것을 둘러싼 철학적 탐구 사이의 구분은 탈무드에서 매우 잘 알려진 현상이다. 예를 들어, 탈무드《하기가》 14a와《수카》 28a를 참고하라.

40) 이것에 관해서는 David Noel Freedman, *The Unity of the Bible*, pp. 7-9를 참고하라.

41) 아브라함 시대에 우르와 하란은 바빌로니아로 알려진 지역에 속하지 않았을 수 있다. 그러나 이것은 역사서의 최종 저자에게는 중요한 문제가 아니었다. 그는 우르를 '갈대아 우르'로 칭한다. 창 11:28, 31을 참고하라. 갈대아인들은 바빌로니아인들이며 열왕기서에서 유다의 파괴자로 등장하는 바빌로니아인들은 갈대아인들로 불린다.

42) ①창 2:23-24; 왕하 24:14-16; ②창 11:1-9; 왕하 25:4-10; ③창 12:1-7; 왕하 24:14-16, 25:11; ④창 22:1-9; 삿 11:30-40; ⑤창 34:13-29; 왕하 10:15-28; ⑥창 37:26-28; 왕하 17:1-6, 18:9-11; ⑦출 4:1-5, 7:19, 14:15-29; 삼상 17:38-47; ⑧출 11:2; 왕하 24:13; ⑨출 32:4; 왕상 12:28; ⑩출 33:12-34:7; 왕상 19:8-12.

43) 이 작업은 기독교의 구약 성서를 사용하는 사람에게는 더 어렵다. 왜냐하면 지금까지 내가 말한 것과 다른 순서로 배열되어 있기 때문이다. 대부분의 기독교 성서에서는 구약 성서의 첫 17권은 다음과 같이 배열되어 있다. 창세기, 출애굽기, 레위기, 민수기, 신명기, 여호수아, 사사기, 룻기, 사무엘상, 사무엘하, 열왕기상, 열왕기하, 역대상, 역대하, 에스라, 느헤미야, 에스더. 이 순서를 통해 내가 구약 성서의 가장 중요한 문학 단위로 제안한 이스라엘의 역사서가 대부분의 기독교 성서에서는 명확한 단위로 존재하지 않음을 알 수 있다. 열왕기서에서 곧바로 역대서와 에스라, 느헤미야 그리고 에스더로 진행함으로써 역사서는 명확히 정의된 결말을 상실하고 역사서와 다른 사관에서 쓰인 중복 역사로 흐지부지 넘어가게 된다. 마찬가지로 역사서 중간에 룻기가 삽입됨으로 역사서의 핵심적 자리에 균열을 일으켜 역사서를 통일된 역사로 읽는 것을 그만큼 더 어렵게 만든다. 마찬가지로 신명기의 모세 설교가 역사서의 중심에 오게 되는 일도 없어진다. 무엇보다도 심각한 것은 역대서라는 경쟁 역사서를 열왕기서 바로 다음에 둠으로써 유대인의 성서에서 부여된 역사서의 특별한 지위(유대인의 성서에서는 역사서가 책의 앞부분에 자리 잡고 있음)가 사라져버리게 되는 것이다.

2장_ 구약 성서의 저술 목적은 무엇인가?

1) 메이어 스턴버그는 다음과 같이 말한다. "모든 사회적 담화와 마찬가지로 성서 내러티브도 특정 독자을 상정하고 그 독자와 관련한 목표(들)에 의해 규제된다. 그러므로 독자들의 주요 작업은 그 목적에 근거해 이해하는 것이다"(Meir Sternberg, *The Poetics of Biblical Narrative* [Bloomington: Indiana, 1985], pp. 1-2.)

2) 구약 성서의 의미가 모호하다고 말하는 교부들을 쉽게 찾을 수 있다. 예를 들어, 유스티누스는 유대인 성서에는 "은유나 모호한 언어로 신비스럽게 표현된 … 혹은 상징 행위로 신비스럽게 표현된" 본문들이 많다고 말한다(Justin Martyr, *Dialogue with Trypho*, Thomas B. Falls, trans., rev. with intro. by Thomas P. Halton, Michael Slusser, ed. [Washington: Catholic University of America, 2003 (a. 135 CE0)], p. 106). 비슷하게 오리게네스도 성서의 "교리의 진리에 인간 화술적 오염물이 조금도 섞이지 않았다"고 주장한다. 그는 계속해서 "우리의 책이 수사학적 기술이나 철학적 지혜로 작성되었기 때문에 사람들이 그것에 끌리는 것이라면 우리의 믿음은 의심할 여지없이 하나님의 능력이 아니라, 인간 언어의 기술적인 사용과 인간 지혜에 근거하는 것이다"고 말한다(Origen, *On First Principles*, G. W. Butterworth, trans. [New York, Harper & Row, 1966], p. 267). 그러나 구약 성서가 호메로스나 플라톤의 저작보다 더 모호한가? 나는 그렇게 생각하지 않는다. 그 모호성의 일부는 히브리어 성서가 그리스어나 라틴어로 잘못 번역되었기 때문이다. 또한 교부들이 구약 성서가 저작된 목적들로부터 이미 상당히 유리되었다는 점도 그들이 느낀 모호성과 관계있다.

3) Paul Ricoeur, *Essays on Biblical Interpretaton*, ed. with intro. by Lewis S. Mudge (Philadel-

phia: Fortress Press, 1980), p. 50.

4) 예를 들면, 다음과 같은 주장이다. "구약 성서를 유대인과 공유하지만 기독교인들이 그에 대한 다른 해석을 주장한다는 사실은 처음부터 분명했다. 구약 본문은 복음의 관점에서 새로운 의미를 가졌다. 바울은 '죽이는 문자'를 '살리는 영'과 대조했다"(고후 3:6). 성서는 기독교 교회에게 새로운 책이 되었다(Brevard Childs, "The Old Testament as Scripture of the Church," *Concordia Theological Monthly* 43 (1972), pp. 709-722, 특히 712쪽).

5) 요 1:6-7.

6) 요 21:20, 24. 교회 전통에 따르면 이 구절에서 말하는 제자가 요한이지만, 지금은 확실하지 않다. 어쨌든 본문은 요한과 같은 예수와 매우 가까운 제자에 의해 쓰였다고 주장한다.

7) 눅 24:36-37, 46-48.

8) 행 1:8.

9) 고전 15:1-18.

10) 성서의 가르침에 대한 이런 제시 방식은 오늘날까지 기독교 신학 담론의 중심에 있다. 예를 들어, 브레버드 차일스는 "기독교 신앙은 특정한 역사적 증언과 연결되어 있다. … 우리의 신앙은 역사 그 자체도 모든 인류가 이해할 수 있는 철학적 일반 통찰도 아닌 선지자들과 사도들의 증언 위에 세워진다"고 말했다(Brevard Childs, "The Old Testament as Scripture of the Church," pp. 713-714).

11) 드루 존슨(Dru Johnson)이 나에게 말해준 바에 따르면 신약 성서에 대한 내 설명은 누가복음, 요한복음 그리고 바울서신에 가장 잘 맞는다. 그러나 이 책들은 신약 성서 안에서도 후대의 기독교 교리를 반영하는 것으로 간주될 수 있다. 즉, 증언과 증거의 틀을 표준으로 세워서 독자들로 하여금 마태복음과 마가복음과 같은 초기의 책들도 그 관점에서 접근하게 하려는 것이다. 후기와 초기 신약 성서의 가르침을 구분하는 것은 예수의 부활의 역사성에 대한 관심보다는 다른 것들(예를 들어, 예수가 모세보다 위대한 마지막 선지자임을 유대인에게 말하는 것)에 대해 더 큰 관심 있는 초기 기독교 가르침을 추출하기 원하는 기독교인들에게 중요할 수 있다. 나는 신약 성서가 이런 식으로 읽힐 수 있다는 사실에 드루와 의견을 같이한다. 그리고 그런 독해법이 초기 기독교 문서를 읽는 최선일 수 있다. 그러나 이것이 옳다 해도 나는 신약 성서의 최종 본문에 대한 나의 개괄이 여전히 유효하다고 믿는다. 즉 신약 성서는 누가복음, 요한복음 그리고 바울서신에서 확립된 틀에 의해 지배된다. 실제로 기독교들이 신약의 가르침을 말할 때 보통 의미하는 바가 바로 그런 '증언'의 틀이다.

12) 예를 들어, 요 8:12-19을 보라.

13) 이 법정적 은유가 증언의 본문과 독자 사이에 매우 특수한 관계를 설정함에 주목하라. 이 관계에서 독자는 법정의 판사와 같고, 그의 역할은 증인들의 설명이 신뢰할 만한지 결정하기 위해 증언의 질을 평가하는 것이다. 기독교 독자들은 그 증인들을 신뢰할 만하다고 여겨, 그들의 증언을 수용하며 그들이 말한 내용을 믿는 경향이 있다. 그러나 판사의 의자에 앉은 사람은 그 증언이 신뢰할 만하지 않다고 판단할 수도 있다. 그리고 이것은 구약 성서 본문이 '훼손된 것'으로 간주되어야 한다고 주장한 일군의 학파를 일으킨 19세기 개신교 학자들이 택한 길이다. 그들에 따르면 성서 본문은 ①역사적 오류를 포함하며, ②내적 모순을 가진다. 나아가 이 오류와 모순은 ③다양한 자신의 목적을 이루기 위해 증언들을 조작한 저자들의 불순한 동기에 기인한다. 방금 말한 세 가지의 공통점은 모두 법정적 성격을 가진다는 것이다. 그것들은 법정에서 어떤 증언을 신뢰할 수 없는 것으로 확증해주는 기준이 된다. 성서비평학이 바로 그런 기준들을 사용해서 성서 저자들의 증언이 신뢰될 수 없다고 주장한 것이다. 이런 의미에서 자료비평은 구약 성서를 연구하는 데에 여전히 신약 성서의 법정적 틀을 사용한 것이라 할 수 있다. 실제로 이 성서비평학 관련 책들을 읽으면 복음서에서 발견되는 친숙한 법정적 논리들을 발견할 수 있다. 누가 증인인가? 증인은 몇 명인가? 그들의 설명은 얼마나 믿

을 만한가? 우리는 누구를 믿어야 하는가?

14) 이 문맥에서 법정에서 시간을 보내는 사람들에 대한 플라톤의 경멸을 비교하는 것도 의미 있는 일이다. 플라톤, 《테아이테토스》 172d-173b를 참고하라.

15) 엡 3:2-9. 에베소서의 저자가 바울인지는 현대 신약 학자들의 논쟁거리다.

16) 고전 2:6-10. 또한 고전 4:1, 롬 16:25-27, 엡 1:8-10, 골 1:25-27, 2:2-3도 보라. 이 바울의 교리는 마 13:11, 막 4:11, 눅 8:10의 '하나님 나라의 비밀'에 관한 주제와 유사하다.

17) 그렇다고 바울이 기독교의 가르침이 오직 인간 지성이 파악할 수 없는 숨겨진 비밀로만 구성되었다고 가르친 것은 아니다. 여러 유명한 구절에서 바울은 창조 때부터 인간이 하나님의 가르침의 일부 측면들을 알았다고 말한다. 예를 들어, 로마서에서 그는 악인에 대해 다음과 같이 말한다. "이는 하나님을 알 만한 것이 그들 안에 밝히 드러나 있기 때문이다. 하나님께서 그것을 그들에게 밝히 보여 주셨다. 세상 창조 때부터 그분의 보이지 않는 것들, 곧 그분의 영원하신 능력과 신성이 그분께서 만드신 만물을 통하여 분명히 드러나 알게 되었으므로 그들이 변명할 수 없다. 그들은 하나님을 알면서도, 하나님을 영광스럽게 하지도 않고 감사드리지도 않았으며"(롬 1:19-22). 바울은 또한 이렇게 말한다. "율법이 없는 이방인이 본성으로 율법의 일을 행할 때에는 이들은 율법이 없어도 자기가 자기에게 율법이 된다. 이런 사람들은 그들의 양심이 증언하여 그들의 생각들이 서로 고발하기도 하고 변명하기도 하여 자기의 마음에 기록되어 있는 율법의 행위를 보여준다"(롬 2:14-15). 이 구절들로 보아 바울은 하나님의 본성이나 모세 율법에 관한 유대적 가르침의 일부가 인간 이성(바울이 "자연의 빛"으로 부르는 것)을 통해 파악 가능하다고 믿은 것 같다. 그러나 이 구절들에서 인간에 의해 파악 가능한 것으로 바울이 말한 형이상학적 통찰과 도덕적 통찰은 복음서에서 드러난 그 숨은 비밀을 포함하지 않는다.

18) 구약 성서의 사건들도 완전히 단회적 성격을 가져서, 경험으로부터 일반화하는 지성적 추론의 범위를 넘어서는 것은 아닌지 물을 수 있다. 예를 들어, 라이언 오도우드(Ryan O'Dowd)는 이스라엘 역사에서 "이스라엘은 호렙 계시나 출애굽 구원 같은 사건이 창조 이래 처음이라고 결론 내릴 수밖에 없다"고 주장한다(Ryan O'Dowd, *The Wisdom of Torah: Epistemology in Deuteronomy and the Wisdom Literature* [Göttingen: Vandenhoeck and Ruprecht, 2009], p. 41). 어떤 의미에서는 그 말이 옳다. 즉 성서 본문은 출애굽과 시내산 언약이 경천동지할 사건이며 인류 역사에 새로운 어떤 것을 도입한 예로 이해될 수 있다는 인상을 남긴다. 또한 유대인의 역사에 대한 이런 관점은 하나님 자신에 의해 지지된다. 예를 들어, 하나님은 모세에게 "내가 온 땅 어느 민족에게도 해하지 않은 이적을 네 모든 백성들 앞에서 행할 것이다"라고 말한다. 출애굽기 34장 10절 말씀이다. 신명기 4장 34절도 참고하라. 그럼에도 불구하고 나는 구약 성서를 전혀 반복되지 않은 사건들에 대한 것으로 읽는 것은 잘못이라 생각한다. 즉, 요한과 바울이 예수의 초림과 관련해 그랬던 것처럼 구약 성서를 경험에 근거한 이성의 범위를 넘어서는 것으로 생각하는 것은 잘못이다. 구약 성서 가운데 역사서는 우리에게 시내산 율법 수여가 유일한 것이라고 말하지 않는다. 창세기 9장 1-17절을 보면 노아 시대에서도 '율법 수여'가 있었다. 그리고 이런 율법 수여의 이전 예들을 보기 시작하면 하나님이 인간에게 율법을 주시는 것이 패턴으로 반복됨을 알 수 있다. 어떻게 보면 아담도 아브라함처럼 하나님으로부터 율법을 받은 것이다. 그리고 모세도 시내산 사건 이전에 하나님으로부터 율법을 받았다. 따라서 시내산의 율법 수여는 다른 인간의 유사 경험과 정도의 차이를 가지지, 질적 차이를 보이는 것은 아니다. 출애굽에 대해서도 비슷한 이야기를 할 수 있다. 아브라함이 이집트로 내려갔다 온 것, 야곱이 아람에 내려갔다 온 것 모두가 출애굽의 전례로 기능할 수 있다. 나아가 예레미야와 에스겔 시대에 유다국이 멸망한 후 유배 간 백성들이 귀환하는 것도 마찬가지다. 하나님이 다른 민족에게도 출애굽과 같은 역사를 이루셨다는 것은 선지자들의 설교에서 분명히 드러난다. 아모스는 다

음과 같이 말한다. "이스라엘 자손들아, 너희는 내게 에티오피아 자손 같지 아니하냐? 내가 이스라엘을 이집트 땅에서, 블레셋 사람을 크레타에서, 아람 사람을 길에서 올라오게 하지 않았느냐?"(암 9:7). 이스라엘의 출애굽과 다른 민족의 유사 역사에 대한 비교가 신명기 2장 19-23절에도 나온다.

19) 나는 이런 해석이 아주 오래전부터 지금까지 기독교 교회를 지배했다고 생각한다. 이 때문에 그것을 구약 성서에 대한 기독교적 이해라고 부른다. 그럼에도 불구하고 중세 유대인들에게도 비슷한 해석이 발견된다는 사실에 주목할 필요가 있다. 예를 들어, 사아디아 가온은 우리가 유대 전통의 가르침을 받고 하나님의 율법에 순종해야 하는 이유는 성서에 보고된 기적에 대한 목격자들의 증언이 신뢰할 만하기 때문이라고 말한다. Sa'adia Gaon, *The Book of Beliefs and Opinions*, Samuel Rosenblatt, trans. (New Haven: Yale University Press, 1948), pp. 29-33을 참고하라. 유대 철학에 대한 법정적 패러다임을 주창하기 위해 사아디아는 주 20에서 논의된 이사야 44장 8절을 인용하지만 그 이사야 구절이 사아디아가 생각한 역할을 해낼 수 있을지는 의심스럽다. 이사야 설교 중 한 구절 가지고는 구약 성서가 기적들에 대한 목격자적 증언을 제공함으로 이스라엘의 하나님과 그 율법에 대한 믿음을 정당화하려 한다고 주장할 수 없다. 놀랍게도 성서의 나머지 부분에서 그런 구절을 더 이상 찾을 수 없을 뿐 아니라, 이사야 43-44장도 사아디아의 주장에 대한 증거일 수가 없다. 결국 이 구절에서 이사야가 유대인들에게 "증언하라"고 촉구하는 것은 "내가 여호와며 나 외에는 다른 구원자가 없다"는 것과 하나님 외에는 "내가 아는 바위가 전혀 없다"는 것(사 43:11, 44:8)이다. 이 구절들에 기적에 대한 언급이 없을 뿐 아니라 하나님의 가르침과 율법을 정당화하기 위해 필요한 기적의 증인들에 대해서도 말하지 않는다. 이 구절들에서 이사야가 말하려는 것은 이스라엘의 하나님과 그의 율법은 과거에 백성들에게 행복을 가져왔고, 이스라엘 사람들은 그것을 알고 있다는 것이다. 또한 이방의 신들은 무익하며 이스라엘을 위해 해준 일이 없다는 것이다. 이 구절을 하나님에 대한 믿음을 정당화시켜주는 기적을 증언하라는 요구로 이해하는 것은 매우 비약적 해석이다.

354

20) 내가 옳다면, 이 법정적 은유(유대인들이 하나님을 위한 증인으로 불름받았다는 생각)에 가까운 것이 이사야의 후부, 즉 43장 10절, 12절, 44장 8절, 55장 4절에 등장한다. 이 구절들에서 이스라엘 사람들은 우상숭배자들과의 논쟁에서 하나님을 지지하는 증인이 되라고 요구받는다. 신약 성서와의 유사성이 특히 두드러지는데 이 구절들이 신약 저자들과 교부들이 사용한 법정적 모델에 영감을 주었을 가능성이 있다. 그러나 나는 이 구절들이 그 법정적 모델을 구약 성서 해석의 틀로 정립하기에는 부족하다고 생각한다. 첫째, 이 은유가 성서 저자들 중 단 한 명에 의해 사용되었음에 주목하라. 구약 성서의 나머지 부분에 이 법정적 모델이 등장하지 않는 것으로 보아 다른 저자들은 자신들의 글이 이스라엘 하나님을 위한 증언이나 증거와 상관없이 이해될 수 있다고 믿었던 것으로 여겨진다. 둘째, 이사야의 이 구절들은 어떤 측면에서 신약의 법정적 모델과 유사할 뿐이다. 다시 말해 이사야 구절들은 신약 성서에서와 같이 증언에 대한 실제 목격자들로 하여금 나와서 그들이 본 것을 진술하라는 내용으로 구성된 것은 아니다. 오히려 '증언'에 대한 언급은 비유적이다. 즉, 유대인들이 아무 '유익이 없는' 이방신들이 아니라 이스라엘의 하나님과 그 율법에 대해 그것이 신뢰할 만하고 인류에게 유익을 준다는 점을 말하라는 것이다(사 44:10). 마찬가지로 이사야의 어떤 구절도 성서를 증언으로 지칭하지 않는다. 이사야가 말하려는 것은 실제 역사적 경험과 논증의 이치가 유대인들로 하여금 이스라엘 하나님과 그 율법을 이방인들의 눈에도 그럴싸한 것으로 증언하게 만든다는 것이다.

21) 학자들은 성서 저자들의 익명성이 그 저자가 하나님 자신이라는 사실을 극적으로 표현하기 위한 것이라고 주장했다. Erich Auerbach, *Mimesis: The Representation of Reality in Western Literature* (Princeton: Princeton University Press, 1953 [1946]), pp. 14-16; Meir Sternberg, *Poetics of Biblical Narrative*, pp. 32-34, 46-47, 84f를 참고하라. 매우 대담하고 인상적인 주장이지만 성

서 본문에 그런 주장을 지지할 증거는 없다. 오히려 성서 저자가 자신이 하나님의 관점에서 글을 쓰고 있다고 생각했는지조차 의심스럽다. 성서 내러티브 저자가 전지적인 관점을 취하는 것이《일리아드》의 호메로스가 전지적인 관점을 취하는 것과 어떻게 다른지도 잘 모르겠다. 성서 저자의 익명적 전지성에 대한 더 좋은 해결법은 역사서에서 저자가 익명인 이유는 그것이 민족의 목소리로 의도되었기 때문이라는 제이컵 라이트의 주장일 것이다. Jacob Write, "A Nation Conceived in Defeat," Azure 42 (Autumn, 2010), pp. 83-101, 특히 88-89쪽을 참고하라. 흥미롭게도 신약 성서의 사복음서를 자세히 보면 그중 어떤 책도 저자의 신원을 의심할 여지없이 분명하게 밝히지는 않는다. 이것은 예수의 목격자적 증인이자 제자인 요한이 직접 저술했다고 주장하는 요한복음의 경우에도 적용된다. 다시 말해 복음서의 현 형태, 즉 증인들의 이름이 표기된 연속된 증언들의 형태는 복음서의 후대 편집자들이 도입한 것처럼 보인다. 이것은 바울 서신과 베드로 서신들과 반대되는데, 이들의 증언과 증거는 그들 이름으로 쓰인 편지와 연관된 것이다. 이것을 내게 지적해준 드루 존슨에게 감사드린다.

22) 예를 들어, 역대서는 이사야 선지자가 웃시야 왕의 통치에 관한 기록을 남겼다고 주장한다. 왕하 26:22.

23) 이에 대한 분명한 예외는 신명기의 모세 설교다. 이것은 명시적으로 모세를 저자로 인정한다. 더욱이 이 설교는 이스라엘 사람들에게 출애굽과 율법 수여의 기적들이 "네가 보는 앞에서" 발생한 것(신 4:34-35, 5:2-4, 6:22)은 그들이 이스라엘의 하나님이 세상의 통치자임을 깨닫도록 하기 위함이라고 말한다. 또한 그 기적들에 근거한 언약은 "오늘날 여기 우리와 함께 서 있는 사람뿐 아니라 오늘날 우리와 함께 있지 않는 사람"과도 맺은 것임을 강조한다(신 29:13-14). 이 구절들에 근거해 우리는 이스라엘 역사서가 조상들이 위대한 기적들의 증인이었고 모두를 대신해 언약을 수용했다는 점을 강조함으로써 율법 준수의 책임을 후손들에게 지울 목적으로 저작되었다고 주장할 수 있다. 그러나 심지어 구약 성서가 증언이나 증거로 기능하는 이 구절들도 증인들의 증거를 믿지 않으면 우리의 믿음이 헛되고 효력이 없다는 바울의 주장과는 매우 거리가 멀다. 모세의 신명기 설교와 그와 비슷한 여호수아의 구절들은 그런 주장을 하지 않는다. 유대인과 하나님 사이의 언약은 하나님의 출애굽 역사를 유대인들이 증언하는 일에 의존하지 않는다(증언이 조금 도움이 되기는 하지만 말이다). 나아가 그것은 이스라엘이 시내산에서 언약을 받아들인 사건에도 의존하지 않는다. 그 이유는 유대인들은 시내산 사건을 정확히 모르더라도 지금도(즉 자기가 사는 시대와 장소에서) 그 언약을 갱신할 기회를 얻기 때문이다. 그리고 바로 이것이 후속 세대들 가운데 벌어진 일이다. 이스라엘 백성들은 하나님과 언약을 맺을 필요를 느낄 때마다 언약을 갱신했다. 예를 들어 여호수아, 제사장 여호야다 그리고 요시아 왕은 그들 시대에 옛 언약을 회복하고 백성에게 그것을 다시 수용하도록 촉구했다. 수 24:16-28; 왕하 11:17, 23:1-3을 참고하라. Daniel J. Elazar, Covenant and Polity in Biblical Israel (New Brunswick, N. J.: Transction, 1995), pp. 212-213을 참고하라. 바로 이것인 역사서의 최종 저자의 저술 목적이다. 즉, 최종 저자가 세대를 거치며 언약을 갱신하는 역사를 보여준 것은 자신도 자신의 시대, 즉 바빌로니아 유배 시대에 그 언약을 갱신하기 원했기 때문이다.

24) Jacob Wright, "A Nation Conceived in Defeat," pp. 94-95.

25) William M. Schniedwind, How the Bible Became a Book (Cambridge: Cambridge University Press, 2004), p. 45를 참고하라. 다른 견해를 보려면 다음의 책을 보라. Oded Bustenay, Mass Deportations and Deportees in the Neo-Assyrian Emprie (Wiesbaden: Ludwig Reichert Verlag, 1979), p. 74.

26) 렘 44:15-18. 유배 유대인들이 반대의 결론에 도달할 것이라는 희망을 피력한 신 31:17도 참고할 것. "우리 하나님이 우리 가운데 계시지 않으므로 이 재앙들이 우리에게 닥치느냐?" 이스라엘의 하나

님이 그들을 버렸다는 사람들의 믿음은 사 50:2과 겔 9:9에서 그 메아리를 찾을 수 있다.

27) 겔 3:11과 비교하라. "포로가 된 네 백성의 자손들에게 가서 그들에게 말하여. 그들이 듣거나 말거나 '주 여호와께서 이같이 말씀하신다.'라고 그들에게 말하여라." 하셨다. 성서 본문이 포로기를 배경으로 최종 완성되었다는 견해는 다음의 책을 참조하라. Edward Greenstein, *Essays on Biblical Method and Translation* (Atlanta: Scholars Press, 1989), pp. 46-47.

28) 1장 I절에서 논의한 바처럼 나는 역사서가 예루살렘 멸망 후 수십 년 어간에 저작되었다고 생각한다. 그러나 여기에 제시된 논증은 이 연대 이해에 의존하지 않는다. 여기서 논의된 것들은 그보다 한 세기 이후의 저자들의 저작에도 쉽게 적용될 수 있다.

29) Meir Sternberg, *The Poetics of Biblical Narrative*, p. 31.

30) 포로 생활 중 공동체를 형성하고 귀환을 준비하도록 의도된 역사서의 저작 목적에 관해서는 Dale Patrick and Allen Scult, *Rhetoric and Biblical Interpretation* (Sheffield: Sheffield Academic Press, 1990), pp. 51-54, 77-78을 보라.

31) 창 13:1, 33:18; 수 3:17.

32) 이런 정체성이 이스라엘 땅이 아니라 시내 광야와 포로기에서 형성되었다는 사실 그리고 여호수아와 사사기에서처럼 유대인들이 왕정 성립 이전에도 한 백성으로서 빛나는 역사를 가졌다는 사실을 담은 이스라엘의 역사서는 모든 것을 잃어버렸다고 생각했을 백성들에게 희망을 줄 수 있었을 것이다. Jacob Wright, "A Nation Conceived in Defeat," pp. 92-93을 참고하라. 이후의 역사를 고려하면 역사서는 그 목적을 달성했다고 여겨질 수 있다. 538년 이후 150년 만에 수만 명의 유대인이 귀환하여 스룹바벨, 에스라, 느헤미야의 지도 아래 예루살렘과 유다를 재건했다. 많은 유대인이 그런 대의에 기꺼이 참여하려 했던 것은 상당 부분 그들이 유년 시절에 읽으며 자란 이스라엘 역사서에 개진된 사상 때문이었을 것이다.

356

33) 보다 자세한 논의를 보려면 3장 III절을 참고하라. 특히 주 122를 보라.

34) 이사야는 다음과 같이 말한다. "그룹 위에 앉아 계신 만군의 여호와 … 땅의 모든 나라 가운데 주님만 하나님이시니, 주께서 하늘과 땅을 지으셨습니다"(사 37:16). 역사서에서도 솔로몬이 성전을 봉헌하면서 올린 기도에서 모든 민족의 사람들을 품는다. 그는 "먼 나라에서 온" 사람들도 이스라엘의 하나님이 강한 팔로 세상을 지배하심을 듣고, 예루살렘 성전에 와서 제사하며 기도할 것이며, 하나님은 이스라엘 사람을 대우하듯 그들의 죄를 용서하시고, 그들의 기도에 응답하실 것이다. 왕상 8:41-43을 보라. 모든 민족을 위한 법으로서 모세 율법에 관해서는 본 장 뒷부분의 논의를 보라.

35) 3장 III절의 논의와 부록을 참고하라.

36) 신 7:7.

37) 이 질문에 대한 단순한 대답은 신명기에서 모세가 유대인들에게 한 말이다. 즉, 하나님이 족장들뿐만 아니라 그들과 언약을 맺으시고 유배 생활의 고통 가운데서도 그들이 율법을 지키면 하나님께서 궁극적으로 그들의 기도를 들으시고 그들을 고향으로 돌려보내실 것이다. 그러나 성서 내러티브는 그 단순한 대답을 제공하는 데 만족하지 않는다. 여기서 나는 그 단순한 대답 이면에 있는 보다 큰 대답에 관심이 있다. 3장 III절을 참고하라.

38) 창 12:1-3. 작은따옴표로 한 강조는 나의 것임.

39) 창 18:19. 작은따옴표로 한 강조는 나의 것임. 창 26:4에서 이삭에게 주신 비슷한 축복과 비교하라. 아브라함이 이 축복을 들을 때 하나님은 정의(justice)에 대한 아브라함의 이해를 칭찬하신다. 이삭이 비슷한 축복을 주실 때 하나님은 아브라함의 순종을 칭찬하신다. "내가 네 자손을 하늘의 별들과 같이 많게 하고, 네 자손에게 이 모든 땅을 줄 것이니, 땅의 모든 민족이 네 자손을 통하여 복을 받을 것이다." 이것은 내러티브가 이삭을 아브라함·리브가·야곱에서 구현된 아벨의 양치기 유형이

아닌, 순종을 핵심 가치로 여기는 가인과 같은 농부 유형에 가까운 인물로 간주하는 경향과 관계있다. 민 24:9의 발람의 견해와 비교하라.

40) 성서 안에도 다양한 이론들이 등장한다. 이 중 가장 유명한 것이 열방이 예루살렘으로 나아오는 이사야의 비전이다. 그 비전에 따르면 열방은 더 이상 전쟁으로 분쟁을 해결하지 않고 그들 가운데 분쟁을 하나님 앞에 재판받기 위해, 그리고 의로운 삶을 살기 위해, 그리고 올바른 통치의 방법을 배우기 위해 예루살렘에 올 것이다. 사 2:2-4; 미 4:1-5를 보라. 흥미로운 것은 이 주제에 대한 랍비들의 해석이 엇갈린다는 점이다. 랍비 느헤미야는 유대인들이 열방의 모사가 될 운명이라고 주장한다(《창세기 라바》 39:12); 랍비 엘라자르는 그 구절들에서 열방은 회심하여 이스라엘의 일부가 될 이방인을 가리킨다고 주장한다(탈무드 《예바못》 63a). 또 다른 견해에 따르면 하나님을 떠난 자들이 하나님께 가까이 나아올 것이다(《창세기 라바》 39:11). 나의 해석과 비슷한 견해를 보려면 다음의 책들을 참고하라. Benno Jacob, *The First Book of The bible: Genesis*, Ernest I. Jacob and Water Jacob, ed. and trans. (Jersey City: Ktav, 2007 [1974]), pp. 86-87; Umberto Cassuto, *A Commentary on the Book of Genesis* (Jerusalem: Magnes, 1997 [1949]), vol. II, pp. 313-315. 카수토(cassuto)가 올바르게 지적한 바처럼 '베니브레후 베하'(venivrech vecha)는 "너로 인해 복을 받을 것이다"로만 해석될 수 있다. 중요한 이유는 그렇지 않으면 창 18:18이 이해될 수 없기 때문이다.

41) 많은 저자가 유대 민족의 창시자가 등장하기 이전 역사인 창세기 1장에서 11장의 저술 목적이 인간 본성에 관한 일반 이론을 제공하는 것이라고 주장한다. Leon Kass, *The Beginning of Wisdom: Reading Genesis* (New York: Free Press, 2003), pp. 9-10을 참고하라. 이런 이해 방식은 매우 칭찬할 만하다. 창세기 1장에서 11장은 독자들에게 이스라엘이 처한 세계에 대한 일반적 이해를 제공한다. 그러나 우리는 창세기의 이 부분이 홀로 설 수 있는 완전체라고 생각해서는 안 된다. 창세기 1장에서 11장에 배아의 형태로 등장하는 많은 것이 이후의 이스라엘 역사에서 강화되고 더 구체화된다. 그러므로 나는 창세기 1장에서 11장이 우리에게 인간 본성에 대한 예비적 그림을 제공한다고 말하겠다. 인간 본성에 대한 일반 이론은 이스라엘 역사서 전체의 목적이라고 말할 수 있다.

42) 여기서는 간단히 말하지만 보다 자세한 논의는 4장에 등장한다.

43) 창 4:4.

44) 창 6:9.

45) 창 18:19.

46) 하나님의 명시적 명령에 대한 언급 없이 그 자체로 정의롭고 정의롭지 못한 행위들로 취급되는 많은 예 이외에 우리는 하나님이 모세 율법을 예고하는 명시적 법을 인간에게 준 하나의 예를 창세기에서 찾을 수 있다. 홍수 후에 하나님과의 언약 체결식 때 노아에게 주신 것으로 다음과 같다. "다만 고기를 그 생명인 피째 먹지 마라. 반드시 내가 너희 생명이 되는 피를 찾을 것이니, 짐승이면 짐승에게서, 사람이나 사람의 형제이면 그에게서 내가 생명의 피를 찾겠다. 누구든지 다른 사람의 피를 흘리면 다른 사람에 의하여 그의 피를 흘리게 될 것이니, 하나님께서 자기 형상대로 사람을 지으셨기 때문이다"(창 9:4-7). 이 짧은 명령은 노아를 모세의 선구자로 만든다. 노아는 옳고 그름에 대한 막연한 직관에 따라 살았을 뿐 아니라 세계를 하나님과의 언약의 관점(인간이 율법에 따라 살 때, 즉 인간과 동물을 위해 세상을 더 나은 곳으로 만들기 위해 살 때 하나님은 그 세상을 멸망시키지 않음)에서 이해했기 때문이다.

47) 신 4:6, 8. 신 6:24과 비교하라. "우리에게 이 모든 규례를 지키며 여호와 우리의 하나님을 경외하라고 명령하셨으니 우리가 그렇게 하면 그분께서 오늘처럼 언제나 우리를 복되게 하시고 우리를 잘 살게 하실 것이다." 또한 이 구절에 대한 마이모니데스의 해설을 보라. Maimonides, *Guide for the Perplexed* 3.31, p. 321; Leon Kass, *The Beginning of Wisdom*, p. 14.

48) 민 24:3. 히브리어 표현 '슈툼 하아인'(shtum ha'ayin)은 그 의미가 불확실하다. 그러나 그것은 24:4 의 '글루이 에이나임'(glui einaim, "발람의 눈이 열려 보게 되었다")와 비슷한 의미인 것 같다.

49) 민 23:8-10, 20-21, 24:5-6. 그러나 그 결말이 좋지 않다. 이후의 이야기를 보면 발람이 이스라엘을 꼬드겨 타락시킨다. 민 31:16을 보라.

50) 모세 율법이 모든 인류에게 주어진 것이라는 견해는 이 책의 6장 III절, 8장 V절을 보라.

51) 탈무드 《요마》 28b.

52) 탈무드 《아보다 자라》 2b.

53) 그럼에도 불구하고 모세의 가르침 가운데는 인간이 이해하기 너무 어려운 것도 있다. 예를 들어, 하나님의 본성에 관한 것이 그렇다. 이 점에 관해서 8장 VII절을 보라. 따라서 원리적으로 우리 능력 밖에 있는 형이상학적 문제와 인간이 이해할 수 있는 도덕적·정치적 문제를 구분 지을 필요가 있다. 이 구분은 조슈아 버먼이 나에게 처음 지적해주었다.

54) 신 29:28, 30:11-15. 비슷한 구절이 사 45:19에 등장한다. 그곳에서 하나님은 비밀스럽게 말씀하지 않음을 강조하신다.

55) 이것은 6장과 7장의 주제다.

56) 하나님의 선지자들에 대한 살인이 왕상 18:4, 13, 19:10에 기록되어 있다.

57) 구약 성서에서 영혼 개념에 대해서는 다음의 글을 보라. Ethan Dor-Shav, "Soul of Fire: A Theory of Biblical Man," *Azure* 22 (Autumn 2005), pp. 78-113; Ethan Dor-Shav, "Ecclesiastes: Fleeting and Timeless," *Azure* 18 (Autumn 2004), pp. 67-87.

58) 히 1:1f. 바로 이것 때문에 계속 고민하는 주석가가 많다. 일반적으로 사람들은 유일신교에는 "종합적이고 일관적 계시"가 필수적이라고 생각한다. 즉, 일관성 없고 단편적인 계시는 신뢰하고 순종하기 힘들다는 것이다. Dale Patrick and Allen Scult, *Rhetoric and Biblical Interpretation*, p. 136. 그러나 이런 일반적 이해는 신약적 이해일 뿐이다. 구약 성서는 신뢰나 복종을 절대적으로 강요하지 않는 것처럼 하나님에 대한 일관성이 부족한 단편적 견해를 나쁜 것으로 생각하지 않는다. 신뢰와 복종에 대해서는 4장과 8장을 참고하라.

59) 출 33:18-23. 이 문제는 7-8장에서 다루어진다. 하나님의 본성을 이해하려는 모세의 시도에 관해서는 8장 VII절을 참고하라.

60) 탈무드에서 랍비들에 따르면 이사야가 하나님 보좌 주변의 천사들을 보았을 때, 그들은 여섯 개의 날개를 가졌지만, 에스겔은 그들이 네 개의 날개만을 가진 것으로 묘사한다. 탈무드 《하기가》 13b. 랍비 이삭이 탈무드 《산헤드린》 89a에서 말하는 것처럼 "어떤 두 선지자도 같은 문체로 예언하지 않는다." 성서 내러티브는 "인간 인물들의 제한된 지식들 사이의 철저한 대조의 과정", 즉 "길을 구하는 인물들이 보통 끊어진 동아줄만을 가진" 상황이라는 알터의 말도 그런 상황을 이해하는 데 도움이 된다. 더욱이 그것은 다른 사람들보다 선지자들에게 적용된다. 알터는 다음과 같이 말한다. "하나님이 인정한 예언적 지도자라고 인간 지식의 한계에서 자유로운 것은 아니다"(Robert Alter, *The Art of Biblical Narrative* [New York: Basic books, 1981], pp. 157-158.

61) 비슷한 견해를 보려면 다음의 책을 참조하라. Mira Morgenstern, *Conceiving a Nation: The Development of Political Discourse in the Hebrew Bible* (University Park: Pennsylvania State University Press, 2009).

1) 사상을 명확하게 개진할 수 있으려면 종종 내러티브가 매우 교훈적이어야 한다고 생각된다. 예를 들어, 아인 런드(Ayn Rand)의 소설들에 등장하는 인물들은 특정 덕과 악이 의인화된 것에 불과하다. 그 줄거리는 어떤 행위의 결과를 불가피하고 뻔한 것으로 만든다. 심지어 등장인물들의 말을 통해 그 인물들과 줄거리가 설명하려 했던 교훈이 분명하게 표현되기도 한다. 성서 내러티브가 그런 노골적인 교훈 기법을 사용하지 않으면서 교훈적일 수 있다는 것이 스턴버그의 주요 주장 중 하나다. Meir Sternberg, *The Poetics of Biblical Narrative* (Bloomington: Indiana University Press, 1985). 특히 35-41쪽을 참조하라.

2) John Barton, *Understanding Old Testament Ethics* (Louisville, Ky.: Westminster John Knox, 2003), pp. 24-25. 인용문에서 강조 표시는 존 바턴에 의한 것임.

3) John Barton, *Understanding Old Testament Ethics*, p. 25. 웨넘의 논의도 참고하라. Gordon Wenham, *Story as Tora: Reading Old Testament Narrative Ethically* (Grand Rapids, Mich.: Baker Academic, 2000), pp. 104.

4) 예를 들어, 독일 성서비평학의 대가 헤르만 궁켈은 성서 저자가 사라에 대한 아브라함의 거짓말과 야곱이 형을 속여 장자권을 빼앗은 것을 진심으로 승인하고 있다고 믿었다. Hermann Gunkel, *Genesis*, Mark E. Biddle, trans. (Macon, Ga.: Mercer University PRess, 1997), pp. 170, 310-311을 참고하라. 이 예들에 대한 웨넘의 설명을 보라. Story as Tora, pp. 76-77.

5) Martha Nussbaum, *Love's Knowledge: Essays on Philosophy and Literature* (New York: Oxford University Press, 1990), p. 5.

6) 내러티브가 추상적 이론 담론보다 섬세한 관찰을 담기에 적합하다는 말에 동의한다. 그러나 내러티브가 추상적 논의에는 적합하지 않다는 말에는 동의하지 않는다.

359

7) 내러티브에 사용된 유형 기법(typology)과 그것이 철학 논의에 가지는 함의에 대해서는 스텀프의 책을 참조하라. Eleonore Stump, *Wandering in Darkness: Narrative and the Problem of Suffering* (New York: Oxford University Press, 2010), pp. 39-81.

8) 창 3:17-19, 23, 4:2-4.

9) 4장 I절을 참조하라.

10) 예를 들어, 창 12:1, 14:1-24, 18:20-33을 보라. 아브라함에 관해서는 이 책의 4장 II절을 보라.

11) 예를 들어, 출 2:11-22, 5:1, 32:11-14을 보라.

12) 출 12:3-13.

13) 창 37:1-50:26.

14) 요셉, 유다, 레위의 유형 대조에 관해서는 다음을 보라. Shmuel Trigano, *Philosophy of the Law*, with intro. by David Novak, Gila Walker, trans. (Jerusalem: Shalem Press, 2011 [1991]).

15) 창 37:2-14.

16) 르우벤, 시므온, 레위, 유다는 모두 아버지에 대한 충성에서 약점을 보였다. 창 34:1-35:5에서 시므온과 레위는 누이가 강간당했을 때, 아버지를 제쳐놓고 그의 뜻에 반하는 결정을 한다. 창 35:22에서 르우벤은 아버지의 첩과 동침한다. 창 37:18-35에서 유다는 그의 형제들과 함께 공모하여 아버지가 가장 사랑한 아들 요셉을 팔아버린다. 이 장면에서 르우벤만이 요셉을 구하려 노력한다. 창 38:1-2에서 유다가 "그 형제들로부터 내려가" 가나안 친구들과 교제하고 가나안 여인을 아내로 삼은 것도 아버지에 대한 충성과는 거리가 멀어 보인다. 유다가 이렇게 형제들과 떨어져 산 것이 요셉을 팔아버린 것에 대한 후회에서 비롯된 것일지라도 크게 달라지는 것은 없다. 많은 세월이 지난 후에야 유다

는 자신의 잘못을 만회한다. 베냐민을 아버지께 돌려보내기 위해 유다는 그들 대신해 이집트에 죄수로 남겠다고 자원한다. 창 44:18-34을 보라.

17) 요셉이 보디발 집과 감옥에서 성공하는 이야기는 각각 창 39:1-6과 20-23에 기록되어 있다. 요셉과 파라오의 관계에 관해서는 창 41:1-50:26을 참고하라.

18) 4장 III절을 참조하라.

19) 창 34:1-35:5, 37:18-35.

20) 창 46:31-47:4.

21) 출 2:1, 11-21.

22) 출 32:25-28.

23) 민 25:1-15.

24) 수 13:33, 민 18:20, 24; 겔 44:28.

25) 창 49:5-7.

26) 수 19:1-9.

27) 우리는 전쟁 분야를 제외한 전 영역에서 요셉의 정치 능력을 확인하게 된다. 모세는 전쟁 능력에 있어 유다 지파의 수장 갈렙보다 요셉의 아들 에브라임의 후손이었던 여호수아를 더 선호한다. 나는 요셉과 여호수아의 정치 지도력이 남왕국("유다의 집")에 대한 북왕국("요셉의 집")의 패권을 예견해준다고 생각한다.

28) 창 38:11-26.

29) 창 44:18-34.

30) 솔로몬은 자신의 때에 하나님이 모세에게 약속하신 모든 것이 성취되었다고 말한다. 왕상 8:56을 참조하라. 이 주장에 일리가 있지만 그것을 말한 것이 하나님이 아닌 솔로몬이라는 점에 주목하라. 하나님 섭리에 대한 언급이 하나님의 입이 아닌 요셉의 입에서 나온 사실도 마찬가지의 관점에서 생각할 수 있다.

31) 요셉이 이집트인과 결혼하는 장면은 창 41:45에 나온다. 솔로몬의 결혼에 대해서는 왕상 7:8을 참고하라. 요셉이 이집트 땅과 백성들의 소유를 몰수하는 내용은 창 47:13-26을 참고하라. 그것을 왕상 9:17-23에서 솔로몬이 가나안 거주민들을 노예로 삼는 것과 비교하라. 스바 여왕의 유혹도 요셉 이야기에서 보디발 아내의 유혹과 비교될 수 있다. 그러나 요셉은 그 유혹을 거부하지만, 외교의 일환으로 "많은 외국 아내를 사랑한" 솔로몬은 왕궁 선물은 물론 스바 여왕이 원하는 '모든 것'을 주었다. 왕상 1:10, 13, 11:1을 참조하라.

32) 5장 IV절에서 솔로몬과 그 왕국에 대한 나의 논의를 참고하라.

33) 왕상 11:28.

34) 왕상 12:28-30. 역사서가 대개 북왕국의 성립을 솔로몬과 그 아들의 폭정 때문이라고 말하지만, 황금 송아지를 설치한 여로보암의 죄에 대해 말할 때는 무관용의 원칙을 적용한다. 여로보암의 죄는 분명 우상숭배의 죄다 그러나 이 우상숭배가 북왕국의 죄악에 대한 기준점이 된 이유는 그것이 반역죄를 동반하기 때문이다. 즉, 여로보암은 두 왕국이 다시는 하나가 되지 못하도록 사람들의 우상숭배를 조장했던 것이다.

35) 레온 카스에 따르면 성서 내러티브는 야곱이 죽기 전 "요셉의 이름이 더 이상 이스라엘에 머물지 않도록, 요셉 부족을 멸하고 그의 후손과 유업자로부터 요셉의 이름을 제하기로" 결정했다고 주장함으로써 요셉을 악인으로 간주하고 있다. Leon Kass, *The Beginning of Wisdom: Reading Genesis* (New York: Free Press, 2003), pp. 640-659. 특히 641, 645쪽을 보라. 그러나 카스의 이런 주장은 잘못된 것이다. 역사서의 많은 본문, 선지자의 설교, 시편, 역대서 본문들은 요셉이 이스라엘에

서 영광스러운 자리를 차지할 뿐만 아니라 유다와 레위와 더불어 3대 지도자적 자질 중 하나를 구현한 인물임을 암시한다. 예를 들어, 요셉과 그 명성은 창 49:22-26과 신 33:13-17에 나오는 축복에서 그리고 겔 37:15-22의 유다와 요셉의 재통일에 대한 비전 그리고 "요셉의 집", "요셉의 아들들"의 지파들 같은 용어에서 확인할 수 있는 것처럼 이스라엘에 계속 살아 있다. 민 1:10, 32, 13:11, 26:28, 37, 34:23, 36:1, 5; 신 27:12; 수 14:4, 16:1, 4, 17:14, 16-17, 18:5, 11, 24:32; 삿 1:22-23, 35; 삼하 19:21; 왕상 11:28; 암 5:6, 15, 6:6; 욥 1:18; 슥 10:6; 시 77:16; 78:67, 80:2; 대상 5:1-2, 7:29을 참고하라. 에스겔의 성전에 대한 본문도 참고하라. 에스겔 성전은 12지파의 이름을 딴 문들을 포함하는데, 요셉의 이름을 딴 문도 거기에 있다. 겔 48:32.

36) 다윗과 사울 군대 장관 넬의 아들 아브넬의 연합은 유다 유형의 왕과 요셉 유형의 장군 사이의 연합에 대한 전주로 그려진다. 하나님이 다윗의 흘린 피 때문에 그에게 성전을 허락하지 않았다는 강력한 전통은 다윗이 군대 장관으로 요압과 같은 살인자를 중용한 사실과 연결되어 있다. 요압은 아브넬을 살해함으로 그런 연합이 발생하는 것을 방해한다. 삼하 3:6-39. Joel Rosenberg, *King and Kin: Political Allegory in the Hebrew Bible* (Blooington: Indiana University Press, 1986), p. 168.

37) 선지자들이 유배 시대를 넘어 어떤 미래의 복지 시대를 바라보며 꿈꾼 왕국은 유다와 요셉의 다시 통일된 나라다. 사 11:13-14; 렘 3:18, 30:21; 겔 34:23, 37:15-24; 호 2:2을 참고하라.

38) 《미드라쉬 탄후마》, 레크 레카 9; 나크마니데스, 《창세기 주석》, 32.4.

39) 출 32:1.

40) 출 32:4. 여로보암은 황금 송아지(북왕국이 여호와를 대신해 섬길 우상)를 만들면서 이 충격적 선언을 반복한다. 왕상 12:28.

41) 삿 6:1-8:21.

42) 삿 8:23.

43) 삿 8:24-27.

44) 오늘날 누구도 황금 우상을 만들지 않는다고 해서 그런 우상이 더 이상 제조되지 않는다고는 말할 수 없다.

45) 귀걸이를 제거하는 장면이 나오는 또 하나의 이야기는 디나의 강간 사건이다. 그 사건은 포로로 잡혀간 세겜의 여인들과 아이들이 그들의 귀걸이를 벗어 야곱에 주는 장면으로 끝난다. 그러나 다른 두 이야기(아론의 황금 송아지 사건과 여로보암의 황금 송아지 사건)에서와 달리 야곱은 그것들을 가져다 나무 아래에 묻는다. 창 35:4.

46) 5장 II절을 참고하라.

47) 창 24:55.

48) 창 29:19.

49) 창 45:16-20. 4장 III절을 참고하라.

50) 삿 19:3-10.

51) 왕상 11:21-22.

52) 출 18:27과 비교하라.

53) 기브아가 아무리 타락한 도시라도 베냐민 땅의 한 마을에 불과하다. 삿 20:1-21:25.

54) 창 22:1, 46:2; 출 3:4; 삼상 3:4. 이 네 경우에서 하나님은 개인의 이름을 두 번씩 부르신다. "아브라함아, 아브라함아", "모세야, 모세야" 등. 창 22:11, 27:1, 31:11, 37:13; 삼상 3:16; 삼하 1:7도 참조하라.

55) 창 22:7. 창 27:18에서 이삭은 그의 아들 야곱이 축복을 받기 위해 접근했을 때 이 같은 표현을 반복

한다. 그러나 여기서 그 표현은 '히네니'("내가 여기 있다")와 '베니'("내 아들아") 사이에 삽입된 단어("너는 누구냐")에 의한 아이러니를 포함하게 된다.

56) 창 22:1, 11.

57) 4장 II절을 참고하라.

58) 창 22:4, 13, 33:1. 이 표현에 관해서는 다음의 글을 참고하라. James Diamond, "The Biblical Moment of Perception: Angelic Encounter as Metaphysics," paper deliverd at the Shalem conference on Hebrew Bible, Talmud and Mirash, Jerusalem, June 26-30, 2011.

59) 창 19:27, 20:8, 21:14, 22:3; 28:18, 32:1; 출 24:4, 34:4; 수 3:1, 6:12, 7:16, 8:10; 삿 19:8; 삼상 15:12, 17:20.

60) 신 4:28, 28:36, 64, 29:16; 왕하 19:18; 사 37:19; 렘 3:9.

61) 신 12:8; 삿 17:6, 21:25; 삼하 19:7; 잠 12:15, 21:2.

62) 민 20:5; 신 8:8; 왕상 5:5; 왕하 18:31; 렘 5:17; 사 36:16; 호 2:14; 욜 1:7; 미 4:4.

63) 삼상 12:21; 렘 2:8, 11, 7:8, 12:13; 16:19, 23:32; 사 30:5, 6, 44:9, 10, 47:12, 48:17, 57:12; 합 2:18.

64) Leon Kass, *The Beginning of Wisdom*, pp. 10, 54. 성서(사 51:1-2)에서 이미 조상들의 역사가 후손들이 모방해야 할 모범으로 추앙된다. 그렇다고 이 내러티브가 역사가 아니라는 것은 아니다. 왜냐하면 역사 서술이 교훈적 내러티브가 되지 못할 이유가 없기 때문이다. 실제로 투키디데스의《펠로폰네소스 전쟁》에서 처칠의《2차 세계대전》까지 많은 유명한 역사서가 단순한 사건 보고를 넘어, 역사의 일반 법칙에 대한 이해를 목적으로 쓰였다.

65) 특히 로버트 알터는 "(성서) 본문이 … 조야하고 단순할 것이라는 우월의식적 편견"에 대해 경고한다. 그는 다음과 같이 말한다. "소위 원시적 이야기는 다음과 같은 학자들의 암묵적 법칙에 의해 판단된다. 즉 통일된 문체, 모순이나 논외의 이야기가 없어야 함, 반복이 없어야 함 등. 이런 희미하지만 보편적인 빛에 비추어보면 어떤 작품이 짜깁기된 것인지, 오류가 있는지, 일관적인지 확인될 수 있다는 주장이다. … 그러나 고대 내러티브의 자체적 작용 법칙에 주의를 기울이면 … 이런 현대 학자들의 기준이 얼마나 자의적인 것인지를 깨닫게 될 것이다"(Robert Alter, *The Art of Biblical Narrative* [New York: Basic Books, 1981], p. 21); Tzvetan Todorov, *The Poetics of Prose*, Richard Howard, trans. (Ithaca: Cornell University Press, 1977), pp. 53-65를 참고하라.

66) 나는 아브라함이 사라를 자신의 누이라고 밝혔어야 했는지의 문제에 관해 바턴이 제시한 일련의 선택지들을 받아들인다. 바턴은 다음과 같이 말한다. "(내러티브) 저자의 관점에서 우리는 다음의 결론들을 유추할 수 있다. 아브라함의 거짓말은 그 의도한 목적이 훌륭하기 때문에 좋은 것으로 여겨야 한다. 혹은 그것을 나쁜 것으로 여기며, 악에서 선을 이끌어내시는 하나님의 신비를 찬양해야 한다. 아니면, 그 거짓말 이야기를 재미있게 즐기면서 어떤 도덕적 판단도 내려서는 안 된다. 혹은 그 민족이 시작된 영웅의 시대와 오늘날의 도덕이 다르다고 말해야 한다. 이것들 중 어느 것이 저자의 의도인지를 확신 있게 말할 수 없다"(John Barton, *Understanding Old Testament Ethics*, p. 26).

67) 다음의 세 문단은 Meir Sternberg, *The Poetics of Biblical Narrative*에 의존하고 있다.

68) 창 27:1-45, 29:20-26. 호 12:2-3에서 호세아 선지자는 에서에 대한 야곱의 속임수를 비난하고 있다.

69) 창 37:31-35.

70) 창 34:1-35:5, 37:13-36.

71) 삿 11:34-40, 19:26-30. 삿 11:40을 19:30과 비교하라.

72) 예루살렘 탈무드《로쉬 하샤나》58:4에 인용된 랍비 느헤미야의 말씀.

73) 창 32:29. 4장 IV절을 참고하라.

74) 앞서 논의한 바처럼 하나님은 시므온과 레위 지파로부터 땅을 소유할 권리를 빼앗아버렸다. 창 49:5-7; 수 13:33, 19:1-9을 보라.

75) 창 35:5. 창 34:30-31에서 세겜 사람들에 대한 야곱의 두려움("나의 수가 적으므로 그들이 연합하여 나를 치면 나와 내 집이 멸망할 것이다")은 정의 실현에 대한 그 아들들의 관심("그가 우리 누이를 창기처럼 취급해야 하겠습니까?")과 대조된다. 즉 야곱의 아들들의 도덕감이 야곱의 신중함과 대조되는데, 야곱의 신중함이 잘못된 것이라는 사실은 아들들의 복수 이후의 상황을 설명하는 다음의 구절에서 증명된다. "하나님께 대한 두려움이 그들 사방에 있는 성읍들 위에 있었으므로 아무도 야곱의 아들들을 추격하지 않았다."

76) 성서 본문은 유다와 요셉이 성적 유혹에 직면하는 이야기를 연속적으로 보고한다. 이때 요셉은 그 유혹을 물리치지만 유다는 그 시험에 실패한다. 창 38:11-27, 39:7-20을 참고하라.

77) 파라오에 대항하지 못한 요셉의 모습에 관해서는 4장 III절을 참고하라.

78) 탈무드《메길라》14a.

79) 구약 성서는 다니엘서를 잠언과 같은 책들과 함께 성문서로 분류한다. 이것은 편집자들의 견해에 다니엘서가 선지서가 아니었음을 보여준다. 그러나 개신교 구약 성서에서 다니엘서는 선지서들과 같은 종류로 분류된다.

80) 막 4:3-20. 비슷한 본문들이 마 13:1-23과 눅 8:4-15에 나타난다.

81) Augustine, *On Christian Doctrine*, D. W. Robertson, trans. (Indianapolis: Liberary of Liberal Arts, 1958), 4.8.22. 이것은 "신비적" 가르침의 형식과 일치한다. 즉, 계시받은 비밀을 이해할 수 있는 내부자들을 아직 내부자가 되도록 허락받지 못한 채 "밖"에 있는 자들로부터 구분한다.

82) 후대에 이런 논증은 성서의 은유들이 수수께끼처럼 심오하고 비밀스런 가르침들을 감추는 수단이라고 생각한 마이모니데스에 의해 부활된다. 그는 그런 비밀이 대중에게서 분리된 채 유지되어야 한다고 생각했다. "어느 정도 온전함에 이른 사람이 그가 이 (비밀스러운) 주제에 관해 익힌 것의 일부를 다른 사람에게 나누어주길 원한다면 그의 가르침은 잘 정립된 학문에서처럼 체계적이고 명확해서는 안 된다. 그 주제를 혼자 힘으로 탐구할 때 부딪히는 어려움들이 다른 사람에게 그것을 가르칠 때도 나타난다. … 이 때문에 위대한 신학자들은 모든 문제에 있어 은유와 유비를 사용해 가르침을 준다. … 우리가 비유나 은유 없이 가르치려 한다면 우리는 심오하고 초월적 표현들에 의존하지 않을 수 없고 비유나 직유를 통할 때보다 결코 그 내용을 잘 전달할 수 없다. … 선지자들이 말한 모든 것을 온전히 이해하려면 그 은유어들은 물론, 그것들이 표현하는 일반 개념, 그것들이 포함하는 각 단어의 의미를 잘 알아야 한다"(Mainonides, *Guide for the Perplexed*, Introduction, pp. 4-5). 아브라바넬은 한술 더 떠서 선지자들의 은유어를 폄하한다. 출 19:1-3에 대한 그의 주석(section 2.7)을 참고하라.

83) Meir Sternberg, *The Poetics of Biblical Narrative*, pp. 49, 51를 참고하라.

84) 여기서 나의 주장은 선지자들의 설교에서 은유가 일반 논증을 위해 사용된다는 것이다. 성서에 의도적으로 정답을 모호하게 감춘 수수께끼(예를 들어, 삿 14:14에서 삼손이 블레셋인들에게 냈던 수수께끼)가 등장한다. 그러나 청중에게 가르침을 전할 목적으로 쓰인 선지자들의 설교에는 그런 식의 수수께끼는 없다. 선지자들도 수사적 긴장을 위해 어려운 은유를 사용하지만, 삼하 12:1-7, 겔 17:1-24, 37:16-22처럼 그 의미를 청중에게 곧바로 설명해준다. 이 기법은 신약 성서에서처럼 청중의 일부가 그 의미를 이해하지 못하게 만들 의도로 은유를 사용하는 것과 완전히 다른 것이다. 선지자들의 은유 사용과 관련한 이런 입장은 6장 II절과 이성의 본성에 관한 부록에 더 자세히 설명되어 있다.

85) 사 17:11.

86) 잠 14:12과 비교하라. "사람의 눈에는 바른 길같이 보이나 필경은 죽음에 이르는 길도 있다."

87) 다음 구절, 사 9:19-21을 보라. 이사야는 그 주장을 개인들("아무도 자기 형제를 불쌍히 여기지 않을 것이니")과 지파들("므낫세는 에브라임을, 에브라임은 므낫세를 먹을 것이며, 그들이 하나가 되어 유다를 칠 것이다")에 확대 적용한다. 이사야 전문은 다음과 같다. "아무도 자기 형제를 불쌍히 여기지 않을 것이니 그가 오른쪽으로 움켜쥐어 보아도 배고플 것이며 그가 왼쪽으로 먹어도 배부르지 않을 것이며, 각 사람마다 자기 팔의 살을 먹을 것이다. 므낫세는 에브라임을, 에브라임은 므낫세를 먹을 것이며, 그들이 하나가 되어 유다를 칠 것이다."

88) 사 9:17-18.

89) 마 13:13-14.

90) 사 6:8-11.

91) 왕하 20:1-6; 사 38:1-6. 다른 예들로는 창 6:6-7; 출 32:14, 민 14:11-20; 삼상 14:11, 15:35, 2:30-31; 렘 42:10; 호 11:5-9; 욘 3:10이 있다. 흥미롭게도 발람과 사무엘은 하나님이 인간과 달리 마음을 바꿀 수 없다고 주장한다. 민 23:19; 삼상 15:29. 그러나 이 인물들이 개진한 견해는 성서 저자들에 의해 받아들여지지 않는다. 사무엘의 경우가 특히 흥미롭다. 그는 하나님이 사울을 이스라엘의 왕으로 선택한 후 그것에 대해 후회했음을 잘 알고 있다. 실제로 사무엘서 본문은 하나님은 사람이 아니시니 후회하심이 없다고 말한 후 불과 여섯 절 후에 하나님이 사울에 관해 후회하신다고 증언하고 있다. 사울에 대한 사무엘의 평가가 완전히 참이 아닐 가능성이 있지만, 역사서에서 정상적으로 간주되는 견해는 하나님도 변심하신다는 것이다. 이 견해는 예레미야에 의해 명백하게 표현된다. "내가 어느 민족이나 나라를 뽑아버리고 무너뜨리고 멸망시키겠다고 말할 때에, 만일 내가 말한 그 민족이 자기 악에서 돌아선다면, 내가 그에게 내리려고 생각한 그 재앙을 돌이킬 것이다. 만일 내가 어느 때에 민족이나 나라를 세우고 심고 싶다고 말했으나 그들이 내 눈앞에서 악을 행하고 내 목소리를 듣지 않는다면, 내가 그들에게 선을 베풀겠다고 말한 그 선을 돌이킬 것이다"(렘 18:7-10). 그러나 예레미야는 하나님의 심판이 종종 지연된다(즉 재앙이나 축복의 효과가 후손들의 시대 혹은 그 이후의 시대에 나타난다)는 역사서의 견해도 수용한다. 렘 32:18을 참고하라.

92) 신 18:21-22, 13:1-6도 참고하라. 예언적 사상의 이 경험적 측면에 대한 추가적 논의를 위해서는 6장 V절을 참고하라.

93) E. Jenni and Claus Westermann, eds., *Theological Lexicon of the Old Testament*, Mark Briddle, trans. (Peabody, Mass.: Hendrickson Publishers, 1997 [1971]), p. 1154.

94) 창 4:3. 강조는 나의 것.

95) 추가적 논의를 원하면 6장 V절을 참고하라.

96) 사 11:6, 65:25.

97) 사 19:23-25. 겔 34:25-31과 비교하라.

98) 이 책들을 '지혜 문학'이라고 분류하는 문제에 관해서는 1장 주 25를 참조하라.

99) '토라'를 "율법"으로 잘못 번역하는 전통은 칠십인역까지 거슬러 올라간다. 칠십인역은 '토라'를 그리스어 '노모스'(이 단어는 보통 훨씬 넓은 용례를 가지며, "관습"으로 번역되는 것이 더 옳음) 번역한다. 토라에 대한 칠십인역 번역의 문제는 Louis H. Feldman, *Judaism and Hellenism Reconsidered* (Leiden: Brill, 2006), pp. 58-59를 참고하라.

100) 《미드라쉬 라바》에서 창 1:1에 대한 랍비 이삭의 해석을 참고하라. 또한 창 1:1에 대한 라쉬(Rashi)의 해석도 보라. 아브라바넬은 율법과 '토라'를 구분하면서 이 점을 특히 강조한다. 율법은 열방의 법전과 모세 율법에서 발견되는 것인 반면, 토라, 즉 가르침은 인간의 믿음을 키우는 목적을 지닌다. 따라서 우리가 모세로부터 받은 것은 두 부분으로 나뉜다. 율법 부분(다트)과 가르침의 부분

(토라)이다. 출 19:1-3에 대한 아브라바넬(section 3)의 설명을 참고하라.

101) 이것들은 비록 매우 자주 등장하는 은유들이지만, 유일한 것들은 아니다. 예를 들어, 잠 3:18에 성서 전통은 '생명나무'로 비유되며, 겔 3:1-3에서 성서는 '양분'에 비유된다.

102) 렘 5:22, 24, 8:7; 시 148:3-6. 보다 자세한 내용을 보려면 6장 III절을 참고하라.

103) 언약의 은유에 대한 논의를 보려면 다음의 책들을 참고하라. Jonathan Sacks, *Redical Then, Radical Now* (New York: Continuum, 2000), pp. 73-88; David Novak, *The Jewish Social Contract: An Essay in Political Theology* (Princeton: Princeton University Press, 2005), pp. 30-90; Joshua Berman, *Created Equal: How the Bible Broke With Ancient Political Thought* (New York: Oxford University Press, 2008), pp. 15-49.

104) 성서의 언약 모델이 자발적 언약인지 아니면 강요된 언약인지에 대한 토론이 활발하다. 어느 쪽이든 현재의 논점이 바뀌는 것은 아니다. 왕이 그의 정복 신민들에게 언약을 강요한다 해도 그는 신민들의 도움이 없이는 통치할 수 없음을 인지하고 있기 때문이다.

105) 아브라함과 이스라엘에 대한 하나님의 사랑에 관해 신 4:37, 7:8, 13, 23:6; 사 43:4, 63:9; 렘 31:2; 습 3:17; 말 1:2; 시 47:5을 참조하라. 고전 랍비 전통은 하나님이 완수하지 못한 일을 이스라엘이 완수한다는 주제를 자주 반복한다. 예를 들어, 랍비 베라키아(R. Berachia)에 따르면 창 12:2-3은 그때까지 열방에게 축복을 가져오는 일에 하나님 혼자 책임을 졌지만, 이제부터는 아브라함에게 그 책임이 나누어질 것임을 의미한다. 《창세기 라바》 39:11과 《미드라쉬 탄후마》 68을 참조할 것.

106) '베리트'(brit)가 비슷한 용법으로 사용된 성서 본문은 겔 16:8과 말 2:14이다.

107) 사 1:21, 54:5-8, 57:3-10, 61:10-11, 62:4-5; 렘 2:2, 20, 3:1-25; 13:27, 23:10; 겔 16:1-63, 23:1-49; 호 2:4-10을 참고하라. 유대의 카발라 전통도 하나님이 상처받을 수 있고 인간의 도움을 필요로 한다는 주제를 잘 수용한다.

108) Joshua Berman, *Created Equal*, pp. 40-46.

109) 잠 1:8, 잠 3:1; 시 78:1. 유월절에 주어지는 아버지의 가르침은 "하나님의 토라"로 불린다(출 13:9).

110) 아버지의 스승 역할은 출 13:9; 신 32:7, 46-47; 왕상 2:2-3; 사 38:19; 시 78:3-8; 잠 23:22-26, 27:3에 잘 드러난다.

111) 하나님을 아버지와 스승에 비유하는 것은 신 8:5; 렘 3:4, 9, 31:17-19; 사 1:2, 30:20-21, 63:16-17; 호 11:1-5; 시 90:12, 132:12; 잠 3:12에 나온다.

112) 창 1:26, 9:6.

113) 창 2:19.

114) 창 2:15.

115) 창 1:28.

116) 창 1:26-28.

117) 창 1:29, 2:16-17.

118) 4장을 참고하라.

119) 에스겔 카우프먼에 따르면 옳던 그르던 도덕적 선택에 대한 인간의 자유를 인정하는 것은 성서를 고대 근동의 종교들과 구별시켜주는 특징이다. Yehezkel Kaufmann, *The Religion of Israel: From Its Beginnings to the Babylonian Exile* (New York: Schocken, 1972 [1960]), p. 76.

120) 내가 이해하는 한 성서는 하나님이 완전한 존재라는 취지의 주장을 하지 않는다. 하나님의 완전성에 대한 주장은 크세노폰이나 플라톤(《티마이오스》)과 파르메니데스와 같은 그리스 사상가들의 철학을 통해 서양 전통에 들어온다. 하나님의 완전성 교리가 비성서적이라는 주장을 보려면 Eliezer Berkovits, *God, Man and History* (Jerusalem: Shalem, 2004 [1959]), pp. 58-67을 참

조하라. 하나님의 완전성에 대한 개념은 성서를 법으로 이해할 때 가장 잘 이해된다. 그러나 언약의 개념(하나님이 인간의 도움을 필요로 한다는 인식을 전제로 한 개념)은 하나님의 완전성 교리와 잘 조화되지 않는다.

121) 천지 창조에 있어 인간과 하나님의 협업에 관해서는 탈무드 《샤바트》 10a를 참조하라. 또한 Joseph Isaac Lifshitz, "Secret of the Sabbath," *Azure* 10 (Winter 2001), pp. 85-117도 참조하라.

122) 이런 역동적 관계들은 성서에서 종종 보고된다. 예를 들어, 모압 왕은 자신의 후계자인 장남을 그의 신에게 번제로 드렸을 때 이스라엘을 전투에서 무찌를 수 있었다(왕상 3:26-27). 유다의 히스기야 왕과 아시리아의 왕도 하나님의 약속과 아시리아에 의해 이미 정복당한 다양한 나라의 신들이 약속했던 것 사이의 유사성을 지적한다(왕하 19:17-18; 사 36:18-19). 조슈아 버먼에 따르면 왕과 신 사이의 언약은 고대 근동 국가들에서도 발견되는 바이지만 신과 민족 사이의 언약은 거의 찾기 힘들다. 일부 학자들은 페니키아인들에게 유사한 관습이 존재함을 지적하지만, 버먼은 그것에 대해 회의적이다. Joshua Berman, *Created Equal*, p. 187 n. 101을 참고하라. 나는 버먼의 해석이 전적으로 옳다고는 생각지 않는다. '메사 비문'으로 알려진 유명한 모압 석비는 "오므리가 이스라엘의 왕이었을 때 모압을 오랜 세월 억압했는데, 이는 그모스가 그 땅에 진노했기 때문이다"라고 기록한다. 모압의 신의 분노는 모압의 왕에게뿐 아니라 그 땅 전체에 향한다. William Foxwell Albright, *The Proto-Sinaitic Inscriptions and their Decipherment* (Cambridge, Mass.: Harvard University Press, 1969), pp. 320-21. 그러므로 언약은 모압 왕과 모압 신 사이에 맺어진 것일지라도 모압 땅 전체가 그 조약에 묶이는 것은 모압 왕이 개인 자격으로 조약에 서명한 것은 아님을 보여준다. 나의 견해로는 하나님이 이스라엘과 맺은 언약은 독특한 것(하나님이 이스라엘 백성 각 사람과 언약하심)이라는 버먼의 주장은 옳다. 하지만 이를 위해 우리는 고대 근동의 신들과 언약을 맺은 인간 당사자가 백성을 대표하는 왕이 아니라, 개인 자격의 왕이었다고 주장할 필요는 없다.

366

123) 렘 44:15-19.

124) 주 100을 참고하라.

125) 노아 언약을 주신 이유는 모든 인류의 죄 문제와 관련한다. 창 6:5, 8:21을 참고하라. 그 부분은 창 9:3-7의 노아 율법에 대한 저변적인 기초를 제공한다. 탈무드 《요마》 28b도 참고하라.

4장_ 양치기의 윤리학

1) 이 가정은 구약 성서의 윤리학에 대한 학술 서적들을 지배한다. Walter Eichrodt, *Theology of the Old Testament* (London: SCM Press, 1967), vol. II, p. 316; Johannes Hempel, *Das Ethos des Alten Testaments* (Berlin: Verlag Alfred Töpelmann, 1964), pp. 189-192; Eliezer Schweid, "The Authority Principle in Biblical Morality," *Journal of Religious Ethics* 8 (1980), pp. 180-203. 창세기도 순종에 대한 책으로 간주된다. 브레버드 차일스는 다음과 같이 말한다. "하나님의 신실성에 대한 절대적 신뢰를 요구하는 순종의 삶이 율법보다 훨씬 이전에 주어진 이 (족장) 내러티브에 예증되어 있다. 족장들에게 하나님이 나타나신 것은 순전한 은혜의 행위이며, 이것에 합당한 반응은 신실한 순종의 자세다"(Brevard Childs, "The Old Testament as Scripture of the Church," *Concordia Theological Monthly* 43 [1972], pp. 709-722, 특히 718쪽). 이런 성서 독해는 최근 분석 철학에서 '신명 윤리'(Divine Command Ethics)로 불리는 입장과 대동소이하다. 이와 관련해 다음의 책들을 참고하라. Robert M. Adams, "A Modified Divine Command Theory of Ethical Wrongness," *reprinted in The Virtue of Faith* (New York: Oxford University Press, 1987 [1973]), pp. 97-122;

Philip L. Quinn, *Divine Commandments and Moral Requirements* (New York: Oxford University Press, 1978); Philip L. Quinn, "The Recent Revival of Divine Command Ethics," *Philosophy and Phenomenological Research 50 Supplement* (Autumn 1990), pp. 345-365. 윤리학에 대한 철학 개론서들도 성서 윤리학은 신명에 대한 순종이라는 인상을 남긴다. 다음의 책을 보라. Gilbert Harman, *The Nature of Morality: An Introduction to Ethics* (New York: Oxford University Press, 1977), pp. 92-93; John Deigh, *An Introduction to Ethics* (Cambridge: Cambridge University Press, 2006), pp. 123-125.

2) 창 4:10-12.

3) 창 6:5-8, 12, 18:20f. 이스라엘의 하나님이 신법을 수여받지 못한 이방인들도 심판하는 내용을 더 보려면, 창 15:14, 16, 20:4; 신 8:5, 18:12을 참고하라.

4) 창 3:12, 9:20-21, 9:22.

5) 창 19:30-36, 34:1-4, 29:13-31:43; 출 1:8-15.

6) 창 18:25.

7) 성서 내러티브가 인간 이성에 의해 파악 가능한 자연법적 교훈을 반영한다는 견해는 유대의 전통적 성서 해석에서 매우 흔하게 찾을 수 있다. 예를 들어, 다음의 책을 참고하라. 창세기 6장 1, 13절에 대한 나흐마니데스(Nachmanides)의 주석; 창세기 7장 21절에 대한 히즈쿠니(Hizkuni)의 주석; Yehuda Halevi, *Kuzari* 2.48; Netziv of Volozhin, Introduction to *He'emek Davar*, R. Moshe Feinstein, *Igrot Moshe*, "Yoreh De'ah," 2.130 (창 3:12); David Novak, *Natural Law in Judaism* (Cambridge: Cambridge University Press, 1998). 그럼에도 불구하고 서양 철학사에 대한 일반적 해석에 따르면 자연법 이론들은 다음과 같은 스토아학파의 저작들에서 유래했다. Cicero(기원전 106-43), *De Legibus* 1.58, 2.11. 성서에서 자연법적 교훈을 주창하는 가장 유명한 학자는 존 바턴이다. John Barton, *Understanding Old Testament Ethics* (Louisville, Ky.: Westminster John Knox Press, 2003). 바턴의 논의는 선지자들의 설교에 초점을 둔다.

8) 내가 쓴 다음의 글을 참조하라. Yoram Hazony, "The Jewish Origins of the Western Disobedience Tradition," *Azure* (Summer, 1998), pp. 17-74.

9) 창세기 4장의 농부와 양치기 사이의 갈등 이전에 인간에게 주어진 최초의 명령들은 다음과 같다. 생육하고 번성하라는 명령(창 1:28); 동산을 경작하고 보존하라는 명령(창 2:15); 선악을 알게 하는 나무 열매를 먹지 말라는 명령(창 2:16).

10) 출 19:16, 18; 수 6:5; 삼상 13:3을 참고하라.

11) 출 13:5, 16:3.

12) 민 14:33. 보통 "너희 자녀들은 … 광야에서 사십 년을 유리하는 자가 되리라(이히유 로임)"로 번역되는 이 구절은 독자들에게 익숙하지 않을 것이다. 그러나 '로임'은 문자적으로 "양치기"라는 의미이며, 그 구절은 모세가 미디안 광야에서 하나님을 만나기까지 40년을 양치기로 살았던 것처럼 "너희 자녀들도 … 광야에서 사십 년 동안 양치기가 될 것이다"로 번역되어야 한다. 이 구절에 대한 라쉬밤, 이븐 에즈라, 히즈쿠니의 주석을 보라.

13) 다윗을 양치기로 부르는 구절들은 삼상 16:11, 19, 17:15, 20, 28, 34, 40, 54; 삼하 5:2, 7:8 등이다. 어린 다윗이 좋은 무기에 익숙하지 못한 것은 당연하다. 당시 금속 제련술을 가졌던 블레셋 사람들은 이스라엘에는 농기구만 제련해주었기 때문이다 이스라엘 군인들은 창이나 검을 가지지 못했다. 삼상 3:19-22을 보라.

14) 창 46:33-47:3.

15) 삼상 17:28, 40, 54.

16) 현대 성서학자들은 구약 성서에 양치기 은유가 많이 사용된다는 것에 주목하고 고대 이스라엘 본문들이 양치기를 선한 정치 지도자의 상징으로 사용한다고 결론 내린다. 즉, 선한 지도자는 양치기가 온순한 양 떼를 돌보듯이 그의 백성을 돌보는 사람이다. 메소포타미아, 이집트, 그리스에도 양치기 상징은 이런 식으로 사용된다. 성서에서는 특히 선지자들의 설교와 성문서에서 양치기가 선한 지도자에 대한 상징으로 사용된다. 예를 들어, 이스라엘의 하나님이 선한 정치 지도자로 등장하는 겔 34:1-31을 참고하라. Jack Vancil, "Sheep, Shepherd," in David Noel Freedman, ed., *Anchor Bible Dictionary* (New York: Doubledayk 1992), vol. V, pp. 1187-1190. 밴실에 따르면 그리스 시인 테오크리투스의 목가시(牧歌詩)에서 양치기는 도시의 유혹을 뿌리치고 자연으로 귀환한 삶에 대한 상징으로도 사용된다. 그러나 성서에서 이런 의미는 발견되지 않는다.

17) 창 3:17-19, 23.

18) 저주가 창 4:11, 5:29에 등장한다. 랍비 데이비드 킴히(R. David Kimche)는 땅의 저주가 우리 시대에도 여전히 유효한 것으로 주장한다. 창 4:12에 대한 그의 설명을 참고하라.

19) 하나님께서 사람을 에덴동산에 두시며 "그것을 일구고 지키라고" 명령하시는 창 2:15과 비교하라. 인간은 본성상 농업과 연결된다는 하나님의 말씀은 정원에서 추방되는 사건과 땅이 저주받는 사건 이전부터 있던 것이다. 이 논점에 대해서 나는 제임스 다이아몬드(James Diamond)에게 빚을 지고 있다. 또한 "섬기다, 일구다"로 번역될 수 있는 '아보다'(avoda)라는 말이 예배를 가리키는 용어이기 때문에 "땅을 일구다"는 표현은 우상숭배적인 뉘앙스도 가진다. 이 뉘앙스는 아담이 에덴동산에서 땅을 일구는 장면에서도 나타난다.

20) 창 4:2.

21) 모세 율법은 우발적 살인에 대해서 사형이 아니라 추방을 명령하고 있기 때문에 아벨에 대한 살인이 우발적이었을 가능성이 있다. 창 4:2에 대한 랍비 데이비드 킴히의 주석을 참고하라.

22) Michael Fishbane, *Biblical Text and Texture* (Oxford: Oneworld, 2003 [1979]), pp. 24-25, 31.

23) 자주 제시되는 설명은 "아벨도 자기 양 떼의 첫 새끼와 그 기름을 바쳤다"라는 구절을 들며, 아벨은 양 떼 중 가장 좋은 것을 드렸지만 가인은 저질의 농산물을 제물로 드렸다는 것이다. 예를 들어, 창 4:3에 대한 랍비 데이비드 킴히의 주석을 참고하라. 그러나 이 설명은 옳지 않다. "아벨도"로 번역된 히브리어 '감 후'(gam hu)는 아벨이 자기 양 떼의 첫 새끼를 드린 것은 자기의 첫 소산을 드린 가인의 선례를 따라한 것임을 암시한다.

24) "아벨이" 양치는 자가 "되었다"로 번역될 수 있는 히브리어 '바예히 헤벨'(vayehi hevel)에 의해 암시된다. 아벨은 양치기로 전향한 반면 가인은 아버지의 직업을 그대로 물려받은 것이다.

25) 아벨이 양치기로 전향한 이유를 땅에 대한 저주와 연결시키는 주석가는 라쉬다. 창 4:2에 대한 라쉬의 주석을 보라. 같은 구절에 대한 세포르노(Seforno)의 주석도 보면, 양치는 일에는 더 많은 지성이 필요하며 그래서 아벨이 양치기가 된 것은 농업의 단순 노동에서 탈피한 행위라고 해설한다. 창 4:1-8에 대한 아브라바넬의 해설도 아벨의 선택이 끊임없이 흙의 노예가 되어 거칠고 천한 물질적 필요를 채워야만 하는 인간의 상황에 대한 반란이라고 간주한다. 양치기로의 전환은 인간의 삶을 개선하려는 노력을 반영한다는 것이다. 그러나 양치기적 삶으로의 전환이 인간의 정치적 행위의 시작으로 보는 아브라바넬의 입장은 성서 역사서 안에서 지지받기 힘들다. 앞서 설명한대로 양치기 상징이 선지자들의 설교와 성문서에 등장하지만, 내 생각에는 그것을 여기서 논의하는 것은 적절하지 않다. 역사서가 발전시키는 유형 대조에 따르면 농사는 고대 근동의 정치 제국을 상징하고 양치는 삶은 그런 제국적인 삶에서의 탈출을 의미한다. 흥미로운 것은 야곱의 아들 중 가장 정치적인 요셉이 농업에 매력을 느낀 유일한 사람이었다는 사실이다.

26) 루소도 나와 똑같은 방식으로 양치기와 농부 사이의 대조와 갈등을 이해한다. 루소는 다음과 같

이 말한다. "인간 산업은 필요의 증가와 함께 팽창한다. 인간에게 가능했던 세 가지 삶의 방식인 사냥·목축·농사 가운데 첫 번째인 사냥은 육체의 힘·기술·속도와 영혼의 용기·지혜를 발전시키지만 인간의 마음을 무디고 잔인하게 만든다. 사냥꾼들의 나라는 오래 그대로 머물지 못한다. 사냥감들을 쫓아 멀리까지 이동해야 했으므로, 말을 사용하게 된다. 도망간 사냥감들을 잡기 위해 가벼운 도구·새총·활·창 등이 발달한다. 가장 자급자족적인 삶의 방식은 목축업이다. 휴식과 고요한 감정 상태에서 살 수 있다. 목축은 인간에게 큰 노동을 강요하지 않고도 그에게 음식과 옷을 제공한다. 심지어 거처도 제공한다. 최초 양치기들의 장막은 동물 가죽으로 만들어졌다. 모세의 장막과 언약궤의 덮은 지붕도 마찬가지로 동물의 가죽이었다. 한편 농업은 보다 후대에 발생했고 각종 기술들을 필요로 한다. 그것은 사유재산·정부·법을 가져왔지만, 선악에 관한 인간 지식과 불가분의 관계인 가난과 범죄도 농업과 함께 들어왔다. 이 때문에 그리스인들은 트리프톨레모스(Triptolemus)를 유용한 기술의 발명가뿐 아니라 최초의 교육과 최초의 법을 만들어준 학자로 기억한다. 한편 모세는 농업의 발명을 악으로 돌리고, 하나님께서 농부의 제물을 받지 않으셨다고 말함으로써 농업을 폄하하는 듯하다. 최초의 농사꾼은 농업의 폐해를 자신의 인격을 통해 증거했다. 창세기 저자는 헤로도토스보다 더 멀리 본 사람이다"(Jean-Jacques Rousseau, "Essay on the Origins of the Languages," in Victor Gourevitch, ed., *The Discourses and Other Early Political Writings* [Cambridge: Cambridge University press, 1997], pp. 247-299. 특히 271-272쪽을 보라).

27) 아벨이 더 나은 삶을 위해 직업을 양치기로 전환했다는 내용은 창 4:1-8에 대한 아브라바넬의 해설에서 찾을 수 있다. 다음의 책도 참고하라. Hermann Gunkel, *Genesis*, Mark E. Biddle, trans. (Macon, Ga.: Mercer University Press, 1997), pp. 42-43.

28) 창 4:6-7.

29) 아벨의 희생은 인간 제사의 필요성을 제거한 사건인 아브라함이 모리아산에서 숫양을 제물로 드린 사건에서 그 메아리를 찾는다. II절을 참고하라. 또한 '땅의 노예'가 된 이집트의 히브리 노예들에게 양을 죽이고 자유인이 되라는 모세의 명령에서도 그 메아리를 찾을 수 있다. 출 12:3-11, 21-23.

30) 창 4:16-17.

31) 학자들은 전통적으로 메소포타미아의 남부 지방을 '바빌로니아'로, 북부 지방은 '아시리아'로 구분한다. 보테로는 이 전통적 용어법에 반대한다. Jean Bottéro, *Mesopotamia: Writing, Reasoning and the Gods*, Zinab Bahrani and Marc van de Mieroop, trans. (Chicago: Chicago University Press, 1992 [1987]), pp. 1-2, 48. 보테로에 따르면 "아시리아는 기원전 2000년기부터 줄곧 문화적으로 바빌로니아에 의존해왔다. … 우리가 가진 자료는 하나의 일관된 문명만을 증거한다." 이 문명에서 "역사는 기원전 1760년 이래 바빌론 도시를 중심으로 펼쳐졌다." 구약 성서는 유다와 예루살렘을 멸망시킨 바빌로니아인들을 아브라함의 원래 고향과 연결시키기 때문에 나는 이 용어를 학자들이 선호하는 '메소포타미아'라는 말과 상호교환적으로 사용하도록 하겠다.

32) Karl A. Wittfogel, *Oriental Despotism: A Comparative Study of Total Power* (New Haven: Yale University pRess, 1957). 다음의 힌두 경전에서 비슷한 내용을 찾을 수 있다. "온 세계는 형벌에 의해 질서를 유지한다. … 왕이 끊임없이 벌받을 자에게 벌을 내리지 않으면 막대기에 꽂힌 물고기처럼 강한 자가 약한 자를 구울 것이다. 암소가 제물 떡을 먹을 것이며 개가 제물 음식을 핥을 것이다. 아무도 재산을 가지지 못할 것이며 낮은 자들은 높은 자들의 자리를 빼앗을 것이다. … 형벌만이 모든 피조물들을 다스리며, 형벌만이 그들을 보호하며, 형벌만이 그들이 잠잘 때 그들을 돌본다. … 형벌이 … 왕이다"(*The Laws of Manu*, G. Bühler, trans. [Delhi: Motilal Banarsidass, 1962], book 7, sections 16-22, pp. 219-220).

33) 창 11:1-4.

34) 창 43:32, 46:34. 레온 카스에 따르면 이스라엘 사람들에게 '토에바'("가증한 것")의 의미는 "창조의 근본적 구분을 부정하거나 없애는 것을 가리킨다. 인신 제사는 사람을 동물로 바꾸어버리는 것이기 때문에 '토에바'다. 동물을 사람으로 바꾸는 순간, 남자를 여자로 바꾸는 동성애, 동물이나 다른 피조물을 신으로 바꾸는 우상숭배는 모두 '토에바'다"(Leon Kass, *The Beginning of Wisdom: Reading Genesis* [New York: Free Press, 2003], p. 625). 그러나 이 용어는 양치기들, 특히 이스라엘 사람들에 대한 이집트인들의 편견을 표현하는 말이기도 하다. 이집트인들에게 '토에바'는 왕이나 신이 명령한 순종이나 질서를 거부하는 것을 의미한다.

35) John W. Flight, "The Nomadic Ideal in the Old Testament," *Journal of Biblical Literature* 42 (1923), pp. 158-226, esp. pp. 213ff.; Jon D. Levenson, *Sinai and Zion* (New York: Harper & Row, 1985), pp. 19-23.

36) 농사에 대한 성서 내러티브의 유보적 태도는《창세기 라바》22.3에 반영되어 있다.

37) 창 11:31-32; 창 12:1에 대한 나흐마니데스의 주석을 참고하라. 그럼에도 불구하고 창 15:7에 따르면 하나님께서는 아브라함을 우르에서 이끌어내셨다고 말씀한다. ·

38) 창 15:7.

39) 창 17:5에 따르면 하나님께서 그의 이름을 '아브람'에서 '아브라함'으로 바꾸신다.

40) 창 12:1-3.

41) 창 12:8.

42) 창 18:18-19. 또한 22:18, 26:4도 보라.

43) 창 24:1. 우리가 다마스쿠스의 엘리에셀(이 책의 저자는 이삭의 아내를 구하기 위해 메소포타미아로 여행한 종을 '다마스쿠스의 엘리에셀'로 특정함-역자 주)의 평가를 귀담아들을 필요는 없다. 아브라함의 종은 아브라함의 친족에게 잘 보이기 위해, 아브라함의 축복을 그가 가진 소 떼, 종들, 은금의 양 등으로 말했다. 창 24:35을 보라.

44) 창 12:11-13, 16:1-6, 17:17-18, 20:2.

45) 창 18:18-19. 22:18도 참고하라.

46) 창 13:9-11, 18:1-8. 손님에 대한 아브라함의 친절은 소돔 사람들의 행동과 정반대의 것이다. 소돔은 손님에 대한 환대의 예를 어겼기 때문에 멸망당했다. 창 24:18-20에 묘사된 리브가의 행동과 비교하라.

47) 창 14:11-17, 18:23-25, 21:11.

48) 창 14:21-24, 21:25-30, 23:6-20.

49) 창 12:7, 8, 13:4, 18, 17:23, 21:33. 하나님에 대한 아브라함의 신뢰는 창 15:6에 언급된다. 16:13-14에 그려진 하갈과 비교하라. 아브라함의 믿음에 대해서는 8장 VI절에서 VIII절을 참고하라.

50) 창 21:22.

51) 창 19:1-9.

52) 창 14:21-24.

53) 창 21:25-30.

54) 창 23:6-20.

55) 삼상 1:12-17, 22-25, 8:1-3; 왕상 21:1-24.

56) 창 15:8.

57) 창 14:13.

58) 창 21:25. 아브라함의 행동은 온건한 이삭과 대조된다. 블레셋 사람들이 우물을 가지고 싸움을 걸어오자, 이삭은 다른 데로 이동하여 새롭게 우물을 판다. 창 26:17-22.

59) 창 16:1-16, 21:1-21. 아내나 딸을 타인들의 성적 만족을 위해 내어주는 행위는 소돔 이야기와 레위인 첩 이야기의 핵심적 모티브다. 그 두 이야기에서 그런 행위는 그 도시의 악이 멸망 직전까지 번영했음을 보여준다. 따라서 비슷한 아브라함의 행위를 정당화하는 것이 얼마나 의미 있는지 잘 모르겠다. 오히려 사라를 동생이라 속인 아브라함은 사라가 자신의 몸종을 아브라함에게 내어준 행위를 통해 벌받은 것이다. 아브라함이 사라의 몸종과 잠자리를 같이한 결과 그 둘은 모두 고통당한다.

60) 이런 다툼의 예는 창 13:7에 기록된 아브라함의 종들과 롯의 종들 사이의 다툼, 창 21:25에 기록된 아브라함의 종과 아비멜렉의 종 사이의 분쟁, 마지막으로 창 26:20-21에 기록된 이삭의 종들과 아비멜렉의 종들 사이의 끊임없는 다툼이다.

61) Leon Kass, *The Beginning of Wisdom*, p. 322.

62) 창 24:15-20.

63) 창 24:29-30.

64) 창 18:25.

65) 성서에서 하나님께 말실수하여 죽게 된 인물은 없는 것 같다. 구약 성서의 하나님은 인간과 대화하다가 진노하여 그 사람을 죽인 적이 없다. 그러나 이스라엘의 하나님은 삼하 6:6-7에 기록된 것처럼 자신의 거룩함을 훼손하는 개인들의 목숨은 앗아간다.

66) 레 18:21, 20:2; 신 12:31, 18:10; 삿 11:34-40; 왕하 3:27, 16:3, 17:17, 21:6, 23:10; 사 57:5; 렘 7:31, 19:4-6; 겔 16:20-21, 36, 20:26, 23:37-39; 호 13:2; 시 106:37-38. 인신 제사에 대한 성서 이외의 자료들을 보려면 Lenn Goodman, *God of Abraham* (New York: Oxford University Press, 1996), pp. 19-20을 보라.

67) 창 12:12, 20:1-2.

68) 삼상 22:9-19; 삼하 11:14-17.

69) 이 구절은 다음의 책에서 인용한 것이다. Edward Kessler, *Bound by the Bible: Jews, Christians and the Sacrifice of Isaac* (Cambridge: Cambridge University Press, 2005), p. 5.

70) 자세한 논의를 원하면 다음의 책을 참고하라. Jon D. Levenson, *The Death and Ressurrection of the Beloved Son: The Transformation of Child Sacrifice in Judaism and Christianity* (New Haven: Yale University Press, 1995).

71) 아브라함이 하나님께 도전한 예들 가운데 가장 분명한 것은 소돔의 멸망과 관련해 그가 한 말이다. "온 땅을 심판하시는 주께서 정의를 행해야 하지 않으시겠습니까?"

72) Ze'ev Levy, "On the Aqedah in Modern Philosophy," *Journal of Jewish Thought and Philosophy* (2007), pp. 85-108; Lenn Goodman, *God of Abraham*, p. 21.

73) 창 22:13. 《창세기 라바》 56:9에 나오는 랍비 부나이(R. Bunai)의 견해(랍비 유단의 인용)를 참고하라. 호세아 선지자는 그 대안을 매우 거칠게 표현한다. "사람을 제사드리는 사람은 송아지와 입을 맞출 것이다." 이 선지자는 북왕국의 멸망을 배경으로 활동했다. 북왕국의 상징은 여로보암이 그 백성을 위해 만든 황금 송아지였는데, 호세아가 염두에 둔 송아지가 바로 그 송아지다. 어쨌든 호세아는 동물을 제사로 드리고 자녀에게 뽀뽀하는 아브라함의 전통을 뒤집은 이스라엘 사람들의 죄를 지적하는 것이다.

74) 창 22:1.

75) 레온 카스가 말하듯이, 할례는 우리의 몸의 일부를 제사로 드리는 것에 해당한다. Leon Kass, *The Beginning of Wisdom*, p. 334.

76) 창 20:1-2에서 아브라함은 그랄에서 자신의 목숨을 구하기 위해 사라의 순결을 기꺼이 희생시키려

한다. 또한 이삭을 제물로 묶는 장면과 여러 가지 면에서 유사한 이야기에서 아브라함은 빵과 물을 주며 하갈과 이스마엘을 내어쫓은 것(창 21:14)도 참고하라.

77) 창 22:2.

78) 레 18:21, 20:2; 신 12:29-31, 18:10.

79) 《미드라쉬 라바》 56:8에 기록된 랍비 아하(R. Aha)의 견해에 따르면, 하나님은 모리아산에서 다음과 같이 아브라함에게 말씀하셨다. "내가 너에게 그를 죽이라 했더냐? 아니다! 나는 그를 '올리라'(베하알레후) 했느니라. 너는 그를 모리아산으로 올렸다. 이제 그를 데리고 내려가라." 하나님이 여기서 말장난을 하고 있다고 생각하지 않는다. 오히려 랍비가 강조하는 바는 아브라함이 이삭을 죽이는 것은 하나님의 의도가 절대로 아니었다는 것이다. 마찬가지로 탈무드 《타아닛》 4a를 보라. 나는 랍비 문학에서 이런 설명과 반대되는 견해를 아직 만나지 못했다.

80) 신약 성서의 지지를 받는 듯한 이런 끔찍한 주장이 사람들에 의해 받아들여져 왔다. 히브리서는 죽은 자를 살릴 능력이 있는 하나님이시기 때문에 아브라함에게 아들을 죽이라고 명령할 수 있었다고 주장한다. "아브라함은 … 믿음으로 … 그의 외아들 … 이삭을 바쳤으니 … 아브라함은 하나님께서 죽은 자들도 다시 살리실 수 있다고 생각하였다. 어떤 의미에서는 그가 이삭을 죽은 자들로부터 돌려받은 것이다"(히 11:17-19). 이삭의 부활에 대한 언급은 이삭과 예수님 사이의 유형 관계에 근거한다. 하나님이 "자기의 독생자"를 기꺼이 희생시켰던 것처럼 아브라함도 그러했다. 그리고 예수가 죽은 자 가운데서 부활했기 때문에, 이삭도 그러했을 것이라고 추정할 수 있다. 이 견해를 지지하는 엘레노어 스텀프는 아브라함이 다음과 같은 완벽한 믿음을 가졌기 때문에 하나님의 시험에 합격할 수 있었다고 주장한다. "그가 이삭을 희생시켰어도, 이삭은 살아서 번성할 것이다. … 아브라함은 이삭을 희생시킬 때 이삭에게 해를 끼치는 것이 아님을 믿어야 했다"(Eleonore Stump, *Wandering in Darkness: Narrative and the Problem of Suffering* [New York: Oxford University Press, 2010], p. 300). 이 신약 성서 구절을 도입할 때, 그 견해의 주창자들은 그 구약 성서 본문의 핵심을 완전히 놓칠 위험이 있다. 아브라함이 이삭을 제물로 바치려 한 이야기가 궁극적으로 말하려는 것은 가나안의 신들과 달리 이스라엘의 하나님은 결코 무고한 사람을 죽이는 일을 허락하지 않을 것이라는 점이다. 내가 말했듯이 유아 제사는 레위기와 신명기에서 하나님이 미워하는 것으로, 가나안 사람들은 그 행위 때문에 그들의 땅에서 쫓겨나 죽게 된 것으로 묘사한다. 구약 성서는 이삭이 죽은 후에 찾아올 행복한 결과에 대해 전혀 말하지 않는다.

81) 창 22:5-8. 에리히 아우어바흐가 말한 바처럼 구약 성서 언어의 경제성은 여기서도 드러난다. 즉, 구약 성서 저자는 꼭 필요한 말만 한다. 다음의 책을 참고하라. Erich Auerbach, *Mimesis: The Representation of Reality in Western Literature*, Willard Trask, trans. (Princeton: Princeton University Press, 1953 [1946]), pp. 3-23. 그러나 성서의 간결체는 호메로스의 저술이 허락하지 않는 것을 우리들에게 허락한다. 즉, 독자들에게 본문 중 어느 세부 사항을 주의 깊게 볼 필요가 있는지 정확하게 알려준다. 아우어바흐가 놓친 것이 바로 이것이다. 이 때문에 아브라함이 그의 젊은이들과 함께 모리아로 여행하는 장면에서처럼, 아우어바흐는 성서 저자들이 내러티브 인물들의 암묵적 의도를 정확하게 말할 수 있는 범위에 대해 과소평가한다.

82) 성서 저자가 "걷다"라는 단어를 선택한 것도 의미가 있다. 히브리어 동사 '할라쿠'의 활용형인 '바엘쿠'는 성서 저자들이 사람들의 삶의 방식을 가리킬 때 사용하는 용어이기도 하다. 따라서 아브라함과 이삭이 함께 걸었다는 문장이 두 번이나 쓰인 것은 아브라함의 마음과 이삭의 마음이 둘이 아닌 하나였음을 분명하게 보여준다.

83) 창 22:13-14.

84) 창 22:14은 이렇게 끝난다. "그러므로 오늘날도 사람들이 '산에서 여호와께서 자신을 계시할 것이

다.'라고 말한다." 이것은 굿먼의 훌륭한 번역이다. 굿먼은 하나님께서 숫양을 준비하심으로써 자신의 참된 본성을 드러냈다고 주장한다. Lenn Goodman, *God of Abraham*, p. 22. 대하 3:1에서 모리아산이 솔로몬 성전터로 언급된다는 사실에도 주목하라.

85) 창 22:12과 22:16을 보라.

86) 랍비 레위는 사라가 이삭의 제물 사건 이후 슬픔으로 죽었다고 말한다. 《창세기 라바》 58.5를 보라. 랍비들은 또한 제단에 올려질 때 이삭이 당한 피해는 에서와 야곱 이야기에 나타나는 이삭의 멀어가는 시력(창 27:1)과 관계있다고 주장한다. 《창세기 라바》 65.10. 물론 이삭이 눈이 먼 것은 모리아 사건 후 오랜 세월이 흐른 노년의 때였다. 따라서 랍비들은 주장은 이런 것 같다. 모리아산에서 입은 피해 때문에 이삭은 어떤 문제들에 관해 제대로 판단할 수 없게 되었다. 여기에는 그와 아들들과의 관계가 포함된다.

87) 창 22:19. 랍비들은 "이삭이 어디에 있었는가?"라고 묻는다. 《창세기 라바》 56.11.

88) 창 24:62.

89) 창 25:9. 본문은 이삭의 나쁜 시력(이 때문에 이삭은 야곱을 사랑할 수 없었음)이 아브라함이 모리아산에서 이삭에게 한 일의 결과일 가능성을 열어둔다. 창 27;1에 관한 《미드라쉬 라바》를 참조할 것.

90) 하갈이 그 장소에 이름 붙이는 장면은 창 16:14이다. 그 히브리어 이름의 의미는 "나를 보시는 살아계신 분의 우물"이다. 창 24:62에 따르면 이삭은 그 장소로 가는 길에 살았고, 창 25:11에 따르면 그 장소 근처에 살았다. 이것은 이삭이 이스마엘과 물리적으로 가까운 곳에 살았음만을 의미하지 않는다. 이삭이 이스마엘과 매우 유사한 처지임을 보여준다. 에서가 아버지 이삭을 기쁘게 하기 위해 생각해낸 것이 이스마엘의 딸들 중 하나를 자신의 (세 번째) 아내로 맞이한 것이었음도 흥미롭다. 창 28:8-9을 보라. 아버지와 관계의 관점에서 이스마엘과 이삭 이야기 사이의 유사점을 보려면 Eleonore Stump, *Wandering in Darkness*, pp. 286-299를 보라.

91) 이삭과 예수 사이의 유사점을 보기 원하는 사람에게 이 번역은 장점을 가진다. 그러나 다른 관점에서는 문제 있는 번역이다.

92) 하나님이 아비멜렉의 생각을 사라로부터 멀게 만드심으로 아비멜렉을 죄악 가운데 구원했다고 기록한 창 20:6과 비교하라. 또한 나발에 대한 다윗의 분노를 진정시킴으로 다윗을 죄악으로부터 구원한 아비가엘을 이야기한 삼상 25:39과도 비교하라.

93) 아브라함은 이 시험에서 승리함으로써 자기희생을 감당할 수 있는 사람이 되었을까? 내러티브는 그렇다고 대답하는 것 같다. 이삭의 아내를 찾아 아람으로 떠나는 엘리에셀이 아브라함에게 이삭을 메소포타미아에 데리고 가서 아내를 구해도 되겠느냐고 물었을 때 성숙해진 아브라함은 다음과 같이 단호하게 대답한다. 이삭의 행복과 위대한 미래에 대한 아브라함의 꿈이 희생된다 해도 엘리에셀은 이삭을 그곳에 데려가서는 안 된다(창 24:5-6). 그리고 사라가 죽고 아브라함이 노년에 얻은 아내 그두라를 통해 자녀들을 얻을 때, 그는 전보다 더 지혜로워져서 한 아내의 자녀에게 자신의 유업을 국한했다. 즉, 아브라함은 고통스러운 일이었지만 그두라가 낳은 자녀들을 집에서 내보냈다. 그러나 이스마엘의 경우와 달리, 아브라함은 풍성한 선물과 함께 내보냈다(창 25:1-6). 노년의 아브라함은 자신의 이익이나 욕망을 넘어 옳은 일을 할 수 있는 사람이 되었다.

94) 창 12:10, 26:1, 41:54; 42:2.

95) 창 13:6-7. 그들은 가나안 사람들에게 밀려난 것이다. 창 36:6-8에서는 에서가 비슷한 이유로 가나안에서 떠나야 했다.

96) 하나님이 개입하여 "이 땅에 머물라. 내가 너와 함께할 것이다"고 말해주지 않았다면 그는 이집트까지 내려갔을 것이다. 이삭은 씨 뿌려 농사하는 데 성공한다. 창 26:1-3, 12를 보라.

97) 창 42:1-2. 또한 삿 6:3-6, 11; 룻 4:21; 삼하 21:1; 왕상 17:1; 왕하 8:1-3; 암 4:6-8을 보라.

98) 창 47:4.

99) 창 37:2-4과 이 구절에 대한 세포르노의 주석을 보라. 히브리어 구문 '로에 에트 에하브'는 "형제들과 함께 양치기"였다는 의미다. 그러나 그 구문은 또 하나의 의미로도 해석될 수 있다. 즉, 그는 "그 형제들을 목양했다"고 번역될 수 있다. 삼하 5:2에서 다윗 왕이 이스라엘을 목양할 것이라는 말과 비교하라.

100) 창 37:8.

101) 어른이 되어 이집트에 살 때도 요셉은 형들에게 질서와 단결을 부과하려고 계속 노력한다. 창 43:33, 45:24을 보라. 그들의 이런 관계는 사사 시대의 지파들 간의 무정부 상태를 예견하는 것으로 이해될 수 있다. 이때 요셉은 왕의 손에 권력을 집중시키기 위해 노력하는 사람에 해당한다.

102) Jean Bottéro, *Mesopotamia*, pp. 105-124. 요셉을 제외하면 성서에서 꿈을 해석한 유일한 인물은 다니엘이다. 랍비 레위(R. Levi)가 주장하듯, 형제들이 "보라 저기 꿈꾸는 자가 온다"라고 말할 때 그들이 의미하는 바는 "여기 우리들로 외국 왕을 섬기도록 만들 자가 온다"는 것이다. 창 37:20에 대한 《창세기 라바》 84.14를 보라.

103) 랍비 이스마엘 학파의 가르침에 따르면 요셉의 아버지가 보디발의 침실 창문에 나타나 요셉에게 이렇게 말했다. "네 형들은 (미래 예루살렘) 제사장 의복의 보석 위에 그들의 이름을 새길 것이다. 너의 이름도 그들 가운데 있을 것이다. 그런데 너는 지금 '창기들의 남편'이 되어, 너의 이름을 그들로부터 지우려 하느냐?" 탈무드 《소타》 36b를 참고하라.

104) 요셉의 성공은 그의 큰 형들 르우벤과 유다의 실패와 대조된다. 그 둘은 성적 유혹을 이길 수 없었다. 르우벤은 창 35:22에서 아버지의 첩들 중 하나와 동침했고, 유다는 창 38장에 따르면 창기와 잠자리를 가져 곤경에 처한다.

105) 랍비 메이르(R. Meir)를 인용하며, 랍비 요나단(R. Jonathan)은 "이것으로 요셉이 유대인의 지위를 얻게 되었다"고 말한다. "지금부터 그는 양치기가 될 가치가 있다." 탈무드 《소타》 36b를 참조할 것.

106) "왜 요셉은 그 형제들보다 먼저 죽었나? 이 문제에 대해 한 랍비와 여러 랍비의 견해가 갈린다. 한 랍비는 다음과 같이 이야기한다. 그것은 요셉이 아버지를 미라로 만들어 장사했기 때문이다. 거룩하신 자, 축복을 받을 자가 그에게 말했다. '내가 내 의로운 자들을 보호할 수 없을까?' ⋯ 그러나 여러 랍비들의 견해는 이와 다르다. 거의 다섯 번이나 유다가 (요셉에게 야곱을 가리켜) '당신의 종 내 아버지', '당신의 종 내 아버지'라고 말했지만, 그는 그것을 듣고 침묵했기 때문이다." 《창세기 라바》 100.3.

107) "여러 랍비들의 견해는 이와 다르다. 거의 다섯 번이나 유다가 (요셉에게 야곱을 가리켜) '당신의 종 내 아버지', '당신의 종 내 아버지'라고 말했지만, 그(요셉)는 그것을 듣고 침묵했기 때문이다." 《창세기 라바》 100.3. 유다는 이 말을 네 번(창 44:24, 27, 30, 31) 반복했고, 나머지 한 번(창 43:28)은 그의 형제들과 함께 말했다.

108) 그들은 요셉을 가리켜 유배지의 비참한 삶을 상징하는 "뼈들"이라 말했다. 또한 내용물이 없는 포도주 항아리라 말했다. "랍비 유다가 라브(Rav)의 이름으로 말했다. 왜 요셉은 여전히 살아 있을 때 '뼈들'이라고 불렸는가?(창 50:25) 이는 그가 형제들이 아버지를 가리켜 '당신의 종 내 아버지'(창 44:31)라고 말했을 때 개입하여 아버지의 명예를 보호하지 않고, 아무 대답도 하지 않았기 때문이다. 라브의 이름으로 랍비 유다가 다시 말했다. 다른 사람들은 랍비 하니나(R. Hanina)의 아들 랍비 하마(R. Hama)의 말이라고 주장한다. 왜 요셉은 형제들보다 먼저 죽었는가? 이는 그가 왕처럼 행동했기 때문이다." 탈무드 《소타》 13b를 보라. 요셉에 대한 이런 비난들은 이 세상에서의

자신의 역할에 대한 요셉의 이해(이 이해는 이집트에서 요셉이 차지한 정치적 입장에 기초한 것임)에 관한 것이다. 요셉은 야곱과 그의 하나님, 나아가 나머지 모든 것이 (파라오의) 종으로 이해되는 체제에서 살아갈 수 있다고 생각했다. 《브라콧》 55a도 보라. 에스겔이 유배지에 있는 이스라엘을 뼈들로 가득한 골자기에 비유한 에스겔서 37장을 보라. 포도주 항아리 비유는 가장 위대한 미드라쉬 해석가인 랍비 레위가 말한 것이다. 그의 견해는 《출애굽기 라바》 20.19에 기록되어 있다. 심지어 요셉을 지지하는 듯한 해석가도 요셉의 유대적 업적은 은밀하게 성취되었다고 말한다. 비즈나(Bizna)의 아들 랍비 하닌(R. Hanin)이 경건한 자 랍비 시므온의 이름으로 말한 바에 따르면 요셉은 보디발 아내의 시험에서 은밀하게 하나님의 이름을 거룩하게 했지만, 이와 반대로 유다는 자신이 다말에게 저지른 죄를 인정함으로 하나님의 이름을 공개적으로 거룩하게 했다. 탈무드 《소타》 10b를 보라.

109) Yoram Hazony, *The Dawn: Political Teachings of the Book of Esther* (Jerusalem: Shalem Press, 2000), pp. 123-143.

110) 창 41:14, 41:28-36, 41:45, 41:42, 42:6, 42:15, 50:2, 50:26.

111) 창 41:51.

112) 창 41:37.

113) 요셉이 의로움과 이타심이 가장 잘 발현된 순간에도, 다시 말해 그가 보디발 아내의 유혹을 물리치는 순간에도 그는 자연스럽게 먼저 그의 주인을 생각한다. 즉, 그가 유혹에 넘어가면 주인을 배반하게 될 것임을 기억한 후에야 죄 자체에 대해 이야기한다. "보십시오, 나의 주인이 집안의 어떤 일에도 내게 간섭하지 않고, 그의 모든 소유를 내 손에 맡겼습니다. 이 집안에서는 나보다 큰 이가 없으며, 주인의 아내인 당신 말고는 아무 것도 내게 금하지 않았습니다. 그런데 내가 어떻게 이 큰 악을 행하여 하나님께 죄를 지을 수 있겠습니까?"(창 39:8-9).

114) 창 45:5-8.

115) 창 45:9-11.

116) 창 50:20-21.

117) 다음의 책에서 인용된 구절이다. Harold Nicolson, *Monarchy* (London: Weidenfeld & Nicolson, 1962), p. 20. 아멘엠헷 1세는 이집트 제11왕조의 마지막 왕의 총리로 일했다. 그는 자신이 섬기던 왕을 배반하고 제12왕조의 창시자가 되었다. 그는 아브라함 시대보다 약 200년 앞선 기원전 2000~1970년에 이집트를 다스렸다.

118) 창 47:29-31.

119) 창 45:19.

120) 창 46:1. 이집트 왕의 의도는 유대인들의 이집트에 대한 의존도를 높이는 것이다.

121) "왜 그는 르우벤이나 요셉을 부르지 않았을까? 르우벤은 장남이었고 유다는 왕이었지만, 그는 그 둘을 무시하고 요셉을 불렀다. 왜? 그것은 요셉이 그의 소원을 이룰 힘을 가졌기 때문이다"(《창세기 라바》 96.5).

122) 창 50:4-5.

123) 모세 이야기는 요셉의 실패의 역이미지를 제공한다. 200년 후 모세가 파라오 앞에 나가 유대인들이 출애굽하여 여호와를 예배해야 한다고 말했을 때, 그는 자녀와 가축 떼를 두고 가라는 파라오의 요구를 거부한다. 출 10:9-12, 24-26.

124) 격에 맞지 않는 요셉의 행동에 놀란 랍비들은 다음과 같이 말하며 요셉을 비웃는다. "누구에게 그가 말했는가? 여왕의 유모에게 여왕을 설득해달라고 부탁했다. 그러면 여왕이 왕을 설득할 것이라고 기대하면서 말이다."《창세기 라바》 100.4.

125) 이 때문에 랍비들은 "우리 아버지 야곱이 죽자마자 이스라엘에게는 이집트 노예 생활이 시작되었다"고 말한다. 《창세기 라바》 96.1.

126) 창 50:24-25.

127) 창 50:26.

128) 출 1:8, 10, 13-14, 22.

129) 다음의 책을 참조하라. Paul Rahe, *Republic Ancient and Modern* (Chapel Hill: University of North Carolina Press, 1994), vol. I. 특히 pp. 14-40쪽의 "The Primacy of Politics in Classical Greece"를 참조하라.

130) 플라톤, 《크리톤》 50a-51c.

131) 아리스토텔레스, 《니코마코스 윤리학》 1094a17-1094b12.

132) Yoram Hazony, *The Dawn*, pp. 69-82를 참조하라. 중요한 예외는 다윗이다. 다윗은 사울 왕이 그를 살해하려 함에도 불구하고 그를 해하기를 거부한다. 이것은 부정의한 국가와 그 통치자에 대한 놀라운 충성의 예다. 삼상 24:1-8 참고하라.

133) 성전이 국가의 부와 권력의 표현임에 주목하라. 왕정이 성립되기 전에 성전 건축은 고려 대상도 아니었다. Joshua Berman, *The Temple* (Northvale, N. J.: Jason Aronson, 1995), pp. 57-81을 참고하라.

134) 이런 관점에서 렘 35:1-19을 보라. 예레미야 선지자는 레갑 족속을 유다가 본받을 도덕적 강직성의 예로 제시한다. 레갑 족속은 땅이나 과수원을 소유하지 않고 장막에 살기로 서원한 유목 부족이다. 이 레갑 족속은 예후를 도와 이스라엘 아합 왕의 악한 왕조를 무너뜨린 레갑의 아들 여호나답의 후손이다. 왕하 10:15 이하를 보라. 호세아 선지자도 장막의 삶을 이상적 삶으로 그린다. 호 12:10-11을 보라.

135) 여기서 나는 남성 대명사 "그"를 사용하지만, 성서 저자들이 이 점에 있어 아버지의 책무와 어머니의 책무를 구분했다고 볼 증거는 없다. 사라, 리브가, 라헬 등은 그들의 가족이 추구해야 할 삶을 정립하는 데 깊이 관여한 것으로 그려진다. 특히 리브가는 주목할 만한데, 그녀의 행동이 야곱의 인생 여정을 결정했다. 창 27:5-16과 27:46-28:5을 참조하라.

136) 이스라엘의 사내아이를 죽이라는 파라오의 명령에 순종하기를 거부한 히브리 산파 이야기를 포함해 출애굽에 관한 내러티브는 일련의 '불복종' 이야기들로 시작한다. 출 1:17-2:17을 보고, 8장 III절을 참고하라.

137) 적어도 한번 요셉이 이집트의 타락에 성공적으로 저항한 것으로 그림으로써 이스라엘 역사서는 유대인이 비록 파라오의 왕궁 생활에 갇혀 있을지라도 성공적으로 저항하여 자기 자신과 그 백성을 구원할 수 있음을 암시한다. 정말 그럴 수 있다는 희망은 에스더, 다니엘, 느헤미야 이야기의 기초가 된다.

138) 우리는 모세가 하나님과 논쟁하여 이스라엘을 멸망시키지 말라고 그분을 설득한 장면과 적어도 세 차례 만난다. 출 32:9-14; 민 14:11-20, 16:19-23. 그러나 황금 송아지 사건 이후 모세도 하나님의 임재가 진영에 임하여 이스라엘 백성이 그 땅에 들어갈 때까지 함께하시기를 간절히 구한다. 하나님이 그의 간구를 거부하시며 모세에게 그 요구를 철회할 것을 명하시고 하나님의 동행 없이 백성을 데리고 올라가라고 명령한다. 출 32:34, 33:1. 그러나 모세는 명령대로 올라가지 않고 진영의 밖에서 하나님을 만나고자 장막을 치고 논쟁을 계속한다. 모세가 여호와께 말씀드렸다. "보소서, 주께서 저에게 이 백성들을 데리고 올라가라고 말씀하시면서, 저와 함께 보낼 자를 제게 알려주지 않으셨습니다"(출 33:12). 모세는 하나님의 동행 없이 백성들을 끌고 올라가지 않겠다고 명확히 말한다(33:15). 이것은 단순한 논쟁이 아니라, 하나님과 모세 사이의 실제 싸움이다. 이 싸움

은 모세가 이기고 하나님이 이스라엘과 함께 동행하기로 동의할 때까지 계속된다. 출 40:33-38을 참조하라.

139) 레 10:16-20.

140) 다른 해석들도 가능하지만, 가장 단순한 이해에 따르면 하나님께서 모압 여인을 따라 바알-브올의 예배에서 성관계와 우상숭배를 혼합한 사람들을 공개 처형하도록 명령한다. 반면 비느하스는 우상숭배와의 관계가 불명확한 미디안 여인을 침대로 데려간 사람을 현장에서 죽인다. 비느하스는 과도한 열심 때문에 하나님의 명령을 무모할 정도로 부정확하게 적용한 것이다. 하나님은 비느하스의 이런 무모함 때문에 그와 그의 후손들을 정치나 군사 지도자가 되지 못하게 하신다. 대신 그들에게 제사장직을 주신다. 그럼에도 불구하고 하나님이 비느하스의 행동을 기뻐하신 것만은 분명하다. 민 25:1-16을 보라. 제사장의 목적은 "성과 속, 정결과 부정을 구분하는 것"인데(레 10:10), 비느하스의 주특기가 바로 이것이다.

141) 민 27:1-11; 수 17:3-4.

142) 창 32:25-30. 이 구절에 대한 라쉬의 주석을 보라.

143) 창 25:23.

144) 창 33:10에서 야곱은 에서의 얼굴을 하나님의 얼굴에 비유한다. 호세아 12:4도 야곱의 투쟁이 하나님과의 투쟁이었음을 암시한다. 야곱이 일생을 하나님과 싸워왔다는 견해는 다음의 책에도 나타난다. Michael Fishbane, *Biblical Text and Texture*, pp. 54-55. 또한 레온 카스에 따르면 야곱이 천사로부터 강제로 축복을 받아내려 한 것은 형 에서에게서 장자권을 탈취한 것과 아버지의 축복을 속임수로 빼앗은 것을 연상시킨다. Leon Kass, *The Beginning of Wisdom*, p. 459.

145) 그러나 하나님과 싸우면 상처가 있게 마련이다. 야곱과 그 어머니 리브가가 눈 먼 아버지에 대해 벌였던 속임수는 올바른 목적에 봉사하기 위한 것이었다. 우리는 에서가 살인자이고 이삭의 유업을 이어받아서는 안 될 사람임을 알기 때문이다. 성서 본문은 창 27:41에서 부모님이 야곱을 선호했다는 이유로 자신의 동생을 죽이겠다고 맹세하는 에서의 모습을 보여줌으로써 이 사실을 강조한다. 에서의 그런 모습은 아벨에 대한 가인의 증오를 강하게 연상시킨다. 또한 에서는 두 명의 가나안 아내를 취했는데, 이것은 가나안 여인을 아내로 취하지 말라는 부모의 가르침에 순종한 야곱의 행보와 대조된다. 창 27:28-28:9를 보라. 그러나 속임수는 큰 죄임에 틀림없다. 나아가 팥죽 한 그릇을 놓고 굶주린 에서와 흥정하는 야곱의 모습은 그의 조상 아브라함의 관대함과 크게 대조된다. 아브라함은 상대방의 경제적 약점을 이용하여 이익을 취한 적이 없다. 그리고 아버지께 저지른 죄 때문에 야곱은 평생 고통을 당한다. 그는 그의 형을 두려워하여 타지 생활을 시작했으며, 고통당하고 자신의 임금뿐 아니라 라헬도 빼앗겼다. 라헬 없이 레아와 함께 산 7년의 세월 동안 야곱은 다음과 같은 라반의 충격적인 말을 곱씹었을 것이다. "우리 지방에서는 작은 딸을 맏딸보다 먼저 주는 일이 없다"(창 29:26). 그러나 아직 고통이 끝나지 않았다. 야곱은 곧 라헬과 사별할 것이며, 그 후 라헬의 아들이자 자신이 가장 사랑했던 요셉을 다른 아들들의 속임수로 잃게 된다. 아들들이 아버지 야곱을 속인 것은 야곱이 그의 아버지 이삭을 속인 일을 연상시킨다. 야곱은 하나님과 싸워 승리했다. 그러나 그 싸움에서 하나님이 그를 불구로 만들었다는 은유(야곱이 그 후 절뚝거리며 걷게 되었음을 고려하면 절반의 은유라 할 수 있음)는 우리가 하나님과 싸우기로 결정하기 전 숙고해야 할 내용이다.

146) 창 23:4. 반대로 헷 사람들은 아브라함에게 "당신은 우리 안에 하나님이 세우신 지도자입니다"라고 말한다. 창 23:6. 평생을 그 땅에 산 이삭도 그의 아들 야곱에게 그는 여전히 "나그네"라는 말을 한다. 창 28:4.

147) 강조점이 좀 다르지만 기본적으로 같은 주장이 레온 카스의 책에 등장한다. Leon Kass, *The Be-*

148) 농부 노아와 농부 이삭에 대해서는 창 5:29, 9:20, 26:12을 보라. 성공적 농부로 묘사되는 유일한 족장 이삭은 평생 이스라엘 땅에서만 거주한 유일한 족장이라는 사실에도 주목하라. 이 사실이 주는 메시지는 다음과 같다. 만약 이스라엘이 그 땅의 흙에 뿌리를 내리려 한다면 이것은 이삭이 대표하는 농부의 덕을 강조해야 한다. 아브라함과 달리 (그렇지만 노아와 같이) 이삭은 하나님과 논쟁하거나 그분께 불복종한 적이 없다. 이 점에 관해서는 다음의 놀라운 '조하르'(Zohar) 구절을 보라. 출 32:10에 대한 '조하르'의 해석에 따르면 이스라엘을 멸망시키겠으니 말리지 말라고 모세에게 화를 내며 말씀하는 하나님은 모세에게 노아처럼 복종적이고 순종적이 되라고 애원한다. 이런 해석은 히브리어 문장 '아타 하니하 리'(ata haniha li)에 근거하는데, 그것의 일반적 의미는 "이제 내 뜻대로 하게 하여라"이지만, 조하르는 그것을 "이제 나를 위해 노아처럼 되어라"로 해석한다. 그 인물들 간의 유형 대조는 오경 안에서 끝나지 않고 이스라엘 역사서의 마지막까지 계속된다. 예를 들어, 요셉과 같은 유형 인물인 여호수아는 가나안 땅을 정복하라는 하나님의 뜻에 대한 단순한 믿음을 드러낸다(수 11:15). 그리고 가인처럼 그도 도시를 건설한다(수 19:49-50). 그러나 모세의 경우, 그는 의심하고 도전적인 양치기적 성격 때문에 하나님과 분쟁에 빠진다. 하나님은 민 20:12에서 모세의 불신앙을 정죄한다. 이에 대한 보다 자세한 내용을 보려면 8장을 읽어라. 농부와 양치기 사이의 대조는 사울과 다윗의 경쟁에서도 나타난다. 삼상 11:4-7절에서 사울은 농부로 등장하고 다윗은 삼상 16:11, 19, 17:15, 20, 28, 34, 40, 54에서 반복적으로 양치기로 묘사된다. 다윗의 아들 솔로몬은 많은 특별한 재능의 소유자이나, 그 재능들은 아버지 다윗이 아닌 요셉이나 가인을 연상시키는 재능들이다. 그리고 또 하나의 양치기적 인물인 선지자 엘리야는 하나님이 결국 너무 어려워하여 그를 그의 제자 엘리사로 교체하신다. 왕상 19:19에서 엘리사는 농부로 묘사된다. 이 구절에서 황소에 대한 언급은 양치기 심상과 혼동해서는 안 된다. 성서 내러티브에서 양치기들이 소를 소유할 수 있지만, 일반적으로 소 목축은 소를 경작용으로 사용하는 농업 경제와 관련 있다. 예를 들어, 파라오는 창 41:17-24에서 곡물과 소에 대한 꿈을 꾼다. 마찬가지로 방금 인용한 구절에서 사울은 소와 암나귀를 기르는 것으로 묘사되고, 엘리사는 소로 밭을 가는 것으로 묘사된다. 사울이 소를 따라간다는 표현("마침 사울이 밭에서 소를 따라오다가" 삼상 11:5)은 그의 미래에 대한 암시가 된다.

149) 역사서 내에 모세 율법과 그것을 둘러싼 내러티브들 사이의 관계에 관한 다양한 견해를 보려면 다음의 책들을 보라. Diana Lipton, *Longing for Egypt* (Sheffield: Sheffield Phoenix Press, 2008), pp. 174-176; Ze'ev Maghen, "Dancing in Chains: The Baffling Coexistence of Legalism and Exuberance in Judaic and Islamic Tradition," in Jonathan Jacobs, ed., *Judaic Sources and Western Thought* (New York: Oxford University Press, 2011), pp. 217-237. 율법과 성서 내러티브 사이의 관계에 대한 보다 일반적 설명을 보려면 이 책의 3장 III절과 8장 VIII절을 참고하라.

378

5장_ 이스라엘의 역사서에 나타나는 정치철학

1) 본 장은 내가 쓴 다음의 논문을 수정한 것이다. Yoram Hazony, "Does the Bible Have a Political Teaching?" *Hebraic Political Studies* (Winter 2006), pp. 137-161.

2) 렘 44:15-18을 보라. 또한 이 책의 3장 I절도 참고하라.

3) "회개를 충분히 일찍 했었다면"이라는 조건이 중요하다. 역사서는 하나님이 회개하는 자를 자동적으로 구원할 것이라고 말하지 않는다. 왕국의 흥망성쇠에서 가장 중요한 행위들은 왕국 역사의 초기

에 결정되었다.

4) 3장 III절을 참고하라.

5) 삼상 1:8에 대한 아브라바넬의 주석을 참고하라.

6) 창 4:17. Leon Kass, *The Beginning of Wisdom: Reading Genesis* (New York: Free Press, 2003), pp. 144-147, 217-243과 이 책의 4장 I절을 참고하라.

7) 창 11:1-9.

8) 제국에 대한 비판으로서의 바벨탑 이야기를 보려면, 다음의 책들을 참고하라. Daniel Gordis, "The Tower of Babel and the Birth of Nationhood," *Azure* 40 (Spring 2010), pp. 19-36; Yoram Hazony, "On the National State, Part 1: Empire and Anarchy," *Azure* 12 (Winter 2002), p 27-70, at pp. 34-35, 39; Michael Fishbane, *Biblical Text and Texture* (Oxford: Oneworld, 2003 [1979]), p. 37. 이사야는 바벨탑 이야기를 이스라엘 왕국에 대한 비판으로도 사용함에 주목하라. 사 14:13-14을 참고하라.

9) 예를 들어, 겔 28:1-10, 29:3, 9을 보라.

10) 성서에서 사랑받았던 제국 지도자 중 한 명인 다리우스도 하나님께 기도하는 것을 30일 동안 금하여 제국 내의 모든 기도가 자신에게만 향하도록 하는 칙령을 내린 것으로 묘사된다. 단 6:8-10을 보라.

11) 삿 1:7.

12) 이 이유 때문에, 나는 역사서 저자가 고대 근동의 제국과 작은 왕국을 의미 있게 구분하고 있는지 잘 모르겠다. 율법에 의해 다스려지는 모세적인 정부가 도입되면서 성서 내러티브는 그 둘을 구분하기 시작한다.

13) 성서 내러티브는 하나님께서 아브라함을 갈대아인들(바빌로니아인들의 다른 이름)의 땅에서 이끌어내셨다고 분명하게 말한다. 아브라함이 바빌로니아 출신이라는 언급은 아마 시대착오적인 진술일 것이다. 그러나 그것은 아브라함을 바벨탑 사건과는 물론, 수백 년 후 바빌로니아의 손에 예루살렘이 멸망당하는 사건과 연결시킨다.

14) 성서의 정치적 가르침의 시대착오적 경향에 대해서는 다음의 책들을 참고하라. John W. Flight, "The Nomadic Ideal in the Old Testament," *Journal of Biblical Literature* 42 (1923), pp. 158-226, esp. pp. 213ff.; S. N. Eisenstadt, "Israeli Politics and the Jewish Political Tradition: Principled Political Anarchism and the Rule of the Court," reprinted in *Explorations in Jewish Historical Experience* (Leiden: Brill, 2004[1986]).

15) 창 12:15, 20:2, 26:17-18, 14:11-12; 34:1-2.

16) 이런 패턴은 아브라함 시대에 이미 정립되었다. 창 12:10을 참고하라.

17) 이 경제적 논증의 결과 창세기 본문 내의 무정부적 이상에 강력한 반대가 생겨났다. 이 반대는 히브리 목양가 요셉에 의해 대표된다. 그는 어렸을 때 곡물을 수확하고 하늘을 다스리는 꿈을 꾼다(창 37:9). 이집트의 총리로 등극했을 때 요셉은 사람이 국가 없이 생존할 수 없고, 국가를 통해 사람들이 구원받는 것이 하나님의 뜻(예를 들어, 창 45:5-8)이라고 확신한 듯하다. 요셉의 국가관과 그에 대한 구약 성서 저자들의 평가에 대해서는 다음의 책을 보라. Aaron Wildavsky, *Assimilation Versus Separation: Joseph the Administrator and the Politics of Religion in Biblical Israel* (New Brunswick, N. J.: Transaction, 1993). 아울러 이 책의 4장 III절도 보라. 따라서 나는 이스라엘 국가의 성립이 고대 이스라엘의 전통과 "모순된다"는 취지의 모세 와인펠드의 발언에 동의하지 않는다. 성서 내러티브 안에 무정부주의에 대한 비판이 무정부주의를 비전으로 제시한 창세기 안에 이미 들어 있다. 요셉이 대표하는 공권력이나 이집트 농업에 대한 경제적 의존이 싫다고 무정부

주의가 이견의 여지없는 이상적 대안이 될 수는 없다. 기드온이나 사무엘이 왕정을 원치 않았지만 성서는 그것을 허락한 것으로 보아 무정부 상태에 대한 요셉의 비판은 매우 타당하다고 이해된다. 와인펠드의 견해를 보려면 그의 논문을 참고하라. Moshe Weinfeld, "The Transition from Tribal Republic to Monarchy in Ancient Israel," in Daniel J. Elazar, ed., *Kinship and Consent: The Jewish Political Tradition and its Contemporary Uses* (New Brunswick, N. J.: Transaction, 1997), pp. 216-232.

18) 다음의 책을 참조하라. Aaron Wildavsky, *Moses as Political Leader*, with intro. by Yoram Hazony (Jerusalem: Shalem Press, 2005 [1984]); Michael Walzer, *Exodus and Revolution* (New York: Basic Books, 1985).

19) 출 1:15-21.

20) 출 1:22-2:10.

21) 출 2:11-12.

22) 출 3:1f. 인간과 하나님의 관계에서 시작의 문제를 보려면 8장을 참조하라.

23) 신 7:19; 출 6:6. 출애굽기에서 히브리인들의 수동성은 그들의 노예 상태 때문인 것으로 보인다. 예를 들어, 출 13:17-18을 보라. 그곳에서 하나님은 모세에게 그 노예들을 가나안으로 곧바로 데려가지 말라고 말씀하시는데, 그 이유는 그들이 전쟁을 보고 너무 두려운 나머지 이집트로 돌아갈 것을 요구하리라고 예상하셨기 때문이다.

24) 출 12:3-13, 21-23. 이집트 수도 테베의 수호신은 아몬인데, 숫양으로 상징된다. 유대인이 이집트의 노예로 생활할 때 아몬은 이집트 만신전에서 가장 강력하고 두드러진 신으로 등극했다. 심지어 이집트 군대는 그의 상징이 새겨진 깃발 아래 전쟁을 수행했다. 모세도 히브리인들의 제사 관습이 "이집트에서는 혐오 행위"이며, 만약 그들이 이집트인이 보는 가운데 제사를 드리면 죽임을 면치 못할 것이라고 파라오에게 고한 바 있다(출 8:22). 랍비들은 하나님이 모세에게 말하는 형식을 빌려 이 점을 더욱 분명하게 천명한다. "내가 맹세하는데 이스라엘인들이 이집트인들이 보는 앞에서 그들의 신을 도살하기 전에는 그들은 절대로 출애굽할 수 없을 것이다"(《출애굽기 라바》 16.3; 16.2). 인간 대신 양을 제물로 삼는 것은 아브라함 신앙의 상징이다. 이에 대한 논의를 보려면 이 책의 4장 II절을 참고하라.

25) 이집트를 "속박의 집"으로 묘사하는 성서 구절은 다음과 같다. 출 13:3, 14, 20:2; 신 5:6, 6:12, 7:8, 8:14, 13:6, 11; 수 24:17; 삿 6:8; 렘 34:13. 히브리 백성들이 가짜 신을 먹는 것은 이스라엘의 하나님에 대한 최소한의 충성 표시다. 출 32:20을 참조하라. 거기서 모세는 황금 송아지를 가루로 만들어 이스라엘 사람으로 하여금 마시게 했다.

26) 삿 8:22-23.

27) 삿 9:7-15.

28) 삼상 8:11-18.

29) 구약 성서에 나오는 히브리어 '에베드'는 때로는 "종"을, 때로는 "노예"를 의미한다. 노예로 쓰일 때는 우상숭배의 뉘앙스가 들어 있다.

30) 특히 삼상 12:1-25을 보라. 그곳에서 사무엘은 성서 내러티브가 선호하는 것과 반대되는 역사 해석을 내놓는다. 사무엘의 견해에 따르면 기드온, 입다, 사무엘과 같은 사사들은 "너희를 사방에 있는 너희 원수들의 손에서 건져내어서 너희가 편안히 살게 된" 사사들이다(삼상 12:11). 더욱이 사무엘은 "나는 늙어 백발이 되었고"라고 말하면서, "내 아들이 너희와 함께 있다"고 덧붙인다(삼상 12:2). 사무엘의 아들들이 뇌물을 받았다는 내러티브 저자의 보고에도 불구하고 사무엘은 다음과 같은 유명한 연설을 한다. "내가 누구의 소를 빼앗거나 누구의 나귀를 빼앗은 일이 있느냐? 내가 누구를

속인 적이 있느냐?"(삼상 12:3). 나아가 이스라엘이 요셉의 교훈을 쫓아 이 땅의 왕과 농업 경제를 선택하여 이스라엘이 약해졌음을 증명해기 위해 사무엘은 (하나님의 기적으로) 밀 수확을 망쳐 이스라엘을 굶어 죽게 하겠다고 협박한다(삼상 12:17-19). 이처럼 성서 내러티브는 비록 무정부적 삶에 대한 사무엘의 동경에 심정적으로 동의하지만, 그렇다고 그의 견해를 지지하는 것은 아니다. 그 땅의 계속되는 전쟁과 그 아들들의 타락은 무정부적 삶에 대한 그의 견해에 대한 반대 논증이 된다.

31) 특히 수 1:16-18, 24:16-21, 31을 보라.

32) 삿 2:7, 10. 이 구절은 이스라엘인들이 이집트에서 노예가 되었다는 출애굽기 첫 부분을 연상시키도록 의도된 것이다. 출 1:8을 보라. 출애굽기와 사사기의 이 병행 구절은 제국과 무정부 상태의 쌍둥이 위험을 대치시킨다. 이런 정치적 기억상실증에 함께 포장된 또 하나의 메시지도 언급할 가치가 있다. 즉 지혜의 '전수'(transmission)라는 주제가 성서 내러티브에 의해 제기되는 가장 시급한 정치 문제 중 하나다.

33) 시민 도덕이 점점 쇠락해가는 경향에 대해서는 다음의 책들을 참고하라. Gordon Wenham, *Story as Tora: Reading Old Testament Narrative Ethically* (Grand Rapids, Mich.: Baker Academic, 2000), pp. 54, 59-69; Daniel J. Elazar, *Covenant and Polity in Biblical Israel* (New Brunswick, N.J.: Transaction, 1995), pp. 290-291. 다음의 책도 참고하라. Martin Noth, *The Deuteronomistic History* (Sheffield: Journal for the Study of the Old Testament Press, 1943), pp. 72-76, 122-123; D. W. Gooding, "The Composition of the Book of Judges," *Eretz-Israel* 16 (Jerusalem: Israel Exploration Society, 1982), pp. 70-79; and J. P. U. Lilley, "A Literary Appreciation of the Book of Judges," *Tyndale Bulletin* (1967), pp. 94-102. 마르틴 부버는 이 견해에 반대한다. 그는 그런 도덕의 점진적 쇠락을 인정하지 않으며 사사기의 마지막 두 일화에서 "친왕정 문서가 반왕정 문서와 병치 혹은 대치되어 있는 모습"을 본다(Martin Buber, *Kingship of God*, Richard Scheimann, trans. [Atlantic Highlands, N.J.: Humanities, 1967], pp. 77-84). 그러나 부버의 견해가 성서 본문의 문자적 의미와 어떻게 조화될 수 있을지 알기 어렵다. 사사기를 경쟁하는 다양한 견해의 각축장으로 보는 새로운 해석은 왈처가 편집한 책에서 발견된다. Michael Walzer, Menachem Lorberbaum, and Noam J. Zohar, eds., *The Jewish Political Tradition* (New Haven: Yale University Press, 2000). 특히 왈처가 쓴 "왕들"이라는 표제의 서론(109-116쪽)을 보라. 아울러 할버르탈(Moshe Halbertal)의 신성왕권에 대한 글(128-132쪽)도 참고하라.

34) 삿 3:11, 3:30, 5:31. 3:30에서 그 땅은 40년이 아니라 80년 동안 평화롭다. 기드온과 관련한 네 번째 일화도 마찬가지로 "그 땅은 40년 동안 평화로웠다"라는 결말로 끝난다. 삿 8:28을 보라.

35) 드보라가 북방 출신의 장군 바락에게 전쟁을 위해 군대를 모집해달라고 요청할 때, 그는 다음과 같이 약간 모호하게 대답한다. "'당신이 저와 함께 가신다면 저도 가겠지만, 가지 않으시면 저도 가지 않겠습니다.' 하므로 그 여자가 말하기를 '내가 반드시 너와 함께 가겠다.' 하였다"(삿 4:8-9).

36) 삿 5:14-18.

37) 처음으로 이스라엘의 사사가 바알 제단을 소유한 것으로 묘사된다(삿 6:25).

38) 그러나 내러티브는 기드온이 전쟁의 초반에 에브라임 지파를 소집했더라면 그들이 기드온을 따랐을 가능성을 열어둔다. 기드온은 승리가 이미 확정된 후에야 에브라임 지파를 부른다. 기드온이 처음에 그들을 소집하지 않은 것은 더 힘센 지파 에브라임에 대한 두려움 때문이었을 것이다(삿 7:23-8:1).

39) 그와 함께 전쟁한 지파들은 므낫세, 스불론, 납달리 그리고 아셀이다. 삿 6:34-36. 에브라임과 갓 지파와의 분쟁이 8:1-9에 묘사되어 있다.

40) 삿 8:16-17.

41) 삿 8:24-28.

42) 삿 9:1-57.

43) 첫 사사에 대한 일화로부터 기드온 일화까지 내러티브 저자는 "이스라엘 백성들이 여호와께 울부
짖었다"라는 언급으로 일화들을 시작한다. 그리고 그때마다 하나님께서 그들을 원수로부터 구원할
사사를 일으키심으로써 그들의 울부짖음에 응답하셨다고 말한다(삿 3:9, 3:15, 4:3, 6:6). 그러나 다
섯 번째 일화에서 이스라엘 백성들이 여호와께 부르짖지만 그들은 절망한다. 하나님이 다음과 같
이 말씀하시기 때문이다. "너희가 나를 버리고 다른 신들을 섬기니, 내가 다시는 너희를 구원하지
않을 것이다. 너희는 가서 너희가 택한 신들에게 부르짖어라. 너희의 환난 때에 그것들이 너희를 구
원하게 하여라"(삿 10:13-14). 실제로 이스라엘 사사들 중 마지막 둘은 '구원자'라고 말하기 힘들다.

44) 삿 11:3.

45) 그모스에 관한 입다의 연설이 삿 11:23-24에 나온다. 가나안 신들의 이름을 거론하는 것을 금한 여
호수아와 비교하라. "너희는 더욱 힘써 … 너희는 너희와 함께 남아 있는 이 나라들과 가까이하지
마라. 그 신들의 이름을 부르거나 그 이름으로 맹세하지 말고, 또 그것들을 섬기거나 그것들에게 절
하지 마라"(수 23:7). 출 23:13; 호 2:19; 시 16:4도 보라. 성서 본문은 그모스 신도들이 계속 그 자녀
들을 그모스 신에게 제물로 바친다고 보고한다. 왕상 3:26-27을 보라.

46) 입다가 이스라엘의 하나님께 자신의 딸을 제물로 드린 이야기는 삿 11:30-31, 34-39에 기록되어 있
다. 이 행위가 암시하는 하나님의 '몰록화'(Molochization)에 관해서는 Martin Buber, *Kingship of
God*, pp. 68, 116을 참조하라. 모세는 바로 이것을 예상하고 법으로 금지해놓았다. "그들이 네 앞에
서 멸망한 뒤에 네가 그들을 따라 스스로 올무에 걸리지 않도록 조심하여라. 또한 '이 민족들이 그
들의 신들을 어떻게 섬겼을까? 나도 그렇게 해보아야겠다.' 하면서 그들의 신들을 찾지 않도록 조심
하여라. 너는 여호와 네 하나님께 그렇게 하지 마라. 이는 그들이 자기들의 신들에게 하는 짓은 모두
가 여호와께서 싫어하시는 역겨운 것이며, 심지어 자기들의 아들들이나 딸들마저도 자기들의 신들
을 위하여 불사르기 때문이다"(신 12:30-31). 다음 구절도 보라. "네 가운데 자기 아들이나 딸을 불
가운데 지나가게 하는 자나 … 이런 짓을 하는 자들은 모두 여호와께서 역겨워하시는데, 이러한 역
겨운 일 때문에 여호와 네 하나님께서 그들을 네 앞에서 몰아내신다"(신 18:8-9).

47) 사사기의 전반부 네 개의 일화는 평화가 그 땅에 회복된 것으로 끝난다. 그러나 입다의 일화로부터
시작하는 후반부 네 일화는 그 결말에서도 평화가 그 땅에 회복되지 않는다.

48) 삿 12:1-7. 갓과 에브라임 사이의 유혈 전쟁은 이스라엘과 모세와 여호수아가 간신히 잠잠히 시킨 요
단 동쪽 지파 사이의 내부 갈등이 표출된 것이다. 특히 여호수아서는 동쪽 지파 사람들이 서쪽 지방
이 다 정복될 때까지 이스라엘 군대에 참여했고, 정복이 완료된 후에야 자기 고향으로 돌아갔다고
보고한다(수 1:12-18). 전쟁이 끝난 후에야 동쪽 지파들은 자신들의 맹세에서 풀려난다. 수 22:1-6
을 보라. 그리고 이미 여호수아 시절에 서쪽 지파들이 동쪽 지파들에 대해 전쟁을 벌이려 했지만, 실
제로는 내전이 발생하지 않았다(수 22:9-34). 이 점에 있어서 입다의 실패를 비슷한 상황을 성공적
으로 해결한 기드온의 경우와 비교하라(삿 7:23-8:3).

49) 삿 16:20-21, 25. 삼손 일화를 지배하는 구절은 여호수아의 명령이다. "만일 너희가 돌이켜 이방 민
족들의 남은 자, 곧 너희와 함께 남아 있는 이들과 가까이하여 더불어 혼인하며 서로 오고 간다면
… 여호와 너희 하나님께서 너희에게 주신 이 아름다운 땅에서 너희가 멸망할 때까지 그들이 너희
에게 올무와 덫이 되고 옆구리에 채찍이 되며 눈에 가시가 될 것이다"(수 23:12-13). 특히 놀라운 것
은 이것이 삼손의 눈이 빠지는 사건을 예고하는 듯하다는 것이다.

50) 삿 17:6. 삿 18:1과 비교하라.

51) 단 지파의 적들이 에브라임 사람들과 전투에서 패한다. 에브라임 사람들은 그 적들의 영토를 단 지

382

파에게 주는 것이 아니라. 그 적들과 조공 관계를 맺는다. 삿 1:34-35. 이렇게 에브라임 지파는 단 지파의 고통으로부터 이익을 취한다. 그 땅의 민족들과 계약하지 말라는 명백한 계명을 어기는 것이었다. 삿 2:2 참조하라.

52) 삿 18:5-10, 27-28.

53) 이 일화를 모세의 설교와 비교하라. "너는 그 역겨운 것을 너의 집에 끌어들이지 마라. 그렇지 않으면 너도 그것과 같이 망할 것이다. 너는 그것을 매우 혐오스럽게 여기고 역겨워하여라. 이는 진멸해야 할 것이기 때문이다"(신 7:26). "너는 네 땅에서 사는 동안 레위인을 저버리지 않도록 조심하여라"(신 12:9).

54) 삿 18:30. 이 본문에 대한 히브리어 원문을 보라. "므낫세"(מנשה) 이름에서 문자 눈(nun)이 나머지 문자 위에 걸려 있다. 이 문자를 무시하고 읽으면 그 이름은 "모세"(משה)로 읽힌다. 이것이 저자들의 의도였다는 사실은 모세의 아들이 레위인 게르솜이라는 사실에서 분명해진다. 반면 므낫세에게는 그런 아들이 없었다. 그는 레위인도 아니었다.

55) 신 12:19과 비교하라. "너는 네 땅에서 사는 동안 레위인을 저버리지 않도록 조심하여라."

56) 삿 19:15-28.

57) 삿 20:1-21:48. 내전이 끝나고 이스라엘은 갓 지파의 영토 길르앗 야베스로 올라간다. 그들은 전쟁에 참여하지 않았던 야베스 사람들을 학살한다(삿 21:8-12). 설상가상으로 이 잔인한 학살에 길르앗 야베스와 실로의 여인들을 납치하여 베냐민 생존자들에게 강제 결혼시킨 행위(삿 21:12-23)가 더해진다. 전부는 아니겠지만, 그 경우 강간이 발생했을 가능성이 있다. 이것은 지파 연합이 전쟁에서 거의 멸절시켜버렸던 베냐민 사람들보다 얼마나 우월한 힘을 가졌는지에 대한 질문을 일으킨다.

58) 창 19:1-13.

59) C. F. Burney, *The Book of Judges* (Eugene, Oreg.: Wipf & Stock, 2004 [1918]), pp. 444-445. 다음의 책도 참고하라. Susan Niditch, "The 'Sodomite' Theme in *Judges* 19-20: Family, Community, and Social Disintegration," *Catholic Bible Quarterly* 44 (1982), pp. 365-378. 성서에서 소돔처럼 기브아도 죄의 도시로 기억된다. 호 10:9을 보라.

60) 삿 2:19. 노트(Noth)는 이것이 히브리어 표현 '베요씨푸 라아소트 하라'의 의미(삿 3:12, 4:1, 10:6, 13:1)라고 주장한다. 그렇다면 그것은 "그리고 그들은 하나님의 눈에 더 악한 일을 행했다"로 해석될 수 있다(Martin Noth, *Deuteronomistic History*, p. 72).

61) 물론 그 두 사건 사이에 중요한 차이가 있다. 기브아 사건에서는 심판하고 벌하는 주체는 하나님이 아닌 사람이다. 사사기의 나머지 부분과 마찬가지로 이 문제도 그 도덕적 성격이 모호하다. 먼저 우리는 불의의 땅에 정의를 회복하려는 (사람의) 노력을 칭찬할 만한 것으로 간주해야 한다. 이런 의미에서 사람들은 하나님을 본받아야 한다. 그러나 다른 한편 이스라엘인들은 이 일에 그다지 성공하지 못했다. 소돔 사건에서는 하나님께서 친히 의인들을 살리신 것으로 묘사되지만, 기브아 사건에서 베냐민의 의인들은 악인들과 함께 멸망한다. 더욱이 갓 사람들에 대한 학살은 도덕적으로 정당화하기 매우 힘들다. 따라서 우리는 무정부의 조건에서는 그 땅에 정의를 실현하는 노력도 군중 정치와 부정의로 끝난다고 결론내리지 않을 수 없다. 소돔처럼 기브아도 선지자들의 설교에서 종말적 타락의 대명사로 간주된다. 예를 들어, 호 10:9을 보라.

62) 삿 17:6, 21:25. 또한 18:1, 19:1도 참고하라. 신 12:8과 비교하라. "우리가 오늘 여기서 한 것처럼 각기 자기 눈에 옳은 대로 하지 마라."

63) 레온 카스는 노아의 홍수 이야기는 창 9:1-7에서 살인에 대한 첫 번째 법이 주어지기 전에 인간의 무정부적 상태에 대한 하나님의 반응을 보여준다고 주장한다. Leon Kass, *The Beginning of Wisdom*, p. 162. 이런 해석이 옳다면 사사기는 이미 홍수 이야기에서 주어진 교훈을 더 자세하게

반복하는 책으로 해석되어야 한다.

64) 역사서 저자는 모든 국가가 왕에 의해 다스려지는 것은 아님을 알고 있다. Daniel Elazar, *Covenant and Polity*을 참고하라. p. 242. 그러나 성서가 왕정을 다룰 때 관심을 두는 부분은 한 명이 다스리느냐 아니면 여러 명이 공동으로 다스리느냐도 아니고, 세습 왕이냐 선출 왕이냐의 문제도 아니다. 성서는 상비군, 세금, 강제 부역 등의 강제력이 있는 제도를 갖춘 영구 국가에 관심이 있다. 즉, 성서 저자들에게 중요한 것은 이스라엘에 '왕(=정부)이 있느냐' 혹은 '왕(=정부)이 없느냐'다.

65) 삼상 8:4-5. 사무엘의 아들들이 아버지의 뒤를 좇지 않았다는 것은 그들이 뇌물을 받은 일을 가리킨다. 삼상 8:2을 보라. 사무엘의 아들들은 한 세대 전 대제사장 엘리의 아들들에 의해 제사장직이 무너졌던 일을 연상시킨다. 민 18:32과 비교하라. "너희들은 이스라엘 자손의 성물을 더럽히지 말아야 한다. 그렇지 않으면 죽을 것이다."

66) 왕정에 대한 사무엘의 반대는 삼상 8:10-20에 나온다. 본 장의 II절에 인용되어 있다.

67) 삼상 8:7. 왕국이 멸망 직전에 있고 이미 많은 유대인이 바빌로니아로 끌려갔을 때 에스겔은 "열방과 같이"라는 표현을 다른 용도로 사용한다(겔 20:32-33, 25:8). 북왕국의 멸망에 관한 호 13:9-11도 보라.

68) 삼상 10:21-26.

69) 이 구절은 아리 콘토우닉(Ari Gontownik)의 해석에 의존해 해석한 것이다.

70) 삼상 11:1-14.

71) Thomas Hobbes, *Leviathan*, Edwin Curley, ed. (Indianapolis, Ind.: Hackett, 1994), ch. 18, pp. 110f.; John Locke, *Two Treatises of Government*, Peter Laslett, ed. (Cambridge: Cambridge University Press, 1960), vol. II, sections 95-99, pp. 330-333; Jean-Jacques Rousseau, *On the Social Contract*, Roger D. Masters, ed., Judith R. Masters, trans. (New York: St. Martin's Press, 1978), 1.4, pp. 53-54. 또한 Otto von Gierke, *The Development of Political Theory* (New York: W. W. Norton, 1939)도 참조하라.

72) 이 구절은 창 21:12과 유사하다. 아브라함이 하갈과 이스마엘을 내어쫓기를 원치 않자, 하나님은 그에게 "사라가 너에게 말하는 모든 것에서 그녀의 목소리를 들으라"라고 말씀하신다. 이 구절이 암시하는 것은 어떤 점에서 분명히 잘못된 것이라도 하나님은 필요한 경우에 그것을 묵인하신다는 것이다.

73) 그러나 때때로 사람들의 상식이 승리하기도 한다. 예를 들어, 사울이 그의 아들 요나단을 죽이라 명령했을 때, 사람들이 사울에게 항명하며 그를 구해낸다. 삼상 14:24-45.

74) 독재자가 정권을 잡는 것도 국민의 동의를 통해서라는 사실은 플라톤에게도 잘 알려진 사실이다. 플라톤, 《국가》 565d.

75) 구약 성서에서 하나님의 뜻은 객관적인 정의의 기준을 반영하는 것으로 이해될 수 있다. 그러나 이 원리에는 많은 예외가 있기 때문에 주의 깊게 적용해야 한다.

76) "정의롭고 선한 것"이라는 기준은 역사서 내러티브에서 유다와 이스라엘의 왕들을 평가하는 기준으로 사용된다. 특히 열왕기서에서 '정의'라는 말은 최소한의 국가를 위한 것인 반면 '선'이라는 것은 온 맘으로 하나님을 섬기는 노력을 지칭한다. Ofir Haivry, "The Way of the World," *Azure* 5 (Autumn 1998), pp. 44-53을 참고하라.

77) 삼상 12:13-14, 23, 25. 대하 19:11에서 여호사밧 왕이 레위 판관들에게 내린 명령을 보라. "힘써 행하여라. 여호와께서 선한 자와 함께 하실 것이다."

78) 선지자 제도의 성립은 고대 이스라엘의 정치관과 성서의 정치철학에서 이 대리 통치 시스템(하나님이 참된 왕이며 인간 왕은 그의 종이 되는 체제)의 실현으로 이해될 수 있다.

79) 아브라바넬이 출 19:1-3에 대한 그의 주석(section 2.6)에서 강조하는 바처럼, 사사로 이스라엘을 다스린 사무엘을 제외하고 어떤 선지자도 왕으로 다스린 사람은 없다. 모세를 그 예외로 주장할 수 있지만, 그의 아들들이 그를 계승하지 않았다는 사실은 그런 주장을 약화시킨다. 하나님이 자신의 뜻을 철회했다는 선지자의 선포에 관해서는 삼상 15:28을 보라. 사람들의 역할에 대해서는 다음의 책을 보라. Michael Walzer, "Biblical Politics: Where Are the Elders?", *Hebraic Political Studies* (Summer 2008), pp. 225-238.

80) 모세의 '왕의 율법'을 사무엘의 '왕의 관습'과 혼동해서는 안 된다. 이 둘이 같은 이름으로 불리기도 한다. 후자에 관해서는 삼상 8:11-18을 참고하라. 본 장에서 나는 신명기에서 모세가 말한 내용을 가리킬 때만 '왕의 율법'이라는 용어를 사용할 것이다.

81) 다른 나라에도 선지자들이 존재했지만 이스라엘은 이스라엘의 선지자들의 말만 신뢰했다. 신 18:15-18.

82) 신 17:14-20. 나는 보통 "그의 마음"으로 번역되는 '레바보'(levavo)를 "그의 생각"으로 번역했다. 이 문제에 관해서 이 책의 6장 II절을 참조하라.

83) 이것은 헌법에 의한 통치의 기초로 간주될 수 있다. 자세한 것은 다음의 책들을 보라. Joshua Berman, *Created Equal: How the Bible Broke With Ancient Political Thought* (New York: Oxford University Press, 2008), pp. 53-80; Alan L. Mittleman, *The Scepter Shall Not Depart from Judah: Perspectives on the Persistence of the Political in Judaism* (Lanham, Md.: Lexington, 2000), pp. 95f.; Daniel Elazar, *Covenant and Polity*, p. 313.

84) 신 1:7. 신 11:24, 32:8; 수 1:4도 참고하라.

85) Steven Grosby, *Biblical Ideas of Nationality: Ancient and Modern* (Winona Lake, Ind.: Eisenbrauns, 2002)를 참고하라.

86) 신 2:4-6, 9, 19.

385

87) 랍비들의 해석에 따르면 이스라엘의 첫 번째 왕조는 우상숭배, 살인, 성적 일탈의 결과로 망했다. 탈무드 《요마》 9b를 참고하라. 이것들은 신명기의 왕의 율법에서 언급된 '금', '말' 그리고 '여자'와 일치한다. 이것을 내게 알려준 사람은 오피르 하이브리(Ofir Haivry)다.

88) 선지자들은 하나님이 이스라엘을 금으로 축복할 때, 그것으로 우상을 만든 이스라엘을 강하게 비판한다. 이에 대한 가장 좋은 예는 히브리인들이 하나님의 명령을 따라 출애굽하면서 가져나온 금이다. 그들은 그것으로 황금 송아지를 만든다. 기드온의 이야기도 이 패턴을 따른다. 이스라엘 백성들이 하나님의 도움으로 무찌른 적들에게서 취한 금을 가지고 우상 에봇을 만드는 데 사용한다. 호세아 선지자는 하나님의 이름으로 다음과 같이 말한다. "그들이 바알을 위하여 사용한 은과 금도 내가 그에게 더하여 주었던 것임을 그가 알지 못하였다"(호 2:8).

89) 삿 8:30의 "그는 많은 아내를 두었다"는 표현은 왕에게 여자 탐닉을 금한 신명기의 언어를 정확히 반영한다.

90) 삿 8:30-9:57.

91) 삿 10:3-4, 12:8-10, 12:13-15.

92) 다윗은 헤브론에서 여섯 명의 아내를 두었다. 성서 본문은 그들의 이름을 일일이 나열하고 그들이 낳은 아들들도 기록한다. 삼하 3:2-5를 보라. 삼하 5:13-15에 따르면 다윗은 예루살렘에서 추가적으로 아내와 첩들을 취했다. 성서 본문은 그들의 이름은 나열하지 않지만, 삼하 15:16에서 그 열 명의 첩이 언급된다. 다윗의 아내 중 일곱의 이름을 나열하는 대상 3:1-9를 보라. 여기에 사울의 딸 미갈의 이름은 빠져 있다.

93) 삼하 11:1-12:23. 또한 삼하 3:12-16도 보라.

94) 삼하 12:11.

95) 삼하 13:1-13, 16:20-22.

96) 압살롬이 세겜으로 가는 길목의 바알 하솔에서 양털 깎기 축제를 빙자해 초대한 그의 형 암논을 죽인 일은 야곱의 아들들 이야기의 재연이다. 형들이 요셉을 판 장소도 그곳과 가깝다(삼하 13:23-29).

97) 왕상 1:5f.

98) 구약 성서에서 한 명 이상의 아내를 두는 제도는 부정적으로 그려진다. 창 4:19에 대한 랍비 데이비드 킴히의 설명대로 성서 내러티브에서 부부간의 다툼은 라멕이 두 아내를 취한 이후에 생겨난다. 실제로 성서에서는 두 번째 아내가 고통과 문제의 원인으로 그려진다. 아브라함이 하갈을 취한 것도 끔찍한 실수로 그려진다. 창 16:1-16, 21:1-21을 보라. 야곱의 배다른 형제들 간의 살인적 증오, 르우벤이 아버지의 아내 중 하나와 동침한 사건 배후에는 야곱이 아내를 네 명이나 두었다는 사실이 있다. 창 35:22, 37:1-20을 참고하라. 삼상 1:6-8에 기록된 한나와 브닌나의 고통스런 대적 관계도 있다. 내가 알고 있는 한, 일부일처제의 가정에서 아들이 어머니와 잠자리를 한 예는 성서에 없다. 아브라함이 하갈과 이스마엘을 축출하면서 일부다처제를 포기한 것에 관해 레온 카스의 책을 참고하라. Leon Kass, *The Beginning of Wisdom*, p. 290.

99) 삼하 12:31. 다윗이 암몬 백성을 점령한 것은 앞서 인용한 모세 율법을 위반한 것처럼 보인다. 강제 노동과 벽돌에 대한 언급도 이스라엘이 이집트에서 고통당한 사건을 연상시킨다.

100) 왕상 3:3-28, 4:20-5:22.

101) Joseph Blenkinsopp, *Prophecy and Canon* (Notre Dame, Ind.: Notre Dame University Press, 1977), p. 51을 참고하라.

102) 왕상 10:14-11:4. 이 장면은 사 1:6-7과 유사하다. 여기서 나는 히브리어 '레브'를 "생각"으로 번역했다. 6장 II절의 논의를 참고하라.

103) "그때에 솔로몬이 모압의 혐오스러운 우상 그모스와 암몬 자손들의 혐오스러운 우상 몰록을 위해 예루살렘 맞은편 산에 산당을 지었고, 그가 자기의 모든 이방 여자들을 위해서도 다 그와 같이 해주니, 그들이 자기 신들을 위해 분향하고 번제를 드렸다. 솔로몬의 마음이 여호와 이스라엘의 하나님께로부터 돌아섰기 때문에 여호와께서 그에게 진노하셨다. … 이 일에 대하여 명령하시기를 다른 신들을 따르지 말라고 하셨으나, 그는 여호와께서 명령하신 것을 지키지 않았다"(왕상 11:7-10).

104) 신 17:20. 특히 중요한 사항은 토라 공부가 왕을 하나님께 향하게 할 뿐 아니라 자기 마음이 형제들보다 너무 높아지는 악을 예방한다는 사실이다.

105) 왕상 10:21.

106) 솔로몬이 여호와를 위해 지은 성전의 규모는 가로 60규빗, 세로 20규빗, 높이 30규빗인 것으로 보고된다. 건축 기간은 7년이었다. 반면 궁전의 규모는 가로 100규빗, 세로 50규빗, 높이 30규빗이었으며, 완성하는 데 13년이 소요되었다(왕상 6:2, 7:1-2). 이것을 엘리와 그 아들 시대에 제사장들의 타락에 대한 하나님의 경고와 비교하라. "왜 너는 … 네 아들들을 나보다 더 중하게 여겨 내 백성 이스라엘의 예물 중 가장 좋은 것으로 너희 자신들을 살찌게 하느냐?"(삼상 2:29).

107) 왕상 7:8.

108) 왕상 6:27-30, 9:15-22. 윌다브스키가 지적한 대로 부역과 세금이 노예 제도처럼 보이고 왕권은 이집트의 우상 권력처럼 보인다. 참고. Aaron Wildavsky, *Moses as Political Leader*, pp. 257-258; Diana Lipton, *Longing for Egypt* (Sheffield: Sheffield Phoenix Press, 2008), p. 24를 참고하라.

109) 왕상 11:28.

110) 왕상 12:3-4.

111) 왕상 12:10-11.

112) 왕상 12:13-17.

113) 왕상 12:18.

114) 역사서에서 이 이야기의 뿌리는 훨씬 이전으로 거슬러 올라간다. 이미 다윗에 대한 압살롬의 반란 때 우리는 한 베냐민 사람이 방금 인용한 말을 외치는 것을 목격한다. "다윗에게는 우리의 몫이 없으니, 이새의 아들에게서 받을 유업이 없다. 이스라엘아, 각자 자기의 장막으로 돌아가자"(삼하 20:1). 이 적의는 다윗이 베냐민 지파였던 사울 왕조를 제거한 데서 오는 것으로 이해될 수 있다. 그러나 사울의 장군 아브넬이 베냐민 사람들과 이스라엘의 나머지 지파들을 설득해 다윗과 언약을 맺게 했을 때, 다윗의 과격파 장군이 그를 죽여버린다(삼하 3:12-35). 본문이 암시하는 바는 만약 다윗이 아브넬과 언약을 통해 나라를 세웠다면, 다윗에 대한 북방 지파들의 경멸은 영원히 피할 수 있었을 것이라는 점이다.

115) 왕상 14:30, 15:6, 7, 16; 왕하 13:12, 14:8-14, 16:5-9; 사 7:1-9, 9:19-20.

116) 렘 3:18, 30:21; 겔 34:23, 37:15-24; 호 2:2. 또한 사 11:13-14도 보라.

117) 삼상 8:5, 20.

6장_ 예레미야의 인식론: 진리를 어떻게 알 수 있는가?

1) 1장 1절을 참고하라.

2) 플라톤, 《국가》 509d-520a.

3) 이것의 의미는 우리 경험의 세계가 존재하는 유일한 세계라는 것이다. 물론 위로는 하늘, 아래로는 스올이 있다. 그러나 예레미야에게 이것들은 물질세계의 일부처럼 보인다. 탑을 높이 쌓을 수 있다면 하늘에 올라갈 수 있다고 믿었다. 하지만 많은 사상가는 우리의 물질세계와 연속적이지 않은 제2의 물질세계를 상정한다. 그곳에 가려면, 마술이나 신비한 수단을 통해야 한다. 그 사상가 중 한 명이 플라톤이다. 그는 우리가 매일 생활하는 세계를 '환영'의 세계라 규정하고, 그것과 다른 '참된 존재'들의 세계가 있다고 믿었다(《국가》 514a-520a). 하늘 끝까지 올라간다고 참된 존재들의 세계에 도달하는 것이 아니다. 그곳은 철학적 혹은 신비적 상승을 통해서만 도달할 수 있다. 요한복음에서 예수께서도 예루살렘 백성들에게 비슷한 말씀을 하신다. "나는 어디로 와서 어디로 가는지 안다. … 너희들은 세속적 기준으로 판단하는구나. … 내가 가는 곳에 너희는 올 수 없나니 … 너희는 아랫 세상에 속하였고, 나는 윗 세상에 속하였기 때문이다. 이것이 내가 너희는 너희 죄 가운데 죽을 것이라고 말한 이유다"(요 8:14, 22-24). 여기서도 우리의 경험 세계 이외의 또 하나의 물질세계를 상정하고 있다. 예수가 말하는 그 세계는 물리적으로 여행해 갈 수 있는 곳이 아니다. 그곳은 믿음으로 들어간다. 마치 플라톤의 참된 존재의 영역이 특정한 철학적 사유를 통해 들어갈 수 있는 것과 같다. 그러나 예레미야는 이런 의미에서의 '이원론자'가 아니다. 왜냐하면 그는 우리 세계와 다른 제2의 물질 세계를 상정하지 않기 때문이다. 비슷한 견해가 다음의 책에 제시되어 있다. Claude Tresmontant, *A Study of Hebrew Thought*, Michael Francis Gibson, trans. (New York: Desclee, 1960[1956]).

4) 성서의 장 구분은 후대에 고안된 것으로 본문 저자가 의도한 의미 단락 구분을 반드시 반영하는 것은 아니다.

5) 이집트, 블레셋, 모압, 암몬, 에돔, 다마스쿠스, 그달, 페르시아 그리고 바빌로니아.

6) 이스라엘 역사서의 마지막 구절들을 여기에 다시 한 번 포함시킨 것은 예레미야서의 예루살렘 멸망

내러티브를 역사서의 동일 문맥과 연결시키는 효과를 낸다. 즉, 예레미야 본문에 포함된 세부 사항들은 역사서의 동일 내러티브를 문맥으로 이해되어야 함을 보여준다. 예레미야서 내의 역사 내러티브는 역사서의 결말로 의도되었을 가능성도 있다.

7) '에무나'와 '쉐케르'에 관해서는 이 책의 7장을 참고하라.

8) 에스겔 22:30과 비교하라. 9:4-6도 보라.

9) 렘 23:14만이 예루살렘을 명시적으로 소돔에 비유한 것은 아니다. 신 29:21-23, 사 1:10, 겔 16:46, 56, 호세아 11:8 등도 마찬가지다.

10) 렘 18:26, 32.

11) 선지자들이 사용한 비유들에 관해서는 이 책의 3장 II절과 9장을 보라.

12) 렘 5:4-5을 보라.

13) 파수꾼과 쇼파르(양뿔나팔)의 기능에 관해서 겔 33:1-6, 3:17-21과 사 62:6을 보라.

14) 예를 들어, 잠 21:1-2을 보라. "왕의 마음은 여호와의 손 안에 흐르는 물줄기 같아서 그분께서 원하시는 대로 이끄신다. 사람의 모든 행위가 자신의 보기에는 옳아도, 여호와께서는 마음을 헤아리신다."

15) 렘 17:10과 비교하라. "나 여호와는 … 각 사람의 행위와 행실에 따라 보상한다."

16) 특히 이 문맥에서 예레미야가 말하지 않은 내용을 생각해보는 것도 좋을 것이다. 백성들이 이미 성서를 많이 읽었기 때문에 예레미야는 성서를 더 읽으라고 권면하지 않는다. 예레미야는 더 많은 종교 의식을 행하라고 명하지도 않는다. 종교 의식은 이미 너무 많기 때문이다. 선지자들의 설교를 더 들으라고 말하지도 않는다. 그들은 이미 그것을 많이 하고 있다. 렘 5:31, 7:4, 8:8, 23:25-32. 겔 22:23-28과 비교하라.

17) 예레미야의 예언자 소명 장면과 비교하라. 하나님께서 예레미야에게 "무엇을 보느냐"라고 묻는다. 그리고 예레미야의 대답을 들으신 하나님께서는 "잘 보았다"고 예레미야를 칭찬하신다. 렘 1:11-14; 사 5:20-21을 참조하라.

388

18) Joshua Berman, *The Temple* (Northvale, N. J.: Jason Aronson, 1995), pp. 116-126을 참고하라.

19) 창 19:29; 또한 19:21, 25도 참조하라. 현대 히브리어 구사자들은 이 단어를 "혁명"의 의미로도 사용한다.

20) 렘 2:8.

21) 또한 겔 7:25, 13:10, 17도 보라.

22) 또한 신 29:18; 렘 9:13, 11:8, 16:12, 18:2, 23:25-32도 보라.

23) 예를 들어 다음의 구절과 비교하라. "그러나 여호와께서는 오늘날까지 너희에게 깨닫는 마음(레브)과 보는 눈과 듣는 귀를 주지 않으셨다"(신 29:4). 렘 5:21에서 예레미야가 말한 바처럼 백성들이 어리석은 이유도 그들에게 '레브'가 없기 때문이다. 자세한 논의를 위하여 다음의 책을 참고하라. Michael Carasik, *Theologies of the Mind in Biblical Israel* (New York: Peter Lang, 2006), pp. 104-124.

24) Jeremiah Unterman, *From Repentance to Redemption: Jeremiah's Thought in Transition* (Sheffield: Sheffield Academic Press, 1987), p. 113.

25) 슈리르(shrir)는 "근육"을 의미하고, 슈리룻(shrirut)은 "근육질"을 의미한다. 마음이 그렇게 강하다는 것은 "완고함" 혹은 "완악함", "고집"을 의미한다. Willem A. VanGemeren, ed., *New International Dictionary of Old Testament Theology and Exegesis* (Grand Rapids, Mich.: Zondervan, 1997), vol. IV, pp. 253-254를 참고하라.

26) 이 표현은 렘 3:17, 7:24, 9:13, 11:8, 13:10, 16:12, 18:12, 23:17에도 등장한다. 예레미야서 이외에

이 용어가 등장하는 곳은 신 29:18과 시 81:13 그리고 겔 14:1-8인데, 에스겔은 그 표현 대신 그와 비슷한 다른 표현을 사용한다. 즉, 에스겔은 사람들이 그들의 "마음에 우상을 들여온다"고 표현한다.

27) 렘 8:7.

28) 렘 3:17.

29) 예레미야가 잘 사용하는 또 하나의 유명한 표현은 "할례받지 못한 귀"인데, 이런 귀를 가진 사람들은 그들이 듣는 말의 의미를 이해하지 못한다. 렘 6:10을 참고하라.

30) 렘 2:8.

31) 렘 23:16.

32) 이스라엘 선지자들의 설교에 개진된 자연법적 가르침에 관해서는 존 바턴의 책을 보라. John Barton, *Understanding Old Testament Ethics* (Louisville, Ky.: Westminister John Knox Press, 2003).

33) 하나님이 추수에 관한 법을 세우는 것에 대해서 사 28:24-29을 참조하라.

34) 시편에서도 우리는 하나님의 법이 하늘을 다스리고 땅을 세우셨음을 배운다. 시 119:89-91. 시 1:3과도 비교하라.

35) 예를 들어 렘 7:23을 보라. "오직 내가 그들에게 명령하였다. '내 음성을 들어라. 그리하면 나는 너희 하나님이 되고, 너희는 내 백성이 될 것이다. 너희는 내가 너희에게 명령한 모든 길로 행하라. 그리하면 너희가 형통할 것이다.'" 거의 동일한 내용이 신 5:30, 6:3, 10:13에 반복된다.

36) Jean Bottéro, *Mesopotamia: Writing, Reasoning and the Gods*, Zainab Bahrani and Marc van de Mieroop, trans. (Chicago: University of Chicago Press, 1992 [1987]), pp. 113-137.

37) 렘 3:17.

38) 렘 3:17과 비교하라. "그때에 사람들이 예루살렘을 '여호와의 보좌'라고 부를 것이며, 모든 민족이 여호와의 이름으로 예루살렘에 모일 것이며, 다시는 그들이 악한 마음의 완고함을 따라 행하지 아니할 것이다."

39) 모세의 율법이 인류를 위한 법이라는 주장을 보려면 이 책의 8장 V절을 보라. 특히 주 73을 참고하라.

40) 삼상 12:21; 렘 2:8, 11, 7:8, 12:13, 16:19, 23:32; 사 30:5, 6, 44:9, 10, 47:12, 48:17, 57:12; 합 2:18.

41) Francis Brown, S. R. Driver, and Charles A. Briggs, eds., *A Hebrew and English Lexicon of the Old Testament* (Peabody, Mass.: Hendrickson, 2005 [1906]), p. 418. 하지만 이 단어에 대한 어원이 불분명하다고 간주하는 학자도 있다. 다음을 보라. VanGemeren, ed., *New International Dictionary of Old Testament Theology* vol. II, pp. 487-488.

42) 이 책의 3장 III절에서 내가 하나님에 대한 왕과 아버지 은유를 어떻게 구분하는지를 참고하라.

43) 오늘날 많은 독자는 히브리어 '호일'(ho'il)이 그 구절들에서 어떤 의미로 의도되었는지 이해하기 어렵다. 물론 이사야나 예레미야가 물질적 혹은 정치적 이익에 관해 말하는 것은 아니다. 이 선지자들이 인간 영혼의 불멸을 생각하고 있지는 않은가? 그러나 그렇지 않다. 방금 인용된 것과 같은 성서 본문들—여기에는 렘 3:23에서처럼 '니짤누'("우리가 구원받았다") 혹은 '테슈앗트 이스라엘'("이스라엘의 구원")과 같은 용어들이 사용됨—을 현세를 넘어서는 어떤 것에 관한 것으로 이해하는 것은 예레미야의 의도와 전혀 관계없이 발전한 후대의 종교 사상의 산물이다. 이 모든 구절의 초점은 물질적이고 정치적인 유익(즉 유다 왕국, 유다 백성, 그리고 그 후손들의 물질적 행복, 평화, 정의)을 얻기 위해 무엇을 해야 하는지의 문제다. 예를 들어, 예레미야가 외국 신을 기쁘게 하느라 유대인들이 낭비한 노력에 대해 말하는 렘 3:22-24을 생각해보자. "돌아오너라. 나를 배역한 자식들아 … (이렇

게 말하라.)' (우리가 예배한) 언덕들과 산들에서 바라는 구원은 참으로 헛됩니다. … 부끄러운 그것이 조상들이 수고하여 얻은 양 떼와 소 떼와 아들들과 딸들을 삼켰습니다.'" 이처럼 예레미야에 따르면, 사람들이 정신 차려서 그들의 우상 종교가 사기였음을 이해할 때 그들은 그 우상 종교에 대해 두 가지 비판을 가하게 될 것이다. 첫째, 사람들이 기대한 것처럼 우상이 전쟁이나 사업에서 물질적 도움을 주지 않았다는 것이다("우리가 바라는 구원은 참으로 헛됩니다"). 둘째, 우상숭배와 관련한 비용이 상당했다는 것이다("조상들이 수고하여 얻은 것을 삼켰습니다"). 이것으로 볼 때, 우상숭배의 무익함은 어떤 추상적고 신학적인 것이 아니다. 사람들이 기대한 것은 이 세상에서 먹고사는 것조차 힘들 때의 물질적 도움, 어떤 다른 세상에 관심 가질 여유조차도 없을 때의 실질적 도움이다. 예레미야가 거짓된 신들에 반대하는 이유는 그들이 이 세상에서의 삶을 좋게 하는 것이 아니라 망하게 하는 거짓된 사상들을 제공하기 때문이다.

44) 또한 렘 10:3, 8을 보라. "이방 민족들의 법들은 헛되니(헤벨) … 헛된 훈계(무사르 하발림)는 단지 나무일 뿐입니다."

45) 일시적이며 헛된 것을 지칭하는 히브리어 '헤벨'의 일반적 용법은 내용이 없는 헛된 말이라는 개념과 연관되어 있는 듯하다. 그들을 나르는 숨(breath) 이외에 어떤 것도 포함하지 않는 말들은 거짓된 것으로 오래가지 못한다. 예레미야는 이 단어를 매우 적극적으로 사용한다. 예를 들어, 아래 인용된 깨진 저수지 비유의 직전 구절들에서 예레미야는 '만약 일시적이며 무익한 것에 의존한다면 당신은 그 일시성과 무익함을 얻게 될 것이다'라고 주장한다. 여호와께서 이같이 말씀하셨다. "너희 조상들이 내게서 무슨 불의를 찾아내었기에 나를 멀리하고 허무한 것(헤벨)을 따라 헛되이 행하느냐(바예헤발루)?"(렘 2:5; 또한 왕하 17:15도 보라). 여기서 예레미야는 일시적이고 헛된 것을 의미하는 단어 '헤벨'을 동사로 만들어 사용하며, 수세대의 이스라엘 백성들이 일시적이고 헛된 것에 의존하는 삶을 살았다고 말한다. 이제 그 결과 그들은 일시적이고 헛된 민족이 되어, 그 땅을 떠나야 할 것이다.

46) 논쟁의 핵심은 이 신들의 존재 여부가 아니다. 이들은 적어도 새긴 우상의 형태로 존재한다. 문제는 이 신들이 이 세상을 다스리거나 그것에 영향을 줄 수 있는지다. 그렇다면 그들을 기쁘게 하는 것이 인간들에게 유익을 가져다 줄 것이다. 이에 대한 논의는 이 책의 8장 Ⅵ절을 참고하라.

47) 렘 17:13에 대한 라쉬의 주석을 참고하라. John Bright, *Jeremiah* (Garden City, N.Y.: Doubleday, 1965), p. 118.

48) 렘 2:25과 비교하라. "네 발이 맨발이 되지 않게 하며, 네 목이 마르지 않도록 주의하라고 하였으나, 너는 말하기를 '아닙니다. 소용없는 말씀입니다. 저는 이방신들을 사랑하니, 그들을 따라가겠습니다.' 하였다.

49) 땅에 부은 물은 다시 주워담을 수 없다. 땅에 부은 물은 죽음을 상징한다. 삼상 14:14.

50) 사 33:20, 38:12과 비교하라.

51) 다윗은 죽기 직전 아들 솔로몬에게 이렇게 유언한다. "나는 온 세상 사람의 길로 가니, 너는 강하고 대장부가 되어라. 너는 여호와 네 하나님의 명령을 지켜 그분의 길로 행하고, 모세의 율법에 기록된 대로 그분의 규례와 명령과 법도와 증거들을 지켜라. 그러면 네가 무엇을 하든지, 어디로 향하든지 형통할 것(타스킬)이다"(왕상 2:2-3). 이사야 선지자도 이스라엘 백성들에게 마찬가지로 말한다. "이들은 지각없는 백성이므로 그들을 만드신 분이 불쌍히 여기지 아니하시며, 그들을 조성하신 분이 은혜를 베풀지 아니하실 것이다"(사 27:11).

52) 사 59:9-10도 참고하라.

53) 비슷한 내용의 구절에서 예레미야는 부패한 제사장과 선지자들에 의해 유포된 잘못된 사상들이 백성들을 어둡고 미끄러운 곳으로 이끈다고 말한다. "선지자나 제사장이나 다 부패하였으며 (사람들

에게 그들이 원하는 말을 들려준다) ··· 그러므로 그들의 길이 그들에게 어둠 속에서 미끄러운 곳과 같이 되어 그들이 떠밀려 거기에서 쓰러질 것이다"(렘 23:11-12). 사람들에게 그들이 듣고 싶어 하는 말을 들려준 죄에 대한 형벌은 그들이 참된 것과 그렇지 않은 것을 더 이상 구분할 수 없게 되는 것이다. 사람이 참된 것과 자꾸 거리를 두면 결국에는 어두움이 그들에게 내려진다. 렘 17:6과 비교하라. "그는 사막의 가시덤불 같아서 좋은 일이 오는 것을 보지 못하며, 광야의 메마른 곳 사람이 살지 못하는 소금 땅에서 살게 될 것이다." 백성들을 괴롭히는 거짓된 사상에 대한 책임은 선지자와 제사장들에게만 있지 않다. 예레미야는 사람들이 부모들의 가르침에 의해 판단력이 흐려진다는 사실도 깨닫는다. 예를 들어 렘 9:14을 보라. 이와 관련해 이사야는 율법에 따라 말하지 않는 자들에게 "새벽이 없을 것"이라는 끔찍한 경고를 가한다. 사 8:20을 참고하라.

54) 렘 14:16도 보라. "내가 그들의 악을 그들 위에 부을 것이다."

55) 시 119:67, 71: "고난당하기 전에는 내가 그릇 행하였으나, 이제는 내가 주님의 말씀을 지킵니다. ··· 고난당한 것이 내게 유익이니, 이로 인하여 내가 주님의 규례들을 배우게 되었습니다." 신 8:5과 잠 3:11-13도 참고하라.

56) 사 1:5-6.

57) 사 50:7과 겔 3:8도 비교하라. 여기서 '선지자'의 얼굴이 돌처럼 굳는다. 이와 비슷한 예레미야 구절 중 예레미야가 요새에 비유되는 다음의 구절도 참고하라. "그러므로 너는 네 허리띠를 동여매고 일어나, 내가 네게 명한 모든 것을 그들에게 말하여라. 그들 앞에서 놀라지 마라. 그렇지 않으면 내가 너를 그들 앞에서 두려워 떨도록 만들겠다. 보아라, 내가 오늘날 너를 온 땅, 곧 유다의 왕들과 고관들과 제사장들과 이 땅의 백성 앞에, 너를 견고한 성과 쇠기둥과 놋 성벽이 되게 할 것이므로, 그들이 너를 대적하여도 이기지 못할 것이니, 이는 내가 너와 함께하여 너를 구출할 것이기 때문이다. 여호와의 말이다"(렘 1:17-19).

58) 렘 17:15과 그 구절에 대한 라쉬의 주석을 보라. 또한 John Bright, *Jeremiah*, p. 116도 참고하라.

59) 또한 겔 13:1-17도 참고하라. 그리고 겔 22:25에서 에스겔이 "그 땅 가운데 있는 선지자들의 음모"라고 말한 것도 참고하라.

60) 이 시점에서 교육과 관련한 예레미야의 사명은 소크라테스의 '산파술'의 특징인 부드러운 위협과는 완전히 다른 색채를 띤다. 이제 예레미야의 사명은 사람들의 마음에 있는 사상들을 뒤집는 것을 명시적 목표로 한다. 이 사명은 예레미야의 첫 번째 예언에서 다음과 같이 묘사된다. 그리고 여호와께서 자신의 손을 내밀어 예레미야의 입에 대며 말씀하셨다. "보아라, 내가 오늘 너를 민족들과 나라들 위에 세워, 네가 그것들을 뽑고 무너뜨리며, 멸망시키고 파괴하며, 세우고 심게 하였다"(렘 1:9-10). 다음의 구절도 참고하라. "보아라, 내가 내 말이 네 입에서 불이 되게 하고, 이 백성은 나무가 되게 할 것이니, 불이 그것들을 사를 것이다"(렘 5:14). 또한 다음 구절도 참고하라. "내가 너를 내 백성 가운데 망대와 요새로 세워 그들의 길을 알아보고 살피게 하였다"(렘 6:27).

61) 사 19:13-14, 51:17; 겔 23:33.

62) 예를 들어 렘 11:15을 보라. "내 집에 내 사랑하는 자를 위해 무엇이 있느냐? 많은 사람들이 그녀에게 악을 행한다. ··· 그것은 너의 재앙으로 행해진다. 그때 너는 기뻐한다." 마찬가지로 다음의 구절도 보라. "선지자들은 거짓으로 예언하고 제사장들은 자기 권세로 다스리며, 내 백성들은 이런 것을 좋아하니, 마지막에는 너희가 어찌 하려느냐?"(렘 5:31).

63) 강제로 술 먹이는 행위는 분명 고대 근동 왕들 사이에서 잘 알려진 관행이다. 에 1:7-8을 참고하라.

64) 다음의 구절과 비교하라. "여호와께서 이같이 말씀하시기를 '보아라, 내가 이번에는 그 땅에 사는 사람들을 내던지며 그들을 괴롭게 하여 그들로 깨닫게 할 것이다.' 하였다"(렘 10:18).

65) 렘 48:47, 49:39를 보라.

391

66) 렘 5:31.

67) 렘 29:11. 또한 그 마지막이 노동자가 받는 임금에 비유되는 31:15-16도 참고하라. 종종 그것은 현대 영어 "in the end"(마침내, 결국)의 의미로 사용된다. 예를 들어, 모세는 하나님이 유대인들을 광야 생활하게 한 것을 다음과 같이 설명한다. "이는 너를 낮추고 시험하여 마침내(베아하리테카) 네가 잘되게 하려는 것이었다"(신 8:16). "날의 마지막"이라고 직역될 수 있는 비슷한 표현이 추수의 때를 가리키는 창 4:3과도 비교하라. 가인은 심는다. 그리고 "날의 마지막"에 거두어 여호와께 제사를 드린다. "날의 마지막"과 같은 표현들의 오역에 대해서는 이 책의 3장 II절을 참조하라.

68) 흥미롭게도 구약 성서에서 만물의 '마지막'(앞으로 무슨 일이 일어날 것이며 그 일이 어떻게 끝날 것인지)을 아는 것은 하나님의 가장 큰 특징이다. 신들에게 큰 수치가 될 수 있고, 그래서 큰 관심이 되는 것이 기적을 행할 수 있는 여부가 아니다. 이방신들도 기적을 행할 수 있었다. 그러나 그들이 할 수 없는 것은 일의 마지막을 예언하는 것이었다.

69) 신 18:21-22.

70) 왕하 23:33-34.

71) 예레미야는 평화의 선지자와 전쟁의 선지자를 구분하고, 평화의 선지자를 싫어한다. 왜냐하면 그들은 사람들에게 회개할 필요가 없다고 가르치기 때문이다. 렘 28:7-8를 보라. 겔 33:33도 참고하라.

72) 이 시대에 관한 예레미야의 설교로부터 판단할 때 모든 것이 잘될 것이라는 주장은 거의 모든 진영에서 반복되었고 많은 사람이 그것을 믿었던 것처럼 보인다. 예를 들어, 렘 27:9을 참고하라.

73) 예루살렘에서 우상을 숭배했을 때 마음껏 빵을 먹을 수 있었다는 주장은 출애굽한 히브리 노예들이 시내 광야에서 했던 주장과 유사하다. 그들은 이집트의 노예 생활을 "고기 가마 곁에 앉아 있던 때와 빵을 배불리 먹던 때"(출 16:3)로 추억한다.

74) 예레미야는 강제 유배당하지 않았던 유대인들이 고향 땅을 떠난 일이 국가의 재난을 더욱 악화시켰다고 생각한다. 예레미야서의 내러티브 부분은 예레미야 스스로가 이집트로 강제 연행되었다고 증거한다. 렘 42:1-43:7을 참조하라.

75) 살구나무에 대한 예레미야의 첫 번째 예언적 은유를 기억하라(렘 1:11-12).

76) 역경과 반대 주장들에도 불구하고 이처럼 "남아 있는" 말씀들의 예가 구약 성서 전체에서 많이 발견된다. 그중 신 19:15; 사 8:10, 40:8; 렘 28:6; 에 3:4; 시 33:10-11; 전 2:8-9; 대상 17:23; 대하 30:5을 보라. 여기서 "말씀"으로 번역된 히브리어 '다바르'는 "사물, 사건"을 가리키는 단어도 된다. 구약 성서에서 이 말씀 혹은 사건이 남아 있다는 것이 의미하는 바에 대한 자세한 논의와 또 그것과 진리와의 관계에 대한 논의를 보려면 이 책의 7장 V-VII절을 참조하라.

77) 렘 12:13과 비교하라. "무리가 밀을 심어도 가시를 거두었고 그들이 수고하여도 소득이 없었다. 내가 매우 분노하였으므로 그들은 소산이 없어 수치를 당할 것이다." 렘 14:19절도 보라.

78) 예레미야 자신은 어떠한가? 그의 예언적 지식이 그의 경험과 관계있는가? 아니면 그 예언적 지식을 얻는 다른 방법이 있는가? 이 주제에 대한 예비적 논의를 원하면 이 책의 9장을 참고하라.

79) 예레미야는 이 세상을 지탱하는 법칙들이 (하나님에 의해) 부여된 것으로 본다. 이런 의미에서 그 법칙들이 참으로 영원한 것일 수는 없다. 현재의 자연법칙들은 하나님이 한때 군림했던 혼돈을 제어한 결과 생겨난 질서를 반영한다면, 이 혼돈이 돌아올 수도 있지 않을까?

80) 예레미야와 다른 방식이지만 비슷한 견해를 개진하는 사상가들로는 John Selden, Giambattista Vico, J. G. Herder, C. S. Pierce, William James, Henri Bergson, Karl Mannheim, and Thomas Kuhn이 있다.

81) Thomas Kuhn, *The Structure of Scientific Revolutions* (Chicago: University of Chicago Press, 1970 [1962])를 참고하라. 예레미야의 관점을 만하임과 쿤과 비교하는 논문을 보려면 나의

7장_ 구약 성서에서의 진리와 존재

1) 성서학자이자 신학자인 제임스 바가 두 권의 책에서 주장한 것은 성서 저자의 사상을 찾기 위해 성서 단어들의 의미를 연구하는 것이 큰 의미가 없다는 것이다. 왜냐하면 성서의 중요한 가르침들은 성서 저자가 사용하는 단어에 부여된 특정 의미들이 아니라 "문장들의 수준(문맥)"에서 제시되기 때문이다. James Barr, *The Semantics of Biblical Language* (New York: Oxford University Press, 1961), pp. 263-296; James Barr, *Biblical Words for Time* (London: SCM Press, 1962), pp. 153-162를 참고하라. 그러나 나는 이런 주장은 증명하고자 하는 바를 미리 전제하는 논증의 오류를 범하고 있다고 믿는다. 성서 히브리어 단어들의 의미를 주의 깊게 정의하지 않으면 이 용어들은 결국 독자들이 자신의 문화적 편견을 형성하기 위해 부여하는 의미들을 가지게 될 것이기 때문이다. 제임스 바의 이론은 보먼의 책으로 가장 잘 대표되는 '성서 신학' 운동을 공격하는 문맥에서 나온 것이다. Thorleif Boman, *Hebrew Thought Compared With Greek*, Jules L. Moreau, trans. (New York: SCM Press, 1960 [1954]). 비록 제임스 바가 여러 중요한 논점에서 옳았지만, 보먼에 대한 그의 반박은 과대평가되었다.

2) 많은 경우 구약 성서를 번역할 때 사용되는 용어들은 히브리어에 대한 번역이 아니라 칠십인역에 사용된 헬라어 용어(이것은 히브리어를 번역한 것임)에 대한 번역이다. 가장 잘된 현대어 번역 성서에도 칠십인역의 영향 때문에 발생하는 문제들이 여전히 남아 있다. 칠십인 성서에 사용된 번역어들의 문제에 대해서 Louis H. Feldman, *Judaism and Hellenism Reconsidered* (Leiden: Brill, 2006), pp. 57-64를 보라.

3) 6장 II절을 보라.

4) 플라톤의《국가》나 아리스토텔레스의《형이상학》에 대한 번역서들이 원서를 완벽하게 번역한 것이라고 기대하는 사람은 거의 없다. 심지어 훌륭한 영어 번역본들이 이용 가능한 오늘날에도 본문의 정확한 의미를 이해하는 데 관심 있는 독자는 그리스어 원문을 참조해야 할 것이다. 왜냐하면 고전 그리스어 단어들은 그에 상응하는 영어 단어들과 매우 다른 의미 범위를 가지기 때문이다. 심지어 그렇지 않다고 해도 저자는 단어의 일반적 용법에서 탈피하여 그의 사상을 표현하는 데 필요하다면, 기존 용어를 새로운 의미로 사용할 수 있기 때문이다. 다시 말해 form(그리스어 '이데아'의 번역어), spirit(그리스어 '티모스'의 번역어), virtue(그리스어 '아레테'의 번역어), opinion(그리스어 '독사'의 번역어)과 같은 근사치적 번역어들을 통해 원전의 주제를 대략 이해할 수 있지만, 번역서는 플라톤의 사상에 대한 대략의 이해만을 제공할 수 있다. 본문이 명확한 주제를 향해 일관되게 연결되는 체험을 하려면 번역어 막을 거두어버리고 그리스 원문을 공부하기 시작해야 한다. 그리스어 용법의 다양한 예들을 조사하고 그리스어나 다른 언어에서 비슷한 용어들이 어떻게 사용되는지도 살펴야 한다. 어떤 학자들은 번역서들이 중요한 용어들은 그리스어 원문으로 그대로 두어야 한다고까지 주장한다. 예를 들어 아크릴(Ackrill)은 번역서에서 번역하지 않고 그리스어로 남겨두면 가장 좋은 단어를 30-40개 정도 제안한다. J. L. Ackrill, "Introduction," *A New Aristotle Reader* (Princeton: Princeton University Press, 1987), p. xii. 히브리어 구약 성서에 대해서도 똑같은 말을 할 수 있다.

5) 아리스토텔레스《형이상학》1011b25-30.

6) 학자들은 "진리를 가지고" 있는 것은 개인의 말이나 생각 속의 특정 문장이 아니라, 그런 문장들과

독립적으로 존재하는 명제라고 주장한다. 그러나 그런 명제들은 언제나 문장의 형태로 표현되기 때문에 이 책에서는 문장들과 같은 것으로 취급될 것이다. 진리에 대한 성서적 개념과 문장이나 명제에 근거한 진리 이론 사이의 차이가 너무 커서 이 정도의 단순화는 편견 없는 논의에 큰 지장을 주지 않을 것이다.

7) 진리대응론에서는 실재와 실재에 관한 말 사이의 비교가 필수적이기 때문에 그런 이론은 내가 '이원론적' 형이상학이라 부르는 것에 의존하게 된다. 이원론적 형이상학에서는 말의 '영역'이, 이 말의 영역과 독립으로 존재하는 실재 영역과 분명하게 나뉜다. 그런 이원론을 현대 철학에서 사용되는 이원론의 의미와 구별되도록 '말과 대상의 이원론'으로 부를 수 있을 것이다. 이 견해에 따르면 아리스토텔레스와 데카르트는 모두 말과 대상의 이원론을 신봉했다. 철학자들이 논의하는 다른 종류의 이원론에 대한 논의는 다음의 글을 참고하라. Edward N. Zalta, ed., *The Stanford Encyclopedia of Philosophy* (Fall 2009), http://plato.stanford.edu/archives/fall2009/entries/dualism/.

8) 플라톤 《소피스트》 263e.

9) 진리대응론에 대한 개괄을 보려면 다음의 글을 보라. A. N. Prior, "Correspondence Theory of Truth," in Paul Edwards, ed., *Encyclopedia of Philosophy* (New York: Collier Macmillan, 1967), vol. II, pp. 223-232.

10) Hilary Putnam, "Two Philosophical Perspectives," in *Reason, History, and Truth* (Cambridge: Cambridge University Press, 1981), pp. 49-74, at p. 56을 참고하라. 비슷하게 제안들을 보려면 다음의 글들을 참조하라. F. H. Bradley, "On Truth and Copying," in *Essays on Truth and Reality* (London: Oxford University Press, 1914 [1907]), pp. 107-126, at p. 107; Richard Schantz, "Introduction," in *What is Truth?* (New York: Walter de Gruyter, 2002), p. 1.

11) 여기서 나는 생각을 일종의 말(소리 없는 말)로 이해하는 그리스와 성서의 전통을 따르고 있다. 이 점에 대해서는 주 46을 보라. 진리는 문장의 특질일 뿐 개별 단어의 특질일 수 없다는 주장은 플라톤 《소피스트》 262, 아리스토텔레스 《해석학》 16a10-18에 나온다. 이 입장은 조금 수정된 형태로 콰인(Quine)에 의해 반복된다. 그는 개별 단어도 진리값을 가지는 문장일 수 있다고 주장한다. W. V. O. Quine, *Word and Object* (Cambridge: Massachusetts Institute of Technology Press, 1960), p. 9.

12) 플라톤 《소피스트》 263b; 아리스토텔레스 《범주론》 4a22-4b12, 14b15-17. 특히 진술들과 "실제의 것들(actual things)" 사이의 차이에 주목하라. 이 둘의 차이는 실제의 것은 변할 수 있으나 진술은 "모든 면에서 완벽하게 불변으로" 남는다는 것이다(범주 4a35). 다음의 데카르트의 말과 비교하라. "(체버리 경)이 진리가 무엇인지 탐구한다. 나는 진리에 대해 의심을 품은 적이 없다. 왜냐하면 진리는 매우 초월적으로 명확한 개념이어서 누구도 그것을 모를 수 없기 때문이다. … '진리'라는 단어는 엄격하게 말해 생각과 그 대상 사이의 일치를 의미한다"(René Descartes, letter to Mersenne, 16 October 1639, in *The Philosophical Writings of Descartes*, John Cottingham et al., ed. and trans. [Cambridge: Cambridge University Press, 1991], p. 139).

13) 이 문제들은 매우 다양하다. 그러나 이들은 모두 진리대응론이 그렇게 쉽게 유지될 수 없다는 결론을 지지한다. Harold H. Joachim, *The Nature of Truth* (New York: Greenwood, 1969 [1906]); F. H. Bradley, "On Truth and Copying," pp. 107-109; Brand Blanchard, *The Nature of Thought* (Norwich: Jarrold & Sons, 1964), pp. 225-237; Peter Strawson, "Truth," in *Logico-Linguistic Papers* (Ashgate: Burlington, Vermont, 2002 [1971]), pp. 147-164; Richard Rorty, *Philosophy and the Mirror of Nature* (Princeton: Princeton University Press, 1979); Hilary Putnam, "Two Philosophical Perspectives," pp. 72-74; Hilary Putnam, "The Question of Realism," in

James Conant, ed., *Words and Life* (Cambridge, Mass.: Harvard University Press, 1994), pp. 295-312, at pp. 297-300; Donald Davidson, "A Coherence Theory of Truth and Knowledge," in *Subjective, Intersubjective, Objective* (Oxford: Oxford University Press, 2001 [1983]), pp. 137-153, at pp. 143-144; Donald Davidson, "Epistemology and Truth," in *Subjective, Inter-subjective, Objective*, pp. 177-192, at pp. 183-185.

14) 진리에 대한 정합 이론(coherence theory of truth)으로 불리는 또 하나의 견해는 명제가 개인의 이전 믿음들과 정합하면 참이라고 주장한다. 이것은 철저한 상대주의를 암시하는 것 같다. 상대주의는 진리에 대한 철학 이론의 특질로는 매우 이상한 것이다.

15) 이 책에서는 "대상"이라는 용어는 예를 들어 특정 전쟁, 하늘, 거울 반사체를 포함한 지성의 사유 대상이 되는 모든 것을 지칭한다. Hilary Putnam, "Sense, Nonsense, and the Senses: An Inquiry into the Powers of the Human Mind," *The Journal of Philosophy* (September 1994), pp. 445-517, at pp. 449-450. 다음의 논문과 비교하라. Donald Davidson, "The Individuation of Events," in *Essays on Action and Events* (New York: Oxford University Press, 2001 [1969]), pp. 163-180, at pp. 164-165.

16) 히브리어 '에메트'와 그 동족어들에 관한 자세한 논의를 원하면 다음의 책들을 보라. Francis Brown, S. R. Driver, and Charles A. Briggs, eds., *A Hebrew and English Lexicon of the Old Testament* (Peabody, Mass.: Hendrickson, 2005 [1906]), pp. 52-54; G. Botterweck and Helmer Ringgren, eds., *Theological Dictionary of the Old Testament*, John Willis, trans. (Grand Rapids, Mich.: Eerdman's Publishing Company, 1991 [1970]), vol. I, pp. 292-323; E. Jenni and Claus Westermann, eds., *Theological Lexicon of the Old Testament*, Mark Briddle, trans. (Peabody, Massachusetts: Hendrickson Publishers, 1997 [1971]), vol. I, pp. 134-157; Willem A. VanGemeren, ed., *New International Dictionary of Old Testament Theology and Exegesis* (Grand Rapids, Mich.: Zondervan, 1997), vol. I, pp. 427-433; Ludwig Koehler and Walter Baumgartner, *The Hebrew and Aramaic Lexicon of the Old Testament*, R. E. J. Richardson, trans. (Boston: Brill, 2001), pp. 63-64, 68-69.

17) 창 24:48. 또한 시 119:30과 비교하라.

18) 출 18:21.

19) 렘 2:21. 사 5:1-7과 유사하다.

20) 시 33:17.

21) 잠 31:30.

22) 성서 히브리어에서 어근의 역할에 대한 간단한 논의를 보려면 Bruce K. Waltke and M. O'Connor, *An Introduction to Biblical Hebrew Syntax* (Winona Lake, Ind.: Eisenbrauns, 1990), pp. 83-87을 보라.

23) 사 22:23-25.

24) 사 1:21.

25) 이것(에무나)은 예루살렘에서 "정의를 행하고 진리를 구하는" 사람이 한 명만 있다면 그 도시가 용서될 것이라는 예레미야의 제안(렘 5:1)의 번역문에서 보통 "진리"로 옮겨지는 용어다. 이 책의 6장 I절을 보라.

26) 출 17:11-13.

27) 수 2:12-21, 6:17, 22-23, 25과 비교하라.

28) "사악한 사람은 헛된 일(페울라트 쉐케르)을 하나 의를 뿌리는 사람은 확실한 보상(세케르 에메트)

을 받는다"(잠 11:18).

29) 시 33:17.

30) 잠 20:17.

31) 잠 31:30.

32) 창 24:37-38, 49.

33) 창 32:11, 47:29; 수 2:14; 삼하 2:6; 겔 18:8; 느 9:33에서 더 많은 예가 발견된다.

34) 예를 들어, 다윗이 "주님 앞에서 진리 안에서 행했다"는 말은 그가 신실하고 변함없는 방식을 하나님 앞에서 행했다는 의미다(왕상 3:6). 또한 예레미야가 나라의 멸망을 앞둔 유대인들에게 하나님께서 언젠가 "진리 안에서 이 땅에 그들을 심을 것"이라고 말했을 때 의미하는 바는 그들이 언젠가 굳건히 심겨져 없어지지 않을 것임을 의미한다. 렘 32:41을 참고하라. 또한 수 24:14; 삿 9:15, 16, 19; 왕상 2:4; 사 61:7-8도 보라.

35) 어떤 사람은 초기의 열정 안에서도 사랑이 진실될 수 있다고 말한다. 그러나 그런 주장은 예언 혹은 희망 사항일 뿐이다. 우리는 그 사랑이 시간의 연단을 거치기 전까지는 참인지 거짓인지 알지 못한다.

36) 우리가 '에메트'가 사물, 사람, 행위를 지칭하는 경우만을 고려하면 우리는 진리에 대한 성서적 개념이 진리를 말의 특질이라 여긴 서양 철학의 지배적 전통과 매우 다르다고 결론 내려야 한다. 그러면 우리는 '에메트'와 진리가 서로 다른 두 개의 것이라고 말할 수 있을 것이다. 그러나 우리가 그런 결론에 이를 수 없는 것은 '에메트'를 "진리"로 번역하는 전통 때문만은 아니다(킹제임스역뿐 아니라 이후의 모든 번역이 '에메트'를 진리로 번역하는데, 물론 이 번역은 오역일 수 있다). 그것은 '에메트'가 성서에서 "말"의 진리를 지칭하는 유일한 단어이기 때문이다. 우리는 말의 진리를 지칭하는 히브리어 단어 '에메트'를 사용하지 않는다면 우리는 성서 히브리어로 누군가의 말이나 생각이 참이라고 표현할 수 없게 되는 것이다. 말의 진리가 '에메트'로 표현된 성서 구절들은 다음과 같다. 창 42:16; 신 13:13-16, 17:4, 22:20-21; 왕상 10:4-7; 사 43:9; 단 11:2. 396

37) 신 17:2-6.

38) 왕상 10:1-2, 6-7.

39) 렘 8:10-11.

40) '다바르'에 대한 논의를 보려면 다음의 글들을 참고하라. Francis Brown, S. R. Driver, and Charles A. Briggs, eds., *A Hebrew and English Lexicon of the Old Testament*, pp. 180-184; E. Jenni and Claus Westermann, eds., *Theological Lexicon of the Old Testament*, vol. I, pp. 325-332; Willem A. VanGemeren, ed., *New International Dictionary of Old Testament Theology*, vol. I, pp. 912-915; Ludwig Koehler and Walter Baumgartner, *The Hebrew and Aramaic Lexicon of the Old Testament*, pp. 210-212.

41) 출 4:10.

42) 수 6:10.

43) 신 30:11, 14.

44) 신 15:9.

45) 수 14:7. 여기서 열정탐꾼들이 함께 가서 똑같은 것을 보았지만 갈렙이 마음에 담아온 다바르와 다른 정탐꾼들의 다바르는 달랐다. 갈렙은 그 땅의 민족들을 무찌를 수 있다고 말한다["우리는 확실히 그들을 정복할 수 있습니다"(민 13:30)]. 한편 열 명의 정탐꾼은 그 땅의 민족들이 너무 강해 이길 수 없다고 말했다. 갈렙의 말(다바르)은 반박 불가능한 사실도 자의적인 느낌도 아니다. 그것은 갈렙이 본 그 땅에 대한 갈렙의 이해다.

46) 그리스철학에서와 마찬가지로 성서에서도 생각은 '침묵의 말'로 간주된다. 예를 들어, 시 15:1-2을 보라. "여호와시여, 주님의 장막에 누가 머무르며, 주님의 거룩한 산에 누가 살겠습니까? 온전하게 행하며, 의를 행하고, 그 마음에 진실을 말하는 사람(도베르 에메트)입니다." 다음의 구절들도 참고하라. 창 24:45; 신 6:6, 15:9, 30:14, 32:46-47; 수 14:7; 삼상 1:13, 21:13; 삼하 13:33; 사 59:13; 겔 38:10; 욘 4:2; 시 12:3, 35:20; 잠 23:33; 전 1:16, 2:15, 5:1. '아마르 베리보'("마음의 말")는 수많은 구절에서 사용된다.

47) 민 31:22-23.

48) 신 23:19.

49) 창 19:22.

50) 삼상 3:11-12.

51) 레 4:13-14.

52) 느 11:24.

53) '헤페츠'와 같이 사물이나 사건을 가리키는 다른 단어들은 상대적으로 자주 사용되지 않으면 그 용법이 매우 제한적이다. 에벤-쇼산은 그 단어가 성서에서 다양한 형태로 130회 미만 사용된다고 보고한다. 2700회 정도 사용된 '다바르'와 대조적이다. Abraham Even-Shoshan, *New Concordance of the Bible* (Tel Aviv: The New Dictionary, 2000), pp. 389-390, 247-257.

54) 예를 들어, James Barr, *The Semantics of Biblical Language*, pp. 129-140을 보라. 내가 보기에 제임스 바가 말하는 전부는 히브리어 다바르에는 두 가지 의미("말"과 "사물, 사건")가 있는데 이들은 문맥에서 매우 쉽게 이해될 수 있다는 것이다. 다바르의 의미가 모호한 경우가 있음을 인정하나 "대부분의 경우에 그 의미가 분명하다"고 말한다(제임스 바의 책 133쪽). 그러나 그렇게 단순하지 않다. 이상하게도 제임스 바는 다바르가 message와 story와 같은 영어 단어들과 유사할 수 있다고 말한다. 그런데 그 두 영단어는 말의 내용을 가리키는지, 말하는 행위 자체를 가리키는지 종종 모호하다(135쪽을 보라). 따라서 다바르를 그 두 영단어에 유비하는 것은 제임스 바의 입장을 약화시키며, 다바르는 실제로 그것이 말을 의미하는지 사건이나 사물을 의미하는지 잘 알 수 없는 방식으로 사용됨을 암시한다.

55) 예를 들어, 히브리어 단어 '다바르'와 '헤페츠'를, 하나는 말의 의미로, 다른 하나는 사물의 의미로 구분하여 사용할 수 있었을 것이다.

56) 창 21:10-11.

57) 신 1:9, 12-14.

58) 삼하 13:30-33. 또한 삼하 11:18-21도 참조하라.

59) 성서 형이상학의 이런 특징은 다음의 책에 묘사되어 있다. André Neher, *The Exile of the Word*, David Maisel, trans. (Philadelphia: Jewish Publication Society, 1981 [1970]), pp. 91-92. 비슷한 주장에 대한 보다 폭넓은 논의를 보려면 Claude Tresmontant, *A Study of Hebrew Thought*, Michael Francis Gibson, trans. (New York: Desclee, 1960 [1956])을 참고하라.

60) 메소포타미아 형이상학의 비슷한 주장("이름이 존재다")은 다음의 책에서 다루어진다. Edward Greenstein, "Some Developments in the Study of Language and Some Implications for Interpreting Ancient Texts and Cultures," in Shlomo Izre'el, ed., *Semitic Linguistics: The State of the Art at the Turn of the Twenty-First Century*, Israel Oriental Studies 20 (Winona Lake, Ind.: Eisenbrauns, 2002), pp. 441-479, at pp. 450-451. 바빌로니아인들의 그림 문자는 "말에 대한 것이 아니라 … 사물에 대한 것"이라는 보테로의 주장과 비교하라. Jean Bottéro, *Mesopotamia: Writing, Reasoning and the Gods*, Zainab Bahrani and Marc van de Mieroop, trans.

(Chicago: University of Chicago Press, 1992 [1987]), p. 99. 나는 이런 주장들이 우리의 논의에 얼마나 중요한지 판단할 만큼 그 분야에 대해서는 잘 모른다.

61) 수 14:7; 겔 38:10-11.

62) 신 17:2-6.

63) 주 7을 보라.

64) 이 예에서 우리는 우상숭배의 "마땅한바"가 무엇인지에 대한 곤란한 질문과 만난다. 성서 저자들의 눈에는 우상숭배는 마땅히 없어야 하는 것임이 분명하기 때문에 우상숭배의 '참됨'은 어떤 도덕적 의미로 이해되어서는 안 된다. 어떤 것이 "참된 우상숭배"인지의 문제(혹은 누군가가 참된 도둑인지, 혹은 참된 간음자인지의 문제)는 그것이 역경과 시간의 시련에도 불구하고 자신이 본질을 유지할 수 있는지의 문제다.

65) 왕상 10:1-2, 6-7.

66) 렘 44:27-28.

67) 신 19:15.

68) 하나님의 '다바르'는 반드시 '에아멘'('에메트'의 친족어임)이어야 한다는 기도, 즉 성취되어야 한다는 기도와 비교하라. 이것은 '다바르'가 굳게 서고, 더 굳게 설 수 있음을 암시한다. 창 42:20; 왕상 8:26; 대상 17:23; 대하 1:9, 6:17. 대상 17:24에서는 이름도 "굳게 서야" 한다고 기록되어 있다.

69) "참된 사랑"이나 "참된 친구"와 같은 표현에서 발견되는 진리 개념(이것은 신뢰, 신의, 믿음과 같은 의미에 가까움)은 《옥스퍼드영어사전》에 따르면 진리라는 말의 중세적 용법이다. *The Oxford English Dictionary* (New York: Oxford University Press, 1989), vol. XVIII, pp. 606-607을 참조하라.

70) 예를 들어, 아리스토텔레스는 "거짓 외형을 생산하는 것들은 거짓이다"라고 말한다. 《형이상학》 1024b15-1025a15. 비슷한 개념이 토마스 아퀴나스의 견해에도 발견된다. 아퀴나스에 따르면 "건축가의 마음에 있는 형태와 비슷한 집이 참으로 판정된다. … 마찬가지로 자연의 사물들이 신의 마음에 있는 종과 비슷하다면 참되다고 간주된다. '돌이 참되다'라고 말해지려면 그것이 돌의 본질에 합당한 특성들을 가지고 있어야 한다." Thomas Aquinas, *Summa Theologica* (Allen, Tex.: Christian Classics, 1981), part 1, question 16. 현대 사상가 중 헤겔만이 우리가 논의하는 것과 비슷한 일관된 진리 개념에 도달한 듯하다. 그는 다음과 같이 말한다. "보다 깊은 의미에서 진리는 대상성과 개념 사이의 일치다. 우리가 어떤 상태나 어떤 작품이 참되다고 말할 때 그것은 진리에 대한 보다 깊은 의미에서 한 말이다. 이 사물들이 그들의 마땅한 모습이면 참되다. 즉 그들의 실재가 그들의 개념과 일치하면 … (마찬가지로) 우리가 '어떤 친구가 참되다'라고 말할 때 우리는 그 친구의 행동이 우정의 개념과 일치함을 뜻한다"(G. F. W. Hegel, *Logic*, William Wallace, trans. [New York: Oxford University Press, 1975], section 213, p. 276; section 24, p. 41; also section 172, p. 237). 이 견해에 따르면 사물이 그것의 "마땅한바"의 이상적 개념에 접근하느냐 그렇지 않느냐에 따라 참인지 거짓인지 판명된다. 이상의 견해들은 정도의 차이는 있지만 성서적 진리 개념과 통하는 것이 있다. 그러나 성서적 진리 개념과 이 견해들의 차이는 후자가 정적 실재를 상정한다는 것이다. 즉, 어떤 사물이 특정 순간의 틀 안에서 마땅한 바인지 아닌지를 따진다. 이 견해들 가운데 어떤 것도 사물이 시간이 시련을 통과해야 그것의 진리성이 판명된다고 말하지 않았다. 대상이 참일 수 있다는 사상의 역사에 관한 간략한 논의를 보려면 Wolfgang Kunne, *Conceptions of Truth* (New York: Oxford University Press, 2003), pp. 104-107을 참조하라.

71) 참고 문헌에 관해서는 주 13을 보라.

72) André Neher, *The Exile of the Word*, pp. 91-92.

8장_ 예루살렘과 카르타고: 구약 성서에서 이성과 믿음의 관계

1) 아테네와 예루살렘을 대조적으로 보는 전통의 부활은 레오 스트라우스 때문이다. 그가 주장한 예루살렘과 아테네 사이의 이분법은 성서가 철학과 화해할 수 없는 갈등 관계에 있다는 테르툴리아누스의 견해를 발전시킨 것이다. Leo Strauss, "Reason and Revelation," in Heinrich Meier, ed., *Leo Strauss and the Theologico-Political Problem* (Cambridge: Cambridge University Press, 2006 [1948]), pp. 141-167; Leo Strauss, *Natural Right and History* (Chicago: University of Chicago Press, 1953), pp. 74-85; Leo Strauss, "On the Interpretation of Genesis" and "Jerusalem and Athens," in Kenneth Hart Green, ed., *Jewish Philosophy and the Crisis of Modernity: Essays and Lectures in Modern Jewish Thought* (Albany: SUNY Press, 1997 [1957]), pp. 359-403; Mark Lilla, *The Stillborn God: Religion, Politics and the Modern West* (New York: Knopf, 2007). 본 장은 다음의 논문을 수정한 것이다. Yoram Hazony, "Jerusalem and Carthage," *Hebraic Political Studies* (Summer 2008), pp. 260-288.

2) 테르툴리아누스, 《이단에 대한 처방》 7.15-22. 테르툴리아누스 글에 대한 번역은 www.tertullian.org에 있는 피터 홈스(Peter Holmes) 목사의 작업에 근거한다. 의미를 분명하게 하기 위해 홈스의 번역을 약간 수정했다.

3) 이 견해는 David Rankin, *Tertullian and the Church* (Cambridge: Cambridge University Press, 1995)에 의해 반박되었다.

399

4) 테르툴리아누스, 《이단에 대한 처방》 13.1-15.

5) 테르툴리아누스, 《이단에 대한 처방》 21.13-14.

6) 테르툴리아누스, 《이단에 대한 처방》 38.12.

7) 테르툴리아누스, 《이단에 대한 처방》 13.15. 강조 표시는 나의 것.

8) 마 7:7; 눅 11:9.

9) 테르툴리아누스, 《이단에 대한 처방》 9.34-10.1, 10.6-10.

10) 테르툴리아누스, 《이단에 대한 처방》 7.21-25.

11) 테르툴리아누스, 《이단에 대한 처방》 12.10-12. 괄호는 나의 것. 테르툴리아누스, 《이단에 대한 처방》 3.10-11과 비교하라. "기독교인을 제외하면 누구도 지혜롭지도, 신실하지도, 존귀하지도 않다."

12) 테르툴리아누스, 《이단에 대한 처방》 14.4, 9. 괄호는 나의 것.

13) 테르툴리아누스, 《영혼의 증언》 1.4.

14) 골 2:8. 딤전 1:4; 딤후 2:17과 비교하라.

15) 테르툴리아누스, 《이단에 대한 처방》 7.15-22. 여기서와 다른 곳에서 테르툴리아누스는 철학이 진리를 정립하기보다는 모든 것을 무너뜨리는 방법론을 사용하기 때문에 철학으로부터 어떤 것에 대한 진리도 배울 수 없다고 비난한다. 테르툴리아누스의 다음의 말과 비교하라. "그러므로, 기독교인과 철학자가 어떤 점에서 닮았는가? 그리스의 학문과 하늘의 학문이 어떤 점에서 닮았는가? … 말쟁이와 행하는 자가 어떤 점에서 닮았는가? 세우는 사람과 부수는 사람이 어떤 점에서 닮았는가?" 테르툴리아누스, 《변명》 46장.

16) 철학에 대한 테르툴리아누스의 입장을 더 관대하게 해석한 연구를 보려면 R. E. Roberts, *The Theology of Tertullian* (London: Epworth Press, 1924), pp. 63-78을 참고하라.

17) 고전 1:27. "복음의 어리석음"에 관한 본문은 바울 서신에서 테르툴리아누스가 필요로 하는 핵심적인 디딤대를 제공한다. "(그리스도는 나를 보내사) 복음을 선포하게 하셨다. 세상의 지혜에 의존하지 않고 복음을 선포하는 것은 십자가의 그리스도의 사실이 그 온전한 무게를 가지게 하기 위함이다. 십자가의 교리는 멸망으로 가는 사람들에게는 완전히 어리석은 소리이지만, 구원으로 가는 우리에게는 그렇지 않다. 그것은 하나님의 능력이다. … 세상은 그 지혜로는 하나님을 발견하지 못하였다. 복음의 어리석음으로 그분은 믿는 자들을 구원하기로 작정하셨다. … 내 형제들아 하나님이 부르신 그대들이 어떤 사람들인지 생각하라. 그대들 중 인간의 기준으로 지혜로운 사람은 적다. … 그러나 하나님은 세상이 어리석다 생각하는 것을 선택하셔서 지혜로운 자들을 부끄럽게 하셨다. … 그분은 낮고 천한 것, 아무 것도 아닌 것들을 선택하셔서 기존의 질서를 뒤집으셨다. … 이 일에 대해 오해하지 마라. 이 지나가는 세대의 기준으로 자신을 지혜롭다 여기는 사람이 너희들 중에 있다면, 그는 참된 지혜를 얻기 위해서는 반드시 바보가 되어야 한다. 세상의 지혜는 하나님의 보시기에 어리석은 것이기 때문이다. … 우리는 그리스도를 위한 바보들이다"(고전 1:17-18, 21-22, 26-28, 3:18-19, 4:10). 다음의 구절도 참조하라. "우리는 우리 모두가 지식이 있는 줄 안다. 그러나 지식은 교만하게 하지만 사랑은 덕을 세운다. 만일 누구든지 무엇을 안다고 생각하면, 그는 아직도 마땅히 알아야 할 것을 알지 못하는 것이다. 또 누구든지 사랑하면 그는 하나님께 인정된 사람이다"(고전 8:1-3).

18) 테르툴리아누스, 《그리스도의 육체》 4.5-6, 5:1, 4.

19) Søren Kierkegaard, *Concluding Unscientific Postscript to "Philosophical Fragments"* (Princeton: Princeton University Press, 1992), pp. 210-213. 철학에 대한 키르케고르의 입장은 다음의 책에서 잘 다루어진다. Jacob Howland, *Kierkegaard and Socrates: A Study in Philosophy and Faith* (Cambridge: Cambridge University Press, 2006).

20) C. S. Lewis, *Mere Christianity* (New York: Simon & Schuster, 1996), pp. 55-56.

21) 예를 들면 다음을 보라. "성서적 믿음의 비개연성이 성서적 신앙 그 자체에 의해 인정되고 선포된다. … 성서적 진리의 비개연성이 성서가 주장하는 바다"(Leo Strauss, "Interpretation of Genesis," pp. 360-361).

22) 한 랍비의 격언은 "두로에서부터 카르타고까지 모든 사람이 이스라엘과 하늘에 계신 그들의 아버지를 안다"고 주장한다. 실제로 테르툴리아누스는 《유대인에 대한 대답》이라는 책을 썼다. 이 책은 테르툴리아누스와 유대교로 개종한 이방인과 대화의 형식으로 되어 있다. 그러나 이 본문은 물론, 우리가 구할 수 있는 다른 자료들도 테르툴리아누스의 유대교에 대한 지식이 피상적인 것임을 보여준다. Claudia Setzer, "The Jews in Carthage and Western North Africa, 66-235 CE," in Steven Katz, ed., *The Cambridge History of Judaism* (Cambridge: Cambridge University Press, 2006), vol. IV, pp. 68-75, at pp. 72-73.

23) 테르툴리아누스가 인간들은 기독교 교리를 제외한 모든 것에 대해 무지해야 한다고 말했는데, 아마 과장법일 것이다.

24) 고전 15:1-7.

25) 예를 들어, 신 10:12-13을 살펴보라. 모세가 다음과 같이 말한다. "이스라엘아, 지금 여호와 네 하나님께서 네게 요구하시는 것이 무엇이냐? ①여호와 네 하나님을 경외하며 ②그분의 모든 길을 따르고 ③그분을 사랑하며 네 마음과 네 몸을 다하여 여호와 네 하나님을 섬기는 것이 아니냐? 또한 ④네가 행복하게 되도록 오늘 내가 네게 명하는 여호와의 명령과 규례를 지키는 것이 아니냐?" 그러나 이 말씀은 테르툴리아누스가 제안한 교리와는 정반대다. 믿어야 하는 구체적 것들의 목록이 아니라 노력, 믿음, 행위의 세계 전체에서 펼쳐지는 네 가지 원리들이다. 위 인용 구절의 숫자는 내가 덧붙인 것임.

26) 신 6:4-9, 11:13-21; 민 15:37-41.

27) 어떤 사람들은 신명기 5장이나 잠언의 첫 부분이 유대인들의 교리집으로 기능할 수 있다고 주장한다. 그러나 이 구절들을 실제 읽으면 그런 생각이 들지 않는다. 설사 그렇다 할지라도 그것은 구약 성서가 교리 교육을 이질적이고 불가능하게 만드는 방식으로 편집되었다는 주장을 약화시키지 않는다.

28) 1장 I절을 보라.

29) 1장 II절을 보라.

30) 이 견해에 대한 설득력 있는 주장을 보려면 James Kugel, *The God of Old* (New York: Free Press, 2003), pp. 5-36을 보라.

31) 본 장의 VI절을 보라. 크게 제한된 계시였지만, 다른 선지자들과 비교해 모세는 하나님을 가장 분명히 이해한 것으로 간주된다. 민 11:6-8과 비교하라.

32) 왕상 19:8-15; 사 6:1-8. 또한 사 45:15에서 이스라엘의 하나님은 자신을 감추는 자라는 이사야 선지자의 주장도 참고하라. 또한 흥미로운 것은 하나님의 음성이 물의 음성 같다는 에스겔 선지자의 주장이다(겔 43:2).

33) 출 20:16-18, 32:1-6.

34) 이사야는 그 제사장이 말씀을 깊이 이해하는 데 실패한 이유를 누군가의 거짓말에서 찾는 것이 아니라 제사장들이 율법의 정신을 잃어버리고 성서를 문자적으로 이해했기 때문이라고 말한다. 사 28:7-13.

35) 이 주제에 관한 내 논의(6-7장)를 보라.

36) 많은 독자가 내가 '진리 추구'라는 말을 사용하는 것에 이의를 제기했다. 이유는 성서 저자들이 찾는 것이 진리가 아니라 선이기 때문이라는 것이다. 이 이의 제기는 내가 여기서 충분히 다룰 수 없는 중요한 문제를 일으킨다. 그러나 이 논의의 출발점으로 작용할 몇 가지 논점을 강조해두고자 한다. 첫째, 그 문맥에서 '진리'라는 용어를 사용하는 것은 다소 오해를 줄 수 있다는 것에 동의한다. 왜냐하면 성서의 '에메트'와 그것의 파생어들은 그리스철학에서 이해되는 진리와 다른 것을 지칭하기 때문이다. 성서에서 진리는 믿을 수 있고, 변치 않고, 의지할 수 있는 것을 의미한다. 마치 "참된 마음" 혹은 "참된 친구"과 같은 구절에서의 '참'의 의미와 같다(자세한 논의는 7장을 참조하라). 이런 진리에 대한 개념은 성서의 '선'의 개념과 밀접히 연관된다. 왜냐하면 선지자들의 주요 인식론적 문제는 인류에게 행복을 가져다줄 것으로 믿을 수 있는 것과 그렇지 않은 것을 구분하는 것이다. 따라서 성서에서 진리의 추구는 이 세상에 행복을 가져다줄 것으로 믿어지는, 혹은 '신뢰될 수 있는' 것에 대한 추구다. 따라서 성서에서 추구되는 것에 대한 나의 이해가 문제를 제기한 독자들의 이해와 크게 다르지 않다. 그러나 이 점에서 성서가 그리스철학의 관심과 얼마나 다른가에 대해서는 나와 독자들의 의견이 다를 수 있다.

37) 다음은 구약 성서의 야곱과 요셉 내러티브에 묘사된 인식론적 정글에 대한 로버트 알터의 설명이다. "인간의 삶은 … 증오, 반전, 속임수, 미심쩍은 거래, 뻔한 거짓말, 위장술, 속과 다른 겉모습, 모호한 예측들로 구성된 미로다. … 그런 인생에서 자신의 길을 찾으려 하는 성서 인물들의 손에는 보통 끊어진 동아줄만이 들려 있다"(Robert Alter, *The Art of Biblical Narrative* [New York: Basic Books, 1981], p. 158).

38) 출 1:15-21. 이 경우 히브리 산파들이 "하나님을 두려워했다"는 설명이 있다. 그러나 성서 문학의 숙어에서 이것은 하나님이 그들에게 직접 말씀하셨다는 의미가 아니다. 그것의 의미는 그들이 악을 행하는 것을 두려워했다는 뜻이다. 보다 자세한 논의는 다음의 책을 참조하라. Yoram Hazony, *The Dawn: Political Teachings of the Book of Esther* (Jerusalem: Shalem Press, 2000

[1995]), pp. 98-100.

39) 출 2:1-10.

40) 출 2:11-15. 또한 출 4:24-26에 기록된 십보라의 할례 사건을 참고하라. 여기서도 십보라는 자신의 기지에 근거해 행동한다.

41) 나의 다음 논문을 참조하라. Yoram Hazony, "The Jewish Origins of the Western Disobedience Tradition," *Azure* (Summer 1998), pp. 17-74.

42) 렘 5:1. 6장 I절을 참조하라.

43) 렘 6:16.

44) 잠 1:20-24.

45) 잠 23:31-35.

46) 잠 6:24-35.

47) 인용된 구절은 사 44:18-20이다. 실제 이사야의 논의는 훨씬 길어서 44:9부터 시작되며, 내가 여기서 인용하지 않은 중요한 내용들도 포함한다.

48) 예를 들어, 열왕기서는 솔로몬 왕국의 붕괴가 아버지 세대의 "노인들" 내각의 목소리를 무시하고, 그와 젊은 친구들의 조언을 따른 결정에서 시작된다고 보고한다(왕상 12:3-17). 경험을 무시하는 어리석음은 잠 1:22, 32에 설명된다.

49) 렘 9:11-12.

50) 이런 해석은 히브리 운문의 일반적 관행과 일치한다. 즉, 한 행에서 설명된 내용이 조금 수정되지만 여전히 동일한 주제로 다른 행에서 반복된다. Robert Alter, *The Art of Biblical Poetry* (New York: Basic Books, 1985), pp. 3-26; James Kugel, *The Idea of Biblical Poetry* (Baltimore: Johns Hopkins, 1998 [1981]), pp. 1-58을 참고하라. 또 다른 해석은 그 두 행("이것을 깨달을 만한 지혜자가 누구인가?"와 "여호와의 입이 말씀하신 것")을 서로 다른 내용의 것으로 이해하는 것이다. 이 경우 예레미야의 주장은 어려운 삶의 문제들에 대한 답이 큰 지혜를 성취한 사람들 중 "여호와의 입이 말씀해주신" 사람에게 주어진다는 것이다. 이런 해석에 따르면 하나님의 말씀은 그에 합당한 정신적 능력과 노력을 갖춘 사람에게만 온다. 이것은 마이모니데스의 입장과 동일하다 (Maimonides, *Guide for the Perplexed* 2.36-38). 나는 첫 번째 해석이 옳다고 생각한다. 그러나 어느 해석을 취해도 결론은 동일하다. 마이모니데스의 해석을 따라도 하나님은 먼저 지혜를 얻은 자에게 말씀하시기 때문이다.

51) 사 11:2-3. 이사야서에 비슷한 예들이 더 있다. 이사야는 농사에 관한 농부의 지혜도 하나님의 지혜로운 조언에 따른 것으로 묘사하지만, 그 조언들이 농부의 창의력에서 온 것인지 아니면 하나님이 농부에게 직접 계시하신 것인지에 대해서는 침묵한다. 침묵하는 이유는 이사야가 그것을 중요한 문제로 여기지 않았기 때문이다(사 28:24-29). 그리고 이사야서의 후반부에서 이사야 선지자는 하나님께서 그에게 "학자의 혀"를 주었고 "학식 있는 자처럼 듣게 하신다"고 선포한다(사 50:4). 이 구절들을 출 28:3과 비교하라. 하나님이 모세에게 "너는 내가 지혜의 영으로 충만케 한, 마음이 지혜로운 모든 자에게 말하라"고 말씀하신다. 여기서 지혜는 성막을 건설하는 데 필요한 장인 기술을 말한다. 재미있는 것은 여기서 하나님이 "지혜의 영으로 채운 자"와 "마음이 지혜로운 자"가 동일시된다는 것이다. 비슷한 내용이 출 31:6, 36:1-2에서 세 번이나 더 등장한다. 왕상 3:16-28, 5:9-14, 10:1-7절에서 묘사된 것처럼 솔로몬 왕의 지혜에 관해서도 비슷한 이야기를 할 수 있다. 이 구절들은 젊은 솔로몬이 내린 판결들에 관한 소문을 듣고 "온 이스라엘이 … 하나님의 지혜가 그 안에 있어 정의를 실현하는 것을 보았다"(왕상 3:28)고 기록한다. 또한 "솔로몬의 지혜를 듣기 위해 모든 민족 중에서, 또 그의 지혜에 대하여 들은 세상의 모든 왕 중에서 사람들이 찾아왔다"(왕상 4:34)고 기록한

402

다. 물론 성서 독자들은 솔로몬이 하나님께 지혜를 구했고, 꿈에서 하나님이 솔로몬에게 나타나 그의 간구를 들어주셨음을 알고 있다. 그러나 솔로몬이 이 꿈에 대해 이스라엘 사람들이나 열방의 왕들에게 말했다는 기록은 없다. 반대로 사람들은 솔로몬이 법과 판결 그리고 일반 학문에 있어서 뛰어나다는 사실에만 근거해서 "하나님의 지혜"를 가진 것으로 인정한다(4:32-33). 여기서도 인간에게 고유한 지식과 하나님이 부여한 지식 사이에 어떤 경계도 없는 듯 보인다. 어쨌든 사무엘이 조금 다른 문맥에서 "모세와 아론을 세워 (너희를 출애굽시킨 것이) 여호와이시다"라고 말한 것처럼 그들이 지혜와 능력들이 하나님에 부여한 것인지 아닌지의 문제는 의미 없는 질문인 듯하다. 삼상 12:6을 참조하라.

52) 출 3:1-4.

53) 기드온 이야기와 비교하라. 기드온이 이스라엘에 대한 미디안의 통치를 저항하는 것을 보신 하나님이 그에게 나타나신다. 삿 6:11-12.

54) 사 6:1-9. 전체 본문은 더 생생하다. 이사야가 자신이 부정하다는 두려움을 소리 내어 표현한 후에야 '사라프'(스랍 천사)가 내려와 이사야를 치료한다.

55) 이사야서의 후반부에서도 하나님은 선지자를 통해 다음과 같이 도전하신다. "내가 왔을 때, 왜 아무도 없었느냐? 내가 불렀을 때, 왜 대답하는 자가 아무도 없었느냐?"(사 50:2). 하박국에서도 선지자는 다음과 같이 하나님께 도전하는 것으로 시작한다. "여호와시여, 제가 주께 부르짖어도 듣지 아니하시나이까?" 하나님의 응답은 나중에 주어진다. 합 1:1f을 참고하라. 이에 대한 하나님의 대답은 2:2에 나온다.

56) 렘 1:11-14.

57) 슥 2:1-6, 4:2-6.

58) 창 11:31-32.

59) 렘 33:1, 3. 슥 1:3과 비교하라. "너희는 내게로 돌아와라. 만군의 여호와의 말이다. 그러면 내가 너희에게 돌아가겠다."

60) 창 18:17-33; 출 32:9-14; 민 14:11-20, 16:19-23; 삿 6:13; 삼하 6:8-12; 사 40:6-8; 렘 2:9, 29, 4:10, 12:1-4; 겔 9:8; 욘 3:10-4:3; 합 1:1-4, 1:12-2:1; 욥 13:13-16.

61) 창 32:25-50.

62) 욥 13:13-16. 괄호 표시는 나의 것.

63) 그것이 다음과 같은 모세의 말씀이 뜻하는 바다. "참으로 오늘 내가 네게 명령하는 이 명령은 네게 어려운 것도 아니고 멀리 있는 것도 아니다. 그것은 하늘에 있는 것이 아니니 '누가 우리를 위해 하늘에 올라가 그것을 우리에게 가져와 들려주어, 우리가 그것을 행할 것인가'라고 말할 것이 아니다"(신 30:11-12). 분명히 하나님의 말씀이 우리 가까이에 있다는 모세의 낙관적 견해와 그렇지 않다는 이사야와 예레미야의 견해 사이에는 큰 긴장이 있다. 후대 선지자들도 인류가 진리에 도달할 시점을 고대한다는 점에서 그들이 모세와 근본적으로 의견이 다른 것은 아니다. 그러나 자기 세대에 대해 선지자들은 이전 세대의 (나쁜) 결정 때문에 주사위가 이미 던져진 것처럼 말한다.

64) 신 4:6-8. 마찬가지로 정의와 하나님의 가르침을 등치시키는 구절로 사 51:7을 들 수 있다. "정의를 아는 자들아, 그 마음속에 내(하나님의) 가르침(토라)이 있는 백성들아." 그러나 주목할 것은 이스라엘의 선지자들이 이방인들의 삶의 방식을 매우 경멸하지만, 그들에게서 배울 점이 있음을 인정한다는 것이다. 예를 들어, 이방인들이 그들의 신을 배반한 적이 있는지 물으면서 선지자 예레미야는 배반 잘하는 이스라엘과 비교해 이방 민족들의 종교성을 칭찬한다(렘 18:13).

65) 마찬가지로 하나님이 솔로몬에 지혜를 주었을 때 온 세상의 왕들이 그것을 알아볼 수 있었다. 왕상 4:29-34.

66) 신 30:15. 또한 신 10:13과 렘 7:25도 보라.

67) 민 24:3. 히브리어 표현 '슈툼 하아인'의 의미는 잘 모른다. 그러나 그것이 24:4의 '글루이 에이나임' 과 비슷한 의미일 것으로 예상된다. 이것은 발람의 눈이 열려 볼 수 있게 되었다는 뜻이다.

68) 민 23:8-10, 20-21, 24:5-6.

69) 민 31:16; 수 13:22.

70) 렘 16:19.

71) 렘 12:16.

72) 사 2:2-3. 또한 미 4:1-5도 보라.

73) 사 51:4. 열방을 위한 빛과 선봉대로서 열방 민족을 가르치는 사명에 관한 다음의 구절을 보라. 사 11:9-10, 12, 42:1-4, 6-7, 49:6, 51:4, 60:3; 렘 3:17, 4:1-2. 주목받지 못한 많은 구절에서 모세 율법 은 이스라엘뿐 아니라 열방에게도 중요한 것으로 간주된다. 예를 들어 신 33:2-3을 보라. "여호와께 서 시내에서 오시고, 세일에서 일어나, 바란산에서 비추시며, 수만 성도 가운데서 오시되, 그분의 오 른손에 그들을 위해 불같은 율법을 가지셨다. 참으로 그분께서는 민족들을 사랑하신다." 에스겔도 겔 33:15에서 사람이 지켜야 할 "삶의 법"을 말한다. 다음의 구절에 주목하자. "내가 그들에게 내 율 례를 주어 내 법도를 그들에게 알렸으니, 사람이 그것들을 행하면 그 때문에 살 것이다"(겔 20:11). 비슷한 내용의 구절들이 겔 20:13, 21에도 등장하며, 그 반대의 상황, 즉 사람이 그것대로 살면 죽 게 되는 법에 관한 내용은 겔 20:25에 등장한다. 또한 사 56:1-8도 보라. "이를 행하는 사람(에노 쉬), 이것을 굳게 붙잡는 아담의 아들(벤-아담), 안식일을 지켜서 더럽히지 않는 사람, 자기 손을 지 켜서 어떤 악도 행치 않는 사람은 복이 있다. … 여호와와 연합하여 여호와를 섬기고 여호와의 이 름을 사랑하며, 그분의 종이 되고 안식을 지켜 더럽히지 아니하며, 내 언약을 굳게 붙잡는 이방 사 람들을 내가 나의 거룩한 산으로 인도하여, 기도하는 내 집에서 그들을 기쁘게 하며, 그들의 번제물 과 희생 제물을 내 제단에서 즐거이 받을 것이니 내 집은 만민이 기도하는 집이라 불릴 것이다." 사 66:23절도 참고하라. 랍비들이 모세 율법이 가나안 정복 이후가 아니라 시내 광야에서 주어진 의도 는 모든 열방이 그것을 자기의 것으로 받을 수 있도록 하기 위함이라고 주장할 때, 그 근거로 염두 에 둔 구절이 바로 이런 구절들이다. "토라는 아무도 소유하지 않고 아무도 살지 않는 땅에서 주어 졌다. 약속의 땅에서 주어졌다면 이스라엘의 열방은 그 율법과 아무 관련 없다고 주장했을 것이다. 그러므로 율법이 광야에서 주어진 의도는 그것을 수용하기 원하는 누구나 그럴 수 있도록 하기 위 함이다"(《메킬타》 19.2). 비슷한 취지의 다음 구절도 보라. "왜 토라가 이스라엘 땅에서 주어지지 않 았는가? 세상의 민족들이 토라가 그들 땅에서 주어지자 않았음을 핑계로 율법을 거부할 기회를 주 지 않기 위함이다. … (시내) 율법 수여와 관련한 세 가지가 있다. 광야, 불, 물. 이 세 가지를 모든 사 람이 자유로이 소유할 수 있는 것처럼 토라도 모든 인류에게 주어진 선물이다"(《메킬타》 20.2). 이 문 제에 대한 더 자세한 논의를 원하면 다음 책을 참고하라. Maimonides, *Guide for the Perplexed* 3.31, pp. 321, 322.

74) 사 43:8-12, 44:8-10도 보라. 이 구절들에서 이스라엘은 그들처럼 진리를 분별할 수 있다고 여겨지 는 열방과 논쟁하도록 요구받는다.

75) 6장 IV절을 보라.

76) 시 19:8.

77) 시 119:144.

78) 시 119:97-104. 또한 왕상 2:3; 시 19:8도 보라.

79) 창 15:1, 5-6.

80) 출 14:30-31. 연관된 구절에서 하나님은 모세가 시내산에서 백성들에게 연설하고 백성들은 모세를

그들의 지도자로 신뢰할 것이라고 말씀하신다(출 19:9). 불타는 떨기나무에서 하나님이 모세에게 주신 이적들도 마찬가지로 사람들이 모세를 신뢰하도록 하기 위한 것이다(출 4:4-9).

81) 내가 인지하는 한, 구약 성서에서 하나님의 존재에 대한 믿음을 그가 신뢰될 수 있는지의 문제(다시 말해 하나님이 옳은 행동을 한 인간들을 보상하는지의 여부)와 별개로 다루는 본문은 없다. 이사야는 다음과 같이 말한다. "보아라 이분이 우리의 하나님이시다. 우리가 그분을 기다렸더니, 그분께서 우리를 구원해주셨다. … 여호와여 우리가 주님을 기다리며 … 내 영혼이 밤에 주님을 사모하며 내 마음이 내 속에서 간절히 주님을 찾으니 이는 주님의 심판이 땅에 이를 때 세상 거민들이 정의를 배울 것이기 때문입니다"(사 25:9, 26:8-9). 다음과 구절도 참고하라. "내가 너를 심판할 때 그들에게 나를 알릴 것이다"(겔 35:11). 성서를 저작한 선지자들과 학자들에게 하나님의 존재 문제가 이 세상에서의 그분의 역사를 경험하는 문제와 구분되었을 가능성은 없어보인다. 참고할 구절들은 다음과 같다. 렘 2:11, 5:7, 16:20; 사 37:19, 41:24; 호 8:6; 왕하 19:18; 대하 13:9.

82) 그것은 '믿음'이라는 단어가 성서 히브리어에서 명제적 믿음을 가리킬 수 없기 때문은 아니다. 다음의 구절이 보여주는 것처럼, 성서에서 '믿음'은 명제적 믿음을 가리킬 수 있다. "그 백성들이 여호와께서 이스라엘 자손을 찾아오셔서 그들의 고난을 돌아보셨다는 말을 듣고 믿었으며(베야아멘), 엎드려 경배하였다"(출 4:31). 성서 히브리어에서 믿음은 명제에 대한 믿음일 수 있다. 그러나 내가 아는 한, 그런 믿음에 관한 명령은 없다. 나아가 그런 믿음이 구약 내러티브에서 덕으로 간주되지도 않는다. 이와 유사한 주장을 보려면 마르틴 부버의 책을 보라. Martin Buber, *Two Types of Faith*, Norman P. Goldhawk, trans. (Syracuse: Syracuse University Press, 2003 [1951]), p. 7, 그 외 여러 곳.

83) 철학자들은 '믿음'이라는 용어를 명제들에 대한 동의의 의미로 사용하기 때문에 이 용어가 오해를 유발할 수도 있다. 누군가를 신뢰한다고 말할 때 그것은 "그는 믿을 만하다"라는 명제에 동의하는 것과 정확히 같지는 않다. 물론 이 둘은 함께 간다. 때때로 믿음이라는 것이 그 사람은 "확실하다" 혹은 "그곳에 올 것이다"와 같은 느낌일 수 있다. 내가 하나님에 대한 신뢰의 의미로 '믿음'이라는 용어를 사용할 때 의미하는 바가 바로 그런 넓은 의미에서의 믿음이다.

84) 민 14:11; 신 1:32, 9:23. 시 78:12과도 비교하라.

85) 민 20:12.

86) 왕하 17:13.

87) 신 7:9-11. "믿을 만한 하나님"의 개념을 표현하는 다른 표현들로는 신 32:4의 '엘 에무나', 사 65:16의 '엘로헤이 아멘', 시 31:6의 '엘 에메트' 등이 있다. 또한 다음의 구절은 하나님의 계명이 '믿을 만하다' 혹은 '신뢰할 만하다'는 개념을 표현한다. "주의 모든 명령은 신실합니다"(시 119:86), 또한 시 19:9, 93:5, 119:66, 138을 보라.

88) 바로 이 용어 '네에만'은 하나님께서 아브라함에게서 발견한 것을 표현하는 데 사용된다. 예를 들어, 느 9:8을 보라.

89) 솔로몬은 예루살렘에 신축된 성전 봉헌식 기도에서 이런 생각을 반복한다. "여호와 이스라엘의 하나님이시여, 주님과 같은 신은 위로 하늘에나 아래로 땅에나 없습니다. 주께서는 언약을 지키시며, 온 마음으로 주님 앞에서 행하는 종들에게 인애를 베푸셨습니다"(왕상 8:23). 강조는 원문에 없던 것이다. 여기서도 중요한 점은 오직 이스라엘의 하나님만이 신뢰할 만한 약속을 하신다는 것이다. 물론, 이스라엘의 하나님이 약속을 지키는 신으로 신뢰될 수 있다는 사실은 원칙적으로 그가 약속을 지키는지의 여부를 시험해볼 수 있음을 의미한다. 이것이 모세가 신 18:21-22에서 의미하는 바다. 모세 율법은 기적을 사용하여 어떤 도덕적 혹은 법률적 주장의 참을 증명하지 못하게 규정한다. 신 13:2-4을 보라.

90) 렘 17:7. 또한 시 40:5, 84:13도 보라. 믿음을 의미하는 히브리어는 '바타'다. 그것은 "신뢰하다"로 번역될 수 있고 "안전", "안정", "확신" 등을 의미하는 명사들로 파생되기도 한다. Francis Brown, S. R. Driver, and Charles A. Briggs, eds., *A Hebrew and English Lexicon of the Old Testament* (Peabody, Mass.: Hendrickson, 2005 [1906]), p. 105. 비록 이 단어가 이스라엘 역사서 본문에서는 하나님에 대한 믿음의 의미로 사용되지 않지만 다른 성서책들에서는 자주 그렇게 사용된다. 예를 들어, 시편과 잠언에서 이 용어는 하나님에 대한 믿음을 가리킬 때 주로 사용된다.

91) 시 28:7. 또한 26:1, 29:25, 125:1도 참고하라.

92) 대하 20:20. 비슷한 내용이 대상 5:20에도 등장한다.

93) 사 26:4.

94) 사 7:9, 26:4, 43:10, 50:11; 시 4:6, 37:3, 5, 62:9, 115:9-11; 잠 3:5. 이것은 이사야의 견해가 이스라엘 역사서나 예레미야의 견해보다 '경건'의 방향으로 더 치우친 유일한 예가 아니다. 나는 이미 "여호와를 언제나 신뢰하라"(26:4)라는 이사야의 권면을 인용했다. 이 권면은 이사야가 하나님께서 변심할 수 있음을 알고 있었던 점을 고려하면 문제가 있다. 이사야서는 "그의 창조자와 씨름하는 자에게 화가 있을지어다"로 시작하는 구절을 포함할 뿐 아니라 역사서에 개진된 윤리학에서 중요한 '하나님에 대한 도전' 모티브에 반하는 주장을 계속한다. 사 44:9-10을 보라.

95) 왕하 17:7-23. 또한 광야에서 이스라엘 백성들은 하나님에 대한 신뢰 부족으로 벌받았다. 그러나 그들의 불신앙이 지나치고 기이한 것으로 묘사되는 것은 그들이 매일 그들의 생명을 보존하시는 하나님의 기적을 실제로 체험했기 때문이다. 따라서 그들의 경우가 다른 세대들이 하나님을 충분히 신뢰하지 않을 때 벌을 받아야 하는지에 대한 결정적 증거는 아니다.

96) 유다의 멸망은 므낫세의 죄 때문이라고 여겨진다. "참으로 이 일이 유다에게 이루어진 것은 … 므낫세가 행한 모든 죄악 때문에 여호와께서 그 얼굴을 돌리셨기 때문이다. 또한 그가 무죄한 자의 피를 흘려 무죄한 피로 예루살렘을 가득 채웠으므로, 여호와께서 용서하기를 원치 않으셨다." 왕하 24:3-4을 보라. 므낫세의 죄는 왕하 21:1-16에 묘사되어 있다.

97) 구약 성서의 믿음을 명제의 형태로 요약할 수 있다면 이것이 바로 그것일 것이다.

98) 마이모니데스는 미슈나《산헤드린》10에 대한 주석에서 이것을 그의 13조 신앙고백의 11번째 원리로 제시한다. Menachem Kellner, *Dogma in Medieval Jewish Thought* (Portland, Oreg.: Littman Library, 2000)을 참고하라.

99) 출 33:11.

100) 출 32:9-14.

101) 창 25:23.

102) 창 32:25-30.

103) 창 25:26은 야곱이 에서의 뒤꿈치를 잡고 태어났기 때문에 그런 이름을 가지게 되었다고 증언한다. 창 27:36에서 에서는 야곱이 그를 속여 그의 유산과 아버지의 축복을 가로챘다고 명확히 말한다. 이때 사용한 동사가 '바야에크베니'인데 이 동사는 "뒤꿈치"라는 의미의 히브리어 '에케브'에서 파생된 동사로, "그가 나를 속였다" 혹은 "그가 나를 기만했다"라는 의미로 해석될 수 있다.

104) 출 3:13-14. 하나님은 계속해서 모세에게 말씀하신다. "이스라엘 자손에게 '여호와 너희 조상들의 하나님, 곧 아브라함의 하나님, 이삭의 하나님, 야곱의 하나님께서 나를 너희에게 보내셨다.'라고 말하여라. 이것이 나의 영원한 이름이요 대대로 기억할 나의 이름이다."

105) 이름에 대한 문제는 아예 거론조차 되지 않는다. 출 4:29-31을 참조하라. 출 3:13에 대한 나크마니데스의 주석에 따르면 이스라엘 백성에게 하나님의 이름을 보고하는 것은 그들에게 아무 의미도 없었을 것이다. 백성들이 알기 원했던 것은 하나님이 그들과 함께 하셔서 그들을 구할 것인지, 다시

말해 그들의 구원에 관해 하나님을 신뢰할 수 있는지의 여부다.

106) 출 33:17, 19.

107) 이것을 카수토의 말로 환원하면 다음과 같다. "이런 특질들을 보여줄 것인지는 전적으로 나의 의지에 달려 있다. … 나는 내가 원할 때, 내가 정한 때에 은혜와 자비를 베풀 것이다"(Umberto Cassuto, *A Commentary on the Book of Exodus* [Jerusalem: Magnes, 1997 [1951]], p. 436). 사 27:11과 비교하라. 여기서 논의되는 하나님의 은혜와 자비의 문제를 다루는 이 구절에 따르면 하나님은 정의 실현에 대한 의식이 없는 백성들에게는 은혜도 자비도 베풀지 않으신다.

108) 출 34:5-7. 보상과 형벌을 후속 세대까지 연장하는 이런 규정은 십계명에도 나타난다. 출 20:5-6과 34:7, 민 14:18과 신 5:9을 참고하라. 렘 32:18에도 비슷한 내용이 나온다. 다음의 호세아 구절도 보라. "네가 네 하나님의 율법을 잊었으므로 나도 네 자녀들을 잊을 것이다"(호 4:6). 하나님의 본성에 대한 이런 견해와 반대되는 것이 겔 18:1-24에 등장하는 견해다.

109) 하나님의 본성이 어느 정도 가시적(visible)이게 된 것은 성서 저자들이 하나님의 본성에 관한 층들을 하나씩 벗겨주었기 때문이다. 이 때문에 이사야는 이스라엘의 하나님을 "스스로 숨어 계시는 하나님"(엘 미스타테르)이라고 불렀다. 그럼에도 불구하고 이사야는 다음과 같이 덧붙임으로 가능한 오해들을 바로잡는다. "나는 어둠의 땅에서 은밀하게 말하지 아니하였고, 야곱의 자손에게 나를 헛되이 찾으라고 말하지 아니하였다. 나 여호와는 의를 말하고 옳은 것을 알린다"(사 45:19).

110) 이것은 랍비들의 의견과 일치한다. 랍비들에 따르면 하나님께 그의 영광을 보여달라고 요청했을 때 모세는 의인을 축복하시는 모습을 보여달라는 뜻이었고, 또한 악인이 번성하는 이유를 가르쳐 달라는 뜻이었다. 《출애굽기 라바》 45.5.

111) 나의 독해는 출 34:7에 대한 세포르노의 주석을 따르고 있다. 그에 따르면 하나님은 정의와 죄악의 결과를 드러내기 전에 그것을 여러 세대 동안 창고에 축적하신다. 《출애굽기 라바》 45.6도 참고하라. 이에 따르면 하나님은 그런 목적의 창고를 운영하시는 것으로 묘사된다. 하나님은 악행하는 세대들이 지속되어, 참된 회개를 기대할 수 없을 때까지 악행의 결과들을 저장하신다. 탈무드 《소타》 9. 또한 Cassuto, *Commentary on Exodus*, p. 440도 참조하라. 나는 이런 해석이 다른 것들보다 본문의 상식적 의미에 부합한다고 믿는다. 그러나 악인들이 벌을 받고 있지만 단지 그들이 그것을 깨닫지 못한다는 예레미야의 주장도 함께 생각할 필요가 있다. 이 책의 6장 V절을 참고하라.

112) 이 문맥에서 도널드 하먼 아켄손의 말을 생각할 필요가 있다. 그는 이스라엘의 하나님이 역사서에서 그다지 매력적 인물로 묘사되지 않는다고 말하는 사람들에게 다음과 같이 말한다. "여호와를 좋아하는가 아닌가는 중요한 문제가 아니다. 고대 이스라엘인들의 하나님이 그렇게 설득력이 있는 이유는 … 그가 실존, 즉 실재에 대한 완벽한 구현체이기 때문이다. 인류의 삶을 주관하는 것은 그것이 무엇이든 일관되게 선하고, 친절하고, 예상 가능하고, 이해 가능할 수는 없다. 여호와는 그런 실존을 정확하게 대변한다"(Donald Harman Akenson, *Surpassing Wonder: The Invention of the Bible and the Talmuds* [New York: Harcourt Brace, 1998], p. 98).

113) 출 33:20-23.

114) 모세가 시내산에서 체험한 것은 하나님의 본질에 대한 '빙산의 일각'이라는 것이 마이모니데스에 의해 강조된다(Maimonides, *Guide for the Perplexed* 1.21, p. 30). 출 33:19-20에 대한 세포르노의 주석도 마찬가지다. 그러나 나는 "하나님에게 어떤 형태의 혹은 어떤 의미의 본질적 특징도 없다"라는 마이모니데스의 주장은 지나친 것이라고 생각한다(Maimonides, *Guide for the Perplexed* 1.50). 모세가 시내산에서 목격한 것은 부분적이고 불확실하고, 빙산의 일각임에 틀림없지만, 그 빙산의 일각은 하나님의 본질적 특징의 한 부분임을 기억해야 한다. 바위틈에서 모세가 하나님을 만나는 장면을 플라톤의 동굴의 비유와 비교해보라. 《국가》 514a-520a. 이 둘은 비슷한 주

제를 다루지만, 중요한 면에서 서로 차이를 보인다.

115) 출 32:31-33.

116) 예를 들어, 신 6:13, 24, 8:6, 10:12, 20, 13:5. 비슷한 다음 구절들도 보라. 신 4:10, 5:26, 6:2, 14:23, 17:19, 31:13.

117) 시 111:10.

118) 신 6:5, 10:12, 11:1, 13.

119) 하나님을 사랑하는 사람과 그의 계명을 지키는 자가 동일함은 신 7:9, 단 9:4, 느 1:5에 사용되는 병행법을 통해 증명된다. 그러나 이것은 하나님을 사랑하라는 모든 계명에 나타나는 것처럼 하나님을 사랑하라는 명령과 그의 법을 지키라는 권면의 단순 병치에서도 이미 충분히 분명하다고 생각한다.

120) 왕상 15:3.

121) 왕하 23:25.

122) 왕하 22:19. 요시아의 '레브 라크'를 "부드러운 마음"으로 번역하는 것은 그의 적들에 대한 요시아의 공격적인 적극성을 잘 반영하지 못한다. 그 히브리 표현은 "열린 마음"으로 번역되어야 한다. 즉, 요시아는 자신의 통치가 잘못했다고 깨닫는 순간 통치의 방향을 바꿀 수 있는 열린 마음의 소유자였다.

123) 대하 24:3에 따르면 요시아는 16세가 되었을 때, 왕으로서 "그의 아버지 다윗의 하나님을 구하기" 시작했다. 그가 20세가 되었을 때 그는 예루살렘의 이방 제단을 파괴하기 시작했다.

124) 민 20:12.

125) 요 3:16.

126) 롬 1:16.

408

127) 마이모니데스가 강조하는 것처럼 율법의 가장 중요한 목적은 "사람들이 마음대로, 원하는 대로, 할 수 있는 대로 하게 하는 것이 아니라" 사람들이 공동의 행복에 기여하도록 하는 것이다(Maimonides, *Guide for the Perplexed* 3.27, p. 312). 그러나 율법이 공동의 행복과 일반 유익을 목표한다면 필연적으로 특별한 상황의 일부 사람들에게는 그 법이 해를 끼칠 수 있다. 이에 대해 마이모니데스는 다음과 같이 대답한다. "율법의 가르침은 … 예외가 아니라 법칙에 근거한다. 그것은 어떤 교훈이나 어떤 신적 명령을 통해 한 개인에게 가해지는 상해를 무시한다. … 모든 사람에게 선을 주는 율법은 불가능하다"(Maimonides, *Guide for the Perplexed* 3.34, p.328).

128) 플라톤 《크리톤》 43a-54e.

129) 그런 합리적 결론은 "지성을 희생시키거나 허공으로의 도약을 필요로 하지 않는다." 불합리한 것을 수용하는 것과 연관된 "믿음의 도약"(leap of faith)은 결혼의 경우와 같이 어떤 사람(흠까지 포함하는 그 사람 전체)에 헌신하는 데 필요한 합리적 결정이나 어떤 법체계에 헌신하기 위한 합리적 결정에는 설 자리가 없다. Jonathan Sacks, *Radical Then, Radical Now* (New York: Continuum, 2000), p. 86.

130) 신 30:19.

131) 모든 사람이 모세 율법에 있는 계명에 반드시 순종해야 하는 것은 아니다. 그러나 모든 인간은 자연법(여기에는 물리 법칙과 정신 법칙이 포함됨)에 순종해야 한다. 렘 25:28에서 하나님이 유다 왕에게 너는 진노의 컵을 "마시게 될 것이다"라고 말씀하실 때처럼 하나님이 인간에게 무엇을 하라고 강요하시는 성서 구절에서 작동하는 것이 바로 이런 정신 법칙이다.

132) 중세 주석가 아브라바넬이 주장하는 대로 율법이 우리에게 주어진 것은 우리로 하여금 어떻게 살아가야 할지 알려주기 위함이다. 반면 그 율법이 포함된 내러티브는 그 진리 추구의 기초를 제공한

다. 출 19:1-3에 대한 아브라바넬의 주석(section 3)을 보라. 또한 이 책의 3장, III절을 보라.

133) 모세 율법과 그것을 포함하는 내러티브 사이의 관계에 대해서는 다음의 책들을 참고하라. Diana Lipton, *Longing for Egypt* (Sheffield: Sheffield Phoenix Press, 2008), pp. 174-176; Ze'ev Maghen, "Dancing in Chains: The Baffling Coexistence of Legalism and Exuberance in Judaic and Islamic Tradition," in Jonathan Jacobs, ed., *Judaic Sources and Western Thought* (New York: Oxford, 2011), pp. 217-237.

9장_ 이성과 계시를 넘어서는 하나님의 말씀

1) 추가적 논의를 원하면 본 장에 이어지는 부록을 참고하라.

2) Ronald de Sousa, *The Rationality of Emotions* (Cambridge, Mass.: Massachusetts Institute of Technology Press, 1987); R. H. Frank, *Passions Within Reason: The Strategic Role of the Emotions* (New York: Norton, 1988); Alan Gibbard, *Wise Choices, Apt Feelings: A Theory of Normative Judgment* (Cambridge, Mass.: Harvard University Press, 1990); Robert Solomon, *The Passions: Emotions and the Meaning of Life* (Indianapolis: Hackett, 1993); Nico Frijda, "The Place of Appraisal in Emotion," *Cognition and Emotion* 3-4 (1993), pp. 357-387; Antonio Damasio, *Descartes' Error: Emotion, Reason and the Human Brain* (New York: Penguin, 1994); Paul Thagard, "The Passionate Scientist: Emotion in Scientific Cognition," in Peter Carruthers, Stephen Stich, and Michael Siegal, eds., *The Cognitive Basis of Science* (Cambridge: Cambridge University Press, 2002), pp. 235-250; Christopher Hookway, "Emotions and Epistemic Evaluations," in Peter Carruthers, et al., eds., *The Cognitive Basis of Science*, pp. 251-262; Mick Power and Tim Dalgleish, *Cognition and Emotion: From Order to Disorder* (Hove: Psychology Press, 2008), p. 16.

3) Suzanne K. Langer, *Philosophy in a New Key: A Study in the Symbolism of Reason, Rite and Art* (Cambridge, Mass.: Harvard University Press, 1942); Suzanne K. Langer, *Feeling and Form* (New York: Scribner, 1953); Mary B. Hesse, *Models and Analogies in Science* (Notre Dame, Ind.: Notre Dame University Press, 1966); George Lakoff and Mark Johnson, *Metaphors We Live By* (Chicago: University of Chicago Press, 1980); George Lakoff, *Women, Fire, and Dangerous Things* (Chicago: University of Chicago Press, 1987); G. M. Douglas and D. Hull, *How Classification Works* (Edinburgh: Edinburgh University Press, 1993); Mary Douglas, *Leviticus as Literature* (New York: Oxford University Press, 1999), pp. 13-40; Keith J. Holyoak and Paul Thagard, *Mental Leaps: Analogy in Creative Thought* (Cambridge, Mass.: Massachusetts Institute of Technology Press, 1995).

4) 예를 들어 다음의 책에 수집된 논문들을 참고하라. Robert J. Sternberg and Janet E. Davidson, eds., *The Nature of Insight* (Cambridge, Mass.: Massachusetts Institute of Technology Press, 1995). 또한 Michael R. DePaul and William Ramsey, *Rethinking Intuition: The Psychology of Intuition and its Role in Philosophical Inquiry* (New York: Rowman Littlefield, 1998)도 참고하라.

5) 정신과 세계의 '중간'으로 이해되는 일원론에 대한 현대 사상들을 개괄하려면 다음의 논문을 참고하라. Leopold Stubenberg, "Neutral Monism," in Edward N. Zalta, ed., *Stanford Encyclopedia of*

Philosophy (Winter 2003 Edition), http://plato.stanford.edu/entries/neutral-monism/. 구약 성서의 일원론에 대한 가장 중요한 연구는 다음의 책이다. Claude Tresmontant, *A Study of Hebrew Thought*, Michael Francis Gibson, trans. (New York: Desclee, 1960 [1956]).

6) 렘 1:4-10.

7) 어떤 것을 묘사하기 위해 환상을 한 번이 아니라 두 번 반복하는 것은 다른 성서 본문들에서도 익숙한 것이다. 예를 들어, 창 37:5-9의 요셉의 꿈과 창 41:17-23에서의 파라오의 꿈을 상기하라.

8) 렘 1:11에 대한 라쉬의 주석을 보라. 민 17:16-26과 비교하라. 아몬드 나무는 예레미야의 조상 대제사장 아론과 연관된다.

9) 예루살렘을 끓는 솥에 비유하는 것에 관해서는 겔 11:3, 7, 11, 24:3-12를 보라.

10) 이스라엘 역사서에서 우리는 사무엘 시대의 선지자들이 '선견자'로 불렸음을 배운다. 삼상 9:9을 보라.

11) 예언이 선지자의 상황에 의존함을 보여주는 또 하나의 힌트는 렘 42:5-7와 겔 3:15-16이다. 에스겔 선지자는 그를 괴롭히는 문제에 대한 답을 얻기 위해 일주일 이상을 노력해야만 했다.

12) 예언에 대한 비슷한 묘사가 스가랴서에서도 나타난다. 스가랴 선지자는 천사가 "나를 깨우니, 나는 마치 잠에서 깨어난 사람 같았다"고 말하면서, 천사가 "너는 무엇을 보느냐"고 물었다고 증언한다. 스가랴도 하나님의 설명을 듣기 전에 자신이 본 것을 대답해야 했다. 슥 4:1-7을 보라.

13) 3장 II절을 보라.

14) 이것은 예언적 은유가 일반적으로 생각되었던 것보다 훨씬 중요한 것임을 암시한다. 내가 그 예로 생각하는 것은 아브라바넬이 이성적 산물(모세의 가르침에는 은유가 없음)이었던 모세의 예언과 반대로 예언자들의 은유를 '상상력'의 산물로 폄하한 것이다. 출 19:1-3에 대한 아브라바넬의 주석(section 2.7-8)을 보라. 철학에서도 은유에 대한 유사한 재평가가 이루어지고 있다. 어떤 것을 다른 것으로 보는 능력(은유적 상상력)은 비트겐슈타인의 연구 때문에 유명하게 되었다. Ludwig Wittgenstein, *Philosophical Investigations*, G. E. M. Anscombe, trans. (New York: Macmillan, 1958), part II, section 11. 그러나 나는 비트겐슈타인은 그 '은유적 상상력'이 어떻게 우리를 진리로 이끄는지에 대해서는 논의하지 않았다고 이해한다.

부록_ 이성이란 무엇인가?

1) 이 견해에 도전하는 스텀프의 책을 보라. Eleonore Stump, *Aquinas* (New York: Routledge, 2003), pp. 217-243.

2) 이해하기 쉽고 설득력 있는 논쟁을 보려면 다음을 참고하라. Morris Kline, *Mathematics: The Loss of Certainty* (New York: Oxford University Press, 1980).

3) Nicholas Wolterstorff, *Justice: Rights and Wrongs* (Princeton: Princeton University Press, 2008), p. xi. See also pp. 360-361.

4) Alvin Plantinga, "Reason and Belief in God," in Alvin Plantinga and Nicholas Wolterstorff, eds., *Faith and Rationality: Reason and Belief in God* (Notre Dame, Ind.: Notre Dame University Press, 1983), pp. 16-93, at pp. 78-82. 이 주제에 대한 보다 자세하고 최신의 논의를 보려면, Alvin Plantinga, *Warranted Christian Belief* (New York: Oxford University Press, 2000), pp. 67-198을 참고하라.

5) 월터스토프에 따르면 그의 책 《정의(Justice)》가 주장하는 핵심은 '가설적'일 뿐이다.

6) Alvin Plantinga, "Reason and Belief in God," pp. 82-87.

7) Isaac Newton, *The Principia: Mathematical Principles of Natural Philosophy*, I. Bernard Cohen and Anne Whitman, trans. (Berkeley: University of California Press, 1999 [1687]), pp. 381-382.

8) "추론이 넓게 적용되면 될수록 그 논증도 더 강한 것으로 간주된다"는 뉴턴의 중요한 전제는 Isaac Newton, *Opticks* (Amherst: Prometheus, 2003 [1730]), p. 404에 수록되어 있다.

9) Ernan McMullin, "The Significance of Newton's Principia for Empiricism," in Margaret J. Osler and Paul Lawrence Farber, eds., *Religion, Science, and Worldview: Essays in Honor of Richard S. Westfall* (Cambridge: Cambridge University Press, 1985), pp. 33-59.

10) Ernan McMullin, "The Significance of Newton's Principia," pp. 56-58; George E. Smith, "The Methodology of the 'Principia'," in I. Bernard Cohen and George E. Smith, eds., *The Cambridge Companion to Newton* (Cambridge: Cambridge University Press, 2002), pp. 138-174, at p. 161. 스미스는 "귀추적"이라는 번역어를 제안하고, 맥멀린은 "회귀적"이라는 번역어를 제안한다. 이 둘 모두 피어스(Pierce)의 논의에 의존한다. 또한 Gilbert Harman, "Inference to the Best Explanation," *Philosophical Review* (1965), pp. 88-95; Peter Lipton, *Inference to the Best Explanation* (New York: Routledge, 1991)도 참조하라.

11) Isaac Newton, *Opticks*, pp. 404-405. 뉴턴의 '원인' 개념은 우리에게 익숙한 개념과 매우 다르다. 뉴턴의 '일반 원인'은 구체적 원인들의 합으로부터 추상된 어떤 것을 의미한다. 특정한 결과의 원인이 아니라, 한 범주의 결과들의 원인인 그것은 아리스토텔레스의 '작용인'보다 '형상인'과 유사하다.

12) '질량'과 '힘'의 의미에 관해서는 다음을 참고하라. Ernan McMullin, "The Significance of Newton's Principia," pp. 41-44, 57.

13) Suzanne K. Langer, *Philosophy in a New Key: A Study in the Symbolism of Reason, Rite and Art* (Cambridge, Mass.: Harvard University Press, 1942); George Lakoff and Mark Johnson, *Metaphors We Live By* (Chicago: University of Chicago Press, 1980); George Lakoff, *Women, Fire, and Dangerous Things* (Chicago: University of Chicago Press, 1987); Mary Douglas, *Leviticus as Literature* (New York: Oxford University Press, 1999), pp. 13-40.

14) Mary B. Hesse, *Models and Analogies in Science* (Notre Dame, Ind.: Notre Dame University Press, 1966); Keith J. Holyoak and Paul Thagard, *Mental Leaps: Analogy in Creative Thought* (Cambridge, Mass.: Massachusetts Institute of Technology Press, 1995). See also Ernan McMullin, "Structural Explanation," *American Philosophical Quarterly* 15 (1978), pp. 139-147; Stuart S. Glennan, "Mechanisms and the Nature of Causation," *Erkenntnis* 44 (1996), pp. 49-71; Stuart S. Glennan, "Rethinking Mechanistic Explanation," *Philosophy of Science* 69 (2002), Supp. pp. 342-353.

15) Eleonore Stump, *Wandering in Darkness: Narrative and the Problem of Suffering* (New York: Oxford University Press, 2010), pp. 40-63.

16) 주 11에서 논의한 것처럼, '일반 원인'이라는 뉴턴의 용어가 오해를 일으킬 수 있다. 따라서 일부 독자에게는 뉴턴의 의도를 이해하는 데 '본성'이라는 말이 더 도움이 될 수 있다. 한때 노예였다가 해방된 인간들이 노예 시절의 안정을 그리워해서 강한 지도자 혹은 독재자에게 끌리는 경향이 있다고 말할 때, 나는 인간 본성의 한 측면을 묘사하고 있는 것이다. 국가는 가용한 자원들을 소진할 때까지 무한히 확장하는 경향이 있다고 관찰할 때, 나는 정치 국가의 일부 본성을 묘사하고 있는 것이다. 마찬가지로 《프린키피아》는 '힘'과 '질량'이라는 용어를 사용해 뉴턴이 고안하거나 발명한 본성

들을 지칭한다. 이 용어들이 등장하는 정의나 공리들은 이 본성에 대한 뉴턴의 묘사다.

17) 뉴턴이 매우 추상적 진술에서 매우 정확한 추론과 예측들로 나아갈 수 있었던 것은 그가 '힘'이나 '질량'의 본성들을 묘사할 때 수학적 명제들을 도입했기 때문이다. 그리고 다른 경우들. 심지어 수학이 도입되지 않은 경우들에서도 연역적 추론이 전제들로부터 엄밀한 절차를 따라 진행되면 비슷한 일이 가능할 것이다.

인명 색인

414

ㅎ ────

A–Z ────

417

418

420

사사기

열왕기상

잠언

전도서

이사야

428

431

옮긴이 소개

김구원

서울대학교 철학과를 졸업하고 미국 웨스트민스터 신학교에서 목회학 석사학위를,
시카고 대학교 고대근동학과에서 박사학위를 취득했다.
현재는 개신대학원대학교에서 학생들에게 구약 성서를 가르치며, 저술과 번역·강연 활동에 집중하고 있다.

구약 성서로 철학하기

The Philosophy of
Hebrew Scripture

2016. 6. 22. 초판 1쇄 인쇄
2016. 7. 11. 초판 1쇄 발행

지은이 요람 하조니
옮긴이 김구원
펴낸이 정애주
국효숙 김기민 김의연 김준표 김진원 박세정 박혜민 송승호 오민택 오형탁
윤진숙 이한별 임승철 임진아 정성혜 조주영 차길환 한미영 허은
펴낸곳 주식회사 홍성사
등록번호 제1-499호 1977. 8. 1.
주소 (04084) 서울시 마포구 양화진4길 3
전화 02) 333-5161
팩스 02) 333-5165
홈페이지 www.hsbooks.com
이메일 hsbooks@hsbooks.com
페이스북 facebook.com/hongsungsa
양화진책방 02) 333-5163